Bibliothèque
des sciences humaines

PHILIPPE DESCOLA

PAR-DELÀ NATURE ET CULTURE

nrf

GALLIMARD

Pour Léonore et Emmanuel.

Avant-propos

> Qui contrerollera de pres ce que nous voyons ordinairement des animaux qui vivent parmy nous, il y a dequoy y trouver des effects autant admirables que ceux qu'on va recueillant ès pays et siecles estrangers. C'est une mesme nature qui roule son cours.
>
> MONTAIGNE, *Apologie de Raymond de Sebonde*.

Le temps n'est pas si loin où l'on pouvait se délecter des curiosités du monde sans dissocier l'enseignement tiré de l'observation des animaux de celui que les mœurs de l'Antiquité ou les coutumes de contrées lointaines proposaient. Une « mesme nature » régnait sans partage, distribuant avec équité entre les humains et les non-humains le foisonnement des habiletés techniques, des habitudes de vie et des manières de raisonner. Chez les lettrés du moins, cette époque prit fin quelques décennies après la mort de Montaigne, lorsque la nature cessa d'être une disposition unifiant les choses les plus disparates pour devenir un domaine d'objets régi par des lois autonomes sur le fond duquel l'arbitraire des activités humaines pouvait déployer son séduisant chatoiement. Une cosmologie nouvelle venait de naître, prodigieuse invention collective qui offrit un cadre sans précédent au développement de la pensée scientifique et dont nous continuons d'être, en ce début du XXIe siècle, les gardiens un peu désinvoltes. Parmi les prix à payer pour cette simplification, il en est un qui fut ignoré d'autant plus aisément que son débit n'était pas porté à notre compte : en même temps que les Modernes découvraient la paresseuse propension des peuples barbares et sauvages à tout juger selon leurs propres normes, ils escamotaient leur propre ethnocentrisme derrière une démarche rationnelle de connaissance dont les errements devenaient dès lors imperceptibles. Partout et en tout temps, prétendait-on, une même nature muette et impersonnelle avait étendu son emprise, que les humains s'attachaient à interpréter de façon plus ou moins plausible et dont ils s'efforçaient avec plus ou moins de bonheur de tirer parti ; la pluralité des conventions et des usages n'était désormais à même d'acquérir un sens que rapportée à des régularités naturelles plus ou moins bien appréhendées par ceux qui y étaient soumis. Par un coup de force d'une discrétion exemplaire, notre répartition des êtres et des choses était devenue la norme dont nul ne pouvait s'exempter. Poursuivant l'œuvre de la philosophie dont elle enviait peut-être le magistère, l'anthropologie naissante entérina cette réduction de la multitude des existants à deux ordres de réalité hétérogènes, lui fournissant même, grâce à des pléthores de faits recueillis sous toutes les latitudes, la garantie d'universalité qui lui faisait encore défaut. Elle s'engagea d'ailleurs dans cette voie sans y prendre vraiment garde, tant elle était fascinée par le miroitement de la « diversité culturelle » dont l'inventaire et l'étude lui donnaient sa raison d'être : la profusion des institutions et des modes de pensée devenait moins formidable, et plus supportable leur contingence, si l'on admettait que toutes ces pratiques dont on peinait parfois à déceler la logique constituaient autant de réponses singulières au défi commun de discipliner et de mettre à profit les potentialités biophysiques offertes par le corps et l'environnement. Ce livre est né d'un sentiment d'insatisfaction devant cet état de fait et du désir d'y remédier en proposant une autre manière d'aborder les rapports entre nature et société.

Les circonstances présentes sont propices à une telle entreprise. Car la vaste demeure à deux plans superposés où nous avions pris nos aises depuis quelques siècles commence à révéler ses incommodités. Dans la partie noble où, après avoir expulsé des salons les représentants des religions révélées, les sciences de la nature et de la vie donnent le ton sur ce que l'on peut savoir du monde, quelques transfuges indélicats découvrent derrière tentures et boiseries les mécanismes dissimulés qui permettent de capturer les phénomènes du monde physique, d'en opérer le tri et de leur donner une expression autorisée. Longtemps difficile à emprunter tant il était escarpé, l'escalier qui mène à l'étage de la Culture est devenu si vermoulu que bien peu osent encore le gravir franchement pour annoncer aux peuples les ressorts matériels de leur existence collective ou le descendre sans précaution afin d'apporter aux savants la contradiction du corps social. De la multitude des chambrettes abritant des cultures particulières dégouttent au rez-de-chaussée des infiltrations bizarres, fragments de philosophies orientales, débris de gnoses hermétiques ou mosaïques d'inspiration *New Age*, assurément sans gravité, mais qui polluent çà et là des dispositifs de séparation entre humains et non-humains que l'on croyait mieux protégés. Quant aux enquêteurs que l'on avait mandés aux quatre coins de la planète pour y décrire des maisons à l'architecture plus primitive, et qui s'étaient longtemps efforcés d'en dresser l'inventaire à partir du plan type qui leur était familier, voilà qu'ils rapportent à présent toutes sortes d'informations insolites : certaines maisons sont dépourvues d'étage, la nature et la culture y cohabitant sans difficulté dans une seule pièce ; d'autres maisons semblent bien avoir plusieurs étages, mais, dans leurs fonctions étrangement distribuées, la science fait lit commun avec la superstition, le pouvoir politique s'inspire des canons du Beau, le macrocosme et le microcosme sont en conversation intime ; on dit même qu'il y aurait des peuples sans maisons, se passant aussi d'étables et de jardins, peu enclins à cultiver la clairière de l'Être ou à se fixer comme destin explicite la domestication du naturel en eux ou autour d'eux. Bâti pour durer par les grands architectes de l'âge classique, l'édifice dualiste est certes encore solide, d'autant qu'on le restaure sans relâche avec un savoir-faire éprouvé. Pourtant, ses défauts de structure apparaissent de plus en plus manifestes à ceux qui l'occupent de façon non machinale, comme à ceux qui souhaiteraient y trouver un logement pour accommoder des peuples accoutumés à d'autres genres de demeures.

On ne trouvera pourtant pas dans les pages qui suivent l'épure d'une nouvelle maison commune qui serait plus hospitalière aux cosmologies non modernes et mieux adaptée à la circulation des faits et des valeurs. On peut gager que le temps n'est pas loin où un tel édifice commencera à surgir de terre, sans que l'on sache au juste qui prendra en charge les travaux ; car s'il est devenu commun de dire que les mondes sont construits, personne n'en connaît les architectes et c'est à peine si l'on commence à soupçonner de quels matériaux ils sont faits. Un tel chantier, en tout cas, est du ressort des habitants de la maison qui pourraient s'y trouver à l'étroit, non d'une science particulière, fût-elle l'anthropologie[1]. La mission de celle-ci, telle que je l'entends, est de contribuer avec d'autres sciences, et selon ses méthodes propres, à rendre intelligible la façon dont des organismes d'un genre particulier s'insèrent dans le monde, en acquièrent une représentation stable et contribuent à le modifier en tissant, avec lui et entre eux, des liens constants ou occasionnels d'une diversité remarquable mais non infinie. Avant que d'imaginer une nouvelle charte pour un futur en gésine, il faut donc dresser d'abord la cartographie de ces liens, mieux comprendre leur nature, établir leurs modes de compatibilité et d'incompatibilité, et examiner comment ils s'actualisent dans des manières d'être au monde immédiatement distinctives. Mener à bien une telle entreprise exige que l'anthropologie se défasse de son dualisme constitutif et devienne pleinement moniste ; non pas au sens quasi religieux du terme dont Haeckel s'était fait l'apôtre et que certaines philosophies de l'environnement ont repris à leur compte ni, bien sûr, dans l'ambition de réduire la pluralité des existants à une unité de substance, de finalité ou de vérité comme des philosophes du XIXe siècle avaient tenté de le faire, mais pour qu'il devienne clair que le projet de rendre raison des relations que les humains entretiennent avec eux-mêmes et avec les non-humains ne saurait s'appuyer sur une cosmologie et une ontologie aussi étroitement arrimées que les nôtres à un contexte particulier. À cette fin, on devra d'abord montrer que l'opposition entre la nature et la culture ne possède pas l'universalité qu'on lui prête, non seulement parce qu'elle est dépourvue de sens pour tous autres que les Modernes, mais aussi du fait qu'elle apparaît tardivement au cours du développement de la pensée occidentale elle-même, où ses conséquences se sont fait sentir avec une singulière vigueur dans la façon dont l'anthropologie envisage son objet et ses méthodes. C'est à cette clarification préalable que la première partie de ce livre sera consacrée. Mais souligner la contingence historique ou les effets déformants de cette opposition n'est pas suffisant. Encore faut-il pouvoir l'intégrer dans un nouveau champ analytique au sein duquel le naturalisme moderne, loin de constituer l'étalon permettant de juger des cultures distantes dans le temps ou dans l'espace, ne serait que l'une des expressions possibles de schèmes plus généraux gouvernant l'objectivation du monde et d'autrui. Spécifier la nature de ces schèmes, élucider leurs règles de composition et dresser une typologie de leurs arrangements constituent la tâche principale que je me suis fixée dans cet ouvrage.

En accordant la priorité à une analyse combinatoire des modes de relation entre les existants, j'ai été conduit à différer l'étude de leur évolution, un choix de méthode et non de circonstance. Outre qu'en combinant ces deux entreprises j'excéderai de beaucoup les dimensions raisonnables que je souhaite conserver à ce livre, j'ai aussi la conviction que l'engendrement d'un système ne peut être analysé avant que la structure spécifique de ce système n'ait été mise au jour, une démarche à laquelle Marx donna sa légitimité avec son examen de la genèse des formes de production capitaliste et qu'il a résumée dans une formule célèbre : « L'anatomie de l'homme donne la clé de l'anatomie du singe[2]. » Contre l'historicisme, et sa foi naïve dans l'explication par les causes antécédentes, il faut rappeler avec force que seule la connaissance de la structure d'un phénomène permet de s'interroger de façon pertinente sur ses origines. De même que la théorie critique des catégories de l'économie politique devait nécessairement, pour Marx, précéder l'enquête sur l'ordre d'apparition des phénomènes dont ces catégories entendaient rendre compte, de même la généalogie des éléments constitutifs des différents types de rapport au monde et à autrui ne saurait être retracée avant que les formes stables où ces éléments se combinent n'aient été isolées au préalable. Une telle approche n'est pas anhistorique ; elle demeure fidèle à la recommandation que faisait Marc Bloch d'accorder tout son poids à l'histoire régressive, c'est-à-dire de regarder d'abord vers le présent afin de mieux interpréter le passé[3]. Il est vrai que le présent dont je ferai usage sera souvent de circonstance et conjugué au pluriel ; en raison de la diversité des matériaux employés, de l'inégalité des sources et de la nécessité de convoquer des sociétés dans un état révolu, il se rapprochera plus du présent ethnographique que du présent contemporain, une manière d'instantané saisissant une collectivité à un moment donné de sa trajectoire où elle présente une valeur exemplaire pour la comparaison, autrement dit un idéal type.

Sans doute le projet de mettre en chantier une anthropologie moniste paraîtra-t-il à certains d'une ambition démesurée tant sont grandes les difficultés à surmonter et profus les matériaux à traiter. Aussi l'essai que je livre au lecteur est-il à prendre au pied de la lettre : comme une tentative, une épreuve, un moyen de s'assurer qu'une procédure est possible et qu'elle convient mieux à l'emploi qu'on lui destine que les expériences tentées auparavant. Cet emploi, on l'aura compris, c'est une manière d'envisager les fondements et les conséquences de l'altérité qui se voudrait pleinement respectueuse de la diversité des formes sous lesquelles les choses et leurs usages se présentent à nos yeux. Il est temps, en effet, que l'anthropologie rende justice au mouvement généreux qui l'a fait éclore en jetant sur le monde un regard plus ingénu, à tout le moins nettoyé d'un voile dualiste que l'évolution des sociétés industrialisées a rendu en partie désuet et qui fut la cause de maintes distorsions dans l'appréhension de cosmologies par trop différentes de la nôtre. Celles-ci étaient réputées énigmatiques, et donc dignes de l'attention savante, en ce que les démarcations entre les humains et les « objets naturels » y paraissaient floues, voire inexistantes — un scandale logique auquel il convenait de mettre un terme. Mais l'on ne s'était guère avisé que la frontière était à peine plus nette chez nous, malgré tout l'appareillage épistémologique mobilisé afin de garantir son étanchéité. La situation est en train de changer, fort heureusement, et il est désormais difficile de faire comme si les non-humains n'étaient pas partout au cœur de la vie sociale, qu'ils prennent la forme d'un singe avec qui l'on communique dans un laboratoire, de l'âme d'une igname visitant en rêve celui qui la cultive, d'un adversaire électronique à battre aux échecs ou d'un bœuf traité comme substitut d'une personne dans une prestation cérémonielle. Tirons-en les conséquences : l'analyse des interactions entre les habitants du monde ne peut plus se cantonner au seul secteur des institutions régissant la vie des hommes, comme si ce que l'on décrétait extérieur à eux n'était qu'un conglomérat anomique d'objets en attente de sens et d'utilité. Bien des sociétés dites « primitives » nous invitent à un tel dépassement, elles qui n'ont jamais songé que les frontières de l'humanité s'arrêtaient aux portes de l'espèce humaine, elles qui n'hésitent pas à inviter dans le concert de leur vie sociale les plus modestes plantes, les plus insignifiants des animaux. L'anthropologie est donc confrontée à un défi formidable : soit disparaître avec une forme épuisée d'humanisme, soit se métamorphoser en repensant son domaine et ses outils de manière à inclure dans son objet bien plus que l'*anthropos*, toute cette collectivité des existants liée à lui et reléguée à présent dans une fonction d'entourage. Ou, pour le dire en termes plus conventionnels, l'anthropologie de la culture doit se doubler d'une anthropologie de la nature, ouverte à cette partie d'eux-mêmes et du monde que les humains actualisent et au moyen de laquelle ils s'objectivent.

I

LA NATURE EN TROMPE L'ŒIL

Quant à essayer de démontrer que la nature existe, ce serait ridicule ; il est manifeste, en effet, qu'il y a beaucoup d'êtres naturels.

ARISTOTE, *Physique*.

Vi que não há Natureza,
Que Natureza não existe,
Que há montes, vales, planícies,
Que há árvores, flores, ervas,
Que há rios e pedras,
Mas que não há um todo a que isso pertença,
Que um conjunto real e verdadeiro
É uma doença das nossas ideias.

A Natureza é partes sem um todo
Isto é talvez o tal mistério de que falam.

Fernando PESSOA,
Poemas de Alberto Caeiro.

1

Figures du continu

C'est dans l'aval du Kapawi, une rivière limoneuse de la haute Amazonie, que j'ai commencé à m'interroger sur l'évidence de la nature. Rien de particulier, pourtant, ne distinguait l'environnement de la maison de Chumpi d'autres sites d'habitat que j'avais visités auparavant dans cette région de l'Équateur limitrophe du Pérou. Selon la coutume des Achuar, la demeure couverte de palmes était édifiée au cœur d'un essart où dominaient les plants de manioc et que bordaient sur un côté les eaux tourbillonnantes de la rivière. Quelques pas à travers le jardin et l'on butait déjà sur la forêt, une sombre muraille de haute futaie encerclant la lisière plus pâle des bananiers. Le Kapawi était l'unique ligne de fuite de ce cirque sans horizon, une échappée tortueuse et interminable puisqu'il m'avait fallu une journée entière de pirogue pour venir d'un défrichement similaire, le plus proche voisinage du maître de maison. Dans l'intervalle, des dizaines de milliers d'hectares d'arbres, de mousses et de fougères, des dizaines de millions de mouches, de fourmis et de moustiques, des hardes de pécaris, des troupes de singes, des aras et des toucans, un ou deux jaguars peut-être ; en bref, une prolifération inhumaine de formes et d'êtres livrés en toute indépendance à leurs propres lois de cohabitation...

Vers le milieu de l'après-midi, tandis qu'elle vidait les déchets de la cuisine dans les fourrés surplombant la rivière, la femme de Chumpi s'était fait mordre par un serpent. Se précipitant vers nous, les yeux dilatés par la douleur et l'angoisse, elle hurlait : « Le fer-de-lance, le fer-de-lance, je suis morte, je suis morte ! » La maisonnée en alerte avait aussitôt fait chorus : « Le fer-de-lance, le fer-de-lance, il l'a tuée, il l'a tuée ! » J'avais injecté un sérum à Metekash et elle reposait dans la petite hutte de confinement que l'on érige en pareilles circonstances. Un tel accident n'est pas rare dans cette région, surtout lors des abattis, et les Achuar se résignent avec une certaine fatalité à son issue souvent mortelle. Mais qu'un fer-de-lance s'aventurât aussi près d'une maison était, paraît-il, inhabituel.

Chumpi semblait aussi atteint que son épouse ; assis sur son tabouret de bois sculpté, le visage furieux et bouleversé, il grommelait un monologue où je finis par m'immiscer. Non, la morsure de Metekash n'était pas le fruit du hasard, mais une vengeance envoyée par Jurijri, l'une de ces « mères du gibier » qui veillent aux destinées des animaux de la forêt. Les aléas du troc ayant doté mon hôte d'un fusil, après une longue période durant laquelle il n'avait pu chasser qu'à la sarbacane, Chumpi avait fait hier un grand massacre de singes laineux. Sans doute ébloui par la puissance de son arme, il avait tiré sans discernement dans la troupe, tuant trois ou quatre animaux, en blessant quelques autres. Il n'avait ramené que trois singes, en laissant un agoniser dans l'enfourchement d'une branche charpentière. Certains des fuyards, touchés par le petit plomb, souffraient maintenant en vain ; peut-être même étaient-ils morts avant d'avoir pu consulter le chamane de leur espèce. Parce qu'il avait tué, presque par fantaisie, plus d'animaux qu'il n'était nécessaire à la provende de sa famille, parce qu'il ne s'était pas inquiété du sort de ceux qu'il avait estropiés, Chumpi avait manqué à l'éthique de la chasse et rompu la convention implicite qui lie les Achuar aux esprits protecteurs du gibier. Les représailles n'avaient point tardé.

Tentant maladroitement de dissiper la culpabilité qui accablait mon hôte, je lui fis remarquer que l'aigle-harpie ou le jaguar ne se gênent pas pour tuer des singes, que la chasse est nécessaire à la vie et que, dans la forêt, chacun finit par servir de nourriture à autrui. À l'évidence, je n'avais rien compris :

> Les singes laineux, les toucans, les singes hurleurs, tous ceux que nous tuons pour manger, ce sont des personnes comme nous. Le jaguar aussi c'est une personne, mais c'est un tueur solitaire ; il ne respecte rien. Nous, les « personnes complètes », nous devons respecter ceux que nous tuons dans la forêt car ils sont pour nous comme des parents par alliance. Ils vivent entre eux avec leur propre parentèle ; ils ne font pas les choses au hasard ; ils se parlent entre eux ; ils écoutent ce que nous disons ; ils s'épousent comme il convient. Nous aussi, dans les vendettas, nous tuons des parents par alliance, mais ce sont toujours des parents. Et eux aussi ils peuvent vouloir nous tuer. De même les singes laineux, nous les tuons pour manger, mais ce sont toujours des parents.

*

Les convictions intimes qu'un anthropologue se forge au sujet de la nature de la vie sociale et de la condition humaine résultent souvent d'une expérience ethnographique très particularisée, acquise auprès de quelques milliers d'individus qui ont su instiller en lui des doutes si profonds quant à ce qu'il tenait auparavant comme allant de soi que toute son énergie se déploie ensuite à les mettre en forme dans une enquête systématique. C'est ce qui s'est passé dans mon cas quand, au fil du temps et de maintes conversations avec les Achuar, les modalités de leur apparentement avec les êtres naturels se précisèrent peu à peu[1]. Ces Indiens répartis de part et d'autre de la frontière entre l'Équateur et le Pérou ne se distinguent guère des autres tribus de l'ensemble jivaro, auquel ils se rattachent par la langue et la culture, lorsqu'ils disent que la plupart des plantes et des animaux possèdent une âme *(wakan)* similaire à celle des humains, une faculté qui les range parmi les « personnes » *(aents)* en ce qu'elle leur assure la conscience réflexive et l'intentionnalité, qu'elle les rend capables d'éprouver des émotions et leur permet d'échanger des messages avec leurs pairs comme avec les membres d'autres espèces, dont les hommes. Cette communication extra-linguistique est rendue possible par l'aptitude reconnue au *wakan* de véhiculer sans médiation sonore des pensées et des désirs vers l'âme d'un destinataire, modifiant ainsi, parfois à l'insu de celui-ci, son état d'esprit et son comportement. Les humains disposent à cet effet d'une vaste gamme d'incantations magiques, les *anent*, grâce auxquelles ils peuvent agir à distance sur leurs congénères, mais aussi sur les plantes et les animaux, comme sur les esprits et sur certains artefacts. L'harmonie conjugale, une bonne entente avec ses parents et ses voisins, le succès à la chasse, la fabrication d'une belle poterie ou d'un curare efficace, un jardin aux cultures variées et opulentes, tout cela dépend des relations de connivence que les Achuar auront réussi à établir avec une grande variété d'interlocuteurs humains et non humains en suscitant en eux des dispositions favorables par le biais des *anent*.

Dans l'esprit des Indiens, le savoir-faire technique est indissociable de la capacité à créer un milieu intersubjectif où s'épanouissent des rapports réglés de personne à personne : entre le chasseur, les animaux et les esprits maîtres du gibier, et entre les femmes, les plantes du jardin et le personnage mythique qui a engendré les espèces cultivées et continue jusqu'à présent d'assurer leur vitalité. Loin de se réduire à des lieux prosaïques pourvoyeurs de pitance, la forêt et les essarts de culture constituent les théâtres d'une sociabilité subtile où, jour après jour, l'on vient amadouer des êtres que seuls la diversité des apparences et le défaut de langage distinguent en vérité des humains. Les formes de cette sociabilité diffèrent toutefois selon que l'on a affaire avec des plantes ou avec des animaux. Maîtresses des jardins auxquels elles consacrent une grande partie de leur temps, les femmes s'adressent aux plantes cultivées comme à des enfants qu'il convient de mener d'une main ferme vers la maturité. Cette relation de maternage prend pour modèle explicite la tutelle qu'exerce Nunkui, l'esprit des jardins, sur les plantes qu'elle a jadis créées. Les hommes, eux, considèrent le gibier comme un beau-frère, relation instable et difficile qui exige le respect mutuel et la circonspection. Les parents par alliance forment en effet la base des coalitions politiques, mais sont aussi les adversaires les plus immédiats dans les guerres de vendetta. L'opposition entre consanguins et affins, les deux catégories mutuellement exclusives qui gouvernent la classification sociale des Achuar et orientent leurs rapports à autrui, se retrouve ainsi dans les comportements prescrits envers les non-humains. Parents par le sang pour les femmes, parents par alliance pour les hommes, les êtres de la nature deviennent de véritables partenaires sociaux.

Mais peut-on parler ici d'êtres de la nature autrement que par commodité de langage ? Y a-t-il une place pour la nature dans une cosmologie qui confère aux animaux et aux plantes la plupart des attributs de l'humanité ? Peut-on parler d'appropriation et de transformation des ressources naturelles lorsque les activités de subsistance se déclinent sous la forme d'une multiplicité d'appariements individuels avec des éléments humanisés de la biosphère ? Peut-on même parler d'espace sauvage à propos de cette forêt à peine effleurée par les Achuar et qu'ils décrivent pourtant comme un immense jardin cultivé avec soin par un esprit ? À mille lieues du « dieu féroce et taciturne » de Verlaine, la nature n'est pas ici une instance transcendante ou un objet à socialiser, mais le sujet d'un rapport social ; prolongeant le monde de la maisonnée, elle est véritablement domestique jusque dans ses réduits les plus inaccessibles.

Les Achuar établissent certes des distinctions entre les entités qui peuplent le monde. La hiérarchie des objets animés et inanimés qui en découle n'est pourtant pas fondée sur des degrés de perfection de l'être, sur des différences d'apparence ou sur un cumul progressif de propriétés intrinsèques. Elle s'appuie sur la variation dans les modes de communication qu'autorise l'appréhension de qualités sensibles inégalement distribuées. Dans la mesure où la catégorie des « personnes » englobe des esprits, des plantes et des animaux, tous dotés d'une âme, cette cosmologie ne discrimine pas entre les humains et les non-humains ; elle introduit seulement une échelle d'ordre selon les niveaux d'échange d'information réputés faisables. Les Achuar occupent, comme il se doit, le sommet de la pyramide : ils se voient et se parlent dans la même langue. Le dialogue est encore possible avec les membres des autres tribus jivaros qui les entourent et dont les dialectes sont à peu près mutuellement intelligibles, sans que l'on puisse toutefois exclure les malentendus fortuits ou délibérés. Avec les Blancs hispanophones, avec les populations voisines de langue quichua, avec l'ethnologue aussi, on se voit et on se parle simultanément, pour peu qu'existe une langue en commun ; mais la maîtrise de celle-ci est souvent imparfaite pour celui des interlocuteurs dont ce n'est pas la langue maternelle, introduisant ainsi la possibilité d'une discordance sémantique qui rendra douteuse la correspondance des facultés avérant l'existence de deux êtres sur un même plan du réel. Les distinctions s'accentuent à mesure que l'on s'éloigne du domaine des « personnes complètes », *penke aents*, avant tout définies par leur aptitude linguistique. Ainsi, les humains peuvent voir les plantes et les animaux qui, lorsqu'ils possèdent une âme, sont eux-mêmes censés percevoir les humains ; mais si les Achuar leur parlent grâce aux incantations *anent*, ils n'en obtiennent pas sur-le-champ une réponse, celle-ci n'étant délivrée que lors des rêves. Il en va de même pour les esprits et pour certains héros de la mythologie : attentifs à ce qu'on leur dit, mais généralement invisibles sous leur forme première, ils ne peuvent être saisis dans toute leur plénitude qu'au cours des songes et des transes induites par les hallucinogènes.

Les « personnes » aptes à communiquer sont aussi hiérarchisées en fonction du degré de perfection des normes sociales régissant les différentes communautés entre lesquelles elles se distribuent. Certains non-humains sont très proches des Achuar car ils sont réputés respecter des règles matrimoniales identiques aux leurs : c'est le cas des Tsunki, les esprits de la rivière, de plusieurs espèces de gibier (les singes laineux, les toucans...) et de plantes cultivées (le manioc, les arachides...). Il est des êtres, en revanche, qui se complaisent dans la promiscuité sexuelle et bafouent ainsi avec constance le principe d'exogamie ; tel est le cas du singe hurleur ou du chien. Le plus bas niveau d'intégration sociale est occupé par les solitaires : les esprits Iwianch, incarnations de l'âme des morts qui errent esseulées dans la forêt, ou encore les grands prédateurs comme le jaguar ou l'anaconda. Pourtant, si éloignés qu'ils puissent paraître des lois de la civilité ordinaire, tous ces êtres solitaires sont les familiers des chamanes, qui les emploient pour disséminer l'infortune ou combattre leurs ennemis. Établis aux lisières de la vie commune, ces êtres nocifs ne sont aucunement sauvages puisque les maîtres qu'ils servent ne sont pas hors de la société.

Est-ce à dire que les Achuar ne reconnaîtraient aucune entité naturelle dans le milieu qu'ils occupent ? Pas tout à fait. Le grand continuum social brassant humains et non-humains n'est pas entièrement inclusif et quelques éléments de l'environnement ne communiquent avec personne faute d'une âme en propre. La plupart des insectes et des poissons, les herbes, les mousses et les fougères, les galets et les rivières demeurent ainsi extérieurs à la sphère sociale comme au jeu de l'intersubjectivité ; dans leur existence machinale et générique ils correspondraient peut-être à ce que nous appelons « nature ». Est-il pour autant légitime de continuer à employer cette notion afin de désigner un segment du monde qui, pour les Achuar, est incomparablement plus restreint que ce que nous entendons nous-mêmes par là ? Dans la pensée moderne, en outre, la nature n'a de sens qu'en opposition aux œuvres humaines, que l'on choisisse d'appeler celles-ci « culture », « société » ou « histoire » dans le langage de la philosophie et des sciences sociales, ou bien « espace anthropisé », « médiation technique » ou « écoumène » dans une terminologie plus spécialisée. Une cosmologie où la plupart des plantes et des animaux sont inclus dans une communauté de personnes partageant tout ou partie des facultés, des comportements et des codes moraux ordinairement attribués aux hommes ne répond en aucune manière aux critères d'une telle opposition.

Peut-être les Achuar constituent-ils un cas exceptionnel[2], une de ces anomalies pittoresques que l'ethnographie découvre parfois dans quelque coin reculé de la planète ? Peut-être même est-ce mon interprétation de leur culture qui est fautive ? Par défaut de perspicacité ou désir d'originalité, je n'aurais pas su ou pas voulu déceler l'agencement spécifique qu'aurait pris chez eux la dichotomie entre nature et société. À quelques centaines de kilomètres plus au nord, pourtant, dans la forêt amazonienne de la Colombie orientale, les Indiens Makuna présentent une version plus radicale encore d'une théorie du monde résolument non dualiste[3].

À l'instar des Achuar, les Makuna catégorisent les humains, les plantes et les animaux comme des « gens » *(masa)* dont les principaux attributs — la mortalité, la vie sociale et cérémonielle, l'intentionnalité, la connaissance — sont en tout point identiques. Les distinctions internes à cette communauté du vivant reposent sur les caractères particuliers que l'origine mythique, les régimes alimentaires et les modes de reproduction confèrent à chaque classe d'êtres, et non pas sur la plus ou moins grande proximité de ces classes au paradigme d'accomplissement qu'offriraient les Makuna. L'interaction entre les animaux et les humains est également conçue sous la forme d'un rapport d'affinité, quoique légèrement différent du modèle achuar, puisque le chasseur traite son gibier comme une conjointe potentielle et non comme un beau-frère. Les catégorisations ontologiques sont toutefois beaucoup plus plastiques encore que chez les Achuar, en raison de la faculté de métamorphose reconnue à tous : les humains peuvent devenir des animaux, les animaux se convertir en humains, et l'animal d'une espèce peut se transformer en un animal d'une autre espèce. L'emprise taxinomique sur le réel est donc toujours relative et contextuelle, le troc permanent des apparences ne permettant pas d'attribuer des identités stables aux composantes vivantes de l'environnement.

La sociabilité imputée aux non-humains par les Makuna est aussi plus riche et plus complexe que celle que les Achuar leur reconnaissent. Tout comme les Indiens, les animaux vivent en communautés, dans des « longues-maisons » que la tradition situe au cœur de certains rapides ou à l'intérieur de collines précisément localisées ; ils cultivent des jardins de manioc, se déplacent en pirogue et s'adonnent, sous la conduite de leurs chefs, à des rituels tout aussi élaborés que ceux des Makuna. La forme visible des animaux n'est en effet qu'un déguisement. Lorsqu'ils regagnent leurs demeures, c'est pour se dépouiller de leur apparence, revêtir parures de plumes et ornements cérémoniels, et redevenir de manière ostensible les « gens » qu'ils n'avaient pas cessé d'être lorsqu'ils ondoyaient dans les rivières et fourrageaient dans la forêt. Le savoir des Makuna sur la double vie des animaux est contenu dans l'enseignement des chamanes, ces médiateurs cosmiques auxquels la société délègue la gestion des rapports entre les différentes communautés du vivant. Mais c'est un savoir dont les prémisses sont partagées par tous et qui, pour être en partie ésotérique, n'en structure pas moins la conception que les profanes se font de leur environnement et la manière dont ils interagissent avec lui.

Des cosmologies analogues à celles des Achuar et des Makuna ont été décrites en grand nombre pour les régions forestières des basses terres de l'Amérique du Sud[4]. En dépit des différences qu'elles manifestent dans leur agencement interne, toutes ces cosmologies ont pour caractéristique commune de ne pas opérer de distinctions ontologiques tranchées entre les humains, d'une part, et bon nombre d'espèces animales et végétales, d'autre part. La plupart des entités qui peuplent le monde sont reliées les unes aux autres dans un vaste continuum animé par des principes unitaires et gouverné par un identique régime de sociabilité. Les rapports entre humains et non-humains apparaissent en effet comme des rapports de communauté à communauté, en partie définis par les contraintes utilitaires de la subsistance, mais qui peuvent prendre une forme particulière à chaque tribu et servir ainsi à les différencier. C'est ce que montre bien l'exemple des Yukuna, un groupe de langue arawak qui jouxte les Makuna en Amazonie colombienne[5]. Tout comme leurs voisins de l'ensemble linguistique tukano, les Yukuna ont développé des associations préférentielles avec certaines espèces animales et certaines variétés de plantes cultivées qui leur servent d'aliments privilégiés, car leur origine mythique et, pour les animaux, leurs maisons communes se situent dans les limites du territoire tribal. C'est aux chamanes locaux que revient la tâche de superviser la régénération rituelle de ces espèces, qui sont en revanche prohibées pour les tribus tukanos entourant les Yukuna. À chaque groupe tribal incombe ainsi la responsabilité de veiller sur les populations spécifiques de plantes et d'animaux dont il se nourrit, cette division des tâches contribuant à définir l'identité locale et le système des relations interethniques en fonction du rapport à des ensembles différenciés de non-humains.

Si la sociabilité des hommes et celle des animaux et des plantes sont si intimement connectées en Amazonie, c'est que leurs formes respectives d'organisation collective relèvent d'un modèle commun assez souple, qui permet de décrire les interactions entre les non-humains en se servant des catégories nommées structurant les rapports entre humains et de figurer certains rapports entre humains au moyen des relations symbiotiques entre espèces. Dans ce dernier cas, plus rare, la relation n'est pas désignée ou qualifiée de façon explicite, ses caractéristiques étant réputées connues de tous du fait d'un savoir botanique et zoologique partagé. Chez les Secoya, par exemple, les Indiens morts sont censés percevoir les vivants sous deux avatars contrastés : ils voient les hommes comme des oiseaux oropendolas et les femmes comme des perroquets amazones[6]. Organisant la construction sociale et symbolique des identités sexuelles, cette dichotomie prend appui sur des caractéristiques éthologiques et morphologiques propres aux deux espèces, dont la fonction classificatoire devient ainsi patente, puisque ce sont des différences d'apparence et de comportement entre des non-humains qui sont employées afin de renforcer en la soulignant une différence anatomique et physiologique entre humains. À l'inverse, les Yagua de l'Amazonie péruvienne ont élaboré un système de catégorisation des plantes et des animaux fondé sur les relations entre espèces selon qu'elles sont définies par divers degrés de parenté consanguine, par l'amitié ou par l'hostilité[7]. L'usage de catégories sociales pour définir des rapports de proximité, de symbiose ou de compétition entre espèces naturelles est d'autant plus intéressant ici qu'il déborde largement sur le règne végétal. Ainsi les grands arbres entretiennent-ils une relation d'hostilité :

ils se provoquent en duels fratricides pour voir celui qui fléchira le premier; c'est également une relation d'hostilité qui prévaut entre le manioc amer et le manioc doux, le premier cherchant à contaminer le second par sa toxicité. Les palmiers, en revanche, maintiennent des rapports plus pacifiques, de type avunculaire ou de cousinage, selon le degré de ressemblance des espèces. Les Yagua — de même que les Jivaros Aguaruna[8] — interprètent aussi la ressemblance morphologique entre des plantes sauvages et des plantes cultivées comme l'indice d'une relation de germanité, sans prétendre, au demeurant, que cette similitude soit l'indice d'un ancêtre commun aux deux espèces.

La diversité des indices classificatoires employés par les Amérindiens pour rendre compte des relations entre les organismes indique assez la plasticité des frontières dans la taxinomie du vivant. Car les caractéristiques attribuées aux entités peuplant le cosmos dépendent moins d'une définition préalable de leur essence que des positions relatives qu'elles occupent les unes par rapport aux autres en fonction des exigences de leur métabolisme, et notamment de leur régime alimentaire. L'identité des humains, vivants et morts, des plantes, des animaux et des esprits est tout entière relationnelle, et donc sujette à des mutations ou à des métamorphoses selon les points de vue adoptés. Dans bien des cas, en effet, on dit qu'un individu d'une espèce appréhende les membres d'autres espèces en fonction de ses critères propres, de sorte qu'un chasseur, en conditions normales, ne verra pas que sa proie animale se voit elle-même comme un humain, ni qu'elle le voit comme un jaguar. De même, le jaguar voit le sang qu'il lape comme de la bière de manioc, le singe-araignée que l'oiseau cassique croit chasser n'est pour l'homme qu'une sauterelle et les tapirs dont le serpent pense faire sa proie d'élection sont en réalité des humains[9]. C'est grâce au troc permanent des apparences engendré par ces déplacements de perspective que les animaux se considèrent de bonne foi comme dotés des mêmes attributs culturels que les humains : leurs huppes sont pour eux des couronnes de plumes, leur pelage un vêtement, leur bec une lance ou leurs griffes des couteaux. Le carrousel perceptif des cosmologies amazoniennes engendre une ontologie, parfois baptisée du nom de « perspectivisme[10] », qui dénie aux humains le point de vue de Sirius en affirmant que de multiples expériences du monde peuvent cohabiter sans se contredire. Contrairement au dualisme moderne, qui déploie une multiplicité de différences culturelles sur le fond d'une nature immuable, la pensée amérindienne envisage le cosmos tout entier comme animé par un même régime culturel que viennent diversifier, sinon des natures hétérogènes, des façons différentes de s'appréhender les uns les autres. Le référent commun aux entités qui habitent le monde n'est donc pas l'homme en tant qu'espèce, mais l'humanité en tant que condition.

L'incapacité à objectiver la nature dont semblent témoigner maints peuples d'Amazonie serait-elle une conséquence des propriétés de leur environnement ? Les écologues définissent en effet la forêt tropicale comme un écosystème « généralisé », se caractérisant par une très grande diversité des espèces animales et végétales combinée à un faible effectif et à une grande dispersion des individus de chaque espèce. Ainsi, sur environ cinquante mille espèces de plantes vasculaires que comporte l'Amazonie, pas plus d'une vingtaine ne se présentent spontanément en peuplements regroupés, et encore s'agit-il souvent d'un effet involontaire de l'action humaine[11]. Immergés dans une monstrueuse pluralité de formes de vie rarement réunies en ensembles homogènes, les Indiens de la forêt auraient peut-être renoncé à embrasser comme un tout le conglomérat disparate sollicitant en permanence leurs facultés sensibles. Cédant par nécessité au mirage du divers, ils n'auraient pas su, en somme, se dissocier de la nature, faute de discerner son unité profonde derrière la multiplicité de ses manifestations singulières.

C'est à une interprétation de ce type qu'invite une remarque un peu énigmatique de Claude Lévi-Strauss, suggérant que la forêt tropicale est le seul environnement qui permettrait d'attribuer des caractères idiosyncrasiques à chaque membre d'une espèce[12]. La différenciation de chaque individu en un type particulier — que Lévi-Strauss appelle « mono-individuel » — est certes propre à *Homo sapiens*, en raison de la capacité à développer des personnalités qu'autorise la vie sociale. Toutefois, l'extrême foisonnement des espèces animales et végétales offrirait également un support à ce processus de singularisation. Dans un milieu aussi diversifié que la forêt amazonienne, il était peut-être inévitable que la perception de relations entre des individus en apparence tous différents prime sur la construction de macro-catégories stables et mutuellement exclusives.

C'est aussi une interprétation fondée sur les particularités du milieu que suggère Gerardo Reichel-Dolmatoff lorsqu'il défend l'idée que la cosmologie des Indiens Desana de l'Amazonie colombienne constitue une sorte de modèle descriptif des processus d'adaptation écologique formulé en des termes comparables à ceux de l'analyse systémique moderne[13]. Selon Reichel-Dolmatoff, les Desana conçoivent le monde à la manière d'un système homéostatique dans lequel la quantité d'énergie dépensée, l'*output*, est directement liée à la quantité d'énergie reçue, l'*input*. L'approvisionnement de la biosphère en énergie provient de deux sources principales : l'énergie sexuelle des individus, d'abord, réprimée régulièrement par des prohibitions *ad hoc*, laquelle retourne directement au capital énergétique global qui irrigue toutes les composantes biotiques du système ; l'état de santé et de bien-être des humains, ensuite, résultant d'une consommation alimentaire étroitement contrôlée, et d'où procède l'énergie nécessaire aux éléments abiotiques du cosmos (c'est ce qui permet, par exemple, le mouvement des corps célestes). Chaque individu serait ainsi conscient de n'être qu'un élément d'un réseau complexe d'interactions se déployant non seulement dans la sphère sociale, mais aussi dans la totalité d'un univers tendant à la stabilité, c'est-à-dire dont les ressources et les limites sont finies. Cela donne à tous des responsabilités d'ordre éthique, notamment de ne pas perturber l'équilibre général de ce système fragile et de ne jamais utiliser d'énergie sans la restituer rapidement par divers types d'opérations rituelles.

C'est toutefois le chamane qui joue le rôle principal dans cette quête d'une homéostasie parfaite. Il intervient d'abord constamment dans les activités de subsistance afin de s'assurer qu'elles ne mettent pas en péril la reproduction des non-humains. Ainsi le chamane contrôlera-t-il personnellement la quantité et le degré de concentration de poison végétal préparé pour une pêche à la nivrée dans un segment de rivière ou bien déterminera-t-il le nombre d'individus qui peuvent être tués lorsqu'une harde de pécaris est repérée. Mieux encore, les rituels accompagnant les activités de subsistance seraient des occasions offertes au chamane pour «faire l'inventaire des stocks, évaluer les coûts et bénéfices, et opérer une redistribution des ressources » ; dans ces circonstances, « le bilan comptable du chamane présente l'ensemble des entrées et des sorties d'énergie au sein du système »[14].

On peut s'interroger sur la validité d'une telle transposition qui fait du chamane le gestionnaire avisé d'un écosystème et de l'ensemble des croyances religieuses et des rituels une forme de traité d'écologie pratique. En effet, l'application consciente par le chamane d'une sorte de calcul d'optimisation des moyens rares, si elle correspond bien à certains modèles néo-darwiniens employés en écologie humaine, paraît difficile à concilier avec le fait que les Desana, à l'instar des Makuna dont ils sont voisins, dotent par ailleurs les animaux et les plantes de la plupart des attributs qu'ils se reconnaissent à eux-mêmes : on voit mal, dès lors, comment ces partenaires sociaux des humains pourraient soudain perdre en certaines circonstances leur statut de personne pour n'être plus traités que comme de simples unités de compte à répartir dans un bilan énergétique. Il n'est pas douteux que les Indiens d'Amazonie ont une remarquable connaissance empirique des interrelations complexes entre organismes au sein de leur environnement et qu'ils emploient cette connaissance dans leurs stratégies de subsistance. Il n'est pas douteux non plus qu'ils se servent des relations sociales, notamment de parenté, afin de définir toute une gamme d'interrelations entre organismes non humains. Il paraît en revanche improbable que ces caractéristiques puissent découler de l'adaptation à un écosystème particulier, lequel, par ses propriétés intrinsèques, aurait en quelque sorte fourni le modèle analogique permettant de penser l'organisation du monde.

L'existence de cosmologies très semblables élaborées par des peuples vivant dans un milieu complètement différent, à plus de six mille kilomètres au nord de l'Amazonie, est le principal argument à l'encontre d'une telle interprétation. À la différence des Indiens de la forêt tropicale sud-américaine, les Indiens de la région subarctique du Canada exploitent en effet un écosystème remarquablement uniforme. Depuis la péninsule du Labrador jusqu'à l'Alaska, la grande forêt boréale étale un manteau continu de conifères où prédomine la silhouette typique de l'épinette noire, à peine interrompu de loin en loin par quelques bosquets d'aulnes, de saules, de bouleaux à papier ou de peupliers baumiers. Les animaux sont à peine plus variés : élans et caribous pour les herbivores, castors, lièvres, porcs-épics et rats musqués pour les rongeurs, loups, ours bruns, lynx et carcajous pour les carnivores forment le gros contingent des mammifères ; à quoi s'ajoutent une vingtaine d'espèces communes d'oiseaux et une dizaine de poissons, ces derniers faisant bien pâle figure auprès des trois mille espèces qu'abritent les fleuves d'Amazonie. Souvent migrateurs, ces animaux peuvent n'être pas aperçus pendant plusieurs années en certains lieux et, quand apparaissent enfin caribous, bernaches ou esturgeons, c'est en quantités si considérables que l'espèce tout entière semble réunie pour un moment. En bref, les caractéristiques de la forêt boréale sont exactement inverses de celles de la forêt amazonienne : peu d'espèces coexistent dans cet écosystème « spécialisé », représentées chacune par un grand nombre d'individus. Et pourtant, en dépit de l'homogénéité ostensible de leur milieu écologique — en dépit aussi de leur impuissance face aux famines qu'engendrait régulièrement un climat d'une extrême rigueur —, les peuples subarctiques ne paraissent pas considérer leur environnement comme un domaine de réalité nettement démarqué des principes et des valeurs régissant la vie sociale. Dans le Grand Nord comme en Amérique du Sud, la nature ne s'oppose pas à la culture, mais elle la prolonge et l'enrichit dans un cosmos où tout s'ordonne aux mesures de l'humanité[15].

Bien des traits du paysage sont d'abord dotés d'une personnalité propre. Identifiés à un esprit qui les anime d'une présence discrète, les rivières, les lacs et les montagnes, le tonnerre et les vents dominants, l'embâcle et l'aurore sont autant d'hypostases réputées attentives aux discours et aux actions des hommes. Mais c'est surtout dans leurs conceptions du monde animal que les Indiens de la forêt boréale canadienne témoignent de la plus grande convergence. Malgré la différence des langues et des affiliations ethniques, le même complexe de croyances et de rites gouverne partout la relation du chasseur au gibier. Tout comme en Amazonie, la plupart des animaux sont conçus comme des personnes dotées d'une âme, ce qui leur confère des attributs tout à fait identiques à ceux des humains, tels la conscience réflexive, l'intentionnalité, la vie affective ou le respect de préceptes éthiques. Les groupes Cree sont particulièrement explicites en ce domaine. Selon eux, la sociabilité des animaux est semblable à celle des hommes et s'alimente aux mêmes sources : la solidarité, l'amitié et la déférence aux anciens, en l'occurrence les esprits invisibles qui président aux migrations du gibier, gèrent sa dispersion territoriale et ont la charge de sa régénération. Si les animaux diffèrent des hommes, c'est donc uniquement par l'apparence, une simple illusion des sens puisque les enveloppes corporelles distinctives qu'ils arborent d'ordinaire ne sont que des déguisements destinés à tromper les Indiens. Lorsqu'ils visitent ces derniers en rêve, les animaux se révèlent tels qu'ils sont en réalité, c'est-à-dire sous leur forme humaine, de même qu'ils parlent dans les langues indigènes quand leur esprit s'exprime publiquement au cours du rituel dit de la « tente tremblante[16] ». Quant aux mythes fort communs qui mettent en scène l'union entre un animal et un homme ou une femme, ils ne font que confirmer l'identité de nature des uns et des autres : une telle conjonction serait impossible, dit-on, si un tendre sentiment n'avait dessillé les yeux du partenaire humain, lui permettant de voir sous des oripeaux animaux la véritable figure d'un conjoint désirable.

On aurait tort de voir dans cette humanisation des animaux un simple jeu de l'esprit, une manière de langage métaphorique dont la pertinence ne s'étendrait guère au-delà des circonstances propres à l'accomplissement des rites ou à la narration des mythes. Même lorsqu'ils parlent en termes fort prosaïques de la traque, de la mise à mort et de la consommation du gibier, les Indiens expriment sans ambiguïté l'idée que la chasse est une interaction sociale avec des entités parfaitement conscientes des conventions qui la régissent[17]. Ici, comme dans la plupart des sociétés où la chasse joue un rôle important, c'est en témoignant du respect aux animaux que l'on s'assure de leur connivence : il faut éviter le gâchis, tuer proprement et sans souffrances inutiles, traiter avec dignité les os et la dépouille, ne pas céder aux tartarinades ni même évoquer trop clairement le sort réservé aux proies. Ainsi, les expressions désignant la chasse font rarement référence à sa fin ultime, la mise à mort ; de même que les Achuar d'Amazonie parlent en termes vagues de « partir en forêt », de « promener les chiens » ou encore de « souffler les oiseaux » (pour la chasse à la sarbacane), de même les Indiens Montagnais disent « aller chercher », pour la chasse au fusil, ou « aller le voir », pour vérifier les lignes de trappe[18]. Tout comme en Amazonie, également, il est courant que le jeune chasseur tuant pour la première fois un animal d'une certaine espèce lui accorde un traitement rituel particulier. Chez les Achuar, par exemple, le jeune homme se refuse à manger lui-même le gibier qu'il a ramené car la relation encore fragile établie avec la nouvelle espèce se briserait sans appel s'il manquait à cette retenue, les congénères de sa proie se dérobant désormais à son approche. C'est le même principe qui, chez les Ojibwa de l'Ontario, paraît dicter la conduite du chasseur novice : il consommera certes sa prise en compagnie des hommes de son entourage, mais au cours d'un repas cérémoniel qui se termine par une sorte de rituel funéraire accordé aux restes de l'animal[19].

Au-delà de ces marques de considération, toutefois, les rapports avec les animaux peuvent s'exprimer dans des registres plus spécifiques ; la séduction, par exemple, qui figure le gibier à l'image d'une amante, ou encore la coercition magique, qui annihile la volonté d'une proie et la force à s'approcher du chasseur. Mais la plus commune de ces relations, celle aussi qui souligne le mieux la parité entre les hommes et les animaux, est le lien d'amitié qu'un chasseur noue au fil du temps avec un membre singulier d'une espèce. L'ami sylvestre est conçu à la manière d'un animal de compagnie et va servir d'intermédiaire auprès de ses congénères pour qu'ils s'exposent sans rechigner à portée de tir ; petite trahison, sans doute, mais sans conséquence pour les siens, la victime du chasseur se réincarnant peu après en un animal de la même espèce si sa dépouille a reçu le traitement rituel prescrit. Car, quelles que soient les stratégies employées pour inciter un animal à s'exposer au chasseur, c'est toujours par l'effet d'un sentiment de générosité que la proie se livre à celui qui va la consommer. Le gibier est mû par la compassion qu'il éprouve pour les souffrances des humains, ces êtres exposés à la disette et qui dépendent de lui pour leur survie. Loin de se réduire à une manipulation technique épisodique d'un milieu naturel autonome, la chasse est ici un dialogue continu, au cours duquel, comme l'écrit Tim Ingold, « les personnes humaines et animales se constituent réciproquement avec leurs identités et leurs finalités particulières[20] ».

Plus au nord encore, dans ces parages quasi désertés par la vie que seuls les peuples de langue eskimo ont su habiter, une perception identique des rapports à l'environnement semble prévaloir[21]. Hommes, animaux et esprits sont coextensifs, et si les premiers peuvent se nourrir des seconds grâce à la bienveillance des derniers, c'est parce que le gibier s'offre à ceux qui le désirent vraiment, tout comme chez les Cree. Les rites de chasse et de naissance inuit témoignent de ce que les âmes et les chairs, si rares et si précieuses, circulent sans trêve entre différentes composantes de la biosphère définies par leurs positions relatives et non par une essence donnée de toute éternité : de même qu'il faut du gibier pour produire les humains — comme aliment, certes, mais aussi parce que l'âme des phoques harponnés renaît dans les enfants —, de même il faut des humains pour produire certains animaux — les restes des défunts sont abandonnés aux prédateurs, le délivre est offert aux phoques et l'âme des morts retourne parfois vers l'esprit qui régit le gibier marin. Comme le confiait le chamane Ivaluardjuk à Rasmussen, « le plus grand péril de l'existence vient du fait que la nourriture des hommes est tout entière faite d'âmes[22] ». Si les animaux sont des personnes, en effet, les manger relève d'une forme de cannibalisme que seul l'échange permanent des substances et des principes spirituels entre les principaux acteurs du monde permet, dans une certaine mesure, d'atténuer. Ce genre de dilemme n'est pas propre aux seuls habitants du Grand Nord, et bien des cultures amérindiennes se voient confrontées au même problème : comment accaparer la vie d'un autre doté des mêmes attributs que moi sans que cet acte destructeur compromette les liens de connivence que j'ai su établir avec la communauté de ses congénères ? Difficile question que notre tradition humaniste ne nous a pas préparés à aborder en ces termes et sur laquelle je reviendrai dans le cours de ce travail.

Des forêts luxuriantes de l'Amazonie aux étendues glacées de l'Arctique canadien, certains peuples conçoivent donc leur insertion dans l'environnement d'une manière fort différente de la nôtre. Ils ne se pensent pas comme des collectifs sociaux gérant leurs relations à un écosystème, mais comme de simples composantes d'un ensemble plus vaste au sein duquel aucune discrimination véritable n'est établie entre humains et non-humains. Il existe certes des différences entre tous ces agencements cosmologiques : ainsi, en raison du faible nombre d'espèces vivant dans les latitudes les plus septentrionales, le réseau des interrelations entre les entités habitant la biosphère n'est pas aussi riche et complexe pour les Amérindiens du Nord que pour ceux du Sud. Mais les structures de ces réseaux sont en tout point analogues, de même que les propriétés imputées à leurs éléments, ce qui paraît exclure que l'écologie symbolique des Indiens d'Amazonie puisse résulter d'une adaptation locale à un environnement plus diversifié.

S'agirait-il alors d'une particularité américaine ? L'ethnologie et l'archéologie révèlent jour après jour que l'Amérique indienne formait jadis une totalité culturelle originale dont l'unité est encore perceptible derrière l'effet de fragmentation induit par l'histoire coloniale. En témoignent les mythes, bien évidemment, ces variations ordonnées sur un substrat sémantique homogène, dont il est difficile d'imaginer qu'ils ne procèdent pas d'une commune conception du monde, forgée au cours de mouvements millénaires d'idées et de populations. De cette histoire précolombienne, beaucoup plus longue qu'on ne l'imaginait naguère, nous savons fort peu de choses. De sorte que l'ethnographie moderne ne peut plus nous livrer que des chroniques décousues de ce « Moyen Âge auquel aurait manqué sa Rome », pour reprendre la formule de Lévi-Strauss[23], de simples indices d'un vieux fonds partagé dont les éléments furent combinés çà et là de manière fort diverse. Se pourrait-il qu'une certaine façon de se représenter les relations entre humains et non-humains résultât de ce très ancien syncrétisme, affleurant jusqu'à nos jours dans un schème panaméricain ?

Pour séduisante qu'elle puisse paraître, l'hypothèse d'une originalité américaine ne résiste pourtant pas à l'examen. Car il suffit de franchir le détroit de Béring, au rebours des migrations qui conduisirent les ancêtres des actuelles populations amérindiennes depuis la Sibérie orientale jusqu'à l'Alaska, pour s'apercevoir que les peuples de chasseurs de la taïga formulent leurs relations à l'environnement de manière fort semblable[24]. Chez les Toungouses comme chez les Samoyèdes, chez les Xant et chez les Mansi, la forêt tout entière est conçue comme animée par un esprit, généralement figuré comme un grand cervidé, mais susceptible de se manifester dans une multiplicité d'incarnations ; il réside notamment dans les arbres et dans certains rochers. Au reste, les arbres peuvent aussi avoir une âme en propre ou constituer le double végétal d'un humain, ce qui motive l'interdit de couper les jeunes sujets. Appelé « Riche-Forêt » en bouriate, l'esprit des bois possède deux avatars : l'un, positif, donne le gibier aux hommes et éloigne leurs maladies ; l'autre, souvent présenté comme le fils ou le beau-frère du premier, répand au contraire l'infortune et la mort, et s'occupe à chasser l'âme des humains pour la dévorer. L'ambivalence de « Riche-Forêt » — également caractéristique des figures du « Maître du gibier » dans l'Amérique indigène — impose aux hommes de multiplier les précautions dans leurs rapports aux animaux sauvages sur lesquels ce personnage dédoublé exerce sa tutelle.

Les animaux eux-mêmes possèdent une âme, identique dans son principe à celle des humains, à savoir un principe de vie relativement autonome vis-à-vis de son support matériel, ce qui permet à l'esprit du gibier de vagabonder, notamment après sa mort, et de s'assurer auprès de ses congénères qu'il sera vengé, s'il en était besoin. L'organisation sociale des animaux est en effet semblable à celle des hommes : la solidarité entre membres d'une espèce est assimilée aux devoirs d'assistance entre membres d'un même clan, tandis que les rapports entre espèces sont décrits comme des relations entre tribus. Parmi les animaux à fourrure, certains individus exercent un contrôle sur leurs compagnons dont ils sont les « maîtres » ; plus grands et plus beaux, ils incarnent au mieux les traits caractéristiques de l'espèce qu'ils représentent et sont donc les interlocuteurs privilégiés des chasseurs qui les prient de bien vouloir leur concéder certains de leurs congénères. Présente également dans l'Amérique indigène[25], cette figure du prototype contribue à différencier la hiérarchie de chaque communauté animale, comme s'il était nécessaire qu'il existât entre les esprits maîtres et la piétaille du gibier un intermédiaire de statut identique au chasseur avec qui les négociations puissent se dérouler sur un pied d'égalité.

Car les relations des peuples sibériens avec le monde animal sont diversifiées selon les parties prenantes. La chasse aux grands cervidés — surtout le renne sauvage et l'élan — implique un rapport d'alliance avec l'Esprit de la forêt présenté comme un donneur de femmes. En copulant dans ses rêves avec les filles de celui-ci, le chasseur consomme cette alliance et gagne le droit de recevoir les bienfaits de son beau-père. Pour symbolique qu'il puisse paraître, ce lien de parenté n'est pas réputé tout à fait imaginaire : en raison de la faculté attribuée à l'âme de voyager durant le sommeil, l'union avec les filles de l'Esprit de la forêt prend au moins l'allure d'un commerce de personne à personne. Et comme il ne faut point susciter la jalousie des demoiselles de « Riche-Forêt », les hommes s'abstiendront de tout rapport sexuel avec leurs épouses humaines avant d'aller à la chasse. Pour entretenir la générosité du beau-père ou des esprits donneurs de gibier, on raconte le soir à leur invisible présence ces longues épopées dont ils sont si friands, tandis que les volutes du tabac fumé par les hommes viennent agréablement chatouiller leurs impalpables narines.

Avec les animaux autres que les cervidés, les rapports d'alliance sont en effet inopérants, et toutes sortes de précautions doivent être prises pour ne pas se les aliéner durablement. On peut commencer par la ruse : attribuer à haute voix la responsabilité de la mort d'un animal que l'on vient de tuer à un membre d'une autre tribu, par exemple, ou, mieux encore, préserver son incognito à la chasse en portant un masque. Comme en Amérique, la modération dans le prélèvement, la dissimulation des intentions, la censure sur le nom de l'animal ou l'usage d'euphémismes pour désigner sa mise à mort sont des règles impératives si l'on ne veut pas encourir la vengeance du gibier ou de ses représentants. Le traitement adéquat de la dépouille revêt autant d'importance que dans le Subarctique canadien, et pour des raisons analogues : la vie continue tant que les os subsistent, de sorte qu'en disposant sur de petits échafaudages en forêt le squelette intact de l'animal, son crâne, et parfois ses organes génitaux, on s'assure que son âme retournera au stock commun à son espèce et qu'elle donnera ainsi naissance à un autre individu. Dans la mesure où l'enveloppe corporelle n'est que pure apparence, un vêtement transitoire qui se reconstitue à partir de l'armature osseuse, le chasseur ne détruit pas le gibier, mais se contente de prélever sa chair pour la consommer. Avant d'être déposé en forêt, du reste, le crâne de l'animal aura été amené à la maison et installé à la place d'honneur. En présence des parents et voisins invités pour la circonstance, on organise une fête en l'honneur de son âme, ponctuée de remerciements cérémonieux et d'invitations à retourner chez ses congénères afin de les inciter à rendre visite à leur tour aux humains.

Pour que l'échange soit vraiment équitable, toutefois, il faut rendre aux animaux ce qui leur a été soustrait, en l'occurrence de la viande. Cela peut se faire de deux manières. Comme chez les Inuit, tout d'abord, les défunts sont exposés sur une plate-forme éloignée des habitations afin que leurs restes soient mangés par les prédateurs. Mais on nourrit aussi les animaux de façon plus directe, en recueillant chez soi les petits d'espèces sauvages et en pourvoyant à leurs besoins. Chez les peuples mongols, ces animaux familiers sont appelés *ongon*, nom que l'on donne aussi à des figurines représentant généralement des animaux, et que l'on dit servir d'intermédiaire auprès de l'Esprit de la forêt pour favoriser la chasse. Conservées auprès du foyer, ces effigies doivent être traitées avec considération, égayées par des propos plaisants, et surtout alimentées de façon régulière ; on les enduit donc de graisse et de sang, et l'on dispose des morceaux de viande dans une cavité figurant leur bouche, ou dans des poches ménagées à cet effet. En nourrissant les diverses sortes d'*ongon*, les chasseurs se concilient leurs faveurs en même temps qu'ils paient leur dette à l'égard des animaux chassés. Quant à ces derniers, ils peuvent s'assurer jour après jour, grâce à leurs émissaires domestiques, que les humains s'acquittent de leurs obligations avec ponctualité.

En Sibérie comme en Amérique, donc, bien des peuples paraissent rebelles à l'idée d'une séparation tranchée entre leur environnement physique et leur environnement social, ces deux domaines que nous distinguons d'ordinaire n'étant pour eux que des facettes à peine contrastées d'un continuum d'interactions entre personnes, humaines et non humaines. La belle affaire, dira-t-on ! L'Amérique et l'Asie orientale ne font-elles pas partie du même phylum culturel ? Les populations qui traversèrent le détroit de Béring au pléistocène n'emportaient-elles pas déjà tout un bagage d'idées et de techniques, sans doute fécondées et enrichies par plusieurs vagues ultérieures de migration ? Il n'est dès lors pas surprenant d'en retrouver des traces çà et là, de la Sibérie à la Terre de Feu.

L'argument n'est pas nouveau d'une diffusion depuis l'Asie de certaines caractéristiques matérielles et idéologiques des cultures amérindiennes. Il est aussi partiellement fondé. Dès le début du XXe siècle, les travaux de l'expédition Jesup avaient établi l'existence d'une véritable civilisation du Pacifique Nord dont les témoignages archéologiques attestent l'unité, produit de plusieurs millénaires de mouvements de populations et d'échanges intenses dans une vaste région centrée sur la Béringie et s'étendant de la côte sud de la mer d'Okhotsk jusqu'à l'île de Vancouver[26]. Rien n'empêcherait en droit que des institutions et des croyances forgées dans le creuset du Pacifique Nord se soient disséminées bien au sud de l'actuel Canada, et notamment ce trait le plus spontanément associé à la Sibérie orientale, à savoir le chamanisme.

Rappelons que le terme *çaman* vient du toungouse et que les premières descriptions de transes chamaniques furent rapportées dès le XVIIe siècle par des Russes ayant voyagé en Sibérie orientale[27]. En s'emparant du terme dans les premières décennies du XXe siècle, l'ethnologie a eu tendance à unifier sous une même catégorie descriptive un ensemble de traits repérés à l'origine en Sibérie, mais réputés présents dans les « religions primitives » d'autres régions du monde, et tout particulièrement en Amérique : le chamane serait un médiateur entre les humains et les esprits, avec lesquels il entrerait en communication à volonté par un voyage de l'âme — transe ou rêve — lui permettant de mobiliser leur concours de manière à prévenir ou soulager le malheur des hommes. Certains auteurs ont voulu voir dans le chamanisme une véritable conception du monde, un système singulier d'interprétation des événements fondé sur l'alliance entre les hommes et les divinités[28], ou encore l'expression d'une symbolique de l'échange avec la nature, caractéristique des peuples de chasseurs[29]. Si l'on adopte une telle perspective, bien des similitudes troublantes dans la manière dont les Amérindiens et les Sibériens conçoivent leur relation à l'environnement pourraient s'expliquer par un fond chamanique commun. L'attribution d'âmes aux plantes et aux animaux, les relations électives avec des esprits médiateurs, les échanges de nourriture et d'identité avec les non-humains, tout cela ne serait, en définitive, que les manifestations d'un système plus général d'interprétation et de réparation de l'infortune centré autour de la personne d'un individu réputé posséder des pouvoirs particuliers. Né en Asie septentrionale, ce système se serait ensuite répandu dans les deux Amériques avec les immigrants venus de Sibérie, donnant ainsi naissance à des cosmologies en apparence très semblables.

Cette hypothèse diffusionniste, soutenue notamment par Mircea Eliade, implique plusieurs présupposés, du reste en partie contradictoires[30]. Faire du chamanisme une forme de religion archaïque définie par quelques traits typiques — présence d'individus maîtrisant les techniques d'extase et communiquant avec des puissances surnaturelles qui leur délèguent des pouvoirs — suppose que l'on accorde à la personne et aux actes du chamane un rôle démesuré dans la définition de la manière dont une société s'efforce de donner du sens au monde. C'est comme si l'on décrétait l'unité du brahmanisme, de la religion grecque et du christianisme au prétexte que l'on y trouve la figure centrale d'un prêtre, instrument d'une médiation liturgique avec le divin que marque un sacrifice réel ou symbolique. Or, dans l'Amérique indienne à tout le moins, la part prise par les chamanes dans la gestion des rapports avec les différentes entités qui peuplent le cosmos peut être tout à fait négligeable. Dans l'aire subarctique comme dans maintes sociétés amazoniennes, les relations entre humains et non-humains sont avant tout des relations de personne à personne, entretenues et consolidées au fil de l'existence de tous et de chacun. Ces liens de connivence individuels échappent souvent au contrôle des spécialistes rituels, la tâche de ces derniers, lorsqu'ils existent, se bornant dans bien des cas au seul traitement des malheurs du corps. Il est donc aventureux d'affirmer qu'une conception du monde dominante puisse être le produit d'un système religieux centré sur une institution, le chamanisme, dont les effets sont parfois restreints à un secteur limité de la vie sociale. L'argument diffusionniste implique aussi, *a contrario*, que la configuration cosmologique ordinairement associée au chamanisme devrait s'estomper et disparaître à mesure que l'on s'éloigne de la zone géographique où elle aurait pris sa source. À moins, bien sûr, de considérer que n'importe quelle forme de médiation élective avec des entités surnaturelles relève du chamanisme, position absurde qui ferait de celui-ci le substrat antique de toutes les religions en même temps qu'un concept parfaitement vide puisque, en embrassant trop de phénomènes différents, il n'en déterminerait plus aucun de façon significative.

Pour nous prémunir des séductions d'un diffusionnisme raisonnable — c'est-à-dire qui ne s'étendrait pas à la totalité de la planète —, il faut nous éloigner de l'hypothétique foyer d'hypothétiques civilisations chamaniques. Franchissons donc la Mongolie, la Chine et l'Indochine pour nous transporter, à plus de six mille kilomètres au sud de la Sibérie orientale, dans la forêt tropicale humide de la péninsule malaise. Là vit un ensemble de groupes ethniques de langue môn-khmère, collectivement appelés Orong Asli (« peuples aborigènes ») par les Malais. Tirant leur subsistance de la chasse à la sarbacane, de la cueillette et de la culture itinérante sur brûlis de plantes domestiquées à l'origine en Amérique tropicale, tels le manioc ou la patate douce, ils ne peuvent manquer d'évoquer au spécialiste de l'Amazonie indigène bien des traits familiers : mêmes techniques d'usage extensif des ressources, même dispersion de l'habitat, même fluidité de l'organisation sociale. Mais c'est surtout dans les représentations des relations qu'ils entretiennent avec les plantes et les animaux que les Orong Asli présentent les ressemblances les plus frappantes avec les peuples examinés jusqu'à présent. J'en prendrai pour exemple une petite ethnie de l'intérieur de la province de Pahang, les Chewong, dont l'écologie symbolique nous est bien connue grâce aux travaux de Signe Howell[31].

La société chewong ne se borne pas aux deux cent soixante individus qui la composent, elle s'étend bien au-delà des frontières ontologiques de l'humanité pour englober une myriade d'esprits, de plantes, d'animaux et d'objets réputés posséder les mêmes attributs que les Chewong et collectivement désignés par eux comme « nos gens » *(bi he)*. En dépit de la diversité des apparences, toutes les entités de ce cosmos forestier sont mêlées dans une communauté intime et égalitaire qui s'oppose globalement au monde extérieur, menaçant et incompréhensible, où vivent des « gens différents » *(bi masign)*, Malais, Chinois, Occidentaux ou autres peuples aborigènes. Dans cet entre-soi saturé de vie sociale, les êtres qui partagent le même environnement immédiat se perçoivent comme complémentaires et interdépendants, la responsabilité éthique d'assurer la bonne marche des choses étant collectivement assumée et fonction des actes de chacun. Car l'allégeance à un code moral caractérise la conduite de tous ceux qui possèdent une conscience réflexive *(ruwai)*, humains et non-humains confondus. Si certaines plantes et certains animaux sont des « gens » *(beri)* pour les Chewong, c'est qu'ils jouissent des mêmes capacités cognitives et morales qu'eux, mais aussi que leurs corps, dans certaines circonstances, peuvent apparaître identiques à ceux des humains. Le *ruwai* constitue la véritable essence de la personne et son principe d'individuation, le corps n'étant qu'un vêtement dont on peut se débarrasser de façon temporaire, lors des rêves notamment. Lorsque le *ruwai* vagabonde, toutefois, il le fait sous la forme d'une incorporation physique, faute de quoi il ne pourrait être vu et reconnu par les autres *ruwai*. Or si, dans un tel cas, le *ruwai* des humains s'incarne sous la forme d'un modèle réduit du corps réel, une manière d'homoncule, le *ruwai* des plantes et des animaux s'incarne en revanche dans un corps humain et non dans le « vêtement » de son espèce. En outre, si le *ruwai* d'un humain ne saurait venir habiter le corps d'un autre humain, il peut à l'occasion endosser l'apparence d'une plante ou d'un animal. Non seulement les distinctions entre nature, surnature et humanité n'ont aucun sens pour les Chewong, mais la possibilité même de découper le réel en catégories stables devient illusoire puisque l'on n'est jamais assuré de l'identité de la personne, humaine ou non humaine, qui se cache sous le « vêtement » de telle ou telle espèce.

Il est pourtant un attribut des êtres qui perdure quels que soient leurs avatars, et qui les distingue à leur insu en groupements homogènes. Chaque classe de personnes dotées d'un *ruwai* est réputée percevoir le monde à sa manière, en fonction des caractéristiques singulières de son appareil visuel. Il arrive assez souvent, par exemple, qu'un Chewong tombe en forêt dans le piège posé par un esprit pour capturer des cochons sauvages ; mais comme ses yeux sont « chauds », à la différence de ceux des esprits qui sont « froids », il ne se rendra pas compte de ce qui lui est arrivé, sauf pour en éprouver dans son corps les conséquences douloureuses. Les humains n'en sont pas pour autant désavantagés car l'illusion est à double sens. Ainsi une race d'esprits réputée s'alimenter d'une espèce de balisier perçoit-elle cette plante comme une patate douce ; lorsque des Chewong coupent des balisiers, ces esprits ne voient que des porcs-épics déterrant des patates douces. De même, le chien qui mange des excréments sous les maisons est persuadé de dévorer des bananes, tandis que les éléphants se voient les uns les autres comme des humains. Considéré comme un prédicat du *ruwai* de chaque espèce, le mode de perception qui lui est particulier ne change pas au gré des métamorphoses individuelles, de sorte qu'un Chewong qui endosse le « vêtement » d'un tigre continuera à voir le monde comme un humain. Le parallèle avec le relativisme perceptif des Amérindiens est ici patent : l'identité des êtres et la texture du monde sont fluides et contingentes, rebelles à toute classification qui voudrait figer le réel sur la seule vertu des apparences. Dualistes, les Chewong le sont sans doute, mais d'une manière fort différente de la nôtre : plutôt que de discriminer en leur sein entre les humains et ceux qui ne le sont pas, ils tracent une frontière entre le proche et le lointain, entre des communautés de personnes d'aspects hétérogènes, mais partageant les mêmes mœurs et le même habitat, et la périphérie mystérieuse où règnent d'autres langues et d'autres lois. De type concentrique, leur dualisme atténue les discontinuités en son foyer pour mieux exclure à ses confins ; le nôtre est diamétral et distingue dans l'absolu pour mieux inclure.

L'aisance avec laquelle les Chewong s'accommodent d'un monde dans lequel nature et société ne sont pas compartimentées n'a rien d'exceptionnel en Asie du Sud-Est. En Malaisie même, les sources ethnographiques nous brossent des tableaux comparables d'autres peuples aborigènes, tels les Negritos Batek du centre de la péninsule[32], ou les Ma'Betisék des mangroves de Selangor[33]. Pour ces derniers, nous dit Wazir-Jahan Karim, « il est mal, fondamentalement, d'exploiter des plantes et des animaux comme ressources alimentaires, car cela revient à utiliser des humains comme nourriture[34] ». Il en est de même plus à l'est, en Indonésie orientale, chez les Nuaulu de l'île de Seram. Étudiant la manière dont ils classent la faune, Roy Ellen en conclut qu'il est impossible d'isoler une taxinomie animale nuaulu conçue comme un domaine discret, c'est-à-dire indépendant d'un ordre cosmique plus englobant analogue à l'antique « chaîne des êtres[35] ».

L'île de Seram est séparée de la Nouvelle-Guinée par un détroit d'à peine deux cents kilomètres et il n'est pas surprenant de retrouver en Mélanésie une même absence de frontière tranchée entre humains et non-humains. Roy Wagner définit fort bien cette continuité lorsqu'il écrit : « Les peuples de l'intérieur de la Papouasie situent l'humanité au sein d'un monde d'entités anthropomorphes, différenciées mais fondamentalement analogues[36]. » C'est particulièrement net chez les sociétés du Grand Plateau, un isolat biogéographique notoire pour la richesse et la diversité de sa faune et de sa flore. Dans la cosmologie des Kaluli, par exemple, règne le même genre de relativisme perceptif qu'en Amazonie ou chez les Chewong : de multiples mondes coexistent dans un seul environnement, peuplés par des classes d'êtres distincts qui perçoivent leurs congénères comme des humains, mais voient les habitants des autres mondes comme des animaux ou des esprits. Les hommes chassent donc des porcs sauvages où s'incarnent des esprits, tandis que les esprits chassent des porcs sauvages où résident les doubles des humains[37]. Aussi, et pour reprendre une formule des Bedamuni, voisins des Kaluli, « lorsque nous voyons des animaux, nous pourrions penser qu'il s'agit seulement d'animaux, mais nous savons qu'ils sont en réalité comme les humains[38] ». La situation n'est guère différente plus à l'est, aux îles Salomon. Selon les 'Are'are, la monnaie de coquillage, les plantes cultivées, les porcs, les poissons, les hommes et les femmes sont formés par des combinaisons plus ou moins complètes de vecteurs d'identité qui, en circulant entre toutes ces entités, les relient les unes aux autres dans un grand continuum cosmique[39]. Dans ces mêmes îles, les gens du lagon de Marovo, nous dit-on, « ne pensent pas que les composantes organiques et inorganiques de leur environnement constituent un règne distinct de la nature ou de l'environnement qui serait séparé de la culture ou de la société humaine[40] ».

Mais c'est plus au sud, en Nouvelle-Calédonie, à mille lieues des parages où nous avions commencé cette enquête, que fut peut-être exprimé avec le plus de subtilité ce qu'implique un monde où les humains vivent dans l'enveloppement de leur milieu. Nous devons ce savoir à un grand livre précurseur, *Do kamo*, dans lequel Maurice Leenhardt, il y a cinquante ans déjà, attirait notre attention sur une conception originale de la personne, immergée dans l'abondance d'un monde « où animaux, hommes et plantes échangent entre eux, sans limitations, et sans différenciations[41] ». Sans différenciations, car les Canaques posent une identité de structure et de substance entre le corps humain et les plantes : les tissus, les processus mêmes de la croissance et de la physiologie sont en tout point analogues, quoique les modes d'existence soient perçus comme différents. Il ne s'agit donc pas ici d'une correspondance métaphorique, au demeurant assez classique[42], entre le développement de l'humain et celui du végétal, mais bien d'une continuité matérielle entre deux ordres du vivant qu'atteste le retour des aïeux dans certains arbres, après leur mort. Ce corps ligneux, nous dit Leenhardt, ne saurait être le support d'une singularité, le noyau d'un moi individuel : enchâssé dans un environnement avec lequel il se confond presque, il permet à l'homme de se connaître au travers de son expérience du monde et « ... sans qu'il songe à se distinguer soi-même de ce monde[43] ».

Le corps s'anime grâce au *kamo*, un prédicat indiquant la vie, mais qui n'implique ni contour défini ni nature essentielle. Un animal ou un végétal sont dits *kamo* si les circonstances laissent à penser qu'ils ont quelque chose en commun avec l'homme. Comme en Amazonie, l'humain dépasse toutes les représentations physiques de l'homme, et la plénitude de l'humanité, exprimée par les termes *do kamo* (« humain vrai »), se déploie en fait dans toutes sortes d'unités de vie distinctes de l'homme comme espèce. C'est pourquoi Leenhardt propose de traduire *do kamo* par « personnage », un principe d'existence revêtu d'apparences diverses, en opposition à la notion occidentale de « personne » qui suppose une conscience de soi particularisée et un corps nettement circonscrit dans l'espace. Le *kamo* se définit non par une clôture, mais par les relations qui le constituent ; de sorte qu'en supprimant celles-ci — chez les humains, le réseau des liens de parenté, de solidarité et d'allégeance — l'ego s'évanouit, faute de pouvoir exister par lui-même dans l'intelligence réflexive de sa singularité. La désocialisation induite par le processus colonial engendre donc des bouleversements dramatiques, que l'éducation dispensée par les missionnaires vise à corriger. C'est par elle, en effet, que naît une conscience de l'individualité, inscrite dans un corps autonome. Le vieux Boesoou laisse peu de doute là-dessus dans sa réponse à Leenhardt qui s'enquérait des effets produits par la scolarisation :

> — En somme c'est la notion d'esprit que nous avons portée dans votre pensée ?
>
> Et lui d'objecter :
>
> — L'esprit ? Bah ! Vous ne nous avez pas apporté l'esprit. Nous savions déjà l'existence de l'esprit. Nous procédions selon l'esprit. Mais ce que vous nous avez apporté, c'est le corps[44].

Amériques, Asie, Océanie : un continent ethnographique manque encore à l'appel. L'Afrique, en effet, semble se distinguer des cas examinés jusqu'à présent en ce que la frontière entre la nature et la société y paraît plus affirmée, transcrite dans des classifications spatiales, des cosmologies et des conceptions de la personne qui différencient assez nettement humains et non-humains. Ainsi l'opposition tranchée entre le village et la brousse — le *bush* dans la littérature anglo-saxonne — revient-elle comme un leitmotiv dans toutes les monographies africanistes : le premier est le lieu de l'ordre social, construit par le labeur, entretenu par le rituel, garanti dans sa pérennité par la hiérarchie segmentaire et par la présence des ancêtres, tandis que la seconde est une périphérie dangereuse, peuplée d'espèces prédatrices et de génies malfaisants, espace anomique associé à la mort et source ambiguë de puissance masculine. De même les animaux sauvages sont-ils, en Afrique, rarement dotés d'une âme individuelle, d'une intentionnalité ou de caractéristiques humaines, et lorsqu'ils sont mis en scène dans les contes, ce n'est pas tant comme des *alter ego* des hommes, à la manière des mythes amérindiens, mais plutôt comme des métaphores, des archétypes de qualités morales réprouvées ou célébrées, de simples acteurs dans des paraboles ironiques ou édifiantes évoquant tout à fait les fables européennes. Enfin, à la différence de ce qui se passe pour les autres aires culturelles, les interactions entre les humains et les espèces naturelles sont peu abordées par les africanistes — sauf ceux qui s'intéressent aux peuples pygmées —, les plantes et les animaux figurant surtout dans l'analyse des prohibitions alimentaires, du totémisme et du sacrifice, c'est-à-dire en qualité d'icônes exprimant des catégories et des pratiques sociales, non comme des sujets à part entière de la vie du monde. Ces spécificités africaines se sont d'ailleurs perpétuées en Amérique à la suite de la déportation esclavagiste. C'est ce que montrent bien les représentations contrastées de la forêt humide du Chocó colombien par les Indiens Emberá et par les populations noires issues du marronnage qui y résident depuis le XVIIe siècle, en contact constant avec les Indiens : pour les premiers, la forêt est un prolongement familier de la maison où l'on mène des échanges rituels d'énergie avec les animaux et les esprits qui les gouvernent, les secondes n'y voient qu'un lieu sauvage, obscur, dangereux, dont on évite autant que possible la fréquentation, une antithèse absolue de l'espace habité[45].

Nous examinerons, dans la troisième partie de ce livre, les raisons qui pourraient expliquer cette apparente singularité de l'Afrique et la troublante proximité de celle-ci avec l'Europe dans la manière dont les discontinuités entre humains et non-humains y sont perçues et organisées. Il n'est pas impossible, au demeurant, qu'un tel particularisme soit aussi en partie le produit de ces habitudes intellectuelles caractéristiques de toutes les spécialisations en aires culturelles, lesquelles incitent les ethnographes à reconnaître dans la société qu'ils étudient des expressions de certaines réalités rendues familières par la tradition savante propre à la région dont ils s'occupent et à négliger des phénomènes qui rentrent mal dans les cadres interprétatifs que cette tradition a élaborés. Mais les canons d'analyse évoluent avec les changements de paradigme que connaissent périodiquement les études régionales, de nouvelles enquêtes de terrain mettant alors en lumière des aspects délaissés de cultures que l'on croyait pourtant bien connues. Pour ne prendre que deux brefs exemples, des ethnographies récentes évoquent, au Mali et en Sierra Leone, des conceptions des non-humains plus proches de ce que l'on connaît en Amérique ou en Océanie que de l'image longtemps présentée par l'ethnologie africaniste. Ainsi, les Kuranko de la Sierra Leone prêtent-ils à certains individus une aptitude à se métamorphoser en animaux prédateurs — éléphants, léopards, crocodiles ou serpents — de façon à nuire à leurs ennemis, en attaquant leur cheptel ou en piétinant leurs récoltes. S'interrogeant sur l'ontologie sous-jacente à une telle croyance, Michael Jackson fait remarquer qu'elle s'appuie sur une conception de la personne comme attribut fluctuant issu des interactions avec autrui plutôt que comme une essence individualisée, ancrée dans la conscience de soi et l'unité corporelle. La notion de personne, *morgoye*, ne définit donc pas une identité singulière et stable, mais procède du degré d'accomplissement des relations sociales entretenues à tel ou tel moment avec une pléiade d'entités, de sorte que la qualité de « personne », fonction d'une position et non d'une substance, peut être imputée selon les circonstances à des humains, à des animaux, à des génies de la brousse, à des ancêtres, à des plantes et même à des pierres[46]. Ce brouillage des frontières ontologiques est aussi notable chez les Dogon de Tireli qui confèrent aux plantes sylvestres des propriétés anthropomorphiques : les guérisseurs dialoguent avec les arbres pour acquérir leur savoir-faire et certains arbres, notamment le fromager, sont réputés se déplacer durant la nuit pour tenir des palabres, ce dont on crédite aussi les pierres situées près des cimetières[47]. L'opposition entre la brousse et le village, pourtant très nette dans ces deux cas, peut ainsi autoriser une multitude de médiations et de passages qui rendent improbable la distribution des occupants respectifs de l'un et l'autre espace dans des régimes d'essences distingués en nature.

*

Interrompons un moment ce périple ethnographique qui nous a déjà fait franchir bien des mers. Son propos était d'établir qu'une manière d'expérimenter la continuité entre humains et non-humains que j'avais eu le privilège d'observer dans un recoin de l'Amazonie était en réalité fort répandue et qu'elle pouvait difficilement procéder d'un fonds idéologique commun qui se serait diffusé de proche en proche jusqu'à irriguer une bonne partie de la planète...

Sans doute, pourra-t-on objecter, mais tous ces peuples dont vous nous entretenez possèdent en vérité des traits structurels identiques, susceptibles d'expliquer les similitudes de leurs visions du monde. Ils vivent, ou vivaient, de la chasse, de la pêche et de la cueillette, à quoi s'ajoute, pour nombre d'entre eux, la culture de racines tropicales à reproduction végétative. Disséminés en petites communautés à faible effectif démographique, et sans capacité d'accumuler des surplus notables, ils dépendent donc pour leur subsistance d'une interaction constante et individualisée avec des plantes et des animaux. Dans la plupart des cas, en effet, le gibier se présente au chasseur sous la forme d'un sujet isolé ou d'un petit groupe d'animaux avec lesquels il doit rivaliser de ruse et d'adresse. Quant à l'horticulture de bouturage, elle diffère de la culture des céréales en ce qu'elle suppose un traitement personnalisé de chaque plante, dès lors investie d'une singularité manifeste[48]. Il n'y aurait donc rien d'étonnant à ce que l'on ait pu doter d'attributs anthropomorphes ces plantes et ces animaux distingués jour après jour par un commerce familier.

En outre, les sociétés examinées jusqu'à présent ignorent l'écriture, le centralisme politique et la vie urbaine. Faute d'institutions spécialisées dans l'accumulation, l'objectivation et la transmission du savoir, elles auraient été incapables de mener à bien l'effort réflexif et critique grâce auquel la tradition lettrée de certains peuples a pu isoler la nature comme un champ d'enquête et produire sur celle-ci des connaissances positives. En somme, et parce qu'il est difficile d'échapper aux commodités de l'évolutionnisme quand on récuse les explications par la diffusion, ne serait-il pas loisible d'admettre que le défaut d'une opposition tranchée entre humains et non-humains est une caractéristique d'un certain stade de l'histoire universelle dont se seraient affranchies les grandes civilisations ?

Répondre au fond à cet argument dépasserait de beaucoup le propos du présent chapitre. Je me contenterai donc d'invoquer brièvement deux exemples pour mettre en doute l'idée que la naturalisation du monde procède sans coup férir d'un progrès du savoir rendu possible par l'écriture et par la complexité accrue des dispositifs d'intégration sociale.

Le premier exemple nous transporte dans l'Inde ancienne, dans cet univers pétri de rites que les brahmanes ont pour tâche de maintenir par le travail du sacrifice. Ce travail, pour reprendre le titre d'un ouvrage de Charles Malamoud, consiste à « cuire le monde » sans trêve ni relâche, car c'est par la cuisine sacrificielle que les dieux sont confirmés dans leur statut divin, que la succession régulière des saisons est assurée, que la formation des aliments propres à chaque classe d'êtres est garantie[49]. Pourtant le feu du sacrifice nourri par le brahmane n'a pas pour fonction de faire changer d'état un monde qui serait cru et naturel en sa forme originelle, il n'imprime pas le sceau de la culture sur une matérialité informe, il ne fait que recuire un cosmos déjà transformé par la cuisson du soleil. Il est vrai que certains espaces paraissent hors d'atteinte de ce labeur patient. La différence entre le village et la forêt est en effet très marquée dans l'Inde brahmanique : le « village » *(grāma)*, c'est d'abord les institutions qui le font exister, tout particulièrement le sacrifice, et donc aussi les moyens de l'accomplir, les animaux domestiques, les champs cultivés et les obligations que la gestion d'un terroir impose, tandis que la « forêt » *(araṇya)*, c'est l'extériorité du village, un interstice entre les lieux habités, caractérisé moins par un type de végétation que par l'exclusion du sacrifice, symbole par excellence de la civilité. Or, Malamoud montre bien que ce contraste ne correspond en aucune manière à une opposition entre la nature et la société[50]. D'abord parce que le sacrifice intègre des animaux sauvages en qualité de quasi-victimes car, à la différence des animaux domestiques, ils seront relâchés sans être mis à mort. Ainsi s'affirme l'aptitude du village à englober la forêt dans son espace rituel et à réunir ce qui pouvait paraître séparé...

Ensuite la forêt est elle-même, sous certains aspects, un englobement du village. Ce qui caractérise et distingue l'homme dans la pensée védique, c'est qu'il est à la fois sacrifiant et sacrifié, officiant et seule victime authentique, les autres animaux n'étant que ses substituts. De ce point de vue, l'homme est le premier des animaux villageois propres à être immolés. Il est pourtant inclus également parmi les bêtes de la forêt, et c'est en raison de leur ressemblance avec lui que certaines espèces, tels le singe ou l'éléphant, sont classées comme des animaux sauvages. Dans les taxinomies comme dans la pratique, le propre de l'homme est forestier autant que villageois, cette double nature s'exprimant dans la doctrine des stades de la vie qui recommande à l'homme des hautes castes ayant atteint la maturité de se dépouiller de ses biens et de finir sa vie dans la solitude ascétique de la forêt, en embrassant l'état de « renonçant ». Certains textes montrent que le renoncement n'est pas une mortification du corps dans les épreuves envoyées par une nature inhospitalière, mais bien une manière de se fondre dans l'environnement, de se nourrir et de se revivifier avec lui, de suivre son rythme et de viser l'absolu en obéissant à son principe d'existence[51]. Ces enseignements subsistent dans l'Inde contemporaine ; selon Jean-Claude Galey, « point d'humanité qui soit ici autonome, mais bien un processus infini de transformations qui envisage sans les confondre, comme autant de maillons d'une chaîne continue, l'ensemble des différentes catégories du vivant inscrites dans le cosmos[52] ». En somme, pas plus que chez les peuples sans écriture d'Amérique ou d'Océanie, la nature ne semble avoir acquis dans cette civilisation raffinée le statut d'un domaine indépendant.

C'est à un constat analogue que mène la belle étude d'Augustin Berque sur le sentiment de la nature au Japon[53]. Le terme même par lequel le concept de nature est traduit, *shizen*, n'exprime que l'un des sens du mot « nature » en Occident, le plus proche de la notion originelle de *phusis*, à savoir le principe qui fait qu'un être est tel qu'il est par lui-même, qu'il se développe conformément à « sa nature ». Mais *shizen* ne recouvre en aucune façon l'idée d'une sphère des phénomènes indépendants de l'action humaine, car il n'y a pas de place dans la pensée japonaise pour une objectivation réflexive de la nature, un retrait de l'homme par rapport à ce qui l'entoure[54]. De même qu'en Nouvelle-Calédonie, l'environnement est perçu comme fondamentalement indistinct de soi, comme une ambiance où s'épanouit l'identité collective. Berque voit dans la syntaxe du japonais un signe de cette tendance à gommer l'individuation de la personne, notamment dans l'effacement relatif du sujet grammatical au profit d'un milieu de référence où baignent le verbe et les sujets individuels. L'environnement doit ici être pris au pied de la lettre : il est ce qui relie et constitue les humains comme expressions multiples d'un ensemble qui les dépasse...

Un tel holisme permet d'éclaircir le paradoxe du jardin japonais. Comble apparent de l'artifice, ce haut lieu de la culture nippone ne vise pourtant pas à témoigner d'une domestication obsessive de la nature, mais bien à offrir au plaisir de la contemplation une représentation épurée du cosmos[55]. Grâce à lui, les montagnes et les eaux, demeures sacrées des esprits et buts d'excursions méditatives, sont transportées en miniature dans les lieux façonnés par l'homme, mais sans perdre leur caractère ni opérer d'intrusion. Réduire le paysage aux dimensions d'un enclos, ce n'est pas capturer une nature étrangère pour l'objectiver par le travail mimétique, c'est vouloir retrouver dans la fréquentation d'un espace familier l'association intime avec un univers aux cheminements peu accessibles. L'esthétique paysagère japonaise n'exprime pas une disjonction entre l'environnement et l'individu, mais montre que la seule nature porteuse de sens c'est celle, reproduite par les hommes ou animée par les divinités, où sont d'emblée visibles les marques des conventions qui la façonnent ; loin d'être un domaine de matérialité brute, elle est l'aboutissement culturel d'une longue éducation de la sensibilité.

*

Il est temps de mettre un terme à un inventaire qui pourrait devenir fastidieux. Il n'avait pas pour objet de démontrer ou d'expliquer, mais seulement de faire prendre conscience que la manière dont l'Occident moderne se représente la nature est la chose du monde la moins bien partagée. Dans de nombreuses régions de la planète, humains et non-humains ne sont pas conçus comme se développant dans des mondes incommunicables et selon des principes séparés ; l'environnement n'est pas objectivé comme une sphère autonome ; les plantes et les animaux, les rivières et les rochers, les météores et les saisons n'existent pas dans une même niche ontologique définie par son défaut d'humanité. Et cela semble vrai quels que soient par ailleurs les caractéristiques écologiques locales, les régimes politiques et les systèmes économiques, les ressources accessibles et les techniques mises en œuvre pour les exploiter.

Au-delà de leur indifférence aux distinctions que le naturalisme engendre, les cultures que nous avons survolées présentent-elles quelques points communs dans leur manière de rendre compte du rapport des humains à leur milieu ? Sans doute, mais pas toujours combinés. Le caractère le plus répandu consiste à traiter certains éléments de l'environnement comme des personnes, dotées de qualités cognitives, morales et sociales analogues à celles des humains, rendant ainsi possibles la communication et l'interaction entre des classes d'êtres à première vue fort différents. Les obstacles pratiques qu'une telle conception entraîne sont en partie levés par une distinction tranchée entre un principe d'identité individuelle, stable et susceptible de se manifester par des moyens et sous des avatars fort divers, et une enveloppe corporelle transitoire, fréquemment assimilée à un vêtement que l'on endosse ou que l'on quitte au gré des circonstances. La capacité à se métamorphoser est toutefois circonscrite dans certaines limites, notamment parce que le support matériel où s'incarnent les diverses sortes de personnes détermine souvent des contraintes perceptives qui leur font appréhender le monde selon des critères propres à leur espèce. Enfin, ces constructions cosmologiques en abîme définissent les identités singulières par les relations qui les instituent plutôt que par référence à des substances ou à des essences réifiées, renforçant ainsi la porosité des frontières entre les classes d'êtres, comme entre l'intérieur et l'extérieur des organismes. Tout cela, je l'admets, ne saurait estomper les grandes différences qui existent entre les cultures prises ici en exemple. Mais tout cela est suffisant pour faire toucher du doigt une différence bien plus grande encore, celle qui sépare l'Occident moderne de tous ces peuples du présent et du passé qui n'ont pas jugé nécessaire de procéder à une naturalisation du monde. C'est à examiner ce qu'engage une telle différence que le présent livre est consacré, non pour la perpétuer et l'enrichir, mais pour tenter plutôt de la dépasser en connaissance de cause.

2

Le sauvage et le domestique

Henri Michaux n'avait pas trente ans lorsqu'il entreprit de visiter en son pays un ami équatorien rencontré à Paris. Saisi par la tentation de l'aventure, et malgré sa santé fragile, il décide en 1928 de retourner en France par les fleuves de l'Amazonie : un mois de pirogue exposé à la pluie et aux moustiques le long du Rio Napo jusqu'au Marañon, puis le confort relatif d'un petit vapeur brésilien pour descendre l'Amazone en trois semaines jusqu'à son embouchure. C'est là, à Belém de Pará que se situe le tableau suivant :

> Une jeune femme qui était à notre bord, venant de Manaos, entrant en ville ce matin avec nous, quand elle passa dans le Grand Parc, bien planté d'ailleurs, eut un soupir d'aise.
>
> — Ah ! enfin la nature ! dit-elle. Or elle venait de la forêt[1].

En effet. Pour cette citadine de l'Amazonie, la forêt n'est pas un reflet de la nature, mais un chaos inquiétant où elle ne se promène guère, rebelle à tout apprivoisement et impropre à susciter un plaisir esthétique. Avec ses alignements de palmiers et ses carrés d'herbe rase où alternent manguiers, gloriettes et massifs de bambous, la place principale de Belém offre la garantie d'une alternative : des plantes tropicales certes, mais maîtrisées par le labeur des hommes, triomphes de la culture sur la sauvagerie forestière. Ce goût des paysages bien léchés, on le retrouve du reste dans les chromos qui trônent dans tous les salons, hôtels et restaurants des petites villes d'Amazonie : sur les murs marbrés d'humidité, ce ne sont qu'alpages semés de chalets fleuris, chaumières enfouies dans le bocage, ou austères rangées d'ifs dans des jardins à la française, symboles d'exotisme sans doute, mais contrastes nécessaires à la trop grande proximité d'une végétation débridée.

À l'instar de la compagne de voyage de Michaux, n'opérons-nous pas tous des distinctions élémentaires dans notre environnement selon qu'il porte ou non les marques de l'action humaine ? Jardin et forêt, champ et lande, restanque et maquis, oasis et désert, village et savane, autant de paires bien attestées qui correspondent à l'opposition faite par les géographes entre écoumène et érème, entre les lieux que les hommes fréquentent au quotidien et ceux où ils s'aventurent plus rarement[2]. Ne pourrait-on dire alors que l'absence dans maintes sociétés d'une notion homologue à l'idée moderne de nature n'est qu'une question de sémantique car, partout et toujours, on aurait su faire la part entre le domestique et le sauvage, entre des espaces fortement socialisés et d'autres qui se développent indépendamment de l'action humaine ? À la condition de considérer comme culturelles les portions de l'environnement modifiées par l'homme et comme naturelles celles qui ne le sont pas, la dualité de la nature et de la culture pourrait se sauver du péché d'ethnocentrisme, voire s'établir sur des bases plus fermes car fondées sur une expérience du monde en principe accessible à tous. Sans doute la nature n'existe-t-elle pas pour bien des peuples comme un domaine ontologique autonome, mais c'est le sauvage qui prendrait chez eux cette place et, tout comme nous, ils sauraient donc faire une différence, topographique au moins, entre ce qui relève de l'humanité et ce qui en est exclu.

Espaces nomades

Rien n'est plus relatif que le sens commun, surtout lorsqu'il porte sur la perception et l'usage des espaces habités. Il est douteux d'abord que l'opposition entre sauvage et domestique ait pu avoir un sens dans la période qui précède la transition néolithique, c'est-à-dire pendant la plus grande partie de l'histoire de l'humanité. Et si l'accès à la mentalité de nos ancêtres du paléolithique est malaisé, nous pouvons au moins considérer la manière dont les chasseurs-cueilleurs contemporains vivent leur insertion dans l'environnement. Tirant leur subsistance de plantes et d'animaux dont ils ne maîtrisent ni la reproduction ni les effectifs, ils tendent à se déplacer au gré de la fluctuation de ressources parfois abondantes, mais souvent distribuées de façon inégale selon les lieux et les saisons. Ainsi les Eskimos Netsilik, qui nomadisent sur plusieurs centaines de kilomètres au nord-ouest de la baie d'Hudson, partagent-ils leur année en au moins cinq ou six étapes : la chasse au phoque sur la mer gelée à la fin de l'hiver et au printemps, la pêche au barrage dans les rivières de l'intérieur en été, la chasse au caribou dans la toundra au début de l'automne et la pêche au trou sur les rivières récemment gelées en octobre[3]. Vastes migrations, donc, qui exigent de se familiariser à intervalles réguliers avec des endroits nouveaux ou de retrouver les habitudes et les repères anciens que la fréquentation d'un site où l'on s'était autrefois établi avait fixés dans la mémoire. À l'autre extrême climatique, la marge de manœuvre des San !Kung du Botswana est plus étroite car, dans l'environnement aride du Kalahari, ils sont dépendants de l'accès à l'eau pour établir leur habitat. La mobilité collective des Eskimos leur est interdite et chaque bande tend à se fixer près d'un point d'eau permanent ; mais les individus circulent sans cesse entre les camps et passent donc une grande partie de leur vie à se déplacer dans des territoires qu'ils n'avaient pas pratiqués auparavant et dont il leur faut apprendre les tours et les détours[4]. C'est aussi le cas chez les Pygmées BaMbuti de la forêt de l'Ituri : si chaque bande établit ses camps successifs au sein d'un même territoire aux limites reconnues par tous, la composition et les effectifs des bandes et équipes de chasse varient sans cesse au cours de l'année[5].

Dans la forêt équatoriale ou dans le Grand Nord, dans les déserts d'Afrique australe ou du centre de l'Australie, dans toutes ces zones dites « marginales » que, pendant longtemps, personne n'a songé à disputer aux peuples de chasseurs, c'est un même rapport aux lieux qui prédomine. L'occupation de l'espace n'irradie pas à partir d'un point fixe, mais se déploie comme un réseau d'itinéraires balisés par des haltes plus ou moins ponctuelles et plus ou moins récurrentes. Certes, et comme Mauss l'avait remarqué dès le début du XXe siècle à propos des Eskimos, la plupart des peuples de chasseurs-cueilleurs partagent leur cycle annuel en deux phases : une période de dispersion en petites équipes mobiles et une période assez brève de concentration sur un site qui offre l'occasion d'une vie sociale plus intense et permet le déroulement des grands rituels collectifs[6]. Il serait pourtant peu réaliste de considérer ce regroupement temporaire à l'instar d'un habitat villageois, c'est-à-dire comme le centre régulièrement réactivé d'une emprise exercée sur le territoire alentour : les parages en sont sans doute familiers et retrouvés à chaque fois avec plaisir, mais leur fréquentation renouvelée n'en fait pas pour autant un espace domestiqué qui contrasterait avec l'anomie sauvage des lieux visités le reste de l'année.

Socialisé en tout lieu parce que parcouru sans relâche, l'environnement des chasseurs-cueilleurs itinérants présente partout les traces des événements qui s'y sont déroulés et qui revivifient jusqu'à présent d'anciennes continuités. Traces individuelles, d'abord, façonnant l'existence de chacun d'une multitude de souvenirs associés : les restes parfois à peine visibles d'un camp abandonné ; une combe, un arbre singulier ou un méandre rappelant le site de la poursuite ou de l'affût d'un animal ; les retrouvailles d'un lieu où l'on a été initié, où l'on s'est marié, où l'on a enfanté ; l'endroit où l'on a perdu un parent et qui, souvent, devra être évité. Mais ces signes n'existent pas en eux-mêmes tels des témoins constants d'un marquage de l'espace ; ils sont tout au plus des signatures fugaces de trajectoires biographiques, lisibles seulement par celui qui les a déposées et par le cercle de ceux qui partagent avec lui la mémoire intime d'un passé proche. Il est vrai que certains traits saillants de l'environnement sont parfois dotés d'une identité autonome qui les rend porteurs d'une signification identique pour tous. C'est le cas en Australie centrale où des peuples comme les Warlpiri voient dans les lignes du relief et les accidents de terrain — collines, amas de rochers, salines ou ruisseaux — la trace laissée par les activités et les pérégrinations d'êtres ancestraux qui se métamorphosèrent en composantes du paysage[7]. Pourtant, ces sites ne sont pas des temples pétrifiés ou des foyers de civilité, mais l'empreinte des parcours qu'effectuèrent, lors du « temps du rêve », les créateurs des êtres et des choses. Ils n'ont de signification que reliés les uns aux autres dans des itinéraires que les Aborigènes reproduisent sans fin, superposant les inscriptions éphémères de leur passage à celles, plus tangibles, de leurs ancêtres. C'est également la fonction des cairns que les Inuit édifient dans l'Arctique canadien. Signalant un site autrefois habité, parfois une tombe, ou matérialisant des zones d'affût pour la chasse au caribou, ces monticules de pierre sont édifiés de manière à évoquer dans le lointain la silhouette d'un homme debout ; leur fonction n'est pas d'apprivoiser le paysage, mais de rappeler des parcours anciens et de servir de repères pour les déplacements présents.

Dire de peuples qui vivent de chasse et de cueillette qu'ils perçoivent leur environnement comme « sauvage » — par rapport à une domesticité que l'on serait bien en peine de définir — revient aussi à leur dénier la conscience de ce qu'ils modifient l'écologie locale au fil du temps par leurs techniques de subsistance. Depuis quelques années, par exemple, les Aborigènes protestent auprès du gouvernement australien contre l'usage qui est fait du terme « *wilderness* » pour qualifier les territoires qu'ils occupent, ce qui permet bien souvent d'y créer des réserves naturelles contre leur gré. Avec ses connotations de *terra nullius*, de nature originelle et préservée, d'écosystème à protéger contre les dégradations d'origine anthropique, la notion de « *wilderness* » récuse certes la conception de l'environnement que les Aborigènes ont forgée et les rapports multiples qu'ils tissent avec lui, mais surtout elle ignore les transformations subtiles qu'ils lui ont fait subir. Comme le disait un leader des Jawoyn du Northern Territory lorsqu'une partie de leurs terres fut convertie en une réserve naturelle : « Le parc national Nitmiluk n'est pas un espace sauvage [...], c'est un produit de l'activité humaine. C'est une terre façonnée par nous au long de dizaines de millénaires — à travers nos cérémonies et nos liens de parenté, par le feu de brousse et par la chasse[8]. » Pour les Aborigènes, on le voit, comme pour d'autres peuples vivant de la prédation, l'opposition entre sauvage et domestique n'a pas grand sens, non seulement parce que les espèces domestiquées font défaut, mais surtout parce que la totalité de l'environnement parcouru est habité comme une demeure spacieuse et familière, aménagée au gré des générations avec une discrétion telle que la touche apportée par les locataires successifs est devenue presque imperceptible.

La domestication n'implique pas pour autant un changement radical de perspective, pourvu que la dimension mobile persiste : c'est ce dont témoigne l'appréhension de l'espace par les pasteurs itinérants qui présentent à cet égard plus d'affinités avec les chasseurs-cueilleurs qu'avec bien des éleveurs sédentaires. Il est vrai que les exemples de nomadisme véritable sont devenus rares tant est forte depuis un ou deux siècles l'expansion des sédentaires au détriment des éleveurs. C'est pourtant le cas des Peuls Wodaabe qui se déplacent toute l'année dans le Sahel nigérien avec leurs troupeaux[9]. L'amplitude de leurs mouvements est certes variable : moindre en saison sèche où ils tournent autour des puits et des marchés du pays haoussa, faisant paître leurs bêtes sur les friches des agriculteurs ; plus grande durant l'hivernage, qui les voit entreprendre une vaste migration vers les riches herbages de l'Azawak ou du Tadess. Sans résidence fixe, ils se contentent en toute saison d'un enclos non couvert formé d'une haie semi-circulaire d'épineux, abri éphémère qui se distingue à peine sur l'horizon des maigres buissons de la steppe[10].

Ce modèle de transhumance annuelle est la norme dans bien des régions du monde. Ainsi la tribu Basseri du sud de l'Iran se déplace-t-elle en masse vers le nord au printemps pour planter ses tentes durant l'été sur les alpages du Kuh-i-Bul ; elle s'en retourne à l'automne pour hiverner dans les collines désertiques au sud de la ville de Lar, chaque trajet durant entre deux et trois mois[11]. Si le site des campements change presque chaque jour lors des migrations, les groupes de tentes sont moins mobiles durant l'été et l'hiver où ce sont surtout des différends entre familles qui provoquent des fissions. Près de quinze mille personnes et plusieurs centaines de milliers d'animaux — des moutons et des chèvres, surtout — sont concernés par ces migrations dans une bande de territoire de cinq cents kilomètres de long sur une soixantaine de kilomètres de large. Appelée *il-rah*, la route de transhumance est considérée par les Basseri comme leur propriété et reconnue par les populations locales et les autorités comme un ensemble de droits concédés aux nomades : droit de passage sur les routes et les terres non cultivées, droit de pacage hors des champs et droit de tirer de l'eau partout sauf dans les puits privés.

Cette forme d'occupation de l'espace a été interprétée comme un exemple de partage d'un même territoire par des sociétés distinctes, tant nomades que sédentaires[12]. Mais l'on peut aussi appréhender le système de l'*il-rah* à la manière australienne, c'est-à-dire comme une appropriation de certains itinéraires au sein d'un environnement sur lequel on ne cherche pas à exercer une emprise : la vie du groupe et la mémoire de son identité s'attacheraient moins à une étendue conçue comme un tout qu'aux repères singuliers qui, année après année, scandent ses trajets. Partagée par bien des pasteurs nomades de l'Afrique sahélienne et nilotique, du Moyen-Orient et de l'Asie centrale, une telle attitude paraît exclure toute opposition tranchée entre un foyer anthropisé et un environnement se perpétuant hors de l'intervention humaine. La distinction dans le traitement et la classification des animaux selon qu'ils sont ou non dépendants des hommes ne s'accompagne donc pas nécessairement d'une distinction entre sauvage et domestique dans la perception et l'usage des lieux.

Mais peut-être dira-t-on qu'une telle dichotomie aurait pu s'imposer aux nomades depuis l'extérieur. Qu'ils possèdent ou non des animaux d'élevage, qu'ils tirent leur subsistance principale de la chasse ou plutôt de la cueillette, bien des peuples itinérants se trouvent en effet confrontés à la nécessité de composer avec des communautés sédentaires dont les terroirs et les villages présentent une différence manifeste avec leur propre mode d'occupation de l'espace. Ces établissements pérennes peuvent être des étapes de parcours à négocier ou des bourgs de marché chez les pasteurs, ils peuvent former des aires périphériques de ressource, comme chez les Pygmées qui échangent leur gibier contre les produits cultivés de leurs voisins agriculteurs, ou devenir des points occasionnels de ralliement, comme le furent les premières missions chez les Yaghan et les Ona de la Terre de Feu, ou les comptoirs de traite pour les peuples de l'Arctique et du Subarctique canadien[13]. Pourtant, qu'ils se trouvent en bordure des zones de déplacement ou enclavés en leur sein, ces sites ne sauraient constituer pour les nomades des modèles de vie domestique tant les valeurs et les règles qui y règnent sont étrangères aux leurs. Et si l'on voulait à toute force conserver dans de tels cas l'opposition entre sauvage et domestique, il faudrait alors, paradoxe absurde, inverser la signification des termes : les espaces « sauvages », la forêt, la toundra, les steppes, tous ces habitats aussi familiers que les recoins d'une maison natale seraient en réalité du côté du domestique, par contraste avec ces confins stables mais peu amènes où les nomades ne sont pas toujours bien reçus.

Le jardin et la forêt

Franchissons la lisière des terres de culture pour voir si l'opposition entre les deux termes « sauvage » et « domestique » redevient vraisemblable chez ceux que les travaux des champs contraignent à une sédentarité relative. C'est le cas des Achuar, déjà évoqués en ouverture du précédent chapitre. Par contraste avec les peuples nomades ou transhumants, ces horticulteurs de la haute Amazonie restent en effet assez longtemps au même endroit, dix à quinze ans en moyenne. Ce n'est pas l'épuisement des sols qui les contraint à s'installer sur un nouveau site, mais l'amenuisement du gibier alentour et la nécessité de reconstruire des maisons à la durée de vie limitée. À l'évidence, les Achuar possèdent une longue expérience des plantes cultivées. En témoignent la diversité des espèces qui prospèrent dans leurs jardins, une centaine dans les mieux pourvus, et le grand nombre de variétés stables à l'intérieur des espèces principales : une vingtaine de clones de patate douce, autant pour le manioc et la banane [14]. En témoignent aussi la place importante que les plantes cultivées occupent dans la mythologie et le rituel, ainsi que la finesse du savoir agronomique déployé par les femmes, maîtresses incontestées de la vie des jardins.

L'archéologie confirme la haute antiquité de la culture des plantes dans la région, puisque c'est dans un lac de piémont proche de l'actuel habitat des Achuar que furent trouvées les premières traces de maïs dans le bassin amazonien ; elles remontent à plus de cinq mille ans [15]. Nul ne sait s'il s'agit là d'un foyer autonome de domestication ; en revanche plusieurs tubercules tropicaux largement utilisés aujourd'hui sont originaires des basses terres d'Amérique du Sud dont les premiers occupants possèdent quelques millénaires de pratique dans la gestion des espèces cultivées [16]. Tout semble donc indiquer que les Achuar contemporains sont les héritiers d'une longue tradition d'expérimentation sur des plantes dont l'apparence et les caractères génétiques ont été modifiés à un point tel que leurs ancêtres sylvestres ne sont plus identifiables. Ces jardiniers experts organisent en outre leur espace de vie selon une division concentrique qui évoque d'emblée l'opposition familière entre le domestique et le sauvage. L'habitat étant fort dispersé, chaque maison trône en solitaire au milieu d'un vaste essart, cultivé et désherbé avec un soin méticuleux, que circonscrit la masse confuse de la forêt, domaine de la chasse et de la cueillette. Centre aménagé contre périphérie sylvestre, horticulture intensive contre prédation extensive, approvisionnement stable et abondant dans l'environnement domestique contre ressources aléatoires dans la forêt, tous les ingrédients de la dichotomie classique paraissent bien présents.

Or, une telle perspective se révèle bien illusoire dès que l'on entreprend d'examiner dans le détail les discours et les pratiques des Achuar. Ainsi ces derniers cultivent-ils dans leurs jardins des espèces domestiquées, c'est-à-dire dont la reproduction dépend des humains, et des espèces sauvages transplantées, arbres fruitiers et palmiers pour l'essentiel. Pourtant leur taxinomie botanique ne les distingue pas, toutes les plantes présentes dans un essart à l'exception des mauvaises herbes étant rangées dans la catégorie *aramu* (« ce qui est mis en terre »). Ce terme qualifie les plantes manipulées par l'homme et s'applique aussi bien aux espèces domestiquées qu'à celles qui sont simplement acclimatées ; quant à ces dernières, elles peuvent être dites « sylvestres » (*ikiamia*, « de la forêt »), mais seulement lorsqu'elles sont rencontrées dans leur biotope d'origine. L'épithète *aramu* ne dénote donc pas les « plantes domestiquées » ; elle renvoie à la relation particulière qui se tisse dans les jardins entre les humains et les plantes, quelle que soit l'origine de ces dernières. Le qualificatif *ikiamia* n'est pas non plus un équivalent de « sauvage », d'abord parce qu'une plante peut perdre ce prédicat selon le contexte où on la trouve, mais aussi et surtout parce que, en vérité, les plantes « de la forêt » sont également cultivées. Elles le sont par un esprit appelé Shakaim que les Achuar se représentent comme le jardinier attitré de la forêt et dont ils sollicitent la bienveillance et le conseil avant d'ouvrir un nouvel essart. Mêlant dans un savant désordre les arbres et les palmiers, les buissons de manioc et les plantes tapissantes, la végétation étagée du jardin évoque d'ailleurs en miniature la structure trophique de la forêt[17]. Cette disposition, classique dans les essarts de polyculture de la ceinture intertropicale, permet de contrarier pour un temps l'effet destructeur des pluies torrentielles et d'une forte insolation sur des sols à la fertilité médiocre. L'efficacité d'une telle protection a sans doute été surestimée ; il n'en reste pas moins que les Achuar ont pleinement conscience de substituer leurs plantations à celles de Shakaim chaque fois qu'ils créent un jardin[18]. Le couple terminologique *aramu* et *ikiamia* ne recouvre donc aucunement une opposition entre domestique et sauvage, mais le contraste entre les plantes cultivées par les hommes et celles qui le sont par les esprits.

Les Achuar opèrent une distinction analogue dans le règne animal. Leurs maisons sont égayées par toute une ménagerie d'animaux apprivoisés, oiseaux dénichés ou petits du gibier que les chasseurs recueillent quand ils tuent leur mère. Confiés aux soins des femmes, nourris à la becquée ou au sein lorsqu'ils sont encore incapables de s'alimenter eux-mêmes, ces familiers s'adaptent vite à leur nouveau régime de vie et il est peu d'espèces, même parmi les félins, qui soient véritablement rétives à la cohabitation avec les humains. Il est rare que l'on entrave ces animaux de compagnie, et plus rare encore qu'on les maltraite ; ils ne sont jamais mangés, en tout cas, même lorsqu'ils succombent à une mort naturelle. L'on dit d'eux qu'ils sont *tanku*, un qualificatif que l'on pourrait traduire par « apprivoisé » ou « acclimaté aux humains ». Le terme peut également être employé en substantif et correspond alors assez bien à l'anglais *pet* ; d'un jeune pécari qui vaque près d'une maison, l'on dira ainsi : « C'est le *tanku* d'Untel. » Si *tanku* évoque la domesticité, c'est-à-dire la socialisation dans la maison, il ne correspond pas à l'idée que nous avons à l'ordinaire de la domestication, les Achuar ne cherchant aucunement à faire se reproduire leurs animaux familiers de manière à établir des lignées stables. Le terme désigne une situation transitoire, d'autant moins opposable à un éventuel état « sauvage » que les animaux sont également apprivoisés dans leur milieu d'origine, mais par les esprits. Les Achuar disent en effet que les bêtes de la forêt sont les *tanku* des esprits qui veillent à leur bien-être et qui les protègent des chasseurs excessifs. Ce qui différencie les animaux sylvestres des animaux dont les Indiens s'attachent la compagnie, ce n'est donc nullement l'opposition entre la sauvagerie et la domestication, mais le fait que les uns sont élevés par les esprits, tandis que les autres le sont, temporairement, par les humains.

Distinguer les lieux selon qu'ils sont ou non transformés par le travail de l'homme n'est guère mieux fondé. Certes, j'ai moi-même été saisi, dans les premiers temps de mon séjour chez les Achuar, par le contraste entre la fraîcheur accueillante des maisons et la luxuriance inhospitalière de cette forêt si proche que j'ai longtemps hésité à parcourir seul. Mais je ne faisais là que transporter un regard façonné par mon atavisme citadin et que l'observation des pratiques m'apprit bientôt à infléchir. Les Achuar balisent en effet leur espace selon une série de petites discontinuités concentriques à peine perceptibles, plutôt qu'au travers d'une opposition frontale entre la maison et son jardin, d'une part, et la forêt, de l'autre.

L'aire de terre battue immédiatement adjacente à l'habitation en constitue un prolongement naturel où se déroulent bien des activités domestiques ; il s'agit pourtant déjà d'une transition avec le jardin puisque c'est là que sont plantés en buissons isolés les piments, le roucou et le génipa, la majorité des simples et les plantes à poison. Le jardin proprement dit, territoire incontesté des femmes, est lui-même en partie contaminé par les usages forestiers : c'est le terrain de chasse favori des garçons qui y guettent les oiseaux pour les tirer avec de petites sarbacanes ; les hommes y posent aussi des pièges pour ces gros rongeurs à la chair délicate — pacas, agoutis ou acouchis — qui viennent nuitamment déterrer des tubercules. Dans un rayon d'une ou deux heures de marche depuis la lisière de l'essart, la forêt est assimilable à un grand verger que femmes et enfants visitent en tout temps pour y faire des promenades de cueillette, ramasser des larves de palmier ou pêcher à la nivrée dans les ruisseaux et les petits lacs. C'est un domaine connu de façon intime, où chaque arbre et palmier donnant des fruits est périodiquement visité en saison. Au-delà commence la véritable zone de chasse où femmes et enfants ne se déplacent qu'accompagnés par les hommes. Mais on aurait tort de voir dans ce dernier cercle l'équivalent d'une extériorité sauvage. Car le chasseur connaît chaque pouce de ce territoire qu'il parcourt de façon presque quotidienne et à quoi l'attache une multitude de souvenirs. Les animaux qu'il y rencontre ne sont pas pour lui des bêtes sauvages, mais bien des êtres presque humains qu'il doit séduire et cajoler pour les soustraire à l'emprise des esprits qui les protègent. C'est aussi dans ce grand jardin cultivé par Shakaim que les Achuar établissent leurs loges de chasse, de simples abris, entourés parfois de quelques plantations, où ils viennent à intervalles réguliers passer quelques jours en famille. J'ai toujours été frappé par l'atmosphère joyeuse et insouciante qui régnait dans ces campements, plus évocatrice d'une villégiature rurale que d'un bivouac dans une forêt hostile. À qui s'étonnerait d'une telle comparaison, il faudrait répondre que les Indiens se lassent autant que nous d'un environnement devenu trop familier et qu'ils aiment à retrouver au milieu des bois ce petit dépaysement que nous cherchons dans la campagne. On voit que la forêt profonde n'est guère moins socialisée que la maison et ses abords cultivés : ni dans ses modes de fréquentation ni dans ses principes d'existence, elle ne présente aux yeux des Achuar le moindre semblant de sauvagerie.

Considérer la forêt à l'instar d'un jardin n'a rien d'extraordinaire si l'on songe que certains peuples d'Amazonie sont tout à fait conscients que leurs pratiques culturales exercent une influence directe sur la distribution et la reproduction des plantes sauvages. Ce phénomène longtemps méconnu d'anthropisation indirecte de l'écosystème forestier a été fort bien décrit dans les études que William Balée a consacrées à l'écologie historique des Ka'apor du Brésil[19]. Grâce à un travail minutieux d'identification et de comptage, il a pu établir que les essarts abandonnés depuis plus de quarante ans sont deux fois plus riches en espèces sylvestres utiles que des portions voisines de forêt primaire dont ils ne se distinguent pourtant guère à première vue. Tout comme les Achuar, les Ka'apor plantent en effet dans leurs jardins de nombreuses plantes non domestiquées qui prospèrent ensuite dans les friches au détriment des espèces cultivées, lesquelles disparaissent rapidement faute de soins. Les essarts en activité ou abandonnés depuis peu attirent aussi des prédateurs animaux qui, en y déféquant, disséminent les graines des plantes sylvestres dont ils s'alimentent. Les Ka'apor disent que les agoutis sont en grande partie responsables de la dispersion dans les jardins du copal et de plusieurs sortes de palmiers, tandis que le singe capucin y introduit le cacao sauvage et différentes espèces d'inga. Au fil des générations et du cycle de renouvellement des essarts, une portion non négligeable de la forêt se convertit en un verger dont les Ka'apor reconnaissent le caractère artificiel sans que cet effet ait pourtant été recherché. Les Indiens mesurent aussi fort bien l'incidence des anciennes jachères sur la chasse, les zones à forte concentration de plantes sylvestres comestibles étant plus fréquentées par les animaux, ce qui influe à long terme sur la démographie et la distribution du gibier. Poursuivi depuis des millénaires dans une grande partie de l'Amazonie, ce façonnage de l'écosystème forestier n'aura sans doute pas peu contribué à rendre légitime l'idée que la jungle est un espace aussi domestiqué que les jardins. Il est vrai que cultiver la forêt, même par accident, c'est laisser sa trace sur l'environnement mais non l'aménager de telle sorte que l'héritage des hommes soit lisible d'emblée dans l'organisation d'un paysage. Habitat périodiquement déplacé, horticulture itinérante, faibles densités de population, tout concourt dans l'Amazonie contemporaine à ce que les signes les plus manifestes de l'occupation d'un site ne perdurent point[20].

Une situation bien différente prévaut chez certaines populations d'horticulteurs des hautes terres de Nouvelle-Guinée. Dans la région du mont Hagen, par exemple, la fertilité des sols a permis une exploitation intensive des jachères et une forte concentration de l'habitat : chez les Melpa, la densité peut atteindre les cent vingt habitants au kilomètre carré alors qu'elle est inférieure à deux habitants pour dix kilomètres carrés chez les Achuar[21]. Les fonds de vallée et leurs flancs sont tapissés d'une mosaïque continue de jardins enclos disposés en damier, seuls les versants abrupts conservant une maigre couverture forestière. Quant aux hameaux, de quatre ou cinq maisons, ils sont à peu près tous à portée de vue les uns des autres[22]. On a là un finage approprié et travaillé dans ses moindres recoins, où s'imbriquent des territoires claniques aux limites bien marquées, un ordonnancement quasi bocager, en somme, qui ne peut manquer d'offrir un contraste tangible avec les taillis résiduels drapés sur les pentes des montagnes.

Les habitants du pays Hagen paraissent pourtant indifférents à cette lecture du paysage, comme le montre un article de Marylin Strathern au titre sans équivoque : « Pas de nature, pas de culture[23] ». L'on utilise certes dans la région un couple terminologique qui pourrait rappeler l'opposition entre le domestique et le sauvage : *mbo* qualifie les plantes cultivées, tandis que *rømi* se réfère à tout ce qui demeure extérieur à la sphère d'intervention des humains, en particulier le monde des esprits. Mais cette distinction sémantique ne recouvre pas plus un dualisme tranché que la différence entre *aramu* et *ikiamia* chez les Achuar. À l'instar de ce qui se passe en Amazonie, certains esprits *rømi* prodiguent soins et protection aux plantes et aux animaux sylvestres dont ils laissent l'usage aux hommes sous certaines conditions. La flore et la faune « sauvages » sont donc tout aussi domestiquées que les cochons, les patates douces ou les ignames dont les populations du mont Hagen tirent l'essentiel de leur subsistance. Si le terme *mbo* fait référence à la culture des plantes, au demeurant, c'est qu'il dénote l'un de ses aspects, l'acte de planter. Associé à l'image concrète de mise en terre, d'enracinement, voire d'autochtonie, le mot n'évoque aucunement la transformation ou la reproduction délibérée du vivant sous le contrôle de l'homme. Le contraste entre *mbo* et *rømi* n'a pas non plus de dimension spatiale. La plupart des territoires claniques incluent des portions de forêt qui sont appropriées socialement selon des règles d'usage reconnues par tous. C'est là, en particulier, que divaguent les cochons domestiques en quête de nourriture, sous l'œil bienveillant de certains esprits qui veillent à leur sécurité. En bref, et malgré la forte emprise qu'ils exercent sur leur milieu, les habitants du mont Hagen ne se conçoivent pas comme entourés par un « environnement naturel » ; leur façon de penser l'espace ne suggère en rien l'idée que les lieux habités aient été conquis sur un domaine sauvage[24].

On peut sans doute admettre que l'intensification des techniques de subsistance contribue à cristalliser le sentiment d'un contraste entre un foyer d'activité durablement aménagé et une périphérie peu fréquentée. Mais prendre conscience d'une discontinuité entre des portions de l'espace différemment investies par la pratique sociale n'implique en aucune façon que certains domaines soient désormais perçus comme « sauvages ». C'est ce que montre bien Peter Dwyer lorsqu'il entreprend de comparer les usages et les représentations de l'environnement dans trois tribus d'horticulteurs des hautes terres de Nouvelle-Guinée, choisies en fonction du degré d'anthropisation de leur écosystème et de la part plus ou moins grande qu'elles accordent aux ressources sylvestres dans leur alimentation[25]. Les Kubo sont un véritable peuple de coureurs des bois, avec une densité de population inférieure à un habitant par kilomètre carré, pour qui l'opposition entre le centre habité et l'extérieur est d'autant moins significative que les gens dorment presque aussi souvent dans des petits abris en forêt que dans l'enceinte du village. Les esprits, notamment l'âme des morts incarnée dans des animaux, coexistent en tout lieu avec les humains. À une centaine de kilomètres de là, les Etolo laissent une trace plus conséquente sur leur environnement : les jardins sont plus grands, ils cultivent des vergers de pandanus et établissent des lignes de trappe permanentes ; quant à leur densité démographique, elle est par endroits quinze fois supérieure à celle des Kubo. Leur géographie spirituelle est aussi mieux démarquée : l'âme des défunts s'installe d'abord dans des oiseaux, puis dans des poissons qui migrent vers les confins du territoire. Les Siane, enfin, ont modifié leur habitat d'une manière profonde et durable. Fortement sédentaires, pratiquant une horticulture intensive et l'élevage des cochons, ils fréquentent assez peu les résidus forestiers qui s'accrochent aux montagnes. Leurs esprits sont moins immanents et plus réalistes que ceux des Kubo et des Etolo ; ils adoptent des apparences *sui generis*, sont relégués dans des lieux inaccessibles, et ne communiquent avec les humains que par le truchement d'oiseaux messagers ou d'objets rituels. Si l'on accepte de considérer ces trois exemples comme autant d'étapes dans un processus d'intensification de l'usage des ressources cultivées, il n'est pas douteux qu'une transformation croissante de l'environnement forestier autour des foyers d'habitat soit allée de pair avec l'émergence d'un secteur périphérique de plus en plus étranger aux rapports de sociabilité ordinaires entre les humains, comme entre les humains et les non-humains. Dwyer établit pourtant que rien, ni dans le vocabulaire ni dans les attitudes, ne permet d'inférer que ces espaces de plus en plus marginaux sont considérés comme « sauvages », même par les Siane, dont la densité démographique est du reste moitié moindre que celle des gens du mont Hagen[26].

Le champ et la rizière

Peut-être pensera-t-on que les peuples des hautes terres de Nouvelle-Guinée ne constituent pas l'exemple le plus probant d'une domestication parachevée de l'environnement. Même intensive, l'horticulture d'essartage requiert en effet des périodes plus ou moins longues de jachère durant lesquelles la végétation sylvestre colonise pour un temps les jardins, intrusion périodique qui brouille la frontière séparant les espaces anthropisés de leurs marges forestières. Pour que se dessine une polarité plus manifeste du sauvage et du domestique, sans doute faut-il un vaste et dense réseau de champs permanents où rien ne vienne rappeler le désordre des zones incultes. C'est le cas dans les plaines alluviales et les plateaux de limon d'Asie orientale et du sous-continent indien qui, bien avant l'ère chrétienne, furent mis en valeur par l'agriculture céréalière. Pendant des millénaires, de la plaine indo-gangétique jusqu'aux confins du fleuve Jaune, des millions de paysans ont défriché, irrigué, drainé, aménagé les cours d'eau et enrichi les sols, modifiant en profondeur l'aspect des régions qu'ils avaient investies.

De fait, les langues des grandes civilisations orientales marquent de façon assez nette la différence entre les lieux sur lesquels les hommes exercent un contrôle et ceux qui échappent à leur emprise. Ainsi le chinois mandarin distingue-t-il entre *yě*, la zone s'étendant au-delà de la périphérie cultivée des agglomérations, et *jiā tíng*, l'espace domestique. Par son étymologie, le premier terme évoque la notion de seuil, de limite, d'interface et dénote autant le caractère sauvage des lieux que celui des plantes ou des animaux ; *jiā tíng* renvoie de façon plus stricte à la domesticité de la cellule familiale et n'est pas employé en référence aux plantes et aux animaux domestiqués[27]. Le japonais établit également une opposition entre *sato*, « le lieu habité », et *yama*, « la montagne », celle-ci étant moins perçue comme une élévation de relief contrastant avec la plaine que comme l'archétype de l'espace inhabité, comparable en cela au sens premier du mot « désert » en français[28]. En sanskrit, l'espace rural avec ses habitants paraît aussi clairement séparé de sa périphérie non transformée par l'homme. Le terme *jāṅgala* désigne les terres inhabitées et deviendra synonyme de « lieu sauvage » en hindi classique, tandis que *aṭavī*, « la forêt », renvoie moins à une formation végétale qu'aux lieux occupés par les tribus barbares, c'est-à-dire à l'antonyme de la civilisation. À cela s'oppose *janapada*, la campagne cultivée, le terroir, où l'on trouve les êtres *grāmya*, « du village », dont les animaux domestiques[29]. Pourtant, si l'on considère les manières dont tous ces espaces sémantiquement marqués sont perçus et utilisés, force est de constater qu'il est difficile de repérer en Chine, en Inde ou au Japon une dichotomie du sauvage et du domestique analogue à celle que l'Occident a forgée. Qu'une différence soit faite en Asie entre les lieux habités et ceux qui ne le sont pas, cela n'est guère surprenant ; mais que cette différence recouvre une opposition tranchée entre deux types d'environnement, deux catégories d'êtres et deux systèmes de valeurs mutuellement exclusifs, voilà qui paraît plus douteux.

La géographie subjective de la Chine ancienne semble gouvernée par un contraste majeur entre la ville et la montagne : avec son plan en damier symboliquement associé aux orients, la ville figure le cosmos en même temps qu'elle est le foyer d'appropriation du terroir agricole et le centre du pouvoir politique ; la montagne, en revanche, terre d'ascèse et d'exil, semble avoir pour finalité principale d'offrir à la représentation picturale son motif de prédilection[30]. Mais cette opposition est moins tranchée qu'il n'y paraît. Dans la tradition taoïste, la montagne est le séjour des Immortels, êtres insaisissables qui se fondent dans le relief et donnent une dimension sensible au sacré ; la fréquentation de la montagne, notamment par les lettrés, relève d'une quête de l'immortalité dont la cueillette des simples assurant la longévité constitue l'aspect le plus prosaïque. En outre, et comme Augustin Berque en a fait l'hypothèse, l'esthétisation de la montagne dans la peinture paysagère chinoise peut être vue comme une sorte de mise en valeur spirituelle se déployant en parallèle avec la mise en valeur des plaines par l'agriculture[31]. Loin de constituer un espace anomique et privé de civilité, la montagne, domaine des divinités et expression de leur essence, offre au monde citadin et villageois un nécessaire complément.

La ville n'est pas non plus dissociée de l'arrière-pays, même le plus lointain. Car son emplacement et la disposition de ses maisons sont réglés dans les moindres détails par une sorte de physiologie de l'espace, le *fengshui*, imparfaitement rendu en français par le terme « géomancie ». Le taoïsme enseigne qu'un souffle cosmique, le *qi*, irradie dans toute la Chine à partir de la chaîne montagneuse du Kunlun, circulant le long de lignes de force comparables aux veines qui irriguent le corps humain. D'où l'importance de déterminer par la divination les sites les plus favorables aux établissements humains et les façons de les aménager, afin qu'ils s'accordent au mieux avec ce réseau d'énergie déployé dans tout l'empire du Milieu. Si elle est bien située, bien construite et bien gouvernée, la ville chinoise est en phase avec le monde, lequel, pour reprendre une formule de Marcel Granet, « n'est lui-même en ordre que lorsqu'il est clos à la manière d'une demeure[32] ». Sur un cosmos si densément réglé par les conventions sociales, le sauvage ne paraît guère avoir d'emprise. Et si la pensée chinoise a bien conscience qu'il existe des forces obscures opposant à la civilisation une résistance énigmatique, c'est à la périphérie de son domaine qu'elle les a rejetées, chez les barbares.

Au Japon, la montagne est aussi l'espace par excellence qui s'offre en contraste aux terroirs de plaine. Cônes purs des volcans, monts couverts de forêts, crêtes dentelées sont partout visibles depuis les vallées et les bassins, imposant leur arrière-plan de verticalité à l'à-plat des champs et des digues. Mais la distinction entre *yama*, la montagne, et *sato*, le lieu habité, signale moins une exclusion réciproque qu'une alternance saisonnière et une complémentarité spirituelle[33]. Les dieux se déplacent en effet régulièrement d'une zone à l'autre : descendant des montagnes au printemps pour devenir divinités des rizières, ils accomplissent le trajet inverse à l'automne afin de regagner le « temple du fond », un accident topographique le plus souvent, où l'on situe leur foyer d'origine et leur véritable demeure. La divinité locale *(kami)* procède donc de la montagne et accomplit chaque année dans l'arche sacrée un périple qui la fait alterner entre le sanctuaire des champs et le sanctuaire des monts, sorte de culte domestique itinérant où se brouille la limite entre l'intériorité et l'extériorité du domaine villageois. Dès le XIIe siècle, la dimension sacrée des solitudes montagneuses avait fait de celles-ci le lieu d'élection des communautés monastiques bouddhiques, à tel point que le caractère signifiant « montagne » servait également à désigner les monastères[34]. Et s'il est vrai qu'à la même époque, en Occident, les frères de l'ordre de Saint-Benoît avaient depuis longtemps fui le monde pour s'établir en des lieux écartés, c'était autant pour défricher la forêt et exorciser sa sauvagerie par le labeur que pour mieux s'élever à Dieu par la prière[35]. Rien de tel au Japon où la vie monastique ne s'inscrit pas dans la montagne pour la transformer, mais pour y éprouver, grâce à la marche et à la contemplation des sites, cette fusion avec la dimension sensible du paysage qui est l'une des garanties du salut.

Ni espace à conquérir ni foyer d'inquiétante altérité, la montagne japonaise n'est donc pas véritablement perçue comme « sauvage », quoiqu'elle puisse le devenir, de façon paradoxale, lorsque sa végétation est en tout point domestiquée. Dans bien des régions de l'archipel, en effet, les forêts de versant primitives ont été remplacées après la dernière guerre par des plantations industrielles de conifères autochtones, principalement le cyprès japonais et le cèdre *sugi*. Or, tandis que la forêt ancienne à feuilles luisantes ou à feuilles caduques représentait pour les habitants des villages d'altitude un lieu où harmonie et beauté s'alimentaient de la présence des divinités — en même temps qu'un gisement de ressources utiles à la vie domestique —, les plantations de résineux qui lui ont succédé n'évoquent plus que désordre, tristesse et anomie[36]. Mal entretenus, envahissant champs et clairières, ayant perdu une bonne part de leur valeur marchande, les « arbres noirs » serrés en alignements monotones échappent désormais au contrôle social et technique de ceux qui les avaient plantés. La montagne, *yama*, la forêt, *yama*, le lieu inhabité, *yama*, les trois termes se recouvrent. Mais bien qu'intégralement domestiquée, la forêt artificielle de montagne est devenue un désert moral et économique, beaucoup plus « sauvage », en somme, que la forêt naturelle dont elle a pris la place.

L'état des lieux est plus complexe en Inde ancienne, pour des raisons terminologiques que Francis Zimmermann a lumineusement débrouillées[37]. Dans les textes sanskrits, *jāṅgala*, d'où dérive le mot « jungle » en anglo-indien, possède deux significations principales. C'est d'abord, on l'a vu, un lieu inhabité ou laissé depuis longtemps en friche. Mais, premier paradoxe, *jāṅgala* désigne aussi les terres sèches, c'est-à-dire l'exact opposé de ce que « jungle » évoque pour nous depuis Kipling. La jungle, dans son sens ancien, ce n'est donc pas l'exubérante forêt de mousson, mais les steppes semi-arides à épineux, les savanes maigrement arborées ou les forêts claires à feuilles caduques. Elle s'oppose en cela aux terres paludéennes, *anūpa*, caractérisées par des formations végétales hygrophiles : forêt de pluie, mangroves, zones de marais. Le contraste entre *jāṅgala* et *anūpa* dessine une forte polarité dans la cosmologie, les doctrines médicales et les taxinomies de plantes et d'animaux : les terres sèches sont valorisées parce que salubres, fertiles et peuplées d'Aryens, tandis que les terres paludéennes apparaissent comme des marges malsaines, zones de refuge pour les tribus non aryennes. Chaque type de paysage constitue une communauté écologique à part, définie par des espèces animales et végétales emblématiques et par une physiologie cosmique qui lui est propre. D'où le deuxième paradoxe. Comment une zone inhabitée, et d'apparence « sauvage », peut-elle être en même temps le foyer par excellence des vertus associées à la civilisation agricole ? Tout simplement parce que la jungle est une potentialité autant qu'une unité géographique. C'est dans les terres sèches que la colonisation s'est développée grâce à l'irrigation, c'est *au sein* de ces régions incultes mais fertiles que les paysans aryens ont aménagé leurs terroirs, laissant aux tribus des confins l'usage des terres paludéennes, impénétrables et gorgées d'eau. Le contraste entre *jāṅgala* et *anūpa* prend donc la forme d'une dialectique à trois termes dont l'un demeure implicite. Sur l'opposition entre terres paludéennes, domaine des barbares, et terres sèches revendiquées par les Aryens, se greffe un englobement qui fait de la jungle un espace inoccupé mais disponible, un lieu dépourvu d'hommes mais porteur des valeurs et des promesses de la civilisation. Un tel dédoublement empêche de considérer la jungle comme un espace sauvage à socialiser, puisqu'elle est virtuellement habitée, qu'elle enveloppe comme un projet ou un horizon les ferments culturels qui trouveront en elle les conditions propices à leur déploiement. Quant aux terres paludéennes, elles ne sont pas sauvages non plus, seulement dépourvues d'attrait et juste bonnes à abriter dans leur pénombre touffue quelques humanités périphériques.

L'accumulation des exemples n'a certes jamais réussi à emporter la conviction, mais elle permet au moins de jeter un doute sur des certitudes établies. Or il semble clair à présent que, dans bien des régions de la planète, la perception contrastée des êtres et des lieux selon leur plus ou moins grande proximité au monde des humains ne coïncide guère avec l'ensemble des significations et des valeurs qui se sont progressivement attachées en Occident aux pôles du sauvage et du domestique. À la différence des multiples formes de discontinuité graduelle ou d'englobement dont on trouve ailleurs la trace dans les sociétés agricoles, ces deux notions sont mutuellement exclusives et n'acquièrent tout leur sens que rapportées l'une à l'autre dans une opposition complémentaire.

Ager *et* silva

Est sauvage, on le sait, ce qui procède de la *silva*, la grande forêt européenne que la colonisation romaine va peu à peu grignoter : c'est l'espace inculte à défricher, les bêtes et les plantes qui s'y trouvent, les peuples frustes qui l'habitent, les individus qui y cherchent un refuge loin des lois de la cité et, par dérivation, les tempéraments farouches demeurés rebelles à la discipline de la vie sociale. Pourtant, si ces différents attributs du sauvage dérivent sans doute des caractéristiques attribuées à un environnement bien particulier, ils ne forment un tout cohérent que parce qu'ils s'opposent terme à terme aux qualités positives affirmées dans la vie domestique. Celles-ci se déploient dans le *domus*, non plus une unité géographique à l'instar de la sylve, mais un milieu de vie, une exploitation agricole à l'origine où, sous l'autorité du père de famille et la protection des divinités du foyer, femmes, enfants, esclaves, animaux et plantes trouvent les conditions propices à la réalisation de leur nature propre. Travaux des champs, éducation, dressage, division des tâches et des responsabilités, tout concourt à ranger humains et non-humains sous un même registre de subordination hiérarchisée dont les relations au sein de la famille étendue offrent le modèle accompli. Avec la terminologie qui l'exprime, les Romains nous ont légué les valeurs associées à ce couple antithétique dont la fortune va aller croissant. Car la découverte d'autres forêts, sous d'autres latitudes, enrichira la dichotomie initiale sans altérer ses champs de signification. Les Tupinamba du Brésil ou les Indiens de la Nouvelle-France se substitueront aux Germains ou aux Bretons décrits par Tacite, tandis que le domestique, changeant d'échelle, s'épanouira en civilisé[38]. On dira peut-être que ce glissement de sens et d'époque ouvre la possibilité d'une inversion que Montaigne ou Rousseau sauront exploiter : le sauvage peut désormais être bon et le civilisé méchant, le premier incarnant des vertus de simplicité antique que la corruption des mœurs a fait perdre au second. C'est oublier qu'un tel artifice rhétorique n'est pas tout à fait nouveau — Tacite lui-même y a cédé — et qu'il ne remet aucunement en cause le jeu de déterminations réciproques qui rend le sauvage et le domestique constitutifs l'un de l'autre.

Sans doute parce qu'ils négligent cette impossibilité de penser l'un des termes de l'opposition sans penser l'autre, certains auteurs tendent à faire du sauvage une dimension universelle de la psyché, une manière d'archétype que les hommes auraient progressivement refoulé ou canalisé à mesure que progressait leur maîtrise sur les non-humains. Ainsi en est-il du scénario proposé par Max Oelschlaeger, un philosophe de l'environnement, dans sa volumineuse histoire de l'idée de nature sauvage *(wilderness)* : tandis que les chasseurs-cueilleurs du paléolithique auraient vécu en harmonie avec un environnement sauvage paré de toutes les qualités, mais hypostasié en un domaine autonome et adoré dans le cadre d'une religion « totémique », les fermiers du néolithique méditerranéen auraient rompu cette belle entente et entrepris d'asservir la sauvagerie, ravalant ainsi les espaces non dominés par l'homme à un statut subalterne, jusqu'à leur remise à l'honneur par la philosophie et la peinture américaines au XIXe siècle[39]. Peut-être ; l'on voit pourtant mal comment la notion même de sauvagerie aurait pu exister dans un monde préagricole où elle n'était opposée à rien et pourquoi, si elle incarnait des valeurs positives, la nécessité se serait fait sentir d'éliminer ce à quoi elle se rapportait.

Ian Hodder évite ce genre d'aporie lorsqu'il suggère que la construction symbolique du sauvage a débuté en Europe dès le paléolithique supérieur comme une nécessaire toile de fond à l'émergence d'un ordre culturel. Pour cette figure de proue de la nouvelle archéologie interprétative anglo-saxonne, la domestication du sauvage commence avec l'amélioration des outils lithiques caractéristique du solutréen, témoignage d'un « désir » de culture s'exprimant dans un perfectionnement des techniques cynégétiques. Une protection plus efficace contre les prédateurs et une subsistance moins aléatoire auraient alors permis de surmonter la peur instinctive d'un environnement inhospitalier et de faire de la chasse le lieu symbolique du contrôle du sauvage en même temps qu'une source de prestige pour ceux qui y excellaient. L'origine de l'agriculture en Europe et au Proche-Orient s'expliquerait simplement par une extension de cette volonté de contrôle sur les plantes et les animaux, peu à peu soustraits à leur milieu et intégrés à la sphère domestique[40]. Rien ne permet de dire si les choses se sont bien passées ainsi ou si Hodder, emporté par son imagination, n'a pas interprété des vestiges anciens selon des catégories mentales dont l'existence n'est attestée que bien plus tardivement. La question n'en demeure pas moins de savoir pour quelle raison un tel mouvement se serait produit dans une certaine région du monde et pas ailleurs. Car les dispositions psychologiques invoquées par Hodder comme sources de la propension à exercer une maîtrise toujours plus grande sur les non-humains sont d'une telle généralité que l'on voit mal pourquoi ce processus n'aurait pas partout été mené à son terme. Or, la domestication des plantes et des animaux n'est pas une fatalité historique que seuls des obstacles techniques auraient çà et là retardée, maints peuples de par le monde ne paraissant guère avoir éprouvé la nécessité d'une telle révolution. Faut-il rappeler que des civilisations raffinées — les cultures de la côte ouest du Canada ou du sud de la Floride, par exemple — se sont développées en privilégiant la ponction des ressources sauvages ? Faut-il redire que bien des chasseurs-cueilleurs contemporains témoignent d'une indifférence certaine, voire d'une franche répugnance, à l'égard de l'agriculture et de l'élevage qu'ils voient pratiqués à la périphérie de leurs domaines ? Domestiquer n'est pas pour eux une compulsion, mais un choix devenu tangible et qu'ils continuent pourtant de récuser.

De façon plus subtile, Bertrand Hell avance l'hypothèse qu'un imaginaire collectif du sauvage serait partout présent en Eurasie dont on trouverait la trace dans les croyances, les rites et les légendes concernant la chasse et le traitement du gros gibier[41]. Un motif central structure cette configuration symbolique, le thème du « sang noir », ce sang épais du cerf en rut et du sanglier solitaire, tout à la fois dangereux et désirable, porteur de puissance génésique et source d'ensauvagement. Car ce fluide coule aussi dans les veines des chasseurs lorsqu'ils sont échauffés à l'automne par la *Jagdfieber*, « la fièvre de la chasse » ; il a pris possession des hommes des bois, braconniers et marginaux fuyant la sociabilité villageoise, à peine distincts des enragés ou des loups-garous. Il est vrai que dans l'aire germanique d'où Hell tire la plupart de ses exemples, le monde du sauvage paraît avoir acquis une certaine autonomie en même temps qu'un pouvoir de fascination ambigu, comme si un espace lui avait été concédé pour qu'il subsiste en lui-même, source de vie et d'accomplissement viril plutôt que contraste négatif avec les terroirs cultivés[42]. Pourtant, s'il n'est pas le strict envers de l'emprise agricole, le domaine du *Wild* n'en est pas moins hautement socialisé. Il est identifié à la grande forêt, non pas la *silva* improductive et freinant la colonisation, mais la *foresta*, ce gigantesque parc à gibier que, dès le IXe siècle, la dynastie carolingienne s'est employée à constituer par des édits limitant droits de pacage et de défrichement[43]. Sauvagerie on ne peut plus cultivée, donc, car liée à une très ancienne pratique d'aménagement et de gestion des territoires de chasse, mise en œuvre par une élite qui voit dans l'affût et le pistage du gros gibier une école de courage et de formation du caractère. Et c'est précisément parce que Hell retrace avec soin le contexte historique au sein duquel s'est développé l'imaginaire du sauvage dans le monde germanique qu'il devient difficile de le suivre lorsqu'il s'efforce d'en retrouver des manifestations analogues dans d'autres régions de la planète, comme si partout et toujours les hommes avaient eu conscience que des forces obscures et ambivalentes devaient être amadouées par les artifices de la civilisation[44].

Le pasteur et le chasseur

Prenons garde à l'ethnocentrisme : la « révolution néolithique » du Proche-Orient n'est pas un scénario universel dont les conditions d'apparition et les effets matériels et idéels seraient transposables tels quels au reste du monde.

Dans les autres berceaux de l'agriculture, la domestication et la gestion des plantes cultivées paraissent s'être développées dans des contextes techniques et mentaux qui, on l'a vu, n'ont guère favorisé l'émergence d'une distinction mutuellement exclusive entre un domaine anthropisé et un secteur résiduel inutile à l'homme, ou voué à tomber à terme sous sa domination. Il serait certes absurde de prétendre que la différence entre écoumène et érème n'aurait été perçue et exprimée qu'en Occident. Il paraît en revanche probable que les valeurs et les significations attachées à l'opposition du sauvage et du domestique sont propres à une trajectoire historique particulière et qu'elles dépendent en partie d'une caractéristique du processus de néolithisation qui s'est mis en branle dans le « croissant fertile » il y a un peu plus de dix mille ans. Dans une région qui va de la Méditerranée orientale à l'Iran, en effet, la domestication des plantes et des animaux s'est produite de façon à peu près conjointe en à peine plus d'un millénaire[45]. La culture du blé, de l'orge, du seigle s'est accompagnée de l'élevage de la chèvre, du bœuf, du mouton et du porc, instituant ainsi un système complexe et interdépendant de gestion des non-humains dans un milieu aménagé pour permettre leur coexistence. Or une telle situation tranche sur ce qui s'est passé dans les autres continents où les grands mammifères furent la plupart du temps domestiqués bien après les plantes, ou bien avant dans le cas de l'Afrique de l'Est ; lorsqu'ils furent domestiqués, car dans une grande partie des Amériques et en Océanie, l'agriculture s'est développée en excluant l'élevage, ou en l'intégrant de façon tardive par l'apport d'animaux déjà domestiqués ailleurs.

Avec le néolithique européen un contraste majeur se met ainsi en place qui oppose certes les espaces cultivés à ceux qui ne le sont pas, mais aussi et surtout les animaux domestiques aux animaux sauvages, le monde de l'étable et des terrains de pacage au royaume du chasseur et du gibier. Peut-être même un tel contraste a-t-il été recherché et entretenu de façon active afin de ménager des lieux où pouvaient se déployer des qualités — ruse, endurance physique, plaisir de la conquête — qui, hormis la guerre, ne trouvaient plus d'exutoire dans l'enceinte très contrôlée du terroir agricole. Il n'est pas impossible en effet que les peuples du néolithique européen se soient abstenus de domestiquer quelques espèces, notamment de cervidés, de manière à les préserver comme un gibier de choix. La domestication de certains animaux aurait donc été symétrique d'une sorte de « cynégétisation » de quelques autres, le maintien de ceux-ci dans leur état naturel n'étant pas le fait d'obstacles techniques, mais bien d'une volonté d'instituer un domaine réservé à la chasse, se démarquant du domaine cultivé[46].

Que l'antinomie du sauvage et du domestique se nourrisse, dans le monde méditerranéen, d'un contraste entre la chasse et l'élevage, c'est ce que l'exemple de la Grèce antique montre de façon très nette. Les Grecs, on le sait, ne mangeaient de viande que procédant du sacrifice, idéalement d'un bœuf de labour, ou obtenue par la chasse. Dans l'économie symbolique de l'alimentation et des statuts, les deux activités sont à la fois complémentaires et opposées. La cuisine du sacrifice rapproche les humains et les dieux tout en les distinguant, puisque les premiers reçoivent la chair cuite de l'animal, tandis que les seconds n'ont droit qu'à ses os et à la fumée des bûchers. À l'inverse, et comme l'écrit Pierre Vidal-Naquet, « la chasse [...] définit les rapports de l'homme à la nature sauvage[47] ». Il s'y comporte à la manière des animaux prédateurs, dont il se différencie pourtant par la maîtrise de l'art cynégétique, une *technè* qui se rattache à l'art de la guerre et, plus généralement, à l'art politique. Hommes, bêtes et dieux, un système à trois pôles dans lequel l'animal domestique *(zoon)* est rangé au plus près des humains, à peine inférieur aux esclaves et aux barbares en raison de son aptitude à vivre en collectivité — songeons à la définition de l'homme comme *zoon politikon* par Aristote — et nettement démarqué des animaux sauvages *(theria)*[48]. La victime sacrificielle représente un point d'intersection entre l'humain et le divin, et il est d'ailleurs impératif d'obtenir d'elle un signe d'assentiment avant sa mise à mort, comme si l'animal consentait au rôle qu'on lui fait tenir dans la vie civique et liturgique de la cité. Une telle précaution est inutile dans la chasse où la victoire s'obtient en rivalisant avec le gibier : les adolescents y font preuve de ruse et d'agilité, les hommes mûrs armés du seul épieu y éprouvent leur force et leur adresse. Ajoutons qu'agriculture, élevage et sacrifice sont étroitement liés puisque la consommation de l'animal immolé doit s'accompagner de produits cultivés, orge grillée et vin[49]. L'habitat des bêtes sauvages constitue ainsi une ceinture de non-civilisation indispensable à la civilisation pour qu'elle s'épanouisse, un théâtre où peuvent s'exercer des dispositions viriles aux antipodes des vertus de conciliation exigées par le traitement des animaux domestiques et la vie politique.

Paysage romain, forêt hercynienne, nature romantique

Le monde latin offre à cet égard un contraste. Quoique fondée par une paire de jumeaux ensauvagés, Rome se dégage peu à peu du modèle de la chasse héroïque pour ne plus voir dans la traque du gibier qu'un moyen de protéger les cultures. Dès la fin de la République, Varron stigmatise l'inanité de la chasse et son faible rendement par rapport à l'élevage *(Rerum rusticarum)*, un point de vue que reprend Columelle un siècle plus tard dans son traité d'agronomie *(De re rustica)*. La mode de la grande vénerie ramenée d'Asie Mineure par Scipion Émilien ne parvient pas à s'imposer à une aristocratie plus préoccupée du rendement de ses domaines que d'exploits cynégétiques : les animaux sauvages sont avant tout des nuisibles dont la destruction incombe aux intendants et aux piégeurs professionnels[50]. Car c'est la grosse exploitation, la *villa*, qui commande désormais l'organisation du paysage rural dans les régions de plaine. Compacte dans sa vaste surface quadrangulaire, consacrée à la culture des céréales et aux plantations de vignes et d'oliviers, elle opère une ségrégation nette entre les terres drainées et mises en valeur (l'*ager*) et la zone périphérique vouée à la libre pâture du bétail (le *saltus*). Quant à la grande forêt, l'*ingens silva*, elle a perdu tout l'attrait qu'elle avait pu exercer autrefois sur les chasseurs pour n'être plus qu'un obstacle à l'extension de l'emprise agricole. La gestion rationnelle des ressources s'étend d'ailleurs jusqu'au gibier dont les populations sont fixées et contrôlées, dans les grandes propriétés rurales du moins, grâce à des postes d'affouragement vers lesquels les cervidés sauvages sont guidés durant l'hiver par des congénères apprivoisés à cet effet[51].

Les Romains de l'Empire ont certes un point de vue ambivalent à l'égard de la forêt. Dans une péninsule presque déboisée, elle évoque le décor des mythes de fondation, le souvenir de l'antique Rhea Silvia, et la dimension nourricière et sacrée qui lui est attachée se perpétue comme un écho atténué dans les bois consacrés à Artemis et à Apollon, ou dans le sanctuaire sylvestre bordant le lac de Nemi dont le rituel étrange fournit à Frazer l'amorce pour son *Rameau d'or*. Mais ces bosquets résiduels dont les arbres rendent des oracles ne sont plus que des modèles réduits de la forêt primitive, vaincue par l'emprise agricole. Comme le souligne bien Simon Schama dans son commentaire de la *Germanie* de Tacite, la vraie forêt représente l'extérieur de Rome, la limite où s'arrête la juridiction de l'État, le rappel de l'impénétrable fouillis végétal où les Étrusques s'étaient retirés pour échapper aux conséquences de leur défaite et, concrètement, cette gigantesque étendue boisée s'étendant à l'est de la Gaule latinisée où les derniers sauvages de l'Europe résistaient encore aux légions[52]. Cette « terre informe » n'est pas du goût des Romains : elle n'est agréable ni à regarder ni à habiter. Quelle beauté pourrait-elle bien présenter aux yeux de gens qui apprécient la nature lorsqu'elle est transformée par l'action civilisatrice et qui préfèrent décidément le charme bucolique d'une campagne où se lit l'empreinte du travail et de la loi au désordre touffus et humide de la forêt hercynienne ? C'est ce paysage romain et les valeurs qui lui sont associées, implanté par la colonisation au voisinage des cités jusqu'aux rives du Rhin et en Bretagne, qui va dessiner la figure d'une polarité entre le sauvage et le domestique dont nous sommes tributaires encore aujourd'hui. Ni propriété des choses ni expression d'une intemporelle nature humaine, cette opposition possède une histoire propre, conditionnée par un système d'aménagement de l'espace et un style alimentaire que rien ne nous autorise à généraliser à d'autres continents.

Même en Occident, du reste, la ligne de partage entre le sauvage et le domestique n'a pas toujours été aussi clairement démarquée qu'elle avait pu l'être dans la campagne du Latium. Pendant le très haut Moyen Âge, la fusion progressive des civilisations romaines et germaniques engendra un usage beaucoup plus intensif des bois et des landes et une atténuation du contraste entre zones cultivées et non cultivées. Dans le paysage germanique traditionnel, l'espace non agricole est en partie annexé au village. Autour de petits hameaux très dispersés qu'entourent des clairières arables s'étend un vaste périmètre de forêt soumis à l'exploitation collective : on y pratique la chasse et la cueillette, on y prend le bois de feu, de construction et d'outillage, on y mène les cochons à la glandée. Entre la maison et la forêt profonde, la transition est donc très graduelle ; comme l'écrit Georges Duby, « cette compénétration du champ et de l'espace pastoral, forestier et herbager, est sans doute le trait qui distingue le plus nettement le système agraire “barbare” du système romain, lequel dissociait l'*ager* du *saltus*[53] ». Or l'organisation romaine de l'espace se dégrade aux VIIe et VIIIe siècles avec le changement des habitudes alimentaires et l'insécurité croissante qui règne dans des régions de plaine impossibles à défendre. Le lard et la graisse se substituent à l'huile, la venaison remplace la viande jusque dans les maisons riches, les produits du *saltus* et de la *silva* s'imposent à mesure que la situation des grands domaines agricoles empire. C'est de cette hybridation entre le dualisme romain et l'organisation concentrique de type germanique que naît le paysage de l'Occident médiéval où, malgré les apparences, la frontière entre écoumène et érème n'est plus aussi tranchée qu'elle l'était quelques siècles auparavant.

Sans doute même faudra-t-il attendre le XIXe siècle pour que cette frontière acquière une vigueur nouvelle en même temps que la dimension esthétique et morale qui colore jusqu'à présent notre appréciation des lieux. C'est l'époque, on le sait, où le romantisme invente la nature sauvage et en propage le goût; c'est l'époque où les essayistes de la philosophie du *wilderness*, Ralph Waldo Emerson, Henry David Thoreau ou John Muir, incitent leurs compatriotes à chercher dans la fréquentation des montagnes et des forêts américaines une existence plus libre et plus authentique que celle dont l'Europe avait longtemps fourni le modèle; c'est l'époque, aussi, où le premier parc naturel est créé, à Yellowstone, comme une grandiose mise en scène de l'œuvre divine. La nature était douce et belle, elle devient sauvage et sublime. Le génie de la Création ne s'exprime plus dans les paysages nimbés de lumière romaine dont Corot perpétue la tradition, mais bien dans ces précipices où bouillonnent des torrents, ces massifs surhumains d'où dégringolent des chaos de rochers, ces hautes et sombres futaies que peignent Carl Blechen, Caspar David Friedrich ou Carl Gustav Carus en Allemagne, Thomas Moran ou Albert Bierstadt aux États-Unis[54]. Après des siècles d'indifférence ou d'effroi, les voyageurs découvrent la sévère beauté des Alpes, les poètes chantent la délicieuse horreur des glaciers et des gouffres, succombent à cette « exaltation alpine des écrivains de montagne » que même Chateaubriand trouvera excessive[55]. L'histoire n'est plus à faire de cette sensibilité nouvelle qui, en pleine industrialisation, découvre un antidote au désenchantement du monde dans une nature sauvage rédemptrice et déjà menacée. Un tel sentiment a pris force d'évidence et ses effets sont partout présents autour de nous : dans la faveur que rencontrent la protection des sites naturels et la conservation des espèces menacées, dans la vogue de la randonnée et le goût des paysages exotiques, dans l'intérêt que suscitent la course au large ou les expéditions dans l'Antarctique. Mais cette force d'évidence nous empêche peut-être de mesurer que l'opposition du sauvage et du domestique n'est pas patente en tout lieu et en tout temps et qu'elle doit son présent pouvoir de conviction aux aléas d'une évolution des techniques et des mentalités que d'autres peuples n'ont point partagés.

*

La compagne de voyage de Michaux n'avait sans doute pas lu *La Nouvelle Héloïse* ni admiré les paysages tourmentés de Turner. L'idée de sauvegarder la forêt dont ses concitoyens pillaient les ressources ne l'avait jamais effleurée. Elle était préromantique, la pauvre, et avait en horreur la végétation débridée, les bêtes inquiétantes et les insectes par légions. Peut-être même s'était-elle étonnée du goût pervers dont témoignait le jeune poète européen pour ce tohu-bohu de plantes dont elle cherchait à se distancier. Sur le vapeur descendant l'Amazone, elle transportait ainsi une vision bien particulière de son environnement, tout un bagage de préjugés et de sentiments que les Indiens de la région auraient trouvés bien énigmatiques si d'aventure elle avait eu la capacité ou l'envie de leur en faire part. La conquête des espaces vierges était pour elle une réalité tangible et un but désirable, en même temps qu'un écho atténué et confus d'un contraste plus fondamental entre la nature et la civilisation. Tout cela, on le devine, n'aurait eu aucun sens pour les Indiens qui voient dans la forêt bien autre chose qu'un lieu sauvage à domestiquer ou un motif de dilection esthétique. Il est vrai que la question de la nature ne s'est guère posée pour eux. C'est là un fétiche qui nous est propre, fort efficace au demeurant, comme tous les objets de croyance que les hommes se donnent pour agir sur le monde.

3

Le grand partage

L'autonomie du paysage

Si arbitraire que puisse paraître une telle généalogie, je ne puis m'empêcher d'associer l'émergence de la conception moderne de la nature à un petit dessin entrevu il y a quelques années dans la froide lumière d'une galerie du Louvre. Une exposition l'avait brièvement exhumé du cabinet des Dessins où il est depuis retourné, non sans lui prêter une notoriété passagère puisqu'il figurait aussi en couverture du catalogue[1]. Le dessin donne à voir un austère défilé rocheux ouvrant en arrière-plan sur une ample vallée où, entre des boqueteaux et des fermes d'allure cossue, serpente une rivière aux larges méandres. Un personnage vu de dos est assis dans le coin inférieur gauche, minuscule au milieu des blocs de calcaire. Portant cape et plume au chapeau, il est occupé à croquer sur le vif la vue qui se présente à lui. Il s'agit de Roelandt Savery, un artiste d'origine flamande qui, vers 1606, s'est représenté en train de dessiner sur le motif un paysage du sud-ouest de la Bohême. Officiellement recensé comme « peintre de paysage » à la cour de Prague où il fut successivement au service de l'empereur Rodolphe II et de son frère Mathias, Savery avait pour mission de parcourir les Alpes et la Bohême pour en dessiner les sites remarquables d'après nature[2]. De fait, l'apparence des formations rocheuses, l'exactitude des différents plans du relief, la situation des champs, des chemins et des maisons, tout donne à penser que ce dessin reproduit une vue perspective réelle, quoique un peu raccourcie peut-être, de façon à accentuer le caractère vertigineux de la montagne.

Le *Paysage montagneux avec un dessinateur* de Savery n'est certes pas la première représentation d'un paysage dans l'histoire de la peinture occidentale. Les historiens de l'art font remonter l'origine du genre à la première moitié du xve siècle avec l'invention, par les artistes du Nord, de la « fenêtre intérieure » où se découpe une vue de l'arrière-pays[3]. Le motif principal de la toile demeure généralement une scène sacrée située à l'intérieur d'un édifice, mais la fenêtre ou la galerie en arrière-plan isolent un paysage profane, le circonscrivent aux dimensions d'un petit tableau et lui donnent une unité et une autonomie qui le soustraient aux significations religieuses incarnées par les personnages du premier plan. Tandis que la peinture du Moyen Âge traitait les éléments extraits de l'environnement comme autant d'icônes éparpillées dans un espace discontinu, les asservissant aux finalités symboliques et édifiantes de l'image sacrée, la *veduta* intérieure organise ces éléments en une totalité homogène qui acquiert une dignité presque égale à l'épisode de l'histoire chrétienne dépeint par l'artiste. Il suffira dès lors d'agrandir la fenêtre aux dimensions de la toile pour que le tableau dans le tableau devienne le sujet même de la représentation picturale et, en effaçant la référence religieuse, s'épanouisse en un véritable paysage.

Dürer est probablement le premier à mener ce processus à son terme, vers les années 1490, dans ses aquarelles et gouaches de jeunesse[4]. Contrairement à son contemporain Patinir, dont les célèbres paysages incluent encore des scènes sacrées, comme une manière de prétexte à représenter avec virtuosité le cadre naturel de leur action, Dürer peint des environnements réels d'où les sujets humains ont disparu. Mais les aquarelles de Dürer étaient un exercice de style personnel ; ignorées de ses contemporains, elles n'eurent pas d'influence immédiate sur la manière d'appréhender et de représenter le paysage. Dürer est aussi le premier peintre dans le monde germanique à maîtriser les fondements mathématiques de la perspective linéaire

Roelandt Savery, *Paysage montagneux avec un dessinateur.* Musée du Louvre, Paris. Photo © RMN/Michèle Bellot.

qu'Alberti avait codifiés une cinquantaine d'années auparavant. Car l'émergence du paysage comme un genre autonome est tributaire de son ordonnancement selon les nouvelles règles de la *Perspectiva artificialis* : la disposition des objets et le champ où ils se déploient sont désormais commandés par le regard du spectateur plongeant, comme à travers un plan transparent, dans un espace extérieur tout à la fois infini, continu et homogène.

Dans un essai célèbre, Panofsky a montré comment l'invention de la perspective linéaire dans la première moitié du XVe siècle induisait un rapport nouveau entre le sujet et le monde, entre le point de vue de celui qui toise et un espace rendu systématique, où les objets et les intervalles qui les séparent ne sont que des variations proportionnelles d'un continuum sans faille[5]. Les techniques de raccourci employées dans l'Antiquité visaient à restituer la dimension subjective de la perception des formes par une déformation méthodique des objets représentés, mais l'espace où ceux-ci s'inscrivent demeurait discontinu et comme résiduel. En revanche, la perspective moderne vise à restituer la cohésion d'un monde parfaitement unifié dans un espace rationnel, mathématiquement construit pour échapper aux contraintes psychophysiologiques de la perception. Or, cette nouvelle « forme symbolique » de l'appréhension du monde présente un paradoxe que Panofsky a bien mis en lumière[6]. L'espace infini et homogène de la perspective linéaire est néanmoins construit et axé à partir d'un point de vue arbitraire, celui de la direction du regard de l'observateur. C'est donc une impression subjective qui sert de point de départ à la rationalisation d'un monde de l'expérience où l'espace phénoménal de la perception est transposé dans un espace mathématique. Une telle « objectivation du subjectif » produit un double effet : elle crée une distance entre l'homme et le monde tout en renvoyant à l'homme la condition de l'autonomisation des choses, elle systématise et stabilise l'univers extérieur tout en conférant au sujet la maîtrise absolue sur l'organisation de cette extériorité nouvellement conquise[7]. La perspective linéaire institue ainsi, dans le domaine de la représentation, la possibilité de ce face-à-face entre l'individu et la nature qui va devenir caractéristique de l'idéologie moderne et dont la peinture de paysage deviendra l'expression artistique. Il s'agit bien d'un face-à-face, en effet, d'une nouvelle position du regard. Car la projection plane éloigne les choses mais ne porte en elle nulle promesse de leur dévoilement véritable ; comme l'écrit Merleau-Ponty, « c'est au contraire à notre point de vue qu'elle renvoie : quant aux choses, elles fuient dans un éloignement que nulle pensée ne franchit[8] ».

Savery recueille l'héritage de cette révolution commencée plusieurs générations avant lui, mais son dessin innove sur deux points. Le motif comme la facture témoignent de l'influence de Pieter Bruegel, célèbre dès la seconde moitié du XVIe siècle pour ses paysages montagneux. Si l'on excepte les aquarelles de Dürer, demeurées sans postérité immédiate, et quelques eaux-fortes saisissantes d'Altdorfer, les vues alpestres de Bruegel l'Ancien sont parmi les toutes premières représentations picturales qui effacent l'homme du paysage ou le figurent seulement par ses œuvres. Mais tandis que les paysages de Bruegel étaient souvent des compositions imaginaires librement interprétées à partir de croquis faits sur le vif, le dessin de Savery est, semble-t-il, une représentation assez fidèle d'un site réel. Plus important, sans doute, Savery paraît avoir poussé jusqu'à sa conclusion logique le paradoxe de la perspective formulé par Panofsky. Là où Bruegel, en supprimant les humains du paysage, rend simplement manifeste l'extériorité du sujet qui donne sens et cohérence à une nature objective, Savery réintroduit ce sujet dans la représentation picturale en figurant l'acte même par lequel il objective un espace distinct de celui où il se trouve, lequel est lui-même distinct de l'espace offert à la vue du spectateur. Car la vue perspective présentée à ce dernier n'est pas la même que celle que le dessinateur, décalé vers la gauche du dessin mais situé dans l'axe même du défilé, est en train de tracer sur le papier. On a donc dans ce paysage une objectivation dédoublée du réel, une représentation en quelque sorte réflexive de l'opération par laquelle la nature et le monde sont produits comme des objets autonomes par la grâce du regard que l'homme porte sur eux.

Peut-être même faudrait-il parler ici d'une triple articulation, si l'on adopte la distinction proposée par Alain Roger entre « artialisation » *in situ* et « artialisation » *in visu*, la première définissant l'aménagement d'un morceau de nature à des fins récréatives et esthétiques, l'art des jardins au premier chef, tandis que la seconde qualifie la représentation paysagère dans la peinture[9]. Certes, la campagne que le dessin de Savery donne à voir n'est pas un parc à l'anglaise, et son élégance presque arcadienne doit sans doute autant à l'habileté de l'artiste qu'aux intentions des habitants. Gageons pourtant que ceux-ci savaient ce qu'ils faisaient en disposant ici un bosquet d'ormeaux, là un pommier au milieu d'un pré, là encore un arbre à l'ombre fraîche dans la cour d'une maison. Il n'est donc pas impossible que le *Landschaftsmahler* de l'empereur ait voulu joindre dans les deux plans de sa vue perspective tant la représentation d'une formation rocheuse caractéristique des massifs siluriens de Bohême que la représentation d'une organisation de l'habitat rural également typique de cette région ; nature sauvage et campagne apprivoisée se marient dès lors sous la plume du dessinateur pour fabriquer un génie du lieu. Quand bien même cela ne serait point, le dessin est suffisamment original dans sa composition pour qu'il satisfasse la fantaisie d'y voir une remarquable figuration des débuts de la production moderne de la nature.

En à peu près cent cinquante ans, de Patinir et Dürer à Ruysdael et Claude Lorrain, la peinture paysagère atteint la pleine maîtrise de l'espace : à une scénographie où la succession des plans évoque encore le décor de théâtre se substitue une impression de profondeur homogène qui efface l'artifice de la construction perspective, contribuant ainsi à rendre ostensible le retrait du sujet vis-à-vis de la nature qu'il dépeint. Cette manière de représenter l'environnement humain dans son extériorité est bien sûr indissociable du mouvement de mathématisation de l'espace opéré pendant la même période par la géométrie, la physique et l'optique, du décentrement cosmologique de

Copernic à la *res extensa* de Descartes. Comme l'écrit Panofsky, « la géométrie projective du XVIIe siècle [...] est un produit de l'atelier d'artiste[10] ». L'invention de dispositifs inédits de soumission du réel à la vue — la perspective linéaire, certes, mais aussi le microscope (1590) et le télescope (1605) — a permis d'instaurer un nouveau rapport au monde en circonscrivant certains de ses éléments à l'intérieur d'un cadre perceptif strictement délimité qui leur donnait dès lors une saillance et une unité auparavant inconnues. Le privilège accordé à la vue au détriment des autres facultés sensibles aboutit à une autonomisation de l'étendue que la physique cartésienne saura exploiter et que favorise également l'expansion des limites de l'univers connu par la découverte et la cartographie de nouveaux continents. Désormais muette, inodore et impalpable, la nature s'est vidée de toute vie. Oubliée la bonne mère, disparue la marâtre, seul demeure l'automate ventriloque dont l'homme peut se rendre comme « maître et possesseur ».

Car la dimension technique de l'objectivation du réel est bien sûr essentielle dans cette révolution mécaniste du XVIIe siècle qui figure le monde à l'image d'une machine dont les rouages peuvent être démontés par les savants, et non plus comme une totalité composite d'humains et de non-humains dotée d'une signification intrinsèque par la création divine. Robert Lenoble assigne une date à cette rupture : la publication par Galilée en 1632 des *Dialogues sur les deux principaux systèmes du monde*, où la physique moderne émerge, dans l'arsenal de Venise, d'une discussion d'ingénieurs formés aux arts mécaniques, à mille lieues de la *disputatio* des philosophes sur la nature de l'être et l'essence des choses[11]. La construction de la nature a vraiment commencé ! Construction sociale et idéologique, sans doute, mais aussi construction pratique, grâce au savoir-faire des horlogers, des verriers ou des polisseurs de lentille, de tous ces artisans qui rendent possibles l'expérimentation en laboratoire et, à travers elle, le travail constant de dissociation et de recomposition des phénomènes par quoi sont produits ces objets de la science nouvelle dont l'autonomie s'acquiert au prix d'une amnésie des conditions de leur objectivation. Dégagés par la raison de l'obscure mêlée de l'expérience d'autrui, rendus transcendants par la coupure des liens qui les connectaient aux désordres de la subjectivité comme aux illusions de la continuité, voici qu'apparaissent les objets « faitiches » de la modernité, pour reprendre l'heureux néologisme de Bruno Latour[12]. Le dualisme de l'individu et du monde devient dès lors irréversible, clé de voûte d'une cosmologie où se retrouvent en vis-à-vis les choses soumises à des lois et la pensée qui les organise en ensembles signifiants, le corps devenu mécanisme et l'âme qui le régit selon l'intention divine, la nature dépouillée de ses prodiges offerte à l'enfant roi qui, en démontant ses ressorts, s'en émancipe et l'asservit à ses fins.

Pour exceptionnel que paraisse dans l'histoire des peuples ce coup de force par lequel la modernité naissante dégage finalement l'homme de la gangue des objets animés et inanimés, un tel moment n'est après tout qu'une étape. Le processus a débuté bien auparavant et son point culminant ne sera atteint qu'un siècle et demi plus tard, lorsque la nature et la culture, solidement retranchées dans leurs domaines d'objets et leurs programmes méthodologiques respectifs, délimiteront l'espace où pourra se déployer l'anthropologie moderne. Les historiens des sciences et de la philosophie ont consacré suffisamment d'ouvrages savants à cette particularité de l'Occident pour qu'il ne soit pas nécessaire ici de présenter plus qu'un tableau sommaire de ce long enfantement qui voit s'instituer de façon réciproque un monde des choses doté d'une factualité intrinsèque et un monde des humains régi par l'arbitraire du sens. Si je me prête malgré tout à ce bref exercice, c'est pour mieux souligner que, contrairement à l'impression que laissent d'excellents ouvrages sur l'histoire de l'idée de nature[13], celle-ci ne dévoile pas son essence grâce aux efforts cumulés d'une cohorte de grands esprits et d'artisans ingénieux, mais qu'elle est peu à peu construite comme un dispositif ontologique d'un genre particulier servant d'assise à la cosmogenèse des Modernes. Envisagés du point de vue d'un hypothétique historien des sciences jivaro ou chinois, Aristote, Descartes ou Newton n'apparaîtraient pas tant comme des révélateurs de l'objectivité distinctive des non-humains et des lois qui les régissent que comme les architectes d'une cosmologie naturaliste tout à fait exotique au regard des choix opérés par le reste de l'humanité pour distribuer les entités dans le monde et y établir discontinuités et hiérarchies.

L'autonomie de la phusis

Tout commence en Grèce, comme d'habitude. Pourtant les débuts sont laborieux. On rencontre bien dans l'*Odyssée* une occurrence du terme qui servira ensuite à désigner la nature, *phusis*, mais il est employé en référence aux propriétés d'une plante, c'est-à-dire dans le sens restreint de ce qui produit le développement d'un végétal et caractérise sa « nature » particulière[14]. C'est ce sens-là qu'Aristote précisera plus tard dans une perspective étendue à l'ensemble du vivant : tout être se définit par sa nature, conçue à la fois comme principe, comme cause et comme substance[15]. Mais Homère est indifférent à ce principe d'individuation propre à certaines entités du monde ; *a fortiori* n'envisage-t-il jamais que des choses dotées d'une « nature » particulière puissent former un ensemble ontologique particulier, la Nature, indépendant des œuvres humaines comme des décrets de l'Olympe[16]. Hésiode ne se distingue guère d'Homère sur ce point. Ses poèmes retracent l'origine des divinités et des héros, leurs généalogies et les circonstances de leurs métamorphoses, et s'il évoque des traits du monde physique c'est, à la manière amérindienne, pour mieux rendre compte des attributs des personnages de la mythologie. Dans *Les Travaux et les Jours*, il est vrai, Hésiode mentionne brièvement une différence qui met les hommes à part de certaines espèces animales prises comme un ensemble : tandis que les poissons, les fauves et les oiseaux se dévorent, dit-il, les hommes ont reçu de Zeus la justice et ne se mangent point entre eux. On est pourtant loin ici d'une distinction, même embryonnaire, entre la nature et la culture, les animaux cités faisant plutôt office de repoussoir vis-à-vis des hommes, invités à ne pas se conduire comme des prédateurs. C'est aussi une façon de rappeler la part des dieux dans la genèse de la morale civique : le propre de l'homme, la *dikè*, est plutôt un effet de la bienveillance divine que d'une nature originelle entièrement distincte de celle des autres espèces vivantes[17].

Lorsque les premiers philosophes se risquent à proposer des explications naturalistes de la foudre, de l'arc-en-ciel ou des tremblements de terre, ils le font en réaction aux interprétations religieuses sanctionnées par la tradition, celle d'Homère et d'Hésiode notamment, qui voyaient dans la plupart des phénomènes inhabituels ou effrayants des interventions personnelles d'une divinité fantasque ou courroucée. Il s'agit pour les philosophes, comme pour les médecins hippocratiques, de proposer des causes physiques aux météores, aux phénomènes cycliques ou aux maladies, des causes propres à chaque sorte de phénomène, c'est-à-dire relevant de leur « nature » particulière et non du caprice d'Apollon, de Poséidon ou d'Héphaïstos. Ainsi se met progressivement en place l'idée que le cosmos est explicable, qu'il est organisé selon des lois à découvrir, qu'en lui l'arbitraire divin n'a plus sa place ni les superstitions des temps anciens. Il s'agit là, bien sûr, des convictions d'une élite, formulées avec prudence et dans le souci d'éviter les graves conséquences d'une accusation d'impiété. Mais pour Hippocrate et ses disciples, chez les philosophes ioniens et chez les sophistes, le domaine de la nature commence à se dessiner comme un projet et comme un espoir : englobant les phénomènes physiques et les organismes vivants, marqué au sceau du régulier et du prévisible, ce nouveau régime des êtres se démarque des reliquats de l'intention divine, des créations du hasard et des productions humaines, effets de l'artifice.

Il reviendra à Aristote, on le sait, de systématiser cet objet d'enquête émergent, d'en tracer les limites, d'en définir les propriétés, d'en poser les principes de fonctionnement. L'objectivation de la nature s'inspire chez lui de l'organisation politique et des lois qui la régissent, quoiqu'il formule cette projection à rebours : c'est la Cité qui est censée se conformer aux normes de la *phusis* et reproduire au plus près la hiérarchie naturelle. Il n'est pas indifférent qu'une telle révolution ait eu pour théâtre l'Athènes turbulente et troublée qui, après l'éclat du siècle de Périclès, voit sa puissance amoindrie et son rôle contesté, contrainte par l'adversité d'examiner les conditions d'exercice d'une souveraineté qui lui échappe. La réflexion sur la loi comme obligation librement consentie et moyen du vivre-ensemble, dégagée de l'urgence des décisions immédiates, permet d'en dégager les traits les plus abstraits qui fourniront un prototype aux lois de la nature[18]. *Phusis* et *nomos* deviennent indissociables ; la multiplicité des choses s'articule dans un ensemble soumis à des lois connaissables, de même que la collectivité des citoyens s'ordonne selon des règles d'action publique affranchies des intentions particulières. Deux domaines de légalité parallèles, mais dont l'un est doté d'une dynamique et d'une finalité propres, la Nature ne connaissant pas la versatilité des hommes.

Certes, la nature d'Aristote n'est pas aussi englobante que celle des Modernes. Elle se borne au monde sublunaire, celui des phénomènes et des être familiers. Au-delà s'étendent les cieux incorruptibles où se déplacent les astres divins, au comportement sans doute régulier et prévisible, mais dont la perfection est telle qu'elle les exempte des déterminations naturelles. En revanche, dans le règne de l'ici-bas, les choses de la nature sont maintenant dotées d'une altérité indéniable : « Parmi les êtres, en effet, les uns sont par nature *(phusei)*, les autres par d'autres causes ; par la nature, les animaux et leurs parties, les plantes et les corps simples [...]. De ces choses, en effet, et des autres de même sorte, on dit qu'elles sont par nature[19]. » En examinant le régime ontologique particulier de ces entités existant *par nature*, Aristote donne un fondement théorique à l'une des significations courantes du mot « nature » : c'est le principe produisant le développement d'un être contenant en lui-même la source de son mouvement et de son repos, principe qui l'amène à se réaliser selon un certain type. Mais sa physique se complète d'une systématique naturelle, d'un inventaire des différentes formes de vie et des rapports de structure qu'elles entretiennent au sein d'une totalité organisée. Aristote est ici concerné par la Nature en tant que somme des êtres qui présentent un ordre et sont soumis à des lois, un sens nouveau qui accédera avec lui à une durable postérité. Son entreprise consiste à spécifier chaque classe d'êtres à partir de variations dans les traits qu'elle possède en commun avec d'autres classes d'êtres au sein de la même forme de vie, chaque forme de vie étant elle-même caractérisée par le genre d'organe spécialisé qui lui sert à réaliser une fonction vitale — locomotion, reproduction, alimentation ou respiration. Une espèce pourra alors être définie précisément par le degré de développement des organes essentiels propres à la forme de vie où elle prend place. Ainsi, les ailes des oiseaux, les pattes des quadrupèdes, les nageoires des poissons sont autant d'organes servant une même fonction dans différentes formes de vie ; mais la taille des becs et des ailes, organes d'alimentation et de locomotion typiques des oiseaux, fournira à son tour un critère pour distinguer les espèces selon leurs modes de vie. Cette classification des organismes par composition et division prend appui sur la « nature » particulière de chaque être afin de construire un système de la Nature où les espèces sont déconnectées de leurs habitats particuliers et dépouillées des significations symboliques qui leur étaient attachées, pour ne plus exister que comme des complexes d'organes et de fonctions insérés dans un tableau de coordonnées couvrant l'ensemble du monde connu[20]. Un pas décisif a ainsi été franchi. En décontextualisant les entités de la nature, en les organisant dans une taxinomie exhaustive de type causal, Aristote fait surgir un domaine d'objet original qui va désormais prêter à l'Occident bien des traits de son étrange singularité.

L'autonomie de la Création

Dans la pensée grecque, chez Aristote notamment, les humains font encore partie de la nature. Leur destinée n'est pas dissociée d'un cosmos éternel, et c'est parce qu'ils peuvent accéder à la connaissance des lois qui le régissent qu'ils sont en mesure de s'y situer. Pour que la nature des Modernes accède à l'existence, il fallait donc une deuxième opération de purification, il fallait que les humains deviennent extérieurs et supérieurs à la nature. C'est au christianisme que l'on doit ce second bouleversement, avec sa double idée d'une transcendance de l'homme et d'un univers tiré du néant par la volonté divine. La Création porte témoignage de l'existence de Dieu, de sa bonté et de sa perfection, mais ses œuvres ne doivent pas être confondues avec Lui ni les beautés de la nature appréciées pour elles-mêmes : elles procèdent de Dieu, mais Dieu n'y est pas présent. L'homme étant lui aussi créé, il tire sa signification de cet événement fondateur. Il n'a donc pas sa place dans la nature comme un élément parmi d'autres, il n'est pas « par nature » comme les plantes et les animaux, il est devenu transcendant au monde physique; son essence et son devenir relèvent désormais de la grâce, qui est au-delà de la nature. De cette origine surnaturelle, l'homme tire le droit et la mission d'administrer la terre, Dieu l'ayant formé au dernier jour de la genèse pour qu'il exerce son contrôle sur la Création, pour qu'il l'organise et l'aménage selon ses besoins. De même qu'Adam, en recevant le pouvoir de nommer les animaux, fut autorisé à introduire son ordre dans la nature, de même ses descendants, en se multipliant sur la face de la terre, réalisent l'intention divine de porter en tout lieu la maîtrise de la Création. Pourtant la nature est confiée aux hommes à bail temporaire. Car le monde a désormais une origine et un terme, étrange notion que le christianisme hérite de la tradition juive et qui tranche avec les conceptions de l'Antiquité païenne, mais aussi avec la plupart des cosmologies que l'ethnographie et l'histoire ont inventoriées. La Création est une scène provisoire pour une pièce qui se poursuivra après que les décors auront disparu, lorsque la nature n'existera plus et que seuls demeureront les protagonistes principaux : Dieu et les âmes, c'est-à-dire les hommes sous un autre avatar.

Obsédé par l'idée de la Création et ses conséquences, le Moyen Âge retient aussi certaines leçons de l'Antiquité.

Foisonnent alors les synthèses sur l'unité de la nature combinant l'exégèse biblique à des éléments de la physique grecque, surtout à partir du XIIe siècle, lorsque les œuvres d'Aristote sont redécouvertes. L'extériorité du monde acquiert un caractère manifeste à travers une métaphore qui parcourt tout le Moyen Âge : la nature, dans toute sa diversité et son harmonie, est comme un livre où l'on peut déchiffrer le témoignage de la création divine. Le livre de la nature est certes inférieur aux Saintes Écritures puisque Dieu, être transcendant, n'est révélé par ses œuvres qu'imparfaitement. Le monde est donc à lire comme une illustration, un commentaire, un complément au verbe divin. Bien des auteurs médiévaux accordent pourtant grand crédit à cette source d'édification car c'est le seul recours de tous ceux qui, faute d'instruction, n'ont pas d'accès direct au texte sacré ; « même le plus ignorant lit dans le monde », dira saint Augustin[21]. Notons que cet optimisme bucolique est toujours en faveur chez certains missionnaires qui semblent ne pas douter que les tribus qu'ils tentent d'évangéliser sont capables de reconnaître dans leur environnement la nature harmonieuse célébrée par saint Basile ou saint François. Peut-être même faut-il voir là l'une des premières formulations de cette idée, chère à l'Occident, que la nature est une évidence universelle dont aucun peuple, si sauvage soit-il, ne saurait manquer de percevoir l'unité.

Le thème du livre de la nature alimente les développements de la théologie naturelle dont les échos sont encore perceptibles dans une certaine vision chrétienne de l'éthique écologique[22]. Cette théologie, qui examine les effets de l'intention divine dans la Création, n'est certes qu'un auxiliaire de la théologie révélée, mais elle n'en constitue pas moins un complément précieux pour l'interprétation de la nature et la connaissance de Dieu dont saint Thomas d'Aquin a tiré parti. Sa théologie naturelle s'appuie sur Aristote pour montrer les effets respectifs des causes finales — l'intellect de Dieu — et des causes efficientes — l'agent naturel — dans l'organisation du monde. Reprenant aussi l'idée aristotélicienne que la nature ne fait rien au hasard, il en partage le finalisme sans nuance : tout porte témoignage de ce que les formes et les processus des objets naturels sont les mieux adaptés à leurs fonctions. Tout indique également que les descendants d'Adam sont destinés à occuper la première place ici-bas et à gouverner la hiérarchie des créatures inférieures, car « il est en accord avec l'ordre de la nature que l'homme domine les animaux[23] ». La lettre de la Genèse justifie sans doute une telle domination, mais aussi l'idée d'une commune mesure entre Dieu et les hommes. L'intelligence de Dieu étant à l'origine de la création des êtres vivants, il convenait que certains d'entre eux puissent participer de cette faculté afin qu'il leur soit possible d'appréhender, dans la perfection de l'univers, la bonté du dessein divin. Doté à cette fin de la raison et du savoir, l'homme est ainsi mis à part du reste de la Création, une suprématie qui dérive de l'intention divine et qui requiert, en conséquence, humilité et responsabilité. Dans *La Genèse au sens littéral*, saint Augustin avait déjà souligné que, seul dans la Création, l'homme forme un genre unique par opposition à la pluralité des espèces animales. C'est sur l'autorité de cette exégèse, du reste, que s'appuieront les théologiens du XVIe siècle pour affirmer le monogénisme de la race humaine[24]. Le Moyen Âge n'aura donc pas démérité : transcendance divine, singularité de l'homme, extériorité du monde, toutes les pièces du dispositif sont désormais réunies pour que l'âge classique invente la nature telle que nous la connaissons.

L'autonomie de la Nature

L'émergence de la cosmologie moderne résulte d'un processus complexe où sont inextricablement mêlés l'évolution de la sensibilité esthétique et des techniques picturales, l'expansion des limites du monde, le progrès des arts mécaniques et la maîtrise accrue qu'il autorisait sur certains environnements, le passage d'une connaissance fondée sur l'interprétation des similitudes à une science universelle de l'ordre et de la mesure, tous facteurs qui ont rendu possible l'édification d'une physique mathématique, mais aussi d'une histoire naturelle et d'une grammaire générale. Les mutations de la géométrie, de l'optique, de la taxinomie, de la théorie du signe émergent d'une réorganisation des rapports de l'homme au monde et des outils d'analyse qui l'ont rendue possible plutôt que du cumul des trouvailles et du perfectionnement des habiletés ; en bref, comme le dit Merleau-Ponty, « ce ne sont pas les découvertes scientifiques qui ont provoqué le changement de l'idée de Nature. C'est le changement de l'idée de Nature qui a permis ces découvertes[25] ». La révolution scientifique du XVIIe siècle a légitimé l'idée d'une nature mécanique où le comportement de chaque élément est explicable par des lois, à l'intérieur d'une totalité envisagée comme la somme des parties et des interactions de ces éléments. Il n'avait pas fallu pour cela invalider des théories scientifiques concurrentes, mais éliminer le finalisme d'Aristote et de la scolastique médiévale, le reléguer au domaine de la théologie et mettre l'accent, comme le fit Descartes, sur la seule cause efficiente ; certes, celle-ci est encore rapportée à Dieu, mais un Dieu purement moteur, tout à la fois source originelle d'un mouvement conçu en termes géométriques et garant de sa conservation constante. L'intervention divine devenait plus abstraite, moins investie dans le fonctionnement des rouages de la machine du monde, confinée aux mystères de la foi ou à l'explication du principe d'inertie. Toutefois, à côté d'un Bacon, d'un Descartes ou d'un Spinoza qui rejettent l'illusion d'une nature intentionnelle, un courant plus discret reste attaché à des convictions finalistes, à l'idée d'une nature organisée selon un plan d'ensemble dont la compréhension permettrait de mieux rendre compte de l'action des éléments qui la composent. Kepler, Boyle ou Leibniz furent des avocats non négligeables de cette conception de la nature comme totalité et unité équilibrées, dont on connaît la postérité chez Buffon, Alexandre von Humboldt et Darwin. Et cette filiation, à son tour, n'a sans doute pas peu contribué aux orientations téléologiques d'une certaine biologie contemporaine, marquée par une vision quasi providentielle de l'adaptation des organismes ou de l'homéostasie des écosystèmes. Au XVIIe siècle, pourtant, chez les adeptes du mécanisme comme chez les partisans d'un monde organiciste, une séparation entre la nature et l'homme a gagné droit de cité. Spinoza est bien seul lorsqu'il récuse un tel partage, appelle à considérer le comportement humain comme un phénomène réglé par le déterminisme universel, et dénonce les préjugés de ceux qui envisagent le dessein de la nature par analogie avec la conscience de soi. Car ces derniers, les plus nombreux, n'en doutent pas pour autant que les effets naturels agissent en vue d'une fin sous l'effet de l'intention divine, que l'homme, « vice-roi de la Création », soit tout à fait distinct de la réalité qu'il s'efforce de connaître, et que Dieu « l'ait investi du pouvoir, de l'autorité, du droit, de l'empire, de la charge et du soin [...] de préserver la face de la Terre dans sa beauté, son utilité et sa fécondité », selon la formule fleurie du juriste anglais Matthew Hale[26]. La nature comme domaine ontologique autonome, comme champ d'enquête et d'expérimentation scientifique, comme objet à exploiter et à améliorer, cette nature-là accède à une existence que bien peu songent à remettre en doute.

Si l'idée de nature acquiert une telle importance à l'âge classique, ce n'est pas parce que le puissant frémissement de la vie du monde apparaît soudain à des yeux dessillés qui n'auraient de cesse désormais d'en percer le mystère et d'en préciser les limites. Cette notion est indissociable d'une autre, la nature humaine, qu'elle a engendrée en quelque sorte par scissiparité lorsque, afin de mieux cerner le lieu où s'appréhendent les mécanismes et les régularités de la nature, une petite région de l'être en fut détachée pour servir de point fixe. Or, comme l'a montré Michel Foucault, ces deux concepts fonctionnent en couplage pour assurer le lien réciproque des deux dimensions de la représentation à cette époque : l'imagination, comme pouvoir attribué à l'esprit de reconstituer l'ordre à partir des impressions subjectives, et la ressemblance, cette propriété qu'ont les choses d'offrir à la pensée tout un champ de similitudes à peine ébauchées sur fond de quoi la connaissance peut imposer son travail de mise en forme[27]. En raison de la grande généralité de leur sens, Nature et nature humaine permettent de synthétiser avec économie cette possibilité nouvelle d'ajustement entre le foisonnement sans cesse recommencé de la multiplicité analogique des êtres et la mécanique de l'induction, avec son cortège d'images et de réminiscences. L'intelligibilité et le contrôle des non-humains sont donc renvoyés au sujet connaissant et au sujet agissant, au savant dans son poêle et à l'ingénieur asséchant les polders, au physicien manipulant sa pompe à vide et au garde-marteau dans les forêts de Colbert, non à la collectivité des humains comme un tout organisé, encore moins à des collectivités singulières et différenciées par les mœurs, la langue ou la religion. La Nature est là sans doute, et la nature humaine en son vis-à-vis, mais point encore la société comme concept et champ d'analyse.

C'est devenu presque une banalité, depuis *Les Mots et les Choses*, de dire que la naissance d'un concept de l'homme et des sciences qui en explorent les positivités sont des événements tardifs dans la culture européenne, et probablement inédits dans l'histoire de l'humanité ; que ces événements furent déclenchés, dans les toutes dernières années du XVIIIe siècle, par un grand bouleversement de l'*épistémè* occidentale qui vit surgir un espace de voisinage entre des systèmes organisés comparables entre eux en raison de leur contiguïté dans une chaîne de succession historique, en lieu et place d'un schème général de la représentation où s'ordonnaient de façon simultanée des réseaux d'identités et de différences ; que les sciences de l'homme, en conséquence, n'héritent aucunement d'un domaine vacant plus ou moins homologue à celui qu'occupait auparavant la nature humaine, un espace en friche mais bien balisé qu'elles n'auraient eu qu'à ensemencer avec des connaissances positives et à faire fructifier grâce à des outils plus efficaces. En bref, et selon la formule emphatique de Foucault, « nulle philosophie, nulle option politique ou morale, nulle science empirique quelle qu'elle soit, nulle observation du corps humain, nulle analyse de la sensation, de l'imagination ou des passions n'a jamais, au XVIIe et au XVIIIe siècle, rencontré quelque chose comme l'homme ; car l'homme n'existait pas[28] ». Le résultat des relevés stratigraphiques entrepris par Foucault dans le sous-sol des sciences humaines est maintenant trop connu pour qu'il soit nécessaire de le commenter plus avant. Retenons seulement ceci pour notre propos : si c'est seulement au XIXe siècle que le concept de société commence à prendre corps comme totalité organisée, et si c'est seulement à cette époque, donc, qu'un tel concept est susceptible d'être opposable à la nature, alors la genèse respective de l'une et de l'autre notion, leur progressive maturation dans un champ opératoire où elles pouvaient se combiner, les découpages du réel que leurs discontinuités accouplées rendent possibles, tout cela résulte d'un processus si long et si singulier de décantations et de ruptures multiples que l'on voit mal comment il aurait pu être partagé par d'autres cultures que la nôtre.

Une brève remarque sur Rousseau, pourtant. On sait le rôle que Lévi-Strauss lui assigne dans l'anticipation de l'ethnologie moderne : l'auteur du *Discours sur l'origine de l'inégalité* aurait pressenti la méthode de cette science encore à naître par sa prescription d'observer les différences entre les hommes pour mieux découvrir leurs propriétés communes; il aurait aussi fondé son programme en posant concrètement le problème des rapports entre la nature et la culture, non pas sous la forme d'une séparation irréversible, mais dans la quête nostalgique et souvent désespérée de ce qui, dans l'homme, autorise et promeut une identification à toutes les formes de vie, fussent-elles les plus humbles[29]. En dépit des critiques qu'il a essuyées, le rousseauisme militant du fondateur de l'anthropologie structurale ne saurait donc être tenu pour une tentative d'exhumer dans la pensée des Lumières les prémisses d'un dualisme de la nature et de la société que l'anthropologie du XXe siècle aurait récupéré pour son compte. D'autant que, chez Rousseau, la réunion des citoyens ne constitue en aucune façon une société au sens conventionnel de la sociologie moderne, c'est-à-dire une totalité supérieure et extérieure aux individus, une personne morale dont les besoins et les fins sont hétérogènes à ceux des membres qui la composent, une entité autonome animée par un intérêt collectif spécifiquement social qui serait plus et autre chose que la somme des volontés particulières. Durkheim, du reste, ne s'y est pas trompé lorsqu'il a comparé la conception qu'il se faisait lui-même de l'utilité collective, déterminée en fonction de l'être social considéré dans son unité organique, avec l'intérêt commun tel qu'il s'exprime chez Rousseau, comme « intérêt de l'individu moyen » donnant corps à une volonté générale par l'addition de ce qui est utile à chacun[30]. Entre la société transcendante de Durkheim et l'agrégation de particuliers mutuellement obligés par une convention dont le *Contrat social* trace les conditions de légitimation, il y a plus qu'une différence de degré ou une variation d'inflexion. La première est une entité ontologique d'un genre nouveau dont il est illusoire de chercher chez Rousseau la promesse ou la préfiguration, même si sa théorie du lien social offre une source féconde d'analogies à ceux qui, comme Lévi-Strauss, ont su discerner derrière la puissance du sentiment et l'apologie de la vertu une réflexion originale sur les manières de s'accorder à autrui.

L'autonomie de la Culture

Notre esquisse généalogique du dualisme ne s'achève pourtant pas avec l'avènement du concept de société ; car c'est à une notion dont la consolidation est plus récente encore que l'ethnologie contemporaine doit sa raison d'être, cette notion de culture par laquelle elle définit l'espace propre de son enquête et où elle exprime de façon ramassée tout ce qui, dans l'homme et ses réalisations, se démarque de la nature et en tire un sens. Il était peut-être inévitable que des termes aussi flous que « nature » et « culture », aussi complaisants à se plier aux usages successifs qu'on a voulu leur donner, aussi propices à ramasser dans un signifiant disponible telle ou telle région de ce tohu-bohu d'aspirations, de processus et de forces dont la diversité du monde offre le spectacle, il était peut-être inévitable que ces termes finissent par trouver dans leur opposition l'un à l'autre la détermination de leurs positivités en même temps qu'un effet d'évidence décuplé par leur conjonction. Or, si l'idée de culture est assurément plus tardive que celle de nature, son engendrement n'en fut pas pour autant moins contingent, ni plus simple le mouvement par lequel s'est resserré le champ de ses significations.

Tout ethnologue est familier du célèbre inventaire critique dans lequel Alfred Kroeber et Clyde Kluckhohn ont recensé la plupart des définitions de la culture[31]. Des 164 acceptions qu'ils dénombrent, je ne retiendrai pour mon propos que les deux principales. La première, qu'ils qualifient d'« humaniste », envisage la culture comme le caractère distinctif de la condition humaine ; sa formulation canonique, par Edward B. Tylor en 1871, est traditionnellement saluée comme une manière d'acte de naissance du champ de l'anthropologie moderne : « La Culture ou la Civilisation, pris au sens ethnographique le plus large, est cet ensemble complexe incluant les savoirs, les croyances, l'art, les mœurs, le droit, les coutumes, ainsi que tout autre disposition ou usage acquis par l'homme en tant qu'il vit en société[32]. » La culture n'est pas distinguée ici de la civilisation en tant qu'aptitude à la création collective soumise à un mouvement progressif de perfectionnement ; c'est cette perspective qu'adoptent les anthropologues évolutionnistes du dernier tiers du XIXe siècle. Elle admet comme possible et nécessaire la comparaison de sociétés ordonnées en fonction du degré d'accomplissement de leurs institutions culturelles, expressions plus ou moins élaborées d'une tendance universelle de l'humanité à maîtriser les contraintes naturelles et les déterminations instinctives. Le concept proprement anthropologique de culture apparaît plus tardivement. L'idée que chaque peuple constitue une configuration unique et cohérente de traits matériels et intellectuels sanctionnés par la tradition, typique d'un certain mode de vie, enracinée dans les catégories singulières d'une langue et responsable de la spécificité des comportements individuels et collectifs de ses membres, cette idée émerge peu à peu, au tournant du XXe siècle, dans les travaux ethnographiques de Franz Boas[33]. Reprise et élaborée de façon plus systématique par ses disciples, la perspective boasienne va former la matrice de l'anthropologie nord-américaine et définir durablement son orientation « culturaliste ». Dans cette seconde définition, « culture » se décline au pluriel, comme une multitude de réalisations particulières, et non plus au singulier, comme l'attribut par excellence de l'humanité ; la gradation des peuples selon leur proximité à l'Occident moderne est supplantée par un tableau synchronique où toutes les cultures se valent ; l'universalisme optimiste des théoriciens de l'évolution cède la place à un relativisme de méthode centré sur l'approfondissement monographique et la révélation de la richesse du singulier ; l'accent téléologique se déplace de la foi dans le progrès continu des mœurs au présupposé que chaque culture tend à sa conservation et à la perpétuation de son *Volksgeist*.

Avant d'accéder à un statut plus ou moins spécialisé en ethnologie, chacune de ces conceptions de la culture s'est cristallisée dans des contextes nationaux particuliers et selon un processus de différenciation dont les échos sont encore perceptibles dans les inflexions théoriques des différentes traditions savantes. La culture au sens universel ne se distingue pas, on l'a vu, de la civilisation ; les deux termes continuent à être employés indifféremment en anthropologie jusqu'au début du XXe siècle, même chez Boas. Le mot « civilisation » est lui-même assez récent ; il apparaît pour la première fois en 1757 sous la plume de Mirabeau, une dizaine d'années plus tard en Angleterre, chez Ferguson, avec un sens équivalent[34]. C'est l'état de la société civilisée, résultant d'un progrès constant dans la vertu et l'accomplissement civique, par contraste avec l'urbanité des manières, la civilité du comportement, qualités superficielles et statiques. Or, comme l'a bien montré Norbert Elias, « civilisation » va prendre un sens complètement différent en Allemagne, plus proche en fait de ce à quoi le mot s'oppose à l'origine, à savoir les usages policés en tant qu'expression de la qualité sociale, le savoir-paraître et le bien-parler, en bref l'attitude de la noblesse de cour singeant le goût français. Le contraire de la civilisation de l'apparence ainsi conçue, c'est la culture[35]. Le terme évoque le caractère propre de certains produits de l'activité humaine en tant qu'ils témoignent du génie d'un peuple, révèlent sa valeur singulière et lui permettent d'y puiser un motif de fierté. En Allemagne, l'antinomie entre culture et civilisation prend d'abord une dimension sociale; c'est l'argument polémique d'une intelligentsia bourgeoise, écartée de toute réelle responsabilité économique et politique par une aristocratie courtisane, imbue de ses privilèges mais réputée incapable d'élan créateur. Après la Révolution française, l'antagonisme entre les valeurs que ces deux notions incarnent commence à prendre un caractère national : les idéaux de la classe moyenne cultivée deviennent emblématiques de la culture allemande, par contraste avec l'idée de civilisation qu'une France expansionniste et sûre d'elle-même porte aux quatre coins de l'Europe.

La suite est trop connue pour que j'y insiste. On sait ce que fut en Allemagne la réaction aux Lumières; comment Herder, Fichte, Alexandre et Guillaume von Humboldt, se détournant de la quête des vérités universelles, mirent l'accent sur l'incommensurabilité des particularismes collectifs, des styles de vie et des formes de pensée, des réalisations concrètes de telle ou telle communauté; à quel point un peuple dépourvu d'unité politique a pu être obsédé par les interrogations sur ce qui fondait son caractère propre; en quoi la volonté de recenser, de délimiter et de consolider les traits spécifiques d'une nation encore en gésine a contribué à faire de l'idée de culture l'une des valeurs centrales du XIXe siècle allemand. L'on sait aussi ce que Boas, émigré à New York à l'âge de vingt-neuf ans, doit à ses années de *Bildung* dans le creuset de l'université allemande, tout comme ses principaux disciples, la première génération de l'anthropologie américaine, qui reçurent tous une éducation germanique : Sapir était né en Poméranie, Lowie à Vienne et Kroeber dans l'élite *Deutschamerikanish* de Manhattan[36]. C'est donc très profondément que les racines du culturalisme américain plongent dans l'historicisme allemand, dans le *Volksgeist* de Herder, dans le *Nationalcharakter* de Guillaume von Humboldt ou dans le *Völkergedanken* de Bastian.

Ébranlée par la faillite de l'évolutionnisme, la notion de culture au singulier n'en disparaît pas pour autant de l'ethnologie du XXe siècle; même aux États-Unis, où Kroeber, se démarquant de Boas, entreprend très tôt de définir le caractère spécifique de la culture, cette entité « superorganique » d'un genre particulier, hypostase au cours majestueux qui transcende les existences individuelles et définit leurs orientations[37]. Mais c'est surtout dans l'anthropologie française et anglaise que la culture va continuer d'exister comme attribut distinctif de l'humanité tout entière, quoique d'une façon presque souterraine en raison du magistère de l'école durkheimienne et de la prééminence qu'elle accorde à la notion de société pour remplir cette même fonction. Il s'agit plutôt d'une conviction rustique qui tranche sur le particularisme des boasiens : il est possible et souhaitable, pense-t-on, de découvrir dans la condition humaine des régularités ou des invariants — pour ne pas dire des universaux — qui peuvent rendre compte de l'unicité de la culture derrière la multiplicité de ses manifestations singulières. On trouve des expressions d'une telle aspiration aussi bien dans la peu convaincante « théorie scientifique de la culture » de Malinowski, dans l'insistance de Radcliffe-Brown à définir l'anthropologie comme une discipline nomothétique, ou dans le projet affiché par Lévi-Strauss d'une science de l'ordre des ordres. Ce dernier illustre bien, du reste, comment les deux notions de culture sont devenues l'avers et le revers d'une même médaille : de sa formation philosophique, de son attachement au rationalisme des Lumières découle cette conception de la Culture comme une réalité *sui generis* se distinguant d'une Nature tout à la fois condition originaire de l'humanité et domaine ontologique autonome offrant à la pensée symbolique une inépuisable source d'analogies ; mais de son séjour aux États-Unis, de sa familiarité avec Boas, il retient la leçon du relativisme : l'idée que rien ne permet de hiérarchiser les cultures selon une échelle morale ou une série diachronique.

Il n'est pas douteux que la notion de culture au singulier tire de son opposition à la nature une large part de sa fécondité. Les cultures au pluriel, en revanche, n'ont de sens que par rapport à elles-mêmes ; et si le milieu où elles se sont développées constitue assurément une dimension importante de la singularité qu'on leur prête, leur manière de s'adapter à la nature n'est, dans une perspective culturaliste, qu'une voie parmi d'autres pour accéder à leur compréhension, une voie guère plus légitime ni mieux expressive d'une vision du monde que ne le sont la langue, le système rituel, la technologie ou les manières de table. Prise en elle-même, l'idée holiste de culture n'appelle donc pas la nature comme sa contrepartie automatique. C'est pourtant elle, dans sa genèse allemande et son développement nord-américain, qui va solidifier le dualisme contemporain, non par une dissémination de son usage spécialisé en anthropologie, mais en raison du travail de purification épistémologique qui fut nécessaire pour que l'idée de culture comme totalité irréductible puisse conquérir son autonomie vis-à-vis des réalités naturelles.

L'enfantement de cette idée est en effet indissociable des intenses débats qui, dans l'Allemagne de la fin du XIXe siècle, visent à préciser les méthodes et les objets respectifs des sciences de la nature et des sciences de l'esprit. Bataillant autant contre la philosophie idéaliste de l'histoire que contre le naturalisme positiviste, historiens, linguistes et philosophes s'efforcent alors d'asseoir la prétention des humanités à devenir des sciences rigoureuses, dignes d'un respect égal à celui que commandent la physique, la chimie ou la physiologie animale. En une vingtaine d'années à peine, plusieurs textes fondamentaux paraissent sur cette question : les *Principien der Sprachgeschichte* (1880) dans lequel l'historien des langues Hermann Paul trace une distinction entre les « sciences productrices de loi » et les « sciences historiques », ces dernières s'attaquant à l'individualité des phénomènes comme produit de la contingence historique ; la fameuse *Introduction aux sciences de l'esprit* (1883) où Wilhelm Dilthey oppose les sciences de la nature aux *Geisteswissenschaften* qui procèdent selon la « compréhension », c'est-à-dire grâce à l'aptitude du chercheur à revivre par empathie la situation concrète d'un acteur historique ; l'article « Geschichte und Naturwissenschaft » (1894) de Wilhelm Windelband qui, développant une distinction proposée quelques années auparavant par Otto Liebmann, établit un contraste entre la méthode nomothétique des sciences de la nature et la méthode idiographique des sciences historiques. Peut-être même faut-il inclure Boas dans ce débat épistémologique, avec son petit essai de 1887, « The Study of Geography », dans lequel il oppose la méthode du physicien — sa formation initiale à Heidelberg —, étudiant les phénomènes qui possèdent une unité objective, et celle du cosmographe — Alexandre von Humboldt est ici son modèle —, s'attachant à comprendre des phénomènes dont la connexion est établie de façon subjective[38].

C'est toutefois à Heinrich Rickert, notamment dans *Kulturwissenschaft und Naturwissenschaft* (1899), que l'on doit l'entreprise la plus aboutie de classification des sciences, celle qui délimite avec la plus grande rigueur logique leurs méthodes et leurs objets respectifs ; celle en tout cas qui a exercé l'influence la plus marquante, non seulement sur les contemporains de Rickert, son ami Max Weber au premier chef, mais aussi sur de grandes figures de la philosophie allemande du XXe siècle, de Heidegger à Habermas[39]. Il revient d'abord à Rickert d'avoir substitué l'expression « sciences de la culture » à celle, plus courante à son époque, de « sciences de l'esprit ». La nouveauté n'est pas seulement terminologique. La dénomination « sciences de l'esprit » pouvait prêter à confusion et, comme chez Dilthey, donner à entendre que les humanités traitent de la seule vie psychique, de la dimension spirituelle des phénomènes, comme si c'était là une réalité intrinsèque qui nous serait donnée indépendamment des choses dont s'occupent les sciences de la nature. Or, en bon kantien, Rickert tient que nous vivons et percevons la réalité comme un continuum disparate dont la segmentation en domaines discrets n'émerge qu'en fonction du mode de connaissance que nous lui appliquons et des caractéristiques dont nous opérons la sélection : le monde devient nature quand nous l'envisageons sous l'aspect de l'universel, il devient histoire quand nous l'examinons sous les espèces du particulier et de l'individuel. Plutôt que de distinguer entre une approche nomothétique et une approche idiographique, il convient donc de considérer l'activité scientifique comme une seule et même démarche, visant un objet lui-même unique, mais au moyen de deux méthodes différentes : la généralisation, typique des sciences de la nature, et l'individualisation dont les sciences de la culture ont acquis l'apanage. C'est pourquoi, loin d'être une voie d'accès privilégiée aux réalisations humaines, la psychologie brandie par les historiens appartient de droit aux sciences de la nature en ce qu'elle a pour objectif de découvrir les lois universelles des fonctions mentales. Par quel critère, alors, reconnaître ce qui, dans le foisonnement indifférencié du monde, est susceptible de conduire à des généralisations ou, au contraire, à une réduction au particulier ? Les sciences de la culture, répond Rickert, s'intéressent à ce qui prend une signification pour l'humanité tout entière ou, du moins, à ce qui vaut pour tous les membres d'une communauté. Autrement dit, du point de vue de leur traitement scientifique, c'est dans leur rapport à la valeur que les processus culturels se différencient des processus naturels.

En distinguant entre des objets dénués de sens dont l'existence est déterminée par des lois générales, et des objets que nous appréhendons dans leur singularité en vertu de la valeur contingente qui leur est attachée, Rickert met à mal les fondements du dualisme ontologique : à peu près toute réalité peut être appréhendée sous l'un ou l'autre de ses aspects, selon qu'elle est prise dans sa factualité brute et opiniâtre, ou bien du point de vue des désirs et usages dont l'ont investie ceux qui l'ont produite ou l'ont conservée intentionnellement. Mais une telle clarification se paie d'une séparation épistémologique implacable entre deux champs d'investigation et deux modes de connaissance désormais parfaitement hétérogènes, une séparation sans doute plus étanche que celle découlant de la simple subsomption des entités du monde dans deux registres d'existence indépendants. Entre l'humain et le non-humain n'existent plus la discontinuité radicale de la transcendance ni les ruptures introduites par la mécanisation du monde ; c'est à nos yeux seulement qu'ils se différencient et selon la manière dont nous choisissons de les objectiver car « l'opposition entre nature et culture, pour autant qu'il s'agisse d'une distinction entre deux groupes d'objets réels, est véritablement le fondement de la division des sciences particulières[40] ». En bref, l'opposition n'est pas dans les choses ; elle est construite par l'appareillage permettant de les discriminer, un dispositif qui va devenir de plus en plus efficace à mesure que les sciences humaines, délaissant la spéculation sur les origines au profit des enquêtes empiriques, vont commencer à apporter la preuve de leur légitimité en accumulant les connaissances positives. Peu importe ici que Rickert, comme beaucoup de ses contemporains, ait eu tendance à ranger l'étude des *Naturwölker* dans les sciences naturelles, la juridiction générale qu'il établit va dessiner en creux l'espace où l'anthropologie du XXe siècle pourra se déployer : l'étude des réalités culturelles en tant qu'elle s'oppose à l'étude des réalités naturelles.

L'autonomie du dualisme

C'est l'anthropologie, en effet, qui va recueillir les fruits de la longue maturation que nous venons de retracer, et elle va s'en trouver bien embarrassée. Voyons un peu ce qu'elle en a fait. Pour féroces qu'elles puissent paraître à ceux qui les observent de loin, les controverses dont s'alimente cette discipline reposent néanmoins sur un large consensus quant à sa mission. De même qu'un différend privé exige un terrain commun délimitant la nature et les formes d'expression du désaccord, de même les débats anthropologiques supposent un arrière-plan d'habitudes de pensée et de références partagées sur le fond duquel les oppositions peuvent se manifester. Cette ressource commune tire son origine dans la définition même que l'anthropologie donne de son objet, à savoir la Culture, ou les cultures, entendue comme ce système de médiation avec la Nature que l'humanité a su inventer, un attribut distinctif d'*Homo sapiens* où interviennent l'habileté technique, le langage, l'activité symbolique et la capacité de s'organiser dans des collectivités en partie affranchies des continuités biologiques. Quelles que soient les divergences théoriques traversant la discipline, il existe bien un consensus sur le fait que le champ arpenté par l'anthropologie est celui où se croisent et se déterminent mutuellement les contraintes universelles du vivant et les règles contingentes de l'organisation sociale, la nécessité où les hommes se trouvent d'exister comme organismes dans des milieux qu'ils n'ont façonnés qu'en partie et la capacité qui leur est offerte de donner à leurs interactions avec les autres entités du monde une myriade de significations particulières. Tous les objets concrets de l'investigation ethnologique sont situés dans cette zone de couplage entre les institutions collectives et les données biologiques et psychologiques qui confèrent au social sa substance, mais non sa forme. L'autonomie que l'anthropologie revendique au sein de la cité savante est ainsi fondée sur la croyance que toutes les sociétés constituent des compromis entre la Nature et la Culture dont il convient d'examiner les expressions singulières et de découvrir, si possible, les règles d'engendrement ou de distribution. Bref, la dualité du monde est devenue le défi originel et original auquel cette science a tenté de répondre, déployant des trésors d'ingéniosité afin de réduire l'écart entre les deux ordres de réalité qu'elle avait trouvés dans son berceau. Les tropismes induits par la définition de l'objet ne pouvaient dès lors que se répercuter dans la manière dont il est saisi. Si l'on s'accorde sur le fait que l'expérience humaine est conditionnée par la coexistence de deux champs de phénomènes accessibles par des modes de connaissance distincts, il devient inévitable d'aborder leur interface en partant plutôt de l'un ou de l'autre aspect : soit les déterminations que l'usage, le contrôle ou la transformation de la nature induisent, déterminations universelles dont les effets sont particularisés par des environnements, des techniques et des systèmes sociaux singuliers, soit les particularités des traitements symboliques d'une nature homogène dans ses limites et son mode de fonctionnement, particularités récurrentes du fait de l'universalité des mécanismes mobilisés et de l'unicité de l'objet auquel ils s'appliquent.

C'est pourquoi le monisme naturaliste et le relativisme culturaliste continuent de prospérer dans des affrontements qui les légitiment mutuellement : ils forment les deux pôles d'un continuum épistémologique au long duquel doivent se situer tous ceux qui s'emploient à rendre raison des rapports entre les sociétés et leurs milieux. Parce qu'elles sont durcies par la polémique, les positions extrêmes donnent à voir sous une forme épurée les contradictions où s'est enfermée l'anthropologie du fait de son adhésion au postulat que le monde peut être distribué entre deux types de réalité dont il s'agit de montrer l'interdépendance. À être appréhendée dans ses formulations les plus excessives, l'alternative acquiert ainsi une valeur pédagogique : ou bien la culture est façonnée par la nature, que celle-ci soit faite de gènes, d'instincts, de réseaux neuronaux ou de contraintes géographiques, ou bien la nature ne prend forme et relief que comme un réservoir potentiel de signes et de symboles où la culture vient puiser. Formulée dans toute sa crudité, une telle opposition n'est pas sans évoquer certains traits de la vieille distinction scolastique entre nature naturante et nature naturée à laquelle Spinoza redonna une deuxième vie. Pour ce dernier, on le sait, la nature naturante est la cause absolue, constituée d'une infinité d'attributs infinis, identifiée à Dieu comme source de toute détermination ; tandis que la nature naturée recouvre l'ensemble des processus, des objets et des façons de les appréhender qui découlent de l'existence de la nature naturante[41]. Comme les contemporains de Spinoza ne tardèrent pas à s'en apercevoir, un tel Dieu n'a rien de chrétien : substance causale impersonnelle, à la fois définition et englobement de la totalité des possibles, la nature naturante est bien l'hypostase d'une Nature logiquement première — *Deus sive natura* — dans laquelle les matérialistes des siècles suivants trouveront un substitut commode au premier moteur divin. En revanche, peut-être dira-t-on que la nature naturée de Spinoza a peu à voir avec l'idée moderne d'une autonomie de la culture comme mise en forme singulière, selon les langues et les usages des peuples, d'organismes et d'objets n'accédant à l'existence qu'au moyen des codes par lesquels on les objective. Sans vouloir pousser la transposition ni verser dans l'anachronisme, il faut pourtant souligner que, pour Spinoza, la nature naturée est avant tout constituée par des modes — d'être, de penser, d'agir, de relations entre les choses —, certes universels pour certains d'entre eux, mais sans commune mesure avec la cause qui les occasionne. Ils peuvent donc être étudiés en soi, en faisant abstraction de ce qui les détermine.

Contre l'usage analogique du couple « nature naturante » et « nature naturée », on pourrait aussi objecter que les termes d'une telle distinction sont mutuellement exclusifs, qu'ils n'admettent pas d'états intermédiaires. Or, entre le « déterminisme crasse » et l'« imaginarisme aérien », pour reprendre des expressions d'Augustin Berque[42], bien des auteurs — anthropologues, sociologues, géographes, philosophes — ont tenté de trouver une voie moyenne, une issue dialectique permettant d'échapper à la confrontation des deux dogmatismes. À égale distance des positivistes militants et des avocats d'une herméneutique sans concession, ils s'attachent à coupler l'idéel et le matériel, le concret et l'abstrait, les déterminations physiques et la production du sens. Mais de tels efforts de médiation sont condamnés à rester vains tant qu'ils s'appuient sur les prémisses d'une cosmologie dualiste, tant qu'ils présument l'existence d'une nature universelle que codent, ou à laquelle s'adaptent, des cultures multiples. Sur l'axe qui mène d'une culture totalement naturelle à une nature totalement culturelle, on ne saurait trouver un point d'équilibre, seulement des compromis qui rapprochent plutôt de l'un ou de l'autre pôle. Du reste, le problème est aussi ancien que l'anthropologie elle-même ; ainsi que le dit fort bien Marshall Sahlins, celle-ci est comme un prisonnier astreint depuis plus d'un siècle à arpenter sa cellule, confiné entre le mur des contraintes de l'esprit et celui des déterminations pratiques[43].

Je suis tout prêt à concéder que ce genre de prison a ses avantages. Le dualisme n'est pas un mal en soi et c'est faire preuve d'ingénuité que de le stigmatiser pour des raisons purement morales, à la manière des philosophies écocentriques de l'environnement, ou de lui faire porter la responsabilité de tous les maux de l'ère moderne, de l'expansion coloniale à la destruction des ressources non renouvelables, en passant par la réification des identités sexuelles ou des distinctions de classe. On doit au moins au dualisme, avec le pari que la nature est soumise à des lois propres, une formidable stimulation pour le développement des sciences. On lui doit aussi, avec la croyance que l'humanité se civilise peu à peu en contrôlant toujours plus la nature et en disciplinant de mieux en mieux ses instincts, certains des avantages, notamment politiques, que l'aspiration au progrès a pu engendrer. L'anthropologie est fille de ce mouvement, de la pensée scientifique et de la foi dans l'évolution, et il n'y a pas lieu de rougir des circonstances de sa naissance ni de la vouer à disparaître pour expier ses péchés de jeunesse. Mais son rôle s'accommode mal de cet héritage ; il est de comprendre comment des peuples qui ne partagent pas notre cosmologie ont pu inventer pour eux-mêmes des réalités distinctes de la nôtre, témoignant par là d'une créativité qui ne saurait être jaugée à l'aune de nos propres accomplissements. Or, c'est ce que l'anthropologie ne peut faire dès lors qu'elle prend pour acquise comme une donnée universelle de l'expérience notre réalité à nous, nos façons d'établir des discontinuités dans le monde et d'y déceler des rapports constants, nos manières de distribuer entités et phénomènes, processus et modes d'action, dans des catégories qui seraient prédéterminées par la texture et la structure des choses.

Certes, nous n'appréhendons pas les autres cultures comme des analogues complets de la nôtre — ce serait bien peu vraisemblable. Nous les voyons à travers le prisme d'une partie seulement de notre cosmologie, comme autant d'expressions singulières de la Culture en tant qu'elle fait contraste avec une Nature unique et universelle, des cultures très diverses, donc, mais qui répondent toutes au canon de ce que nous entendons par cette double abstraction. Parce qu'il est profondément enraciné dans nos habitudes, cet ethnocentrisme est fort difficile à extirper : aux yeux de la plupart des anthropologues, comme Roy Wagner le note avec justesse, les cultures périphériques de l'Occident moderne « n'offrent pas des contrastes, ou des contre-exemples, à notre culture, en tant que système total de conceptualisation ; elles suggèrent plutôt des comparaisons quant à “d'autres manières” de traiter *notre propre réalité*[44] ». Faire du dualisme moderne l'étalon de tous les systèmes du monde nous contraint ainsi à une sorte de cannibalisme bienveillant, une incorporation répétée de l'objectivation des non-modernes par eux-mêmes dans l'objectivation de nous-mêmes par nous-mêmes. Longtemps réputés radicalement autres, et employés en conséquence comme repoussoirs de la morale civique ou modèles de vertus disparues, les sauvages sont désormais tenus pour des voisins presque transparents, non plus ces « philosophes nus » que louait Montaigne, mais des ébauches de citoyens, des proto-naturalistes, des quasi-historiens, des économistes en gésine, bref, des précurseurs tâtonnants d'une manière d'appréhender les choses et les hommes que nous aurions su dévoiler et codifier mieux que quiconque. C'est là une façon de leur rendre hommage, assurément, mais c'est aussi le meilleur moyen, en les rangeant dans notre lot commun, de faire s'évanouir leur contribution à l'intelligibilité de la condition humaine.

Si un tel ethnocentrisme ne rend pas illégitime l'étude dans nos propres termes des systèmes de parenté ou des systèmes techniques, il devient un obstacle formidable à la juste compréhension des ontologies et des cosmologies dont les prémisses diffèrent des nôtres. En raison de son dualisme constitutif, en effet, l'anthropologie ne pouvait manquer de traiter cette partie de l'objectivation du réel que les non-modernes n'auraient pas su mener à bien comme une préfiguration malhabile ou un écho plus ou moins vraisemblable de celle que nous avons réussie, un mélange bigarré d'inférences indues, de logique tronquée et de projections expressives, portant témoignage de l'enfance de la raison et des sources contemporaines de la superstition ; en bref, un résidu des connaissances positives ne prenant forme et sens pour nous qu'au regard de la masse solide dont il s'était détaché. C'est ce déchet du savoir sur la nature qui fait les délices de l'anthropologie religieuse depuis Frazer, et rien n'est plus symptomatique du statut dérivé des phénomènes dont elle s'occupe que l'épithète « surnaturels » par laquelle on les qualifie encore. Car même si l'on s'en défend, il est difficile d'échapper à l'illusion que, pour bien des peuples, la surnature est cette partie de la nature qu'ils n'ont pas su expliquer, que l'intuition d'une causalité surnaturelle anticipe l'idée d'une causalité naturelle par laquelle cette intuition pourra être réformée, qu'en interprétant un arc-en-ciel, une crue ou une maladie comme le résultat d'une force invisible dotée d'intentionnalité, la « pensée magique » fait le pari d'un déterminisme universel qu'elle sait identifier par ses effets sans en discerner les véritables causes. Or, c'est l'inverse qui paraît plus plausible, ainsi que Durkheim l'avait bien vu : « Pour qu'on pût dire de certains faits qu'ils sont surnaturels, il fallait avoir déjà le sentiment qu'il existe un *ordre naturel des choses*, c'est-à-dire que les phénomènes de l'univers sont liés entre eux suivant des rapports nécessaires, appelés lois. Une fois ce principe acquis, tout ce qui déroge à ces lois devait nécessairement apparaître comme en dehors de la nature et, par suite, de la raison[45]. » Ainsi que le souligne Durkheim, cette décantation est tardive dans l'histoire de l'humanité puisqu'elle résulte du développement des sciences positives entrepris par les Modernes. Loin d'être l'indice d'un déterminisme inabouti, le surnaturel est plutôt une invention du naturalisme jetant sur sa genèse mythique un regard complaisant, une sorte de vase imaginaire où l'on peut déverser le trop-plein de significations charrié par des esprits réputés attentifs aux régularités du monde physique, mais incapables encore de s'en faire une idée juste faute du secours des sciences exactes.

La tendance à trier connaissances légitimes et résidus symboliques avec le tamis naturaliste s'illustre au mieux dans la manie taxinomique consistant à isoler des champs d'enquête spécialisés que l'on baptise du nom d'une science reconnue précédé de « ethno- ». Aux deux ancêtres qu'étaient l'ethnobotanique et l'ethnozoologie sont ainsi venues s'ajouter l'ethnomédecine, l'ethnopsychiatrie, l'ethnoécologie, l'ethnopharmacologie, l'ethnoastronomie, l'ethnoentomologie, et bien d'autres encore. Cette procédure permet de réifier certains pans des savoirs indigènes en les rendant compatibles avec la division moderne des sciences, puisque les frontières du domaine sont établies *a priori* en fonction des classes d'entités et de phénomènes que les disciplines correspondantes ont peu à peu découpées comme leurs objets propres dans la trame du monde. Chacune de ces ethnosciences ayant maintenant conquis son autonomie institutionnelle, avec ses revues, ses congrès, ses chaires et ses controverses, il devient de plus en plus difficile d'échapper à l'illusion que l'objectivation du réel s'organise partout selon une même pente naturelle dont l'écoulement serait contrarié çà et là par de gros blocs de pensée magique, émouvants témoignages d'une prise de conscience encore imparfaite des régularités du monde physique et de l'ambition d'exercer sur lui un contrôle mieux assuré. La distribution du travail anthropologique devient dès lors inéluctable : aux spécialistes des ethnosciences la mise au jour des classifications et des savoirs « populaires », variantes approximatives des discours savants qui en constituent les prototypes ; aux spécialistes de la « culture » l'étude du symbolisme, des croyances et des rituels, cette écume précieuse qui donne à chaque peuple un style inimitable.

Pourtant, les liens multiples et enchevêtrés que tout individu tisse à chaque moment avec son environnement n'autorisent guère une distinction aussi tranchée entre savoir pratique et représentations symboliques, du moins si l'on accorde quelque crédit au sens que les membres d'une collectivité attachent à leurs actes. Lorsqu'un chasseur achuar se trouve à portée de tir et qu'il chante à l'intention du gibier un *anent*, une supplique destinée à séduire l'animal et à endormir sa méfiance par des promesses captieuses, bascule-t-il soudain du rationnel dans l'irrationnel, de la connaissance instrumentalisée dans la chimère ? Change-t-il complètement de registre après la longue période d'approche où il a su mobiliser pleinement son expertise éthologique, son profond savoir sur l'environnement, son expérience de pisteur, toutes ces qualités qui lui ont permis de relier presque d'instinct une multitude d'indices en un fil conduisant à sa proie ? Bref, le chant magique doit-il être tenu pour une représentation illusoire interpolée sans nécessité dans une chaîne opératoire pétrie de savoir-faire, de connaissances efficaces et d'automatismes confirmés ? Nullement. Car si je considère un animal comme une personne dotée de facultés analogues aux miennes, comme un être intentionnel attentif aux discours que je peux lui tenir, alors il n'est pas plus anormal de s'adresser à lui avec les illusions de la civilité que de se donner les moyens techniques de l'occire. L'une et l'autre attitude participent ensemble du tissu de relations que j'établis avec lui et jouent chacune un rôle dans la configuration de mes comportements à son égard.

Reviendrait-on par là à une conception intellectualiste qui expliquerait la magie de la chasse par la croyance de ceux qui y ont recours en une théorie du monde dans laquelle ce genre d'action serait investi d'une efficacité opératoire ? En aucune façon. Nul Achuar n'ira prétendre que c'est l'*anent* à lui seul qui permet de débusquer une proie et de la tuer à coup sûr ; il s'agit seulement de l'un des éléments qui actualisent le statut ontologique de tel ou tel animal, en combinaison avec une foule d'autres critères tout aussi pertinents, relatifs à ses mœurs, à son habitat, à ce que l'on sait des circonstances qui l'ont rendu accessible à un moment donné, à la biographie du chasseur et à ses rencontres passées avec d'autres membres de la même espèce. L'incantation magique n'est pas opératoire parce qu'elle serait performative, parce qu'elle accomplirait ou rendrait possible aux yeux de celui qui la chante le résultat qu'elle suggère. Elle est opératoire en ce qu'elle contribue à caractériser, et donc à rendre effective, la relation qui s'établit à un moment donné entre un certain homme et un certain animal : elle rappelle les liens existants entre le chasseur et les membres de l'espèce, elle qualifie ces liens dans le langage de la parenté, elle souligne la connivence entre les parties en présence, en somme, elle sélectionne dans les attributs de l'un et de l'autre ceux qui donneront à leur face-à-face une plus grande réalité existentielle. L'*anent* de chasse n'est donc pas isolable comme une scorie symbolique s'ajoutant à un processus technique ; il ne vise pas au premier chef à obtenir un résultat utile ; il n'est ni un additif ni un palliatif ; il permet de rendre présent et de mettre en scène un système de rapports, existant auparavant à l'état virtuel, de façon à donner un sens à une interaction conjoncturelle entre l'homme et l'animal par un rappel sans ambiguïté de leurs positions respectives. En Amazonie comme chez nous, un organisme n'est pas institué comme une entité significative dans l'environnement par les seuls appareillages matériels et cognitifs qui permettent son identification, sa mise à mort et sa consommation, mais par tout un ensemble de propriétés qui lui sont prêtées et qui exigent en retour des types de conduite et de médiation adéquats à la nature qu'on lui suppose. Les végétariens sont-ils si différents du chasseur achuar lorsqu'ils se refusent à manger des veaux et pas des épinards, ou les organisations internationales quand elles interdisent la capture des dauphins et pas des harengs ? Ces manières contrastées de traiter l'une ou l'autre espèce ne reposent-elles pas aussi sur le type de relations que nous croyons nouer avec tel ou tel segment du vivant ? Plutôt que de voir là une superstition franche et ici une superstition clandestine, articulées de façon plus ou moins raisonnable à un système de connaissances positives, n'est-il pas préférable de traiter la dimension « symbolique » de nos actions dans le monde comme un moyen parmi d'autres de découper dans la trame des choses certains cheminements dont on verra bientôt qu'ils sont moins inconstants qu'il n'y paraît ?

L'autonomie des mondes

Que dire de plus au terme de cette esquisse ? Est-il encore plausible de ranger parmi les universaux une opposition entre la nature et la culture dont l'antiquité ne remonte guère au-delà d'un siècle ? Doit-on continuer à chercher aux quatre coins de la planète la manière dont les peuples les plus divers ont pu exprimer une telle opposition au prix d'une amnésie des conditions tout à fait singulières dans lesquelles nous l'avons nous-mêmes tardivement forgée ? Est-il si choquant d'admettre que les Jivaros, les Samoyèdes ou les Papous puissent n'avoir point conscience que les humains se distinguent des non-humains par les régimes d'analyse qui leur sont appliqués si nos bisaïeuls eux-mêmes l'ignoraient ? Faut-il, en bref, conserver un découpage du monde aussi historiquement déterminé pour rendre compte des cosmologies dont maintes civilisations nous offrent encore le vivant témoignage ou qui, consignées dans les rayons de nos bibliothèques, n'attendent que notre curiosité pour revivre ? Je ne le pense pas, on l'aura compris.

Une objection vient peut-être à l'esprit du lecteur : ma critique du dualisme serait naïve ou sophistique, elle resterait à la surface du léger tissu des mots et confondrait l'absence des concepts avec l'inexistence des réalités qu'ils désignent. De ce que l'opposition entre la nature et la culture n'a acquis sa forme définitive et son efficacité opératoire qu'au début du XXe siècle, il ne s'ensuivrait pas nécessairement que l'on ait été incapable, ailleurs et auparavant, de discriminer en pratique entre les deux ordres de réalité que nous rangeons sous ces termes. J'aurais cédé, en somme, à une variante ingénue de la perversion nominaliste. L'ambition de ce livre est de montrer qu'il n'en est rien, que le rejet du dualisme ne conduit ni au relativisme absolu ni à un retour à des modes de pensée que le contexte présent a rendus caducs, qu'il est possible de réfléchir à la diversité des usages du monde sans céder à la fascination du singulier ni à l'anathème contre les sciences positives. Aussi m'en tiendrai-je, pour le moment, à une brève profession de foi.

On conçoit mal, assurément, qu'il ait pu échapper à qui que ce soit que les non-humains n'usent pas ordinairement du langage, qu'il est impossible d'avoir avec eux des rapports sexuels féconds, que beaucoup d'entre eux sont incapables de se déplacer par eux-mêmes, de croître ou de se reproduire. Peut-être même faut-il croire la psychologie du développement lorsqu'elle nous dit que tous les enfants, quel que soit le milieu où ils sont élevés, tendent à établir très tôt des distinctions entre des entités qu'ils perçoivent comme dotées d'une intentionnalité et d'autres qui en sont dépourvues[46]. Bref, il est probable qu'un observateur idéalement soustrait à toute influence culturelle pourrait accumuler de nombreux indices suggérant qu'il existe entre lui et ce qu'il est convenu d'appeler les objets naturels toute une gamme de différences dans l'apparence, le comportement ou la manière d'être présent au monde. Mais les indices plaidant en faveur d'une continuité graduelle sont tout aussi nombreux et n'ont pas manqué d'ailleurs d'être relevés par une poignée d'esprits rebelles qui, de Montaigne à Haeckel en passant par Condillac ou La Mettrie, n'ont cessé de s'opposer au dogme dominant[47]. Pourquoi faire passer la frontière par le langage ou la *poiêsis* plutôt que par l'indépendance de mouvement ? Par l'indépendance de mouvement plutôt que par la vie ? Par la vie plutôt que par la solidité matérielle, la proximité spatiale ou les effets acoustiques ? Comme l'écrit Whitehead, dans un autre contexte il est vrai, « les bords de la nature sont toujours en lambeaux[48] ». Le parcours ethnographique et historique accompli jusqu'à présent atteste assez que la conscience de certaines discontinuités entre humains et non-humains n'est pas suffisante en soi pour engendrer une cosmologie dualiste. La multiplicité des formes d'existence dont nous sommes les témoins peut offrir un terrain plus fertile aux distributions ontologiques que ce petit *quantum* par lequel nous nous distinguons de ce que Merleau-Ponty appelle « les corps associés[49] ». Le monde se présente à nous comme un foisonnement continu et il faut adhérer à un réalisme des essences bien myope pour le voir prédécoupé en domaines discrets que le cerveau aurait pour vocation, partout et toujours, d'identifier de la même manière.

On pourrait aussi m'objecter que le grand partage est une illusion puisque les Modernes ne se sont jamais conformés dans la pratique à la distinction radicale qui fonde leur représentation du monde. C'est l'hypothèse originale qu'a proposée Latour : depuis la révolution mécaniste du XVIIe siècle, l'activité scientifique et technique n'aurait cessé de créer des mélanges de nature et de culture au sein de réseaux à l'architecture de plus en plus complexe où les objets et les hommes, les effets matériels et les conventions sociales seraient en situation de « traduction » mutuelle ; une telle prolifération de réalités mixtes n'aurait elle-même été rendue possible que par le travail de « purification » critique mené en parallèle afin de garantir la séparation des humains et des non-humains dans deux régions ontologiques tout à fait étanches[50]. Bref, les Modernes ne font pas ce qu'ils disent et ne disent pas ce qu'ils font. La seule chose qui les distinguerait des pré-modernes serait la présence d'une « constitution » dualiste destinée à rendre plus rapide et efficace la production des hybrides en occultant les conditions sous lesquelles elle s'accomplit. Les pré-modernes, quant à eux, auraient fait porter leur effort sur la conceptualisation des hybrides, empêchant ainsi la multiplication de ces derniers. L'argument est, dans l'ensemble, très convaincant. Mais il ne remet aucunement en cause l'absolue singularité de la cosmologie moderne, ce que Latour n'hésite d'ailleurs pas à concéder[51]. Que le dualisme soit un masque pour une pratique qui le contredit n'élimine pas pour autant sa fonction rectrice dans l'organisation des sciences ni n'efface le fait que l'ethnologie tire une inspiration constante d'une opposition dont la plupart des peuples qu'elle décrit et interprète ont fait l'économie. Or, c'est l'incidence de ce prisme déformant sur l'ethnologie qui m'intéresse au premier chef, car c'est là que son effet d'illusion est le plus pernicieux. Un sociologue des sciences peut bien encourir la critique de Latour s'il croit que les humains et les non-humains existent dans des domaines séparés, il n'en reste pas moins fidèle à l'une des dimensions de son objet ; un ethnologue qui penserait que les Makuna ou les Chewong croient une telle chose trahirait la pensée de ceux qu'il étudie.

Je sais bien que l'idée du grand partage a mauvaise presse, et cela ne date pas d'aujourd'hui. Depuis que l'ethnologie s'est déprise des grands schémas évolutionnistes du XIXe siècle sous l'influence conjuguée du fonctionnalisme britannique et du culturalisme nord-américain, elle n'a eu de cesse de voir dans la magie, les mythes et les rituels des non-modernes comme des préfigurations ou des tâtonnements de la pensée scientifique, des tentatives, légitimes et plausibles au vu des circonstances, pour expliquer les phénomènes naturels et s'en assurer la maîtrise, des expressions, bizarres dans la forme mais raisonnables quant au fond, de l'universalité des contraintes physiologiques et cognitives de l'humanité. L'intention était honorable : il s'agissait de dissiper le voile de préjugés entourant les « primitifs » en montrant que le bon sens, les qualités d'observation, l'aptitude à inférer des propriétés, l'ingéniosité ou l'esprit de ressource sont un patrimoine équitablement partagé. Si bien qu'il est difficile à présent d'évoquer une quelconque différence entre Nous et les Autres sans se voir accusé d'arrogance impérialiste, de racisme larvé ou de passéisme impénitent, résurgences d'une pensée néfaste et rétrograde à envoyer au plus tôt dans les oubliettes de l'histoire rejoindre les spectres de Gustave Le Bon et de Lucien Lévy-Bruhl. Je reconnais qu'il a pu être utile, à une certaine époque, d'affirmer que des peuples longtemps considérés comme « sauvages » ne sont pas pour autant sous l'emprise de la Nature puisque, tout comme nous, ils auraient su conceptualiser son altérité. L'argument était efficace contre ceux qui doutent de l'unité de la condition humaine et de l'égale dignité de ses manifestations culturelles. Mais il y aurait maintenant plus à gagner en tentant de situer notre propre exotisme comme un cas particulier au sein d'une grammaire générale des cosmologies qu'en continuant à donner à notre vision du monde une valeur d'étalon afin de juger de la manière dont des milliers de civilisations ont pu s'en former comme un obscur pressentiment.

II

STRUCTURES DE L'EXPÉRIENCE

Quiconque veut vraiment devenir philosophe devra « une fois dans sa vie » se replier sur soi-même et, au-dedans de soi, tenter de renverser toutes les sciences admises jusqu'ici et tenter de les reconstruire.

Edmund HUSSERL,
Méditations cartésiennes.

4

Les schèmes de la pratique

Reconnaître la contingence du dualisme de la nature et de la culture et les inconvénients qu'il induit dans l'appréhension des cosmologies non modernes ne doit pas conduire pour autant à négliger la recherche de structures de cadrage capables de rendre compte de la cohérence et de la régularité des diverses manières dont les humains vivent et perçoivent leur engagement dans le monde. Si utile que puisse être une physiologie des interactions, celle-ci n'est rien sans une morphologie des pratiques, une analyse praxéologique des formes de l'expérience. Pour paraphraser une célèbre formule de Kant, des structures sans contenu sont vides, des expériences sans formes, privées de signification[1]. Or, par l'un de ces mouvements de balancier dont l'anthropologie est coutumière, l'étude des faits de structure s'est vu frapper depuis quelque temps d'un singulier discrédit, assimilée qu'elle est à un objectivisme glacé où se dissoudrait sans rémission tout ce qui fait la richesse et le dynamisme des échanges sociaux. Contre le jeu de structures réputées hors du temps et hypostasiées en essences, qui fonctionneraient à la manière de répertoires d'actions exécutées par des automates sans initiatives ni affects, on invoque la créativité de l'activité intentionnelle *(agency)* propre aux acteurs sociaux, le rôle de la contingence historique et de la résistance aux hégémonies dans l'invention et le métissage des formes culturelles, l'évidence puissante et spontanée de la pratique et l'innocence à jamais perdue de toute stratégie interprétative.

Comment ne pas voir, pourtant, que les pratiques et comportements observables au sein d'une collectivité exhibent une régularité, une permanence, un degré d'automatisme, que les individus concernés sont la plupart du temps bien en peine d'attribuer à des systèmes de règles institués ? Comment ignorer que, dans les sociétés sans écriture du moins, seules quelques personnalités d'exception, si rares que tous les ethnologues sont familiers avec leurs noms, ont été à même de proposer des synthèses partielles des fondements de leur culture, synthèses souvent produites afin de répondre aux attentes d'un enquêteur et que leur caractère généralement ésotérique interdit de prendre pour une charte connue de tous ? Comment ces lignes de conduite, ces réactions et choix routiniers, ces attitudes partagées à l'égard du monde et d'autrui, si distinctifs qu'ils servent d'indice intuitif pour mesurer les écarts différentiels entre des peuples voisins, mais intériorisés de façon si profonde qu'ils n'affleurent presque jamais dans une délibération réflexive, comment ces dispositions tacites pourraient-elles faire l'objet d'un débat public, être soumises consciemment à des réformes, se constituer au gré des circonstances par des ajustements recherchés ? Affirmer qu'elles le peuvent, par concession aux enchantements d'une spontanéité de la *praxis* enfin libérée de son aliénation, c'est perpétuer la vieille confusion entre les répertoires de normes instillés par l'éducation, d'une part, et les gabarits cognitifs et corporels gouvernant l'expression de l'*ethos*, d'autre part ; c'est opérer un amalgame entre les modèles d'action objectivés sous forme de prohibitions ou de prescriptions révocables à merci et les schèmes de la pratique qui, pour être efficaces, doivent demeurer tapis dans l'obscurité des habitudes et des accoutumances.

Structure et relation

L'un des acquis majeurs dont nous sommes redevables à l'anthropologie structurale comme aux travaux pionniers de Gregory Bateson, un acquis perceptible même chez ceux qui affectent d'en ignorer la source, est le parti pris d'envisager la vie sociale du point de vue des relations qui en forment la trame, un choix qui suppose de concéder à ce qui relie une stabilité et une régularité structurelles plus grandes qu'aux actions contingentes des éléments reliés. Quel que soit le domaine organisé par ces relations — la parenté, les échanges économiques, l'activité rituelle ou la mise en ordre du cosmos —, l'éventail de celles-ci est, par nécessité logique, beaucoup plus limité que les entités infiniment diverses dont elles opèrent la liaison, ouvrant ainsi la possibilité d'une systématique raisonnée de la diversité des rapports entre les existants, dont l'objectif consisterait, en un premier temps, à dresser une typologie des relations possibles au monde et à autrui, humain et non humain, et à examiner leurs compatibilités et incompatibilités.

L'étude des faits de structure ainsi entendue achoppe toutefois à plusieurs difficultés, d'ailleurs interdépendantes pour une large part. La question de l'échelle, d'abord : ou bien les structures isolées sont d'une telle généralité qu'elles ne permettent pas de rendre compte de la spécificité de configurations culturelles singulières, ou bien elles sont si particularisées par leurs contextes historiques qu'elles se révèlent impropres à toute entreprise comparative. Même si sa vogue est bien passée, la notion de *pattern* de culture due à Ruth Benedict illustre bien la première situation[2]. Dégagés par une analyse inductive de la considération de trois sociétés seulement, ces *patterns* se réduisent au fond à la classique opposition nietzschéenne entre peuples apolliniens et peuples dionysiaques, deux formes de l'expérience collective qui ne constituent en rien des structures, c'est-à-dire des combinaisons de traits relationnels organisés en modèles susceptibles d'être mis en rapport par des lois de transformation, puisqu'elles sont issues de regroupements hétéroclites de systèmes de valeur, de principes éthiques et de conduites normalisées, hypostasiées en outre dans des cultures autonomes et transcendantes dont chaque individu offrirait comme une réverbération à son échelle.

La notion d'*habitus* relève, quant à elle, de la deuxième

situation : si elle permet de contourner les écueils habituels de l'approche structurale, et notamment la réification de la structure conçue à la manière d'un sujet autonome doté d'efficacité sociale, elle rend néanmoins très malaisée la généralisation. Tels que définis par Bourdieu, les *habitus* sont bien des structures isolées par l'analyse, mais des structures d'un genre particulier, des systèmes de dispositions durables immanents aux pratiques, issus de l'apprentissage imitatif et de l'intériorisation des conduites et des techniques corporelles de l'entourage. Ces structures structurantes, prédisposées à engendrer et à perpétuer les structures structurées, sont donc constitutives du style distinctif des actions dans un milieu social donné sans être présentes pour autant à la conscience des acteurs sous la forme d'une règle du jeu ou d'un inventaire de prescriptions. Parce qu'il est un système de structures cognitives et motivationnelles si familières que nous ne ressentons nul besoin de les examiner, l'*habitus* est en outre beaucoup plus stable que les théories locales au moyen desquelles il est rationalisé et converti en normes de comportement individuel et collectif[3]. L'*habitus* est néanmoins particularisé par l'histoire, tout à la fois « produit d'une acquisition historique [et] ce qui permet l'appropriation de l'acquis historique », naturalisé en quelque sorte par les contextes où il opère, tant ceux qui sont propres au champ à l'intérieur duquel il se déploie que ceux au sein desquels l'analyste qui le dégage est lui-même inséré [4]. En ce sens, donc, et contrairement aux formes universalisantes de l'expérience ou de la relation du type *patterns* de culture, l'*habitus* est extrêmement divers, chacune de ses expressions reflétant une des modalités de la multitude des compétences culturelles dont les humains ont dû faire preuve à un moment ou à un autre de leur histoire, afin d'exister ensemble dans des environnements physiques et sociaux très variés. Pour raisonnable qu'elle soit, cette particularisation de l'*habitus* rend toutefois difficiles la comparaison des modalités de sa manifestation concrète et la saisie comme un ensemble structuré des diverses combinaisons où il intervient.

Or, il me semble qu'il est possible et nécessaire de

remonter plus en amont, vers un noyau de schèmes élémentaires de la pratique dont les différentes configurations permettraient de rendre compte de la gamme des rapports aux existants, une sorte de matrice originaire où les *habitus* prendraient leur source et dont ils garderaient une trace perceptible dans chacune de leurs inscriptions historiques. Dans son principe, une telle hypothèse n'est pas très éloignée de l'idée avancée par Lévi-Strauss lorsqu'il écrit :

> Chaque enfant apporte en naissant, et sous forme de structures mentales ébauchées, l'intégralité des moyens dont l'humanité dispose de toute éternité pour définir ses relations au Monde et à Autrui. Mais ces structures sont exclusives. Chacune d'elles ne peut intégrer que certains éléments, parmi tous ceux qui sont offerts. Chaque type d'organisation sociale représente donc un choix, que le groupe impose et perpétue[5].

À la condition pourtant de préciser que ces « moyens dont l'humanité dispose de toute éternité » ne se ramènent pas seulement à des structures mentales innées, mais qu'ils consistent surtout en un petit nombre de schèmes pratiques intériorisés, synthétisant les propriétés objectives de toute relation possible avec les humains et les non-humains.

Cela ramène à une deuxième difficulté que rencontre l'étude des faits de structure, à savoir l'assignation de leur statut ontologique : les configurations structurelles repérées par l'analyse dans une réalité sociale quelconque sont-elles des expressions épurées des relations concrètes constituant la trame de cette réalité, ou bien doivent-elles plutôt être conçues comme des modèles opératoires construits par l'observateur dans une relative liberté vis-à-vis des modèles explicites formulés par ceux qu'il observe et, si c'est le cas, comment évaluer la pertinence de ces structures et rendre compte du fait qu'elles expliqueraient le caractère systématique des normes, des pratiques et des comportements sans être pour autant appréhendées de façon consciente ? On sait que la première position, dite « réaliste », fut illustrée de la façon la plus nette par Alfred R. Radcliffe-Brown : « La structure sociale désigne le réseau complexe de relations sociales existant réellement et unissant des êtres humains individuels dans un certain environnement naturel[6]. » C'est aussi celle que bien des ethnographes et des sociologues contemporains adoptent spontanément lorsqu'ils décrivent les traits structuraux des sociétés ou des groupes qu'ils étudient : non pas comme des propriétés sous-jacentes susceptibles de figurer dans des combinatoires plus vastes — à l'échelle d'une aire culturelle ou d'un type de phénomène, par exemple —, mais comme une formalisation inductive de relations observables entre des personnes, souvent inspirée par les modèles au moyen desquels la collectivité observée appréhende et traduit la régularité des comportements en son sein. À l'échelle descriptive où elle est ainsi engagée, l'adhésion au postulat réaliste n'est du reste pas illégitime, pour peu que l'on prenne conscience du fait que les résultats auxquels elle parvient, l'interprétation *ad hoc* d'une société singulière, ne sauraient être employés comme des matériaux bruts dans l'élaboration d'une morphologie structurale[7].

C'est à Lévi-Strauss, bien sûr, que l'on doit la définition alternative de la notion de structure. Aveuglé par son empirisme, Radcliffe-Brown aurait confondu les relations sociales et la structure sociale, les premières offrant les matériaux d'observation employés par l'ethnologue et le sociologue afin d'élaborer des modèles abstraits qui rendent la seconde manifeste; bref, « le principe fondamental est que la notion de structure sociale ne se rapporte pas à la réalité empirique, mais aux modèles construits d'après celle-ci[8] ». Pour être véritablement structuraux, ces modèles doivent encore satisfaire à d'autres conditions : ils présentent un caractère de système tel que la modification de l'un de leurs éléments entraînera une modification prévisible de tous les autres; à l'échelle d'une famille de modèles, ils s'organisent en outre selon une variation ordonnée qui définit les limites d'un groupe de transformation. Le modèle structural ainsi entendu présente certaines caractéristiques du modèle déductif d'explication causale que Newton a employé pour rendre compte de la réalité physique et dont Kant a tiré les conséquences philosophiques dans sa théorie de la causalité synthétique. Lévi-Strauss lui-même invite à cette analogie lorsqu'il distingue les modèles mécaniques, instruments privilégiés de l'analyse structurale, des modèles statistiques employés plutôt par les sociologues et les historiens. Un modèle mécanique a pour caractéristique de formuler des relations entre des éléments constitutifs possédant la même échelle que les phénomènes dans le système réel ; dans les modèles statistiques, en revanche, le comportement des éléments individuels n'est pas prévisible par la connaissance de leur mode de combinaison. Avec ces deux types de modèle, l'on retrouverait ainsi dans les sciences sociales la différence de point de vue entre mécanique et thermodynamique[9].

Pourtant, les modèles structuraux lévi-straussiens possèdent une caractéristique qui les éloigne fort du modèle déductif d'explication causale : ils sont inconscients, ou du moins ce sont les modèles inconscients qui présentent le rendement le plus élevé pour l'analyse structurale[10]. À ce titre, ils existent comme des structures superficiellement enfouies dans la psyché, souvent masquées à la conscience collective des acteurs sociaux par des modèles vernaculaires que leurs fonctions normatives condamnent à une simplification appauvrissante. Lorsque l'observateur construit un modèle structural correspondant à des phénomènes dont le caractère de système n'a pas été perçu par la société qu'il étudie, il ne se contente donc pas de présumer que la morphologie de son dispositif formel représente les propriétés sous-jacentes de la société dont il vise à rendre compte, il suppose en outre que ces propriétés ont une existence empirique, certes dissimulée pour ceux qui en font un usage quotidien, mais qu'une analyse adroitement menée saura ramener à la surface. Quelle est alors la nature de cet inconscient structural collectif ? Est-il présent dans chaque esprit sous la forme d'impératifs cognitifs qui demeurent tacites tout en étant culturellement déterminés, ou bien est-il distribué dans les propriétés des institutions qui le rendent manifeste à l'observateur ? Comment est-il intériorisé par chaque individu et par quels moyens agit-il de sorte qu'il puisse éventuellement déterminer des comportements récurrents traduisibles dans des modèles vernaculaires ?

À ce genre de questions, Lévi-Strauss n'apporte pas de réponses très précises. En effet, l'inconscient structural n'a pas de contenu, mais une fonction rectrice, ou « symbolique », qui est d'imposer des lois très générales à la forme que prennent les phénomènes sociaux ou les systèmes d'idées objectivées tels les mythes ou les classifications populaires. Ainsi les trois structures élémentaires de l'échange matrimonial — bilatéral, matrilatéral et patrilatéral — seraient-elles toujours présentes à l'esprit humain de façon inconsciente, en sorte que l'une d'entre elles ne pourrait être actualisée par la pensée autrement que dans une opposition contrastive avec les deux autres[11]. Il s'agirait donc de catégories synthétiques génératives dont l'étude des institutions sociales permettrait de retrouver la trace très en amont dans le fonctionnement de l'esprit et qui justifieraient de considérer l'analyse sociologique comme une simple étape dans une investigation de nature avant tout psychologique.

Pour féconde qu'elle soit, l'hypothèse de l'existence d'invariants structuraux inconscients fondés sur des oppositions contrastives ne permet pas d'élucider ce qui se passe à l'étape intermédiaire. Comment des structures très générales indexées sur des caractéristiques du fonctionnement de l'esprit peuvent-elles engendrer des modèles de normes conscientes et, surtout, fournir un cadre organisateur aux pratiques lorsque celles-ci, cas le plus fréquent, ne paraissent pas gouvernées par un répertoire de règles explicites ? Ce dernier point est d'autant plus crucial que Lévi-Strauss lui-même s'est surtout attaché à rendre raison de domaines hautement formalisés de la vie sociale, telles la parenté, les classifications totémiques ou l'organisation spatiale, domaines codifiés sans trop d'ambiguïtés par maintes sociétés, décrits dans un langage à peu près standardisé par les ethnographes, et dont il n'est pas vain de conjecturer, en effet, qu'ils puissent être régis par un petit noyau de principes directement connectables à des propriétés de la pensée. Il en va tout autrement lorsque l'on est confronté à des peuples peu enclins à la réflexivité et qui n'offrent que des modèles très sommaires de leur vie sociale, ou quand on aborde le champ plus informe des us et habitudes quotidiens, des gestes techniques, des conduites stéréotypées, de tous ces automatismes distinctifs propres à un milieu culturel, mais dont les déterminants mentaux sont beaucoup moins aisés à établir.

De fait, Lévi-Strauss ne s'est guère occupé des médiations cognitives et pratiques qui permettraient de passer d'une combinatoire psychique très épurée à la diversité remarquable des usages institués, car ce n'est pas là le niveau d'analyse qui lui paraît le plus productif[12]. Le point de vue qu'il revendique est celui de l'astronome, contraint par l'éloignement des objets qu'il étudie à n'en dégager que les caractéristiques essentielles, non celui du physiologiste qui tenterait de comprendre les mécanismes grâce auxquels les régularités structurales ainsi isolées prennent une forme concrète pour les individus de telle ou telle société. Or, loin d'être contradictoires, les deux points de vue sont au contraire complémentaires, en ce que le second est indispensable pour valider les hypothèses du premier et garantir que les modèles qui en résultent se rencontrent bien à un niveau tacite dans la manière dont les gens organisent leur expérience. Lévi-Strauss n'en disconviendrait sans doute pas, mais la nécessité de cette deuxième phase s'exprime moins chez lui par des analyses circonstanciées qu'à travers une conviction très générale qu'il existe une dimension de l'activité humaine où une investigation de cette nature est légitime. C'est du moins ce que porte à croire un passage célèbre de *La Pensée sauvage* :

> Le marxisme — sinon Marx lui-même — a trop souvent raisonné comme si les pratiques découlaient immédiatement de la praxis. Sans mettre en cause l'incontestable primat des infrastructures, nous croyons qu'entre praxis et pratiques s'intercale toujours un médiateur, qui est le schème conceptuel par l'opération duquel une matière et une forme, dépourvues l'une et l'autre d'existence indépendante, s'accomplissent comme structure, c'est-à-dire comme êtres à la fois empiriques et intelligibles[13].

Si l'on met entre parenthèses une distinction par trop substantive entre infrastructure et superstructure, c'est un projet anthropologique d'une radicale nouveauté dont Lévi-Strauss trace ici les grandes lignes, mais un projet qu'il n'a pas mené à son terme, saisi qu'il était par l'urgence d'asseoir la validité méthodologique de la connaissance des réalités humaines au moyen de structures intelligibles, au détriment d'une meilleure compréhension des conditions de leur existence concrète.

En quoi consiste ce « schème conceptuel » qui serait la clé de l'articulation entre l'intelligible et l'empirique ? Lévi-Strauss emploie ici cette notion dans un sens philosophique assez lâche, à l'évidence dérivé de la théorie kantienne du schématisme transcendantal entendue comme méthode pour penser la relation entre le concept et l'objet concret auquel il s'applique. On peut imaginer qu'en usant de ce terme Lévi-Strauss vise les propriétés médiatrices, synthétiques et dynamiques du schématisme transcendantal, sans pour autant admettre la définition restrictive que Kant en donne. Sa conception est probablement plus proche de celle de Piaget, elle-même inspirée de Kant, pour qui le schème est une représentation interne d'une classe de situations permettant à l'organisme d'agir de façon cohérente et coordonnée chaque fois qu'il confronte des situations analogues. Pourtant, si Lévi-Strauss a examiné les traductions institutionnelles supposées de certains de ces schèmes structurants, il est resté peu explicite quant à leur identité et à leur mode de fonctionnement, sauf pour préciser qu'ils ne sauraient coïncider avec le système général de nos idées que seul un fou, dit-il, pourrait envisager d'inventorier de façon exhaustive[14]. On ne saurait prendre à la légère un tel avertissement, aussi mon ambition est-elle plus mesurée. Ce livre repose en effet sur le pari qu'il est possible de mettre au jour des schèmes élémentaires de la pratique et de dresser une cartographie sommaire de leur distribution et de leurs arrangements. Or, une entreprise de cette nature n'est justifiable qu'à la condition de spécifier les mécanismes au moyen desquels des structures sont réputées organiser les usages et les mœurs, sans pour autant délaisser l'hypothèse que la diversité des relations au monde et à autrui se prête à une analyse en termes de combinaisons finies.

Le savoir du familier

Comprendre comment des modèles de relation et de comportement peuvent orienter les pratiques sans affleurer à la conscience est maintenant devenu une tâche moins formidable, en raison des acquis dans l'intelligibilité des processus d'inférence et de dérivation analogique gouvernant la construction des schèmes mentaux. Ces acquis résultent eux-mêmes d'un changement de perspective dans l'étude de la cognition humaine qui a conduit à s'intéresser aux dimensions non linguistiques de l'acquisition, de la mise en œuvre et de la transmission du savoir, par contraste avec une phase antérieure où la connaissance était pour l'essentiel traitée comme un système de propositions explicites organisé selon la logique séquentielle propre aux langages naturels ou aux programmes d'ordinateur. Or, un tel modèle offrait une représentation peu satisfaisante du processus mental permettant de reconnaître certains objets et de les inclure sur-le-champ dans une classe taxinomique. Un déplacement s'opéra alors dans l'étude des concepts classificatoires vers une position inspirée de la psychologie de la *Gestalt*, selon laquelle ces concepts doivent être appréhendés comme des configurations globales de traits caractéristiques, non comme des listes décomposables d'attributs dont on aurait appris au préalable les définitions nécessaires et suffisantes. À la suite des travaux d'Eleonor Rosch, il est maintenant admis que nombre de concepts classificatoires sont formés en référence à des « prototypes » qui condensent en un réseau de représentations associées des ensembles de cas particuliers présentant un « air de famille »[15]. Ainsi, le concept d'une maison n'est pas construit à partir d'une liste de traits spécifiques — un toit, des murs, des portes et fenêtres, etc. — dont il faudrait vérifier la présence pour s'assurer que l'objet auquel nous avons affaire est bien une maison. Nous serions alors bien en peine d'identifier comme une maison un édifice dépourvu de murs ou une ruine dont le toit aurait disparu[16]. Si nous n'hésitons pas à qualifier de maison un igloo de neige, une demeure troglodyte ou une yourte, c'est que nous jugeons en un éclair de leur conformité avec un ensemble flou et informulé d'attributs dont aucun n'est essentiel au jugement classificatoire, mais qui sont tous reliés par une représentation schématique de ce à quoi une maison typique doit se conformer. Loin d'être décomposables en des séries de définitions du type de celles que fournit un dictionnaire, les concepts classificatoires sont donc fondés sur des fragments de savoir tacite portant sur les propriétés que notre connaissance théorique et pratique du monde nous conduit à imputer aux objets auxquels ces concepts réfèrent, guidés en cela par notre expérience de certaines expressions concrètes de ces objets qui nous apparaissent comme les meilleurs exemplaires de la classe à laquelle ils appartiennent.

L'importance des aspects non linguistiques de la cognition a également été révélée par les études de plus en plus nombreuses portant sur l'apprentissage des activités pratiques, que celles-ci relèvent d'un savoir-faire spécialisé ou de l'accomplissement machinal de tâches quotidiennes[17]. Des opérations aussi banales que la conduite automobile ou la préparation d'un repas ne mobilisent pas tant des connaissances explicites organisables en propositions qu'une combinaison d'aptitudes motrices acquises et d'expériences diverses synthétisées dans une compétence ; elles procèdent du « savoir comment » plutôt que du « savoir que »[18]. L'enseignement de la conduite se fait certes aussi par la parole et l'on peut apprendre à cuisiner dans les livres de recettes ou en suivant les instructions portées sur les emballages de comestibles. Mais dans ces domaines, comme dans tous ceux qui font intervenir un savoir pratique, une tâche ne peut être exécutée vite et bien que lorsque les connaissances transmises par l'intermédiaire du langage, oral ou écrit, sont acquises comme un réflexe, et non sous une forme réflexive, comme un enchaînement d'automatismes, et non comme une liste d'opérations à effectuer. Quel que soit le rôle joué par la médiation linguistique dans sa mise en place, ce genre de compétence exige en fait un effacement du langage pour devenir efficace, c'est-à-dire pour que celui qui la possède parvienne à réaliser rapidement et avec sûreté une tâche dont certains paramètres diffèrent de ceux rencontrés auparavant dans des situations comparables. Une telle flexibilité semble indiquer que l'on ne devient pas habile dans une activité pratique en se remémorant des cas particuliers déjà rencontrés, ou des séquences d'instructions qui peuvent se rapporter à ces cas, mais en développant un schème cognitif spécialisé, capable de s'adapter à une famille de tâches apparentées, et dont l'activation inintentionnelle est tributaire d'un certain type de situation.

Certains de ces schèmes pratiques sont plus longs à s'établir que d'autres en raison de la quantité d'informations disparates qu'ils doivent organiser. La chasse en offre une bonne illustration. Les Achuar disent que l'on ne devient un bon chasseur qu'une fois parvenu à l'âge mûr, c'est-à-dire la trentaine déjà bien engagée, une affirmation confirmée par des comptages systématiques : ce sont bien toujours des hommes de plus de quarante ans qui ramènent le plus de gibier[19]. Pourtant, n'importe quel adolescent possède déjà un savoir naturaliste et une dextérité technique dignes d'admiration. Il est capable, par exemple, d'identifier visuellement plusieurs centaines d'oiseaux, d'imiter leur chant et de décrire leurs mœurs et leur habitat ; il sait reconnaître une piste à des indices infimes, tel un papillon voletant au pied d'un arbre, attiré par l'urine encore fraîche d'un singe passé par là auparavant ; il peut, comme j'en ai fait l'expérience répétée, ficher un dard de sarbacane dans une papaye disposée à cent pas. Or, il lui faudra encore une vingtaine d'années avant d'être assuré de ramener du gibier à chaque sortie. Qu'apprend-il au juste pendant ce laps de temps qui puisse faire la différence ? Il complète sans doute son savoir éthologique et sa connaissance des interdépendances écosystémiques, mais l'essentiel de son acquis consiste probablement en une aptitude de mieux en mieux maîtrisée à interconnecter une foule d'informations hétérogènes qui se structurent de telle façon qu'elles permettent une réponse efficace et immédiate à n'importe quel type de situation rencontrée. De tels automatismes incorporés sont indispensables à la chasse où la rapidité de réaction est la clé du succès; ils sont aussi transposables dans la guerre qui exige d'un Achuar la même sûreté dans le déchiffrement des traces et la même rapidité de jugement. Sur la nature de cette expertise dont seul l'effet est mesurable, un non-chasseur en reste réduit aux conjectures, car presque rien de tout cela ne peut être exprimé de façon adéquate par le langage.

Pourtant, depuis l'époque où Kant écrivait du schématisme de l'entendement qu'il est « un art caché dans les profondeurs de l'âme humaine et dont il sera toujours difficile d'arracher le vrai mécanisme à la nature[20] » quelques progrès ont été enregistrés dans la compréhension des conditions matérielles requises pour l'exercice d'une cognition non propositionnelle. Les neurosciences nous ont d'abord appris que le cerveau ne fonctionne pas de façon aussi compartimentée que l'ancienne théorie des facultés le pensait, et que tout processus perceptif et cognitif suppose l'activation en parallèle de réseaux neuronaux distribués dans le système nerveux, réseaux dont la stabilisation et la différenciation s'opèrent peu à peu pendant les premières années de l'ontogenèse en corrélation étroite avec les stimuli reçus du milieu[21]. Depuis quelques années, en outre, les modèles connexionnistes développés en intelligence artificielle ont commencé à faire la preuve de leur efficacité, notamment dans leurs applications expérimentales en robotique. Contrairement aux modèles classiques régissant l'élaboration des langages informatiques standards, les modèles connexionnistes ne fonctionnent pas à partir de listes d'instructions permettant de réaliser par le calcul prédicatif une série d'opérations spécifiées par les données initiales stockées dans la mémoire, ils sont constitués par un ensemble de réseaux électroniques dont l'interconnexion s'établit sélectivement en fonction de la nature et de l'intensité des stimuli reçus. C'est dire qu'ils peuvent reconnaître des régularités dans leur environnement et remodeler en conséquence leur organisation interne, non pas en créant des règles explicites adaptées à la régularité reconnue, mais en modifiant les seuils de connexion entre les processeurs de manière que la structure du dispositif de connaissance reflète la structure présente dans l'*input*[22]. À ce titre, ils sont compatibles avec l'effet prototypique à l'œuvre dans la formation des concepts classificatoires (à la différence des modèles séquentiels) et permettent même des inférences plausibles quant à la reconstitution de structures ou de formes données de façon incomplète en *input*, sur le mode de la reconnaissance des figures dans la psychologie de la *Gestalt*[23]. Enfin, même si les modèles connexionnistes se rapprochent de l'idéal de la *tabula rasa* — une critique que leur adressent les partisans de la cognition modulaire pour qui une grande part du savoir est innée —, ils n'excluent pas par principe que soit donné au départ de l'ontogenèse un petit noyau de mécanismes spécialisés issus de l'évolution phylogénétique[24]. Bref, les modèles connexionnistes imitent le fonctionnement des réseaux neuronaux, ils sont capables d'apprentissage, ils réagissent rapidement à certaines situations complexes, ils paraissent obéir à des règles formelles sans qu'aucune stipulation ait été introduite dans le modèle, ils donnent même l'illusion d'un degré minimum d'intentionnalité, toutes propriétés qui les rendent similaires à la cognition humaine lorsqu'elle n'est pas confrontée à la résolution de problèmes propositionnels, et notamment dans ces situations si familières à l'ethnologue où des gens semblent régler leurs actes comme s'ils étaient dictés par des impératifs culturels qu'ils ne parviennent pourtant pas à énoncer.

Schématismes

La stimulation heuristique fournie par les modèles connexionnistes ainsi que la multiplication des études portant sur la formation des concepts classificatoires et l'apprentissage des savoir-faire ont conduit psychologues et anthropologues à s'intéresser de façon plus systématique au rôle des structures abstraites organisant les connaissances et l'action pratique sans mobiliser des images mentales ou un savoir déclaratif, structures à présent regroupées sous l'appellation générique de « schèmes[25] ».

On englobe toutefois sous ce terme une telle diversité de mécanismes de traitement de l'information, de mises en forme de l'expérience et de représentations de tâches routinières qu'une petite clarification s'impose.

Il convient d'abord de distinguer les schèmes cognitifs réputés universels de ceux qui procèdent d'une compétence culturelle acquise ou des aléas de l'histoire individuelle. L'existence des premiers est encore débattue, soit parce que la liaison qu'ils supposent entre les données biologiques et leur interprétation conceptuelle ou symbolique demeure assez spéculative, soit parce qu'ils ont été inférés à partir d'expérimentations menées à peu près exclusivement dans les sociétés industrialisées occidentales. C'est le cas, par exemple, de ce que les psychologues du développement ont nommé de façon approximative des « théories naïves » et qu'il vaudrait peut-être mieux appeler des « schèmes attributifs ». Il s'agit de noyaux d'expectatives concernant le comportement des objets du monde, repérables très tôt dans l'ontogenèse, et qui guident les enfants dans les inférences qu'ils font au sujet des propriétés de ces objets. Trois domaines sont concernés par ces schèmes : les attentes concernant l'action humaine — l'imputation d'états internes, notamment l'intentionnalité et les affects —, les attentes concernant le mode d'être des objets physiques — la gravité, la permanence des formes ou la continuité des trajectoires —, enfin, à un âge plus tardif, les attentes concernant la nature intrinsèque des organismes non humains — l'animation, la croissance, la reproductibilité. Presque tous les psychologues contemporains s'accordent sur le fait que ces schèmes attributifs sont universels, mais ils divergent quant aux stades et aux modalités de leur apparition, et donc quant à leur degré d'innéité[26]. Si l'existence de ces « théories naïves » devait être avérée, on aurait ainsi là un savoir intuitif, non propositionnel, permettant d'interpréter le comportement d'objets saillants afin d'agir sur eux, et avec eux, de façon efficace.

Sans mésestimer le rôle joué par d'éventuels schèmes universels dans la formation des jugements ontologiques, il faut néanmoins convenir que ce sont surtout les schèmes acquis qui retiennent l'attention de ceux qui s'intéressent à la diversité des usages du monde puisque c'est en partie par l'effet de ces mécanismes que les comportements humains diffèrent. Ils varient d'abord d'individu à individu en raison de l'influence de schèmes idiosyncrasiques, tels ceux qui rendent possible l'accomplissement routinier d'une action — un itinéraire régulièrement emprunté, par exemple — ou qui structurent ces multiples protocoles que chacun de nous se forge au fil du temps pour ordonner des séquences de tâches quotidiennes. Il n'est même pas interdit de penser que l'inconscient freudien fasse appel à ce genre de procédure à un niveau sans doute plus profond, en ce que, produit d'une histoire singulière, il suscite, canalise et organise de façon non intentionnelle des structures d'affects et de relations à autrui dont l'objectivation verbale toujours insatisfaisante requiert, comme on le sait, un laborieux accouchement. Toutefois, les schèmes collectifs intéressent de plus près les ethnologues car ils constituent l'un des principaux moyens de construire des significations culturelles partagées. On peut les définir comme des dispositions psychiques, sensori-motrices et émotionnelles, intériorisées grâce à l'expérience acquise dans un milieu social donné, et qui permettent l'exercice d'au moins trois types de compétence : d'abord, structurer de façon sélective le flux de la perception en accordant une prééminence significative à certains traits et processus observables dans l'environnement ; ensuite, organiser tant l'activité pratique que l'expression de la pensée et des émotions selon des scénarios relativement standardisés ; enfin, fournir un cadre pour des interprétations typiques de comportements ou d'événements, interprétations admissibles et communicables au sein de la communauté où les habitudes de vie qu'elles traduisent sont acceptées comme normales.

Ces schèmes collectifs peuvent être soit non réflexifs, soit explicitables, c'est-à-dire susceptibles d'être formulés de façon plus ou moins synthétique comme des modèles vernaculaires par ceux qui les mettent en pratique. En effet, un modèle culturel n'est pas toujours réductible à des enchaînements de règles propositionnelles simples du type « si *x* appartient à telle classe de parents et *y* à telle autre, alors ils peuvent (ou ne peuvent pas) s'épouser ». Nombre d'entre eux ne se transmettent pas comme un corps de préceptes mais sont peu à peu intériorisés sans inculcation particulière, ce qui n'empêche pas qu'ils soient objectivables avec un certain degré de schématicité lorsque les circonstances l'exigent. C'est notamment le cas des usages de l'espace, un domaine de la vie collective que toute société codifie peu ou prou sans que ce code se présente pour autant à l'expérience individuelle comme un répertoire de normes à appliquer consciemment. Une bonne illustration de ce genre de schème non propositionnel est offerte, dans bien des régions du monde, par l'organisation de la maison : son orientation, sa structure, les étapes de sa construction et surtout les modalités de son utilisation forment un modèle institué dont l'apprentissage se fait par familiarisation progressive avec des procédures, non par une série de propositions transmises explicitement. Il n'en demeure pas moins qu'un observateur pourra toujours obtenir des renseignements précis sur la manière dont la demeure est édifiée et habitée, attestant ainsi que ses informateurs sont capables de formuler avec clarté les grandes lignes du modèle schématique qui guide leur pratique[27].

Par contraste, les schèmes non réflexifs n'affleurent pas à la conscience et l'on doit donc inférer leur existence et la manière dont ils organisent le savoir et l'expérience à partir de leurs seuls effets. Le célèbre essai de Mauss sur les techniques du corps et les études menées par Bourdieu et ses disciples sur différents types d'*habitus* ont maintenant rendu ce genre de schème si familier qu'il est inutile de s'attarder à en donner des exemples[28]. Notons toutefois que les schèmes non réflexifs sont plus ou moins rebelles à l'objectivation. En effet, leur degré de cohésion et de présence à la conscience est fonction tout à la fois des domaines qu'ils structurent — notamment de la possibilité de déléguer à des objets, à des lieux ou à des séquences d'action une partie des automatismes qu'ils mettent en branle — comme des motivations, de l'état émotionnel et de la capacité d'introspection et d'analyse des individus qui les emploient. La distinction entre modèle objectivable et schème non réflexif doit donc être nuancée tant elle dépend des situations. Ainsi, la perspective artificielle est à la fois un modèle culturel savant et une « forme symbolique » gouvernant notre perception. Elle fait l'objet de traités, on l'enseigne dans les écoles, son histoire est connue. Pourtant, nous ne mobilisons guère ce type de savoir explicite lorsque nous regardons un tableau, car nous l'avons intériorisé comme un schème visuel de façon si profonde que les représentations qui ne s'y conforment pas nous paraissent intuitivement soit bizarres ou maladroites, soit identifiables à des styles figuratifs qui ignorent les règles de la perspective ou ont voulu s'en affranchir. Les schèmes non réflexifs se manifestent en outre à des échelles très différentes. Certains sont hautement thématiques et s'adaptent à une grande variété de situations, tandis que d'autres ne sont activés que dans des circonstances bien particulières. On appellera les premiers des schèmes intégrateurs et les seconds des schèmes spécialisés.

Sur l'existence des schèmes spécialisés — dont la composition perspective ou les différentes sortes d'*habitus* constituent des exemples parmi d'autres —, un large consensus existe : ils forment la trame de notre existence quotidienne en ce qu'ils organisent la plupart de nos actions, depuis les techniques du corps ou les scénarios d'expression des émotions jusqu'à l'usage des stéréotypes culturels et la formation des jugements classificatoires. Les schèmes intégrateurs sont des dispositifs plus complexes, mais dont la compréhension est cruciale pour l'anthropologie puisque tout laisse à penser que c'est leur fonction médiatrice qui, pour une large part, contribue à donner à chacun de nous le sentiment d'avoir en commun avec d'autres individus une même culture et une même cosmologie. On peut les définir comme des structures cognitives génératrices d'inférences, dotées d'un haut degré d'abstraction, distribuées avec régularité au sein de collectivités à la dimension variable, et qui assurent la compatibilité entre des familles de schèmes spécialisés tout en permettant d'en engendrer de nouveaux par induction. De tels schèmes ne sont pas intériorisés au moyen d'une inculcation systématique, ils n'existent pas dans le ciel des idées prêts à être captés par la conscience ; ils se construisent peu à peu, et avec des caractéristiques identiques, du fait que des ensembles d'individus traversent des expériences comparables, un processus facilité par le partage d'une langue commune et par la relative uniformité des méthodes de socialisation des enfants au sein d'un groupe social donné[29]. De fait, l'attirance que beaucoup d'ethnologues ressentent pour l'étude de populations lointaines et relativement isolées ne témoigne nullement d'une nostalgie de l'authenticité ou de l'obsession pour une impossible pureté culturelle, mais plus simplement de ce que les schèmes qui intègrent les pratiques collectives, ou du moins leurs effets de surface, se laissent mieux discerner là où, les contacts avec l'extérieur étant moins intenses et les effectifs plus clairsemés, le registre des interprétations ouvertes à chacun se voit limité par l'homogénéité des apprentissages et des conditions de vie.

Comment repérer, autrement que par des intuitions vagues, ces schèmes intégrateurs qui impriment leur marque sur les attitudes et les pratiques d'une collectivité de telle façon que celle-ci s'offre à l'observateur comme immédiatement distinctive ? Sans trop anticiper sur les prochains chapitres qui approfondiront cette question, il est possible dès maintenant de suggérer une réponse : doivent être tenus pour dominants les schèmes qui sont activés dans le plus grand nombre de situations, tant dans le traitement des humains que dans celui des non-humains, et qui subordonnent les autres schèmes à leur logique propre en dépouillant ceux-ci d'une grande part de leur orientation première. C'est peut-être un tel mécanisme qu'André-Georges Haudricourt avait à l'esprit lorsqu'il distinguait ces deux formes de « traitement de la nature et d'autrui » que sont l'action indirecte négative et l'action directe positive[30]. Illustrée par la culture de l'igname en Mélanésie ou la riziculture irriguée en Asie, l'action indirecte négative vise à favoriser les conditions de croissance de l'être domestiqué en aménageant au mieux son environnement et non en exerçant sur lui un contrôle direct : chaque plant fait l'objet d'une attention individualisée afin qu'il se développe au mieux de ses possibilités. L'élevage du mouton dans l'aire méditerranéenne implique au contraire une action directe positive car il exige un contact permanent avec l'animal, dépendant pour son alimentation et sa protection de l'intervention de l'homme : le berger accompagne partout son troupeau qu'il conduit avec la houlette et les chiens, c'est lui qui choisit les pacages et prévoit les points d'eau, c'est lui encore qui porte les agnelets et défend les moutons contre les prédateurs. Cette différence d'attitudes n'est pas due seulement à une opposition entre plantes domestiquées et animaux domestiques. Car le traitement des céréales en Europe requiert le même type d'action directe positive que l'élevage du mouton; il consiste en une série d'opérations coercitives s'appliquant collectivement aux plantes, en contraste avec l'« amitié respectueuse » dont chaque igname fait l'objet : dans les débuts de l'agriculture, au moins, les semences répandues à la volée étaient enterrées par le piétinement du troupeau, lequel servait aussi à dépiquer les graines après une récolte brutale par arrachage ou sciage. À l'inverse, toutes les formes d'élevage ne sont pas caractérisées par une action directe positive : dans les campagnes indochinoises, les buffles sont en principe gardés par des enfants qui sont bien incapables de les protéger contre les attaques du tigre; aussi est-ce le troupeau qui fait cercle autour de son petit « gardien » afin d'empêcher le tigre de s'en emparer.

Selon Haudricourt, l'opposition entre l'action indirecte négative et l'action directe positive est également perceptible dans les comportements à l'égard des humains. Au Proche-Orient et en Europe domine une mentalité directrice bien illustrée par cette très ancienne constante de la philosophie politique qui fait du bon pasteur l'idéal du souverain : dans la Bible ou chez Aristote, le chef commande ses sujets appréhendés comme un corps collectif, il les guide et intervient directement dans leur destinée, tout comme le Dieu unique avec le peuple des fidèles. En Océanie et en Extrême-Orient, en revanche, c'est une attitude non interventionniste qui prévaut dans le traitement des humains. Notable dans les préceptes du bon gouvernement véhiculés par les classiques chinois confucéens (où les métaphores végétales sont fréquemment employées pour représenter les hommes), cette disposition à la conciliation et à la recherche du consensus est aussi présente dans le *modus operandi* des chefferies mélanésiennes : le chef n'ordonne pas, mais s'efforce de traduire dans ses actes la volonté générale de la communauté dont il a pris connaissance en s'entretenant avec chacun de ses membres.

Sans doute l'opposition n'est-elle pas en tout point convaincante, en particulier dans le traitement des humains, tant sont amples les aires qu'elle embrasse et nombreux les contre-exemples qui viennent à l'esprit, surtout pour l'Asie et l'Océanie. Mais là n'est pas le problème. Car si cet article d'une brièveté lapidaire éveille depuis sa parution un tel intérêt, c'est qu'il a attiré l'attention sur l'éventualité que des schèmes identiques très généraux puissent activer le comportement des humains dans leurs relations à des entités longtemps conçues comme relevant de sphères ontologiques tout à fait différentes. Il devient alors possible d'envisager l'action sur des organismes comme structurée par des principes similaires à l'intérieur de grandes aires unifiées de pratiques techniques et sociales, sans avoir à poser la question préalable d'une discrimination de ces organismes selon qu'ils sont humains ou pas. Haudricourt prend bien soin, en effet, de parler de « correspondances entre traitement de la nature et traitement d'autrui », ce qui ne préjuge aucunement de la source à laquelle ces schèmes d'action s'alimentent. Il ne s'agit donc ici ni d'une projection des rapports entre humains sur les rapports aux non-humains, ni d'une extension aux humains de l'attitude envers les non-humains, mais bien d'une homologie des principes directeurs s'appliquant dans les relations avec deux ensembles d'existants difficiles à dissocier du point de vue des comportements qu'ils suscitent.

Différenciation, stabilisation, analogies

Mettre en évidence les schèmes de la pratique propres à un agrégat d'humains n'est pourtant pas chose aisée. On ne dispose pas pour ce faire des corpus constitués dont l'anthropologie structurale avait fait la matière de ses analyses, ces nomenclatures de parenté, règles d'alliance et de résidence, mythes ou classifications totémiques formulés dans des énoncés consensuels, et dont le recueil à peu près standardisé par les observateurs fournissait un étalon utile pour la comparaison. La manière dont un groupe humain schématise son expérience ne se prête pas à des descriptions aussi simples; elle est certes décelable dans les ethnographies, mais il faut pouvoir la révéler à partir d'indices disparates et identifier ses principes opératoires sans se laisser aveugler par des codifications ostensibles. On discerne cette schématisation dans les usages plus que dans les préceptes qui les justifient, dans les attitudes envers les parents, par exemple, autant que dans les règles de parenté, dans les dispositifs rituels et les types de situations interactionnelles qu'ils mettent en place, autant que dans la lettre des mythes ou des formules rituelles, dans les techniques du corps, les formes de l'apprentissage ou de l'utilisation de l'espace, autant que dans les théories de l'ontogenèse, les tabous ou la géographie des sites sacrés.

Consolidés durant les années de formation, les schèmes de la pratique permettent de s'adapter à des situations inédites qui seront perçues comme des cas particuliers de situations déjà connues. À l'instar de toutes les habitudes précocement acquises, les schèmes sont donc moins réformés par l'expérience que renforcés par celle-ci. Une telle persistance chez l'individu pourrait s'expliquer en partie par le rôle que jouent les affects dans le processus de schématisation : l'étude des mécanismes neurochimiques de la mémoire semble indiquer qu'une émotion intense suscitée par un événement contribue à renforcer les connexions neurales que son appréhension active, stabilisant ainsi les associations de concepts et de percepts qu'il induit[31]. On comprendra alors que l'intégration de l'expérience dans des schèmes durables s'opère surtout lors de circonstances qui focalisent l'attention, parce qu'elles tranchent sur la routine quotidienne en déposant leur marque sur les sentiments et même sur les corps. Les anthropologues n'en seront pas surpris qui savent avec quelle efficacité les rites, notamment d'initiation, permettent de transmettre et de reproduire des normes de comportement et des modèles de relation en jouant sur l'inattendu, le paradoxal et la mobilisation des passions. Les rites constituent donc des indices précieux de la manière dont une collectivité conçoit et organise son rapport au monde et à autrui, non seulement parce qu'ils révèlent sous une forme condensée des schèmes d'interaction et des principes de structuration de la *praxis* plus diffus dans la vie ordinaire, mais aussi parce qu'ils fournissent l'amorce d'une garantie de ce que les interprétations que l'analyste en tire rencontrent aussi l'expérience vécue de ceux qui y trouvent un cadre propice à l'intériorisation des modèles d'action. Du reste, et comme la psychanalyse et le roman nous l'ont appris, la part prise par les affects dans la stabilisation des schèmes n'est pas seulement manifeste dans les contextes rituels : tout événement remarquable par les émotions qu'il suscite contribue puissamment à l'apprentissage et au renforcement des modèles de relation et d'interaction.

Une question de taille demeure, qui fut souvent posée au structuralisme. Comment s'assurer que « l'action directe positive » ou « l'action indirecte négative » — mais aussi la réciprocité, la hiérarchie, ou tout autre schème réputé intégrer les pratiques — soit plus et autre chose qu'une catégorie *ad hoc* construite par l'observateur pour les besoins de la description et de l'analyse ? Car il se pourrait fort bien que des types de comportement ou d'interaction qui présentent un air de famille, à l'échelle d'un individu ou d'une collectivité, soient produits par imitation les uns des autres dans une chaîne d'analogies, comme le voulait Gabriel Tarde, plutôt que dérivés d'un schème préexistant dont la réalité ontologique reste malaisée à établir. Quoique la question soit peut-être indécidable au fond, la conviction rustique qui fait préférer la deuxième branche de l'alternative n'est pas tout à fait dépourvue de fondements expérimentaux. Des travaux de psychologie cognitive portant sur le raisonnement analogique montrent en effet que la reconnaissance de similitudes entre des objets ou des événements singuliers devient beaucoup plus facile lorsqu'elle procède par induction à partir d'un schème déjà présent — ou bien construit sur le moment par élimination des différences — que quand elle se développe par une série de comparaisons analytiques menées terme à terme. L'induction schématique est rapide et économe car elle fonctionne comme une mise au gabarit de cas particuliers constituant autant d'exemples différents d'un prototype, par contraste avec la recherche d'analogies au coup par coup qui sollicite plus l'attention et la mémoire[32]. Entre le raisonnement analogique en situation expérimentale et l'induction à partir de schèmes partagés, il y a certes le grand pas qui sépare la cognition individuelle des « représentations collectives ». Mais comment dénier que les secondes ne peuvent advenir à l'existence, être transmises et investies dans la pratique qu'en naissant et en se disséminant dans des corps, des expériences et des cerveaux toujours particularisés ? Sans mettre en doute qu'une collectivité soit plus que la somme de ses composantes, il faut bien voir dans ces composantes, avec leurs facultés sensibles et leurs propriétés mentales, la substance dynamique de sa créativité et de sa permanence.

Une bonne part du travail d'accouchement des normes et des significations communes aux membres d'une collectivité passe d'ailleurs par des procédures de dérivation analogique du particulier au général et du général au particulier. Si l'on veut bien concéder qu'il existe une différence entre les modèles publiquement institués de comportement et d'interaction, les schèmes implicites orientant les pratiques que ces modèles codifient, et l'aléa infini des idiosyncrasies et des événements singuliers, alors le minimum de cohérence que chacun perçoit dans sa conduite et dans celle des personnes qu'il connaît provient de notre capacité à transposer librement d'un de ces domaines à l'autre des règles, des tendances et des situations. Le mouvement se donne dans les deux sens selon que notre expérience du monde s'organise en accord avec des paradigmes existants ou selon que ceux-ci sont affectés par des événements imprévus qui exigent leur réforme[33]. Dans le premier type d'induction, par exemple, on peut transposer un événement concret dans le modèle de référence qui permet son interprétation : c'est le cas classique d'un jugement de conformité par rapport à une norme admise ; on peut encore transposer un schème dans un modèle explicite, ou rendre le premier manifeste au moyen du second, opération qui définit par excellence le travail instituant de l'humanité et que les anthropologues se sont traditionnellement donné pour mission de décrire et d'élucider ; on peut enfin transposer directement un schème dans une situation inédite afin de la rendre signifiante ou tolérable, cas plus rare car cette fonction d'assimilation de la nouveauté est en général dévolue aux modèles intermédiaires : on y a recours lors des grands bouleversements collectifs, traumatismes de la conquête coloniale ou de l'émigration lointaine, quand les paramètres de référence ordinaires deviennent impuissants à traiter des circonstances et des expériences par trop exceptionnelles et que des schèmes plus profonds doivent être mobilisés pour y faire face.

Le deuxième type d'induction, à savoir la production d'un schème destiné à accommoder des circonstances inhabituelles, est ce qui contribue au premier chef au mouvement ordonné de l'histoire. Il se produit soit lorsqu'un modèle institué est élaboré ou altéré afin de prendre en compte un événement sans précédent, cas le plus banal dont l'activité législatrice fournit une bonne illustration, soit lorsqu'une situation inusitée donne naissance à une schématisation originale au moyen de laquelle des modèles spécialisés, c'est-à-dire des « morceaux de culture », sont intégrés et recombinés dans une configuration inédite, un bricolage bien connu des anthropologues sous le nom de « syncrétisme » ou d'« acculturation » et dont se nourrissent, par exemple, les mouvements prophétiques ou millénaristes. Est fort rare, en revanche, la production de schèmes nouveaux par transposition directe d'expériences singulières puisque celles-ci sont en général filtrées par des modèles dont l'inadéquation éventuelle à une circonstance hors du commun résultera dans leur restructuration selon la procédure que l'on vient d'évoquer plutôt que dans la subsomption immédiate de l'événement sous un schème.

Si l'on admet ce qui précède, la nature du rapport entre modèle vernaculaire et modèle structural devient moins énigmatique. On peut penser, en effet, que ce que l'analyse structurale dévoile lorsqu'elle est bien menée, c'est une voie d'accès pour comprendre la schématisation de l'expérience opérée par les membres d'une collectivité et la manière dont elle se constitue en armature des systèmes de codification explicites auxquels ses membres adhèrent. La garantie que le dispositif formel construit par l'analyste dévoile bien certaines caractéristiques sous-jacentes du système social qu'il s'attache à appréhender viendrait ainsi de ce que celles-ci n'expriment pas tant des propriétés universelles de l'esprit humain, ou alors à un niveau très abstrait, que les cadres et procédures d'objectivation tacites au moyen desquels les acteurs du système eux-mêmes organisent leurs relations au monde et à autrui. Entre le modèle, ou l'action, et la structure, le schème est une interface à la fois concrète, car incorporée dans des individus et mise en œuvre dans des pratiques ; particularisée, car reflétant telle ou telle propriété objective des relations aux existants ; et dotée d'un fort coefficient d'abstraction, car on la décèle à ses seuls effets sans qu'elle soit pour autant l'émanation de mystérieuses entéléchies du type inconscient collectif ou fonction symbolique.

La schématisation de l'expérience n'est pas pour autant livrée à l'arbitraire des inventions fortuites et des circonstances aléatoires. Celles-ci jouent sans doute un rôle dans l'émergence des schèmes spécialisés du type *habitus*, dont la grande variété est imputable à la diversité des contextes historiques dans lesquels ils opèrent. Mais, en sus de ces multiples compétences particularisées immanentes aux pratiques, les humains ont aussi eu recours à des schèmes intégrateurs plus généraux, et en nombre bien plus limité, afin de structurer les relations qu'ils entretiennent avec le monde. Leur incidence se fait sentir dans la gamme finalement assez restreinte des options retenues pour distribuer des ressemblances et des différences entre les existants, et afin d'établir entre les ensembles définis par ces répartitions, et en leur sein même, des rapports distinctifs d'une remarquable stabilité. La suite de ce livre sera consacrée à expliciter cette proposition, fondée sur la conjecture que tous les schèmes dont l'humanité dispose pour spécifier ses rapports à elle-même et au monde existent sous la forme de prédispositions, pour partie innées, pour partie issues des propriétés mêmes de la vie commune, c'est-à-dire des différentes manières pratiques d'assurer l'intégration du moi et d'autrui dans un environnement donné. Mais ces structures ne sont pas toutes compatibles entre elles et chaque système culturel, chaque type d'organisation sociale, est le produit d'un tri et d'une combinaison qui, pour être contingents, se sont souvent répétés dans l'histoire avec des résultats comparables. Il n'est pas d'autre choix pour une anthropologie conséquente que de comprendre la logique de ce travail de composition, à l'écoute des motifs et des harmonies qui se détachent du grand murmure du monde, l'attention éveillée aux ordres émergents dont la régularité transparaît sous le foisonnement des usages.

l'animation, tels le souffle ou l'énergie vitale, en même temps que des notions plus abstraites encore comme l'idée que je partage avec autrui une même essence, un même principe d'action ou une même origine, parfois objectivés dans un nom ou une épithète qui nous sont communs. Il s'agit, en somme, de cette croyance universelle qu'il existe des caractéristiques internes à l'être ou prenant en lui sa source, décelables dans les circonstances normales par leurs seuls effets, et qui sont réputées responsables de son identité, de sa perpétuation et de certains de ses comportements typiques. Par contraste, la physicalité concerne la forme extérieure, la substance, les processus physiologiques, perceptifs et sensori-moteurs, voire le tempérament ou la façon d'agir dans le monde en tant qu'ils manifesteraient l'influence exercée sur les conduites ou les *habitus* par des humeurs corporelles, des régimes alimentaires, des traits anatomiques ou un mode de reproduction particuliers. La physicalité n'est donc pas la simple matérialité des corps organiques ou abiotiques, c'est l'ensemble des expressions visibles et tangibles que prennent les dispositions propres à une entité quelconque lorsque celles-ci sont réputées résulter des caractéristiques morphologiques et physiologiques intrinsèques à cette entité.

Faire l'hypothèse que l'identification est fondée sur l'attribution aux existants de propriétés ontologiques conçues par analogie avec celles que les humains se reconnaissent à eux-mêmes, c'est impliquer qu'un tel mécanisme peut trouver en chacun d'entre nous sa source expérientielle, la caution de son évidence et la garantie de sa continuité. Autrement dit, cela suppose d'admettre que tout humain se perçoit comme une unité mixte d'intériorité et de physicalité, état nécessaire pour reconnaître ou dénier à autrui des caractères distinctifs dérivés des siens propres. Or, l'idée que les individus s'appréhendent partout et toujours comme des singularités autonomes a été soumise à de vives critiques, et plus encore l'universalité d'une perception de cette singularité sous la forme d'une combinaison d'intentionnalité et d'expérience physique. On sait qu'il est devenu commun de révoquer en doute la généralité de l'unité vécue de la conscience de soi en arguant de nombreux cas où des populations n'envisagent pas que le corps puisse constituer une limite absolue de la personne, celle-ci étant fragmentée en de multiples unités constitutives dont une partie est distribuée dans, ou déterminée par, des éléments humains ou non humains de son entourage[2]. Pour communes qu'elles soient, de telles conceptions ne permettent pourtant pas d'invalider la distinction fondamentale que Mauss avait jadis proposée entre le sentiment universel du soi, c'est-à-dire le sens qu'a tout être humain « de son individualité spirituelle et corporelle à la fois », et les théories très diverses que l'on a élaborées ici ou là de la personne, avec des composantes et une extension dans l'espace en effet fort variables[3].

Comme Mauss l'avait pressenti, et comme Émile Benveniste, à la suite de Peirce, l'a nettement affirmé, l'universalité de la perception du soi comme une entité discrète et autonome se vérifie en premier lieu à partir d'indices linguistiques, à savoir la présence dans toutes les langues de formes ou d'affixes pronominaux du type « je » et « tu », lesquels ne peuvent renvoyer à rien d'autre qu'à la personne énonçant un discours contenant l'instance linguistique « je » et, symétriquement, à l'interlocuteur auquel l'énoncé « tu » est adressé[4]. Ce moi sémiotique n'implique nullement que le locuteur se conçoive comme un sujet indépendant contenu tout entier dans les frontières de son corps, à l'instar de l'image traditionnellement proposée par l'individualisme occidental. Car il ne fait guère de doute non plus que maintes sociétés font dépendre l'idiosyncrasie, les actions et le devenir de la personne d'éléments extérieurs à son enveloppe physique, comme des relations de toutes sortes au sein desquelles elle est insérée. C'est notoirement le cas en Mélanésie, raison pour laquelle Marylin Strathern a proposé que l'on qualifie la personne dans cette région du monde non comme une individualité, mais comme une « dividualité », c'est-à-dire un être défini en premier lieu par sa position et ses relations dans un réseau[5]. Sans contester l'existence en Mélanésie d'une théorie de la personne « dividuelle », il faut toutefois rappeler, avec Maurice Leenhardt autrefois et Edward LiPuma plus récemment, que celle-ci y coexiste ce que semblent d'ailleurs confirmer des travaux récents en psychologie du développement qui voient dans cette intuition dualiste une caractéristique innée des humains[10].

Une autre indication de l'universalité de la partition du physique et du moral est le fait que l'on en trouve des traces linguistiques dans toutes les cultures dont la description nous est accessible. Il semble bien, en effet, que toutes les langues opèrent une distinction entre un plan de l'intériorité et un plan de la physicalité au sein d'une certaine classe d'organismes, quelles que soient par ailleurs l'extension donnée à cette classe et la manière dont ces plans sont rendus — généralement par « âme » et « corps » — dans la langue des observateurs occidentaux. Certes, les termes que l'on traduit par « âme » sont souvent nombreux dans une même langue, et requièrent donc de copieux commentaires, tandis que celui qui fait référence au corps est en général unique. Mais on ne trouve nulle part une conception de la personne ordinaire vivante qui serait fondée sur la seule intériorité — disons une âme sans corps — ou sur la seule physicalité — un corps sans âme. Et il faut attendre les théories matérialistes de la conscience des dernières décennies du XXe siècle, celles d'un Antonio Damasio ou d'un Daniel Dennett, par exemple, pour que ce dernier cas de figure soit envisageable, non sans susciter, d'ailleurs, une vive résistance à l'encontre de ce qui, pour nombre de nos contemporains, paraît constituer autant une offense au sens commun qu'une atteinte à la singularité de la nature humaine[11]. Car, faut-il le préciser, c'est bien du sens commun dont il est question avec cette dualité de la personne, c'est-à-dire d'une intuition empirique repérable partout dans ses expressions instituées, et non pas, bien sûr, des mécanismes complexes de la conscience de soi tels que la neurobiologie s'efforce de les comprendre.

En présumant de l'universalité d'une distinction conventionnelle entre l'intériorité et la physicalité, je n'ignore pas que l'intériorité est souvent présentée comme multiple ni qu'on la suppose connectée avec la physicalité par de nombreuses déterminations réciproques. Même en Occident, du reste, terre d'élection des formes les plus achevées de dualisme, on admet communément la coexistence d'au moins trois principes d'intériorité — l'âme, l'esprit et la conscience —, à quoi s'ajoute depuis un siècle la triade freudienne du moi, du surmoi et du ça, voire, plus récemment, l'épidémie extravagante des personnalités multiples dans la psychiatrie nord-américaine[12]. L'imagination en ce domaine ne connaît pas de limites et certains peuples ont fait proliférer les éléments internes de la personne, en affectant un jeu complet à chaque partie du corps ou un jeu différent à chaque sexe, les additionnant ou les retranchant au cours du cycle de vie, individualisant à l'infini leurs fonctions pour les rendre responsables de toute la gamme des situations dans lesquelles un individu est à même de se trouver. Au Mexique, par exemple, les Indiens Tzeltal de Cancuc attribuent jusqu'à dix-sept « âmes » distinctes à une même personne, tandis que les Dogon, plus modestes, se contentent de huit[13].

Toutefois, quel que soit le nombre des composantes immatérielles de la personne, qu'elles soient innées ou acquises, qu'elles soient transmises par le père, par la mère, par accident ou par une entité bienveillante ou hostile, qu'elles soient temporaires, durables ou éternelles, immuables ou soumises au changement, tous ces principes générateurs de vie, de connaissance, de passion ou de destin ont une forme indéterminée, sont faits d'une substance indéfinissable et résident à l'ordinaire dans les tréfonds des corps. Certes, il est souvent dit de ces « âmes » qu'elles ont leur siège dans un organe ou un fluide — le cœur, le foie, la moelle ou le sang — ou qu'elles ont partie liée avec un élément indissociable du corps vivant, tels le souffle, le visage ou l'ombre portée ; on dit aussi qu'elles connaissent la croissance et la sénescence ou la faim et le désir sexuel, tout comme l'organisme auquel elles sont associées, et que quelque chose de leur essence peut être transmis ou aliéné au moyen de la substance qui leur sert de substrat ou de véhicule. Mais, pour intimement liés qu'ils soient aux composantes non physiques de la personne, les organes ou les humeurs dans lesquels ces composantes s'incorporent ne sont jamais que des objectivations imparfaites de celles-ci, impropres à représenter parler de totémisme chaque fois qu'un ensemble d'unités sociales — des moitiés, des clans, des sections matrimoniales ou des groupes cultuels — se trouve associé à une série d'objets naturels, le nom de chacune de ces unités dérivant souvent d'un animal ou d'une plante éponyme. Dans *Le Totémisme aujourd'hui*, Lévi-Strauss a développé l'idée que le totémisme était moins une institution propre aux sociétés dites « primitives » que l'expression d'une logique classificatoire universelle utilisant les écarts différentiels observables entre les espèces animales et végétales afin de conceptualiser les discontinuités entre les groupes sociaux. Les plantes et les animaux exhibent spontanément des qualités sensibles contrastées — de forme, de couleur, d'habitat, de comportement — et les différences d'espèces qu'ils rendent manifestes sont donc particulièrement propices à signifier les distinctions internes nécessaires à la perpétuation des organisations segmentaires. Tandis que certaines conceptions antérieures du totémisme mettaient plutôt l'accent sur l'association intime entre des termes — à savoir l'existence d'un lien mystique entre un groupe de personnes et une espèce naturelle —, Lévi-Strauss y voit au contraire une homologie entre deux séries de relations, celle différenciant un ensemble d'espèces et celle différenciant un ensemble d'unités sociales, la première offrant un modèle toujours disponible pour organiser la seconde. La nature fournit ainsi un guide et un support, une « méthode de pensée », dit Lévi-Strauss, qui permet aux membres de certaines cultures de conceptualiser leur structure sociale et d'en offrir une représentation iconique simple, du même ordre que celle employée par l'héraldique européenne[14].

L'intention de Lévi-Strauss était de dissiper ce qu'il appelle l'« illusion totémique » afin de la ramener à une caractéristique universelle de l'esprit humain ; on comprend dès lors qu'il n'ait guère accordé d'importance dans son analyse à ces relations dyadiques entre un humain et un non-humain que l'on a parfois qualifiées de « totémisme individuel[15] ». Or, mon expérience ethnographique chez les Achuar m'avait rendu sensible au fait que, à leur instar, bien des sociétés amazoniennes dotent les plantes et les animaux d'un principe spirituel propre et estiment qu'il est possible d'entretenir avec ces entités des rapports de personne à personne — d'amitié, d'hostilité, de séduction, d'alliance ou d'échange de services — qui diffèrent profondément de la relation dénotative et abstraite entre des groupes totémiques et les entités naturelles qui leur servent d'éponymes. Dans ces sociétés, très communes en Amérique du Sud, mais aussi en Amérique du Nord, en Sibérie et en Asie du Sud-Est, plantes et animaux se voient conférer des attributs anthropomorphiques — l'intentionnalité, la subjectivité, des affects, voire la parole dans certaines circonstances — en même temps que des caractéristiques proprement sociales : la hiérarchie des statuts, des comportements fondés sur le respect des règles de parenté ou de codes éthiques, l'activité rituelle, etc. Dans un tel mode d'identification, les objets naturels ne constituent donc pas un système de signes autorisant des transpositions catégorielles, mais bien une collection de sujets avec lesquels les hommes tissent jour après jour des rapports sociaux.

Ressuscitant un terme tombé en désuétude, j'avais proposé d'appeler « animisme » cette forme d'objectivation des êtres de la nature et j'avais suggéré de voir en elle un symétrique inverse des classifications totémiques au sens de Lévi-Strauss : par contraste avec celles-ci, les systèmes animiques n'utiliseraient pas les plantes et les animaux pour conceptualiser l'ordre social, mais se serviraient au contraire des catégories élémentaires de la pratique sociale afin de penser le *rapport* des hommes aux êtres naturels[16]. L'hypothèse procédait des matériaux ethnographiques achuar : tandis que les femmes traitent les plantes du jardin comme des enfants, les hommes se comportent vis-à-vis des animaux chassés et de leurs maîtres selon les normes requises dans les rapports avec les parents par alliance. Affinité et consanguinité, les deux catégories qui régissent la classification sociale des Achuar et qui orientent leurs relations à autrui, se retrouvent ainsi dans les attitudes prescrites envers les non-humains. Cette correspondance entre le traitement social des humains et celui des plantes et des animaux s'est révélée très courante, en Amazonie comme ailleurs, et j'en ai donné quelques exemples dans le premier chapitre de ce livre : la solidarité, l'amitié et le respect des anciens chez les Cree, l'alliance de mariage avec le gibier parmi les peuples sibériens ou la commensalité chez les Chewong. Dans tous les cas, les normes de conduite les plus communes ou les plus valorisées dans la vie sociale sont ainsi employées pour caractériser les rapports des humains avec des plantes et des animaux conçus comme des personnes.

Cette définition de l'animisme comme un symétrique inverse du totémisme souffrait toutefois d'un grave défaut puisqu'elle reconduisait ce à quoi elle prétendait échapper, en important de façon subreptice dans la caractérisation de cosmologies non dualistes la distinction analytique entre nature et société propre à l'explication lévi-straussienne des classifications totémiques[17]. Il faut bien admettre en outre que le totémisme lévi-straussien est incommensurable avec l'animisme : tandis que le second est bien un mode d'identification objectivant une certaine relation entre les humains et des éléments non humains de leur environnement, le premier est un mécanisme de catégorisation opérant des corrélations purement logiques entre classes d'humains et classes de non-humains[18]. Bref, malgré mon ambition d'échapper à une interprétation trop classificatoire de phénomènes qui, à l'évidence, se prêtaient mal à une telle lecture, j'étais retombé dans l'ornière dichotomique par fidélité excessive à la théorie lévi-straussienne du totémisme. C'est pourquoi ma première définition de l'animisme et celle que Lévi-Strauss donne des classifications totémiques ne pouvaient servir de point de départ pour caractériser des modes d'identification, même si l'on verra que ces définitions conservent leur validité dans une phase ultérieure, comme principes de légitimation des frontières entre collectifs d'humains et de non-humains.

J'avais surtout fait fausse route en cherchant à définir des modes d'identification, autrement dit des matrices ontologiques, à partir de processus relationnels matérialisés dans des institutions. L'erreur est excusable si l'on songe que, depuis Durkheim, c'est toujours ainsi que l'on a procédé : le privilège accordé au sociologique, nécessaire en son temps pour ouvrir aux sciences de l'homme un domaine de positivité qui leur soit propre, rendait inévitable que les croyances religieuses, les théories de la personne, les cosmologies, le symbolisme du temps et de l'espace ou les conceptions de l'efficacité magique fussent explicables en dernière instance par l'existence de formes sociales singulières projetées sur le monde et modelant les pratiques au moyen desquelles ce monde est objectivé et rendu signifiant[19]. En faisant dériver le social du psychique, Lévi-Strauss a certes échappé à cette tendance. Mais, dans l'état d'incertitude où nous sommes encore quant aux lois de l'esprit humain, cette dérivation ne pouvait être qu'inductive : l'analyse des mythes exceptée, c'est de l'étude des institutions qu'il est parti pour remonter « vers l'intellect », et non l'inverse. Or, un système de relation n'est jamais indépendant des termes qu'il unit si l'on entend par « termes » des entités dotées *ab initio* de propriétés spécifiques qui les rendent aptes ou inaptes à nouer entre elles des liens, et non pas des individus interchangeables ou des unités sociales constituées. Il fallait donc se déprendre du préjugé sociocentrique et faire le pari que les réalités sociologiques — les systèmes relationnels stabilisés — sont analytiquement subordonnées aux réalités ontologiques — les systèmes de propriétés imputées aux existants. C'est à ce prix que l'animisme et le totémisme peuvent renaître dans une acception nouvelle : redéfinis comme l'une ou l'autre des quatre combinaisons permises par le jeu des ressemblances et des différences entre moi et autrui sur les plans de l'intériorité et de la physicalité, ils deviennent désormais, en conjonction avec le naturalisme et l'analogisme, les pièces élémentaires d'une sorte de syntaxe de la composition du monde d'où procèdent les divers régimes institutionnels de l'existence humaine.

III

LES DISPOSITIONS DE L'ÊTRE

Exister c'est différer.

Gabriel Tarde,
Monadologie et sociologie.

6

L'animisme restauré

Si l'on dépouille la définition de l'animisme de ses corrélats sociologiques, il reste une caractéristique sur laquelle tout le monde peut s'accorder et que rend manifeste l'étymologie du terme, raison pour laquelle j'ai choisi de le conserver en dépit des usages contestables que l'on a pu en faire jadis : c'est l'imputation par les humains à des non-humains d'une intériorité identique à la leur. Cette disposition humanise les plantes, et surtout les animaux, puisque l'âme dont ils sont dotés leur permet non seulement de se comporter selon les normes sociales et les préceptes éthiques des humains, mais aussi d'établir avec ces derniers et entre eux des relations de communication. La similitude des intériorités autorise donc une extension de l'état de « culture » aux non-humains avec tous les attributs que cela implique, de l'intersubjectivité à la maîtrise des techniques, en passant par les comportements ritualisés et la déférence à des conventions. Toutefois, cette humanisation n'est pas complète car, dans les systèmes animiques, ces sortes d'humains déguisés que sont les plantes et les animaux se distinguent précisément des hommes par leurs vêtures de plumes, de poils, d'écailles ou d'écorce, autrement dit par leur physicalité. Comme Viveiros de Castro le note à propos de l'Amazonie, ce n'est pas au moyen de leur âme qu'humains et non-humains se différencient, mais bien par leurs corps[1]. Du reste, Durkheim en avait déjà fait la remarque lorsqu'il notait avec sa clairvoyance habituelle que « la notion de personne est le produit de deux sortes de facteur. L'un est essentiellement impersonnel : c'est le principe spirituel qui sert de base à la communauté. C'est lui, en effet, qui constitue la substance des âmes individuelles. [...] Mais d'un autre côté, pour qu'il y ait des personnalités séparées, il faut qu'un autre facteur intervienne qui fragmente ce principe et qui le différencie ; en d'autres termes, il faut un facteur d'individuation. C'est le corps qui joue ce rôle[2] ». Peu importe que, fidèle à sa doctrine, Durkheim ait confiné ce rôle différenciateur du corps aux seules communautés humaines puisque, ce faisant, il mettait le doigt sur ce principe général que l'individuation des existants — et, ajouterai-je, leur regroupement en collectifs — ne peut s'opérer qu'à travers un jeu d'identité et de contraste portant sur les attributs respectifs de l'âme et du corps.

Formes et comportements

En quoi consiste au juste cette différence des physicalités dont les systèmes animiques font usage pour introduire du discontinu dans un univers peuplé de personnes aux accoutrements si disparates, mais tellement humaines par ailleurs dans leurs motivations, leurs sentiments et leurs conduites ? Elle réside dans la *forme* et le mode de vie qu'elle induit beaucoup plus que dans la substance. En effet, l'idée d'une continuité matérielle unissant tous les organismes est commune à la plupart des ontologies animiques. Comme le note Alexandre Surrallés, en référence aux conceptions des Indiens Candoshi de l'Amazonie péruvienne, les entités du monde sont faites d'un « substrat potentiel et universel permanent. Cela entraîne une communauté substantielle de toute la matière, en conséquence de laquelle les limites catégorielles entre les êtres sont considérablement affaiblies[3] ». Marie Mauzé fait une remarque similaire au sujet des Indiens de la côte nord-ouest du Canada lorsqu'elle écrit : « On considère que les animaux sont faits d'une substance interne qui, du fait qu'elle est essentiellement humaine, a été transformée en une forme animale par le moyen de la peau[4]. » Chez les

Kasua du Grand Plateau de Papouasie-Nouvelle-Guinée, nous dit Florence Brunois, le corps des humains, des arbres et des animaux est parcouru par les mêmes substances : *bebeta* (le sang), *ma* (l'humeur vaginale) et surtout l'omniprésent *ibi* (la « graisse ventrale », mais aussi l'humus ou le latex), source de la matérialité des corps organiques et abiotiques[5]. Peut-être est-ce aussi dans le sens de cette continuité substantielle des organismes qu'il faut comprendre la réponse de l'informateur canaque de Leenhardt à laquelle j'ai fait référence au chapitre premier : « Vous ne nous avez pas apporté l'esprit [...] ce que vous nous avez apporté, c'est le corps. » On peut certes penser que le vieux Boesoou faisait là référence à l'absolue nouveauté du corps chrétien — Leenhardt était également missionnaire —, ce principe charnel frappé de la souillure du péché originel, repoussoir de l'esprit et de son destin d'immortalité vivifiante[6]. Mais on pourrait aussi voir dans cette remarque énigmatique l'aveu de la découverte d'un corps proprement humain dont la matière et les agencements internes seraient *sui generis*. Une telle conception ne pouvait qu'offrir un contraste avec la conception préchrétienne du corps humain en Nouvelle-Calédonie, fondée sur l'identité de structure et de substance entre celui-ci et les plantes, un principe que révèlent autant la terminologie anatomique que les théories physiologiques et eschatologiques. Or, Leenhardt le souligne, cette identité de l'humain et du végétal concerne la seule matière et non la forme car les deux types d'organisme ont « un mode d'existence différent » et ne sauraient donc se développer, se comporter, s'alimenter ou se reproduire de la même manière[7].

Que la forme soit le critère crucial de différenciation dans les ontologies animiques, c'est ce sur quoi l'ethnographie ne laisse planer aucun doute. Ainsi, commentant la diversité des « formes-personnes » humaines et non humaines chez les Jivaros, Anne Christine Taylor écrit-elle : « La spéciation issue des temps mythiques implique l'émergence de formes physiques particulières, et l'homme en possède une comme toutes les espèces », car « ce qui distingue les espèces, en définitive, c'est l'habit »[8]. Chez les

Makuna de l'Amazonie colombienne, selon Kaj Århem, les humains, les animaux et les plantes possèdent une « forme phénoménologique », qui les distingue les uns des autres, et une « essence spirituelle », qui leur est commune[9]. À propos des Arakmbut de l'Amazonie péruvienne, Andrew Gray précise : « Les propriétés physiques du corps séparent une personne de toutes les autres » ; ce n'est donc pas l'âme qui constitue l'aspect unique et essentiel d'une personne, car « c'est le corps qui lui donne une forme distincte[10] ». Dans son article précurseur sur l'ontologie ojibwa, Irving Hallowell dit à peu près la même chose, mais *a contrario* ; s'interrogeant sur ce qui constitue la caractéristique distinctive de la personne chez ces Indiens du Canada, il constate que ce n'est pas l'aspect anthropomorphe puisqu'il existe des personnes « autres-qu'humaines » qui ne ressemblent pas à des hommes[11]. C'est donc bien la forme corporelle qui différencie les personnes humaines et non humaines, l'âme qu'elles possèdent toutes ne pouvant remplir cette fonction. Pour les Chewong de Malaisie, écrit Signe Howell : « C'est la conscience qui fait le "personnage" quelle que soit par ailleurs sa forme extérieure (sa "cape" selon l'expression chewong), celle d'un gibbon, d'un humain, d'un porc sauvage, d'une grenouille, d'un fruit de ramboutan, d'une feuille de bambou, de l'être-tonnerre ou de quoi que ce soit d'autre. » Les Chewong appréhendent donc le monde comme composé « d'entités dotées ou non de conscience et regroupées sur la base d'espèces, chacune avec sa forme particulière[12] ».

La question de la discontinuité des corps est le thème obsédant que déclinent à l'envi les mythes amérindiens, ces histoires insolites d'une époque où humains et non-humains n'étaient pas différenciés, une époque où, pour prendre des exemples jivaros, il était normal qu'Engoulevent fît la cuisine, que Grillon jouât de la vièle, que Colibri défrichât des jardins ou que Martinet chassât à la sarbacane. En ce temps-là, en effet, les animaux et les plantes maîtrisaient les arts de la civilisation, communiquaient entre eux sans entrave et se conformaient aux grands principes de l'étiquette sociale. Pour autant qu'on puisse en juger, leur apparence était humaine, et seuls quelques indices — leur nom, des comportements bizarres — témoignaient de ce en quoi ils allaient se transformer. De fait, chaque mythe relate les circonstances qui ont abouti à un changement de forme, à l'actualisation dans un corps non humain d'un animal ou d'une plante qui existait auparavant à l'état de potentialité. La mythologie jivaro souligne d'ailleurs explicitement ce changement d'état physique en signalant l'achèvement de la métamorphose par l'apparition d'un trait anatomique ou par l'émission d'un message sonore caractéristiques de l'espèce. Les mythes amérindiens n'évoquent donc pas le passage irréversible de la nature à la culture, mais bien plutôt l'émergence des discontinuités « naturelles » à partir d'un continuum « culturel » originaire au sein duquel humains et non-humains n'étaient pas nettement distingués. Ce grand mouvement de spéciation n'aboutit pas pour autant à la constitution d'un ordre naturel identique à celui qui nous est familier puisque, si les plantes et les animaux ont désormais des physicalités différentes de celle des humains — et donc des mœurs qui correspondent à l'outillage biologique propre à chaque espèce —, ils ont aussi pour la plupart conservé jusqu'à présent les facultés intérieures dont ils jouissaient avant leur spéciation : subjectivité, conscience réflexive, intentionnalité, aptitude à communiquer dans un langage universel, etc. Ce sont donc des personnes, revêtues d'un corps animal ou végétal dont elles se dépouillent à l'occasion pour mener une vie collective analogue à celle des humains : les Makuna, par exemple, disent que les tapirs se peignent au roucou pour danser et que les pécaris jouent de la trompe durant leurs rituels, tandis que les Wari' prétendent que le pécari fait de la bière de maïs et que le jaguar ramène sa proie à la maison afin que son épouse la cuisine[13].

On a longtemps pris ce genre d'affirmations comme des témoignages d'une pensée rebelle à la logique, incapable de distinguer le réel du songe et des mythes, ou pour de simples figures de langage, métaphores ou jeux de mots. Mais les Makuna, les Wari', et bien d'autres peuples amérindiens qui prétendent ce genre de choses, ne sont pas plus myopes ou crédules que nous. Ils savent bien que le jaguar dévore sa proie toute crue et que le pécari dévaste les plantations de maïs plutôt que de les cultiver. C'est le jaguar et le pécari, disent-ils, qui se perçoivent eux-mêmes comme accomplissant des gestes identiques à ceux des humains, qui s'imaginent de bonne foi comme partageant avec ces derniers le même système technique, la même existence sociale, les mêmes croyances et aspirations. Bref, dans les mythes comme dans l'existence quotidienne, les Amérindiens ne voient pas ce que nous appelons la culture comme l'apanage des humains puisque nombreux sont les animaux, voire les plantes, qui sont réputés croire la posséder et vivre selon ses normes. Il devient dès lors difficile d'imputer à ces peuples la conscience ou le pressentiment d'une distinction entre la nature et la culture homologue à celle qui nous est familière, mais que tout dans leurs façons de penser semble démentir.

Un dernier exemple, pris en Nouvelle-Guinée, permettra de préciser le rôle du corps comme différenciateur ontologique. Chez les Orokaiva, selon André Iteanu, le mythe du « Porc à la *ganda* » sert de récit didactique pour souligner la différence entre les porcs sauvages et les humains. C'est une histoire classique d'union interspécifique, ici entre une jeune fille et un porc ayant pris pour la séduire l'apparence d'un homme magnifiquement orné. Après avoir découvert la véritable nature de son époux, et ses intentions cannibales, la jeune femme retourne à son village d'origine où ses parents, supputant que son mari viendrait la reprendre, se préparent à son retour les armes à la main. L'arrivée de l'homme-cochon est décrite ainsi :

> Comme il venait de très loin, il fit le chemin sous la forme d'un cochon, mais à l'entrée du village, il se transforma de nouveau en homme. Il retira d'abord sa peau, et comme il était un homme, il la découpa en guise de pagne d'écorce fine. Autour de son cou, il suspendit un ornement buccal *ganda* qu'il composa avec les dents du porc. Il attacha son groin à un manche et en fit une massue ; ses poils se transformèrent en parures de plumes qu'il noua sur sa tête. Son bouclier, il le construisit avec ses propres côtes encore recouvertes de leur cuir[14].

Autrement dit, la forme-cochon est ici une enveloppe

— la peau — et un ensemble d'attributs amovibles — les dents, le groin, les soies, les côtes recouvertes de leur cuir —, lesquels, une fois retirés, révèlent une personne anthropomorphe et lui servent en outre à se parer comme il convient que les hommes le soient pour être, sans équivoque, ce dont ils ont l'aspect. Chez les Orokaiva, comme dans d'autres régions de Nouvelle-Guinée ou des Amériques, la forme-homme n'est donc pas l'apparence anatomique humaine dans sa simple nudité, mais le corps décoré, enrichi, surdéterminé par des ornements qui, pour être empruntés au monde animal et végétal, n'en ont pas moins pour fonction de rendre plus tangibles les discontinuités externes là où les continuités internes conduisent parfois à de dangereuses confusions. Car ce travail sur la forme des corps a d'autant moins pour finalité de démarquer l'humain de l'animal en imposant sur la « nature » le sceau de la « culture » que ce sont précisément des greffes animales qui servent à cet effet. Le port de plumes, de dents, de peaux, de masques avec des becs, des crocs ou des touffes de poils permet en fait de différencier, grâce aux attributs mêmes qui signalent la discontinuité des espèces, non pas l'homme de l'animal, mais diverses sortes d'espèces humaines trop semblables par leur physicalité originelle : en arborant des ornements caractéristiques, les membres de tribus voisines peuvent ainsi exhiber des écarts d'apparence analogues à ceux qui distinguent entre elles les personnes non humaines.

La prévalence des différences de forme sur les différences de substance n'est guère surprenante si l'on songe que les ontologies animiques empruntent vraisemblablement une partie de leur schème opératoire au modèle de la chaîne trophique. En Amazonie, dans l'aire arctique et circumpolaire ou dans les forêts de l'Asie du Sud-Est, on retrouve en effet cette même idée que la vitalité, l'énergie, la fécondité circulent constamment entre les organismes grâce à la capture, à l'échange et à la consommation des chairs. Ce mouvement permanent de recyclage des tissus et des fluides, analogue à celui qui caractérise l'interdépendance alimentaire dans le processus synécologique, permet donc de comprendre pourquoi tous ces êtres qui s'ingèrent les uns les autres ne sauraient guère se distinguer par les matières dont ils sont faits. Dans les systèmes animiques, du reste, les prohibitions et prescriptions alimentaires ont moins pour but de prévenir ou de favoriser le mélange de substances réputées hétérogènes — comme c'est le cas dans la médecine chinoise ou galénique — que d'empêcher ou de rendre possible le transfert depuis l'espèce prohibée ou consommée de traits anatomiques particuliers ou de certaines caractéristiques de comportement censées dériver de ces traits. En revanche, la place que chaque être occupe dans la chaîne trophique est très précisément déterminée par son appareillage organique, puisque celui-ci conditionne tout à la fois le milieu de vie accessible — terrestre, aquatique ou aérien — et, à travers les organes de locomotion et d'acquisition de nourriture, le type de ressource qui pourra y être prélevé.

La forme des corps est donc plus que la simple conformation physique, c'est l'ensemble de l'outillage biologique qui permet à une espèce d'occuper un certain habitat et d'y développer le mode d'existence distinctif par quoi on l'identifie au premier chef. C'est ainsi, par exemple, qu'Ingold définit les personnes humaines et non humaines dans les sociétés circumpolaires : « On y reconnaît toujours une division fondamentale en deux éléments : un élément intérieur, vital, qui est la source de la conscience de soi, de la mémoire, de l'intentionnalité et du sentiment, et une couverture corporelle extérieure qui fournit l'équipement et confère le pouvoir nécessaire afin de mener une forme de vie particulière[15]. » Cette description pourrait être généralisée à l'ensemble des sociétés où prévaut un mode d'identification animique. Sur le fond d'une intériorité identique, chaque classe d'êtres possède sa physicalité propre, à la fois condition et résultat d'un régime alimentaire et d'un mode de reproduction particuliers, induisant ainsi un éthogramme, c'est-à-dire un mode de comportement spécialisé dont les caractéristiques détaillées ne pouvaient échapper aux facultés d'observation que doivent déployer des peuples amenés à extraire leur subsistance d'un environnement peu anthropisé.

Les Makuna ont théorisé cette conception de façon originale. On a déjà vu que ces Indiens de l'Amazonie colombienne qualifient de *masa* (« gens ») un grand nombre de plantes et d'animaux dotés d'une âme identique à la leur, mais dont ils font pourtant leur pitance quotidienne. Avant de consommer toute nourriture végétale ou carnée, les hommes chantent donc mentalement une incantation destinée à la décontaminer, c'est-à-dire à la dépouiller de ses principes nocifs. Appelés « armes », ces principes sont considérés comme les pouvoirs que chaque espèce a reçus en partage lors de la genèse mythique, pouvoirs qui déterminent ses habitudes alimentaires et ses pratiques reproductives comme les moyens de se protéger dans son habitat. Chaque ensemble d'armes — décrites comme des échardes, des plumes, du venin, de la salive, du sang ou du sperme — objective ainsi un faisceau de propriétés biologiques et de dispositions éthologiques réputées intrinsèques à l'identité d'une espèce[16]. La forme corporelle est donc indissociable du comportement qu'elle induit et, dans les nombreux mythes et anecdotes qui racontent le séjour d'un humain chez un peuple à l'apparence et aux manières tout à fait humaines, c'est toujours un détail insolite dans les coutumes de ses hôtes qui fait soudain prendre conscience au visiteur de la nature animale de ceux qui l'accueillent : un plat de charogne servi avec civilité révèle des gens-vautours, une naissance ovipare dévoile des gens-serpents, un appétit cannibale des gens-jaguars[17].

Les avatars de la métamorphose

Si les animaux peuvent se dépouiller à loisir de l'enveloppe corporelle propre à leur espèce et exhiber la dimension humaine de leur intériorité, sans perdre pour autant les attributs de leur comportement, c'est que les formes sont fixes pour chaque classe d'entités, mais variables pour les entités elles-mêmes[18]. Un trait classique de bien des ontologies animiques est en effet la capacité de métamorphose reconnue aux êtres pourvus d'une intériorité identique : un humain peut s'incorporer dans un animal ou une plante, un animal adopter la forme d'un autre animal, une plante ou un animal ôter son vêtement pour mettre à nu son âme objectivée dans un corps d'homme. Il est vrai que, dans bien des cas, de telles transformations sont seulement attestées dans les mythes dont on sait qu'ils constituent par excellence des histoires de métamorphoses. Mais, du moins dans les Amériques, les personnages des mythes ne sont que rarement relégués dans le passé indéfini où l'on dit qu'ils ont acquis leurs propriétés distinctives, car les effets de leurs actions bienveillantes ou hostiles se font sentir jusqu'à aujourd'hui. Nunkui, la créatrice des plantes cultivées chez les Jivaros, continue d'exercer sa tutelle sur les jardins contemporains et les femmes recherchent activement son assistance. Parmi les Ojibwa, « il est communément admis que tous les *ätíso 'kanak* [personnages de la mythologie] peuvent assumer différentes formes » ; or, ces êtres aiment venir écouter les mythes que l'on raconte à leur sujet ou, tels les « oiseaux-tonnerre », communiquer aux hommes des messages[19]. L'évidence de la présence continuée de ces entités improprement appelées mythiques n'est nulle part plus visible que dans les rêves, où elles paraissent en général sous un avatar humain. À propos des Ojibwa, toujours, Hallowell rapporte le rêve de l'un de ses informateurs qui, encore dans l'adolescence, rencontra sous sa forme humaine le « maître » des aigles dorés, lequel, s'étant transformé sous ses yeux en un oiseau de la même espèce, l'invita à le suivre ; le garçon prit alors lui-même l'apparence d'un aigle doré et s'envola derrière son mentor[20].

Assez souvent, en effet, ce sont des personnes humaines et non humaines tout à fait « ordinaires », c'est-à-dire sans antécédents mythiques, que l'on crédite de cette capacité de métamorphose, témoignant ainsi du caractère normal de l'interchangeabilité des formes chez tous ceux qui possèdent une même subjectivité. Pourtant, la plasticité n'est pas totale et certaines modalités d'incorporation sont moins fréquentes que d'autres. Le passage de l'animal à l'humain et de l'humain à l'animal est une constante des ontologies animiques : le premier dévoile l'intériorité, tandis que le second est un attribut du pouvoir dont on crédite certains individus — chamanes, sorciers, spécialistes rituels — de transcender à leur gré la discontinuité des formes pour prendre comme véhicule le corps d'espèces animales avec lesquelles ils entretiennent des relations privilégiées[21]. La métamorphose d'un humain en plante ou d'une plante en humain n'est pas aussi commune, et moins encore celle d'un animal d'une espèce en un animal d'une autre espèce[22]. Quant à la possibilité pour l'âme d'un humain vivant de venir investir le corps d'un autre humain, elle ne semble nulle part attestée dans les ontologies animiques, confirmant ainsi le constat déjà classique d'une incompatibilité de principe entre la possession et ce que l'on appelle par commodité le « chamanisme »[23]. La conclusion que l'on peut tirer de ce registre des métamorphoses concevables et inconcevables, c'est que le fonds commun de l'intériorité prend sa source dans le répertoire des dispositions observables chez les humains, tandis que la discontinuité des physicalités prend pour modèle l'étonnante diversité des corps animaux : sur la scène du monde, les premiers apportent la partition, les seconds la variété des exécutions instrumentales.

Quelle est la fonction de cette multiplicité d'instruments corporels dans le concert de la vie, hors celle, évidente, de prendre acte de quelques différences irréductibles entre les humains, les animaux et les plantes ? Elle est de permettre à des intériorités analogues d'échapper à un excès de continu en introduisant les écarts indispensables entre des termes pour qu'ils puissent entrer en relation. La discontinuité des formes, et des modes de vie qui leur sont associés, découpe en effet des collectivités distinctes, chacune dotée des caractéristiques que définissent l'équipement anatomique de ses membres, leur habitat, et les usages que l'un et l'autre autorisent. Chez les Chewong, par exemple, « tous les "personnages" agissent de façon culturelle et sociale, et aussi longtemps que l'on se comporte conformément aux prémisses morales de son espèce, on ne saurait en aucune manière être stigmatisé pour ses actes » ; en Sibérie, les relations entre les espèces animales sont vues comme des relations entre tribus ; dans l'aire circumpolaire, « les animaux, comme les humains, sont réputés former leur propre communauté, et les membres de chacune d'entre elles peuvent visiter les communautés des autres » ; pour les Cree du Canada, « les animaux chassés vivent en groupes sociaux similaires à ceux des Indiens » ; les Sioux Oglala « parlaient invariablement de toutes les catégories animales comme représentant des peuples "comme nous" » ; selon les Makuna, enfin, « les communautés animales sont organisées selon les mêmes principes que les sociétés humaines, [...] chaque espèce ou communauté d'animaux est dite avoir sa propre "culture", son savoir, ses coutumes et ses biens matériels au moyen desquels elle assure sa subsistance en tant que classe d'êtres distincte »[24]. Il existe donc pour chaque espèce un corps de base, qui est aussi un corps social et un corps de préceptes, et si le changement de forme est toujours possible, une telle opération n'affecte pas l'identité intrinsèque des individus ; bref, ce que dit Howell de la métamorphose chez les Chewong peut sans doute être généralisé à l'ensemble des sociétés animiques : « On ne peut faire cela que pour de courtes périodes et c'est une affaire risquée[25]. »

À quoi bon, alors, s'incarner dans un autre corps ? Outre que l'on s'expose à ne pouvoir récupérer sa forme d'origine — sort parfois réservé aux chamanes trop téméraires, comme à pas mal d'humains dans les mythes —, ce genre de processus, pris au pied de la lettre, requiert que l'on suspende bien des exigences du sens commun. Pourtant, on aura beau dire de la métamorphose qu'elle est « symbolique », qu'elle relève du registre de la métaphore ou du discours figuré, nombre de gens ici ou là prétendent encore aujourd'hui qu'elle est un fait « de nature » analogue à la croissance des plantes ou au mouvement des corps célestes. C'est qu'elle offre une solution commode, la seule à vrai dire, au problème de l'interaction sur un même plan entre des personnes humaines et non humaines dotées au départ de physicalités distinctes. Car les Achuar, les Makuna ou les Chewong ne passent pas leur vie à se transformer en anaconda, en tapir ou en tigre, ni ceux-ci à révéler aux humains leur intériorité déguisée. Pendant la plus grande partie du temps, chacun s'alimentant des autres avec l'équipement qui lui est propre, les relations entre les différentes classes d'êtres se déroulent sous les espèces de la physicalité, c'est-à-dire selon les usages dictés par leurs éthogrammes respectifs. Mais comme les intériorités des prédateurs et des proies sont réputées identiques, il faut bien qu'existent des situations où cette communauté des destins ontologiques puisse s'exprimer de façon nette dans un type ou un autre de communication entre des membres de collectivités séparés par leurs corps. Non pas que les moments où prédominent les rapports entre les corps soient parfaitement séparables des moments où les âmes se parlent. L'exemple déjà évoqué du chasseur achuar montre qu'une telle distinction n'a guère de sens : l'homme est simultanément engagé dans une traque mobilisant son savoir incorporé, et soucieux de maintenir par les incantations qu'il adresse au gibier le fil ténu qui relie leurs intériorités. Toutefois, pour que la métamorphose proprement dite prenne effet, et pour qu'elle soit à même d'avérer dans une véritable expérience intersubjective les propriétés imputées aux êtres qui peuplent le monde, il faut faire un pas de plus et franchir la barrière des formes. Or, cela n'est possible que dans deux circonstances : lorsque les plantes, les animaux, ou les esprits qui sont leurs hypostases, rendent visite aux humains sous la même apparence qu'eux — dans les rêves le plus souvent — et lorsque des humains, des chamanes en général, vont visiter ces mêmes entités. Dans l'un et l'autre cas, le visiteur se place vis-à-vis de ses hôtes sur le pied d'égalité nécessaire à l'établissement d'une communication en adoptant la livrée de ceux à qui il s'adresse — les non-humains exhibent leur intériorité sous la forme de la physicalité humaine, les humains abandonnent leur physicalité pour revêtir celle d'un non-humain ou pour se mouvoir sans entrave dans le monde des formes intérieures —, moyen pour le visiteur de signifier qu'il se situe du point de vue de ceux dont il va à la rencontre.

La métamorphose n'est donc pas un dévoilement ou un déguisement, mais le stade culminant d'une relation où chacun, en modifiant la position d'observation que sa physicalité originelle lui impose, s'attache à coïncider avec la perspective sous laquelle il pense que l'autre s'envisage lui-même. Par ce déplacement de l'angle d'approche où l'on cherche à se mettre « dans la peau » de l'autre en épousant l'intentionnalité qu'on lui prête, l'humain ne voit plus l'animal comme il le voit d'ordinaire, mais tel que celui-ci se voit lui-même, en humain, et le chamane est perçu comme il ne se voit pas d'habitude, mais tel qu'il souhaite être vu, en animal. Plus que d'une métamorphose, en somme, il s'agit d'une anamorphose.

Animisme et perspectivisme

Ce carrousel des points de vue ne peut manquer d'évoquer ce que Viveiros de Castro appelle le « perspectivisme », concept par lequel il désigne la qualité positionnelle des cosmologies amérindiennes et dont il a développé la nature et les implications au regard de la définition de l'animisme que j'avais moi-même donnée dans un premier temps[26]. L'auteur part du constat que, pour de nombreux peuples autochtones des Amériques :

> Les humains, en conditions normales, voient les humains comme humains, les animaux comme animaux et les esprits (s'ils les voient) comme des esprits ; les animaux (prédateurs) et les esprits voient les humains comme des animaux (des proies), tandis que les animaux (le gibier) voient les humains comme des esprits ou comme des animaux (prédateurs). En revanche, les animaux et les esprits se voient comme humains ; ils s'appréhendent comme (ou deviennent) anthropomorphes quand ils sont dans leurs propres maisons ou villages, et vivent leurs propres usages et caractéristiques sous les espèces de la culture[27]...

Ce thème de l'hétérogénéité des perspectives peut-il éclairer le problème de l'animisme en fournissant une clé pour mieux comprendre la nature exacte de la différence entre des humains et des non-humains tous dotés d'une essence humaine ? Pour tenter de répondre à cette question, Viveiros de Castro considère d'abord ces ethnonymes amérindiens que l'on a coutume de traduire par « les êtres humains », « les gens » ou « les personnes » et qui sont d'ordinaire interprétés comme des signes d'une propension ethnocentrique à réserver le nom générique de l'humanité à la seule tribu qui s'estime en droit de le porter. Or, si l'on envisage ces termes du point de vue de la pragmatique et non de la syntaxe, autrement dit comme des pronoms et non comme des substantifs, « ils indiquent une position de sujet; ils sont un marqueur d'énonciation et non un nom[28] ». Loin d'être un indice d'exclusion ontologique, de tels ethnonymes se contentent de caractériser le point de vue du locuteur — « les gens » étant ici synonyme de « nous » —, de sorte qu'en disant que les non-humains sont des personnes dotées d'une âme les Amérindiens leur confèrent en réalité une position d'énonciateurs les définissant comme sujets : « Est sujet qui possède une âme et possède une âme qui est capable d'un point de vue[29]. » Le « perspectivisme » est donc l'expression de l'idée que tout être qui occupe un point de vue de référence, et se trouve ainsi placé en situation de sujet, s'appréhende sous les espèces de l'humanité, la forme corporelle et les usages des humains constituant des attributs pronominaux du même type que les autodésignations ethnonymiques. Mais le perspectivisme n'est pas pour autant un relativisme dans lequel chaque espèce de sujet se forgerait une représentation différente d'un monde matériel par ailleurs identique puisque la vie des non-humains est ordonnée par les mêmes valeurs que celle des humains : tout comme ces derniers, ils chassent, pêchent ou font la guerre. Selon Viveiros de Castro, ce sont les choses mêmes qu'ils perçoivent qui sont différentes : si les animaux voient les humains tels des animaux prédateurs ou le sang telle de la bière de manioc, c'est que le point de vue où ils se situent est dépendant de leurs corps et que leurs corps se distinguent du nôtre quant aux dispositions intrinsèques qu'ils manifestent. L'accent mis par les ontologies animiques sur la discontinuité des formes doit donc être pris comme le signe d'une hétérogénéité des *habitus* incarnés dans le corps comme foyer de perspective : « Est sujet qui se trouve activé ou "agenté" par le point de vue[30]. »

Il m'est impossible de commenter ici comme elles le

méritent ces propositions à la subtilité desquelles mon résumé ne rend guère justice et qui s'insèrent en outre dans une théorie plus générale des cosmologies amérindiennes encore en chantier. Aussi me contenterai-je d'en discuter les implications pour ce qui est du rapport entre l'animisme et le perspectivisme. On ne peut échapper au préalable à la tentation de relever un petit paradoxe : cette interprétation du perspectivisme que Viveiros de Castro présente comme une alternative à la thèse sociocentrique de la « projection » (des catégories sociales sur le monde naturel) rejoint une pénétrante remarque de Durkheim, le plus illustre avocat de ladite thèse. Dans ce développement sur le rôle du corps comme principe d'individuation auquel j'ai déjà fait allusion, Durkheim observe en effet qu'une telle fonction contrastive lui est dévolue car « comme les corps sont distincts les uns des autres, comme ils occupent des points différents du temps et de l'espace, chacun d'eux constitue un milieu spécial où les représentations collectives viennent se réfracter et se colorer différemment ». Tout comme Viveiros de Castro, Durkheim s'inspire de Leibniz : « [Pour lui] le contenu de toutes les monades est identique. Toutes, en effet, sont des consciences qui expriment un seul et même objet, le monde [...]. Seulement, chacune l'exprime de son point de vue et à sa manière. On sait comment cette différence de *perspectives* vient de ce que les monades sont diversement situées les unes par rapport aux autres[31]. » Cet antécédent inattendu ne retire assurément rien à l'originalité de la solution que Viveiros de Castro avance, à savoir que la forme et la culture humaines attribuées aux animaux par les Amérindiens sont des sortes de déictiques cosmologiques immanents au point de vue. L'argument est-il pour autant généralisable à l'ensemble des ontologies animiques ?

Dans l'animisme « standard », les humains disent que des non-humains se perçoivent comme des humains parce que, en dépit de leurs formes différentes, ils ont les uns et les autres des intériorités (des âmes, des subjectivités, des intentionnalités, des positions d'énonciation) semblables. À cela, le perspectivisme ajoute une clause : les humains disent que des non-humains ne voient pas les humains comme des humains, mais comme des non-humains (animaux prédateurs ou esprits). Il s'agit, en somme, d'une possibilité logique dans un jeu à deux positions ; si les humains se voient avec une forme humaine et voient les non-humains avec une forme non humaine, alors des non-humains qui se voient avec une forme humaine devraient voir les humains avec une forme non humaine. Mais cette inversion croisée des points de vue, qui caractérise en propre le perspectivisme, est loin d'être attestée dans tous les systèmes animiques. On en trouve quelques beaux exemples dans les Amériques, notamment dans les mythes, et d'autres, bien plus rares, en Asie[32]. Il se pourrait certes que les sources soient lacunaires sur ce point ; c'est toutefois peu probable si l'on songe que lorsque des cas de perspectivisme sont signalés pour une société, ils le sont, même de façon allusive, par à peu près tous les ethnographes qui y ont séjourné, sûre indication que ce trait est assez notable pour ne pas échapper trop facilement à l'attention des observateurs, surtout dans les Amériques où il est devenu rare qu'un groupe amérindien n'ait été étudié que par une seule personne.

La situation la plus commune, typique de la majorité des ontologies animiques, est plutôt celle où les humains se contentent de dire que des non-humains se perçoivent comme des humains. Mais comment les non-humains envisagent-ils les humains si le perspectivisme ne joue pas, c'est-à-dire s'ils ne les appréhendent pas comme des non-humains ? Sur ce point précis les ethnographies sont peu disertes ; tout porte à croire pourtant que c'est parce que la réponse paraît d'une telle évidence que, à la différence du perspectivisme, nul ne se préoccupe d'en faire état : les non-humains ne peuvent appréhender les humains que sous leur forme humaine[33]. Cela n'est guère surprenant si l'on se rappelle que les humains et les non-humains sont réputés entretenir des rapports de personne à personne, marqués par des régimes de sociabilité et des systèmes d'attitude bien précis — l'amitié, la séduction, la maternité, l'affinité ou l'autorité des aînés — dont, à moins de se livrer à une supercherie consciente, les humains qui les adoptent vis-à-vis des non-humains ne peuvent manquer d'escompter qu'ils appelleront chez ceux-ci une conduite réciproque. Si je me comporte à l'égard d'un singe, dont je pense qu'il se perçoit comme un humain, selon les usages convenus dans le traitement des beaux-frères, il faut bien, sauf à me complaire dans une illusion avérée, que j'attende de celui-ci qu'il me réponde à l'identique, c'est-à-dire qu'il me considère en « code humain » et non en « code jaguar » ou en « code anaconda ». Car un humain peut nouer un rapport socialement prescrit avec un non-humain qui se voit comme un humain, tandis que le non-humain ne saurait lui rendre la pareille s'il ne lui attribue pas la même humanité dont il s'estime doté, et celle-ci s'incarne au mieux dans la corporéité humaine sous laquelle il le perçoit. Certes, le non-humain pourrait voir l'humain sous une forme non humaine, et supputer néanmoins que celui-ci s'appréhende lui-même comme humain, mais cela supposerait, par conversion réflexive, qu'il ait lui-même conscience de n'être pas humain en dépit de la forme humaine qu'il s'impute, ce qui paraît peu plausible et n'est guère confirmé, à ma connaissance, par l'ethnographie.

Une nouvelle question se pose alors : si la situation la plus courante en régime animique est que des non-humains voient les humains comme des humains, comment peuvent-ils donc se distinguer des humains puisqu'ils se voient eux-mêmes comme des humains ? La seule réponse vraisemblable au vu de l'ethnographie est que les non-humains se distinguent des humains (et entre eux) par les habitudes comportementales déterminées par les outillages biologiques propres à chaque espèce, habitudes qui subsistent dans leur corps même lorsqu'ils le perçoivent comme humain. La discontinuité des formes, on l'a vu, est un moyen de signifier des discontinuités dans les façons de vivre, non quant aux caractères généraux de l'existence sociale, commune aux humains et aux non-humains, mais du point de vue des modes de subsistance, des types d'habitat et des dispositions spécifiques que leur conformation physique tout à la fois suscite et exprime. Or, si les membres de chaque classe d'êtres se perçoivent comme humains, ils n'appréhendent pourtant pas les autres classes comme pourvues d'une humanité exactement identique à la leur, puisque les usages propres à chaque classe diffèrent de façon ostensible. Selon toute probabilité, le tapir qui est réputé se voir comme un humain ne voit pas les humains sous une forme tout à fait semblable à celle (que les Indiens disent) qu'il s'impute à lui-même. Dans un monde parfait — pour les tapirs, s'entend, pas pour les Indiens —, les tapirs et les Indiens vivraient en parfaite intelligence, partageant peut-être le même village et échangeant des femmes et des biens. Mais les Indiens ont la fâcheuse habitude de chasser les tapirs, et ceux-ci, malgré leur commune humanité, n'ont pu manquer de s'en apercevoir. Du point de vue des tapirs, en outre, les Indiens habitent dans des villages distincts des leurs, leurs chefs et leurs chamanes ne sont pas les mêmes, et leur nourriture est différente puisqu'ils mangent précisément du tapir. La solution perspectiviste consisterait ici à dire que les tapirs en butte aux attaques des Indiens les voient comme des jaguars ou des esprits cannibales, ce que des sociétés amérindiennes prétendent en effet, et qu'ils sont donc incapables, du fait qu'ils occupent la position de la proie, de percevoir certains traits des humains — leur apparence physique, leurs villages, leurs institutions — qui rendent ces derniers identiques à l'image qu'ils se forment d'eux-mêmes. Dans la solution animique ordinaire, par contraste, les tapirs perçoivent bien que les humains possèdent certains attributs sociaux et anthropomorphes homologues dans leurs grandes lignes à ceux qu'ils s'attribuent à eux-mêmes, mais ils constatent aussi qu'ils se distinguent d'eux par d'autres critères, du genre de ceux auxquels un Amérindien a recours afin d'identifier, par des coutumes et une ornementation du corps différentes des siennes, des membres d'une tribu voisine, et souvent ennemie. Autrement dit, si les personnes non humaines appréhendent leur propre corps sous les espèces de la morphologie humaine, elles sont également sensibles au fait que ces corps diffèrent dans une large mesure par les dispositions respectives qui y sont logées (l'esquive ou l'attaque, les mœurs diurnes ou nocturnes, la solitude ou la grégarité...), comme ils diffèrent aussi par la façon dont ils se présentent en action au regard d'autrui (à travers les parures, la décoration, la gestuelle, les types d'armes et d'outils employés, les langues parlées). Car la physicalité, base de la discontinuité des espèces, est plus que l'anatomie nue ; elle spécifie celle-ci par les multiples manières de faire usage des corps, de les donner à voir et d'en prolonger les fonctions, tous éléments qui ajoutent une certaine forme d'agir dans le monde à la forme reçue en y arrivant.

Ainsi que Viveiros de Castro le dit lui-même, le perspectivisme est un « corollaire ethno-épistémologique de l'animisme[34] ». En postulant la symétrie inverse des points de vue, le perspectivisme exploite en effet de façon ingénieuse la possibilité ouverte par la différence des physicalités sur laquelle l'animisme se fonde. Mais c'est là une greffe que bien des peuples de l'archipel animique n'ont pas tentée, non par défaut d'imagination ou d'aptitude à la conversion réflexive, mais peut-être parce qu'elle introduit un niveau de complexité supplémentaire dans une ontologie positionnelle où il est déjà difficile, dans toutes les situations qu'engage la vie quotidienne, d'attribuer des identités stables aux existants que l'on côtoie. On est fort loin ici du monde rassurant de l'être et de l'étant, des qualités premières et des qualités secondes, des formes pérennes et de la connaissance comme dévoilement, constat plutôt réjouissant, en définitive, pour tous ceux qui sont las d'un monde trop uniforme.

7

Du totémisme comme ontologie

Définir l'animisme par une combinaison de ressemblance des intériorités et de différence des physicalités incitait à reprendre à nouveaux frais la question du totémisme ; non pas le totémisme comme méthode classificatoire dont *Le Totémisme aujourd'hui* avait proposé une explication aussi séduisante que magistrale, mais le totémisme dans ses aspects proprement ontologiques que Lévi-Strauss fut conduit à écarter pour mieux ouvrir la voie à une approche intellectualiste du phénomène qui rendrait caduques les spéculations antérieures sur l'indistinction de l'homme et de la nature dans la pensée des primitifs. Partant du principe que le totémisme est une mystification, Lévi-Strauss soutient en effet que l'unité artificielle de cette notion provient d'une confusion dans l'esprit des anthropologues entre deux problèmes :

> D'abord, celui que pose l'identification fréquente d'êtres humains à des plantes ou des animaux, et qui renvoie à des vues très générales sur les rapports de l'homme et de la nature ; celles-ci intéressent l'art et la magie, autant que la société et la religion. Le second problème est celui de la dénomination des groupes fondés sur la parenté, qui peut se faire à l'aide de vocables animaux et végétaux, mais aussi de bien d'autres façons. Le terme totémisme recouvre seulement les cas de coïncidence entre les deux ordres[1].

Or, de ces deux éléments de définition du totémisme, c'est surtout le second qui retient l'attention de Lévi-

Strauss, car c'est celui qui conduit vers la solution classificatoire déjà pressentie par Franz Boas quarante ans auparavant : l'homologie des écarts différentiels entre une série naturelle, les espèces éponymes, et une série culturelle, les segments sociaux. Quant au premier élément, l'identification d'humains à des non-humains, il ne subsiste plus dans la solution retenue que comme une sorte de mécanisme d'autopersuasion renforçant l'efficacité opératoire des classifications totémiques dans des sociétés où « une tendance très générale à postuler des rapports intimes entre l'homme et les êtres ou objets naturels est mise à profit pour qualifier concrètement des classes de parents ou supposés tels[2] ». Envisagés en eux-mêmes, pourtant, et non dans leur simple fonction d'adjuvants de la catégorisation des humains, ces « rapports intimes » entre l'homme et les êtres naturels présentent, dans certaines configurations totémiques, des caractéristiques tout à fait originales. Du reste, Lévi-Strauss lui-même a été sensible à cet aspect puisqu'il consacre de longs développements, dans *La Pensée sauvage*, à des sociétés à clans totémiques dans lesquelles on postule une profonde affinité physique et psychique entre les humains et leurs totems. Citant le cas des insulaires du détroit de Torres, des Menomini des Grands Lacs et, plus au nord, des Chippewa, il souligne le fait que, dans ce genre de cas, chaque groupe totémique sera pris en lui-même et « tendra à former système, non plus avec les autres groupes sociaux, mais avec certaines propriétés différentielles conçues comme héréditaires[3] » ; il en résulte une diversité intrinsèque, et proprement ontologique, des segments totémiques qui les rapproche des castes. Dans de tels systèmes, et par contraste avec l'interprétation proposée dans *Le Totémisme aujourd'hui*, l'homologie ne porte plus sur les rapports différentiels entre deux séries de termes (le clan 1 diffère du clan 2 comme l'aigle diffère de l'ours), elle porte sur les termes eux-mêmes (le clan 1 est *comme* l'aigle, le clan 2 *comme* l'ours) ; au lieu de « deux images, l'une sociale, l'autre naturelle [...] on aura une image *socio-naturelle* unique, mais morcelée[4] ». Bref, autant le totémisme se situe sur un tout autre plan que l'animisme quand il est pris dans sa version classificatoire (l'homologie des rapports), autant sa dimension « fusionnelle » (l'homologie des termes) peut offrir une piste intéressante pour le traiter avec légitimité comme un mode d'identification[5].

On ne s'étonnera guère que ce soit en Australie, continent qui suscita dès la fin du XIXe siècle les conjectures les plus débridées quant à la nature du totémisme, que les propriétés singulières manifestées par celui-ci s'expriment avec le plus de netteté. Grâce à d'excellentes et précoces descriptions ethnographiques, l'Australie devint en effet sous la plume de Durkheim, de Frazer, de Rivers, ou même de Freud, l'illustration par excellence d'un système d'organisation sociale et d'un mode de relation à la nature caractérisé, selon les premiers observateurs, par le fait que chaque individu « fait partie d'un groupe de personnes qui portent le nom de, et sont spécialement associées avec, un objet naturel[6] ». Dès cette époque aussi, les spécialistes de l'Australie furent frappés tout à la fois par la diversité des formes de totémisme présentes sur le continent et par l'impression d'unité qui se dégageait par ailleurs des principes généraux de segmentation et d'affiliation sociales propres aux Aborigènes comme de leurs conceptions de la personne et de l'environnement. Cette apparente contradiction fut mise au compte d'une évolution endogène dans la très longue durée — près de soixante-dix mille ans —, les premiers occupants de l'Australie s'étant dispersés par des routes distinctes dans des territoires immenses, sans grands contacts les uns avec les autres hormis les proximités régionales, de sorte que chaque groupe aurait été conduit à développer ses propres institutions par emprunt aux groupes voisins, ou par contraste avec eux, comme autant de variations sur un modèle initial que l'on supposait commun à tous. Que cette diversification de l'organisation sociale et des rites ait été le produit d'une combinaison de diffusion par migrations et d'évolutions localisées, ou qu'elle ait résulté d'une adaptation écologique et démographique des modes sociaux d'occupation de l'espace à des environnements très différents, comme cela a aussi été envisagé, importe ici assez peu[7]. Car, quelle que soit la source de ces variations, les caractéristiques structurelles communes qu'elles exhibent sont assez manifestes pour que l'on puisse, à la suite des ethnologues spécialistes de l'Australie, traiter cette aire culturelle comme un ensemble remarquablement homogène sous certains aspects.

Le Rêve

Le trait assurément le plus original du totémisme australien est son enracinement dans un système cosmologique et étiologique singulier que l'on a pris l'habitude d'appeler « *Dreamtime* » ou « *Dreaming* » en anglais, et « Rêve » en français[8]. Repéré sous le nom d'*alchera* et décrit pour la première fois par Baldwin Spencer et Franck Gillen chez les Aranda du désert central, le Rêve évoque en première approximation tout ce qui se rapporte aux temps de la mise en forme du monde telle qu'elle est relatée dans des récits rituels accompagnant des cérémonies totémiques. On y rapporte que des êtres originaires surgirent jadis des profondeurs de la terre en des sites précisément identifiés, certains d'entre eux se lançant dans des pérégrinations émaillées de péripéties dont les trajets et les haltes sont toujours lisibles dans la matérialité de l'environnement sous forme de roches, de points d'eau, de bosquets ou de gisements d'ocre. Ces êtres disparurent aussi soudainement qu'ils étaient apparus, soit dans le lieu même de leur émergence, soit au terme de leur voyage, après avoir laissé derrière eux, chacun pour son compte, une partie des existants actuels dans toute leur pluralité : les hommes, les plantes et les animaux avec leurs affiliations totémiques respectives et les noms qui les désignent, les rites et les objets cultuels, des éléments organiques ou inorganiques du paysage. À la fois accoucheurs et prototypes de la réalité sociale et physique, ces êtres du Rêve sont le plus souvent présentés comme des hybrides d'humains et de non-humains déjà répartis en groupes totémiques au moment de leur venue. Ils sont humains par leur comportement, leur maîtrise du langage, l'intentionnalité dont ils font preuve dans leurs actions, les codes sociaux qu'ils respectent et instituent, mais ils ont l'apparence ou portent le nom de plantes ou d'animaux et sont à l'origine des stocks d'esprits, déposés dans les sites où ils disparurent, qui s'incorporent depuis dans les individus de l'espèce ou de l'objet qu'ils représentent et dans les humains qui ont cette espèce ou cet objet pour totem.

Le Rêve est bien autre chose qu'une manière aborigène de désigner ces temps mythiques auxquels de nombreux peuples ont coutume de renvoyer la genèse fabuleuse des êtres et des choses. Car lors de cette « aurore du monde », pour employer la formule de Radcliffe-Brown, un mouvement de génération continuée s'est enclenché dont les effets se font sentir jusqu'à présent[9]. La potentialité laissée par les êtres du Rêve dans des sites et des itinéraires s'actualise sans cesse par les incorporations successives de leurs esprits dans des entités de diverses sortes et grâce aux rites, aux procédures de nomination et aux parcours réitérés au moyen desquels les Aborigènes rendent tangible et vivace la présence cachée de ces entités qui, en modelant les êtres et les choses, donnèrent sens et ordre au monde. Le Rêve n'est donc ni un passé remémoré ni un présent rétroactif, mais une expression de l'éternité avérée dans l'espace, un cadre invisible du cosmos garantissant la pérennité de ses subdivisions ontologiques. Quant aux êtres du Rêve, ils ne peuvent être assimilés à de classiques héros mythiques puisque leur élan ordonnateur, en partie solidifié dans tel ou tel trait du paysage, s'est néanmoins poursuivi sans interruption après qu'ils eurent abandonné la surface de la terre. Ils ne sont pas non plus des ancêtres *stricto sensu*, chaque existant, humain ou non humain, étant lié à l'entité qui le détermine par un rapport direct de duplication, de présentification ou de mise en forme, non par une filiation se déroulant en cascade de génération en génération. L'organisation totémique, c'est-à-dire l'association entre des entités et phénomènes non humains et des groupes de personnes humaines, relève ainsi en Australie d'un processus à la fois originaire et constamment poursuivi de fixation d'essences et de formes de vie déjà différenciées en classes et en types, au sein desquelles les composantes sociales et physiques sont inextricablement mêlées. Non seulement, comme l'écrivent Spencer et Gillen à propos des Aranda, « l'identité d'un humain est souvent immergée dans celle de l'animal ou de la plante dont il est réputé issu[10] », mais cette identité mixte combine elle-même des traits de comportement, des dispositifs et objets rituels, des taxinomies à la fois sociologiques et biologiques, des noms et des récits, des sites et des trajets, tous éléments que l'on serait bien en peine de distribuer de part et d'autre d'une ligne imaginaire séparant la nature de la culture.

Inventaire australien

Le cadre cosmologique du Rêve est valide dans ses grandes lignes pour toute l'Australie aborigène, à quelques variations près concernant la latitude plus ou moins grande de procéder à une interprétation totémique des songes autorisant des innovations rituelles, le degré de personnalisation des êtres du Rêve ou l'extension dans l'espace de leurs itinéraires. En revanche, les rapports qu'entretiennent les individus avec leurs totems sont d'une très grande diversité, tout comme le sont les modes d'affiliation totémique et la part qu'ils prennent dans l'organisation sociale, dans la définition des statuts et dans le jeu des alliances matrimoniales. C'est à Adolphus P. Elkin que l'on doit, dans les années 1930, le premier inventaire raisonné des diverses variantes du totémisme australien, une entreprise conduite selon l'inspiration fonctionnaliste de l'époque, c'est-à-dire axée pour l'essentiel sur la manière dont les divisions totémiques jouent un rôle intégrateur dans les différents systèmes sociaux recensés dans le continent[11]. Avant d'aborder la typologie d'Elkin, toutefois, un bref rappel ethnographique de la nature de ces systèmes et de leur distribution est indispensable.

S'il existait bien dans quelques régions de la côte nord et du quart sud-est des tribus organisées en groupes locaux exogames qui ne connaissaient aucune division interne, la grande majorité des sociétés australiennes étaient cependant caractérisées par une segmentation plus ou moins complexe en classes. Les formes les plus simples sont représentées par les sociétés à moitiés exogames dans lesquelles chaque individu appartient à l'une ou l'autre de deux classes nommées et doit prendre son conjoint dans la classe opposée. On les rencontrait dans des régions différentes selon que les moitiés étaient à filiation patrilinéaire ou matrilinéaire : les sociétés à patrimoitiés étaient surtout présentes dans le nord du continent, de la terre de Dampier jusqu'à la péninsule du cap York, tandis que les sociétés à matrimoitiés occupaient pour l'essentiel la zone méridionale. Outre ces sociétés à moitiés exogames, il existait aussi des groupes à moitiés endogames et générationnelles, représentés à l'heure actuelle par les tribus aluridja de la province méridionale, dans lesquels un homme ou une femme ne pouvait se marier que dans sa propre moitié et non dans celle qui regroupait conjointement les générations supérieures (son père et sa mère) et inférieures (ses enfants). Les sociétés dites « à quatre sections » peuvent être considérées comme des extensions logiques de l'organisation en moitiés exogames sur laquelle vient se greffer un critère de résidence : soit deux moitiés matrilinéaires — c'est le cas le plus commun — appelées A et B dont les membres sont distribués dans deux groupes locaux notés 1 et 2, la femme et les enfants habitant avec leur mari et père puisque la résidence en Australie est toujours patrilocale. Dans un tel cas, un homme de la moitié A du groupe local 1 (A_1) a l'obligation d'épouser une femme de la moitié B du groupe local 2 (B_2), leurs enfants étant affiliés à B_1 car ils appartiennent à la moitié de leur mère (B) et au groupe local de leur père (1) ; les enfants B_1 devront eux-mêmes se marier dans la moitié opposée et dans un groupe local distinct du leur (A_2). Souvent appelés Kariera, du nom d'une tribu côtière de l'Ouest, ces systèmes à quatre sections étaient surtout présents dans la région des déserts du Nord-Ouest, au Nord-Est et dans une grande partie du Sud-Est. Les systèmes à huit sous-sections suivent le même principe, mais avec quatre groupes locaux au lieu de deux. Dans une société à matrimoitiés, comme les Aranda, un homme de la moitié A et du groupe local 1 épousant une femme de la moitié B et du groupe local 3 aura des enfants classés en B_1, un A_2 épousant une B_4 engendrera des B_2, un A_3 épousant une B_2 engendrera des B_3, un A_4 épousant une B_1 engendrera des B_4 et, si l'on change de moitié, un homme B_1 épousant une A_4 aura des enfants A_1, un B_2 épousant une A_3 engendrera des A_2, un B_4 épousant une A_2 engendrera des A_4 et un B_3 épousant une A_1 engendrera des A_3. Ces systèmes à huit sous-sections sont communs parmi les tribus du Centre et se retrouvent vers le Nord jusqu'à la terre d'Arnhem et la péninsule du cap York. Notons enfin que si les noms désignant les sections ou sous-sections peuvent différer selon les langues et les dialectes, le système général de classification reste similaire, ce qui permet d'intégrer dans la classe qui leur correspond des individus nés dans d'autres tribus.

Se saisissant avec une curiosité gourmande des faits australiens, l'anthropologie naissante avait supposé qu'il existait un lien direct entre ces systèmes à classes et l'institution totémique comme opérateur d'exogamie, l'obligation de se marier hors de son totem constituant un impératif commode pour mieux intégrer par le mariage des groupes locaux atomisés. Or, l'inventaire d'Elkin fractionnait le totémisme australien en une multitude de types apparemment hétérogènes et montrait sans ambiguïté que certains de ces types ne jouaient aucun rôle dans le fonctionnement de l'alliance matrimoniale. Elkin paraissait ainsi ruiner l'espoir de mettre en évidence une relation systématique entre les classifications totémiques et les formes d'organisation sociale à l'échelle du continent, ce que Lévi-Strauss lui reprocha avec une vivacité d'autant plus mordante que c'était précisément l'objectif qu'il avait lui-même en vue[12]. Mon ambition étant tout autre, ce n'est pas cette conséquence de la typologie d'Elkin qui me paraît devoir retenir l'attention, mais plutôt certaines caractéristiques qui s'en dégagent quant aux spécificités ontologiques du totémisme australien.

La première forme de totémisme qu'Elkin passe en revue est le totémisme dit « individuel ». Il définit, dans les tribus du Sud-Est, une relation particulière entre un sorcier et une espèce animale, généralement des reptiles. Les membres de l'espèce agissent comme des auxiliaires du sorcier, portant le mal ou la guérison à distance et espionnant pour son compte. Parmi les Kurnai, on dit que le sorcier porte en lui l'esprit de l'espèce qui l'assiste, lequel peut être aussi externalisé et matérialisé dans un animal apprivoisé. Chez les Yualayi, un sorcier peut confier un animal de son espèce totémique, un *alter ego* dit Elkin, à un malade pour que sa force le guérisse ; les mêmes prétendent qu'une blessure infligée à un animal totémique fait souffrir le sorcier associé à cette espèce. Une série de différences sautent aux yeux lorsque l'on compare ce totémisme individuel du Sud-Est australien avec les liens particuliers noués entre des hommes et certains animaux dans les systèmes animiques. Les relations entre un chamane amazonien ou sibérien et ses esprits animaux auxiliaires, ou entre un homme ordinaire et son animal gardien ou familier en Amérique du Nord, concernent toujours des individus et non des espèces, même si l'animal peut à l'occasion servir de truchement auprès de ses congénères. En Australie, par contre, le rapport s'établit avec l'espèce comme ensemble indissociable, l'animal apprivoisé que le sorcier exhibe n'étant qu'une expression singularisée des caractéristiques propres à l'espèce en général. En outre, les personnes humaines et animales sont clairement distinguées dans les systèmes animiques, ce qui permet précisément que se tisse entre elles toute une gamme de relations dyadiques d'individu à individu, tandis que la personne du sorcier australien paraît complètement fusionnée avec l'espèce animale qu'il a prise pour totem : l'essence de l'espèce est devenue son essence et lui-même éprouve dans sa chair tout ce qui affecte un membre quelconque de la collectivité animale dont il épouse désormais la destinée. Il ne s'agit donc pas ici d'une alliance ou d'un contrat d'assistance passé entre le sorcier et son espèce totémique, mais bien d'une hybridation recherchée et assumée dont la finalité est certes sociale — le traitement et la dissémination de l'infortune parmi les hommes —, mais dont la réalisation concrète exige d'acquérir des propriétés partagées avec une espèce animale.

Également répandu parmi les tribus du Sud-Est, le totémisme « sexuel » consiste à répartir les sexes en deux classes totémiques mutuellement exclusives et symbolisées chacune par une espèce, le plus souvent animale : chauve-souris pour les hommes et hibou pour les femmes chez les Kamilaroi ou les Wotjobaluk, chauve-souris et pic chez les Worimi, etc. Les données sont peu explicites quant à la nature exacte du rapport entre le groupe sexuel et l'espèce éponyme; chez les Wotjobaluk, on dit que « la vie d'une chauve-souris est une vie d'homme », impliquant ainsi une affinité dans leurs formes d'existence, tandis que chez les Kurnai l'accent est plutôt mis sur la filiation partagée : « Chaque descendant de Yeerung [un roitelet] est un frère, chaque descendant de Djeetgun [une fauvette] est une sœur[13]. » On retrouve bien là l'idée générale qu'il existe entre des humains et des non-humains une communauté de propriétés partagées, et suffisamment stables pour être transmises à travers les générations, mais cette idée est exprimée de façon beaucoup plus vague que dans le cas du totémisme individuel.

Bien qu'il soit regroupé par Elkin avec le totémisme sexuel, le totémisme « conceptionnel » des Aranda et des Aluridja paraît bien différent du premier quant à son principe. Le totem de chaque enfant n'est pas fonction du sexe ou de la filiation, en effet, mais du lieu où la mère a pris conscience de sa grossesse, soit qu'elle s'y soit effectivement trouvée, soit qu'elle l'ait visité en rêve. Il s'agit bien sûr d'un site totémique, c'est-à-dire d'un endroit où un être du Rêve a déposé des âmes-enfants de son espèce totémique, l'une d'entre elles étant réputée pénétrer dans la matrice de la mère pour y former le nouveau-né. Un enfant aranda n'aura donc pas nécessairement le même totem que son père, sa mère ou ses frères et sœurs, les sous-sections qui fonctionnent comme des classes matrimoniales n'ayant ici aucun rapport avec les affiliations totémiques. Nous reviendrons plus en détail sur le totémisme conceptionnel aranda, mais l'on peut dès maintenant en tirer un enseignement. Si le totémisme sexuel permet des catégorisations collectives par homologie des différences (du type : les hommes sont aux femmes ce que le roitelet est à la fauvette), tant le totémisme conceptionnel que le totémisme individuel relèvent à l'évidence d'un autre registre : l'un comme l'autre ont à voir au premier chef avec une définition ontologique de la personne humaine conçue comme partageant avec une espèce totémique des caractéristiques intrinsèques.

En est-il vraiment autrement avec les totémismes collectifs qu'Elkin examine ensuite ? À première vue, et comme dans le totémisme sexuel, les totems de moitiés, de sections et de sous-sections paraissent avoir pour fonction de surdéterminer par des emblèmes distinctifs des classes d'individus qui semblent surtout ici organisées par et pour le mariage. Toutefois, les justifications données dans chacun des cas pour l'affiliation totémique permettent d'entrevoir d'autres principes à l'œuvre. Commençons par le totémisme de moitiés. Dans sa variante matrilinéaire, il symbolise le partage d'une vie commune fondée sur l'héritage d'une même chair et d'un même sang à travers les mères, substance identitaire dont l'origine, comme nous le verrons plus avant, renvoie aux animaux éponymes des moitiés, généralement deux espèces d'oiseaux. Le totémisme des patrimoitiés, quant à lui, se réfère plutôt à deux espèces de kangourous et se voit combiné avec des cultes totémiques locaux dont la responsabilité se transmet le plus souvent en ligne paternelle. L'exogamie de moitiés n'est pas aussi stricte et automatique que l'organisation dualiste pourrait le faire croire et, selon Elkin, le totémisme est ici avant tout un moyen de distribuer tous les existants à l'intérieur de deux grandes classes dont les membres, humains, animaux, plantes, objets ou totems, présentent des affinités avec les deux espèces servant de totems principaux.

Le totémisme de sections présente, de ce point de vue, les mêmes caractères que le totémisme de moitiés : il opère une quadripartition des entités du cosmos « sur la base d'une parenté réputée exister entre les humains et les espèces naturelles[14] ». Même principe, encore, pour le totémisme des groupes à huit sous-sections, mais avec deux variantes et une exception : soit les totems de sous-sections sont directement associés à des sites d'âmes-enfants totémiques et se trouvent ainsi investis d'une fonction générative qui renforce la communauté d'attributs entre les membres humains de la sous-section et leurs totems localisés ; soit ils sont plus spécifiquement catégoriels et coexistent éventuellement avec un totémisme de sites d'âmes-enfants et un totémisme cultuel tout à fait distincts ; soit enfin, comme chez les Aranda, les affiliations totémiques n'ont aucun lien avec les sous-sections, et donc avec le mariage. On voit que les genres de totems présents dans les différents systèmes à classes sont de natures très diverses : la plupart ont une dimension classificatoire patente, de type cosmologique et ontologique plutôt que strictement sociologique, l'idée générale étant qu'il existe des propriétés partagées, quoique définies de façon vague, entre les humains, les non-humains et les totems qui les englobent. Mais les totems peuvent être ou non associés à des classes matrimoniales, se transmettre par filiation ou être référés à des sites cérémoniels et à des dépôts locaux d'âmes-enfants laissées par les êtres du Rêve.

Cette diversité est encore plus manifeste dans le dernier grand type de totémisme envisagé par Elkin, le totémisme « clanique ». Les clans australiens sont soit patrilinéaires soit matrilinéaires, mais certains sont aussi « natifs » en ce qu'ils regroupent tous les individus conçus ou nés dans un même site totémique. Le totémisme des clans matrilinéaires repose sur le principe que toutes les personnes liées entre elles en ligne maternelle ascendante partagent une même substance corporelle (chair et sang) dérivée en dernière instance de l'entité totémique d'où le clan est issu, cette communauté physique induisant une exogamie stricte et l'interdiction de consommer l'espèce totémique puisque la même substance ne saurait se cumuler dans un individu. Cette indissociabilité matérielle de certains humains et de certains non-humains est confirmée, dans les tribus du nord-ouest de Victoria, par la croyance que tuer un membre de l'espèce totémique d'une personne cause à celle-ci une blessure effective, comme c'était le cas dans le totémisme individuel. Ici, le totem « est plus qu'un nom ou un emblème ; il y a quelque chose de la vie des hommes dans la vie de l'espèce totémique, et *vice versa*[15] ».

Enfin, à l'instar du totémisme de moitiés, le totem principal et l'espèce qui l'incarne constituent le sommet d'une hiérarchie de totems et d'espèces secondaires, de sorte que la combinaison, au sein d'une même société, de tous les totems, sous-totems et espèces affiliées prend l'aspect d'un système exhaustif de catégorisation du cosmos.

Par contraste avec le totémisme clanique matrilinéaire, le totémisme clanique patrilinéaire autorise une coïncidence parfaite entre un clan et un groupe local exogame dont le lien avec le totem est matérialisé par et dans le territoire qu'ils habitent conjointement : les esprits ou les essences de chacun des membres du groupe local sont en effet réputés procéder, génération après génération, de sites dont ils sont les gardiens et qui furent le théâtre des exploits d'êtres du Rêve appartenant au même totem qu'eux. Si, dans le cas du clan matrilinéaire, le rapport entre les membres du clan et leur totem est de type substantiel, il relève, pour le clan patrilinéaire, d'une solidarité intime entre les humains et les êtres totémiques, nourrie et fortifiée par une genèse spirituelle et une géographie sacrée identiques, bref, un même enracinement identitaire dans ce que l'on peut, à bon droit, appeler un génie du lieu. Le totémisme clanique « natif », enfin, n'est rien d'autre qu'une manière d'associer en un groupe *sui generis* des individus qui ont en commun la même classe totémique d'âmes-enfants parce que celles-ci se sont incorporées dans leurs mères, à la conception (chez les Aranda) ou à la naissance (dans l'ouest de l'Australie méridionale), sur les mêmes sites totémiques formés par les êtres du Rêve. Ce genre de clan totémique n'a rien à voir avec le mariage — il n'est pas exogame — et doit plutôt être vu comme un collectif cultuel, dépositaire de récits étiologiques, de connaissances secrètes et de rites concernant l'être du Rêve dont ses membres procèdent. Ces derniers ont la charge de mobiliser leurs savoirs et prérogatives ésotériques dans des cérémonies dont la finalité est de célébrer leur totem et d'assurer le bien-être et la fécondité de l'espèce totémique issue du même site qu'eux et dont ils partagent l'essence et la destinée. Tout comme dans le totémisme clanique patrilinéaire, le totémisme cultuel — et le totémisme « de rêve » qui en est une variante individuelle — repose donc sur une identification spirituelle des humains, des totems et des espèces qui leur sont affiliées, chacun d'entre eux étant présent au monde en tant qu'expression singularisée d'un même prototype immatériel incarné dans un corps.

En tronçonnant le totémisme australien en une douzaine de formes distinctes, Elkin rendait caduque l'idée que celui-ci puisse constituer à l'échelle du continent un dispositif régulateur unique associé à un certain type d'institution ou de règle de mariage. Dans bon nombre de tribus, du reste, plusieurs formes peuvent se cumuler et remplir des fonctions différentes. Ainsi, dans le nord-ouest de l'Australie méridionale, un individu peut être relié par diverses voies à cinq classes hétérogènes de totems : il possède, ou est possédé par, un ou des totems de moitiés, mais aussi de sexe, de clan matrilinéaire, d'un site cultuel hérité de son père et, secondairement, d'un autre site cultuel hérité en ligne matrilinéaire du frère de sa mère qu'il ne pourra toutefois pas transmettre lui-même à ses enfants. Est-il légitime pour autant d'inférer de cette déconstruction minutieuse que le totémisme australien n'existe pas, du moins sous les espèces d'un ensemble systématique, et qu'il s'agit plutôt d'une fiction anthropologique mêlant dans un grand pot-pourri dogmatique des taxinomies sociales et naturelles, des conceptions de la personne, des rites, des mythes et des croyances qui n'ont entre eux aucun lien logique ? C'est aller un peu vite en besogne et faire prévaloir des différences ostensibles sur certaines ressemblances que l'inventaire d'Elkin laisse transparaître.

Il est vrai qu'Elkin lui-même, quoique convaincu de l'unité religieuse sous-jacente du totémisme australien, n'apporte que de maigres secours pour en élucider les principes. Sa contribution la plus nette consiste à remarquer que toutes les formes recensées par lui sont fondées sur la croyance dans « l'identité [*oneness*] de la vie qui est partagée par l'homme et les espèces naturelles », ajoutant qu'arborer un nom totémique ne relève pas de la seule nécessité pour un groupe d'avoir un emblème distinctif

« car le nom représente une communauté de nature entre le groupe et son totem[16] ». Au-delà de l'affirmation inlassablement répétée que les humains ont en commun avec leurs espèces totémiques une même « forme de vie », Elkin reste toutefois bien laconique lorsqu'il s'agit de définir en quoi consiste au juste cette communauté. Tout au plus peut-on constater à partir de son inventaire la prévalence de deux grandes variétés d'hybridation entre humains et non-humains, totems inclus. L'une fait appel au partage d'une même substance (la chair, le sang, la peau) et concerne surtout les totémismes matrilinéaires, de moitiés et claniques, et le totémisme de sous-sections quand il est lié à des sites cultuels localisés ; l'autre repose sur l'identité d'essence ou de principe d'individuation engendrée par l'incorporation régulière dans les humains et les non-humains des âmes-enfants d'un site totémique, et elle est le plus manifeste dans le totémisme conceptionnel, dans le totémisme cultuel et dans le totémisme clanique patrilinéaire. Seul le totémisme individuel propre aux sorciers paraît combiner sans conteste les deux modes d'hybridation. Le résultat est maigre, mais suffisant pour continuer l'enquête sur une éventuelle unité ontologique du totémisme australien. Car Elkin était en son temps l'un des plus remarquables connaisseurs de l'Australie aborigène et l'on ne peut négliger son avis lorsqu'il écrit — probablement contre Durkheim — que les divisions et subdivisions des totems ne sont pas seulement une méthode de classification de la nature « mais une expression de l'idée que l'homme et la nature forment un tout organique [*a corporate whole*] — un tout à la fois vivant et social », aveu que ce ministre de l'Église anglicane n'a sans doute pas fait à la légère[17].

Sémantique des taxinomies

Afin de mieux comprendre ce qu'il en est de ces hybridations totémiques présumées, il faut se tourner à présent vers ce que les Aborigènes en disent et donc, en premier lieu, vers les indices sémantiques. C'est ce que le linguiste

Carl Georg von Brandenstein a entrepris de faire dans un livre consacré à l'étude comparative et à l'interprétation des noms de totems et de divisions totémiques dans l'Australie tout entière[18]. Sa première tâche consiste à examiner la signification des divers termes au moyen desquels les Aborigènes désignent le concept que nous appelons « totem », mot dont il faut rappeler qu'il fut emprunté à la langue des Ojibwa des Grands Lacs de l'Amérique septentrionale avant de se généraliser dans la terminologie anthropologique dans la seconde moitié du XIXe siècle. Or, Brandenstein montre sans équivoque que ces termes génériques font référence dans la grande majorité des cas à des éléments du corps humain et animal ou à des substances physiologiques, certains explicitement conçus par les Aborigènes comme des vecteurs d'identité partagée. Les termes les plus courants appartiennent au vocabulaire anatomique et peuvent être traduits par « chair » ou « viande », « peau », « tête », « front » ou « visage », « yeux », « côté du corps », « foie » (c'est le siège du tempérament) ou « couleur » (notamment de peau); viennent ensuite des termes polysémiques désignant à la fois les humeurs ou les dispositions corporelles et les qualités qui leur sont associées, tel *ngurlu*, nom des totems matrilinéaires dans neuf tribus du nord de l'Australie centrale, qui signifie « intérieur » et « tempérament », ou son probable cognat *ngarlgi*, employé par les Yanyula du golfe de Carpentarie pour désigner les totems et qualifier « ce qui provient de quelque part », à savoir la sueur d'aisselle, le comportement, la couleur, l'exsudat, l'odeur, le parfum, la peau, le goût, la mélodie, la voix et l'essence identitaire[19]. En revanche, les termes qui dénotent la relation ou la partition sont bien plus rares; parmi ceux-ci on trouve « moitié », « section », « ami » et « même nom ». Bref, à quelques exceptions près où c'est l'idée de segmentation ou d'apparentement qui prévaut, ce que nous appelons un totem, c'est-à-dire à la fois l'entité et la classe qu'elle symbolise, se voit désigné dans les langues aborigènes par des termes faisant référence à des prédicats physiques très concrets, souvent hypostasiés en des qualités morales.

La raison de ces choix sémantiques apparaît plus clairement à la lumière de l'analyse que Brandenstein mène ensuite, non plus des termes génériques dénotant le concept de totem, mais des termes particuliers au moyen desquels sont désignés tel ou tel totem, pour l'essentiel ceux associés aux différents systèmes à classes. Contrairement à des auteurs qui, comme Peter Worsley, affirment que l'assignation d'un totem (et d'une espèce naturelle) à un groupe social est entièrement arbitraire[20], Brandenstein soutient que l'ensemble du système totémique australien est gouverné par une même logique immanente dont l'expression la plus complète, dans les sociétés à sous-sections, repose sur huit combinaisons de trois paires de propriétés primaires, chaque combinaison caractérisant le (ou les) totem(s) de chaque sous-section, de même que les existants humains et non humains qui lui sont affiliés. Sa méthode est progressive et il part donc de la considération des sociétés à moitiés, dans le Kimberley et le Sud-Ouest, où les espèces totémiques sont généralement une paire d'oiseaux ou de serpents. Chez les Wunambal et les Ngarrinjin du Kimberley, par exemple, le schème classificatoire dualiste est régi par deux principes opposés incarnés l'un dans *kuranguli*, la grue *Grus rubicunda*, et l'autre dans *banar*, l'outarde *Eupodotis australis*. Or, chacun de ces totems subsume un ensemble d'une vingtaine d'attributs moraux, physiques et comportementaux opposés terme à terme et qualifiant toutes les entités humaines et non humaines regroupées dans chacune des moitiés, attributs explicitement reconnus par les membres de ces tribus et que Brandenstein résume par l'opposition de deux qualités principales, « rapide » et « lent », lesquelles renvoient à une série de couples du type « vif d'esprit » et « benêt », « actif » et « passif » ou « élancé » et « corpulent ».

L'étape suivante consiste à examiner les noms et les caractéristiques conférés aux totems des sociétés à quatre sections. Le système y est simplement redoublé : au contraste de moitiés entre « rapide » et « lent » s'ajoute un nouveau contraste que Brandenstein qualifie par l'opposition entre « à sang chaud » et « à sang froid ». Ainsi, chez les Kariera, la moitié « rapide » était-elle composée, d'une part de la section appelée *karimarra*, que l'on peut traduire par « qui agit vivement », avec pour totem une espèce de kangourous et l'attribut « à sang chaud », d'autre part de la section *pannaga*, signifiant « étendu », avec pour totem une espèce de goannas (reptiles) et l'attribut « à sang froid » ; la moitié « lente », quant à elle, était composée, d'une part de la section *pal-tjarri*, signifiant « souple », « malléable », avec pour totem une autre espèce de kangourous et l'attribut « à sang chaud », d'autre part de la section *purungu*, signifiant « massif », avec pour totem une autre espèce de goannas et l'attribut « à sang froid ». Les « Qui agit vivement », à savoir les kangourous *karimarra* rapides et à sang chaud, épousaient donc les « Souples », à savoir les kangourous *pal-tjarri* lents et à sang chaud, tandis que les « Étendus », à savoir les goannas *pannaga* rapides et à sang froid, épousaient les « Massifs », à savoir les goannas *purungu* lents et à sang froid. Les qualités « à sang chaud » et « à sang froid » synthétisent un ensemble d'attributs physiques intrinsèques aux membres des sections et à leurs totems, notamment la couleur plus ou moins foncée du sang, mais aussi les dispositions antithétiques que ces attributs sont censés induire, telles la vigueur ou la langueur, l'agressivité ou la passivité, la détermination ou la nonchalance. Ces contrastes sont parfaitement reconnus par les Aborigènes, comme en atteste la manière dont les Kabi du Queensland décrivent les règles de mariage entre sections : « La classe la plus claire de la phratrie à sang clair épousait la classe la plus claire de la phratrie à sang foncé, et la classe la plus foncée de la phratrie à sang clair épousait la classe la plus foncée de la phratrie à sang foncé[21]. »

Enfin, de la considération des noms totémiques d'une trentaine de groupes à sous-sections et des qualités imputées aux membres de chacune d'entre elles, Brandenstein tire la conclusion que ces systèmes à huit classes font intervenir un troisième couple d'attributs qu'il subsume sous le contraste entre « arrondi » et « plat ». Tout comme les précédentes, cette paire d'attributs fait référence à des caractéristiques physiques autant que morales : « grand » et « petit », « devant » et « côté », « principal » et « secondaire », « cheveu frisé » et « cheveu lisse », « visage large » et « visage étroit », caractère « colérique » et caractère « flegmatique », etc. Les totems et les membres de chaque sous-section sont donc identifiés par une combinaison spécifique de trois propriétés définissant un comportement (rapide ou lent), un type d'humeur (sang chaud ou sang froid) et une dimension ou un volume (rond ou plat). Ainsi, un « rond-rapide-à sang chaud » devra épouser une « ronde-lente-à sang chaud », un « rond-rapide-à sang froid » épousera une « ronde-lente-à sang froid », un « plat-rapide-à sang chaud » épousera une « plate-lente-à sang chaud » et un « plat-rapide-à sang froid » épousera une « plate-lente-à sang froid ». Un tel système paraît à première vue très contraignant puisqu'un homme d'une sous-section dont les membres sont censés avoir une corpulence trapue, les cheveux ondulés, le visage large et une petite stature, devra prendre son épouse dans la sous-section prescrite par les règles de mariage dont les membres, quant à eux, sont réputés avoir une figure élancée, les cheveux lisses, le visage étroit et une grande taille, leurs enfants héritant de certains attributs de leur père et de leur mère dont la combinaison, différente de celle de chacun de leurs parents, sera supposée correspondre aux attributs des membres de la sous-section où ils seront eux-mêmes classés. En fait, les Aborigènes ne sont pas troublés outre mesure lorsque les caractéristiques physiques d'un individu ne correspondent pas à la norme de sa sous-section ; il arrive toutefois, chez les Murinbata de la terre d'Arnhem, par exemple, que des enfants soient classés dans la sous-section correspondant le mieux à leur conformation si celle-ci s'écarte par trop de la norme reconnue dans la sous-section idoine[22].

Les membres humains d'une classe totémique partagent donc un ensemble de propriétés substantielles et immatérielles qui leur sont propres. Comment ce patrimoine commun est-il connecté à l'espèce naturelle qui leur fait office de totem principal ? Dans le cas des plantes, et surtout des animaux — ces derniers constituant presque les trois quarts des noms de totems recensés —, le totem est dit incarner de façon exemplaire les attributs particuliers de comportement, d'humeur et d'apparence reconnus aux humains qu'il représente. Mais il y a plus : dans de très nombreux cas, selon Brandenstein, « l'animal est nommé d'après la qualité qui est sa caractéristique principale, et non pas la qualité d'après l'animal[23] ». Ainsi le nom de section « *padtjarri* », commun sous diverses variantes en Australie occidentale et qui signifie « malléable » et « doux », sert-il aussi à nommer le kangourou des collines qui est généralement le totem de cette section. De même, chez les Nungar du Sud-Ouest, les moitiés étaient-elles nommées *maarnetj*, que l'on peut traduire par « l'attrapeur », et *waardar*, qui signifie « le guetteur », ces deux termes servant aussi à désigner leurs totems respectifs, le cacatoès blanc *Cacatua tenuirostris* et le corbeau *Corvus coronoides*. Autrement dit, les noms de classes totémiques sont des termes dénotant des propriétés qui désignent *aussi* l'animal éponyme, et non l'inverse, à savoir des noms de taxons zoologiques d'où seraient inférés des attributs typiques des classes. Il devient alors difficile de maintenir pour l'Australie l'interprétation des classifications totémiques proposée dans *Le Totémisme aujourd'hui*, c'est-à-dire l'idée que les totems seraient empruntés au règne de la nature parce que les différences ostensibles entre les espèces en matière d'apparence et de comportement fourniraient un modèle suggestif pour conceptualiser la segmentation des groupes humains. En effet, la différence première est ici entre des agrégats d'attributs communs à des humains et des non-humains au sein de classes désignées par des termes abstraits, non entre des espèces animales et végétales susceptibles de fournir naturellement par leurs discontinuités ostensibles un gabarit analogique servant à ordonner les discontinuités sociales.

On peut douter que cet « ordre du monde aborigène », ainsi que Brandenstein dénomme son modèle général des propriétés totémiques australiennes, soit aussi parfaitement systématique et cohérent à l'échelle d'un continent tout entier. Tel quel, il nous livre néanmoins des enseignements précieux sur la nature du totémisme en Australie. Il précise, grâce à des corroborations sémantiques raffinées, le *modus operandi* de cette hybridation totémique sur laquelle Elkin attirait l'attention : dans les systèmes à classes, l'identité d'un groupe totémique est fondée sur le partage entre tous ses membres humains et non humains d'un ensemble spécifique d'attributs physiques et moraux constituant une sorte de prototype ontologique dont l'espèce totémique est l'expression emblématique, non l'archétype concret d'où les qualités seraient dérivées. Cela permet de lever, à propos de l'Australie, deux difficultés que présentait la théorie classificatoire lévi-straussienne.

La première difficulté naît du fait que certains noms de totems ne désignent pas des plantes ou des animaux, mais des éléments humains (garçon, sein, clitoris, cadavre, toux, prépuce), des artefacts (ancre, boomerang, rhombe, pirogue) ou des météores et des phénomènes naturels (nuage, grêlon, éclair, rivière, marée). Leur nombre n'est certes pas très élevé puisqu'ils représentent à peine plus de quinze pour cent des noms dans la liste des 524 totems recensés par Brandenstein. Quoique minoritaires, ils doivent pourtant être pris en compte dans une interprétation générale du totémisme ; or, c'est ce que ne permet pas l'hypothèse de la transposition homologique des discontinuités naturelles vers les discontinuités sociales puisque, à la différence des espèces animales ou végétales, les référents de ces totems ne s'offrent pas à l'expérience sensible comme des systèmes spontanés de discontinuités. Si l'on admet, en revanche, que ces noms de totems « hors espèces » ne sont rien d'autre que des intitulés plus ou moins iconiques dénotant une classe de propriétés avec laquelle ils n'entretiennent qu'un rapport métonymique, alors la difficulté disparaît. Quant à la prédominance des animaux parmi les totems, elle répond sans doute, comme Lévi-Strauss en avait fait l'hypothèse, à des raisons d'économie cognitive, mais différentes de celles qu'il avait avancées : les contrastes de comportement et d'apparence que les animaux présentent étant plus saillants et plus facilement observables, il était logique, quoique non indispensable, de les préférer à d'autres entités afin d'incarner avec une meilleure vraisemblance des groupes d'attributs dont ils ne sont pas la source référentielle.

L'interprétation intellectualiste du totémisme peine

aussi à rendre compte des empilements hiérarchisés de totems et d'espèces secondaires subsumés sous les totems principaux. Cela est particulièrement notable dans les systèmes à moitiés. Pour revenir à l'exemple du cacatoès blanc et du corbeau coiffant les moitiés des Nungar, il est à la rigueur possible d'admettre — si l'on ignore la signification de leur nom — que ces oiseaux présenteraient, du fait de leur éthologie et de leur morphologie respectives, un contraste majeur dont la pensée indigène se serait saisie afin de symboliser la division dualiste de la société[24]. Mais était-il vraiment indispensable d'aller chercher parmi des espèces animales un schème dualiste élémentaire que n'importe quelle autre opposition — entre le jour et la nuit, le ciel et la terre ou le levant et le ponant — aurait pu tout aussi bien motiver ? Surtout, pourquoi serait-il nécessaire de redoubler ce contraste, comme le faisaient les Nungar, par une série d'oppositions mineures entre l'aigle et le corbeau, le cacatoès blanc et le cacatoès noir, le pélican et la paire héron et aigle de mer, le serpent-tigre et le serpent brun, le moustique et la mouche, la baleine et le phoque, le kangourou mâle et le kangourou femelle ou le dingo mâle et le dingo femelle ? D'un point de vue strictement taxinomique, il y a là une redondance inutile qui vient brouiller le contraste initial entre le cacatoès blanc et le corbeau, et rendre moins pertinente sa fonction *princeps* de matrice dichotomique. Il est plus vraisemblable de supposer que chacune des espèces secondaires — ou chacun des deux sexes lorsqu'il s'agit d'une même espèce — exprime de façon amoindrie certains attributs de la moitié que le totem principal illustre au mieux. Car, pour ce qui est des membres humains des moitiés, ces attributs sont très clairement définis par les Nungar. Les gens de la moitié de « l'attrapeur » ont la peau couleur chocolat clair, certains sont grands et bien découplés, d'autres petits et plus frêles, mais tous ont le visage et les membres arrondis et les cheveux ondulés et ils sont dotés d'un tempérament impulsif et passionné tout en demeurant d'un abord ouvert et agréable ; les gens de la moitié du « guetteur », quant à eux, ont une couleur de peau plus sombre et plus terne, ils sont fort velus, leur stature est massive et trapue avec de petites mains et de petits pieds, et ils ont la réputation d'être renfrognés, vindicatifs et dissimulés. De telles qualités ne découlent pas de l'observation du cacatoès blanc et du corbeau ; elles expriment, dans l'ordre des caractéristiques physiques et morales reconnues aux humains, des répertoires de propriétés contrastées plus abstraites que ces deux espèces emblématiques sont dites partager et incarner beaucoup mieux que les espèces secondaires qu'elles englobent. Pour employer, en le détournant, le langage des études contemporaines sur les classifications ethnobiologiques, on dira que nos deux oiseaux sont des prototypes, c'est-à-dire les « meilleurs exemplaires » de leurs classes respectives, pour des raisons qui ne sont pas exclusivement morphologiques — comme le soutient Brent Berlin, par exemple —, mais qui tiennent aussi aux inférences de propriétés que leurs mœurs, leur habitat ou leur régime alimentaire autorisent.

Les types d'hybridation que l'analyse linguistique de Brandenstein met en lumière confirment ainsi les intuitions d'Elkin et paraissent bien avérer l'existence en Australie d'un mode d'identification fondé sur la continuité interspécifique des physicalités et des intériorités. L'identité de nombreuses composantes de la physicalité est patente lorsque l'on dit que des humains et des non-humains de diverses sortes partagent des ensembles de propriétés autant matérielles que comportementales et qu'ils sont mus dans leurs actions par des humeurs identiques. Car, rappelons-le, le tempérament ou le caractère relèvent de plein droit de la physicalité telle que je l'ai définie, s'ils sont censés témoigner de l'influence exercée sur les conduites par des substances corporelles ou des dispositions anatomiques particulières. C'est même ce corpus d'attributs communs qui définit au premier chef le collectif totémique, un corpus synthétisé dans un nom de qualité identifiant tout à la fois la classe et l'espèce emblématique — et non plus « éponyme » — qui en exprime l'unité organique.

Quant à la continuité des intériorités, elle ne souffre aucun doute là où les classes sont associées à des sites du Rêve, dépôts des âmes-enfants qui s'incorporent dans les membres humains et non humains du groupe totémique. C'est le cas pour le totémisme de moitiés patrilinéaires (en Australie centrale, dans le nord du Kimberley et dans l'est de la terre d'Arnhem) et pour le totémisme des sous-sections quand celles-ci sont rattachées à des centres cultuels (dans le Kimberley oriental et parmi les tribus Mangarrayi et Yangman). L'âme doit ici être entendue comme un principe producteur d'identité et d'individuation issu du stock des essences totémiques, conférant à chacun de ceux en qui elle se loge une sorte de garantie de conformité au paradigme ontologique éternel qu'un être du Rêve a jadis institué. Toutefois, cette idée de conformité des membres du groupe totémique à un type idéal est aussi présente ailleurs en filigrane, même lorsqu'il n'existe pas de connexions explicites entre les totems de classe et des sites d'âmes-enfants. Elle s'exprime notamment dans les métaphores de l'apparentement, de l'affinité particulière, de la filiation commune ancrée dans une origine identique, et prend un caractère public dans l'habitude de subsumer tous les membres humains et non humains d'un groupe totémique sous un nom générique. De fait, c'est la classe elle-même, avec ses attributs physiques et moraux, qui constitue ici le vecteur et le symptôme de l'intériorité partagée ; en effet, l'appartenance totémique illustre le fait que chacun des membres de la classe, humain et non humain, possède les mêmes caractéristiques intrinsèques définissant son identité d'espèce. L'essence qui les définit tous est donc en partie fonction des substances qu'ils ont en commun, ce que le vocabulaire révèle parfois sans ambages : rappelons que le terme *ngarlgi*, au moyen duquel les Yanyula désignent les totems, connote des caractéristiques à la fois matérielles et morales, mais aussi « l'essence identitaire[25] ».

Ces considérations invitent à traiter avec prudence l'hypothèse parfois avancée d'une opposition tranchée entre un totémisme patrilinéaire qui serait fondé sur le seul partage d'une identité spirituelle procédant des sites totémiques localisés dans le territoire paternel, et un totémisme matrilinéaire qui serait fondé, quant à lui, sur le seul partage d'une identité substantielle héritée de la mère. Outre que certains totémismes de classe conjoignent, comme on l'a vu, la transmission des deux types d'attributs, l'hybridation totémique paraît se déployer partout sur les deux plans simultanés de l'intériorité et de la physicalité, quoique selon des modalités variables. Faute de pouvoir en apporter la démonstration pour l'ensemble des sociétés aborigènes — on se souviendra qu'il existait près de cinq cents langues au moment de la conquête européenne —, je me contenterai d'une brève illustration avec deux cas ethnographiques contrastés de systèmes à sous-sections, l'un caractérisé par un totémisme patrilinéaire de semi-moitié, l'autre par un totémisme de type « conceptionnel ».

Variétés d'hybrides

Le totémisme des Mangarrayi et des Yangman du sud de la terre d'Arnhem que Francésca Merlan a étudié présente la caractéristique de n'être pas associé aux huit sous-sections régissant l'alliance matrimoniale, mais à quatre semi-moitiés regroupant chacune une paire de sous-sections désignée par un terme combinant les noms des deux sous-sections concernées[26]. Ces semi-moitiés n'ont donc rien à voir avec le mariage et constituent une forme de segmentation totémique découpant des groupes plus englobants où sont réunis les membres de deux générations liés par la filiation patrilinéaire. Connus sous le nom générique de *marragwa*, les très nombreux totems propres à chaque semi-moitié comprennent des plantes, des animaux, des phénomènes naturels, des figures mythiques et des entités abstraites ; et si les informateurs à qui l'on demande le nom de leurs totems citent toujours en premier un petit nombre de plantes et d'animaux, il n'existe pourtant pas, comme dans les sociétés à moitiés, un système formellement hiérarchisé où dominent des totems principaux coiffant des sous-totems. La grille quadripartite des totems peut être vue comme une classification inclusive des éléments du cosmos, quoique non ordonnée par une arborescence taxinomique : toutes les espèces de poissons-chats sont bien affiliées à la même semi-moitié, par exemple, mais ce n'est pas le cas d'autres formes de vie tout aussi typiques comme les serpents, les poissons ou les lézards, dont les différentes espèces sont distribuées entre toutes les semi-moitiés. Bref, le principe lévi-straussien de la conceptualisation des discontinuités sociales au moyen des discontinuités naturelles reste ici inopérant et c'est donc vers l'ontogenèse mythique qu'il faut se tourner pour comprendre les raisons des regroupements totémiques.

Chez les Mangarrayi et les Yangman, les êtres du Rêve sont des hybrides d'humains et d'animaux connus sous le nom générique de *warrwiyan* et répartis entre les semi-moitiés. Chacun d'eux amena dans son site des gens de sa semi-moitié qui y demeurent sous la forme d'arbres, de rochers ou d'autres traits du paysage également appelés *warrwiyan*, mais dotés en outre de noms particuliers qui forment le patrimoine onomastique des membres humains de la semi-moitié. Bien que leurs accomplissements soient relatés dans des mythes, les *warrwiyan* ne confinent pas leur activité générative à un passé révolu ; ainsi une informatrice de Merlan lui a-t-elle raconté comment son âme-enfant fut transportée d'une localité à une autre par *wirrilmayin*, une espèce de goanna et l'un des *warrwiyan* de sa semi-moitié. Quels rapports les êtres du Rêve *warrwiyan* entretiennent-ils avec les totems de semi-moitiés *marragwa* ? Les êtres du Rêve peuvent être considérés comme des réalisations singulières d'un potentiel créatif toujours vivace, tandis que les totems expriment le lien direct et continu entre les humains et les entités du cosmos instituées par les êtres du Rêve. Or, comme l'écrit Merlan, c'est parce que les humains, les totems et tous les autres existants « furent placés dans l'ordre social-et-naturel par les êtres du Rêve qu'il existe entre eux tous une relation pérenne *d'origine et de substance communes*, régulée par un système de catégorisation (les semi-moitiés) qui leur préexiste et d'après lequel les êtres du Rêve étaient déjà différenciés entre eux[27] ». Les récits mythiques ne se rapportent donc pas à un état initial indifférencié, mais à un monde déjà divisé en essences substantives s'actualisant en classes d'entités singulières par l'entremise des êtres du Rêve.

On mesure le contraste avec les mythologies animiques, celles d'Amazonie par exemple. Dans les deux cas, les êtres dont on raconte les aventures sont bien des mixtes d'humains et de non-humains vivant dans un régime déjà intégralement culturel et social ; mais tandis que les mythes amérindiens décrivent les événements décousus qui donnèrent lieu à l'instauration des discontinuités entre les espèces à partir d'un continuum originaire — plantes et animaux se dissociant des humains par la forme et le comportement tout en retenant une intériorité commune à tous —, la mythologie australienne évoque un processus de parthénogenèse se déroulant à l'intérieur même de classes d'hybrides déjà constituées, processus au terme duquel chacune de ces classes d'existants fut peuplée d'un plus grand nombre d'espèces, dont des variétés d'humains, qui demeuraient néanmoins conformes aux particularités essentielles et matérielles du type ontologique propre à la subdivision où elles étaient advenues.

Revenons à présent vers les tribus aranda du désert central. On a vu que leurs groupes totémiques sont constitués par tous les individus rattachés à un site d'un être du Rêve au motif qu'ils y furent conçus, ce qui rend le totémisme aranda plus indépendant encore des classes matrimoniales que chez les Mangarrayi et les Yangman, puisque les membres d'une sous-section peuvent se réclamer de plusieurs affiliations totémiques distinctes. Celles-ci dépendent du hasard des pérégrinations des mères et de leur séjour dans tel ou tel réservoir d'âmes d'un être du Rêve, l'une de ces âmes s'introduisant dans la femme pour y devenir le principe existentiel et catégoriel d'un enfant à naître. Il est vrai que la résidence étant assez stable, les gens d'une même localité fréquentent en général le même site totémique où se déroulent des cérémonies périodiques, de sorte qu'il y a de bonnes chances pour que, leurs mères y étant venues régulièrement, les enfants de la même sous-section aient aussi le même totem. Mais cela n'a rien de systématique, en raison notamment des voyages au loin qui amènent à visiter des sites totémiques différents, et un groupe de corésidents peut très bien être composé d'individus qui s'identifient à des totems distincts.

Comment cette identification est-elle conçue ? Spencer et Gillen insistent sur le fait que ce qu'ils appellent la « réincarnation » d'un être du Rêve dans un humain aboutit à une identité complète entre celui-ci et l'espèce totémique du site : « Tout homme considère son totem [...] comme la même chose que lui-même[28]. » À première vue, il s'agit donc d'une identification tout à la fois à un principe générateur, à une classe d'entités totémiques et à un animal ou une plante symbolisant cette classe. C'est ce qu'illustre une anecdote mettant en scène un homme du totem kangourou qui, contemplant une photo de lui-même, déclarait en référence à l'image : « Celui-là est exactement pareil à moi ; tout comme l'est un kangourou[29]. » Toutefois, cette identité parfaite posait un problème à Spencer et à Gillen en ce qu'ils adhéraient par ailleurs à la conception frazérienne du totémisme, avant tout appréhendé comme relation spéciale de protection et de respect mutuel entre les humains et les espèces totémiques dont ils sont réputés descendre. Or, point de respect mutuel ou de protection chez les Aranda puisqu'il n'y est pas interdit de tuer son totem, même s'il est recommandé d'en manger avec parcimonie. En outre, les récits mythiques et les fables donnent à entendre qu'il était coutumier jadis de s'alimenter surtout de son totem. L'animal ou la plante totémique ne sont donc pas traités comme des parents à qui il serait inconvenant de porter tort, sans compter que les groupes totémiques ont notamment comme prérogatives cérémonielles de procéder à des rites, dits *intichiuma*, au cours desquels ils multiplient le nombre des individus de leur espèce totémique afin que les autres groupes totémiques puissent les prélever pour leur propre consommation. Comment peut-on à la fois poser une relation d'identification profonde entre un humain et un non-humain et admettre que le premier soit acteur ou complice de la destruction du second ?

La réponse à cette question n'apparaît qu'en pointillé

dans les études consacrées par Spencer et Gillen aux Aranda. Notons d'abord que les âmes-enfants déposées dans des sites par les êtres du Rêve sont en principe différenciées : certaines s'actualisent dans des humains, d'autres dans l'espèce animale ou végétale que l'être du Rêve a pu prendre à un moment comme avatar. Les êtres du Rêve ne sont donc pas des plantes ou des animaux qui se transforment en humains, ou des humains qui se métamorphosent en plantes ou en animaux, mais des hybrides originels et originaux, des hypostases concrètes de propriétés physiques et morales qui peuvent dès lors transmettre ces attributs à des entités singularisées par leur forme, mais dont chacune est tenue pour un représentant légitime du prototype dont elle issue. Un exemplaire quelconque de mon espèce totémique n'est pas pour moi une individualité avec laquelle j'entretiendrai un rapport de personne à personne — comme c'est le cas dans une ontologie animique ; il constitue une expression vivante et conjoncturelle de certaines qualités matérielles et essentielles que je partage avec lui, qualités qui ne seront pas affectées si je le tue pour le manger puisqu'elles renvoient à une matrice immuable dont nous sommes tous deux l'émanation. Loin de s'appréhender réciproquement comme des sujets engagés dans un commerce social, humains et non-humains ne sont que des matérialisations singularisées de classes de propriétés qui transcendent leurs existences particulières.

C'est ce que confirme Marika Moisseeff dans son étude synthétique des matériaux aranda. Soulignant « l'hybridité constitutionnelle » des êtres du Rêve, elle rappelle que celle-ci est en fait intrinsèque à tout existant, du moins si l'on accorde crédit aux mythes d'ontogenèse[30]. Des mythes d'origine distincts des récits narrant les pérégrinations des êtres du Rêve évoquent en effet une période antérieure où la terre était dépourvue de vie hormis des masses semi-embryonnaires produites par la transformation inachevée en êtres humains de divers plantes et animaux amalgamés ensemble par centaines. Appelés *inapatua* (« êtres incomplets »), ces conglomérats ne pouvaient ni bouger, ni voir, ni respirer. Surgirent alors d'autres êtres dits *numbakulla* (« issus de rien »), tout à fait distincts des êtres du Rêve, qui furent à l'origine de la voûte céleste, du soleil et des astres, des cours d'eau. Deux d'entre eux entreprirent aussi de segmenter les *inapatua* avec des couteaux de pierre, d'en extraire des ébauches de formes humaines et de les modeler. Comme l'écrit Moisseeff, « ce n'est qu'une fois individualisé de la gangue commune que chaque être humain est associé à l'élément non humain, végétal ou animal, dont il a été primitivement scindé. Cet élément [...] sera son totem[31] ». Les hommes ayant été découpés dans un matériau composite, leur singularité morphologique s'accompagne d'une inévitable hybridité substantielle que vient rappeler leur association totémique à la plante ou à l'animal dont ils ont été dissociés ; et c'est pourquoi leur identification à des non-humains spécifiques se décline sur un double registre, celui de la matière commune dont ils sont issus et celui de l'essence des êtres du Rêve, eux-mêmes hybrides, qui s'est incorporée en eux.

Retour aux totems algonquins

La formule ontologique du totémisme telle que je viens de l'illustrer prend un caractère exemplaire en Australie, même si elle n'y est pas partout présente avec la même netteté. Nulle part ailleurs, en effet, on ne trouve un ensemble de populations aussi vaste ayant développé de façon aussi systématique, explicite et homogène l'idée qu'il existe une continuité morale et physique entre des groupes d'humains et des groupes de non-humains. Or, on rencontre sur les autres continents — et même en Europe sous une forme atténuée — des institutions que l'on peut également qualifier de totémiques au sens traditionnel du terme, dans la mesure où il y est fait usage de noms d'espèces ou de phénomènes naturels pour désigner des segments sociaux clairement délimités. Dans la plupart de ces cas, l'interprétation lévi-straussienne par l'homologie des écarts différentiels peut s'appliquer en toute légitimité, sans qu'il soit d'ailleurs nécessaire de faire intervenir une distinction substantive entre la nature et la culture : les discontinuités entre les espèces constituent bien un phénomène aisément observable et donc une source toujours disponible où se procurer une collection d'étiquettes permettant de désigner des groupes humains distinctifs. Par contraste avec l'Australie, ce dispositif classificatoire possède le plus souvent un aspect purement dénotatif et n'implique en aucune façon que des continuités matérielles ou spirituelles entre les humains et leurs espèces éponymes soient reconnues. Mon emploi du mot « totémisme » afin de caractériser l'ontologie singulière dont l'Australie fournit le modèle peut donc prêter à confusion, puisqu'il ajoute un nouveau sens à celui qui était communément admis depuis les analyses de Lévi-Strauss dans *Le Totémisme aujourd'hui*. C'est pour pallier cette difficulté, et mieux souligner ainsi les spécificités du totémisme australien, que les spécialistes de ce continent ont tendance depuis quelques années à substituer le mot « Rêve » au mot « totem », la conséquence inévitable étant qu'ils réduisent ainsi la portée du concept, désormais confiné à une aire ethnographique particulière, si vaste soit-elle.

De tels maquillages sémantiques ne me paraissent pas souhaitables car, si la formule australienne du totémisme est à coup sûr remarquable par sa cohérence et son degré d'élaboration, elle n'a rien d'unique. Il faut plutôt l'envisager comme l'expression sous une forme particulièrement purifiée d'un schème ontologique plus général dont on peut trouver ailleurs des réalisations ponctuelles ou des résidus. C'est le cas, par exemple, dans certaines sociétés à clans totémiques du sud-est des États-Unis que Lévi-Strauss considère comme des hybrides entre des systèmes totémiques et des systèmes à castes, tant les subdivisions internes y étaient accentuées au moyen d'un répertoire différentiel de traits physiques, moraux et fonctionnels censés dériver de ceux des espèces éponymes[32]. Ainsi les Chickasaw attribuaient-ils à chaque clan exogame, voire à chaque hameau, des particularités tranchées dans le comportement, les habitudes alimentaires, le costume, le tempérament, les moyens de subsistance, les aptitudes physiques : des gens du puma, on dit qu'ils ont une aversion pour l'eau, vivent dans les montagnes et s'alimentent surtout de gibier ; des gens du chat sauvage, qu'ils dorment pendant le jour et chassent la nuit grâce à leur vue perçante ; des gens du renard rouge, qu'ils vivent de rapines au cœur des forêts et sont épris d'indépendance ; des gens du raton laveur, qu'ils se nourrissent de poissons et de fruits sauvages, etc.[33]. Certes, il ne s'agit pas, comme en Australie, d'une identification de tous les membres humains et non humains d'une classe totémique aux propriétés d'un prototype idéal dont l'espèce éponyme ne serait qu'une matérialisation plus saillante que d'autres. De façon plus classique, les animaux et leurs mœurs constituent ici des paradigmes concrets pour les humains, lesquels sont réputés descendre de l'espèce dont ils tirent leur nom clanique. L'inspiration générale du mode d'identification totémique est néanmoins conservée puisque chaque groupe d'humains se pose comme partageant avec un groupe de non-humains un ensemble de dispositions physiques et psychiques qui le distingue des autres en tant que classe ontologique.

Rappelons aussi que les modes d'identification sont des façons de schématiser l'expérience qui prévalent dans certaines situations historiques, non des synthèses empiriques d'institutions et de croyances. Chacune de ces matrices génératives structurant la pratique et la perception du monde prédomine certes en un temps et en un lieu, mais sans exclusive ; l'animisme, le totémisme, l'analogisme ou le naturalisme peut en effet s'accommoder de la présence discrète des autres modes à l'état d'ébauche puisque chacun d'entre eux est la réalisation possible d'une combinaison élémentaire dont les éléments sont universellement présents. Chacun est donc en mesure d'apporter des nuances et des modifications à l'expression du schème localement dominant, engendrant ainsi nombre de ces variations idiosyncrasiques que l'on a coutume d'appeler les différences culturelles.

Et c'est bien ce qui se passe avec le totémisme tel que je l'ai défini à partir des matériaux australiens. Je n'en donnerai qu'une illustration qui nous ramènera à la patrie d'origine du totémisme, à savoir la région septentrionale de l'Amérique du Nord. C'est en effet dans les mémoires de John Long, un négociant en fourrures qui opérait à la fin du XVIIIe siècle parmi les Indiens Ojibwa du nord des Grands Lacs, que les termes *totam* et *totamism* apparaissent pour la première fois[34]. Or, comme maints auteurs l'ont remarqué, cette naissance semble placée d'emblée sous le signe de la confusion puisque Long mentionne le terme *totam* dans le contexte d'une anecdote où l'un de ses compagnons ojibwa emploie ce mot en référence à un ours dont tout semble indiquer qu'il était son esprit gardien personnel, non l'animal éponyme de son clan. Il faut préciser ici que les hommes ojibwa, à l'instar de la plupart des Algonquins septentrionaux, avaient coutume d'établir une relation individuelle avec des entités bienveillantes et protectrices, appelées *pawagának* par Hallowell, lesquelles se manifestaient surtout à eux dans les rêves, mais que l'on pouvait aussi rencontrer à l'état de veille sous une forme animale[35]. Par ailleurs, et à la différence d'autres tribus de langue algonquine vivant plus au nord, les Ojibwa des Grands Lacs étaient organisés en clans patrilinéaires nommés d'après des animaux (ours, grue, plongeon, orignal, etc.), l'appartenance à ces subdivisions sociales étant dénotée par des constructions possessives formées à partir de la racine *-dodem* qui exprime une relation de parenté ou de corésidence : par exemple, *ododeman*, « mon germain (de l'un ou l'autre sexe) », ou *makwa nindodem*, « l'ours est mon clan ». Il fut donc admis que Long avait commis une erreur en appelant *totam* — terme réservé à des affiliations sociales collectives — ce qui était en réalité un esprit animal individuel du type *pawagának*. Pour éviter cette confusion, les anthropologues prirent ensuite l'habitude dès la seconde moitié du XIXe siècle de distinguer entre le totémisme à proprement parler, à savoir les différents types d'association entre des groupes sociaux et leurs espèces éponymes, et le totémisme dit « individuel », c'est-à-dire la relation d'une personne avec une entité ayant une forme animale ou végétale, les deux formes pouvant parfois coexister comme c'est le cas chez les Ojibwa.

La question était restée en l'état jusqu'à ce que Raymond Fogelson et Robert Brightman entreprennent de jeter un doute sur la réalité de la confusion imputée à Long[36]. Précisons d'abord que ce dernier était un bon connaisseur des Ojibwa, qu'il avait passé plusieurs saisons d'hiver avec des bandes et qu'il parlait couramment une forme simplifiée de l'ojibwa en usage dans la traite des fourrures. Par ailleurs, Long n'ignorait nullement l'existence du totémisme collectif : au début de son livre, par exemple, il évoque le fait que chacune des cinq « nations » de la ligue des Iroquois était divisée en trois tribus ou familles portant respectivement le nom de Tortue, Ours et Loup ; il paraît donc douteux qu'il ait pu ne pas se rendre compte de ce que les Ojibwa dont il était familier possédaient aussi des clans nommés d'après des animaux[37]. Enfin, Long n'est pas le seul à avoir commis cette prétendue erreur. Un demi-siècle après lui, un missionnaire jésuite célèbre pour ses descriptions ethnographiques, le père de Smet, mentionne un usage identique du mot « totem » (qu'il orthographie « dodeme ») chez les Potawatomi, tribu de langue algonquine voisine des Ojibwa, au sud : le terme fait référence à un animal qui se présente en rêve à un jeune homme pour devenir son esprit gardien, association de nature intime puisqu'elle implique l'adoption du nom de l'animal comme nom personnel et le port permanent d'un emblème distinctif — une patte, une plume ou une queue — évoquant l'animal par métonymie[38].

Ces deux occurrences indépendantes du mot « totem » dans des situations réputées différentes de celles de son usage ordinaire, et sous la plume d'observateurs que rien ne permet de disqualifier, incitent à examiner plus en détail la sémantique du terme dans les langues algonquines. En proto-algonquin, /*o.te./ est une racine verbale que l'on peut traduire par « habiter ensemble comme un collectif » et d'où peuvent être dérivés des noms, généralement employés dans la forme possessive, tel /*oto.t.e.ma/, « le corésident de quelqu'un ». Considérant une trentaine d'usages de cette racine dans les langues nord-algonquines et les divers dialectes ojibwa, Fogelson et Brightman en concluent que les termes et expressions où elle figure font toujours référence à un lien social, généralement localisé, et souvent caractérisé par un apparentement. En ojibwa, par exemple, /-do.de.m/ désigne à la fois le clan patrilinéaire et son animal éponyme, et /odo.de.man/ exprime la parenté entre un individu et son germain de l'un ou l'autre sexe, son emploi pouvant embrasser tous les membres de la parentèle d'Ego ; chez les Woods Cree, /nito.ti.m/ signifie « mon parent » ou « mon ami » ; chez les Penobscot, /-tottem/ peut être traduit par « ami », tout comme /-tuttem/ en micmac ; chez les Fox, enfin, William Jones donne à /oto.te.ma/ les sens de « son frère (aîné) », « son animal éponyme de clan » et « son donneur de pouvoir surnaturel »[39]. Dans ce dernier cas, on le voit, le terme est employé indifféremment pour signifier un rapport de parenté, une association totémique et un lien avec l'esprit animal individuel, ce qui n'est pas pour surprendre puisque toutes les variantes considérées dans les autres langues algonquines dénotent une relation personnelle, qu'elle soit de parenté, de corésidence ou d'amitié.

Revenons maintenant à Long. Le mot *totam* qu'il qualifie par un long commentaire provient d'une confidence que lui fait l'un de ses compagnons amérindiens et qu'il relate intégralement en ojibwa : l'homme dit que son esprit gardien, un ours qu'il appelle *nin, O totam*, est furieux à son encontre parce qu'il a tué un congénère de celui-ci, et il craint en conséquence de n'être plus jamais capable de chasser. L'expression *nin, O totam* est sans doute une transcription approximative de /nindo.de.m/, à savoir « mon parent », « mon ami », employé ici dans le sens générique d'une relation de familiarité et d'intimité entre personnes fréquentant les mêmes lieux, ce qui correspond assez bien à la tonalité des liens existant entre un homme et son animal tutélaire individuel. Autrement dit, Long a certes commis le péché de décontextualiser le terme *totam* en le substantivant, mais il ne s'est pas trompé en rapportant l'emploi de ce terme polysémique dans un contexte en apparence inhabituel ; et il faut penser au contraire que les Ojibwa, ou les Potawatomi décrits par le père de Smet, n'étaient pas aussi stricts que le furent par la suite les anthropologues lorsqu'il s'agissait de distinguer entre ce que ces derniers appellent le totémisme sociologique et le totémisme individuel. Comme le montre l'exemple des Fox, il n'est pas du tout incongru d'employer le même mot, alternativement et selon les situations pragmatiques d'énonciation, pour faire référence à un parent clanique, à l'animal éponyme de son clan et à son esprit animal individuel.

Une telle polyvalence sémantique peut-elle être considérée comme une indication de ce que le complexe totémique et le complexe des esprits gardiens n'étaient pas aussi dissociés qu'on l'a prétendu ? À première vue, les deux registres du rapport à l'animal sont pourtant bien différenciés. Comme j'ai eu l'occasion de le montrer à plusieurs reprises, les Ojibwa, et plus généralement les Algonquins du Nord, relèvent sans conteste d'un mode d'identification animique en ce qu'ils attribuent à des non-humains appréhendés comme des personnes une intériorité de même nature que la leur. Quant aux groupes totémiques, ils ne témoignent pas chez eux du genre de continuité physique et spirituelle entre les hommes et les espèces éponymes qui prévaut en Australie ou dans certaines tribus du sud-est des États-Unis et ils semblent plutôt obéir au mécanisme mis en lumière par Lévi-Strauss de la relation métaphorique, et non motivée sur le plan interne, entre deux séries de discontinuités ; du reste, ce genre de segmentation est loin d'être généralisé, les groupes ojibwa les plus septentrionaux étant dépourvus de clans totémiques.

Toutefois, les deux systèmes ont beau répondre à des logiques distinctes — l'une proprement ontologique, l'autre de type classificatoire —, celles-ci ne sont pas pour autant tout à fait hétérogènes. Car si l'esprit gardien prend bien l'apparence d'un animal singularisé, il est aussi un émissaire de l'espèce et comme son représentant auprès de l'homme à qui il prête son assistance, notamment en facilitant la chasse de ses congénères : la relation typiquement animique de personne humaine à personne animale se double ainsi d'un rapport privilégié entre personne humaine et espèce animale qui prend une évidente coloration totémique, surtout lorsque ce rapport est préfiguré par le fait pour un homme de recevoir à sa naissance le nom d'une espèce animale dont il devient le « jumeau onomastique » *(nijotokanuk)*, comme c'est le cas chez les Ojibwa de Big Trout Lake, qui n'ont pas, par ailleurs, de clans totémiques[40]. De la même façon, l'association totémique purement dénotative entre un clan et une espèce animale peut subir l'inflexion d'une relation animique lorsqu'un homme acquiert comme esprit gardien individuel un animal de l'espèce éponyme de son clan : celle-ci devient alors pour lui plus et autre chose que le référent d'un nom collectif, elle fournit le terme d'une identification intime à une classe de non-humains désormais personnalisés. Cela dit, il est vrai que ces phénomènes d'identification à une espèce demeurent individuels et ne prennent pas la forme australienne classique d'une communauté d'attributs matériels et spirituels partagés par des ensembles d'humains et de non-humains.

Pourtant, l'ébauche d'une continuité véritablement collective entre des humains et des animaux existe bien chez les Algonquins septentrionaux, mais dans une société dépourvue de groupes de filiation. Les Penobscot du Maine possédaient en effet ce que Franck Speck a appelé des totems de gibier : sur les vingt-deux groupes locaux dont ils étaient composés à la fin du XIXe siècle, treize d'entre eux étaient appelés d'après une espèce animale réputée plus particulièrement populeuse dans le territoire de chasse hivernal de la bande qui avait adopté son nom : castor, loutre, anguille, crabe, homard, esturgeon, loup, écureuil, carcajou, chat sauvage, perche jaune, raton laveur et lièvre[41]. L'identification entre le groupe local et son espèce éponyme reposait sur le fait que les membres de la bande chassaient et pêchaient au premier chef l'animal dont ils portaient le nom, soit pour leur consommation, soit pour le commerce, et qu'ils en dépendaient donc étroitement pour leur subsistance et, parfois, pour leur survie.

Une telle spécialisation collective ne résultait peut-être pas seulement des contraintes techniques de l'adaptation à la distribution différentielle, d'ailleurs toute relative, des espèces selon les habitats. Speck établit en effet un parallèle entre les Penobscot et les Cree Mistassini dans leurs rapports au gibier, notant que les « totems » de bande dans le premier cas et les esprits gardiens dans le second étaient toujours les animaux chassés de façon préférentielle. Or, les Cree considéraient les espèces animales comme les propriétaires légitimes des parcours de chasse dont elles concédaient aux humains l'usufruit et il n'est pas impossible qu'il en ait été de même chez les Penobscot ; auquel cas l'espèce éponyme aurait non seulement prêté son nom à la bande, mais aussi l'usage de son territoire, c'est-à-dire la faculté de venir puiser en elle, jour après jour, la matière de l'existence des humains. Les appellations totémiques n'étaient pas fondées ici sur une correspondance arbitraire entre des discontinuités naturelles et des discontinuités sociales, mais sur une relation substantielle de dépendance consentie de groupes humains vis-à-vis de groupes non humains ayant imprimé la marque de leur identité sur des lieux. Une telle situation n'est pas sans évoquer certains aspects du totémisme australien et montre assez que le totémisme, au sens où je l'ai défini, peut être présent sur un mode mineur ou à l'état d'esquisse dans des ontologies animiques, même lorsque, faute de groupes segmentés par la filiation, il n'existe pas de véritables institutions totémiques.

8

Les certitudes du naturalisme

Si l'on admet que l'identification est une modalité fondamentale de la schématisation de l'expérience, alors il faut aussi supposer que les formes qu'elle revêt s'organisent selon des rapports systématiques permettant d'éclairer tout à la fois les propriétés des parties constitutives et celles de la totalité qui résulte de leur combinaison. Dans la mesure où l'animisme et le totémisme diffèrent l'un de l'autre sans s'opposer terme à terme, les deux autres formules ontologiques complétant le schème de l'identification doivent donc posséder des caractéristiques structurelles qui les rendent compatibles avec les deux premières, de sorte que la cohérence de l'ensemble soit assurée par des règles simples de transformation. De ce point de vue, le pendant de l'animisme n'est pas le totémisme, comme j'en avais fait l'hypothèse autrefois, mais bien le naturalisme. Car ce schème inverse la formule de l'animisme, d'une part en articulant une discontinuité des intériorités et une continuité des physicalités, d'autre part en renversant le sens de leur inclusion hiérarchique, les lois universelles de la matière et de la vie servant au naturalisme de paradigme pour conceptualiser la place et le rôle dévolus à la diversité des expressions culturelles de l'humanité.

En caractérisant le naturalisme dans des travaux antérieurs comme la simple croyance en l'évidence de la nature, je n'avais fait que suivre une définition positive remontant aux Grecs, selon laquelle certaines choses doivent leur existence et leur développement à un principe étranger au hasard comme aux effets de la volonté humaine, principe que notre tradition philosophique a successivement qualifié par les termes de *phusis* et de *natura*, puis par leurs différents dérivés dans les langues européennes[1]. Cette définition réduite à un constat demeurait ainsi prisonnière d'une généalogie conceptuelle interne à la cosmologie occidentale, perdant de ce fait le bénéfice de l'usage de traits contrastifs moins arrimés à une situation historique qu'une comparaison systématique avec l'animisme pouvait fournir. Aussi, commentant ma distinction demeurée incomplète entre le naturalisme et l'animisme, Viveiros de Castro a-t-il eu raison de souligner que l'opposition fondamentale entre ces deux modes d'identification reposait pour l'essentiel sur une inversion symétrique : l'animisme est « multinaturaliste », selon lui, puisque fondé sur l'hétérogénéité corporelle de classes d'existants pourtant dotés d'un esprit et d'une culture identiques, tandis que le naturalisme est « multiculturaliste » en ce qu'il adosse au postulat de l'unicité de la nature la reconnaissance de la diversité des manifestations individuelles et collectives de la subjectivité[2]. On pourrait discuter l'emploi du terme « multinaturalisme » dans un tel contexte, les natures multiples de l'animisme ne possédant pas les mêmes attributs que la nature unique du naturalisme : les premières évoquent plutôt l'antique sens aristotélicien d'un principe d'individuation des êtres, humains compris, alors que la seconde, dans son aspect singulier, fait directement référence à ce domaine ontologique muet et impersonnel dont les contours furent tracés de façon définitive avec la révolution mécaniste. Mais même s'il est préférable de formuler cette opposition en des termes plus neutres, elle n'en reste pas moins tout à fait pertinente.

Que l'ontologie moderne soit naturaliste et que le naturalisme soit définissable par une continuité de la physicalité des entités du monde et une discontinuité de leurs intériorités, cela paraît à vrai dire si bien établi par l'histoire des sciences et de la philosophie qu'il est à peine nécessaire d'en apporter des justifications circonstanciées, d'autant que la genèse de ce grand partage a déjà été esquissée au troisième chapitre. Rappelons donc l'évidence en quelques mots. Ce qui différencie les humains des non-humains pour nous, c'est bien la conscience réflexive, la subjectivité, le pouvoir de signifier, la maîtrise des symboles et le langage au moyen duquel ces facultés s'expriment, de même que les groupes humains sont réputés se distinguer les uns des autres par leur manière particulière de faire usage de ces aptitudes en vertu d'une sorte de disposition interne que l'on a longtemps appelée l'« esprit d'un peuple » et que nous préférons à présent nommer « culture ». Car il n'est pas besoin de professer un relativisme intransigeant pour admettre avec l'opinion commune qu'en matière de coutume et de mœurs les usages varient selon les conventions arbitraires et les régimes de signification au moyen desquels les humains aiment à se particulariser collectivement en dépit de leur identité d'espèce. Depuis Descartes, en revanche, et surtout depuis Darwin, nous n'hésitons pas à reconnaître que la composante physique de notre humanité nous situe dans un continuum matériel au sein duquel nous n'apparaissons pas comme des singularités beaucoup plus significatives que n'importe quel autre être organisé. Certes, nous ne partageons plus avec les animaux une architecture de ressorts et de soufflets à la manière des automates de Vaucanson, car nous savons désormais que c'est la structure moléculaire et le métabolisme hérités de notre phylogénie qui nous rattachent sans conteste aux organismes les plus humbles, et les lois de la thermodynamique et de la chimie aux objets non vivants. Comme le découvrent Bouvard et Pécuchet avec un léger sentiment d'humiliation, il faut se faire à l'idée que notre corps contient « du phosphore comme les allumettes, de l'albumine comme les blancs d'œufs, du gaz hydrogène comme les réverbères ». Quant à la conscience, terme dont Descartes popularisa l'usage dans la langue française, elle continue à prospérer comme signe emblématique de l'humanité, même si la philosophie préfère à présent lui substituer le concept d'une « théorie de l'esprit ».

À la différence des autres modes d'identification, il est

donc superflu ici de rentrer dans le détail des répartitions ontologiques que le naturalisme opère tant celles-ci sont familières, sinon toujours appréhendées de façon réflexive, au lecteur type que j'imagine pour ce livre. En ce qui concerne les principes généraux de notre cosmologie partagée, ce n'est pas tant un défaut d'information qu'il faut éventuellement combler, ainsi que je me suis attaché à le faire dans le cas de l'animisme ou du totémisme, mais bien plutôt une connaissance surabondante qu'il convient d'épurer pour en retrouver les lignes directrices. Car le naturalisme s'est constitué dans un climat de discussions critiques et d'épreuves empiriques qui lui donnent cette caractéristique originale de sécréter sans cesse des points de vue hétérodoxes remettant en question les distinctions qu'il trace entre la singularité de l'intériorité humaine et l'universalité des déterminations matérielles prêtées aux existants. Si le corps doctrinal de notre ontologie ne réclame pas l'examen approfondi que des modes d'identification plus exotiques requièrent — du moins dans le cadre des objectifs que j'ai fixés à cet ouvrage —, il est en revanche indispensable d'évaluer ses prétentions à l'hégémonie au regard de formulations alternatives issues du même creuset historique, et qui paraissent le dépouiller de sa robuste simplicité en récusant le système des oppositions sur lequel il prend appui.

Une humanité irréductible ?

Force est de constater, d'abord, que bien des esprits rebelles se sont élevés au cours des derniers siècles contre le privilège ontologique accordé à l'humanité, mettant en cause au premier chef la frontière toujours instable au moyen de laquelle nous tentons de nous distinguer des animaux. Parmi ces critiques de l'attribution à l'homme d'une singularité absolue en fonction de ses facultés internes, Montaigne est sans conteste le plus célèbre et le plus éloquent dans son réquisitoire contre notre présomption vis-à-vis des autres créatures. Ainsi que Bayle l'a remarqué, l'« Apologie de Raymond de Sebonde » se veut en partie celle des bêtes puisque Montaigne y conteste que l'usage de la raison soit l'apanage de l'homme, arguant sur la foi de ses observations et du témoignage des Anciens que, ni par leur comportement, ni par leurs habiletés techniques, ni par leur aptitude à apprendre, ni même par leur « discours » — entendu ici comme faculté de raisonner —, les animaux ne se différencient de nous. Tout comme nous, ils savent se libérer de la servitude de l'instinct, aussi « il n'y a point d'apparence d'estimer que les bestes facent par inclination naturelle et forcée les mesmes choses que nous faisons par nostre choix et industrie. Nous devons conclure de pareils effets pareilles facultez, et confesser par conséquent que ce mesme discours, cette mesme voye, que nous tenons à ouvrer, c'est aussi celle des animaux[3] ». Contrairement à des philosophes comme Descartes, Locke ou Leibniz qui, après Montaigne et souvent contre lui, affirment que les phrases prononcées par les oiseaux parleurs ne constituent aucunement un indice de leur humanité puisque ces animaux ne sauraient adapter les impressions qu'ils reçoivent des objets extérieurs aux signes qu'ils imitent, l'auteur des *Essais* est convaincu que la facilité avec laquelle les merles, les corbeaux ou les perroquets reproduisent le langage humain témoigne « qu'ils ont un discours au dedans, qui les rend ainsi disciplinables et volontaires à apprendre[4] ». Tout comme les éthologues contemporains, enfin, il est frappé par la capacité à résoudre des problèmes que les animaux manifestent dans leurs opérations techniques : « Pourquoi espessit l'araignée sa toile en un endroit et relasche en un autre ? se sert à cette heure de cette sorte de neud, tantost de celle-là, si elle n'a et deliberation, et pensement, et conclusion[5] ? » Il n'y a donc guère de sens à perpétuer l'idée d'une suprématie intellectuelle et morale des humains sur les animaux car les uns et les autres sont soumis à des contraintes naturelles identiques, les seconds s'en accommodant d'ailleurs plutôt mieux en ce qu'ils organisent leur petit monde avec moins de déraison et de préjugés que les premiers. Bref, la sagesse nous oblige à constater que « nous ne sommes ny au dessus, ny en dessous du reste [...] Il y a quelque difference, il y a des ordres et des degrez ; mais c'est soubs le visage d'une mesme nature[6] ».

Convenons pourtant que Montaigne est un cas exceptionnel à plus d'un titre et que ses jugements sur les bêtes, avant même que Descartes ne les réfute, n'étaient guère partagés par l'opinion commune de son époque. La même décennie où paraissent les *Essais*, un auteur à présent bien oublié publie une défense et illustration de l'anthropologie biblique qui fut maintes fois réimprimée de son vivant, ce qui laisse à penser qu'elle a exercé une influence significative. Dans sa *Suite de l'Académie française en laquelle il est traité de l'homme...*, Pierre de la Primaudaye prend le contre-pied des arguments de Montaigne en réaffirmant la situation de l'homme dans la Création comme définie par l'opposition de la matière et de l'esprit[7]. L'adversaire de cet ancien conseiller d'Henri III n'est pas tant Montaigne, du reste, que les beaux esprits « athéistes » de la Cour qui se réclament d'Épicure et foulent aux pieds les mystères de la foi en brandissant le marteau de la raison. Quoique l'argumentation de la Primaudaye quant à la prééminence de l'homme s'appuie pour l'essentiel sur l'exégèse biblique, elle offre une bonne synthèse de l'orthodoxie admise en la matière à l'aube de l'âge classique. La justification par la Genèse est on ne peut plus courante : si l'homme, et lui seul, est capable d'intelligence et de raison, c'est que Dieu l'a créé en dernier à son image en une œuvre qui n'avait point encore sa semblable et afin que ses facultés lui permettent de connaître et de glorifier son créateur, un statut d'exception constituant « la vraye différence qui est entre lui et les autres animaux, qui ne sont que bestes brutes[8] ».

La Primaudaye ajoute toutefois à l'autorité des Écritures une esquisse d'ontologie dont le détail est plus intéressant pour notre propos. Il y sépare d'abord les créatures spirituelles, tels les anges, des créatures corporelles, en prenant soin de préciser pour ces dernières qu'elles sont toutes, humains compris, reliées par une continuité physique, car « la composition du corps de l'homme est des quatre elemens, et de toutes les qualitez d'iceux, comme de tous les autres corps de toutes les créatures qui sont souz le ciel[9] ». C'est dans le fait de posséder ou non la vie, et surtout dans la nature de leurs âmes respectives, que réside la véritable différence entre les créatures corporelles. Parmi les êtres vivants, il faut en effet distinguer quatre types d'âmes correspondant à des régimes d'existence caractérisés par une complexité croissante : l'âme « végétative » des plantes ; l'âme « sensitive » des animaux inférieurs comme les éponges ou les huîtres ; l'âme « cognitive » qui confère à ceux qui en sont dotés « une certaine vertu et vigueur, comme de pensée et cognoissance, et de memoire, pour savoir conserver leur vie, et se savoir conduire et gouverner selon leur naturel. Ceste-cy est propre aux bestes brutes » ; une âme « raisonnable », enfin, propre aux seuls hommes, « laquelle a tout ce qui est en toutes les autres premieres especes : et si a encore cecy d'avantage et de plus excellent, qu'elle est participante de raison et d'intelligence[10] ». L'influence d'Aristote est patente, même si la subtilité dialectique du *De anima* s'est bien perdue dans cette typologie sommaire où surnage seule l'affirmation qu'entre les humains et les autres existants le continuum matériel se double d'une discontinuité des facultés internes. On voit pourtant par là que Descartes, malgré son rejet de la scolastique, ne construit pas sur du vide lorsqu'il affirme quelques décennies plus tard une séparation absolue entre la matière et l'esprit, entre l'étendue et l'intellect, entre ce qui relève de la mécanique et ce qui procède de l'entendement tourné vers lui-même.

Il n'est pas douteux qu'à partir de Montaigne un courant diffus et minoritaire que l'on peut qualifier de gradualiste n'a cessé de contester la conception entérinée par les Modernes de la place singulière dévolue à l'homme dans la Nature du fait de ses dispositions internes. Mais on ne doit pas exagérer l'importance de ces voix dissonantes, ni l'ampleur de leur opposition à l'ontologie naturaliste dominante. Le cas de Condillac est à cet égard exemplaire, lui dont on a pourtant rabâché qu'il avait aboli la séparation entre la sensation animale et l'entendement humain, en postulant entre les deux une différence de degré, non de nature. De fait, le *Traité des animaux* (1755) prend prétexte d'une réfutation du mécanisme de Buffon pour développer une théorie sensualiste de la pensée animale inspirée de Locke, dont Condillac fut en France l'un des plus zélés disciples : dans la mesure où « les bêtes comparent, jugent, qu'elles ont des idées et de la mémoire », il n'est pas possible de les assimiler à des automates[11]. En quoi réside alors la différence entre les animaux et les hommes puisqu'ils ont les mêmes besoins, les mêmes habitudes, les mêmes connaissances élémentaires et que c'est l'expérience seule qui instruit les uns comme les autres ? Le point de rupture se produit avec le langage qui permet aux humains de s'élever jusqu'à la pensée réfléchie, tandis que les bêtes sont incapables d'abstraction, impuissantes à s'interroger sur elles-mêmes. L'homme, au contraire, peut se comparer à tout ce qui l'entoure, « il rentre en lui-même, il en sort » ; grâce au langage, l'introspection, les inférences, les généralisations lui sont accessibles, ses connaissances se multiplient et, dépassant l'animal dans l'usage et le développement de capacités pourtant communes, il finit par s'en démarquer[12].

Pour être indubitablement gradualiste, et préfigurer à certains égards les théories évolutionnistes de la cognition, la psychologie de Condillac n'en reconnaît donc pas moins l'existence d'un seuil irréversible dans le progrès des facultés internes que seuls les humains ont franchi. Au demeurant, si les dispositions à sentir et à penser sont comparables, les âmes où ces dispositions prennent leur source ne le sont pas : celle des humains est immortelle, et mortelle celle des animaux. C'est là plus qu'un tribut payé par l'abbé à la théologie ; on doit y voir une conviction profonde de ce que le développement inégal des aptitudes trouve son origine dans une différence ontologique plus fondamentale : « Les facultés que nous avons en partage [...] démontrent que si nous pouvions pénétrer dans la nature de ces deux substances [l'âme des humains et celle des animaux], nous verrions qu'elles diffèrent infiniment. Notre âme n'est donc pas de la même nature que celle des bêtes[13]. » Il n'est pas facile décidément, même pour un esprit original, de se déprendre de l'ascendant qu'exercent les schèmes de perception et de pensée propres à un mode d'identification dominant.

L'ambivalence de Condillac est symptomatique d'un

paradoxe constitutif du naturalisme moderne, lequel n'a cessé de voir en l'animal tantôt le plus petit commun dénominateur d'une figure universelle de l'humanité, tantôt le contre-exemple parfait permettant de caractériser la spécificité de celle-ci. Face à l'évidence conjointe de similitudes physiques entre les animaux et les hommes et de dissemblances dans leurs dispositions et leurs aptitudes, les voies ouvertes à la spéculation comparative par une ontologie naturaliste sont singulièrement limitées : soit souligner la connexion des humains aux animaux par l'intermédiaire de leurs attributs biologiques — en ajoutant, si nécessaire, une dose plus ou moins grande de facultés internes communes afin que la transition soit plus graduelle —, soit reléguer cette continuité physique au second plan et mettre l'accent au premier chef sur l'exceptionnalité des attributs intérieurs par lesquels l'homme se distinguerait des autres existants. C'est la seconde attitude qui a longtemps prévalu en Occident, et qui reste encore largement dominante, dès qu'il s'agit de définir l'essence de l'humanité. Car, comme le note justement Ingold[14], les philosophes se sont rarement demandé : « Qu'est-ce qui fait de l'homme un animal d'un genre particulier ? », préférant à cela la question typique du naturalisme : « Quelle est la différence générique entre les humains et les animaux ? » Dans la première question, l'humanité est une forme particulière d'animalité définie par l'appartenance à l'espèce *Homo sapiens*, dans la seconde c'est un état exclusif, un principe autoréférent, une condition morale. Un tel préjugé n'a pas épargné les plus grands naturalistes. Dans son *Systema naturae* (1735), Linné situe ainsi le genre *Homo* dans une filiation taxinomique générale fondée sur des traits anatomiques contrastifs, mais il sépare néanmoins l'homme de toutes les autres espèces par la devise *Nosce te ipsum* : c'est par la pensée réflexive, et en connaissant les ressources de ton âme, que tu saisiras l'essence distinctive de ton humanité[15].

D'où le problème que pose une appréhension exacte de ce vieil oxymore de l'Occident : la nature humaine. Des êtres réputés clivés, tenant de l'animal par leurs corps et leurs appétits, et de la divinité ou des principes transcendants par leur condition morale, peuvent-ils avoir une nature qui leur soit propre ? Faut-il voir en elle, comme Condillac et les éthologues contemporains, le point d'aboutissement d'un répertoire de facultés et de comportements également présent, et plus aisément observable, chez les animaux non humains, une vraie nature d'espèce, donc, que viendrait garantir la singularité de notre génome ? Ou bien doit-on la considérer, à l'instar des anthropologues, comme une prédisposition à dépasser notre animalité, non plus tant grâce à la possession d'une âme ou d'un esprit que par notre aptitude à produire des variations culturelles soustraites aux déterminations génétiques ? En soulignant les continuités interspécifiques dans la physicalité, la première approche se trouve bien en peine de rendre compte des discontinuités intraspécifiques dans l'expression publique de l'intériorité (les cultures) ; en voyant avant tout dans l'*anthropos* ce que les animaux ne seraient pas, à savoir un inventeur de différences, la seconde approche oublie qu'il est aussi *Homo*, un organisme biologique singulier. On peut alors imaginer l'étonnement d'un Jivaro, d'un Cree ou d'un Chewong devant cette étrange figure coulissante de l'humanité. Comment ne pas voir, pourraient-ils dire, que notre corps et notre comportement sont fort différents de ceux des autres organismes, même s'ils sont faits de substances identiques ? Et d'où tenez-vous que les animaux n'ont pas un for intérieur identique au nôtre, même si vous ne les voyez pas parler ? Pourquoi la conscience réflexive, l'intentionnalité, le sens moral et la civilité se borneraient-ils à l'espèce humaine quand tant d'indices nous montrent que ce n'est pas le cas ? Un Aborigène australien serait tout aussi perplexe, mais pour d'autres raisons. Pourquoi attacher tant de prix à la littéralité des choses ? avancerait-il peut-être. Pourquoi s'arrêter sur des différences superficielles de formes et de capacités entre les existants alors qu'il est plus simple de penser, un peu à la manière de ce philosophe grec dont vous faites si grand cas, que le monde est depuis toujours divisé en un ensemble de prototypes physiques et spirituels générateurs de qualités spécifiques, foyers toujours fertiles d'où procèdent ces grands agrégats d'humains et de non-humains que vous qualifiez d'hybrides parce que vos classifications ontologiques diffèrent des nôtres ?

Des cultures et des langues animales ?

Il est vrai aussi que l'ontologie naturaliste a évolué avec les progrès scientifiques et que, à la différence de l'opinion commune et de certains essayistes peu informés, les savants sont désormais moins prompts à affirmer une discontinuité franche des intériorités entre les humains et les non-humains. C'est notamment le cas de quelques éthologues, tel Donald Griffin, qui n'hésitent pas à attribuer une pensée consciente et subjective aux animaux sur la foi de l'observation de leur comportement, lequel témoignerait d'une véritable planification de l'action réputée possible en vertu d'une représentation interne des buts recherchés[16]. Griffin fait aussi valoir qu'en dépit d'une adaptabilité sans pareille le langage humain ne diffère pas des systèmes de communication employés par les grands singes ou certains oiseaux, et qu'il est loisible d'appeler « langage » ces dispositifs d'échange de messages. Griffin n'est donc pas loin de Condillac lorsque, sur les bases en apparence plus solides que lui fournissent la biologie évolutionniste et l'éthologie cognitive, il se fait l'avocat d'une continuité des facultés mentales entre l'homme et l'animal, récusant comme un préjugé anthropocentrique étranger à la démarche scientifique l'idée d'une différence de nature entre l'un et l'autre[17]. De telles vues sont pourtant loin de faire l'unanimité dans la communauté des éthologues, j'y reviendrai. Notons pour le moment qu'elles ont au moins le mérite d'attirer l'attention sur les conflits d'interprétation de l'ontologie moderne lorsqu'elle est confrontée à de possibles démentis de l'expérience, et notamment sur le premier de ces conflits, celui qui oppose le monisme naturaliste au dualisme culturaliste. Car en postulant de simples différences de degré entre les facultés cognitives de l'animal et celles de l'homme, les continuistes contemporains prennent toujours comme terme comparatif du processus évolutif la figure de l'humanité que les psychologues connaissent le mieux, à savoir l'adulte occidental. Et si aucun scientifique n'oserait plus prétendre à présent que les peuples autrefois dits « primitifs » représentent une étape intermédiaire entre les grands singes et nous, on ne peut manquer d'être troublé par l'intérêt que les psychologues évolutionnaires portent — de très loin, il est vrai — aux fonctions mentales des chasseurs-cueilleurs actuels, implicitement assimilés à nos ancêtres du pléistocène et donc plus proches, faut-il croire, des primates non humains qu'un professeur de Stanford[18].

Envisagées dans la très longue durée de l'évolution, les différences cognitives entre les humains et les animaux ne sont plus que de degré, en effet. Et c'est là une position tout à fait légitime à condition de ne pas céder à cette forme pernicieuse d'ethnocentrisme qui consiste à prolonger l'échelle des gradations dans *Homo sapiens sapiens*, en cherchant au Kalahari, dans la forêt canadienne ou en Amazonie des exemples ethnographiques qui illustreraient un stade biocomportemental de l'adaptation cognitive que la « culture » n'aurait pas encore trop contaminé. Bref, pour parler franc, là où les idées seraient simples et peu nombreuses, et les normes rudimentaires, il deviendrait plus facile de comprendre comment les conduites et les choix sont dictés par la sélection naturelle. Or, en dénonçant avec raison de tels préjugés, en rappelant que les chasseurs-cueilleurs contemporains ont connu plusieurs dizaines de millénaires de transformations historiques et qu'ils ne sauraient donc être traités comme des témoignages fossiles des premiers stades de l'hominisation, les ethnologues ne peuvent éviter de verser dans l'autre dogme du naturalisme, constitutif de leur champ disciplinaire, celui de l'absolue singularité de l'humanité, seule espèce capable de se différencier à l'intérieur d'elle-même au moyen de la culture. Autrement dit, tandis que l'anthropocentrisme des ethnologues les conduit à négliger la continuité des physicalités entre les humains et le reste des organismes, la reconnaissance de celle-ci par les gradualistes modernes les rend incapables d'appréhender la discontinuité des intériorités autrement que comme une variable externe baptisée « culture », dont l'incidence sur les aptitudes cognitives serait plus aisée à évaluer chez les moins modernes des humains.

On dira peut-être que ce genre de débat est en voie d'être dépassé, qu'il ne subsiste plus qu'à l'état d'escarmouches confidentielles entre les arrière-gardes du monisme naturaliste et du dualisme culturaliste. Et il est incontestable, en effet, que le consensus naturaliste où prospéraient ces affrontements paraît aujourd'hui quelque peu ébranlé par certains développements des sciences, de l'éthique et du droit. C'est sans doute en premier lieu sous l'influence de l'éthologie, notamment celle des grands singes, que l'ontologie moderne a commencé à vaciller, lorsque fut mis en cause l'un de ses principes les plus communément admis, l'absolue singularité des humains en tant qu'espèce apte à produire de la différence culturelle. Les ethnologues ne semblent pas avoir pris encore la pleine mesure de cette révolution, et c'est pourtant à eux que s'adressaient William McGrew et Caroline Tutin en 1978 lorsqu'ils publièrent dans *Man*, la prestigieuse revue britannique d'anthropologie sociale, un article iconoclaste où ils définissaient les chimpanzés comme des animaux culturels et plaidaient pour leur étude ethnographique comparative. Leur argument était que ces animaux si proches de nous sur le plan génétique satisfont aussi la plupart des critères au moyen desquels on caractérise la culture : l'observation montre que des comportements individuels nouveaux apparaissent dans des populations à l'état sauvage, qu'ils se diffusent à l'intérieur du groupe et s'implantent de façon durable, et qu'ils diffèrent d'autres comportements présents dans des populations distinctes[19].

Cette variabilité comportementale concerne pour l'essentiel les techniques dont McGrew livrera quelques années plus tard un inventaire minutieux dans son classique *Chimpanzee Material Culture* où il recense près d'une vingtaine de cas d'utilisation d'outils : du façonnage de sondes pour capturer des fourmis au cassage de noix avec percuteur et enclume, en passant par l'emploi de massues ou d'armes de jet[20]. Mais c'est en 1999 qu'une étape décisive est franchie dans cet *aggiornamento* quand huit éthologues de renom, dont McGrew, publient une synthèse sur les cultures des chimpanzés dans la revue *Nature*[21]. Étape décisive parce qu'un article dans *Nature* équivaut, on le sait, à une sanction d'orthodoxie pour des résultats scientifiques. Or, ceux-ci ne sont pas minces : sur la base de nombreuses observations indépendantes menées dans la longue durée sur des populations de chimpanzés éloignées les unes des autres, les auteurs montrent sans ambiguïté que des groupes distincts élaborent et transmettent des familles de techniques bien différenciées. Ce genre de variations ne pouvant, semble-t-il, être expliqué par une évolution adaptative des comportements aux contraintes écologiques, les auteurs sont ainsi conduits à attribuer aux chimpanzés des cultures distinctives, c'est-à-dire une liberté d'inventer des réponses *sui generis* aux nécessités de la subsistance et de la vie commune.

Pour fracassante que soit cette irruption d'une espèce animale dans le domaine réservé de la culture, elle n'est pas sans précédent. Des exemples d'innovations techniques et de diffusion de comportements nouveaux chez les animaux sont connus depuis longtemps. Certains ont même franchi la barrière des publications savantes pour rentrer dans le folklore, tel le cas des mésanges britanniques qui, dans certaines localités, se sont mises à ouvrir les bouteilles de lait déposées par le *milkman* sur le pas des portes, ou celui des macaques de l'îlot de Koshima au Japon lavant leurs patates douces avant de les manger à l'imitation d'une femelle imaginative, un phénomène très tôt classé par les primatologues japonais dans les catégories de « protoculture », de « préculture » ou de « culture infrahumaine[22] ». Mais l'article de *Nature* va plus loin par l'ampleur de la gamme de traits de comportement distinctifs qu'il rapporte et parce qu'il établit sans conteste la variabilité des techniques employées par des populations différentes de chimpanzés afin d'effectuer la même opération.

Peut-on pour autant prétendre qu'un verrou du naturalisme a sauté une fois admis que l'homme n'est plus la seule espèce animale capable d'inventer et de transmettre des pratiques soustraites aux déterminations instinctives ou environnementales ? Rien n'est moins sûr, car la distinctivité des humains dans l'ontologie naturaliste repose au premier chef sur la capacité qui leur est reconnue de produire de la singularité culturelle en mobilisant des facultés internes qui leur sont propres. Pour écorner le naturalisme, il faudrait donc pouvoir montrer que les chimpanzés font appel à des ressources psychiques identiques aux nôtres lorsqu'ils s'engagent dans des activités culturelles. Or, sur ce point, les spécialistes des chimpanzés sauvages sont peu diserts. L'éthologie comportementale met en évidence des variations observées dans les systèmes techniques des animaux sauvages, et décrit minutieusement les procédures au moyen desquelles ils se diffusent de sujet à sujet, mais elle demeure assez vague quant aux conditions mentales et neurophysiologiques nécessaires pour ce faire, hormis l'évocation d'une aptitude générale à l'imitation qui pourrait dériver, chez les grands singes, du contrôle de l'attention d'autrui[23]. En revanche, des psychologues expérimentalistes attachés à comparer l'apprentissage social chez les enfants humains et chez les chimpanzés captifs récusent l'idée même que ces animaux soient capables d'imiter ; ils font valoir que les enfants apprenant à utiliser un outil ont une représentation du but poursuivi par leur instructeur, tandis que les chimpanzés se contentent de régler leur comportement l'un sur l'autre par ajustements successifs au cours d'occurrences répétées suscitant l'émulation[24].

Le débat est donc intense entre les éthologues de terrain, disposés à prêter aux animaux qu'ils observent des propriétés mentales susceptibles de rendre compte de leurs actions, et les éthologues de laboratoire qui prétendent ne pas trouver trace de ces hypothétiques propriétés chez les animaux qu'ils étudient. Peut-être la question est-elle indécidable au fond car il ne s'agit pas vraiment des mêmes animaux, quoiqu'ils appartiennent à la même espèce. Montrer que le comportement des chimpanzés sauvages est affecté par des variations culturelles du fait que certaines de leurs facultés cognitives seraient identiques aux nôtres requiert en effet qu'on leur fasse effectuer des tâches en laboratoire qui permettent la comparaison systématique avec les humains. Or, les éthologues comportementalistes font justement remarquer que le contexte du laboratoire est si particulier en raison de l'interaction des animaux captifs avec les expérimentateurs que les résultats ainsi obtenus ne peuvent guère être généralisés aux chimpanzés sauvages. Bref, le constat de l'existence chez les chimpanzés de traditions dites « culturelles » ne paraît pas devoir menacer à court terme cette croyance centrale de l'ontologie naturaliste selon laquelle les humains sont la seule espèce à posséder un équipement psychique capable d'engendrer des différences culturelles.

La question n'est pas réglée pour autant car d'autres branches de l'éthologie font aussi état de similitudes troublantes entre les facultés des humains et celles des animaux, et cela dans un domaine qui concerne de près le dogme de la discrimination par l'intériorité, puisqu'il s'agit de ce système de communication des états internes que nous appelons le langage et dont les propriétés conventionnelles, intentionnelles et référentielles furent longtemps considérées dans l'ontologie naturaliste comme le meilleur signe distinctif de l'humanité. Or, de nombreux travaux sur la sémantique de la communication animale paraissent conduire à la conclusion que l'on doit dépouiller l'homme de ce précieux apanage. La littérature sur ce thème étant aussi vaste que pétrie de controverse, je me bornerai aux acquis faisant l'objet d'un consensus approximatif, en excluant les considérations sur les signaux non sonores, tels la fameuse « danse de l'abeille » ou les systèmes de traces laissés par les animaux pour servir de repères à leurs congénères[25]. Depuis les études pionnières de Peter Marler sur les dialectes des pinsons, il ne fait plus de doute, d'abord, que les chants de certains oiseaux ne sont pas stéréotypés pour toute l'espèce, mais manifestent de grandes variations individuelles et régionales. Ce point a également été établi pour les signaux sonores de plusieurs espèces de mammifères terrestres et marins. On sait aussi, dans le cas des oiseaux et de certains primates, que cette aptitude à se conformer au répertoire de vocalisation spécifique à un dialecte procède d'un apprentissage qui, dans le cas des oiseaux chanteurs, se fait par référence à un adulte, généralement le père. En outre, il semble maintenant établi que l'expression sonore de certains oiseaux s'adapte aux circonstances — comme la présence ou non d'un auditeur de la même espèce — et diffère selon les messages à transmettre — cri d'alarme distinct en fonction du type de prédateur repéré, par exemple ; cette dimension référentielle est également signalée pour les cris des singes vervets du Kenya[26]. Il est donc possible qu'une intentionnalité soit investie dans les signaux sonores émis par certaines espèces à propos d'un référent externe — telle la détection de nourriture ou d'un prédateur — puisque ces signaux varient dans leur fréquence de production selon qu'un congénère est susceptible ou non de les entendre. C'est ce que semblent confirmer les cas de tromperie manifeste dans les appels signalant de la nourriture chez les poules domestiques et les macaques rhésus, ces derniers punissant le tricheur lorsque sa manœuvre a été éventée[27].

Même si les signaux sonores des animaux n'atteignent pas la complexité et la richesse sémantique et syntaxique du langage humain, il est ainsi devenu difficile de continuer à prétendre qu'ils constituent de simples expressions instinctives : variations arbitraires et innovations au sein d'une espèce, apprentissage par imitation, correspondance stable entre un signe vocal et un signifié, possible intentionnalité du message et anticipation des effets de sa réception, voilà une série de traits qui plaident pour que l'on accorde aux systèmes de communication de certaines espèces animales à tout le moins le statut d'un langage très élémentaire.

À quelles ressources intérieures les animaux sont-ils censés faire appel pour mettre en œuvre cette aptitude à une production symbolique limitée ? Sont-ils dotés d'un esprit qui les rendrait capables de contrôler leur comportement et d'intervenir sur leur environnement au moyen de représentations qu'ils pourraient transmettre à leurs congénères ? Est-on prêt à admettre que certains d'entre eux auraient une intériorité comparable à la nôtre, ce qui ouvrirait une brèche d'envergure dans la citadelle du naturalisme ? En fait, et à la différence de Griffin, la plupart des éthologues cognitifs rechignent à attribuer aux animaux une véritable pensée consciente, préférant voir dans le langage animal le produit d'une prédisposition génétique encodée dans le cerveau, que Marler appelle l'« instinct d'apprendre », et dont les caractéristiques varient en fonction du génome des espèces. Chez les oiseaux chanteurs, où ces phénomènes ont été le mieux étudiés, l'aptitude à reconnaître les signaux sonores des congénères et la capacité d'apprendre un chant seraient innées, et très inégales selon les espèces, les caractéristiques phonologiques et syntaxiques sélectionnées par un sujet pour former son répertoire vocal demeurant par ailleurs homogènes à l'intérieur d'une espèce[28]. Le langage animal procéderait ainsi d'une détermination neurophysiologique peu à peu spécifiée par l'expérience, sans qu'il soit nécessaire pour l'expliquer de faire intervenir la médiation de représentations complexes, c'est-à-dire d'attitudes propositionnelles grâce auxquelles l'animal objectiverait ses propres états internes — ses émotions, ses croyances et ses fins — et interpréterait ceux des autres organismes présents dans son environnement. Bref, la reconnaissance que des espèces animales possèdent la capacité de produire de la variation individuelle et collective par un système conventionnel et référentiel d'échange d'informations sonores ne résulte aucunement de l'attribution à des non-humains d'une intériorité identique à celle des humains, mais s'appuie au contraire sur une réduction de leur faculté langagière à une physicalité fondamentale, celle du génome, que l'épigenèse viendrait moduler dans des limites étroites. Le naturalisme est sauf : en concédant aux oiseaux ou aux singes le privilège de se singulariser par le langage, c'est en réalité l'universel de la nature que l'on retrouve.

Un homme sans esprit ?

Revenons à présent aux humains et à l'intériorité distinctive dont ils sont traditionnellement crédités dans l'ontologie des Modernes. Adhère-t-on encore à un tel principe ailleurs que dans l'opinion commune ? Les humains vivent-ils toujours, comme au temps de Descartes, sous le régime d'une séparation entre un esprit plus ou moins immatériel et un monde physique et corporel objectif, c'est-à-dire dont les propriétés seraient spécifiées préalablement à toute opération de connaissance ? La réponse globale est oui, même chez les savants. Il existe toutefois des exceptions qu'il convient d'examiner afin d'évaluer leur possible contribution à une désagrégation du mode d'identification naturaliste. Un courant des sciences cognitives vivement opposé au dualisme récuse en effet l'idée que nous puissions agir dans le monde et lui donner des significations multiples du seul fait que chacun d'entre nous aurait le privilège de disposer à sa naissance d'une sorte de poste central de contrôle des conduites et de traitement des informations perceptives assimilable à une machine de Turing. L'une des tentatives les plus originales pour dépasser ce face-à-face entre un intérieur computationnel et un extérieur déjà structuré est la théorie de la cognition comme action incorporée développée par Francisco Varela, Evan Thompson et Eleanor Rosch[29]. S'appuyant sur les intuitions philosophiques de Merleau-Ponty, les auteurs défendent la thèse que la cognition est fonction de l'expérience d'un sujet doté d'un corps qui doit guider ses actions dans des situations sans cesse différentes car modifiées par ses propres activités. Le point de référence du sujet n'est plus un dispositif autonome traitant des informations issues d'un monde indépendant des percepts, mais l'ensemble de ses mécanismes sensori-moteurs, modulés en permanence par les événements survenant dans un environnement dont il n'est pas séparé et qui lui fournit l'occasion de telle ou telle sorte d'interaction. Illustrations expérimentales à l'appui, les auteurs affirment que, loin d'être réductibles à une intériorité représentationnelle mettant en forme des stimuli reçus passivement, « les structures cognitives se dégagent de types récursifs de motifs sensori-moteurs qui permettent à l'action d'être guidée par la perception[30] ». L'esprit, si l'on peut encore parler d'esprit dans un tel cas, devient un système de propriétés émergentes résultant de la rétroaction continue entre un organisme et un milieu ambiant ; il a perdu toute intériorité intrinsèque pour n'être plus qu'un attribut ou un épiphénomène de la physicalité.

La théorie écologique de la vision du neurophysiologiste James Gibson est plus radicale encore puisqu'elle débouche sur une élimination totale de l'esprit comme siège supposé des fonctions mentales supérieures[31]. Sous sa forme classique, le principe de l'*affordance* développé par Gibson est bien connu : l'environnement des animaux, humains compris, possède des propriétés non réductibles au monde physique ou à l'expérience phénoménale puisqu'elles sont fonction des possibilités, ou *affordances*, qu'un observateur y perçoit pour engager une action en accord avec ses capacités sensori-motrices. Pour un homme ou un mouton, par exemple, le bord d'une falaise se prête à une locomotion parallèle d'un côté, à une chute dans le vide de l'autre, tandis que, pour un vautour, ce lieu invitera peut-être à l'envol. Le fait que l'on puisse y mener ces différentes actions n'est pas une propriété intrinsèque des falaises susceptible d'être étudiée par un géomorphologue ; les attributs particuliers de ces éléments du relief ne deviennent tels que pour les organismes qui sont capables d'en tirer un usage. Gibson soutient en outre qu'il existe des invariances suffisantes dans la topologie de la lumière ambiante pour permettre de spécifier les propriétés de l'environnement, dont les *affordances*, sans la médiation de représentations internes. La perception est donc immédiate et consiste à détecter ces invariances optiques, tout comme les *affordances* qu'elles rendent manifestes, et cela indépendamment de l'action de l'animal puisque les *affordances* sont toujours là, prêtes à être perçues. Une telle redéfinition de la perception implique à son tour une redéfinition des opérations de l'esprit, dans la mesure où l'extraction et l'abstraction des invariances optiques par un organisme relèvent à la fois de la perception et de la connaissance, celle-ci n'étant qu'une extension de celle-là. Il n'est plus nécessaire alors d'invoquer un intellect pour rendre compte de processus comme le souvenir, la pensée, l'inférence, le jugement ou l'anticipation ; ainsi que l'écrit Gibson : « Je suis convaincu qu'aucun d'entre eux ne pourra jamais être compris comme une opération de l'esprit[32]. » Adieu l'intériorité mystérieuse ! Abolies les distinctions sévères entre animaux humains et non humains ! Disparu le couplage structurel entre un dispositif sensori-moteur et un milieu ambiant ! Seules subsistent des régularités optiques en attente d'une actualisation par un récepteur idoine.

Avec sa théorie écologique de la perception, Gibson offre une alternative puissante et cohérente à cette forme de réalisme cognitif qui constitue depuis plusieurs siècles le régime épistémologique presque indiscuté du naturalisme moderne. Au lieu de poser un sujet autonome doté d'un esprit capable de traiter des informations sensorielles extraites d'un monde objectif au moyen de représentations combinant des dispositions innées et des compétences culturellement acquises, il invite à voir dans la connaissance une éducation de l'attention menée par un organisme engagé dans la réalisation quotidienne de tâches dont le bon accomplissement requiert seulement une aptitude continuellement enrichie à détecter des aspects saillants de son environnement et à s'y ajuster de mieux en mieux. On comprend donc la fascination que ce programme a pu exercer sur des auteurs comme Ingold ou Berque, confrontés dans les sociétés qu'ils étudiaient à des modes de relation à l'environnement dont les formulations locales cadraient mal avec le dualisme classique du monde et de l'esprit, du sujet et de l'objet ou de l'intellection et de la sensation[33]. Bien que Gibson lui-même soit demeuré évasif quant aux implications sociales et culturelles de sa théorie écologique de la perception, celle-ci permet en effet d'envisager une manière très différente d'appréhender la sociabilité humaine ; non plus comme une mise en forme de l'expérience rendue possible par le filtrage des données sensibles au moyen d'un système partagé de représentations collectives, mais comme un état préalable à toute objectivation culturelle, fondé sur l'engagement pratique de corps aptes à détecter les mêmes *affordances* et qui, de ce fait, entreraient en résonance dans un même environnement.

Les théories de la connaissance qui postulent un branchement direct du corps sur l'environnement paraissent ainsi jeter à bas tout l'édifice du naturalisme : l'esprit n'est plus un réquisit de l'action et de la pensée humaines, les cultures ne se présentent plus comme des blocs substantifs et bien différenciés de représentations et de conduites normatives en attente d'inculcation individuelle, les animaux peuvent être élevés à la dignité de sujets parce qu'ils sont, tout comme nous, des organismes dont les facultés sensori-motrices leur offrent la possibilité d'une prise signifiante sur le monde ; bref, l'intériorité distinctive disparaît complètement au profit d'une harmonieuse continuité des physicalités. Mais cet effacement de la discrimination ontologique par le critère de l'esprit aboutit à une nouvelle exclusion, car il ne concerne qu'une catégorie d'existants, ceux qui ont la bonne fortune de disposer d'un corps capable de percevoir et de se déplacer. Les non-humains inanimés demeurent quant à eux de purs objets, même si, tels les ordinateurs, ils peuvent exécuter des opérations mentales dérivées des nôtres. En faisant de la pensée le produit d'une interaction entre la perception et l'action peu à peu sédimentée dans un corps engagé dans un *Umwelt* spécifique, les anti-mentalistes dénient en effet aux ordinateurs toute affinité ontologique avec les humains (et les animaux) ; non pas du fait qu'ils seraient dépourvus d'intentionnalité ou de conscience de soi, argument classique développé par la philosophie de l'esprit, mais parce qu'ils sont comme de purs cerveaux et que c'est dans le corps, et non dans un processeur neuronal ou électronique, que réside cette mémoire de l'expérience de soi en quoi consiste la subjectivité. Même les robots capables de moduler leurs actions à la suite d'un apprentissage autonome ne trouvent pas grâce à leurs yeux, car leur mécanisme est inspiré par les modèles connexionnistes de l'esprit ; or, comme l'écrit Ingold, le connexionnisme « est toujours enraciné dans l'ontologie cartésienne qui est au fondement de tout le projet des sciences cognitives — une ontologie qui dissocie absolument l'activité de l'esprit de celle du corps dans le monde[34] ». Éliminée comme facteur d'exclusion ontologique au sein des organismes complexes, l'intériorité resurgit ainsi comme un attribut par défaut d'une classe d'existants : le simulacre d'esprit dont les ordinateurs sont dotés ne les rendra jamais comparables aux humains car les humains, précisément, n'ont pas d'esprit, du moins sous la forme d'un dispositif de computation indépendant d'un corps. C'est donc l'intériorité factice prêtée à certains non-humains qui les fait basculer dans une altérité radicale, c'est au nom de cette intériorité qui ne peut plus nous séparer des animaux, puisque ni eux ni nous n'en sommes équipés, que de nouvelles distinctions ontologiques sont produites.

Sous des dehors iconoclastes, la nouvelle phénoménologie de la perception rend ainsi visibles en creux des traits caractéristiques de l'ontologie naturaliste qu'elle prétend disqualifier. Derrière une continuité apparente des physicalités (entre humains et animaux) que ne vient plus rompre la discrimination au moyen d'un esprit désormais aboli, se cache en fait une discontinuité nouvelle et contradictoire des intériorités, entre des machines qui en sont dotées parce que l'artifice humain les a voulues ainsi et des animaux humains et non humains qui s'en dispensent du fait de leur vitalité intrinsèque. Une comparaison avec le mode d'identification animique est, à cet égard, fort instructive. Lorsqu'un Achuar ou un Cree disent qu'un artefact ou un élément inorganique de l'environnement ont une « âme », ils entendent par là que ces entités jouissent d'une intentionnalité propre de même nature que celle des humains et qu'elle n'est donc pas fonction du type de substrat moléculaire où elle est logée, ni du genre de processus au terme duquel elle advient à l'existence. Les différences de forme et de comportement sont reconnues, mais elles ne constituent pas des critères suffisants pour exclure une sarbacane ou une montagne du bénéfice de l'intériorité partagée. En revanche, lorsque l'on dit qu'un animal est semblable à nous au motif qu'il pense avec son corps, mais qu'un ordinateur ne l'est pas, même s'il parle et joue aux échecs, puisque sa parodie d'intériorité n'est pas irriguée par la vie, c'est au contraire la distinction entre une physicalité objectivée — une machine — et une physicalité subjectivante — un corps — qui revient au premier plan ; c'est-à-dire, et quoi qu'en disent les anti-cognitivistes, une topographie à peine remaniée de la très dualiste distribution des existants entre sujets et objets.

À l'exact opposé des théories de la cognition incorporée ou écologique, un courant nourri des développements récents des neurosciences s'est aussi attaché à remettre en question le schème naturaliste d'une autonomie de l'intériorité humaine en dissolvant celle-ci dans les propriétés internes de la physicalité. Les substrats matériels diffèrent pourtant dans l'un et l'autre cas : la pensée n'est plus le résultat d'un couplage entre un appareil sensori-moteur et un environnement, mais le produit de l'activité du cerveau, un organe associé depuis longtemps aux fonctions mentales supérieures. Depuis les premiers balbutiements de la phrénologie, l'idée n'est certes pas nouvelle que les états mentaux peuvent être réductibles aux mécanismes de l'activité cérébrale et, plus généralement, du système nerveux central ; les progrès de la neurobiologie et l'attention que les psychologues et les philosophes leur portent depuis quelques années permettent toutefois d'envisager cette hypothèse avec plus de lucidité et de cautèle qu'à l'époque de Gall ou de Broca. La plupart des biologistes émettent en effet des doutes quant à la possibilité d'un réductionnisme absolu qui permettrait de fondre dans une théorie universelle l'explication du comportement de toutes les entités physiques, humains compris. La voie moyenne, traditionnellement qualifiée de physicaliste, se contente de postuler que tous les éléments du réel, dont les états mentaux, relèvent de processus ou d'états matériels qu'il est possible d'étudier de façon expérimentale ; de sorte que, pour citer Jean-Pierre Changeux, « l'identification d'événements mentaux à des événements physiques ne se présente en aucun cas comme une prise de position idéologique, mais simplement comme l'hypothèse de travail la plus raisonnable, et surtout la plus fructueuse[35] ». De fait, si l'on admet la proposition qu'il ne peut y avoir d'efficacité causale entre des événements quelconques sans qu'existe entre eux une relation physique, alors cet événement mental qu'est la formation d'une représentation ne saurait se produire sans le secours d'un dispositif matériel idoine, en l'occurrence le cerveau. La séparation entre activité mentale et activité neurale devient obsolète : si des phénomènes mentaux interviennent causalement dans le comportement de l'individu qui en est le siège, ce que l'on peut difficilement récuser, ceux-ci doivent posséder une dimension physique descriptible en termes moléculaires et physico-chimiques. On voit qu'en dépit de l'abîme qui paraît les séparer de Gibson les physicalistes n'accordent guère plus de crédit que lui à l'existence d'une intériorité immatérielle d'où procéderaient les représentations mentales. Comme le dit encore Changeux : « Désormais, à quoi bon parler d'Esprit[36] ? »

Même monistes, les philosophes sont toutefois plus prudents sur ce point que les neurophysiologistes, même partagés entre obédiences adverses. Donald Davidson, dont les analyses ont rencontré un grand écho chez les adeptes d'une théorie matérialiste de l'esprit, soutient ainsi que la réalité physique et la réalité mentale possèdent des propriétés hétérogènes : la première peut être objectivée par une théorie causalement close, tandis que la seconde ne le peut pas, dans la mesure où l'explication de la formation des états mentaux dépend de l'imputation au sujet observé de caractéristiques préalables, tel le fait qu'il tienne pour vrais les énoncés qu'il produit et que ceux-ci le sont effectivement, une nécessité méthodologique que Davidson appelle le « principe de charité ». Parce qu'il y a toujours interprétation des contenus de pensée d'autrui à partir de ce principe de rationalité et de cohérence, aucune donnée indépendante des normes interprétatives ne sera à même de fournir un point fixe à la théorie, puisque ces normes deviennent constitutives des données à interpréter. C'est pourquoi Davidson soutient la thèse du physicalisme occasionnel selon laquelle un événement mental est bien identique à un événement physique, comme le veut Changeux, mais seulement au coup par coup, et sans que l'on puisse être jamais assuré que cette coïncidence se reproduise dans une série d'occurrences répétées qui autoriseraient la formulation d'une loi. On dit alors qu'il y a « survenance » *(supervenience)* d'un événement mental sur un événement cérébral en ce que le premier est déterminé par le second, quoique ses propriétés demeurent irréductibles à celle de l'événement physique sur lequel il survient[37].

Bien qu'elle soit empruntée à Aristote, cette notion de survenance paraît trop contradictoire pour pouvoir fonder une interprétation philosophique satisfaisante de la détermination d'une pensée par le cerveau. Comme Vincent Descombes l'a remarqué, l'élément survenant s'ajoute à une chose qu'il ne saurait compléter et il oscille ainsi entre deux statuts, « celui d'un surcroît et celui d'un superflu[38] ». Tout au plus peut-on l'interpréter de façon minimale, à l'instar de Quine, comme la survenance de différences mentales sur des différences physiques, traduction compliquée de l'idée qu'à toute différence mentale correspond une différence physique. Mais si une différence physique peut être mesurée, une différence mentale ne peut pas toujours l'être, car un état mental et un état physique sont de nature différente en ce qu'ils ne se succèdent pas les uns aux autres de la même façon. L'imagerie cérébrale permet assurément de corréler la production de certains énoncés ou la résolution de certains problèmes avec une activation de certaines parties du cerveau, mais cela est impossible pour bien des états mentaux ordinaires qui ne sont pas divisibles en unités discrètes de temps et que les philosophes de l'esprit appellent des *qualia*. Je me sens heureux ce matin parce qu'il fait beau et que j'ai reçu une bonne nouvelle (du moins est-ce ainsi que j'interprète mon état) : quand commence cet état, quand finit-il ? est-il continu, est-il discontinu ? à quel moment est-il présent à ma conscience, à quel moment ne l'est-il pas ? Voilà un événement mental que l'on espère fréquent, qui pourra influer causalement sur le comportement, et auquel il sera pourtant bien difficile de faire correspondre un événement neuronal, fût-ce occasionnellement et selon le principe de survenance. Bref, même en accordant le bénéfice du doute aux explications physicalistes, la route paraît encore longue avant que celles-ci ne soient à même de ramener toutes les propriétés de l'intériorité humaine à des mécanismes neuraux.

Toutefois, là n'est pas la question. Mon propos n'est

aucunement de juger les théories contemporaines de la cognition sur un plan empirique, philosophique ou épistémologique, mais bien plutôt d'examiner en quoi ces théories pourraient saper les fondements de l'ontologie naturaliste moderne. Or, on l'a vu, le physicalisme est encore loin d'atteindre cet objectif. Dans la stratégie qu'il adopte pour effacer l'intériorité distinctive des humains — et d'eux seuls, du reste, car la plupart des philosophes de l'esprit matérialistes, à l'instar de Davidson, ne sont pas prêts à concéder la pensée aux animaux[39] —, le physicalisme rend pourtant manifeste un trait typique de l'ontologie naturaliste. Celle-ci part en effet du principe que la spécificité des humains tient au fait qu'ils se différencient entre eux, d'individu à individu et de groupe à groupe, grâce à une faculté immatérielle interne à chaque sujet, quoique modulée en partie par les valeurs et les représentations propres à chaque culture. Le seul moyen de mettre en cause l'existence individuelle et collective de cette intériorité longtemps soustraite à l'observation directe consiste donc à désingulariser l'esprit en le rabattant sur des propriétés matérielles universelles du cerveau, c'est-à-dire à dissoudre l'intériorité dans la proposition complémentaire du naturalisme selon laquelle les différences de physicalité sont de degré, non de nature. D'où le rôle de plus en plus prépondérant dévolu dans cette tâche, en psychologie comme dans les neurosciences, aux techniques d'imagerie cérébrale fonctionnelle qui permettent de cartographier le cerveau en activité. Pour autant qu'elle soit réductible à des opérations cérébrales, l'intériorité humaine perd alors beaucoup de son mystère et de sa densité puisqu'il est désormais possible, en la rendant enfin partiellement visible, de lui retirer l'attribut majeur qui justifiait son hypothétique existence. Il reste que la tomographie par émission de positons ou l'imagerie par résonance magnétique fonctionnelle ne permettent toujours pas de voir *in vivo* ces résidus têtus d'intériorité que sont la conscience de soi, l'individuation des significations, ou l'effet d'une représentation culturelle sur un jugement propositionnel. Autant dire que l'esprit a encore de beaux jours devant lui avant de dévoiler en entier sa nature physique au regard inquisiteur de l'idéographie.

Des droits de la nature ?

C'est dans de tout autres domaines, ceux de la philosophie morale et du droit, que l'ontologie naturaliste encourt peut-être les risques d'effritement les plus sérieux. La discontinuité des humains vis-à-vis des autres existants procède en effet dans l'idéologie moderne d'une conception de leur intériorité comme doublement subjective : la conscience de soi fait la subjectivité, la subjectivité permet l'autonomie morale, l'autonomie morale fonde la responsabilité et la liberté qui sont les attributs du sujet en tant qu'individu porteur de droits et de devoirs à l'égard de la communauté de ses égaux. Traditionnellement définis comme dépourvus de ces propriétés, les plantes et les animaux sont donc exclus de la vie civique ; il n'est pas possible de nouer avec eux des relations politiques ou économiques, le statut de sujet leur faisant défaut[40]. Or, cette subordination des non-humains aux décrets d'une humanité impériale est de plus en plus contestée par des théoriciens de la morale et du droit qui travaillent à l'avènement d'une éthique de l'environnement débarrassée des préjugés de l'humanisme kantien.

C'est principalement aux États-Unis, en Australie, en Allemagne et dans les pays scandinaves qu'a surgi, depuis les années 1970, une réflexion morale sur les rapports de l'homme à son environnement naturel. La France et les nations latines sont demeurées, pour l'essentiel, à l'écart de ce mouvement qu'elles traitent avec un mélange d'ironie et de suspicion, y voyant au mieux une insulte à la raison et au progrès technique, au pis une tentative réactionnaire de saper l'universalité des idéaux des Lumières et des droits imprescriptibles attachés à la personne humaine[41]. On n'essaiera pas ici de démêler les raisons complexes qui ont favorisé dans certains pays l'émergence d'une approche proprement morale des devoirs de l'homme vis-à-vis de la collectivité du vivant et des droits que celle-ci pourrait posséder de façon intrinsèque. Le protestantisme et ses valeurs combinées de responsabilité individuelle et d'éthique communautaire y ont sans doute une part, de même que la fonction très particulière remplie dans la formation des consciences nationales, aux États-Unis et en Allemagne, par des identifications, d'ailleurs contrastées, à la nature sauvage, sources possibles d'une disposition mieux affirmée à voir dans une vie simple au contact d'un environnement sans apprêts le meilleur antidote contre les artifices d'une société oublieuse des vertus de la *Gemeinschaft*. Contentons-nous ici du simple constat que les éthiques de l'environnement prospèrent surtout dans les terres de conquête du puritanisme anglo-saxon et dans les régions septentrionales de l'Europe où naquirent au XIXe siècle diverses variantes de cette *Naturphilosophie* à laquelle le pays de Descartes et de Comte est resté obstinément imperméable.

Les philosophies de l'environnement puisent d'ailleurs leur inspiration dans des sources très diverses. Il est devenu coutumier de distinguer en leur sein entre des éthiques extensionnistes, qui proposent d'étendre à une gamme plus ou moins ample de non-humains le bénéfice de la considération morale jadis attachée aux seuls humains, et des éthiques holistes, où l'accent est mis sur la responsabilité des humains dans la préservation de l'équilibre des communautés écosystémiques envisagé comme un impératif en soi, c'est-à-dire indépendamment du statut et du devenir des entités qui composent ces communautés[42].

Les éthiques extensionnistes sont plutôt anthropocentriques, mais elles ne le sont pas toutes au même degré. Ainsi Peter Singer englobe-t-il dans le domaine d'application de la morale pratique une grande quantité de non-humains au motif qu'ils sont capables d'éprouver du plaisir et de la peine et qu'ils ont donc, tout comme les humains, des intérêts propres dont il faut tenir compte[43]. Les droits dérivés de cette situation devraient être comparables à certains de ceux qui protègent les humains — notamment le respect de la vie et la proscription des mauvais traitements —, même si l'origine de ces droits n'est pas fonction d'un attribut spécifiquement humain qui serait étendu aux animaux. L'éthique de Singer s'appuie en effet sur la doctrine utilitariste de Bentham : si l'on admet que tous les êtres sensibles ont un intérêt à se protéger de la souffrance et à se perpétuer dans leur être, la reconnaissance de cet intérêt chez les seuls humains devient du « spécisme » *(speciecism)*, une attitude analogue au racisme en ce qu'elle établit des discriminations non fondées entre des classes d'existants ayant les mêmes propriétés. Toutefois, Singer évolue au fil du temps vers une position plus nettement anthropocentrique lorsqu'il en vient à affirmer que la vie de certains êtres sensibles possède une valeur intrinsèque plus grande du fait qu'ils sont dotés de facultés à l'évidence dérivées de celles que le naturalisme impute aux humains, telles la conscience de soi, la capacité de penser et de se projeter dans l'avenir, ou l'aptitude à communiquer des informations complexes. Cela ne concerne qu'un très petit nombre d'animaux, dont les chimpanzés, dès lors investis d'un statut de personne en raison de la proximité qu'ils présentent avec les humains du point de vue de leur intériorité ; le corollaire logique, et vivement contesté, de cette position étant que des humains dépourvus de ces mêmes facultés à la suite de lésions ou de malformations cérébrales graves ne seraient pas pleinement des personnes et ne sauraient donc jouir d'un droit automatique à la vie[44].

Bien qu'elle se présente comme une critique radicale de la thèse anthropocentrique réservant les avantages juridiques du statut de personne à la seule espèce humaine, force est de constater que l'éthique de Singer ne remet pas en cause de manière fondamentale les principes de base de l'ontologie naturaliste. Elle en exploite même toutes les possibilités puisque l'argument « pathocentrique » de l'extension du droit à la vie aux êtres sensibles repose sur la mise en avant d'une similitude dans la dimension physique des existants, du moins jusqu'aux organismes dotés d'un système nerveux central, tandis que l'extension de la qualité de personne à certains animaux seulement se fonde sur le fait qu'ils partagent avec les humains « normaux » une intériorité de même nature. Certes, les frontières ontologiques ont un peu coulissé, engendrant des débats passionnés et cruciaux sur ce qui justifie le droit à l'existence chez les humains et les non-humains, mais ce mouvement s'est fait dans les directions prévisibles que les lignes de force du naturalisme avaient tracées : continuité des corps, d'un côté, discontinuité des facultés mentales, de l'autre. D'autant que les animaux évincés du cercle restreint des personnes demeurent confinés dans une position subalterne, la qualité de sujet autonome ne leur étant pas reconnue ; objets d'un souci moral de la part des humains, ils ne sont pas en eux-mêmes porteurs de droits qu'ils pourraient faire valoir. Quant aux plantes et aux éléments abiotiques de l'environnement, ils restent condamnés, faute de sensibilité, au sort machinal et impersonnel que le naturalisme réservait auparavant à tous les non-humains.

D'inspiration plus nettement anthropocentrique que celle de Singer, l'éthique de la condition animale développée par Tom Regan se démarque pourtant avec plus de vigueur des conventions ontologiques du naturalisme. Regan part en effet d'une position franchement individualiste : les sources de la morale et du droit ne résident que dans des individus, c'est-à-dire dans des êtres qui possèdent une valeur inhérente en ce qu'ils sont en propre des « sujets-de-vie » *(subjects-of-a-life)* et non pas les simples objets de la considération morale des humains, toujours entachée d'une commisération condescendante. Or, pour se voir reconnaître cette condition d'agent moral, il faut pouvoir jouir, sinon de la raison nécessaire pour comprendre la loi et de la liberté pour régler sur elle sa conduite — à l'instar de ce qu'exigent les théories modernes du droit naturel —, du moins d'un ensemble de capacités témoignant d'une autonomie d'action et d'une forme d'intentionnalité : la conscience de soi, l'aptitude à agir en fonction des finalités que l'on se donne, la possibilité de former des représentations[45]. Plus généreux que la plupart des éthologues, Regan impute ces attributs à un petit nombre de mammifères, tout particulièrement les primates, qui deviendraient ainsi des sujets juridiques à part entière et non plus les bénéficiaires de droits protecteurs concédés par des humains compatissants.

Assurément, et tout comme pour Singer, c'est en vertu des propriétés internes qu'ils posséderaient en commun avec les humains que des animaux changent ainsi de catégorie. Mais le nouveau statut qu'ils acquièrent en vertu de leurs seuls mérites ouvre une brèche plus importante dans le mode d'identification naturaliste, puisque la qualité de sujet leur est enfin reconnue, à l'égal des humains, comme un trait distinctif intrinsèque. Cela dit, ce remue-ménage dans les frontières ontologiques est encore loin de rendre la variante extensive du naturalisme proposée par Regan en tout point comparable aux distributions de propriétés que l'animisme opère. D'abord, parce qu'une intériorité semblable à celle des humains n'est imputée à quelques animaux qu'en raison d'indices suggérant de façon vraisemblable qu'ils la possèdent en effet, et non pas, comme c'est le cas dans l'animisme, du fait d'une pétition de principe selon laquelle, la subjectivité n'étant pas toujours aisément décelable par ses effets empiriques, il n'existe pas de motif dirimant pour en priver des plantes ou des artefacts. Ensuite, parce que l'intériorité attribuée par Regan aux grands singes n'en fait pas pour autant des sujets collectifs, seuls les individus étant pour lui source de droits, à la différence de la propension animique à voir dans toutes sortes de classes d'existants des communautés *sui generis* organisées selon des principes analogues à ceux qui gouvernent les humains. Enfin, parce que la physicalité ne joue pas ici un rôle disjonctif, l'intériorité seule ayant cette fonction, par contraste avec les distinctions que l'animisme établit entre des collectifs de sujets en fonction de leurs équipements anatomiques et des comportements qu'ils induisent. Sans doute même l'extensionnisme de Regan paraîtrait-il absurde aux yeux d'un Makuna ou d'un Montagnais. Le premier demande que l'on protège certains animaux pour ce qu'ils sont, c'est-à-dire des sujets, tout en reconnaissant qu'ils ont besoin d'être représentés pour faire valoir leurs droits ; les seconds admettent depuis longtemps que la majorité des animaux sont des sujets, mais c'est en raison même de cette autonomie constitutive qu'il devient absurde d'empiéter sur elle pour se mêler à tout prix de les défendre. On voit que les malentendus entre les associations de protection de la faune sauvage et les chasseurs autochtones d'Amazonie ou du Subarctique ne sont pas prêts de se dissiper.

Par contraste, les éthiques holistes paraissent plus proches de l'animisme car elles mettent l'accent non par sur des individus ou des espèces dotés de propriétés particulières, mais sur la nécessité de préserver le bien commun en ne bouleversant pas de façon inconsidérée les relations d'interdépendance qui unissent toutes les composantes organiques et abiotiques d'un environnement. Seule importe la liaison des parties au tout, chaque élément du tout n'ayant de valeur et de signification que par la position qu'il occupe dans l'économie des échanges vitaux. Toutefois, du fait de leur plus grande capacité perturbatrice, les humains sont investis d'une responsabilité morale décisive dans le maintien des équilibres écologiques, un rôle qu'ils ne peuvent remplir qu'à condition de pouvoir comprendre leur situation au sein de la chaîne trophique. Or, une telle intelligence des interactions ne peut être atteinte qu'au moyen d'une observation de la nature empreinte d'humilité, et en tâchant de s'identifier à l'obscure téléonomie qui anime chacun des acteurs de la grande communauté terrestre.

C'est cette démarche qu'illustre Aldo Leopold, grande figure inspiratrice de toute la philosophie holiste de l'environnement dans son justement célèbre *Almanach d'un comté des sables* publié en 1949, après sa mort[46]. Ingénieur forestier issu de Yale, écologue rompu à la gestion des ressources naturelles, Leopold chassait également depuis l'adolescence sans que cela suscite en lui un trouble de conscience. Aussi est-ce en chasseur expérimenté, et non en philosophe ou en moraliste, qu'il appréhende les complexités de l'environnement et tente d'en restituer sa conception. Celle-ci s'exprime de manière allusive, voire allégorique, au fil de réminiscences évoquant quarante années d'expériences intimes et diverses de la nature américaine que vient pourtant guider une leçon fondamentale : savoir chasser, c'est savoir trouver son gibier, et savoir le trouver c'est savoir adopter le point de vue de l'animal que l'on cherche, c'est percevoir les choses à sa manière, c'est se mettre à sa place ; bref, c'est quitter une situation en surplomb pour saisir de l'intérieur cet enchevêtrement de destinées et de désirs qui tissent la trame du monde en mouvement. Une telle attitude n'est pas sans rappeler la manière dont des peuples de chasseurs amérindiens envisagent les métamorphoses scandant les relations entre humains et non-humains, comme des échanges de perspectives au cours desquels chacun, en modifiant la position d'observation que son corps lui impose, s'efforce de rentrer dans la peau de l'autre afin d'épouser son point de vue.

Il faut pourtant se garder de pousser trop loin cette analogie que seules les exigences techniques et cognitives propres à la chasse solitaire viennent en partie étayer. Car la *land ethic* de Leopold ne remet aucunement en cause les répartitions ontologiques du naturalisme qu'elle reconduit au contraire sans sourciller. Certes, pour que les humains se forment une idée adéquate de leur place et de leur responsabilité dans les interactions synécologiques, il peut être utile qu'ils se représentent sans arrogance les finalités et les orientations de vie des autres composantes de ce superorganisme qu'ils contribuent à animer. D'où la nécessité pédagogique suggérée par Leopold de « penser comme une montagne » — afin de mieux évaluer l'équilibre à respecter sur ses flancs entre les loups, les cerfs et la végétation — ou encore de se figurer l'odyssée d'un atome mû dans le cycle de ses incorporations successives par une sorte d'intentionnalité inchoative[47]. Mais il s'agit là d'expériences de pensée salutaires, propres à donner substance et urgence vécue à un savoir écologique abstrait, nullement d'une profession de foi animique. Même si la licence poétique de ses formulations peut parfois inciter à des interprétations ambiguës, Leopold n'impute pas aux non-humains une intériorité analogue à celle des humains, la conscience d'un devenir dont il les crédite à l'occasion n'étant qu'une métaphore de la téléonomie générale de la nature qui viendrait se réverbérer en chacun d'entre eux. Surtout, il ne prête aux animaux et aux plantes aucune capacité à mener une existence d'espèce marquée au sceau des conventions culturelles, celles-ci étant pour lui l'indiscutable apanage des humains. Leopold adhère en effet sans discussion à la version ordinaire du schème naturaliste et à son dualisme constitutif : « La nature vierge est le matériau brut dans lequel l'homme a péniblement taillé cet artifice qu'on appelle civilisation. [...] La nature était extrêmement diverse, et les artifices qui en ont résulté sont, eux aussi, très divers. [...] La diversité des cultures du monde reflète une diversité correspondante des natures qui lui ont donné le jour[48]. » Rien de bien nouveau, on le voit.

Sans doute ne faut-il pas exiger d'un ingénieur forestier de la première moitié du XXe siècle, si clairvoyantes et originales que puissent être ses réflexions, qu'il se détache complètement des cadres mentaux au sein desquels il s'était formé. Et il est vrai que les continuateurs de Leopold ont su se dégager des symétries trompeuses du dualisme comme du finalisme distribué auquel leur mentor avait parfois cédé ; mais ce fut pour revenir aux certitudes plus robustes des sciences de la nature et dériver des lois de l'interdépendance écologique un modèle de l'action morale. Le plus intéressant d'entre eux, John Baird Callicott, défend une vision de la solidarité écosystémique que Durkheim n'aurait pas désavouée[49]. Bien qu'il récuse l'idée que la communauté biotique puisse être vue comme une société, les propriétés qu'il lui prête rappellent fort les conditions d'exercice de la solidarité organique, notamment le fait que l'unité du tout existe indépendamment des individus qui la composent et que l'appartenance à ce tout implique des obligations contractuelles vis-à-vis de ses membres en raison du système des fonctions qu'ils remplissent. L'écosystème devient transcendant à ses éléments et ceux-ci, humains et non humains — c'est là la grande différence avec Durkheim —, se dépouillent de toute substance ontologique pour devenir de simples rouages dans un réseau de relations en constante réorganisation. La nature et la culture perdent leur raison d'être dans une telle cosmologie, qui n'est plus biocentrique ou anthropocentrique mais écocentrique, c'est-à-dire asservie aux mécanismes régulateurs des échanges d'énergie dans l'environnement. Cela dit, il faut bien une instance d'évaluation pour que cette totalité se comporte de façon morale en conservant son intégrité systémique, ou du moins la capacité de se régénérer, au détriment éventuel de l'une ou l'autre de ses composantes. Il faut donc des agents avisés, capables de conférer une valeur à ce qui n'en possède pas en propre, et c'est sans trop de surprise qu'on les voit recrutés parmi les seuls humains, et de préférence parmi ceux qui sont versés dans les sciences de la nature. Comment ne pas éprouver un sentiment de déjà-vu ? Des sujets humains dotés d'une intériorité rationnelle et d'une conscience morale, reconnaissant le principe essentiel de la continuité physique et de l'interdépendance matérielle des entités du monde, se donnent la mission de préserver cette continuité et cette interdépendance, souvent contre leurs congénères, et cela dans l'intérêt supérieur de tous qu'ils sont les seuls capables de discerner et de représenter. Ce pourrait être une bonne définition de l'ontologie naturaliste dans ses conséquences pratiques positives.

Il ne faudrait pas que l'on se méprenne sur le sens de cette analyse critique. Certains, et c'est mon cas, peuvent voir dans une éthique écocentrique comme celle de Callicott un fondement philosophique solide pour s'engager dans une coexistence moins conflictuelle entre humains et non-humains, et tenter ainsi d'enrayer les effets dévastateurs de notre insouciance et de notre voracité sur un environnement global dont nous sommes au premier chef responsables, puisque nos moyens d'agir sur lui sont sans commune mesure avec ceux des autres acteurs de la communauté terrestre. Mais là n'est pas mon propos dans le présent livre. En examinant les conséquences ontologiques des différentes éthiques de l'environnement, j'avais seulement pour ambition de mesurer les écarts possibles qu'elles présentent par rapport aux normes habituelles du naturalisme afin d'évaluer leur capacité à les subvertir. Or, force est de constater que, pas plus que les déplacements catégoriels opérés par l'éthologie ou les sciences cognitives, ceux dont nous sommes redevables aux philosophies de l'environnement n'ont encore véritablement mis en péril l'agencement typique du naturalisme. À tout le moins, les variations observées ne sont pas telles qu'elles permettraient d'entrevoir la structure émergente d'un mode d'identification tout à fait nouveau, ou même comparable à d'autres déjà connus.

Pourtant, l'existence même de ces variations et l'accentuation de leur amplitude dans les dernières décennies offrent déjà un indice de ce que le schème naturaliste ne va plus de soi — raison pour laquelle un livre tel que celui-ci devient possible — et qu'une phase de recomposition ontologique a peut-être débuté, dont nul ne saurait prédire le résultat. On en veut pour preuve les évolutions récentes du droit, un domaine où la mutation des principes qui régissent nos statuts, nos pratiques et nos relations au monde est sans doute lisible de façon plus fidèle que dans les traités de philosophie ou d'éthique. À mille lieues des débats qui opposent les partisans de la libération animale aux défenseurs de l'anthropocentrisme kantien, le juriste Jean-Pierre Marguénaud a récemment montré que, dans le droit français à tout le moins, les animaux domestiques, apprivoisés ou tenus en captivité, possèdent déjà des droits intrinsèques au même titre que les personnes morales, en ce que la loi leur reconnaît un intérêt propre, c'est-à-dire distinct de celui de leur maître éventuel, et qu'elle les pourvoit d'une possibilité technique d'expression pour le défendre[50]. À côté des crimes et délits contre les personnes, contre les biens et contre l'État, le nouveau code pénal a en effet créé une quatrième catégorie d'infractions, contre les animaux domestiques, attestant ainsi que, pour n'être pas encore définis comme des personnes à part entière, ils ne sont déjà plus considérés comme des biens, c'est-à-dire comme des choses. Ce statut intermédiaire est probablement appelé à évoluer en droit pénal vers une personnification plus marquée, puisque rien ne s'oppose à ce que les animaux non sauvages soient investis de la personnalité juridique, à l'instar de toute personne morale à qui l'on reconnaît un intérêt propre et les possibilités d'en défendre l'exercice. Quant aux organes susceptibles de représenter sur la scène juridique l'intérêt distinct de ce que notre auteur appelle la « personne animale », y compris contre les intérêts d'un maître, ils existent déjà à foison sous les espèces des associations de protection animale. Sans que les profanes en aient pris conscience, et en attendant qu'une jurisprudence se mette en place, les chiens, les chats, les vaches — folles ou pas —, les perruches ou les chimpanzés de nos zoos seraient donc maintenant, tout comme nous, en mesure de faire valoir leurs droits à la vie et au bien-être, et cela, non plus en vertu des raisons humanistes justifiant l'ancienne loi Grammont, à savoir le scandale public que pouvait susciter leur maltraitance, mais bien parce qu'ils sont devenus, sinon tout à fait des sujets de droit, du moins des quasi-personnes dont les prérogatives sont à l'évidence dérivées de celles qui nous sont reconnues. Concéder aux animaux tenus dans la dépendance des humains une personnalité juridique ne remet certes pas en cause l'ontologie naturaliste, puisque subsiste la discontinuité des facultés morales ; mais une telle extension du statut de sujet à quelques non-humains montre au moins que la discrimination dont ils étaient auparavant l'objet n'avait rien de « naturel ».

Car c'est la ruse suprême du naturalisme, et la motivation du terme par lequel je le qualifie, que d'apparaître comme « naturel » ; à la fois parce que les découpages des entités du monde qu'il opère se présentent comme des évidences spontanées aux yeux de ceux qui s'en servent comme principe de schématisation de l'expérience, un trait qu'il partage avec les autres modes d'identification, et surtout parce que le caractère incontestable de ces évidences provient de ce qu'on les dit fondées en nature, argument imparable lorsqu'il s'agit de disqualifier les autres ontologies. C'est pourquoi la formule naturaliste est bien une inversion complète de la formule animique : tandis que la seconde fait prévaloir l'universalité de la condition de sujet moral, et les relations entre humains et non-humains qu'elle autorise, sur l'hétérogénéité physique des classes d'existants, la première subordonne la société humaine et ses contingences culturelles à l'universalité des lois de la nature. Darwin a proposé la version canonique de cet englobement de la culture par la nature dans *La Descendance de l'homme* (1871), lorsqu'il a voulu étendre aux sociétés humaines la théorie de la descendance modifiée par la sélection naturelle en supposant que celle-ci n'avait pas seulement porté sur des variations organiques, mais aussi sur des instincts sociaux, notamment ce devoir d'assistance que l'on appelle l'altruisme[51]. On a certes donné des interprétations divergentes de cette inclusion des propriétés culturelles de l'humanité dans l'histoire de la nature. Restrictive et réductionniste dans le cas de la sociobiologie ou du darwinisme social à la Spencer, l'exégèse se fait plus libérale et subtile sous la plume de Patrick Tort qui décèle chez Darwin un « effet réversif de l'évolution », c'est-à-dire un fonctionnement spécifique de la sélection naturelle lorsqu'elle s'applique à l'homme, favorisant une forme de vie sociale « dont la marche progressive vers ce que l'on nomme la "civilisation" tend à exclure de plus en plus, à travers le jeu lié de la morale et des institutions, les comportements éliminatoires[52] ». Mais peu importent ici ces variations, puisque l'idée générale que la culture ne se comprend qu'en référence à la nature s'est propagée bien au-delà de sa formulation darwinienne, pour se convertir en un principe de base de l'ontologie naturaliste dont les effets anthropologiques ont déjà été brièvement examinés au troisième chapitre. Et si l'idée inverse d'une « construction culturelle de la nature » connaît à présent une certaine faveur, c'est au prix de l'ignorance désinvolte du paradoxe régressif qu'une telle notion implique : pour construire la nature en culture, il faut une nature préculturelle susceptible de se plier à cette construction, il faut un donné brut envisageable indépendamment des significations ou des lois qui le convertissent en une réalité sociale, il faut une précondition vouée à resurgir avec obstination chaque fois que l'on croyait, en inversant les valeurs du schème dualiste, la réduire à une représentation conventionnelle[53]. Car si la nature était devenue intégralement culturelle, elle n'aurait plus de raison d'exister, ni la culture au moyen de laquelle ce processus est censé s'accomplir, la disparition de l'objet à médiatiser supposant l'inutilité d'un agent médiateur. Qu'elle soit naturante ou naturée, la nature réaffirme ainsi *a contrario* sa dominance, et la culture sa subordination.

9

Les vertiges de l'analogie

Le naturalisme et l'animisme sont des schèmes hiérarchiques englobants à la polarité inversée : dans l'un l'universel de la physicalité rattache à son régime les contingences de l'intériorité, dans l'autre la généralisation de l'intériorité s'impose comme un moyen d'atténuer l'effet des différences de physicalité. Le totémisme se présente au contraire comme un schème symétrique caractérisé par une double continuité, des intériorités et des physicalités, dont le complément logique ne peut être qu'un autre schème symétrique, mais où s'affirme l'équivalence d'une double série de différences. C'est ce que j'ai appelé l'« analogisme ». J'entends par là un mode d'identification qui fractionne l'ensemble des existants en une multiplicité d'essences, de formes et de substances séparées par de faibles écarts, parfois ordonnées dans une échelle graduée, de sorte qu'il devient possible de recomposer le système des contrastes initiaux en un dense réseau d'analogies reliant les propriétés intrinsèques des entités distinguées. Cette manière de distribuer les différences et les correspondances lisibles sur la face du monde est très commune. Elle s'exprime, par exemple, dans les corrélations entre microcosme et macrocosme qu'établissent la géomancie et la divination chinoises, dans l'idée, courante en Afrique, que des désordres sociaux sont capables d'entraîner des catastrophes climatiques, ou dans la théorie médicale des signatures qui fonde l'étiologie et la thérapeutique des maladies sur les ressemblances que des substances ou des objets naturels présentent avec des symptômes ou des parties du corps humain. Ce qui frappe d'emblée dans de tels systèmes, c'est l'inventivité qui s'y déploie pour traquer à des fins pratiques toutes les similitudes et les résonances offertes à l'inférence par l'observation : la recherche du bonheur ou des causes de l'infortune s'appuie sur l'hypothèse que les qualités, les mouvements ou les modifications de structure de certains existants exercent une influence sur la destinée des humains ou sont eux-mêmes influencés par le comportement de ces derniers. L'obsession de l'analogie devient un trait dominant, affirmé avec une vigueur d'autant plus maniaque que ses effets dans la vie quotidienne sont réputés plus cruciaux ; et c'est pourquoi le qualificatif d'« analogique » m'a paru le plus idoine pour désigner ce schème.

Toutefois, l'analogie n'est ici qu'un résultat ou une conséquence ; elle ne devient possible et pensable que si les termes qu'elle met en rapport sont distingués à l'origine, que si le pouvoir de déceler des similitudes entre les choses, et d'effacer ainsi en partie leur isolement, s'applique à des singularités. En conjoignant par une opération de la pensée ce qui était auparavant disjoint, la ressemblance suspend bien la différence pendant un moment, mais c'est pour en créer une nouvelle, dans le rapport des objets à eux-mêmes, puisqu'ils deviennent étrangers à leur identité première dès lors qu'ils se mêlent les uns aux autres dans le miroir de la correspondance et de l'imitation. Bref, l'analogisme est un rêve herméneutique de complétude qui procède d'un constat d'insatisfaction : prenant acte de la segmentation générale des composantes du monde sur une échelle de petits écarts, il nourrit l'espoir de tisser ces éléments faiblement hétérogènes en une trame d'affinités et d'attractions signifiantes ayant toutes les apparences de la continuité. Mais c'est bien la différence infiniment démultipliée qui est l'état ordinaire du monde, et la ressemblance le moyen espéré de le rendre intelligible et supportable.

La chaîne de l'être

Une première esquisse de ce que pourrait être une ontologie analogique nous est offerte par cette conception du plan et de la structure du monde, presque hégémonique en Europe durant le Moyen Âge et la Renaissance, que l'on connaît d'ordinaire sous le nom de « grande chaîne de l'être ». Retraçant la genèse de cette configuration singulière, Arthur Lovejoy en voit l'origine chez Platon, dans ce qu'il appelle le « principe de plénitude » : celui-ci résulte d'une tension entre la multiplicité infinie des Idées éternelles formant les archétypes immuables dont chaque existant matériel ou immatériel n'est qu'une copie amoindrie, et l'unité fédératrice conférée à l'une de ces Idées en particulier, celle du Bien, qui fonde l'existence du monde et irrigue de sa perfection toutes les entités qu'il contient[1]. Grâce à cette essence dynamique, aucune potentialité d'être, si insignifiante soit-elle, ne peut demeurer sans réalisation ; si bien que le cosmos est d'autant meilleur, c'est-à-dire s'approchant de l'idéal du Beau, du Bien et du Vrai, qu'il contient une plus grande quantité et une plus grande diversité de choses distinctes. À ce cosmos saturé *a priori* de tous les êtres concevables, Aristote ajoute les hiérarchies rigoureuses de son histoire naturelle : les genres sont fixes et les espèces indivisibles, aussi les créatures vivantes sont-elles réparties selon leur degré de perfection, chacune à sa place, le long d'une *scala naturae* qui reconnaît aussi des différences en fonction du type d'âme dont chaque organisme est doté. C'est à Plotin et aux philosophes néo-platoniciens que l'on doit la formulation aboutie de ce schème ontologique et cosmologique de la chaîne de l'être qui régira la *Weltanschauung* de l'Occident jusqu'au début du XVIIe siècle ; elle est composée « d'un nombre [...] immense de liens se déployant en ordre hiérarchique depuis les sortes d'existants les plus humbles, à peine détachées de la non-existence, en passant par toutes les gradations possibles jusqu'à l'*ens perfectissimum* [...], chacune de ces sortes d'existants se distinguant de celle qui lui est immédiatement supérieure et immédiatement inférieure par le plus petit degré possible de différence[2] ».

La théorie de la chaîne de l'être présente un problème intellectuel singulier, probablement typique de l'analogisme, qui est l'articulation du continu et du discontinu. Vue dans toute l'envergure de son développement, l'échelle des entités du monde paraît continue, chaque élément trouvant sa place dans la série parce qu'il possède un degré de perfection à peine plus grand que celui de l'élément auquel il succède et à peine moins grand que celui de l'élément qui le précède. Par cette contiguïté ne souffrant ni vide ni rupture, une solidarité générale est établie qui parcourt la chaîne du haut en bas et du bas en haut. Mais la différence entre chaque maillon ontologique, certes infime par rapport à ses voisins immédiats, se révèle d'autant plus grande à mesure que l'on compare ce dernier à des maillons plus éloignés ; elle introduit ainsi entre eux une inégalité constitutive qui relève sans conteste du discontinu. Au fil du temps, et en fonction des inclinations personnelles ou du poids des orthodoxies, l'accent fut mis tantôt sur la différence de nature qui donne à chaque chose une identité singulière, tantôt sur la connexion qui les relie toutes dans une proximité si intime qu'il devient impossible de déterminer avec précision les frontières qui les séparent.

Ainsi le thème de la multiplicité paraît-il dominer dans la philosophie néo-platonicienne et la théologie du Moyen Âge. Chez Plotin, par exemple, l'âme du monde générative qui actualise par effusion la chaîne des êtres a pour propriété essentielle de créer de l'altérité ; car si l'univers est en accord avec lui-même, bien que ses parties soient souvent en conflit, c'est qu'il est conforme à la raison et que l'unité de celle-ci vient des contraires qu'elle renferme. La raison rend les êtres différents, et même le plus différents possible ; « poussant la différence à l'extrême limite, elle les fera donc nécessairement contraires ; elle sera une raison parfaite, si elle les fait non seulement différents mais contraires[3] ». Tout en désapprouvant chez Plotin l'argument d'une immanence à l'ordre de celui qui en est l'auteur — peu compatible avec les attributs du Dieu chrétien —, saint Augustin reprend la thèse de la diversité des choses ordonnées : toutes choses ne seraient pas si elles étaient égales *(non essent omnia, si essent æqualia)*, et seul est parfait l'ensemble qu'elles forment au regard du projet divin[4]. Cette exigence de différence entre les entités du monde est cruciale pour la théologie médiévale, car elle permet de rendre compte de l'existence des choses mauvaises. Si tout procède d'une intention créatrice parfaite, bienveillante et absolument transcendante à Son œuvre, comment expliquer l'imperfection, le mal et la souffrance dont ce monde-ci offre maints témoignages ? Le lion qui dévore l'agneau a-t-il été voulu par Dieu ? Oui, répond saint Thomas, car, dans sa sagesse infinie, la rationalité divine a voulu que chaque espèce agisse selon sa nature, et que le commerce de toutes s'équilibre au point qu'aucune d'entre elles ne devienne prédominante : « La diversité et l'inégalité dans les créatures ne sont pas le produit du hasard [...], mais de l'intention de Dieu Lui-même, qui veut donner à chaque créature la perfection qu'il lui est possible d'avoir[5]. » Il faut de tout pour faire un monde ; il faut donc de la différence entre les existants pour qu'ils se déploient dans la plénitude ordonnée de toutes les diversités possibles.

Dans les conceptions plus tardives de la chaîne des êtres, au XVIIe et au XVIIIe siècle, c'est l'idée de continuité qui paraît au contraire l'emporter, chez Leibniz au premier chef, mais aussi chez Spinoza. Certes, le Dieu de Leibniz, plus encore que celui des philosophes médiévaux, remplit le monde du plus grand nombre de choses qu'Il peut : « Parmi l'infinité des combinaisons et des séries possibles, celle qui existe est celle par laquelle le maximum d'essence ou de possibilité est amené à exister[6]. » Pourtant les multiples monades sont interconnectées de façon beaucoup plus intime que dans les gradations d'une chaîne linéaire ; elles s'organisent à la manière d'un treillis dans lequel chaque nœud, « miroir vivant perpétuel de l'univers », exprime et synthétise l'ensemble des rapports existant entre tous les points du dispositif. Aussi, dans cette cosmologie où toute position est un point de rencontre d'une multitude d'influences, la force du principe de continuité est telle que toutes les sortes d'êtres naturels « sont si étroitement liées l'une à l'autre qu'il est impossible pour les sens ou pour l'imagination de déterminer précisément le point auquel l'une d'entre elles se termine et l'autre commence[7] ». Quoique avec moins de vigueur et d'originalité visionnaire, cette prépondérance de l'unité harmonieuse est aussi présente chez Locke, Bolingbroke, Buffon ou Kant, témoignage d'un robuste optimisme quant à la qualité générale du plan du monde, et indice aussi d'une ontologie nouvelle dans laquelle le face-à-face instauré depuis peu entre la nature humaine et la nature étrangère à l'homme s'apaisait dans la reconnaissance d'une continuité matérielle entre les existants. Et de fait, à partir du début du XVIIe siècle, l'échelle des êtres perd peu à peu sa dimension analogique pour n'être bientôt plus employée que comme une métaphore familière au service de l'ontologie naturaliste, une formulation commode du principe de la continuité des physicalités probablement nécessaire au sujet connaissant pour qu'il puisse affirmer sans doute ni remords l'absolue singularité de son esprit.

Car c'est peut-être à la Renaissance que l'analogisme a brillé en Europe de ses feux les plus vifs, avant de s'effacer dans une existence souterraine d'où sa fonction de réducteur d'incertitudes affleure occasionnellement, et à la grande surprise des positivistes, sous les dehors anciens de l'astrologie, de la numérologie, des médecines alternatives et de toutes ces techniques de déchiffrement et d'usage des similitudes qui rappellent au naturalisme son statut fragile et sa faible antiquité. Comme l'écrit Foucault, « jusqu'à la fin du XVIe siècle, la ressemblance a joué un rôle bâtisseur dans le savoir de la culture occidentale[8] ». On connaît assez les pages consacrées aux modes de décryptage de la « prose du monde » dans *Les Mots et les Choses* pour ne point trop s'étendre ici sur les formes de cette ressemblance. Notons toutefois dès à présent certaines de leurs caractéristiques dont on peut penser qu'elles sont aussi à l'œuvre dans tout système analogique, ne serait-ce qu'à l'état d'ébauche ou de tendance.

La ressemblance devient en effet le seul moyen d'introduire de l'ordre dans le monde insaisissable de l'analogisme, monde *a priori* chaotique et boursouflé puisqu'il contient une infinité de choses différentes, chacune située en un lieu singulier, chacune au cœur d'un réseau idiosyncrasique. Réduire ce vertige atomiste exige de reconnaître des liens de similitude autorisant un cheminement signifiant sur des trajets qui peuvent être répétés. De tels liens peuvent être métaphoriques, s'ils posent une similitude entre les termes, ou métonymiques, quand ils portent sur une similitude entre les relations. Parmi les premiers figure la connexité dans l'espace, au moyen de laquelle est uni par voisinage immédiat ce qui se trouve placé dans une relation de proximité, de « convenance » ; figure aussi l'imitation qui assimile l'une à l'autre des choses dispersées parce qu'elles paraissent se répondre en miroir, quoique à des échelles différentes le plus souvent. Les liens métonymiques sont d'abord l'analogie proprement dite, qui traite les similitudes non pas entre les choses elles-mêmes, mais entre les relations qu'elles entretiennent, dispositif souple et polyvalent de production de ressemblances apte à jouer aussi bien sur la symétrie que sur différentes formes d'inversion, d'englobement ou de dédoublement. À cela peut être ajoutée l'attraction ou la sympathie, une action à distance elle aussi métonymique, du moins si l'on admet qu'elle confond dans une relation *sui generis* les rapports auparavant disjoints que chaque chose entretenait avec ses voisines. En outre, ce maillage de ressemblances invisibles doit être repérable à des signes tangibles, de sorte que la théorie des signatures, loin de se confiner à la préhistoire de la médecine occidentale, ne pourra que manifester partout sa plaisante imagination dans le mode d'identification analogique ; notamment grâce à des répertoires qui signalent les marques apparaissant à la surface des choses et qui permettent ainsi une réduction de la multiplicité des apparences à des propriétés occultes, souvent organisables selon les polarités de l'identique et du différent. Il en est de même, enfin, pour l'emphase exceptionnelle mise sur les rapports entre macrocosme et microcosme, certes particulièrement notable à la Renaissance sous sa modalité néo-platonicienne, mais dont on peut présumer qu'elle présente une finalité identique dans tous les systèmes analogiques, et pour les mêmes raisons que celles identifiées par Foucault à propos de l'*épistémè* du XVIe siècle. L'obsession des correspondances entre l'homme et le cosmos permet en effet de fixer dans une créature de privilège un foyer plus dense limitant et la prolifération des signes à son échelle, et leur capacité illimitée de réverbération dans un monde clos, garantie qu'une connaissance ordonnée et une pratique réparatrice sont possibles, qu'une table d'orientation existe afin de se repérer dans le parcours inlassable des similitudes.

En Chine ancienne, écrit Marcel Granet, « la société, l'homme, le monde sont l'objet d'un savoir global [qui] se constitue par le seul usage de l'analogie[9] ». Et il est difficile, en effet, de ne pas voir dans la manière dont cette civilisation a rendu compte de son expérience des choses une belle illustration du mode d'identification analogique, porté à un très haut degré de subtilité et de raffinement par plusieurs millénaires de spéculations lettrées. Nous ne nous attarderons pourtant guère sur ce cas exemplaire tant il mériterait de développements pour que justice soit rendue à sa complexité et à l'unité d'ensemble qui s'en dégage. Notons seulement que la philosophie chinoise rend manifeste au plus haut point ce qui paraît être un trait central de toute ontologie analogique, à savoir la difficulté à distinguer en pratique, dans les composantes des existants, entre ce qui relève de l'intériorité et ce qui relève de la physicalité. C'est ce qu'exprime cet aphorisme tiré d'un traité à peu près contemporain d'Aristote, le *Hi ts'eu*, « les *wou* (êtres) sont faits de *tsing* et de *k'i*[10] ». Par *wou*, il faut entendre chacun des types de choses animées et inanimées, un ensemble communément appelé les « Dix Mille Essences » *(wan wou)*, mais dont le nombre exact, calculé d'après les 64 hexagrammes servant à la divination, serait en fait de 11 520, correspondant à autant de situations, d'états et d'emblèmes singuliers. Chaque *wou* est constitué d'émanations provenant du Ciel où règne le Souffle *(k'i)* et de la Terre qui produit les essences nourricières *(tsing)*, de sorte que toute « nature » *(sing)* est le résultat d'une combinaison et d'un dosage plus ou moins harmonieux et équilibrés entre des éléments hétérogènes qui procèdent de l'Eau, du Feu, du Bois, du Métal, de la Terre. Bref, la manière d'être, la personnalité, le tempérament, l'idiosyncrasie, le *sing* d'un existant ne sont pas le fait d'une opposition dynamique entre l'esprit et la matière, mais expriment les distinctions établies entre les états des éléments et les proportions de leurs mélanges respectifs. Cette multiplication démesurée des pièces élémentaires du monde se répercutant au sein de chacune de ses parties — dont les humains, fragmentés en nombreux constituants eux-mêmes dédoublés dans des emboîtements successifs — semble être une propriété distinctive de l'ontologie analogique et l'indice le plus sûr permettant de l'identifier. L'intentionnalité et la corporéité y affleurent rarement comme des entités autonomes, distribuées qu'elles sont dans des chaînes de couplage mariant le matériel et l'immatériel à tous les niveaux d'échelle du microcosme et du macrocosme. Aussi ma définition de l'analogisme comme une combinaison de différence des intériorités et de différence des physicalités n'est-elle pas à prendre tout à fait au pied de la lettre, tant les contours de ces deux ensembles y apparaissent indécis ; il faut plutôt y voir une manière approchée de qualifier ce foisonnement de singularités plus ou moins accordées qui émiette l'évidence du physique et du moral pour mieux assurer leur jonction.

Une ontologie mexicaine

Esquivant la Chine, et l'érudition formidable que son traitement exige, c'est vers le plateau central du Mexique que notre enquête sur l'analogisme va nous conduire. Une connaissance ethnographique mieux assurée de cette région des Amériques justifie sans doute mon choix, qui répond aussi à des raisons moins contingentes. À prendre la civilisation han comme illustration principale de l'ontologie analogique, ou bien l'Inde dont on pressent qu'elle exhibe des propriétés similaires, on court d'abord le risque de ramener ce mode d'identification à un paradigme

« oriental », coextensif à un vaste et hypothétique domaine des « hautes cultures » asiatiques qui en fournirait l'unité paresseuse (et quand bien même le rappel de notre antique « chaîne de l'être » suffirait à démentir un tel particularisme géographique). Se tourner vers la Méso-Amérique — l'Amérique andine aurait pu tout aussi bien faire l'affaire —, après avoir puisé dans les basses terres de l'Amérique du Sud et dans la zone septentrionale de l'Amérique du Nord de nombreux exemples d'animisme, permet *a contrario* de souligner que les schèmes ontologiques se répartissent sur toute la surface de la terre au gré de l'inclination des peuples pour telle ou telle façon d'organiser leur pratique du monde et d'autrui, non parce que ces schèmes seraient l'émanation de grands phylums culturels ou le produit de diffusions d'idées hasardeusement reconstruites. Certains motifs idéologiques sont certes présents dans la plus grande partie de l'Amérique indigène, mais ils s'ajoutent comme des nuances ou des enrichissements à des modes d'identification plus élémentaires dont la structure contrastée est en grande partie découplée d'un éventuel substrat commun. Le Mexique de la Conquête présente en outre un cas rare de système analogique dont la connaissance nous a été transmise pour l'essentiel par des observateurs déjà immergés eux-mêmes dans une mentalité de type analogique, celle de l'Europe du XVIe siècle, aux yeux de qui, et quoi qu'on en dise, les Aztèques devaient sembler moins mystérieux qu'ils ne le sont pour les savants modernes. L'ontologie analogique est par ailleurs si commune sous toutes les latitudes qu'il paraît préférable de se pencher sur les détails de l'une de ses actualisations, moyen d'en dégager des rapports constants utiles à la comparaison, plutôt que d'en construire un type abstrait à partir de faits disparates.

Bien qu'ils aient été répartis en une multitude de cités-États, seigneuries et principautés plus ou moins dépendantes sur le plan politique de l'immense ville de Mexico-Tenochtitlan, les peuples nahuas qui occupaient le plateau central du Mexique au moment de la Conquête présentaient une remarquable homogénéité dans leurs conceptions d'un univers où macrocosme et microcosme étaient étroitement intégrés. De ces deux domaines d'existence, l'un était demeuré relativement méconnu ; car si la cosmologie aztèque a fait l'objet de maintes publications, c'est seulement récemment que les théories nahuas du corps et de la personne ont reçu l'attention systématique qu'elles méritaient grâce à l'étude qu'Alfredo López Austin leur a consacrée[11]. Fondé sur des analyses philologiques des sources en langue nahuatl, sur le recours raisonné à l'ethnographie espagnole du XVIe siècle, notamment l'admirable *Histoire générale des choses de la Nouvelle-Espagne* du frère franciscain Bernardino de Sahagún, et sur l'ethnologie des Nahuas modernes, l'ouvrage de López Austin constitue une somme sans précédent sur l'ontologie des anciens Mexicains dont il sera fait ici un large usage.

Les Nahuas reconnaissaient l'existence de quatre composantes principales de la personne humaine — *tonacayo, tonalli, teyolia* et *ihiyotl* — qu'il faut examiner en détail car, à l'exception de la première, elles ne sont guère réductibles à une traduction simple. *Tonacayo*, « toute notre chair », était le terme communément en usage pour désigner le corps comme une réalité substantielle formant une totalité discrète ; il s'employait aussi bien en référence aux humains qu'aux plantes, le maïs au premier chef. López Austin définit les trois autres composantes comme des « centres animiques », c'est-à-dire des foyers localisés dans l'organisme commandant la vie, le mouvement, l'individuation et les fonctions psychiques, chez les humains comme chez les non-humains.

L'élément le plus particularisé d'un existant semble être son *tonalli*. Situé dans la tête chez les humains, il diffuse son influence dans tout le corps (au moyen du sang selon les Nahuas contemporains). Émanation impalpable se matérialisant parfois dans le souffle, il adopte un contour invisible identique à celui du corps où il est logé lorsqu'il lui arrive de s'en absenter, mais il ne peut alors demeurer longtemps sans une enveloppe protectrice et va chercher refuge, si c'est un *tonalli* humain, dans des animaux ou des plantes. *Tonalli* peut être traduit par « irradiation » et signifie également, selon les contextes, « la destinée d'une personne selon son jour de naissance » et

« quelque chose qui appartient en propre à quelqu'un en particulier »[12]. Il s'agit d'une force ou d'une essence manifeste dans le monde sous forme de chaleur et de lumière, quoique singularisée pour chaque individu en fonction du signe correspondant au jour où il est né et du nom, tenu secret, qui lui sera affecté en conséquence. Le *tonalli* n'est pas présent à la naissance et il doit être incorporé par le biais d'une cérémonie, un bain rituel, qui parachève la personne du nouveau-né et définit le cadre de ses futurs accomplissements.

Ce marqueur d'identité qui a toutes les apparences d'une simple prédestination astrologique fonctionne pourtant également comme un principe d'animation et une faculté mentale : il donne vigueur, détermination et capacité de croissance, il régule la température du corps et rend possible la conscience de soi. Le *tonalli* peut quitter le corps de façon temporaire — lors de l'ébriété, de la maladie, du rêve et du coït — ou l'abandonner pour toujours, symptôme d'une mort imminente car on ne peut vivre sans son *tonalli* plus d'un bref laps de temps. Les sources nahuas mentionnent surtout le *tonalli* en référence aux humains, mais il n'est aucunement leur apanage : les dieux, les plantes, les animaux et même les objets inanimés en ont un. Les équivalents modernes du *tonalli* dans les groupes indigènes non nahuas du Mexique possèdent des caractéristiques analogues. Ainsi, l'âme *šũti* des Otomi de la Sierra Madre tout comme la *sombra* (l'ombre) de nombreuses communautés méso-américaines peuvent se détacher du corps, situation périlleuse car elles s'exposent au risque d'être capturées par un sorcier[13]. Pour les Tzotzil de langue maya, toute chose possède un *ch'ulel* qui est le « duplicata intangible de sa forme et de ses qualités » ; chez les humains, ce principe d'individuation s'absente lors du coït, du rêve et de l'ivresse, et il peut alors entrer en communication avec le *ch'ulel* d'autres existants ; surtout, et dans la mesure où le *ch'ulel*, comme le *tonalli*, est diffus dans la totalité de l'organisme, les éléments du corps qui s'en séparent (rognures d'ongles, cheveux) continuent d'entretenir avec lui un lien intrinsèque, tout en étant eux-mêmes infusés par un *ch'ulel* qui leur est propre[14]. Notons enfin que chaque individu a un *tonalli* spécifique. Il arrivait que deux personnes aient reçu un *tonalli* et une destinée semblables si elles étaient nées le même jour, sous l'influence de la même planète ; ce lien accidentel pouvait déboucher sur une affinité amicale et ritualisée. En revanche, des *tonalli* identiques étaient incompatibles dans le mariage — ils s'entre-dévoraient — et l'on devait consulter des spécialistes avant une union pour s'assurer que les *tonalli* des futurs conjoints étaient bien différents.

Le *teyolia* est localisé dans le cœur, sans être pour autant confondu avec lui. Comme le dit l'un des informateurs nahuas du frère Alonso de Molina : « Quand quelqu'un meurt, quelque chose qui ressemble à une personne [...] sort de sa bouche et s'en va là-bas [avec les dieux]. Ce cœur qui s'en va est ce qui rend vivant et, une fois parti, seul demeure le cadavre. Le cœur ne s'en va pas, seul part ce qui garde quelqu'un en vie ici[15]. » Décomposable en /yolia/ (« ce qui anime ») et /-te/ (suffixe possessif), le *teyolia* est, en effet, la partie de la personne qui rejoint le monde des morts, et ce concept fut très tôt assimilé à l'*ánima*, l'âme chrétienne, tant par les Espagnols que par les Nahuas hispanisés. À la différence du *tonalli*, le *teyolia* ne quitte jamais le corps durant la vie ; il se loge dans l'embryon à l'initiative, semble-t-il, des divinités protectrices du *calpulli*, le groupe de filiation localisé auquel le nouveau-né sera rattaché. C'est la composante de la personne humaine qui, par sa permanence et ses propriétés, paraît correspondre le mieux à une idée d'intériorité : elle est à la source de la sensibilité, de la mémoire, des « états d'âme » et de la formation des idées — « penser » se dit « rendre quelque chose vivant à l'intérieur »[16]. Mais le *teyolia* commande également les affects en tant qu'ils expriment un tempérament durable se traduisant dans un comportement spécifique identifié au type de « cœur » reçu avec la vie ; selon le genre de *teyolia* dont un individu est gratifié, il est dit avoir un cœur « blanc », « dur », « doux », « amer », « triste », « cru », ou « froid ». Par exemple, le cœur « amer » prédispose à l'effort, à la tristesse, au remords, et il immunise contre les attaques de sorcellerie.

À l'instar de ce qui se passe avec le *tonalli*, chaque humain se voit donc doté d'un *teyolia* très particularisé en raison du grand nombre de variétés sous lesquelles cette composante se présente. Cela dit, pas plus qu'avec le *tonalli* la possession d'un *teyolia* n'est le privilège des humains : les animaux, les plantes et même les montagnes, les villes et les lacs en étaient pourvus, et à présent les Mayas des hautes terres et les Totonaques en attribuent aussi aux croix et aux maisons. Par là se confirme que le cœur humain n'est que l'hypostase, voire la métaphore, du *teyolia*, non l'incarnation substantielle d'une faculté.

Dans le corps humain, l'*ihiyotl* est lié au foie et à la bile, mais, là encore, l'organe est seulement un moyen de situer une fonction, puisque des entités inorganiques ont aussi un *ihiyotl*. Du reste, *ihiyotl* signifie « souffle » et était employé communément pour désigner le visage. On le décrit comme un gaz lumineux très dense émanant d'un humain, d'un animal ou d'un objet et agissant comme un attracteur et un foyer d'influence sur son entourage. Présent dès le stade embryonnaire et subsistant après la mort comme une exhalaison dangereuse, l'*ihiyotl* engendre et canalise les affects dirigés vers un objet quelconque — désir, colère, appétit, envie de nuire — et il doit sans cesse être revitalisé par l'air respiré et la nourriture ingérée. L'*ihiyotl* des humains combine le registre des émotions productrices d'action et celui des vertus civiques qui leur sont associées; en tant que « visage », il est spécifique à chaque individu, les Nahuas disant de la physionomie qu'elle reflète des qualités idiosyncrasiques reconnues par la collectivité et emblématiques de tel ou tel statut dans la hiérarchie sociale : la gloire, la réputation, l'humilité, la splendeur, l'expérience, la dignité.

Si l'on voulait à tout prix répartir les composantes nahuas des existants dans les catégories de l'intériorité et de la physicalité, il est probable que la solution la plus respectueuse des faits consisterait à ranger le *tonalli* et le *teyolia* dans la rubrique de l'immatériel, tandis que le corps *tonacayo*, l'*ihiyotl* et l'assignation à un lieu singulier définiraient l'aspect matériel d'un individu. Bien que référés à des organes chez les êtres vivants, le *tonalli* et le *teyolia* sont insubstantiels : le premier est une irradiation qui ne peut subsister longtemps sans la protection d'une enveloppe, le second un principe d'animation qui n'est pas sans rappeler l'âme chrétienne ; l'un et l'autre rendent possibles ou expriment les fonctions propres à l'intériorité : la conscience de soi, la sensibilité, la pensée, l'essence individuelle, l'énergie vitale. En revanche, le *tonacayo* est tout à fait substantiel, son nom dérivant de « chair » *(nacatl)*, entendue ici comme la matière qui constitue certains organismes dont les humains se nourrissent. L'*ihiyotl* se laisse moins facilement classer. Sous sa forme ordinaire, il n'est certes pas matériel comme une pièce anatomique, mais il est beaucoup plus concret que le *tonalli* et le *teyolia* : c'est une exhalaison vaporeuse analogue à une aura, reconnaissable à l'odeur désagréable qu'elle émet après la naissance et le décès ; les Chortis du Guatemala, un groupe de la famille linguistique maya, confirment la puanteur nocive de l'*hijillo* (version hispanisée de l'*ihiyotl*) et assurent que l'on peut parfois distinguer son contour tant il est dense [17]. L'*ihiyotl* contribue de plus à modeler de façon caractéristique la physicalité des individus en rendant visibles dans la physionomie et dans la contenance des traits dominants du tempérament. Quant à l'inscription topographique comme attribut ontologique, elle vient de ce que chaque existant doit occuper un lieu approprié à son identité, dans l'espace physique comme social, une disposition bien illustrée par la signification du terme « infortune » *(aompayotl)*, défini comme « la condition de quelque chose qui n'est pas à sa place [18] ». On notera que la détermination physique des entités du monde en fonction de l'emplacement qui leur est assigné se retrouve aussi en Chine ancienne, où l'espace n'était pas considéré comme une simple étendue résultant de la juxtaposition de parties homogènes, mais comme un ensemble de sites concrets servant au classement des êtres et des choses en vue de l'action [19]. De fait, cet usage de la position dans l'espace comme un moyen additionnel de particulariser chaque existant semble être commun à la plupart des systèmes analogiques.

Toutefois, la distribution des composantes de la personne selon qu'elles sont plutôt matérielles ou plutôt immatérielles n'est pas ce qui importe ici. Le trait dominant de l'ontologie nahua, comme de tout système analogique, est en effet de réunir en chaque existant une pluralité d'instances dont la bonne coordination est réputée nécessaire à la stabilisation de son identité individuelle, à l'exercice de ses facultés et dispositions, au développement d'un mode d'être conforme à sa « nature ». La grande diversité des types de *tonacayo*, de *tonalli*, de *teyolia* et d'*ihiyotl* et les variantes presque infinies que les combinaisons entre ces types rendent possibles ont ainsi pour résultat de faire de chaque entité du monde, humaine ou non humaine, un exemplaire quasi unique. Cette différenciation obsessive s'exprimait chez les anciens Nahuas par une attention constante portée aux disparités entre les humains selon leur âge, leur sexe, leur couleur de peau et leur odeur, les degrés de vigueur et de chaleur, de conformité aux canons de la normalité physique, de vulnérabilité au danger et aux attaques de sorciers ou de divinités malveillantes, signes des caractéristiques propres aux constituants de chacun et de la manière dont ils étaient assemblés. L'échelle des différences était tout autant marquée dans le reste des existants, rendue manifeste par leur distribution graduelle le long d'un continuum allant du chaud au froid où, en sus des humains, prenaient place les plantes, les animaux, les minéraux, les corps célestes, les nourritures, les maladies, les divinités, et bien d'autres choses encore; bref, un système de classement universel, encore vigoureux en Méso-Amérique, et sur lequel nous reviendrons plus avant.

De prime abord, l'analogisme nahua semble bien proche de l'animisme : des animaux, des plantes, des pierres et des montagnes dotés de « centres animiques » analogues à ceux des humains; des existants de toutes sortes dont les intériorités communiquent entre elles lors des rêves; des arbres dont on implore le pardon avant de les abattre et à qui l'on rend hommage après les avoir coupés[20]; un tel monde, bruissant de vie consciente et saturé d'objets intentionnels, se distingue-t-il vraiment de celui des Indiens d'Amazonie ou du Canada? Notons d'abord que les anciens Nahuas ou les Tzotzil contemporains attribuent des intériorités avec plus de libéralité que les Jivaros ou les Cree, toutes les entités visibles et invisibles de leur environnement jouissant de l'une des composantes au moins qui assurent aux humains la subjectivité, la mémoire, la force vitale ou la volition. Chacun des existants est en outre différent de tous les autres en raison de la pluralité de ses constituants et de la diversité de leurs modes de combinaison, ce qui tranche sur l'unité des facultés internes que les ontologies animiques reconnaissent aux humains et à certains non-humains. Dans un régime analogique, les hommes et les animaux ne partagent pas une même culture, une même éthique, les mêmes institutions ; ils cohabitent, au prix de multiples précautions, avec les plantes, les divinités, les maisons, les grottes, les lacs et toute une foule de voisins bigarrés, au sein d'un univers clos où chacun, ancré dans un lieu, poursuit les buts que le destin lui a fixés selon les dispositions qu'il a reçues en partage, accroché bon gré mal gré à tous les autres par un écheveau de correspondances sur lesquelles il n'a pas prise. Par contraste avec la liberté d'action que l'animisme concède aux existants pourvus d'intériorités semblables, les mondes analogiques sont accablés sous le poids du *fatum*.

Toute entité étant faite d'une multiplicité de composantes en équilibre instable, le nomadisme de chacune d'entre elles devient par ailleurs plus aisé. Transmigration des âmes, réincarnation, métempsycose et surtout possession signalent donc sans équivoque les ontologies analogiques. En effet, l'intromission dans un existant d'une intériorité de provenance étrangère et la domination temporaire ou définitive de celle-ci sur l'intériorité autochtone — définition *a minima* de la possession — semblent inconnues dans les systèmes animiques. On dit certes parfois que certains chamanes amérindiens ou sibériens sont pénétrés par leurs « esprits auxiliaires », mais il s'agit là d'une manière d'exprimer la communication volontaire établie par le praticien avec des *alter ego* invités à prêter leur concours et dont il maîtrise les actions, non d'une aliénation complète de l'individu par une puissance qui le fait changer d'identité.

Les Nahuas livrent maints exemples de cet effacement de la personnalité qui caractérise la possession. Les effets s'en révélaient souvent désastreux : ainsi certains accès de folie furieuse étaient-ils imputés à l'invasion du dément par les divinités mineures de la pluie — il recevait alors le qualificatif d'*aacqui*, « celui qui a subi une intrusion » —, tandis que le *teyolia* des *cihualpipiltin*, des femmes mortes en couches qui accompagnaient le soleil dans sa course, « se rendait manifeste » dans ses victimes en provoquant des paralysies [21]. Mais la possession pouvait aussi être recherchée pour ses conséquences bénéfiques. Lors de la consommation de pulque, l'alcool d'agave, l'une des quatre cents divinités-lapins *(centzontotochtin)* qui résidaient dans le breuvage s'introduisait dans le corps du buveur ; si celui-ci avait atteint l'âge requis pour prendre du pulque (cinquante-deux ans), s'il en usait avec modération et pour un motif rituel valable, alors la divinité lui donnait force et beauté ; dans le cas contraire, elle s'offensait et poussait le contrevenant à une conduite indigne. Cette possession était très individualisée car la même divinité-lapin s'emparait à chaque fois du même buveur et transmettait à son ivresse les caractères de sa propre personnalité : gaie, mélancolique ou agressive[22]. Il n'en allait pas autrement avec l'ingestion de substances psychotropes comme le peyotl ou les champignons hallucinogènes, toutes habitées par des divinités qui prenaient possession par ce moyen du corps des humains pour y résider un moment. La différence est notable avec des pratiques analogues dans l'Amazonie animique : la prise de substances hallucinogènes telle l'*ayahuasca (Banisteriopsis sp.)* n'y a aucunement pour fonction d'importer une intériorité exogène qui viendrait établir son emprise sur celle déjà présente ; elle sert au contraire à délivrer l'intériorité de son carcan physique, en décuplant son acuité et sa clairvoyance, et en lui permettant éventuellement de se libérer du corps afin d'interagir sans contraintes avec ses semblables.

Le vagabondage des composantes de la personne dans des corps étrangers dont les anciens Nahuas nous offrent le témoignage invite à se pencher un moment sur ce phénomène typiquement méso-américain connu sous le nom de « nagualisme ». Des faits si divers ont été confondus sous ce terme, et cela depuis si longtemps — tous les pères fondateurs de l'anthropologie l'utilisent d'abondance —, qu'une clarification préalable s'impose. On désigne traditionnellement au moyen du mot *nagual* (ou *nahual*) tout ou partie des choses suivantes : un double animal dont le cycle de vie est parallèle à celui d'un humain puisqu'il naît et meurt en même temps que lui et que tout ce qui porte atteinte à l'intégrité de l'un affecte l'autre du même coup ; le signe zodiacal sous lequel naît un enfant (et le jour de sa naissance), lequel détermine son caractère et ses attributs ; des sorciers réputés pouvoir se transformer en un animal ou une boule de feu, généralement dans l'intention de nuire ; l'animal dans lequel le sorcier s'est incorporé ; une composante de la personne humaine. Reprenant le dossier du « nagualisme », George Foster a établi que l'aptitude à s'incarner dans un animal reconnue aux sorciers *nagual* du Mexique et du Guatemala était tout à fait indépendante de la croyance en un lien exclusif qui s'établirait dès la naissance entre un humain et un animal, croyance qui semble d'ailleurs absente chez les Nahuas du plateau central[23]. Aussi est-il préférable de réserver le mot *nagual* (et « nagualisme ») au sorcier capable de se transformer en animal et d'appeler *tona* l'*alter ego* animal d'un humain, le terme étant d'un usage courant dans bien des régions de Méso-Amérique.

Quels sont au juste les mécanismes mobilisés dans ces processus d'incorporation et de couplage ontologiques qui paraissent effacer les frontières entre les humains et les animaux ? Le *tona* (ou le *wayjel* chez les Tzotzil) est un animal sauvage qui naît le même jour et sous le même signe qu'un humain et dont ce dernier partage les caractéristiques de tempérament : s'il s'agit d'un jaguar (pour les Tzotzil), la personne sera têtue, volontaire, violente et acariâtre ; s'il s'agit d'un colibri, elle sera au contraire patiente, douce et compréhensive[24]. La connexion avec un végétal est plus rare et ambiguë : chez les Teenek de la Huastèque, par exemple, de jeunes arbres sont choisis par les guérisseurs comme « parrains » des enfants et reçoivent la mission de les protéger, généralement à l'insu des bénéficiaires, sans qu'il y ait pour autant, semble-t-il, coïncidence entre les dates de naissance ou correspondance entre les caractéristiques imputées à l'arbre et celles imputées à l'enfant[25]. Bien qu'ils aient des destinées parallèles, aucune relation délibérée n'existe entre un humain et son *tona*, d'autant que l'on ignore généralement l'identité de ce dernier et que le risque de lui causer un dommage — et par là de se porter tort à soi-même — est toujours présent ; comme l'écrit Jacques Galinier à propos des Otomi, « tout individu sait qu'en chassant dans la brousse il peut abattre par mégarde son compagnon [animal] et donc précipiter sa propre mort[26] ». Toutefois, le *tona* n'est pas vraiment un double anonyme au sens d'une sorte de sosie moral et biographique que des divinités ou des ancêtres capricieux affecteraient à un humain pour rendre son existence plus imprévisible. Car la communauté de destin qui les unit indépendamment de leurs volontés respectives repose sur le fait que, dès la naissance, une fraction d'un humain — une partie de son *tonalli* selon López Austin — va résider dans son *alter ego* animal pour y demeurer jusqu'au trépas[27]. Ni projection d'une personnalité sur une cire vierge, ni matérialisation d'attributs redoublés, le *tona* est donc à la fois différent de son jumeau humain et semblable à lui, puisqu'il pourvoit un réceptacle à un fragment d'intériorité délocalisée qui échappe au contrôle conscient — c'est une destinée — tout en continuant d'influencer l'individu d'où il procède.

Quant au *nagual*, il ne se confine pas à la figure du sorcier capable de se transformer en animal qui en constitue l'illustration la plus fréquente. Chez les anciens Nahuas comme dans une grande partie de la Méso-Amérique contemporaine, ce sont aussi les divinités, les morts et les animaux qui peuvent adopter une forme animale — dans ce dernier cas, celle d'un animal d'une autre espèce —, non pas en modifiant leur apparence, mais en s'introduisant temporairement dans le corps d'une autre entité. Il ne s'agit donc pas d'une métamorphose ; on doit plutôt y voir, selon López Austin, « une sorte de possession que les humains, les divinités, les morts et les animaux réalisent en envoyant l'une de leurs composantes animiques, l'*ihiyotl* ou *nahualli*, s'abriter dans différentes entités, des animaux principalement, ou en se plaçant eux-mêmes directement à l'intérieur du corps de leurs victimes[28] ». En ce sens, le *nagual* (ou *nahualli*) est tout à la fois un être qui peut se séparer de son *ihiyotl* et lui donner un autre être comme enveloppe, l'*ihiyotl* lui-même, et l'être qui reçoit en lui l'*ihiyotl* d'un autre.

On comprend mieux dès lors pourquoi « tonalisme » et « nagualisme » furent si souvent confondus, y compris dans les formulations autochtones. Dans les deux cas, on a affaire à l'exportation d'une composante d'un existant dans un autre existant, leurs sorts devenant alors si liés que tout ce qui concerne l'un aura sur l'autre des conséquences. Mais des différences existent aussi : quant à l'élément exporté, *tonalli* ou *ihiyotl* ; quant au lien établi, involontaire et permanent ou transitoire et intentionnel ; quant au récepteur, animal singulier ou entité quelconque ; quant aux qualités requises pour délocaliser une partie de soi-même puisque tous les humains externalisent à leur insu une partie de leur *tonalli* dans un animal, tandis que seuls les experts peuvent sciemment transporter leur *ihiyotl* dans autrui. Toutefois, les différences entre ces deux modes d'extériorisation comptent peu au regard du contraste majeur qu'ils présentent ensemble par rapport au mécanisme de la métamorphose à l'œuvre dans les ontologies animiques. Si le « nagualisme » est l'introduction dans une entité indépendante d'un élément étranger relevant plutôt de la physicalité (l'*ihiyotl*), et le « tonalisme » l'introduction d'un élément d'intériorité (le *tonalli*), alors il y a bien coexistence durable ou passagère dans un même existant de principes ontologiques de provenances diverses, ce qui vient amplifier l'effet de démultiplication déjà engendré en situation normale par le grand nombre de combinaisons entre de multiples variétés des composantes des individus. Dans la métamorphose, en revanche, les intériorités des humains et des non-humains, identiques dans leurs dispositions, demeurent constantes, unitaires et autonomes, seules les enveloppes corporelles se modifiant selon le point de vue à partir duquel elles sont appréhendées. Loger une partie de soi-même dans un animal que l'on aliène, à l'instar du *nagual* mexicain, n'est pas endosser une livrée animale, ou perçue comme telle, ainsi que le fait le chamane amazonien : le premier décompose et disperse à sa guise les éléments de sa personne, le second demeure conforme à l'identité stable de son intériorité.

Un monde de singularités bricolées avec des matériaux disparates en circulation permanente, menacé d'anomie jour après jour par l'étourdissante pluralité de ses habitants, exige de puissants dispositifs d'appariement, de structuration et de classement pour devenir représentable, ou simplement vivable, pour ceux qui l'occupent. Et c'est ici que le recours à l'analogie intervient comme une procédure compensatoire d'intégration permettant de créer en tout sens des tresses de solidarité et des liens de continuité. Les étages du cosmos, les parties et composantes visibles et invisibles des humains, des plantes et des animaux, les relations entre les membres de la famille, les strates sociales, les occupations et les spécialités, les météores, les aliments et les médicaments, les divinités, les corps célestes, les maladies, les divisions du temps, les sites et les orients, tous ces éléments étaient interconnectés chez les anciens Nahuas par un lacis touffu de correspondances et de déterminations réciproques, comme ils le sont encore maintenant pour bien des peuples de Méso-Amérique. Sans doute la plénitude et l'architecture de ce savoir sur lequel les mexicanistes ont écrit bien des volumes n'étaient-elles accessibles qu'à une petite phalange de spécialistes, ferrés sur la divination, l'astrologie et la médecine ; mais même les gens du peuple, les *macehualtin*, devaient en posséder des bribes, utiles aux opérations rituelles de la vie quotidienne et suffisantes pour éprouver la densité des relations entre les constituants de l'univers. C'est ce que l'on peut inférer de l'ethnographie des communautés indiennes contemporaines qui témoigne de ce que les profanes ont en la matière des connaissances assez sûres, sinon toujours aussi précises que celles des experts reconnus, guérisseurs, voyants, *hechiceros* ou sages-femmes.

Qu'il se déploie dans l'Europe de la Renaissance, en Chine ou chez les Nahuas de la Conquête, cet enchevêtrement de signes se répondant les uns les autres est souvent ramené par les analystes à la formule classique de la correspondance entre macrocosme et microcosme. Or, cette topique est malaisée à manier. Parce qu'elle est universelle si on la prend à son plus haut degré de généralité : partout des analogies sont faites — et bien attestées dans les lexiques — entre des parties du corps humain, des parties des plantes et des animaux et des éléments de l'environnement inorganique ; partout la maison est appréhendée comme un microcosme de niveau intermédiaire entre le corps dont elle forme une extension et le monde qu'elle reproduit en réduction ; partout des cheminements sont trouvés, parfois très allusifs, entre des fonctions, des dysfonctions et des substances biologiques, d'une part, des événements et cycles climatiques ou saisonniers, d'autre part. Bref, notre corps offre un réservoir si riche et si immédiatement disponible de particularités anatomiques et physiologiques qu'il eût été étonnant que l'on n'en ait point tiré parti sur toute la surface de la terre afin de construire des réseaux d'analogies et de métaphores s'étendant souvent jusqu'au ciel. Mais seules les ontologies analogiques ont su systématiser ces chaînes éparses de signification dans des ensembles ordonnés et interdépendants, orientés pour l'essentiel vers l'efficacité pratique : traitement de l'infortune, orientation des édifices, calendrier, prédestination, sort eschatologique, dispositifs divinatoires, compatibilité des conjoints, bon gouvernement, tout s'articule de proche en proche dans une trame si serrée et si chargée de déterminations qu'il n'est plus possible de savoir si c'est l'homme qui reflète l'univers ou l'univers qui prend l'homme comme modèle. Des chaînes de causalité transitive aussi longues et luxuriantes ne se rencontrent guère dans les ontologies animiques ou totémiques, et elles ne subsistent plus dans le naturalisme contemporain qu'à l'état de fragments, survivances nostalgiques d'une époque enchantée où puisent amateurs d'horoscopes, adeptes des médecines douces et fidèles des sectes *New Age*.

On ne peut donc pas dire que l'analogisme ait installé l'homme au point d'intersection de toutes les lignes de sens connectant les choses. Comme le dit Foucault à propos de la Renaissance, la correspondance entre macrocosme et microcosme est plutôt un effet de surface ; la situation privilégiée que l'analogisme fait à l'homme comme étalon herméneutique permet de réduire la prolifération des ressemblances au moyen d'un guide d'interprétation maîtrisable car fondé sur les propriétés imputées à sa personne. Ajoutons que l'écologie d'un organisme constitué de multiples instances nomades cohabitant de façon plus ou moins harmonieuse ne peut qu'évoquer l'image d'un monde en miniature, beaucoup mieux en tout cas que les combinaisons plus simples auxquelles les autres ontologies ont recours. Les systèmes analogiques n'ont pourtant rien d'anthropomorphique ; malgré la position épistémique prépondérante que les hommes y tiennent, la diversité des pièces qui les composent est si grande, et leur architecture si complexe, qu'une seule créature ne saurait en constituer le gabarit.

Un autre moyen de donner ordre et sens à un monde peuplé de singularités est de répartir celles-ci dans de grandes structures inclusives à deux pôles. Le pullulement des attributs peut alors être contenu par une opération de classement dans une nomenclature simplifiée de qualités sensibles. Deux de ces nomenclatures sont très répandues — celle opposant le chaud au froid et celle, parfois combinée à la précédente, opposant le sec à l'humide — et elles constituent peut-être les indices les plus immédiats pour identifier une ontologie analogique. Les anciens Nahuas n'usaient que de la première, mais ils l'employaient en permanence et de façon exhaustive afin de répartir tous les existants en deux classes. Ils situaient ainsi du côté du chaud le monde céleste, la lumière, le masculin, le dessus, la force, le feu, l'aigle, le jour, le chiffre 13, la vie, etc. ; du côté du froid étaient rangés le monde chthonien, l'obscurité, le féminin, le dessous, la faiblesse, l'eau, l'ocelot, la nuit, le chiffre 9, la mort... Toujours vivace en Méso-Amérique, cette dualité continue d'y régir l'ensemble des entités visibles et invisibles : plantes, animaux, minéraux, corps célestes, jours de la semaine, mois, esprits, aliments, états physiologiques, tout peut être ramené à la polarité du chaud et du froid.

Ainsi qu'on peut le voir à la nature des éléments classés, l'assignation d'une chose à l'une ou l'autre classe ne dépend guère de sa température effective, mais des propriétés qui lui sont prêtées et des associations que sa situation et sa fonction suggèrent. Le chaud et le froid, qualités subjectives et contrastives s'il en est, servent ici de rubriques abstraites et conventionnelles pour subsumer des paires de contraires, non d'indicateurs empiriques d'un état matériel. Selon les Mayas du Yucatán, par exemple, la chaleur d'un four transmet à la nourriture une qualité « froide » en raison des analogies que celui-ci présente avec l'inframonde, tandis que les aliments cuisinés sur le *comal*, une platine de terre cuite directement posée sur un foyer, acquièrent une qualité « chaude » congruente à celle du ciel[29]. Bien que dichotomique, la polarité du chaud et du froid admet aussi des gradations, en particulier dans le domaine de la médecine où il s'agit de restaurer l'équilibre thermique des organismes en les réchauffant ou en les refroidissant par des traitements idoines, à base de plantes en général : celles-ci sont donc dites « chaudes » (c'est la majorité) ou « froides », mais certaines peuvent avoir l'un et l'autre attribut selon l'usage qui en est fait. C'est le cas chez les Tzotzil où un petit nombre de plantes sont classées par certains à la fois comme *sik* (froides) et *k'ixim* (chaudes)[30]. Il existe enfin des entités qui réunissent en elles de façon intrinsèque les deux qualités, tel le maïs pour les Totonaques de la Sierra de Puebla[31]. Les degrés de chaud et de froid imputés aux choses et aux états fonctionnent ainsi comme des paramètres très polyvalents permettant tout à la fois de structurer le monde dans une taxinomie de l'identique et du différent et de définir des positions relatives, et conjoncturelles, afin d'orienter l'action.

Le caractère authentiquement méso-américain de la polarité du chaud et du froid n'est pas admis par tous et une importante polémique s'est développée à ce sujet dont il convient de dire quelques mots. La coïncidence troublante entre ce couple de concepts et son homologue dans l'ancienne théorie européenne des humeurs, où il joue aussi un rôle prépondérant, a conduit Foster à affirmer dans un article célèbre que la classification dichotomique selon le chaud et le froid était un héritage de la médecine hippocratique transmis au Nouveau Monde par les Espagnols[32]. La thèse fut bientôt adoptée par nombre de mexicanistes et contribua de façon décisive à stimuler un flot d'études sur la part prise par les greffes ibériques dans la constitution de ce grand *melting pot* culturel et social qu'était la Nouvelle-Espagne, un domaine de recherche certes longtemps négligé, mais dont la vogue présente tend parfois à faire oublier que les Indiens de Méso-Amérique ont conservé vivaces bien des traits de leur passé précolombien. Nul ne contestera que plusieurs siècles de domination coloniale ont suscité dans les systèmes de pensée indigènes des changements notables, certains d'entre eux s'étant fait sentir dès les premières décennies du contact, tout particulièrement au sein de l'élite mexica qui constituait la principale source d'informations de Sahagún et de ses confrères. Cela dit, les arguments qui plaident en faveur d'une origine préhispanique de l'opposition chaud/froid paraissent plus convaincants que ceux qui en font une croyance importée. Sans entrer ici dans le détail de la polémique, on peut suivre López Austin, partisan déclaré de l'autochtonie de cette polarité, lorsqu'il fait notamment valoir qu'il est curieux qu'une partie seulement de la théorie humorale ait franchi l'Atlantique, l'opposition complémentaire du sec et de l'humide, centrale dans la doctrine européenne des quatre éléments, n'ayant qu'une très faible valeur en Méso-Amérique ; on le suivra aussi lorsqu'il remarque que les premières sources écrites en nahuatl mentionnent des classements par le chaud et le froid sans rapport direct avec des questions relevant de la santé, et cela à une époque où la médecine espagnole n'avait pu encore établir son emprise ; on le suivra encore lorsqu'il souligne que le champ structuré par ce couple de concepts est autrement plus vaste que celui de la médecine, au moment de la Conquête comme à présent, puisque à peu près tout peut y être rangé[33]. Ajoutons que l'importance cruciale accordée à la polarité chaud/froid dans d'autres régions du monde où l'influence hippocratique est soit exclue — la Chine, le système ayurvédique en Inde —, soit possible mais peu probable — l'Afrique de l'Ouest — milite plutôt en faveur d'une origine indépendante dans le cas de la Méso-Amérique également[34].

Si l'on admet que les grandes classifications inclusives au moyen de paires de qualités sensibles sont l'un des traits les plus typiques des ontologies analogiques, alors la controverse quant à l'origine de la polarité chaud/froid paraîtra bien vaine. Il s'agit simplement ici d'une coïncidence partielle — la dichotomie du sec et de l'humide n'ayant pas fait souche en Méso-Amérique indigène — entre deux modes de classement similaires car nés tous deux dans des contextes analogiques comparables, quoique géographiquement séparés. La convergence structurelle de la nomenclature autochtone et d'une partie de la nomenclature européenne ne posait donc aucun problème majeur[35]. On sait que les Européens furent scandalisés par certains aspects de la civilisation des anciens Mexicains qui allaient par trop à l'encontre des enseignements de l'Évangile. En revanche, ils ne manifestèrent aucun étonnement devant leurs techniques divinatoires et médicales dont ils soulignaient plutôt les ressemblances avec leurs propres pratiques; comme l'écrit sans fard un commentateur du *Codex Borgia*, « tout était bien ordonné et accordé, et ils utilisaient les mêmes méthodes que les astrologues et les médecins chez nous[36] ». Et si les conquérants se sont parfois efforcés de disqualifier des aspects de la médecine autochtone, ce n'était aucunement, et pour cause, en raison de l'usage qu'elle faisait de l'opposition du chaud et du froid comme indicateurs étiologiques et nosologiques, mais parce que certaines applications thérapeutiques qui en résultaient allaient à l'encontre de l'orthodoxie hippocratique[37]. Des querelles d'experts, donc, partageant des principes de physiologie qualitative, et qui, à l'instar des traités médicaux de la Renaissance, manifestaient surtout leurs dissensions au sujet des conséquences cliniques à en tirer dans tel ou tel cas.

Tout comme on trouve partout des ébauches de correspondances entre macrocosme et microcosme, il n'est sans doute aucune partie du monde où les humains n'aient cédé occasionnellement à la tentation de classer des choses selon qu'elles étaient réputées chaudes ou froides, sèches ou humides. Insérées dans des énoncés et des nomenclatures de circonstance, ces oppositions n'en deviennent pas pour autant de vastes systèmes inclusifs, et explicatifs, du type de ceux auxquels les ontologies analogiques ont recours afin d'ordonner la multiplicité des entités dont elles peuplent leurs mondes. Il est remarquable, en effet, que l'on ne trouve aucune trace d'une polarité générale chaud/froid dans l'Australie totémique, ni dans ces terres animiques par excellence que sont la Sibérie, l'Amérique subarctique ou l'Amazonie indigène[38]. Le naturalisme en conserve quelques traces dans les taxinomies populaires, legs tenace de l'ancienne théorie des humeurs qui se glisse d'ailleurs parfois jusque dans la pensée savante : c'est à une telle survivance, selon Bachelard, que l'on devrait la traduction en « calories » de la valeur nutritive des aliments[39]. Plutôt que de voir un invariant universel dans l'opposition du chaud et du froid, ou du sec et de l'humide, il vaut donc mieux l'appréhender comme un mécanisme toujours disponible de réduction des singularités, assurément fondé sur des qualités saillantes universellement reconnues, mais qui ne s'actualise dans un système classificatoire englobant que lorsque le taux de diversification ontologique est tel que des nomenclatures spécialisées ne parviennent plus à ordonner le réel pour la pensée et pour l'action, et qu'un principe plus général devient nécessaire afin d'assurer l'intégration des différents dispositifs de classement.

Échos d'Afrique

À cet exemple d'analogisme mexicain rencontrant celui de l'Europe du XVIe siècle, l'ajout d'un bref contrepoint tiré d'une autre région du monde pourra paraître nécessaire. C'est l'occasion de se tourner vers l'Afrique, un continent peu présent jusqu'ici dans cet ouvrage. Un souvenir évoqué par l'anthropologue malien Amadou Hampaté Ba permettra de comprendre les raisons de ce choix.

> Ma propre mère, chaque fois qu'elle désirait me parler, faisait tout d'abord venir ma femme ou ma sœur et leur disait : « J'ai le désir de parler à mon fils Amadou, mais je voudrais, auparavant, savoir lequel des Amadou qui l'habitent est là en ce moment[40]. »

Dans une portion de l'Afrique de l'Ouest correspondant *grosso modo* à l'aire mandé-voltaïque (Mali, Burkina Faso, franges orientale du Sénégal et septentrionale de la Côte d'Ivoire) domine en effet une conception de la personne humaine étrangement proche de celle que s'en font les Indiens du Mexique : chaque individu est constitué d'une multiplicité de composantes en mouvement dont les combinaisons toutes différentes produisent des identités uniques. L'exemple des Bambara examiné par Hampaté Ba est on ne peut plus net. Deux termes existent pour la personne : *maa*, la personne proprement dite, et *maaya*, « les personnes de la personne », c'est-à-dire divers aspects du *maa* réunis en elle ; d'où l'expression traditionnelle « les personnes de la personne sont multiples dans la personne[41] ». Cet état de fait date de la genèse, lorsque le démiurge Maa-nala, ayant créé des êtres dont aucun n'était apte à devenir son interlocuteur, préleva une petite portion de tous les existants et mélangea ces fragments afin de créer un être hybride, l'humain, qui contiendrait en lui un brin de l'ensemble des entités peuplant l'univers. Sur le visage sont lisibles les attributs psychiques et moraux de chacune des personnes cohabitant dans un individu, les signes étant répartis entre le front, les sourcils, les yeux, les oreilles, la bouche, le nez et le menton[42].

Même foisonnement des composantes de la personne chez les Samo du Burkina. Selon Françoise Héritier, tout humain est composé d'un corps, *mɛ*, dont la chair est donnée par la mère ; de sang *miya* reçu du père ; du souffle *sisi* véhiculé par le « sang du cœur » ; d'élan vital *nyìni*, diffusé par le « sang du corps », dont tout être vivant détient une parcelle en propre et que rendent manifestes la chaleur et la sueur *(tàtáre)* ; d'une personnalité psychique *yí:ri* (entendement, conscience de soi, mémoire, imagination), tout à fait idiosyncrasique, mais qui peut être parfois la réincarnation de celle d'un ancêtre ; d'un « double » *mɛrɛ*, une essence immortelle absolument spécifique à chaque individu, en partie reconnaissable par les caractéristiques de l'ombre portée *nysilɛ* et dont sont aussi dotés les plantes, les animaux et certains éléments inorganiques comme l'argile ou le fer ; d'un « destin individuel » *lɛpɛrɛ*, en partie conditionné par celui de la mère et qui détermine la durée de la vie ; et d'attributs singuliers tels le nom ou encore l'« homonyme surréel » *tõma* dérivant de l'acquiescement d'un génie de la brousse, identifié par un devin, à la naissance de l'enfant[43]. Chaque existant se présente donc comme un assemblage particulier d'éléments matériels et immatériels très divers lui conférant une identité originale, les humains étant le produit d'une combinaison plus complexe que celle des autres entités du monde, ce qui conduit Héritier à définir l'individu samo comme un « feuilletage » de composantes élémentaires[44].

Dans cette région d'Afrique, ce sont toutefois les Dogon qui ont poussé le plus loin la diversification des constituants des êtres. D'après Germaine Dieterlen, chaque humain est formé d'un corps *gódu*, de huit « âmes » *kikinu* (contraction de *kindu kindu*), de huit « graines de clavicule » et d'un grand nombre de parcelles de « force vitale » *ɲàma*, à quoi s'ajoute un double animal[45]. Les huit âmes *kikinu* se répartissent en quatre « âmes de corps », elles-mêmes divisées en deux couples d'âmes jumelles de sexe opposé — les *kikinu sáy*, ou « âmes intelligentes », associées aux facultés mentales, répandues dans tout le corps et capables de s'en détacher, et les *kikinu búmonɛ*, ou « âmes rampantes », reflets des précédentes, se manifestant dans l'ombre portée et quittant rarement leur support — et en quatre « âmes de sexe », sortes de doublets des « âmes de corps », affectées aux fonctions procréatrices et elles aussi divisées en deux couples d'âmes jumelles de sexe opposé. Les huit âmes *kikinu* de chaque humain lui sont tout à fait propres et ne sont pas transmises à ses descendants ; l'enfant en reçoit un ensemble spécifique dès le début de sa vie intra-utérine qu'il conservera jusqu'à sa mort, octroyé par Nommo, maître de l'eau et géniteur de l'humanité, et issu des stocks de *kikinu* siégeant dans l'eau, particulièrement dans les mares sacrées dites « de famille » allouées à chaque lignage étendu. Quant aux deux clavicules, elles contiennent les symboles des huit graines primordiales, quatre par clavicule, engendrées par le Créateur au début de la genèse — le petit mil, le mil blanc, le mil d'ombre, le mil femelle, le haricot, l'oseille, le riz et la *Digitaria* —, l'ensemble étant assimilé à un grenier miniature permettant à l'individu de profiter de l'énergie *ɲáma* des plantes cultivées qu'il consomme. Le contenu claviculaire et son ordonnancement varient pour chaque personne selon le sexe, la tribu, la caste, la fonction, etc. ; en outre, la position des graines à l'intérieur de l'os se modifie chaque fois que le porteur change de statut en conséquence des nombreux rites de passage auxquels il se soumet, et chaque fois aussi qu'il participe à une cérémonie collective. Enfin la « force vitale » *ɲáma* est placée sous la juridiction directe des âmes *kikinu*. Selon les termes de Marcel Griaule, on peut la définir comme « une énergie en instance, impersonnelle, inconsciente, répartie dans tous les animaux, végétaux, dans les êtres surnaturels, dans les choses de la nature et qui tend à faire persévérer dans son être le support auquel elle est affectée temporairement (être mortel) ou éternellement (être immortel)[46] ». Toutefois, le *ɲáma* d'un humain n'est pas un fluide indifférencié ; il est formé d'une combinaison de quatre-vingts particules de provenances diverses, spécifique à chaque individu et le reliant à ses ascendants directs et indirects : sous l'égide du *kikinu* « de corps » mâle sont groupés quarante *ɲáma* ayant à leur tête celui du père et, sous l'égide du *kikinu* « de corps » femelle, quarante autres ayant à leur tête celui de la mère. Les deux ensembles séjournent dans les clavicules et, chaque jour, une nouvelle paire de particules de *ɲáma* provenant de ces deux séries vient veiller sur la personne, occupant son corps tout entier, selon un cycle d'alternance de quarante jours. De plus, tout humain acquiert des portions supplémentaires de *ɲáma* concédées par les puissances auxquelles il rend un culte, portions qui ne se mélangent pas au stock initial. Il est donc le dépositaire d'une multitude de *ɲáma* d'origines diverses qui le maintiennent en relation avec une foule d'êtres lui ayant transmis des parcelles de force vitale, « chacune d'elles contribuant à assurer son intégrité spirituelle et, de fait, à maintenir l'équilibre de ses forces physiques[47] ». Bref, non seulement chaque Dogon forme un alliage composite et absolument unique d'une quantité prodigieuse de composantes matérielles et immatérielles, un véritable monde en réduction avec son écologie propre et ses lois de compatibilité et d'incompatibilité, mais la mobilité constante de ses parties constitutives fait de lui un être chaque jour différent de ce qu'il était la veille.

Dans les exemples africains considérés, l'attribution aux non-humains de qualités similaires à celles des humains paraît certes se faire avec plus de parcimonie que dans le cas de la Méso-Amérique où presque tous les existants se voient pourvus de composants analogues, quoique agencés en chacun de façon différente. On est pourtant loin encore des cloisonnements ontologiques du naturalisme, avec ses ségrégations strictes entre les humains honorés d'une intériorité et la masse générique des êtres de nature sans conscience ni libre arbitre. Rappelons que, chez les Dogon de Tireli, certains arbres aiment à se déplacer la nuit pour tenir des palabres, de même que les pierres situées près des cimetières[48]. De plus, le *ɲáma*, principe général d'animation et d'identité, est distribué de façon libérale, on l'a vu, dans les humains et la plupart des non-humains. Les Bolo du Mali et du Burkina ont une notion semblable, le *nyama*, reconnue par tous les peuples du Mandé, une force de vie qui baigne l'univers et se condense dans toutes sortes d'entités, humains, animaux ou génies[49]. Chez les Samo, le *mɛrɛ* est une essence stable et éternelle fournissant le support de l'identité d'un humain ou d'un non-humain, laquelle subsiste comme principe d'individuation après la disparition physique de l'entité qu'il singularise. Ainsi, la mort d'un humain fait s'évanouir ses éléments constitutifs, à l'exception du *mɛrɛ* qui va entamer une deuxième vie au village des morts, recréant pour ce faire une personne à part entière avec de nouvelles composantes ; au terme de cette existence dans le monde des trépassés, le processus se renouvelle dans une seconde « vie de mort », à l'issue de laquelle le *mɛrɛ* du défunt passe dans un grand arbre, lui-même pourvu d'un *mɛrɛ*.

Tout comme chez les Mexicains, les éléments constitutifs des êtres sont très mobiles, en constante recomposition, et en partie localisés en dehors de leur enveloppe physique. C'est le cas du *mɛrɛ* samo qui vagabonde dans des physicalités diverses où il coexiste parfois avec le *mɛrɛ* d'autres organismes. C'est encore plus manifeste chez les Dogon. Parmi les « âmes de corps », l'âme « intelligente » *(kikinu sáy)* femelle d'un homme séjourne à l'occasion dans l'eau de la mare familiale, de même que l'âme *kikinu sáy* mâle d'une femme ; les « âmes rampantes » *kikinu búmonɛ* d'un homme peuvent habiter le sanctuaire de son culte ancestral pour l'une, l'animal interdit du clan pour l'autre. Tout rite de passage — dation du nom, circoncision, excision, mariage ou funérailles — de même que la participation à une cérémonie collective provoquent le déplacement d'une ou de plusieurs composantes de l'individu. En outre, chaque humain possède un double animal né en même temps que lui dans l'espèce associée à sa famille. Selon ce qu'en dit Ogotemmêli, le célèbre informateur de Griaule, lorsque les huit ancêtres humains des Dogon furent créés, huit animaux naquirent au ciel au même moment et chaque paire d'humain et d'animal avait une âme en commun. À la manière du *tona* mexicain, « l'animal est comme le jumeau de l'homme [...] il est certes distinct de lui, né en d'autres zones, de forme apparemment hétérogène, mais de même essence [50] ». Chaque animal jumeau a lui-même un jumeau d'une autre espèce, et ce dernier également, la série se prolongeant de proche en proche jusqu'aux plantes, de sorte que tout humain membre de l'une des huit descendances des ancêtres primordiaux se trouve lié à une chaîne d'individus non humains dont sa naissance a déclenché l'apparition et qui couvre le huitième de tous les êtres vivants dans le monde.

À l'instar de ce qui se passe en Méso-Amérique, des

trames immenses connectent ainsi chaque humain à une multiplicité d'existants par l'intermédiaire d'un petit nombre d'éléments communs, véritables chaînes des êtres enserrant toute singularité dans un entrelacs de déterminismes et d'attributs en miroir sous le contrôle des ancêtres. Sans doute les Dogon ont-ils poussé fort loin cette obsession des correspondances entre macrocosme et microcosme, et avec une cohérence si méticuleuse — et si méticuleusement rapportée par Griaule et ses collaborateurs — qu'elle a pu faire douter que quiconque parmi eux, même Ogotemmêli, ait été capable de se former une vision d'ensemble de ce monde englué dans les filaments innombrables des analogies et des échos signifiants, ou ait pu à tout moment conformer l'ensemble de ses actes aux préceptes régissant le bon fonctionnement de cette cosmologie surpeuplée. Mais ce que les Dogon ont poussé à l'extrême est aussi présent dans le reste de l'aire mandé-voltaïque. Chez les Bambara, par exemple, dont le corps est pensé à la manière d'« un sanctuaire où tous les êtres se retrouvent en interrelation »; ou chez les Samo, pour qui l'individu est « une concrétisation ponctuelle à une croisée de chemins, à l'intersection de lignes sur-réelles et réelles qui elles-mêmes recoupent deux mondes, celui de l'Univers et celui de l'Humanité[51] ». On mesure à quel point il serait incongru de dire cela des Jivaros, des Naskapi ou des Chewong, dont l'organisation ontologique se conforme à une dualité rassurante et qui se connectent aux non-humains par le seul commerce quotidien des intériorités investies dans la vie sociale, non par des branchements multiples des diverses strates de leur personne avec tel ou tel secteur du cosmos. En revanche, c'est en des termes presque semblables que l'on a pu parler de l'ontologie mexicaine ou chinoise, et pour des raisons identiques : cette région de l'Afrique se rattache au grand archipel analogique qui s'éparpille à la surface de la terre en une multitude d'îles et d'îlots dont aucun réseau de diffusion n'aurait pu uniformiser à ce point la structure.

Appariements, hiérarchie, sacrifice

Rappelons en quelques mots les propriétés du mode d'identification qui donne aux habitants de cet archipel leur caractère distinctif. L'intériorité et la physicalité sont ici fragmentées en chaque être entre des composantes multiples, mobiles et en partie extra-corporelles, dont l'assemblage instable et conjoncturel engendre un flux permanent de singularités. Au sein de cette collection gigantesque d'existants uniques, les humains forment une cohorte privilégiée car leur personne offre un modèle réduit, donc maîtrisable, des rapports et processus régissant la mécanique du monde. D'où une préoccupation constante pour la conservation d'un équilibre sans cesse menacé entre les pièces constitutives des individus, qui se traduit notamment par le recours systématique à des théories du dosage et de la compatibilité des humeurs et des substances physiologiques, assortie de l'inquiétude toujours présente d'être investi par une identité intrusive et aliénante, ou de voir s'enfuir un élément essentiel de sa propre identité. D'où, aussi, la nécessité de maintenir actifs et efficients les canaux de communication entre chaque partie des êtres et la foule des instances et déterminations qui leur assurent stabilité et bon fonctionnement. Le poids de ces dépendances exige d'apporter une attention maniaque au respect d'un faisceau d'interdits et de prescriptions si contraignants qu'ils requièrent généralement les secours de spécialistes versés dans l'interprétation des signes et l'exécution correcte des rituels, en même temps que le développement de techniques particulières de lecture du destin, telles l'astrologie ou la divination. Pour se retrouver dans la forêt des singularités, il faut en effet disposer d'un réservoir de symboles et d'emblèmes permettant de coder la diversité dans une grille herméneutique ; c'est pourquoi l'on délègue à des mécanismes semi-automatiques de comput et de combinaison, mais aussi à des artefacts dont beaucoup peuplent nos musées ethnographiques, le soin de réduire un cosmos trop complexe en incorporant ses jointures et ses lignes de force dans des figures manipulables.

L'analogisme use donc de l'analogie afin de cimenter un monde rendu friable par la multiplicité de ses parties, et il le fait avec une systématicité admirable. Le jeu de la connexité des lieux et des contiguïtés temporelles permet de regrouper les choses dans des classements fondés sur leur position dans un site et une série, motivant une prolifération sans pareille de coordonnées spatiales et de découpages de la durée : orients, quartiers, ségrégations topographiques strictes, calendriers, et surtout cycles longs des généalogies. C'est en particulier au moyen de ces chaînes de filiation étirées que peut se tisser le grand écheveau des solidarités intergénérationnelles, moyen commode de justifier la permanence au fil du temps de groupes d'attributs et de prérogatives transmis continûment, et raison de la place prépondérante qu'occupent souvent les ancêtres dans ce mode d'identification, comme de la révérence craintive dont ils sont entourés — en parfait contraste avec l'animisme et le totémisme d'où ces encombrants personnages sont absents. On a vu aussi que les grandes classifications duelles (ou quadripartites, par dédoublement de la dualité) y sont généralisées parce qu'elles offrent la solution la plus économique pour ranger les existants en fonction des qualités qu'on leur prête et pour mettre en exergue les similitudes cachées qu'ils entretiennent derrière leur diversité phénoménale. La différence est grande, là encore, avec les dualismes totémiques communs en Australie. Ces derniers constituent des classes primitives de propriétés intangibles auxquelles se rattachent un nombre variable d'entités exprimant ces propriétés, tandis que les classifications binaires du type chaud et froid ne sont qu'une façon d'ordonner des éléments en fonction des prédicats qu'on leur attribue. Dans le premier cas, la classe est originaire et spécifie les caractéristiques ontologiques de ce qu'elle contient, dans le second cas, elle n'est qu'un puissant outil taxinomique pour subsumer des qualités reconnues à des entités dont la composition ontologique demeure indépendante des indicateurs employés pour ranger ces entités dans l'une ou l'autre rubrique.

Une autre façon expédiente d'agencer un flux de singularités consiste à les hiérarchiser. Le modèle de la chaîne des êtres est ainsi *grosso modo* transposable à toutes les ontologies analogiques, quoique les critères de l'étagement hiérarchique soient fort variables. Il s'agit d'une différence de taille par rapport à l'animisme et au totémisme où les distinctions entre des collectifs d'existants structurellement équivalents se déploient sur le seul plan horizontal, et non dans ces superpositions de castes, de classes et de fonctions, dans ces empilements de puissances et de divinités, que les civilisations analogiques, et leurs polythéismes buissonnants, nous ont rendus si familiers. Des hiérarchies trop longues deviennent toutefois malaisées à manier. Aussi faut-il des dispositifs pour structurer leur gradation linéaire et des moyens d'atténuer l'ampleur des discontinuités qui les scandent. On peut ranger dans cette catégorie les schèmes organisateurs mis en évidence par Louis Dumont dans ses analyses de la hiérarchie des castes et des varnas en Inde : par exemple, la répétition au sein de chaque subdivision de la hiérarchie des principes régissant la structure générale de celle-ci — chaque caste reproduisant au niveau des unités qui la composent le modèle global de distribution dont elle est elle-même un résultat [52]. Ce que Dumont appelle le holisme, à savoir un système de valeur qui subordonne la place de chaque existant dans une hiérarchie, et la cohésion de celle-ci, à une totalité transcendante à ses parties, ne serait donc pas tant une caractéristique par laquelle les sociétés non modernes dans leur ensemble se différencieraient de l'individualisme moderne, mais plutôt un moyen employé par les seules ontologies analogiques afin de rendre maîtrisable un amoncellement de singularités. Il en va de même pour ces inversions de dominance qui accompagnent, en Chine, les changements de niveaux — prééminence de la gauche sur la droite dans la partie supérieure du corps et du cosmos, de la droite sur la gauche dans la partie inférieure [53]. Grâce à un jeu de règles reposant sur l'analogie, l'inversion et le dédoublement, un univers émietté par des discontinuités multiples devient intelligible dans toutes ses connexités et, au prix d'une déférence sans faille aux obligations rituelles et aux prescriptions de l'étiquette, habitable par chacun sans confusion de lieu ni de statut.

Un dernier dispositif de couplage doit être mentionné, ne serait-ce qu'à titre d'hypothèse et en réclamant l'indulgence du lecteur. On ne peut s'empêcher, en effet, de constater que le sacrifice est présent dans les régions où dominent les ontologies analogiques — notamment dans l'Inde brahmanique, en Afrique de l'Ouest, en Chine ancienne (où il était surtout lié aux fonctions politiques), dans la zone andine et dans le Mexique précolombien —, tandis qu'il est inconnu dans l'Australie totémique et dans ces terres animiques par excellence que sont l'Amazonie et l'Amérique subarctique. On pourrait certes faire valoir que, à l'exception du chien pour l'Amérique septentrionale, l'élevage est absent, ou d'introduction récente, dans ces régions : sans animaux domestiques à immoler, le sacrifice deviendrait impossible[54]. Mais l'invocation de cette raison pratique ne ferait que déplacer la question, car il faudrait alors expliquer pourquoi il y a nécessairement incompatibilité entre la domestication animale et les ontologies animiques ou totémiques, un problème qui sera examiné dans la dernière partie de ce livre. En outre, il serait théoriquement possible en de pareils cas de sacrifier des humains ; car on peut probablement généraliser ce précepte de l'Inde védique qui veut que la seule victime authentique soit la personne du sacrifiant qui prend l'initiative du rite et en escompte un effet, les animaux immolés n'étant que ses substituts, lesquels peuvent être eux-mêmes remplacés par d'autres choses dans cette fonction.

Rien n'empêcherait non plus, faute d'animaux domestiques, d'abattre rituellement des animaux sauvages capturés à cette fin et en partie socialisés dans la sphère villageoise. Cette période de familiarisation les rendrait tout à fait aptes à représenter les humains qui les ont nourris et ont pris soin d'eux, à l'instar de ce qui se passe avec les animaux d'élevage. De tels cas ne sont pas inconnus dans le monde animique. Les Cashibo de l'Amazonie péruvienne organisent ainsi régulièrement une grande cérémonie au cours de laquelle ils mettent à mort un tapir apprivoisé, dont la chair est ensuite consommée dans un festin réunissant plusieurs groupes locaux : la famille qui l'a élevé chante ses louanges et pleure sa disparition en adoptant tous les signes de deuil réservés à un parent humain. La « fête de l'ours » chez les Ghiliak (ou Nivx) du bassin de l'Amour et de Sakhaline reposait sur un principe analogue : on y tuait rituellement un ours capturé dans son très jeune âge et élevé pendant plusieurs années avec sollicitude, avant de le manger dans un banquet collectif où l'on prenait soin, en signe de respect et d'affection, d'offrir à sa dépouille une portion de sa propre viande[55]. Or, dans ces deux cas issus de sociétés typiquement animiques, la mise à mort de l'animal ne s'apparente justement pas à un sacrifice : l'ours, ou le tapir, n'est pas une victime consacrée à une divinité que l'on souhaite se concilier; aucun bienfait n'est attendu au terme de la cérémonie, en particulier aucun changement d'état chez ceux qui ont élevé l'animal ou qui l'ont tué; enfin, l'animal ne peut être remplacé dans la fête par un substitut, y compris de la même espèce.

La caractéristique du sacrifice est en effet qu'il relie deux termes entre lesquels il n'existe au départ aucun lien, le but de l'opération étant, pour reprendre la définition de Lévi-Strauss, « d'instaurer un rapport, qui n'est pas de ressemblance, mais de contiguïté, au moyen d'une série d'identifications successives qui peuvent se faire dans les deux sens [...] : soit du sacrifiant au sacrificateur, du sacrificateur à la victime, de la victime sacralisée à la divinité; soit dans l'ordre inverse[56] ». Un tel enchaînement de médiations serait aussi inutile qu'incongru dans le cas du tapir et de l'ours, tous deux réputés posséder une intériorité ressemblant à celle des humains, traités comme des personnes que l'on tue avec considération et que nul ersatz ne saurait représenter, et à qui n'est dévolu aucun rôle conjonctif vis-à-vis d'une inexistante puissance transcendante. Se servir du sacrifice pour forger un tel rapport de contiguïté entre des entités initialement dissociées peut en revanche paraître nécessaire dans une ontologie analogique où tous les existants sont des singularités entre lesquelles des passerelles doivent être établies : de même que l'on ne peut pas sauter des maillons dans la chaîne de l'être sans compromettre son intégrité structurelle, de même le lien entre deux entités distantes et hétérogènes, le sacrifiant et la divinité, ne peut être construit que par un mécanisme d'identifications graduelles et transitives entre des éléments intermédiaires.

Mais pourquoi alors mettre à mort la victime sacrificielle puisque l'on semble briser ainsi, et de façon spectaculaire, la connexion que l'on cherchait à instituer par des identifications en cascade ? Là encore, la réponse de Lévi-Strauss est ingénieuse. Une fois le rapport entre le sacrifiant et la divinité assuré par la sacralisation de la victime, la destruction de celle-ci à l'initiative des humains interrompt la continuité préalablement instaurée, induisant chez le destinataire du sacrifice le désir de renouer le contact en dispensant la faveur espérée ; l'abolition du terme connectant le « réservoir humain » et le « réservoir divin » crée ainsi un déficit brutal de contiguïté, un appel par le vide, censé amorcer un rétablissement compensatoire[57]. L'interprétation est séduisante, mais peut-être est-il excessif de parler ici de « réservoir » comme s'il s'agissait de deux domaines parfaitement autonomes à relier par un conduit. Car l'efficacité imputée au dispositif sacrificiel vient au contraire du fait que la victime se présente comme un paquet composite de propriétés diverses dont certaines sont identiques à celles du sacrifiant (elle est douée de vie, socialisée dans un collectif humain...), d'autres à celles de la divinité (elle peut figurer son corps, descendre d'elle, contribuer à sa subsistance...), d'autres enfin à celles des substituts qui peuvent la remplacer (elle est entretenue par les hommes, comestible...). Et c'est précisément cette décomposition des attributs de la victime, sur le fond d'un fractionnement général des existants en une foule de composantes, qui lui permet de remplir une fonction de connecteur par le biais de l'identification de chacun des acteurs du rite à l'une au moins de ses propriétés. Par ailleurs, nombreux sont les cas de sacrifice, notamment en Afrique, où le bénéficiaire des effets du rite n'est pas une personne, mais une entité concrète ou abstraite n'entretenant que des liens conjoncturels avec le sacrifiant, que celui-ci soit un individu ou un groupe. Parfois même, il ne s'agit pas d'induire ou de consolider un état, ou d'attirer un bienfait, mais bien de dénouer un rapport antérieur, à l'instar du sacrifice offert par les Nuer à l'occasion d'un inceste : que la victime sacrificielle soit un concombre, une chèvre ou un bœuf, elle est toujours coupée en deux dans le sens de la longueur, une opération appelée *bakene rual,* « la séparation en deux de l'inceste », dont la finalité est de dissocier deux groupes de parents qu'une relation indésirable, et potentiellement létale, avait unis[58]. On pourrait donc appréhender le sacrifice comme un moyen d'action développé dans le contexte des ontologies analogiques afin d'instituer une continuité opératoire entre des singularités intrinsèquement différentes, et qui utilise pour ce faire un dispositif sériel de connexions et de déconnexions fonctionnant soit comme un attracteur — d'une connexion en sens inverse —, soit comme un disjoncteur — d'une connexion déjà existante sur un autre plan et que l'on cherche à interrompre.

10

Termes, relations, catégories

Au terme de ce périple dans des ontologies exotiques ou familières, il est maintenant possible de préciser et d'enrichir le tableau des modes d'identification. Selon les caractéristiques que les humains décèlent dans les existants par rapport à l'idée qu'ils se font des propriétés physiques et spirituelles de leur propre personne, des continuités ou des discontinuités d'ampleurs inégales sont instituées entre les entités du monde, des regroupements sur la base de l'identité et de la similitude prennent force d'évidence, des frontières émergent qui cloisonnent différentes catégories d'êtres dans des régimes d'existence séparés. La distribution des quatre combinaisons de ressemblances et de différences s'organise à partir de deux axes verticaux. L'un est caractérisé par de grands écarts dichotomiques, par la prééminence du continu sur le discontinu et par l'inversion des pôles d'inclusion hiérarchique : la continuité des intériorités entre humains et non-humains partageant une même « culture » prend dans l'animisme la valeur de l'universel (par contraste avec le particulier et le relatif qu'introduisent les différences de formes et d'équipements biologiques), tandis que c'est la continuité des physicalités dans le champ unifié de la « nature » qui joue ce rôle dans le naturalisme (par contraste avec le particulier et le relatif qu'introduisent les différences culturelles). L'autre axe privilégie les contiguïtés chromatiques et juxtapose en une symétrie couplée un système de ressemblances tendant vers l'identité, le totémisme, et un système de différences graduelles tendant vers la continuité, l'analogisme *(figure 2)*.

On pourrait objecter avec raison que le monde et ses usages sont bien trop complexes pour être réduits à ce genre de combinaison élémentaire. Rappelons donc que les modes d'identification ne sont pas des modèles culturels ou des *habitus* localement dominants, mais des schèmes d'intégration de l'expérience qui permettent de structurer de façon sélective le flux de la perception et le rapport à autrui en établissant des ressemblances et des différences entre les choses à partir des ressources identiques que chacun porte en soi : un corps et une intentionnalité. Les principes qui régissent ces schèmes étant universels par hypothèse, ils ne sauraient être exclusifs les uns des autres et l'on peut supposer qu'ils coexistent en puissance chez tous les humains. L'un ou l'autre des modes d'identification devient certes dominant dans telle ou telle situation historique, et se trouve donc mobilisé de façon prioritaire dans l'activité pratique comme dans les jugements classificatoires, sans que ne soit pour cela annihilée la capacité qu'ont les trois autres de s'infiltrer occasionnellement dans la formation d'une représentation, dans l'organisation d'une action ou même dans la définition d'un champ d'habitudes. Ainsi, la plupart des Européens sont-ils spontanément naturalistes — et je ne m'exclus pas du lot — en raison de leur éducation formelle et informelle. Cela n'empêche pas certains d'entre eux, en certaines circonstances, de traiter leur chat comme s'il avait une âme, de croire que l'orbite de Jupiter aura une influence sur ce qu'ils feront le lendemain, ou encore de s'identifier à tel point à un lieu et à ses habitants humains et non-humains que le reste du monde leur paraît être d'une nature entièrement différente de celle du collectif auquel ils sont attachés. Ils n'en sont pas devenus pour autant animiques, analogiques ou totémiques, les institutions qui encadrent leur existence et les automatismes acquis au fil du temps étant suffisamment inhibants pour éviter que ces glissements épisodiques dans d'autres schèmes n'aboutissent à les doter d'une grille ontologique tout à fait distincte de celle en vigueur dans leur entourage.

grands écarts (englobement)		petits écarts (symétrie)	
• ressemblance des intériorités (continuité des âmes) • différence des physicalités (discontinuité des formes pouvant déboucher sur une hétérogénéité des points de vue)	*animisme*	*totémisme* modèle australien	• ressemblance des intériorités (identité des âmes-essences et conformité des membres d'une classe à un type) • ressemblance des physicalités (identité de substance et de comportement)
• différence des intériorités (discontinuité des esprits) • ressemblance des physicalités (continuité de la matière)	*naturalisme*	*analogisme*	• différence des intériorités (discontinuité graduelle des composantes des existants) • différence des physicalités (discontinuité graduelle des composants des existants)

Figure 2. Distribution des existants selon l'intériorité et la physicalité.

On pourrait aussi objecter que les deux grands axes d'identification ne sont pas de même nature. Le premier combine des ressemblances et des différences en inversant les champs où elles se manifestent, tandis que le second juxtapose un couplage de ressemblances et un couplage de différences : toute discontinuité paraît disparaître dans le totémisme, et toute continuité dans l'analogisme. Ce n'est pourtant là qu'un effet déformant de la perspective adoptée pour définir les modes d'identification à partir d'un individu abstrait, objectivant des régularités dans le monde sur la base des attributs qu'il détecte en lui. De ce point de vue, le cadre originel d'identification d'un Aborigène australien est bien sa classe totémique, caractérisée par une continuité interne de propriétés physiques et morales que partage un groupe d'humains et de non-humains dérivés d'un même prototype. Toutefois, ce cadre n'est pas viable par lui-même et il requiert, afin qu'une vie sociale puisse se déployer, d'autres groupes totémiques homologues mais fondés chacun sur des faisceaux de propriétés différentes qui deviennent complémentaires à l'échelle de la combinaison que ces unités forment dans une tribu, voire au sein d'un ensemble plus vaste. L'aspiration à un entre-soi homogène peuplé d'hybrides indifférents à certaines de leurs dissemblances apparentes ne peut donc devenir vraisemblable et fonctionnelle que si chacun de ces collectifs se pose en contraste avec les autres, de façon que puisse circuler entre eux, et selon un code auquel tous adhèrent, un flux de signes, de personnes et de valeurs. Et c'est ici que la discontinuité retrouve ses droits, comme une condition pour que des segments totémiques s'intègrent et forment système en jouant sur leurs différences intrinsèques *(figure 3)*.

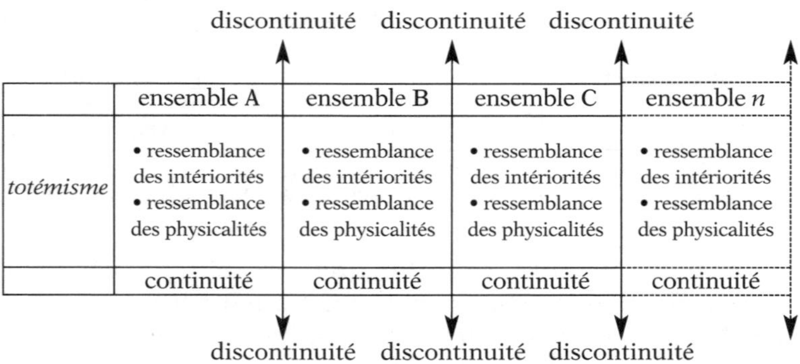

Figure 3. Articulation du continu et du discontinu dans le totémisme.

Il en va de même, en sens inverse, pour l'analogisme. Son état initial est bien une fragmentation générale des existants et de leurs composantes, mais cette accumulation de discontinuités peut être vue comme un préalable logiquement nécessaire au vaste mouvement de recomposition destiné à contrecarrer les effets disjonctifs de l'atomisme originel. Un monde saturé de singularités est presque inconcevable et en tout cas fort inhospitalier ; aussi faut-il qu'il héberge dans ses prémisses la possibilité de tempérer le pullulement infini des différences ontologiques au moyen de la continuité rassurante que correspondances et analogies pourront tisser sans relâche entre ses éléments disparates *(figure 4)*.

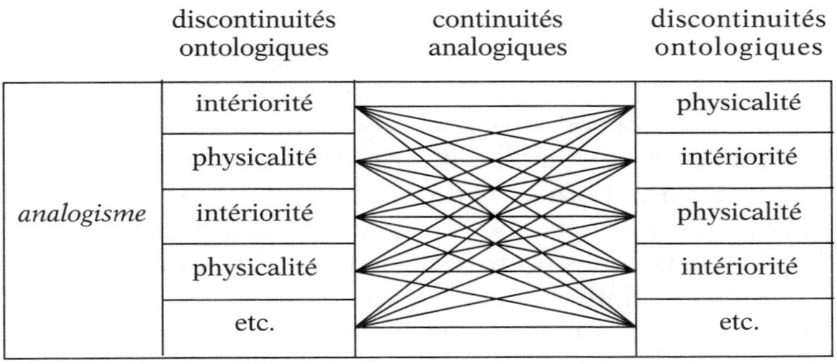

Figure 4. Articulation du continu et du discontinu dans l'analogisme.

Englobements et symétries

Bien que les classes d'entités découpées par les modes d'identification aient été envisagées jusqu'à présent du seul point de vue de leurs caractéristiques intrinsèques, il est possible d'inférer à partir de leurs propriétés et des positions contrastives qu'elles occupent certains des rapports qu'elles seraient susceptibles d'établir les unes avec les autres. Dans le schème animique, par exemple, les différences de physicalité entre les diverses catégories d'existants n'empêchent aucunement leurs membres de nouer entre eux des relations intersubjectives : de fait, l'hétérogénéité ostensible d'humains et de non-humains définis par des formes et des comportements spécifiques se voit en grande partie annulée par les liens symétriques que ces entités sont capables d'entretenir en faisant appel aux ressources de leurs intériorités. Lorsqu'un homme traite un animal comme un affin ou comme un ami cérémoniel, il escompte que cette attitude sera reconnue par la personne non humaine vers laquelle elle est dirigée, et que cette personne lui répondra selon les mêmes conventions. L'imputation aux non-humains de conduites humaines que la ressemblance des intériorités rend possible a ainsi pour résultat d'annexer une grande partie de ce que nous appelons la nature dans la sphère de la vie sociale, un mouvement d'englobement hiérarchique dans lequel le fait de partager une relation réciproque prédomine sur la différence physique entre les termes qu'elle rapproche. Il est vrai que le singe ou l'ours se distinguent de moi par leur équipement corporel, mais cela ne nous empêche pas d'entretenir sur un autre plan des rapports de personne à personne. Cela explique d'ailleurs la belle unanimité avec laquelle les ethnographes des sociétés animiques amérindiennes, asiatiques ou mélanésiennes mettent l'accent sur le caractère relationnel des cosmologies qu'ils décrivent et sur le fait que les identités individuelles s'y voient définies au premier chef par des positions contrastives : dans ce mode d'identification, les relations l'emportent sur les termes.

C'est l'inverse qui prévaut dans le naturalisme. Du point de vue de leur physicalité, tous les existants y sont dépendants des mêmes mécanismes physico-chimiques élémentaires, bon nombre d'entre eux pouvant en outre être rangés dans la longue série évolutive des continuités phylogénétiques. L'universel de la nature les englobe tous dans un réseau de déterminations communes où ils ne se départagent que par des degrés de complexité dans les arrangements moléculaires et systémiques. Les entités du monde se ressemblent donc à cet égard en ce qu'aucune n'échappe à la juridiction des lois de la matière, par-delà les différences de forme, de comportement et d'organisation interne. On trouve du reste ces entités réunies dans les collections de spécimens des musées d'histoire naturelle, ces gigantesques inventaires ontologiques ordonnés selon les règles de la systématique, cosmos en miniature où chaque règne, chaque embranchement, chaque ordre, chaque famille, chaque genre peut reposer entre soi, dans ses tiroirs, ses vitrines, ses bocaux, protégé des aléas que les interactions synécologiques introduisent dans le monde réel. Point de relations au sein de ces répertoires d'êtres décontextualisés, hormis celle de subsomption inclusive propre au classement. Mais l'on trouve aussi dans la plupart de ces musées quelques salles dévolues à l'ethnographie : les humains et leurs artefacts — « primitifs » les uns comme les autres — y ont leur niche à part, en contradiction avec l'ambition unificatrice initiale qui visait à regrouper l'ensemble des existants sous un même régime taxinomique. Car la plus grande confusion règne dans ces lieux ambigus où classifications raciales, linguistiques, culturelles, technologiques, géographiques et stylistiques se recouvrent et s'enchevêtrent, la culture et ses produits témoignant de leur résistance à l'ordonnancement dicté par les sciences de la nature. Et c'est ici que les dissemblances commencent à proliférer, entre les non-humains et les humains, d'une part, ces derniers particularisés par leur esprit et sa capacité de créer un flux illimité d'objets, de relations et de signes ; entre les humains, d'autre part, avec leur kaléidoscope d'institutions, de symboles et de techniques. Les humains, étrange espèce dont les membres se distinguent à peine au physique, qui s'inscrivent sans conteste dans le grand registre de la nature, et que tout différencie pourtant dès qu'on examine leurs manières d'user du monde et de lui donner un sens. Cette singularité fait qu'aucune relation n'est transposable, qu'aucune ne fournit un gabarit généralisable aux humains et aux non-humains, qu'aucune ne fait plus que régir un champ circonscrit d'interactions dans un segment circonscrit des existants. Le don, la dépendance trophique, la justice, le parasitisme, l'asservissement, la symbiose, la hiérarchie, tout est diversifié, rien n'est commun : dans ce mode d'identification, par contraste avec l'animisme, c'est la continuité matérielle des termes qui prime, du fait de l'hétérogénéité des relations.

À la différence des mouvements d'englobement hiérarchique propres à l'animisme comme au naturalisme, le schème totémique est parfaitement symétrique. Toutes les entités humaines et non humaines incluses à l'intérieur d'une classe d'existants partagent un ensemble d'attributs identiques relevant à la fois de l'intériorité et de la physicalité, les différences de morphologie n'étant pas perçues comme un critère suffisant pour procéder à des discriminations ontologiques internes aux classes. Les membres humains et non humains de chaque groupe totémique ont aussi en commun une même relation — d'origine, d'apparentement, de similitude ou même simplement d'inhérence — et tous les groupes ensemble sont situés dans un rapport d'équivalence puisqu'ils constituent des éléments homologues du collectif plus englobant formé par leur juxtaposition à l'échelle d'une tribu. Aucune trace ici de cette amorce de dualité ontologique que l'animisme induit avec la différence des physicalités et que le naturalisme convertit en dogme avec la différence des intériorités. La nature et la culture se trouvent complètement « hors jeu », comme en témoignent les périphrases auxquelles sont contraints les ethnographes de l'Australie lorsqu'ils doivent évoquer un ordre qui est à la fois « social-et-naturel » (Merlan), une « identité » de l'homme et des espèces naturelles (Elkin), ou le Rêve « comme culture mais aussi comme nature » (Glowczewski), expressions qui signalent bien la difficulté sémantique de situer le totémisme dans la vieille polarité dualiste et auxquelles Lévi-Strauss lui-même apporte sa contribution lorsqu'il écrit de certaines organisations totémiques qu'elles offrent « une image socio-naturelle unique, mais morcelée[1] ». Envisagé du seul point de vue de chaque classe, et non du système général qu'elles forment toutes ensemble, le totémisme australien est donc une structure équipollente caractérisée par une double identité, celle des termes et celle des relations, qui vient faire écho à la double identité ontologique des intériorités et des physicalités. Tandis que l'animisme assure la prééminence des relations sur les termes, et le naturalisme celle des termes sur les relations, le totémisme australien place sur un pied d'égalité des relations et des termes interdépendants, source de perplexité pour les anthropologues et raison probable de leur oscillation entre deux explications antithétiques du phénomène, l'une privilégiant l'identité des termes — l'interprétation « participative » —, l'autre soulignant plutôt l'homologie des relations — la logique classificatoire boasienne ou lévistraussienne.

L'analogisme joue aussi sur la symétrie, mais des différences et non plus des ressemblances. Les existants sont tous particularisés et formés de composantes dissemblables qui brouillent et démultiplient la dualité subjective du corps et de l'intentionnalité ; l'intériorité est souvent extériorisée en partie et la physicalité investie de propriétés spirituelles. Toutefois, de faibles écarts ontologiques séparent ces singularités innombrables, et de multiples dispositifs de couplage s'évertuent à les lier dans une trame de correspondances jouant sur certaines qualités qu'elles paraissent manifester : elles voisinent dans l'espace, l'une semble faite à l'imitation de l'autre, elles s'attirent mutuellement. Elles sont bien toutes intrinsèquement différentes, mais il est possible, et parfois nécessaire, de détecter en elles des points communs. Et c'est là le paradoxe de l'analogisme : il pose une différence de principe entre des termes qui se ressemblent par ailleurs sous certains aspects. Pourtant, les voies de l'analogie sont nombreuses, si nombreuses que l'on trouvera toujours entre deux entités plusieurs parcours possibles, plusieurs chaînes de correspondances. À l'instar de ce qu'elles unissent, les relations sont donc très variées, quoique plusieurs d'entre elles puissent s'appliquer aux mêmes existants. La combinaison de ces deux systèmes de différences, entre des termes qui se ressemblent et entre des relations qui portent sur les mêmes termes, donne au mode d'identification analogique son étrange et séduisante ambivalence : les cosmologies qu'il rend possibles sont si parfaitement intégrées et cohérentes qu'elles frôlent l'ordre totalitaire tout en laissant à chacun de leurs habitants une grande liberté herméneutique. Là aussi, comme dans le totémisme, termes et relations sont interdépendants, mais à l'échelle plus vaste d'un monde chatoyant dont on recense sans trêve tous les reflets dans l'espoir vain et magnifique de le rendre parfaitement signifiant.

Les quatre modes d'identification impliquent ainsi des rapports différents entre termes et relations que l'on aura toute chance de voir resurgir dans les objectivations cosmologiques et sociologiques concrètes dont chacun de ces modes fournit le principe de schématisation. On peut, pour décrire ces arrangements de façon synthétique, reprendre la distinction commode que propose Roman Jakobson entre la métaphore et la métonymie : la première est un rapport de similitude interne entre les termes — faisant appel à la faculté de sélection et de substitution des mots dans l'organisation du sens — et la seconde un rapport de similitude externe entre les relations — où joue la faculté de combinaison des unités linguistiques dans la relation référentielle[2]. Dans l'animisme, l'absence de ressemblances métaphoriques entre les existants (en raison de leurs différences de physicalité) est compensée par la métonymie (en raison des relations qu'ils nouent), tandis que, dans le naturalisme, c'est l'absence de ressemblances métonymiques (hétérogénéité des relations) qui se voit compensée par la liaison métaphorique (du fait de la continuité matérielle). Dans le totémisme et l'analogisme, en revanche, métaphore et métonymie s'épaulent mutuellement, mais de façon différente. La similitude entre les éléments composant une classe totémique fournit la base de la relation qui caractérise l'ensemble de ces classes (une même série d'écarts différentiels) ; la métaphore à l'échelle de la classe est donc la condition de la métonymie à l'échelle du système. L'analogisme, quant à lui, s'échine à trouver des relations entre des termes posés comme dissemblables et multiplie les relations dissemblables pour retrouver une similitude entre les termes ; l'absence de métaphore conduit donc ici à la métonymie et l'absence de métonymie à la métaphore *(figure 5)*.

grands écarts		petits écarts	
• différence entre les termes (en raison des différences de physicalité et malgré la ressemblance des intériorités) • ressemblance entre les relations (moyen d'effacer les différences de physicalité) *Les relations l'emportent sur les termes*	*animisme*	*totémisme*	• identité entre les termes (en raison de l'origine commune et malgré les différences de forme) • identité entre les relations (en raison des discontinuités entre les classes : correspondance des écarts différentiels) *Termes et relations sont interdépendants au sein de chaque classe*
• ressemblance entre les termes (en raison des ressemblances de physicalité et malgré les différences d'intériorité) • différence entre les relations (comme corrélat des différences d'intériorité) *Les termes l'emportent sur les relations*	*naturalisme*	*analogisme*	• différence entre des termes qui se ressemblent (en raison des analogies de propriété et malgré les différences d'intériorité et de physicalité) • différence entre des relations qui portent sur les mêmes termes (plusieurs types d'analogie sont possibles entre les mêmes termes) *Termes et relations sont interdépendants au niveau du système général*

Figure 5. Distribution des existants selon les termes et les relations.

Différences, ressemblances, classifications

Les modes d'identification diffèrent aussi du point de vue des mécanismes classificatoires qu'ils mobilisent. Dans le champ des ethnosciences, on a pris coutume d'opposer la catégorisation par attributs et la catégorisation prototypique comme si l'usage de l'une était incompatible avec l'usage de l'autre. Rappelons que la première fut en vogue vers le milieu du siècle dernier avec l'analyse « par composantes » *(componential analysis)* qui consistait à décomposer les termes d'une nomenclature en matrices de traits contrastifs dont on supposait qu'ils étaient employés dans les jugements d'attributions. La seconde devint l'hypothèse dominante avec les travaux de Rosch sur la catégorisation des couleurs et de Berlin sur les taxinomies ethnobiologiques, deux domaines pour lesquels on conjecture que les classifications se construisent autour de représentants typiques, ou « prototypes naturels », qui constituent le foyer d'une classe du fait qu'ils sont plus saillants sur le plan perceptif[3]. Or, plutôt que d'envisager ces deux mécanismes cognitifs comme des solutions exclusives l'une de l'autre, il est plus vraisemblable de penser que nous les employons en alternance selon les domaines d'objets à classer, en sus d'autres schèmes classificatoires, telles la contiguïté spatiale, l'origine ou la sphère d'activité. Ainsi, dans les taxinomies populaires de plantes, la subsomption dans une classe semble faire partout appel à la classification prototypique : en français, le chêne commun *Quercus pedunculata* est le prototype du taxon « chêne », car il est perçu comme un meilleur exemplaire de cette classe que le chêne rouvre, le chêne vert, le chêne nain ou le chêne-liège qui sont subsumés sous lui avec addition d'un déterminant pour mieux s'en distinguer. Mais, dans certains contextes, on regroupe aussi des plantes selon leur habitat (le roseau va avec l'osier, le saule, l'aulne et toutes les plantes de zones humides), selon leur provenance (l'olivier, la vigne, le figuier, le cyprès ou le pin parasol sont constitutifs du paysage méditerranéen) ou selon leur usage (les légumes, les fruits, les simples, les plantes d'ornement, etc.); parfois objectivables par un lexème propre, ces regroupements demeurent le plus souvent non marqués sur le plan linguistique.

Divers critères peuvent en outre être croisés, à condition de n'être pas trop nombreux, ce qui aboutit à une classification par attributs. C'est le cas, par exemple, du taxon « agrume » en français, dont on voit mal à quel prototype il pourrait correspondre : rien ne permet de dire que l'orange ou le citron constituent de meilleurs exemplaires de cette classe que le pamplemousse, la mandarine ou le cédrat. En revanche, « agrume » est définissable de façon contrastive au sein du champ sémantique « fruit » par une saveur — l'acidité (qui entre dans l'étymologie du terme mais n'en épuise pas les significations) —, une provenance — le pourtour méditerranéen —, un habitat — le verger —, une temporalité — la maturation hivernale —, voire une tonalité dominante — le jaune et l'orange —, plusieurs de ces critères étant nécessaires pour spécifier le taxon, et cela quand bien même ils ne seraient pas automatiquement présents à l'esprit dans le jugement classificatoire. Certes, le résultat n'est pas absolument identique aux matrices contrastives de l'analyse par composantes puisque, contrairement à celles-ci, les contrastes restent implicites : il est loisible de supposer que l'acide s'oppose ici au doux, le méditerranéen au septentrional, le verger au champ ou l'hiver à l'été. Ce n'en est pas moins une classification par attributs au sens large, et d'un genre très commun.

Le schème animique semble faire appel de façon prioritaire à la généralisation prototypique. À la différence de ce qui se passe dans les classifications ethnobiologiques, le prototype n'est pas ici caractérisé par une forme ou une apparence, mais par une condition ou un état : c'est l'humanité, paquet composite d'affects, d'intentionnalité, de conscience réflexive, d'aptitudes linguistiques et techniques, de capacités à inventer des normes arbitraires, qui fournit le gabarit ontologique au moyen duquel sont évalués et classés les existants; c'est l'humain et son intériorité conquérante, non l'humain comme espèce biologique, qui constituent le meilleur exemplaire de la classe des personnes à laquelle des non-humains s'agrègent à la suite d'une pétition de principe quant à leur identité cachée. Il s'agit certes d'un prototype contre-intuitif sur le plan de la sensibilité, ce qui paraît aller à l'encontre de la définition même d'un tel objet : quoi de commun à première vue entre moi et un ours, ou un toucan, ou un plant de manioc, hormis ce prédicat un peu vague qu'est la vie ? Mais c'est parce que nous avons l'habitude de donner à la dimension perceptive du prototype un privilège exorbitant, au détriment d'autres dimensions moins ostensibles. Prêter à un singe ou à une patate douce une intériorité identique à la mienne requiert seulement de substituer une saillance perceptive manifeste par une saillance psychologique à éclipses du type de celle que l'on peut avérer dans les rêves ou dans ces imputations d'intentionnalité auxquelles nous cédons tous à l'occasion dans nos rapports aux non-humains. Du reste, la substitution n'est ni complète ni définitive, mais simple affaire de contexte : comme tout le monde, les Achuar, les Makuma ou les Naskapi utilisent des taxinomies inclusives de plantes et d'animaux fondées sur la généralisation prototypique d'une saillance perceptive, ce qui ne les empêche nullement, dans certaines situations, d'appréhender des plantes et des animaux à partir du modèle d'intériorité dont ils sont eux-mêmes le prototype.

Le mode d'identification totémique paraît aussi gouverné par la généralisation à partir d'un prototype, l'emploi répété de ce terme par les ethnographes de l'Australie fournissant déjà un indice de sa pertinence pour comprendre la manière dont se structure le groupe totémique. On conviendra qu'il s'agit d'un prototype plus abstrait encore que celui dont use l'animisme, puisqu'il n'existe pas sous les espèces d'un objet phénoménal. En effet, le prototype sous lequel est subsumée une classe d'humains et de non-humains n'est pas à proprement parler l'être du Rêve qui a engendré le modèle de cette classe, ni le totem principal par lequel elle se spécifie, mais le noyau des propriétés physiques et morales identifiant chacun de ses membres et dont l'une, qui donne souvent son nom à la classe et au totem, synthétise les caractéristiques de toutes les autres. Pour reprendre la terminologie de Brandenstein, tous les membres humains et non humains d'une classe totémique peuvent être « arrondis », c'est-à-dire aussi « grands », « colériques », « premiers », « avec la face large », etc. ; ou bien encore « plats », c'est-à-dire aussi « petits », « flegmatiques », « seconds », « avec la face étroite », etc. On pourrait objecter qu'il s'agit là d'une liste de qualités, et donc plutôt d'une classification par attributs. C'est oublier que, dans une classification par attributs, ceux-ci sont contrastifs ; et ils le sont, en effet, à l'échelle du système totémique complet, mais non de la classe qui est pour nous le point de départ du processus d'identification, puisqu'ils expriment chacun une caractéristique complémentaire dérivée du prototype initial donnant cohérence à cette classe. C'est oublier surtout que les attributs sont décomposables à la manière d'un inventaire. Or, l'identification totémique ne procède pas au premier chef par dénombrement de propriétés communes, même si celles-ci peuvent être énoncées lorsque les circonstances l'exigent ; elle suppose une adhésion massive et irréfléchie au fait que tel ou tel existant est identique à moi parce que nous sommes issus du même moule ontologique, parce que nous sommes des matérialisations du même modèle génératif. C'est à cette condition seulement que l'on peut dire, à l'instar de l'informateur de Spencer et de Gillen, qu'un kangourou est exactement pareil à soi. Prototype contre-intuitif là encore, parce qu'il ignore les différences de formes, mais prototype prodigieusement normatif puisque son abstraction même interdit qu'on puisse l'invalider par l'expérience. Sous cet aspect, il se rapproche de certaines idéalités que nous employons communément, du type « les créatures du bon Dieu » ou « la culture humaniste ».

Le mode d'identification analogique classe par attributs, quant à lui, et il y excelle. Chaque existant est décomposable en une multitude d'éléments et de caractères qui peuvent être appariés à d'autres ou s'opposer à eux, de sorte qu'un tableau de correspondances est toujours aussi un tableau de contrastes. Que l'on songe, par exemple, aux correspondances établies par le *Hong fan*, sans doute le plus ancien traité de philosophie chinoise, entre les éléments, les facultés humaines et les signes célestes : les cinq éléments — l'Eau, le Feu, le Bois, le Métal et la Terre — forment bien un champ de contrastes, mais chacun d'eux est connecté à l'une des cinq activités humaines — le geste, la parole, la vue, l'ouïe, la volonté — et à l'un des cinq signes célestes — la pluie, le *yang*, le chaud, le froid, le vent — qui constituent deux autres champs sémantiques en corrélation contrastive[4]. Encore cette nomenclature est-elle rudimentaire et les ritualistes et philosophes chinois ne se sont pas privés de l'étendre en ajoutant des séries d'éléments. De fait, le répertoire des analogies et des contrastes est illimité en droit pour qui s'attache à épuiser toutes les corrélations du monde. On peut d'ailleurs conjecturer qu'un tel type de savoir, s'il prétend vraiment à l'exhaustivité, ne saurait se passer trop longtemps des secours de l'écriture, ou de dispositifs graphiques à tout le moins, afin d'accroître les colonnes des tableaux d'attributs sans trop solliciter la mémoire.

Le mode d'identification naturaliste opère aussi selon une classification par attributs, à vrai dire très élémentaire : les humains sont tels parce qu'ils ont une physicalité *plus* une intériorité, les non-humains parce qu'ils ont une physicalité *moins* une intériorité. De nombreux raffinements peuvent certes être introduits dans cette opposition contrastive qui tire sa force de persuasion de sa simplicité même ; mais ils portent, pour l'essentiel, sur la physicalité. Une fois l'homme séparé du monde par ses facultés morales, il fallait le réinsérer dans l'économie générale de la nature grâce aux éléments qu'il possède en commun avec d'autres existants, à savoir son anatomie, sa physiologie, ses fonctions. Aussi la place qu'il occupe dans les immenses arborescences taxinomiques d'un Buffon ou d'un Linné est-elle déterminée, comme pour tous les organismes, par des dichotomies successives de traits contrastifs spécifiant ses attributs physiques au regard de ceux de ses plus proches voisins non humains. À l'intérieur même de l'espèce humaine, du reste, c'est surtout en termes de variations physiques que les distinctions ont été conçues au XVIIIe siècle, époque où plus rien ne paraissait devoir échapper à l'efficacité taxinomique du classement par les différences : chez Blumenbach, par exemple, avec sa classification en cinq races qui contrastent par la couleur de peau, la nature des cheveux et la forme du visage, un système exemplaire de classification par attributs dont la postérité ne se dément pas puisque certaines de ses catégories ont toujours un statut officiel aux États-Unis (les fameux types « caucasien », « africain », ou « amérindien »). Il existait bien depuis longtemps des tableaux de caractères nationaux — l'Espagnol est orgueilleux, l'Italien porté à l'amour... —, mais sans aucune prétention scientifique, même si Buffon en subit probablement l'influence en mentionnant le « naturel » parmi les critères de différences entre les races. Ce n'est qu'avec les premiers balbutiements de l'anthropologie que l'on s'est aussi attaché à classer de façon méthodique les institutions humaines dans des typologies contrastives couvrant toute la surface de la terre; surgissent alors des couples d'opposition moins superficiels, et hiérarchisés par l'évolution : entre parenté classificatoire et parenté descriptive, famille consanguine et *gens* ou organisation gentilice et société étatique. Tout se passe donc comme si le naturalisme, instauré par une coupure entre humains et non-humains reposant sur le seul trait différentiel de l'intériorité, s'était efforcé par la suite de faire oublier la rusticité de ses origines ontologiques en multipliant des classifications aux critères plus diversifiés qui permettaient de ramener les humains dans le giron de l'histoire naturelle, et de les distinguer entre eux par des variations d'intériorité. La pensée naturaliste éprouve d'ailleurs une prédilection pour les classements par tableaux d'attributs; en témoignent ces grandes chartes d'authentification rétroactive que sont les classifications des sciences, celles de Comte ou d'Ampère, par exemple. En témoigne aussi, cela n'aura pas échappé au lecteur, la présente entreprise.

IV

LES USAGES DU MONDE

'Tis said that the views of nature held by any people determine all their institutions.

Ralph *Waldo* EMERSON,
English Traits.

11

L'institution des collectifs

Polyvalents car ils relèvent par hypothèse de dispositions universelles, les modes d'identification adviennent à une existence publique dans des ontologies qui privilégient tel ou tel d'entre eux comme principe d'organisation du régime des existants. Chacune de ces ontologies, à son tour, préfigure un genre de collectif plus particulièrement adéquat au rassemblement dans une destinée commune des types d'êtres qu'elle distingue et à l'expression complémentaire de leurs propriétés dans la vie pratique. Ainsi entendu, un collectif correspond pour partie, mais pour partie seulement, à ce que nous appelons un système social[1]. Si l'on prend au sérieux les idées très diverses que les peuples se sont forgées de leurs institutions au cours de l'histoire, force est de constater qu'elles aboutissent rarement à isoler le social comme un régime séparé d'existence et de préceptes gouvernant la seule sphère des activités humaines. De fait, il faut attendre la maturité du naturalisme pour qu'un corps de disciplines spécialisées se fixe le social pour objet et entreprenne en conséquence de détecter et d'objectiver ce domaine de la pratique en tout lieu, et sans beaucoup d'égard pour les conceptions locales, comme si ses frontières et son contenu étaient partout identiques à ceux que nous lui avons fixés. Même lorsqu'elles sont prises en considération, du reste, les « théories sociologiques » vernaculaires sont souvent tronquées de façon à ne plus y laisser subsister que ce qui concerne le gouvernement des humains :

conceptions de la parenté, du pouvoir, de la division du travail, des hiérarchies statutaires, tout cela acquiert son relief sur le fond de la philosophie politique et de la sociologie des Modernes, et devient aussitôt incongru à cette aune, donc justiciable des copieuses explications que l'anthropologie se met en devoir de fournir pour rendre raison de l'unité des dispositions sociales derrière les différences apparentes de leurs expressions instituées. Or, loin d'être un présupposé fondateur dont tout découle, le social résulte au contraire du travail de rassemblement et de répartition ontologique des sujets et des objets que chaque mode d'identification conduit à opérer. Il n'est donc pas ce qui explique, mais ce qui doit être expliqué. Si l'on admet cela, si l'on reconnaît que la plus grande partie de l'humanité n'a pas, jusqu'à une date très récente, opéré des distinctions tranchées entre le naturel et le social, ni pensé que le traitement des humains et celui des non-humains relevaient de dispositifs entièrement séparés, alors il faut envisager les divers modes d'organisation sociale *et* cosmique comme une question de distribution des existants dans des collectifs : qui est rangé avec qui, de quelle façon, et pour faire quoi ?

À chaque espèce son collectif

Le mode d'identification animique distribue humains et non-humains en autant d'espèces « sociales » qu'il y a de formes-comportements, de sorte que les espèces dotées d'une intériorité analogue à celle des humains sont réputées vivre au sein de collectifs possédant une structure et des propriétés identiques : ce sont des sociétés complètes, avec des chefs, des chamanes, des rituels, des habitations, des techniques, des artefacts, qui s'assemblent, se coalisent et se querellent, pourvoient à leur subsistance et s'épousent selon les règles, et dont la vie commune telle qu'elle est décrite par les humains permettrait de remplir toutes les rubriques habituelles d'une monographie ethnologique. Par « espèce », il ne faut d'ailleurs pas entendre ici uniquement des humains, des animaux et des plantes, car à peu près tous les existants ont une vie sociale ; comme l'écrit Waldemar Bogoras à propos des Tchouktches de Sibérie orientale, « même les ombres sur le mur constituent des tribus particulières et elles ont leur propre pays où elles vivent dans des cabanes et subsistent en chassant[2] ». Sur tout le territoire de l'animisme, les membres de chaque tribu-espèce partagent ainsi une même apparence, un même habitat, un même comportement alimentaire et sexuel, et sont en principe endogames. Certes, les unions interspécifiques ne sont pas inconnues, surtout dans les mythes, mais celles-ci exigent précisément de l'un des conjoints qu'il se dépouille de ses attributs d'espèce afin de se faire reconnaître comme identique par son partenaire.

Il arrive aussi qu'un membre d'une tribu-espèce puisse jouir d'une sorte d'affiliation supplétive à une autre tribu-espèce, notamment dans le cas des chamanes, passeurs par excellence entre les collectifs humains et les collectifs animaux. Ainsi, chez les Wari' du Brésil, un homme devient chamane lorsqu'un esprit animal *(jami karawa)* implante en lui des éléments de sa nourriture qu'il porte distribués dans son propre corps : en général des cosses de roucou, des graines ou des fruits. Par cette action qui revient à établir une relation de commensalité, l'esprit animal noue un lien puissant avec un humain, lequel permet à ce dernier de mobiliser le concours de l'espèce correspondante. Les *jami karawa* se présentent en effet comme des animaux ordinaires, mais invisibles pour les profanes, dont le corps est habité par un esprit de forme humaine que le chamane, quant à lui, a la faculté de percevoir sous les apparences d'un Wari' quelconque, tout du moins pour le représentant de l'espèce qui l'a élu. À la suite de la transplantation de nourriture, le *jami karawa* devient l'ami du chamane et son beau-père potentiel puisque l'homme, après sa mort, se transformera en un animal de la même espèce que son compagnon et épousera l'une de ses filles. Le lien ainsi créé interdit au chamane de tuer et de consommer des animaux de l'espèce qui l'a accueilli et lui donne en retour la faculté de se faire l'intercesseur auprès d'eux lorsqu'une maladie qu'ils ont envoyée vient frapper un humain de sa propre communauté[3]. Chez les Huaorani de l'Amazonie équatorienne, au contraire, ce sont des animaux qui demandent à être intégrés dans le collectif humain, non des humains qui sont invités à s'affilier à un collectif animal : les chamanes (*meñera*, littéralement « parents de jaguar ») sont choisis comme pères adoptifs par un esprit jaguar qui manifeste son intention au cours des rêves et vient ensuite régulièrement visiter sa nouvelle famille la nuit en s'exprimant par la bouche du chamane[4]. Dans les deux cas, le fait d'être incorporé à une autre tribu-espèce comme une sorte de citoyen d'honneur ne suspend pas pour autant l'appartenance à la tribu-espèce originaire et n'implique aucunement que l'on perde les attributs de forme et de comportement qui y sont attachés.

La « nature » et la « surnature » animiques sont donc peuplées de collectifs sociaux avec lesquels les collectifs humains nouent des relations conformément à des normes supposées communes à tous. Car humains et non-humains ne se contentent pas d'échanger des perspectives, quand ils le font ; ils échangent aussi et surtout des signes, préludes parfois à des échanges de corps, en tout cas des indications qu'ils se comprennent mutuellement dans leurs interactions pratiques. Et ces signes ne peuvent être interprétables par les uns et par les autres que s'ils sont gagés sur des institutions qui les légitiment et leur donnent un sens, garantissant ainsi que les quiproquos dans la communication interspécifique seront réduits au minimum. C'est bien comme un fils que le jaguar huaorani demande à être adopté, et non comme un gendre ; c'est comme un beau-père que le jaguar Wari' choisit un chamane, et non comme un père ; c'est comme un beau-frère que le singe laineux se présente au chasseur achuar, et non comme un frère. Chacun de ces registres s'exprime dans des énoncés réputés intelligibles par les deux interlocuteurs, non seulement du fait qu'ils sont formulés dans une même langue, mais en raison aussi de leur conformité à un système d'attitudes et d'obligations partagées par les membres des deux collectifs en relation.

Sur quel modèle ces collectifs sociaux isomorphes sont-ils conçus ? Sur celui de la société humaine, bien évidemment, du moins sur celui de la société particulière qui prête son organisation interne, son système de valeurs et son mode de vie aux collectifs de personnes non humaines avec lesquels elle interagit. Cette réponse n'est toutefois pas évidente pour tout le monde, notamment pour les auteurs qui en critiquent le sociocentrisme implicite. Ingold, en particulier, s'est vivement élevé contre l'idée que les chasseurs-cueilleurs puissent faire appel à leur expérience des relations entre humains afin de modeler conceptuellement leurs relations aux non-humains, au motif que « des actions qui, dans la sphère des relations humaines, seraient envisagées comme des manifestations d'un *engagement* pratique dans le monde en viendraient à être vues, dans la sphère des relations avec l'environnement, comme des expressions métaphoriques de sa *construction*[5] ». Ingold formule cette remarque à l'occasion d'une critique d'un article de Nurit Bird-David où celle-ci développe l'hypothèse que les chasseurs-cueilleurs conçoivent leur milieu non pas comme un lieu neutre pourvoyeur de subsistance, mais sous les apparences d'une entité qui, à la manière d'un parent, veillerait à alimenter ses enfants sans esprit de retour; leur perception de l'environnement serait donc gouvernée par une métaphore inconsciente, « la forêt est comme un parent », ce que les Nayaka du Tamil Nadu et les Pygmées BaMbuti du Congo disent d'ailleurs explicitement[6]. Or, Ingold conteste que l'on puisse parler dans ce cas d'une métaphore : pour les chasseurs-cueilleurs, il n'y a pas un monde de la société et un monde de la nature, le premier projeté sur le second comme un principe organisateur, mais un monde unique au sein duquel les humains figurent comme des « organismes-personnes » qui entretiennent des relations indifféremment avec tous les autres existants. On ne saurait tracer de démarcations absolues entre ces diverses sphères d'implication, tout au plus isoler des segments contextuellement délimités à l'intérieur d'un champ unique de relations; les relations qui régissent les interactions avec les plantes et les animaux ne peuvent donc être appréhendées comme des métaphores de celles qui structurent les relations entre humains.

La critique est pertinente et elle s'applique aussi à certaines interprétations des sociétés que j'appelle animiques. Aussi faut-il préciser ici que l'usage que ces sociétés font de catégories empruntées au champ des relations entre humains afin de qualifier des relations avec les non-humains (ou entre les non-humains) ne relève aucunement de la projection métaphorique ; comme le note Ingold, une telle interprétation ne ferait que reconduire une distinction entre la nature et la société étrangère aux pratiques locales. Dans les collectifs animiques, les catégories sociales font simplement fonction d'étiquettes commodes permettant de caractériser une relation, indépendamment du statut ontologique des termes qu'elle met en rapport. Au sein du nombre limité de relations qu'il est possible de nouer avec les existants, chaque groupe humain en sélectionne certaines auxquelles il donne une fonction rectrice dans ses interactions avec le monde. Or, l'ethnographie des sociétés animiques montre sans équivoque que ces relations polyvalentes sont systématiquement formulées dans le langage des rapports institués entre humains, non dans celui des rapports entre non-humains. En Amazonie, en Amérique subarctique, en Sibérie septentrionale, les liens qui unissent entre eux les animaux ou les esprits, et ceux-ci aux hommes, sont toujours qualifiés par un vocabulaire tiré du registre de la sociabilité entre humains : l'amitié, l'alliance de mariage, l'autorité des aînés sur les cadets, l'adoption, la rivalité entre tribus, la déférence vis-à-vis des anciens. À l'encontre de l'interprétation métaphorique, Ingold fait valoir que l'on pourrait tout aussi bien dire « un parent est comme la forêt » que « la forêt est comme un parent » ; en effet, sauf que cela ne se dit pas (hormis, justement, dans des usages métaphoriques), pas plus qu'on ne dit que les humains sont à la forêt comme des parasites végétaux par rapport à leurs hôtes ou comme des plantes vis-à-vis de l'humus qui les fait pousser[7].

S'il est tout à fait légitime de critiquer le sociocentrisme des anthropologues, il est absurde d'en faire grief aux populations qu'ils étudient. Car, de fait, il n'existe pas d'exemples dans les sociétés animiques où des relations entre humains seraient spécifiées par des expressions dénotant des relations entre non-humains, à l'exception de rares cas où les deux types de relations coïncident parfaitement du fait de la similitude des actions qu'elles engagent : ainsi, le vocabulaire de la guerre fait parfois appel à une terminologie évoquant le comportement des animaux prédateurs. En règle générale, on ne trouve pas non plus dans ces sociétés de termes spécifiques désignant des relations écologiques pourtant facilement observables entre organismes non humains, tels le parasitisme ou la symbiose, même si, en pratique, ces relations sont connues et souvent exploitées dans les mythes pour leurs propriétés contrastives et leurs vertus analogiques ; elles ne seront pas nommées pour autant, la simple mention des plantes ou des animaux qu'elles concernent suffisant à les évoquer par métonymie[8]. Bref, dans le monde animique, les relations entre non-humains comme les relations entre humains et non-humains sont caractérisées comme des relations entre humains, et non l'inverse.

Il est vrai que définir l'affinité, l'amitié ou le respect en tant que comportements typiques des humains pourrait être vu comme un préjugé anthropocentrique qui nous ferait appréhender des termes ou expressions vernaculaires désignant des attitudes codifiées comme s'ils s'appliquaient primitivement au seul domaine des réalités humaines. Ne pourrait-on imaginer que leur configuration sémantique inclue d'emblée les relations aux non-humains, l'usage qui en est fait en ce domaine n'étant plus dès lors envisageable comme une extension de leur champ originel d'application ? Cela paraît douteux car les relations tout à fait concrètes entre humains au moyen desquelles sont qualifiées les interactions entre humains et non-humains ne peuvent être observées en tant que telles (c'est-à-dire avec la totalité de leur contenu humain) dans les relations que les humains entretiennent avec les plantes et les animaux, pas plus que dans les relations que les non-humains établissent entre eux.

Voyons ce qu'il en est chez les Achuar. Ceux-ci distinguent trois grands types de relations entre humains et non-humains : une relation de maternité entre les femmes et les plantes qu'elles cultivent, le manioc au premier chef; une relation d'affinité entre les hommes et les animaux qu'ils chassent; une relation d'apprivoisement vis-à-vis des animaux familiers recueillis en bas âge au cours d'une chasse ou dénichés. Pour ce qui est de la première relation, il est vrai que des comportements maternels sont aussi détectables chez certains non-humains. Toutefois, le lien maternel noué par les femmes achuar avec le manioc, et entretenu par un flot continu d'incantations s'adressant à l'âme de leurs enfants feuillus, est d'une tout autre nature que celui dont elles font l'expérience avec leurs enfants humains ou qu'elles peuvent observer dans l'environnement : elles n'accouchent pas des plants, même si elles font comme si en les propageant par bouturage; elles ne les allaitent pas, mais se protègent au contraire de leur propension vampirique puisque l'on dit du manioc qu'il suce le sang de ceux qui sont en contact avec ses feuilles; elles ne mangent pas leurs rejetons humains comme elles mangent leur progéniture végétale, et elles nourrissent même les premiers avec la seconde. Les deux relations ne sont pas littéralement équivalentes : l'une, la relation aux enfants humains, donne l'atmosphère générale qui permet de qualifier la seconde comme une attitude maternante où entrent à parts égales la sollicitude et la fermeté. La relation d'affinité, quant à elle, typiquement celle entre deux beaux-frères, est introuvable parmi les non-humains : le chasseur n'a pas de relations sexuelles avec les femelles de l'espèce dont il est le beau-frère générique, il n'est pas inféodé aux esprits maîtres du gibier comme il l'est à l'égard de son beau-père et jamais l'observation attentive des singes laineux ou des toucans ne lui permettra d'inférer qu'ils pratiquent l'échange des sœurs, ainsi que l'on dit qu'ils le font, et comme les Achuar le préconisent pour eux-mêmes. Là encore, c'est l'ambiance de la relation d'affinité entre hommes, faite de rivalité, de marchandage, d'hostilité réelle ou potentielle, qui donne à la relation au gibier sa tonalité particulière.

L'apprivoisement est un cas spécial. En effet, cette relation très commune de familiarisation ne concerne pas les seuls animaux sauvages acclimatés dans la maison, elle caractérise aussi le lien des chamanes à leurs animaux et esprits auxiliaires, une conception dont Carlos Fausto a montré qu'elle était répandue dans toute l'Amazonie[9]. En outre, ce rapport de dépendance et de contrôle relatifs que les humains réussissent à imposer à des non-humains de diverses sortes est également employé, dans certains contextes, pour désigner une relation entre humains : c'est par ce processus que l'on qualifie la tendre et progressive habituation des époux l'un à l'autre au long de la vie conjugale. Un tel usage ne fait que souligner la dimension humaine de la relation d'apprivoisement qui s'exerce toujours à l'initiative des Indiens, soit en direction des animaux afin de les inclure dans la communauté domestique — où on les traite avec l'affection un peu brusque réservée aux orphelins —, soit en direction des assistants du chamane afin qu'ils acceptent de placer leurs facultés extrahumaines à son service. Ajoutons que l'adoption des petits d'une espèce par une autre espèce parmi des animaux en liberté demeure un phénomène très exceptionnel et qu'il peut donc difficilement fournir un modèle analogique à l'apprivoisement pratiqué par les humains. Les Achuar disent bien que les esprits maîtres du gibier considèrent les espèces qu'ils protègent comme des animaux de compagnie, mais aucun Achuar ne m'a jamais déclaré avoir eu l'occasion de contempler un esprit, au demeurant invisible, en train d'apprivoiser une harde de pécaris. Dans le cas achuar, comme dans l'ensemble des sociétés animiques, il faut donc admettre que des schèmes généraux de relations s'appliquant indifféremment aux humains et aux non-humains ne deviennent représentables et susceptibles d'être énoncés qu'au moyen des formes usuelles sous lesquelles ces relations se présentent dans les rapports entre humains, non en empruntant au registre de la phytosociologie ou des comportements animaux.

Et il y a de bonnes raisons à ce penchant des peuples animiques pour une formulation « sociocentrique » des relations aux personnes non humaines. En premier lieu, les relations entre humains sont immédiatement disponibles, mises en œuvre au quotidien et toujours marquées sur le plan linguistique, ne serait-ce que dans le vocabulaire de la parenté, tandis que les relations entre non-humains sont soit formellement semblables à celles entre les humains et exprimables dans les mêmes termes (la maternité, la conjugalité, la rivalité, la prédation...), soit plus difficiles à qualifier de façon précise. On se souviendra de ce qu'il a fallu attendre le XXe siècle pour que des phénomènes comme le parasitisme, la commensalité, la succession biotique, la chaîne trophique ou l'emboîtement des niches soient définis et nommés par l'écologie scientifique. Ensuite, les relations entre humains paraissent plus formalisées, leur contenu se voyant spécifié par des règles de conduite explicites et leur normativité étayée par la répétition prévisible des attitudes prescrites. Enfin, ces relations autorisent des variations plus larges que les interactions observables entre non-humains en ce qu'elles peuvent être modulées par la pratique et leur conformité à une règle soumise à évaluation publique ; leurs différences d'expressions instituées deviennent aussi plus manifestes lorsqu'elles sont comparées, avec un regard critique, aux formes qu'elles revêtent dans les sociétés voisines, exercice dont tous les peuples sont friands. Les relations entre humains se présentent ainsi comme des schèmes abstraits et réflexifs plus commodes à manipuler, plus aisés à mémoriser et plus faciles à mobiliser pour un usage étendu que les relations détectables dans l'environnement non humain. Tout cela les prédispose à fonctionner dans les ontologies animiques comme des gabarits cognitifs souples et efficaces permettant de conceptualiser les rapports des humains à toutes les entités pourvues d'une intériorité analogue à la leur [10].

Le collectif animique se présente donc comme une espèce dont les relations sont qualifiées au moyen de celles que les humains nouent entre eux, mais c'est une espèce d'un genre très particulier et qui ne correspond guère à la définition qu'en donne le naturaliste. Il s'agit bien, dans les deux cas, d'une collection d'individus conformes à un type. Toutefois, pour les sciences naturelles, il est hors de question de faire intervenir le point de vue des membres de l'espèce dans la caractérisation de ses attributs et de ses frontières taxinomiques, si ce n'est peut-être à travers cette forme d'identification mutuelle *a minima* que suppose la communauté de reproduction. À l'exception de l'espèce humaine — qui peut s'objectiver comme telle grâce au privilège réflexif que lui confère son intériorité —, les membres de toutes les autres espèces naturelles sont donc réputés ne point savoir qu'ils appartiennent à un ensemble abstrait que le regard extérieur du systématicien a isolé dans la trame du vivant selon des critères classificatoires qu'il a choisis. Par contraste, les membres d'une espèce animique sont dits avoir conscience qu'ils forment un collectif singulier avec des propriétés de forme et de comportement distinctives, cette conscience de soi comme élément d'un tout étant en outre tributaire de la reconnaissance du fait que les membres des autres espèces les appréhendent avec un point de vue différent du leur, lequel doit être approprié afin qu'ils se sentent vraiment eux-mêmes. Dans le classement naturaliste, l'espèce A se distingue de l'espèce B parce que l'espèce C le décrète ainsi en raison des facultés singulières de discernement rationnel que son humanité lui confère ; dans l'identification animique, je m'éprouve comme membre de l'espèce A, non seulement parce que je diffère des membres de l'espèce B par des attributs manifestes, mais du fait que l'existence même de B me permet de me savoir différent puisqu'il n'a pas sur moi le même point de vue que le mien. En somme, la perspective du classificateur présumé doit ici être absorbée par le classifié pour qu'il puisse véritablement se voir comme distinct de lui.

Ce mécanisme d'altérité constituante est bien autre chose que la simple représentation de soi à travers le miroir de l'autre, un moyen universel de prise d'identité individuelle et collective, puisqu'il aboutit dans certaines conditions à une identification complète au point de vue de l'autre. En Amazonie, il prend une forme exemplaire que Viveiros de Castro, écrivant sur les groupes tupi, a appelée avec bonheur le « cogito cannibale » : l'anthropophagie rituelle des Tupi-Guarani n'est pas une absorption narcissique de qualités ou d'attributs, ou une opération de différenciation contrastive (je ne suis pas celui que je mange), mais bien au contraire une tentative de « devenir-autre » en incorporant la position que l'ennemi occupe par rapport à moi, ce qui ouvre la possibilité de sortir de moi-même pour m'appréhender de l'extérieur comme une singularité (c'est celui que je mange qui définit qui je suis)[11]. L'exocannibalisme, la chasse aux têtes, l'appropriation de diverses parties du corps de l'ennemi, la capture de personnes dans des tribus voisines, tous ces phénomènes indissolublement liés à la guerre dans l'Amérique du Sud des basses terres répondent ainsi à une même nécessité : on ne peut faire du soi qu'en assimilant de façon concrète des personnes et des corps étrangers, non pas en tant que substances donneuses de vie, trophées donneurs de prestige ou captifs donneurs de travail, mais comme indicateurs du regard extérieur qu'ils portent sur moi en raison de leur provenance.

La guerre n'est pas le seul moyen d'aboutir à ce résultat. En Amazonie toujours, les différentes tribus de l'ensemble linguistique pano utilisent le mot *nawa* comme un terme générique pour désigner de façon péjorative les étrangers *et* comme un affixe pour construire des autonymes : il désigne à la fois ce à quoi l'on s'oppose et ce à quoi l'on s'identifie. De nombreux éléments de la vie sociale des groupes pano confirment cette disposition paradoxale, conduisant Philippe Erikson à écrire à leur propos : « On peut toutefois aller [...] jusqu'à affirmer que l'étranger n'est pas seulement perçu comme une sorte de réservoir de puissance brute qu'il s'agirait de socialiser [...], mais qu'il est plus exactement défini comme le modèle, sinon le garant, des vertus constitutives de la société[12]. » Et c'est ici que la thématique du perspectivisme développée par Viveiros de Castro acquiert sa pleine signification. Car même dans les collectifs animiques où l'on n'affirme pas à la lettre que les animaux qui se voient comme des humains appréhendent les humains comme des non-humains, il existe de nombreuses indications que l'identité se définit d'abord au moyen du point de vue sur soi qu'adoptent les membres d'autres collectifs, placés de ce fait dans une position d'observateurs extérieurs — les morts, les Blancs, le gibier, les esprits, voire l'ethnologue (qui peut parfois occuper plusieurs de ces positions à la fois). Il n'est donc pas nécessaire d'être belliqueux et d'avoir des ennemis pour pouvoir se contempler à travers le regard d'une autre tribu-espèce : les très pacifiques Chewong de Malaisie le font lorsqu'ils imputent à des animaux ou à des esprits un point de vue sur le monde, et donc sur eux, différent du leur. Au yeux d'un Chewong, le tigre et l'éléphant se trompent peut-être lorsqu'ils le voient pour ce qu'il n'est pas, mais cette erreur, du simple fait qu'elle témoigne de l'aptitude à avoir un point de vue différent du sien, est indispensable pour le situer dans son propre collectif. En somme, le quiproquo assumé est constitutif de la caractérisation de l'espèce animique comme collectif, par contraste avec la définition de l'espèce naturelle où l'on cherche au contraire à tout prix à singulariser une classe sans équivoque.

Une nature asociale et des sociétés exclusives

La formule sociologique du naturalisme est la plus simple à définir, la plus intuitive aussi, car elle correspond au sentiment d'évidence absolue que la *doxa* moderne a instillé en nous. C'est celle que l'on apprend à l'école, que les médias transmettent, que la pensée savante élabore et commente : les humains sont distribués au sein de collectifs différenciés par leurs langues et leurs mœurs — les cultures —, excluant ce qui existe indépendamment d'eux — la nature. Il est inutile de s'attarder à donner des exemples de ce dogme fondateur et rarement questionné que partagent la philosophie, les sciences et l'opinion commune, d'autant que la première partie de ce livre en a déjà retracé la genèse historique et souligné les particularités. Rappelons seulement quelques faits épars qui attestent de sa vigueur en cette aube du XXIe siècle.

Bien des éthologues, on l'a vu, sont prêts à accepter que les chimpanzés se différencient entre eux par leurs « cultures » techniques, tandis que la notion plus ancienne de « sociétés animales » continue à susciter réticences et controverses. Il existe certes des espèces « sociales » en ce sens que leurs membres, sauf cas exceptionnels, ne peuvent vivre et survivre qu'en collectivité, mais ces agrégats, fait-on remarquer, ne constituent pas l'équivalent d'une société humaine, même s'ils sont hautement intégrés et solidaires, car leur font défaut et la conscience de former un tout résultant du choix réflexif de s'associer, et la faculté de se donner des règles nouvelles par l'exercice du libre arbitre. La hantise des éthologues étudiant les primates supérieurs est d'ailleurs de verser dans l'anthropomorphisme en interprétant le comportement des grands singes par analogie indue avec celui des humains. D'où ce florilège de notions *ad hoc* destinées à clairement démarquer l'éthologie des animaux au regard de la sociologie des humains : la dominance n'est pas la domination, la coopération n'est pas la réciprocité, et l'altruisme, en dépit de son ambiguïté, n'est pas tout à fait le sacrifice héroïque de soi consenti pour le bien de la communauté. Par contraste, la pensée raciste ordinaire a cessé de se référer aux différences naturelles entre humains jadis mises en avant par les théories racialistes — l'inhibition suscitée par la condamnation publique de leurs horribles conséquences a peut-être ici joué un rôle — pour ne plus justifier son aversion de l'altérité que par le danger de mélanger des cultures incompatibles : à chacun son monde et ses coutumes, certes, mais fixés dans des territoires distincts. Les éthologues les plus enclins à concéder la culture aux grands singes maintiennent ainsi le principe que les collectifs humains n'ont pas leur pareil dans la nature, alors que les xénophobes occidentaux les moins ouverts à la différence entre humains reconnaissent néanmoins comme un fait tant l'hétérogénéité des cultures que l'unité biologique du genre humain.

Il va de soi que le paradigme des collectifs est ici la société humaine — de préférence celle qui s'est développée en Europe et aux États-Unis à partir de la fin du XVIIIe siècle — *par contraste* avec une nature anomique. Les hommes s'associent librement, se donnent des règles et des conventions qu'ils peuvent choisir d'enfreindre, transforment leur environnement et se répartissent les tâches afin de produire leur subsistance, créent des signes et des valeurs qu'ils font circuler, consentent à une autorité et s'assemblent pour délibérer des affaires publiques ; en somme, ils font tout ce que les animaux ne font pas. Et c'est sur le fond de cette différence fondamentale que se détache l'unité des propriétés distinctives dont on dote les collectifs humains. Comme le dit Hobbes avec sa robuste concision : « Pas de convention avec les bêtes[13]. » Certes, l'évolutionnisme social a introduit des graduations dans cette rupture originelle avec le monde des non-humains, et celles-ci subsistent à l'état de préjugés : certaines cultures sont réputées plus proches de la nature (c'est maintenant devenu un trait positif) parce qu'elles modifient peu leur environnement et qu'elles n'exhibent pas le lourd appareil des États, des divisions sociales et des instruments coercitifs. Mais personne, même parmi les racistes les plus attardés, n'ira dire d'elles qu'elles empruntent leurs institutions aux animaux.

Si l'animisme et le naturalisme érigent tous deux la société humaine en modèle général des collectifs, ils le font de façon très dissemblable. L'animisme est d'un libéralisme sans limites dans son attribution de sociabilité, tandis que le naturalisme, plus parcimonieux, réserve l'apanage du social à tout ce qui n'est pas naturel. L'anthropologie conventionnelle formulerait cela en disant que la « nature » est pensée par analogie avec la « culture », dans le premier cas, que la « culture » est pensée comme ce qui se différencie de la « nature », dans le second. On a coutume aussi d'étiqueter ces deux attitudes (l'ouverture « projective » et la clôture dualiste) comme des variantes de l'anthropocentrisme. Mais seul le naturalisme est véritablement anthropocentrique en ce que les non-humains y sont définis de manière tautologique par leur défaut d'humanité et que c'est dans l'homme et ses attributs que réside le parangon de la dignité morale dont les autres existants sont dépourvus. Rien de tel dans l'animisme puisque des non-humains partagent la même condition que des humains, et que ces derniers ne se réservent plus comme privilège que d'imputer aux autres existants des institutions identiques aux leurs afin de pouvoir nouer avec eux des relations fondées sur des normes communes de conduite. L'animisme est donc anthropogénique plutôt qu'anthropocentrique, dans la mesure où il fait procéder des humains tout ce qui est nécessaire pour que des non-humains puissent être traités comme des humains[14].

Des collectifs hybrides différents et complémentaires

Depuis plus d'un siècle, on appréhende le totémisme comme une forme d'organisation sociale dans laquelle les humains se répartissent en groupes interdépendants dont les caractères distinctifs sont empruntés au règne des espèces naturelles, soit qu'ils s'imaginent avoir hérité d'elles certains de leurs attributs, soit qu'ils s'inspirent pour leurs différenciations internes des écarts contrastifs que les espèces éponymes exhibent. Or, cette vision sociocentrique a l'inconvénient d'introduire une dichotomie analytique entre la systématique sociale et la systématique naturelle, qui paraît absente des conceptions ontologiques de ces « totémistes » par excellence que sont les Aborigènes australiens. C'est pourquoi il est préférable de qualifier le totémisme comme un système dans lequel humains et non-humains sont distribués *conjointement* dans des collectifs isomorphes et complémentaires (les groupes totémiques), par contraste avec l'animisme où humains et non-humains sont distribués *séparément* dans des collectifs également isomorphes, mais autonomes. Dans la moitié Cacatoès des Nungar du sud-ouest de l'Australie, on trouve bien, en sus des cacatoès, la moitié humaine de la tribu, mais aussi des aigles, des pélicans, des serpents, des moustiques, des baleines, bref, tout un agrégat d'espèces disparates dont on chercherait vainement l'équivalent dans les regroupements que l'environnement peut offrir à l'observation. En revanche, il n'y a que des personnes-achuar dans la tribu achuar, que des personnes-pécari dans la tribu pécari, que des personnes-toucan dans la tribu toucan. Si la structure et les propriétés des collectifs animiques dérivent de celles prêtées aux collectifs humains, la structure des collectifs totémiques est définie, quant à elle, par les écarts différentiels entre des paquets d'attributs que des non-humains dénotent de façon iconique, tandis que les propriétés reconnues à leurs membres ne procèdent directement ni des humains ni des non-humains, mais d'une classe prototypique de prédicats qui leur préexiste.

Bien qu'ils se distinguent les uns des autres du fait de la composition monospécifique de leurs populations, les collectifs animiques sont homogènes du point de vue de leurs principes d'organisation : pour les Makuna, la tribu tapir a le même type de chef, de chamane et de système rituel que la tribu pécari ou la tribu singe hurleur et, bien sûr, que la tribu makuna. Ce n'est pas le cas des collectifs totémiques, tous différents également, quoique homogènes au niveau du système qui les englobe, puisqu'ils sont hybrides par leur contenu et surtout hétérogènes dans leurs principes de composition. Car il existe de nombreuses sortes de collectifs totémiques, en Australie du moins : sous l'égide d'un ou de plusieurs totems, les humains peuvent être regroupés en communautés de sexe, de génération, de culte, de lieu de conception ou de naissance, d'affiliation clanique, de classe matrimoniale, et appartenir souvent à plusieurs de ces collectifs à la fois. Certaines de ces unités totémiques sont exogames en droit ou en fait — les classes matrimoniales, les moitiés de sexe, les clans —, d'autres ne le sont pas — les groupes cultuels et ceux, souvent identiques aux premiers, dont les membres reçurent leur âme-enfant sur le même site —, d'autres, enfin, sont explicitement endogames — les moitiés générationnelles. Cela confirme que l'espèce naturelle — ou les différences naturelles entre espèces — ne constitue pas le modèle analogique permettant au groupe totémique de se concevoir comme une totalité *sui generis* puisque, par contraste avec les plantes et les animaux qui sont endogames au sein de l'espèce, les composantes humaines d'un collectif totémique doivent le plus souvent prendre leurs conjoints dans un autre collectif que le leur. C'est même parce que humains et non-humains forment ensemble des collectifs interspécifiques sans commune mesure avec ces collections d'individus que sont les espèces que des unions deviennent possibles entre des groupes humains pourtant intimement associés à des espèces distinctes de plantes et d'animaux qui ne peuvent s'apparier entre elles.

Là encore, le contraste est grand avec les collectifs animiques qui sont au contraire fondés sur une corporéité d'espèce puisque l'affiliation à chaque « société » y repose sur le fait de partager une même apparence physique, un même habitat, un même comportement alimentaire, un même type de reproduction et, *ipso facto*, d'être appréhendés selon un même point de vue par les autres tribus-espèces. C'est bien dans l'animisme, en définitive, et non dans le totémisme, que l'espèce biologique sert de modèle analogique concret pour composer les collectifs ; et cela est possible parce que ces collectifs, tout comme les espèces, ne sont jamais intégrés dans une totalité fonctionnelle de niveau supérieur : au-dessus de la tribu-espèce achuar, de la tribu-espèce toucan, de la tribu-espèce pécari, il n'y a plus rien en commun si ce n'est ce prédicat abstrait que les anthropologues qui les observent appellent « culture ». Rien de tel dans le totémisme où, comme Lévi-Strauss l'a bien vu, l'ensemble englobant formé par les différents groupes totémiques n'est pas représentable à partir des regroupements que le monde naturel propose : le seul modèle disponible serait l'espèce, puisque le genre est une fiction taxinomique, mais l'espèce n'est justement pas décomposable en segments contrastifs analogues aux collectifs totémiques.

Il faut pourtant distinguer ici entre le principe de recrutement ontologique au sein des collectifs totémiques, qui ne discrimine pas entre humains et non-humains, et les fonctions différenciées que les diverses sortes de collectifs remplissent. En Australie, ces fonctions se déclinent le long d'un continuum qui va d'une instrumentalisation des non-humains par les humains à une instrumentalisation des humains par les non-humains, en passant par une situation intermédiaire où les humains interviennent comme agents d'une finalité à la fois humaine et non humaine en ce qu'ils sont les médiateurs rituels, et les bénéficiaires, de la fertilité cosmique. Les classes matrimoniales sont l'exemple par excellence des groupes totémiques du premier type : les entités totémiques rangées avec les humains dans les moitiés, les sections ou les sous-sections, de même que les plantes et les animaux qui leur sont affiliés, n'ont rien à gagner dans les répartitions taxinomiques et les échanges de conjoints que ces unités exogames servent à opérer à l'initiative et au seul profit des humains : il est indifférent aux kangourous, aux bandicoots et aux goannas qu'une femme-kangourou épouse un homme-bandicoot et mette au monde des enfants-goannas. Les plantes, les animaux, les totems, les êtres du Rêve demeurent étrangers à ces jeux de l'alliance et de la filiation au moyen desquels la partie humaine des collectifs se reproduit en combinant les ressources des divers groupes totémiques. D'autant que, par contraste, les animaux et les végétaux se reproduisent à l'intérieur de leur espèce, c'est-à-dire au sein même du collectif totémique ; et parce qu'ils se perpétuent en marge de la mécanique complexe des échanges exogames que régissent les classes de mariage, ils ne figurent dans celles-ci que de façon subalterne, comme des indicateurs commodes synthétisant les attributs contrastifs mis en branle dans l'alliance matrimoniale des humains (pour les totems) ou comme des illustrations du caractère exhaustif et cohérent de la classification générale du cosmos que les classes réalisent (pour les espèces rattachées).

Il en va autrement avec les différentes formes de totémisme conceptionnel. Dans ce genre de groupe totémique, en effet, les membres humains du collectif sont tenus d'exécuter des rites périodiques destinés à assurer la fertilité de l'espèce associée à leur totem ; et ils le font sur le site même où un être du Rêve s'est jadis manifesté et d'où provient leur identité totémique, puisqu'ils sont chacun le produit de l'actualisation d'une âme-enfant identique procédant du stock qui fut déposé dans cette localité par l'être du Rêve en même temps que les âmes-enfants de l'espèce concernée. Très communs sur tout le continent, ces rites « de multiplication » ont été bien décrits par Spencer et Gillen pour les Aranda, chez qui ils sont appelés *intichiuma*. Deux exemples suffiront pour comprendre leur objectif. Dans le rite de multiplication du totem Émeu du site de Strangways Range, les initiés attachés au centre totémique imprègnent de leur sang une petite aire déblayée avec soin et dépeignent sur la surface rouge ainsi obtenue les parties intérieures d'un émeu — la graisse, les intestins, le cœur — ainsi que les œufs de l'animal dans les différents stades de leur développement ; l'opération et les chants qui l'accompagnent ont pour but de retracer de façon mimétique le processus de gestation d'un émeu et de favoriser ainsi la fertilité de l'espèce. Dans le rite du totem Larve-Witchetty du site d'Alice Springs, les initiés visitent et célèbrent chacun des rochers représentant la présence concrète et la manifestation corporelle de l'être du Rêve d'où cette espèce est dérivée ; de formes diverses, les rochers figurent les œufs de l'insecte, sa chrysalide, le sujet adulte, ou encore des parties du corps de l'être du Rêve. Une hutte est ensuite érigée, assimilée à la chrysalide, dans laquelle les initiés pénètrent pour chanter l'insecte dans toutes les phases de son développement[15]. Entrepris au moment qui précède la période d'éclosion ou d'accouplement de l'espèce concernée, ces rites contribuent au développement et à l'augmentation de celle-ci en condensant les étapes de sa reproduction biologique.

Les membres humains d'un groupe totémique conceptionnel ont ainsi la responsabilité de veiller à la propagation d'une composante animale ou végétale de leur collectif, une tâche qui leur incombe en vertu du fait qu'ils partagent avec elle une même origine ontologique et participent de la même classe prototypique d'attributs. Il serait excessif de dire que, dans cette reproduction en partie déléguée, les non-humains se servent des humains pour atteindre leurs propres fins — puisque les rites de multiplication des plantes et des animaux se font aussi au profit des membres humains des autres groupes totémiques qui s'en nourrissent, et que ce genre de collectif est en outre le cadre de rituels exclusivement destinés à l'individualisation des humains. Mais humains et non-humains sont ici, à tout le moins, solidaires dans l'ambition d'assurer la pérennité du vivant dans chacune de ses classes incarnées.

Les rites de multiplication peuvent aussi se dérouler dans le contexte d'un totémisme clanique, comme c'est le cas chez les Warlpiri où il se combine au totémisme conceptionnel. Toutes les composantes humaines et non humaines d'un patriclan ont en commun les mêmes « Pères de Rêve » et sont donc de la même souche. Par exemple, les humains du clan Opossum-Prune noire appellent ces marsupiaux et ces fruits « pères » ou « frères » et sont investis de la mission d'assurer leur reproduction rituelle dans les sites où leur « Père du Rêve » commun déposa leurs stocks d'âmes-enfants respectives, et cela au bénéfice des autres clans qui font de même pour eux avec les espèces dont ils ont la charge. Le mécanisme de la multiplication diffère de celui mis en œuvre par les Aranda : les membres humains et non humains du clan sont habités par des sortes d'essences totémiques imagées et dynamiques qui leur sont propres, les *kuruwarri*, dont l'activation est dépendante de leur mise en scène rituelle; c'est par ce biais que les *kuruwarri* des plantes et des animaux sont actualisés, et leur propagation assurée[16].

Les collectifs fondés sur le partage d'une filiation ou d'un site de conception totémiques ne font pas qu'œuvrer à l'accroissement de leurs composantes non humaines, ils sont aussi le moyen choisi par les entités totémiques pour se perpétuer en s'appropriant le processus reproductif des humains. Dans tout le continent, en effet, les représentations de la conception s'accordent sur un point qu'Ashley Montagu avait déjà souligné il y a longtemps : « Ni le père ni la mère ne contribuent par quoi que ce soit de nature physique ou spirituelle à l'existence de l'enfant[17]. » Comme le montre bien Merlan dans son étude comparative des théories aborigènes de la reproduction humaine, les enfants sont toujours le produit de l'incorporation par la mère d'une âme-enfant déposée par un être du Rêve dans un site totémique. Avant de se réaliser comme fœtus, les âmes-enfants mènent une vie autonome, souvent sous la forme d'animaux et de plantes qui peuvent être ingérés par la mère, laquelle est vue comme un simple réceptacle, une sorte d'incubateur permettant à l'âme-enfant de se développer jusqu'à la naissance. D'un tempérament enjoué, à ce que l'on dit, ces semences sont en attente d'un corps humain qu'elles doteront des attributs totémiques propres à l'être du Rêve dont elles sont issues, et elles s'occupent, pour l'essentiel, « à chercher des mères au moyen desquelles elles peuvent renaître[18] ». Que les humains soient les simples vecteurs de l'actualisation recherchée par une entité totémique ne fait guère de doute dans les descriptions des ethnologues. À propos des *maroi*, les âmes-enfants des sites totémiques de la communauté de Belyuen dans la péninsule de Cox, Elizabeth Povinelli écrit qu'ils « préconçoivent une image de l'enfant avant de le fabriquer » ; l'intentionnalité prêtée aux âmes-enfants est centrale dans ce mécanisme reproducteur, par contraste avec le rôle relativement passif qu'y jouent les humains : « Les *maroi* se cachent intentionnellement dans les aliments et créent des enfants. Les hommes et les femmes les capturent et les ingèrent inintentionnellement[19]. » De plus, cette autonomie des *maroi* subsiste après la naissance puisque l'on affirme qu'ils exercent une influence irrésistible sur leurs hôtes dans le choix des gibiers qu'ils chassent, des nourritures qu'ils consomment et des sites qu'ils fréquentent. Il en est de même ailleurs, par exemple chez les Aranda ; pour eux, « l'incarnation d'un esprit-enfant, d'un *kuruna*, procède en premier lieu de son désir de subir une incarnation[20] ». Les parents ne sont donc guère plus qu'un père adoptif et une mère porteuse, les instruments consentants de la perpétuation d'une des dimensions d'un totem s'objectivant dans un humain qui devient lui-même par là une composante toujours-déjà présente du collectif intrinsèquement hybride qu'un être du Rêve a jadis institué.

Le même processus est à l'œuvre dans les totémismes transmis par la filiation clanique. L'imprégnation d'une femme se fait généralement sur le site où gîtent les âmes-enfants du clan, le nouveau-né s'agrégeant tout naturellement au collectif dont ses ascendants maternels ou paternels ont assuré avant lui la continuité substantielle au service de l'envie de se perpétuer de l'entité totémique qu'ils ont en commun. Ainsi, toujours dans la communauté de Belyuen, les totems de filiation appelés *durlg* « préconçoivent leur propre descendance sous la forme d'humains avant que de naître effectivement dans une nouvelle génération[21] ». Il est donc permis de se demander si l'on peut même parler d'ascendants humains dans un tel cas puisque la vie humaine tout entière paraît n'être que le support dont les totems de filiation s'emparent afin de se rendre manifestes dans chaque génération successive. Comme tous les totems de filiation patrilinéaires, les *durlg* sont ancrés dans des sites répartis sur le territoire du clan et l'on dit traditionnellement qu'ils légitiment les droits d'usage de ses membres sur les ressources du lieu (notamment à l'occasion des conflits fonciers avec les non-aborigènes). Pourtant, sans contester l'importance cruciale que peuvent revêtir l'exercice et la transmission de tels droits pour les activités de subsistance des humains comme pour leur identification à un espace encore animé des propriétés qu'un être du Rêve lui a insufflées, il faut noter que les membres du clan ne sont pas que les gardiens et les usufruitiers des sites d'où procèdent leur totem et du territoire qu'il a autrefois façonné par ses pérégrinations ; ils en sont, tout comme le paysage, l'émanation incarnée en même temps que le canal par le moyen duquel demeure vivace son action créative en un lieu. Comme l'écrit Povinelli, « ce n'est pas tant que des humains se transmettent des sites de génération en génération, c'est plutôt la force mythique intérieure des sites qui se perpétue elle-même à travers le corps des humains[22] ». On ne saurait mieux dire que les humains sont ici les auxiliaires zélés d'une finalité immanente et singularisée qui tout à la fois les englobe et les dépasse.

La multiplicité australienne des types de collectifs totémiques et des fonctions qu'ils remplissent, de même que les affiliations multiples que cette diversité autorise sont probablement nécessaires pour que chacun des membres humains et non humains qui les composent y trouve son compte : identification à un lieu et à une classe prototypique d'attributs incarnés par des non-humains (pour les humains), assurance de se reproduire grâce à la médiation délibérée ou involontaire des humains (pour les non-humains), chaque élément de ces unités hybrides dépend des autres dans un grand échange de services où les contributions respectives finissent par se brouiller, tant est puissant le ciment qui les fédère dans une totalité ontologique enracinée dans un espace commun. De ce point de vue, le totémisme des sections matrimoniales paraît devoir être relégué au rang d'un phénomène subalterne — et probablement tardif —, en dépit de l'importance que la littérature anthropologique a accordée à ces institutions. Fascinés à bon droit par l'élégante complexité formelle des systèmes à huit sous-sections, les spécialistes de la parenté n'ont pas assez pris en compte que ces modèles relevaient sans doute plus pour les Aborigènes d'un exercice de virtuosité intellectuelle que d'un procédé pour organiser l'existence quotidienne des collectifs et leur reproduction. Car si les classes matrimoniales sont bien, comme les autres unités totémiques, des synthèses spécifiques d'attributs physiques et moraux partagés avec des non-humains, elles demeurent étrangères à une dimension fondamentale des collectifs australiens, à savoir le rapport à un lieu, à un espace producteur d'identité. Ce sont des catégories nominales, des sortes de fichiers anthropométriques qui stipulent les critères de la classification générale des humains — et donc des appariements qui leurs sont permis ou proscrits —, non des principes d'association permettant le développement d'une vie sociale et l'attachement à un territoire et à ses ressources. Le totémisme conceptionnel et le totémisme clanique, en revanche, constituent le véritable fondement des collectifs concrets puisqu'ils conditionnent l'agrégation des humains en groupes discrets, investis de responsabilités et de droits à l'égard de lieux d'où ils tirent leur subsistance et qui se perpétuent eux-mêmes à travers leur corps et grâce aux rituels qu'ils y tiennent.

Il est loisible aussi de s'interroger, non plus sur les fonctions assignées aux diverses sortes de collectifs totémiques, mais sur la finalité même d'une telle organisation segmentée, à première vue assez étrange et contre-intuitive puisqu'elle mêle des humains et des non-humains aux intérêts solidaires dans des totalités spécifiques qui pourraient demeurer autonomes, tout en contraignant ces unités en apparence autosuffisantes à exister au sein de collectifs plus vastes formés par leur combinaison. Une première fonction de cette forme de distribution et d'association des existants est sans doute d'ordre pratique, ce qui ne signifie nullement qu'elle suffise à l'expliquer. Comme Lévi-Strauss l'avait bien vu, la spécialisation fonctionnelle propre à l'ordre totémique est analogue à celle des castes et permet d'optimiser la gestion des moyens nécessaires à la vie ; elle introduit une stricte division du travail ontologique entre des groupes complémentaires qualifiés dans la production et la reproduction de ressources localisées auxquelles ces groupes s'identifient sans toutefois les consommer[23]. Car c'est le paradoxe de cette économie de ponction généralisée à l'échelle d'un continent gigantesque qu'elle se présente comme un labeur incessant pour fabriquer et entretenir ce qui semblerait donné naturellement : et les produits indispensables à la subsistance (avec les rites de multiplication des espèces), et les humains indispensables pour les produire (chaque groupe totémique mettant à disposition des autres des femmes « incubateurs » engendrées en son sein). Autrement dit, les collectifs totémiques aborigènes sont des machines hautement spécialisées dans la création et la maintenance de certains types de ressources, soit au profit des autres collectifs (des « ventres » pour porter leurs âmes-enfants, des plantes et des animaux pour leur alimentation), soit, à l'intérieur même du collectif, pour le bénéfice mutuel de ses composantes humaines et non humaines : la reproduction des espèces totémiques à la charge des humains, la perpétuation des totems par l'intermédiaire du corps des femmes, l'accès aux territoires de chasse et de cueillette par l'affiliation totémique. Sans aller jusqu'à impliquer qu'il s'agisse là d'une adaptation fonctionnelle nécessaire, on ne peut s'empêcher de penser que, vu le caractère stratégique de la gestion de ressources aléatoires dans une économie de chasse et de cueillette, il est de bonne politique de confier à des organes spécialisés le soin de veiller sur chacune d'entre elles en s'identifiant à son sort.

Lorsqu'elle est envisagée dans sa dimension collective, l'ontologie totémique acquiert aussi une spécification supplémentaire, tout à la fois propre à la morphologie particulière de ce genre d'organisation et indispensable pour qu'elle devienne véritablement fonctionnelle. En tant que mode d'identification, en effet, le totémisme ne reconnaît qu'une unité de base, la classe totémique, laquelle constitue une totalité intégrale et autosuffisante puisqu'elle fournit le cadre de l'identification de ses composantes humaines : en tant qu'homme-émeu, je m'attribue des attributs physiques et moraux issus de l'être du Rêve Émeu, également présents chez les émeus et dans d'autres existants avec qui je partage une origine commune et dont la source tangible réside dans des sites et des traits du paysage. C'est là tout ce dont j'ai besoin afin de savoir qui je suis, d'où je viens et avec quels éléments du monde je suis rangé. Mais si la classe totémique est bien l'instance fondamentale qui me pourvoit d'une identité prototypique, elle n'est pas pour autant une condition suffisante pour me permettre d'agir efficacement dans le monde. Il me faut, à cette fin, établir des relations avec d'autres existants, et cela n'est possible que si les termes de ces relations sont clairement distingués de moi-même, c'est-à-dire s'ils sont extérieurs à la communauté ontologique que je forme avec tous les membres humains et non humains de ma classe. Cette unité essentielle qu'est la classe totémique ne se suffit donc pas à elle-même dès lors qu'elle veut échapper au solipsisme et exercer son action au-delà des frontières que son *eidos* lui assigne ; elle exige d'autres segments de même nature, mais de compositions différentes, indispensables pour que des interactions productives surgissent et qu'un dynamisme sociocosmique se mette en branle qui rappelle les relations multiples que les êtres du Rêve nouèrent jadis entre eux afin d'animer le monde et de le diversifier.

Pourtant, la simple juxtaposition des collectifs totémiques ne débouche pas *ipso facto* sur une totalité de niveau supérieur, clairement représentable comme une entité singulière. En Australie du moins, la combinaison de la dépopulation et des migrations provoquées par la conquête européenne a engendré un ample mouvement de recomposition ethnique qui interdit assez souvent de qualifier comme une totalité discrète de type « tribal » l'association formée localement par des clans hétérogènes quant à la langue et aux origines territoriales. Par ailleurs, les itinéraires des êtres du Rêve, et les affiliations totémiques dont ils sont le support, se déploient de façon réticulaire sur des distances considérables, de sorte que des classes totémiques identiques, car issues de portions distinctes d'un même parcours originaire, se retrouvent dans des « tribus » différentes, et pas nécessairement adjacentes. Face à l'ambiguïté des critères qui permettraient de définir sans équivoque les principes de recrutement et les contours d'un macro-collectif « tribal » intégrant les classes totémiques, chaque segment est donc condamné à trouver dans les autres segments les ressources nécessaires afin de concevoir sa complémentarité avec eux dans une combinaison plus large.

Or, le totémisme offre un moyen d'assurer cette intégration fonctionnelle des segments sans passer par leur subsomption dans un ensemble donné au préalable. Car l'identité, non plus de l'individu au sein du collectif, mais du collectif lui-même comme individu pluralisé, est nécessairement fonction d'une prise de conscience de ce dont il se distingue, à savoir d'autres collectifs, un principe de spécification contrastive qui n'a pas lieu d'être au niveau de chacun de ses éléments, lesquels puisent dans la classe prototypique toutes les caractéristiques intrinsèques nécessaires à la définition de leur être. L'individuation des segments a ainsi pour condition la reconnaissance d'une altérité sur le fond de laquelle se détache avec netteté la spécificité différentielle du segment et, par voie de conséquence, de chacun de ses membres vis-à-vis des membres d'autres segments. Comme Stéphane Breton le note dans sa critique de l'interprétation classificatoire du totémisme, celui-ci ne devient opératoire comme système social que parce que les membres d'un groupe totémique clos par définition parviennent à s'appréhender avec un regard extérieur en s'identifiant à un segment tiers qui a pour fonction de leur renvoyer l'image du leur [24]. Cet *alter ego* collectif forme alors, avec le segment qu'il permet de singulariser, une totalité fonctionnelle de niveau supérieur à celui des unités totémiques, et le principe d'amorçage du dispositif qui légitime tout à la fois leur différence et leur équivalence à une échelle plus vaste. En ayant recours au *clinamen* de l'identité contrastive, le totémisme surmonte l'obstacle initial instauré par l'autonomie de classes autoréférentielles et accède ainsi à une véritable existence sociologique fondée sur l'interdépendance de collectifs de même type au sein d'un ensemble englobant pourtant inconcevable dans les seuls termes des prémisses ontologiques initialement posées.

À la différence de l'animisme et du naturalisme qui érigent la société humaine en paradigme des collectifs, le totémisme opère une fusion inédite en mélangeant dans des ensembles hybrides *sui generis* des humains et des non-humains qui se servent les uns des autres pour produire du lien social, de l'identité générique, de l'attachement à des lieux, des ressources matérielles et de la continuité générationnelle. Mais il le fait en fragmentant les unités constitutives de façon que les propriétés de chacune d'entre elles soient complémentaires, et leur assemblage dépendant des écarts différentiels qu'elles présentent. Pour qualifier un tel système, l'anthropologie classique a donc oscillé entre une définition qui mettait en avant la continuité entre nature et culture (la logique « participative ») et une autre qui s'en tenait à une lecture cognitive du phénomène (la logique classificatoire). Le problème ici est que les collectifs totémiques sont bien les unités de base du dispositif organisant l'univers, mais que, pour les Aborigènes du moins, ils ne proviennent ni d'une extension des catégories sociales régissant la vie des humains (le sociocentrisme de Durkheim) ni du modèle offert par des discontinuités entre espèces naturelles (l'intellectualisme de Lévi-Strauss). Si l'on s'efforce d'être fidèle à ce que les Aborigènes disent des principes qui structurent l'existence qu'ils mènent en commun avec une foule bigarrée de non-humains, alors il vaut mieux dire de leur totémisme qu'il est « cosmogénique ». De même que l'animisme est anthropogénique parce qu'il emprunte aux humains le minimum indispensable pour que des non-humains puissent être traités comme des humains, le totémisme est cosmogénique car il fait procéder de groupes d'attributs cosmiques préexistants à la nature et à la culture tout ce qui est nécessaire pour que l'on ne puisse jamais démêler les parts respectives de ces deux hypostases dans la vie des collectifs.

Un collectif mixte, inclusif et hiérarchisé

Le mode d'identification analogique ne s'exprime pas dans des formes de collectif qui lui seraient aussi spécifiques que c'est le cas avec l'animisme et le totémisme. Dans une ontologie analogique, en effet, l'ensemble des existants est tellement fragmenté en une pluralité d'instances et de déterminations que l'association de ces singularités peut emprunter toutes sortes de voies. Pour diverse que soit la morphologie des assemblages d'humains et de non-humains que l'analogisme autorise, ceux-ci se présentent néanmoins toujours comme des unités constitutives d'un collectif beaucoup plus vaste, puisque coextensif avec le monde. Cosmos et société sont ici équivalents, à vrai dire presque indiscernables, quels que soient par ailleurs les types de segmentation interne qu'un ensemble aussi étendu requiert pour demeurer opératoire. Un exemple pertinent valant mieux qu'une pincée d'illustrations, c'est dans le sud des Andes que j'irai le puiser, chez les Chipayas de Bolivie, auxquels Nathan Wachtel a consacré une remarquable monographie[25].

Perdus sur un haut plateau semi-désertique de la province du Carangas à presque quatre mille mètres d'altitude, méprisés par leurs voisins aymaras qui les traitent de « rebuts », réduits à un petit millier de personnes, les habitants du village de Chipaya diluent leur misère et leur abandon dans un microcosme d'une prodigieuse richesse où sont perceptibles, à une échelle réduite, toutes les caractéristiques structurelles de collectifs analogiques plus grandioses et populeux. De langue puquina, les Chipayas sont les derniers Urus qui subsistent en Bolivie comme un ensemble autonome, après avoir constitué, au moment de la Conquête, près du tiers de la population autochtone du pays. Leur territoire a la forme d'un rectangle long d'environ trente kilomètres d'est en ouest sur une vingtaine de kilomètres de large, bordé au sud par le lac Coipasa. Il est divisé dans l'axe nord-sud en deux secteurs de superficie à peu près égale, nommés *Tuanta* (« est ») et *Tajata* (« ouest »), tout comme les deux moitiés qui y résident, lesquelles correspondent chacune à ce que l'on appelle dans les Andes un *ayllu*, à savoir un groupe de filiation bilatérale *(figures 6 et 7)*. Situé approximativement au centre du territoire, le village de Chipaya est lui aussi divisé en deux moitiés dans l'axe nord-sud, chaque moitié se subdivisant en outre en deux quartiers selon un axe ouest-est. Les quatre quartiers — *Ushata*, *Waruta*, *Tuanchajta* et *Tajachajta* — se regroupent autour de quatre chapelles et sont chacun occupés par plusieurs lignages se reconnaissant un ancêtre commun. Cette organisation quadripartite se retrouve à l'échelle du territoire, avec la nuance que les subdivisions internes aux moitiés n'y suivent pas l'ordonnancement orthogonal du village, mais empruntent des limites géographiques, en l'occurrence des lits de rios : dans la moitié *Tajata*, les secteurs *Tajachajta* et *Tuanchajta* sont donc répartis de part et d'autre d'un axe nord-sud, tandis que, dans la moitié *Tuanta*, les secteurs *Ushata* et *Waruta* sont délimités par un axe allant du nord-ouest au sud-est. Les lignages de chaque quartier du village possèdent dans le secteur du territoire qui leur correspond des hameaux de quelques huttes occupés une partie de l'année et ils bénéficient de l'usufruit des pacages qui les entourent, concédé par l'*ayllu* de la moitié à laquelle ils appartiennent. Enfin, de même que le territoire se présente comme une projection de l'organisation du village, de même l'église en offre un modèle réduit. Dédiée à Santa Ana, patronne de Chipaya, elle est commune aux deux moitiés et s'élève, au nord du village, dans l'espace qui les sépare. C'est une simple bâtisse en adobe, de forme rectangulaire, dont la porte ouvre à l'est : les membres de *Tuanta* se placent toujours dans la moitié située à droite par rapport à l'est, et ceux de *Tajata* dans la moitié située à gauche, les hommes étant à droite à l'intérieur de chaque moitié et les femmes à gauche. L'église est entourée d'un patio clos de murs, flanqué d'une tour et prolongé par un patio plus grand; aux quatre coins de ces patios et sur les quatre contreforts de la tour sont disposés des sortes d'autels sacrificiels réservés à chacun des quartiers, leur disposition dans l'espace (c'est-à-dire par rapport à l'est) respectant le schéma quadripartite général du village et du territoire *(figure 6)*.

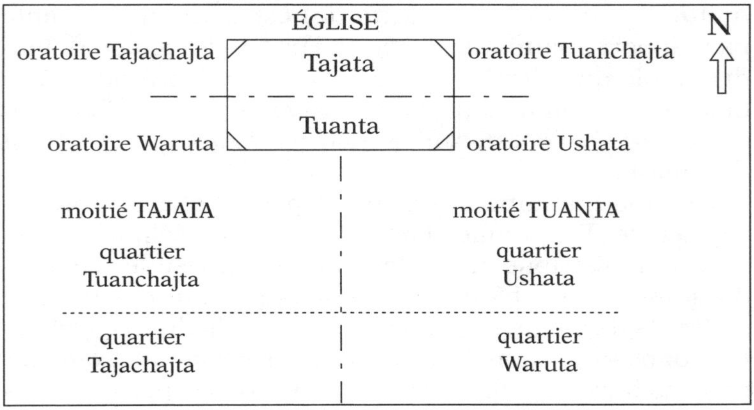

Figure 6. L'organisation quadripartite du village Chipaya.

Les interactions entre les divers niveaux de ces unités emboîtées suivent la logique classique des affiliations segmentaires : les membres d'un lignage sont solidaires contre ceux d'un autre lignage, les lignages d'un quartier contre ceux d'un autre quartier, les quartiers d'une moitié contre ceux de l'autre moitié, tous les Chipayas réunis contre les Aymaras. Ce thème de la répétition d'une structure contrastive aux différentes échelles des unités d'affiliation sociale et spatiale apparaît central dans l'organisation du collectif chipaya; comme l'écrit Wachtel, « il constitue le principe d'un véritable schème mental, où s'articulent un certain nombre de catégories qui ordonnent l'univers[26] ». Cependant, toutes les unités ne sont pas équivalentes. Certes, il n'existe pas de supériorité politique d'une moitié sur l'autre, l'exercice de l'autorité se conformant à une alternance régulière selon le principe traditionnel en vigueur dans les Andes; quant aux disparités de richesse, au demeurant très faibles, elles se distribuent indépendamment de la structure quadripartite. En revanche, l'organisation dualiste implique un ordre classificatoire des moitiés et des quartiers organisé autour d'une série de couples dont le premier terme est doté d'une prédominance symbolique sur l'autre : l'est et l'ouest, la droite et la gauche, le masculin et le féminin, le haut et le bas. La moitié *Tuanta* (à l'est et à droite) est donc prééminente par rapport à la moitié *Tajata* (à l'ouest et à gauche), tandis que le quartier *Ushata* (à l'est de l'est) prévaut sur le quartier *Waruta* (à l'ouest de l'est), et le quartier *Tuanchajta* (à l'est de l'ouest) sur le quartier *Tajachajta* (à l'ouest de l'ouest).

Les non-humains n'échappent pas à cette répartition segmentée. En premier lieu, chaque *ayllu* délimite, aménage et redistribue annuellement en son sein les champs de quinoa et les pâtures à cochons grâce à des travaux collectifs d'endiguement, d'irrigation et de drainage effectués dans sa portion du territoire, et sans jamais solliciter pour ce faire la collaboration de la moitié opposée. Mais ce sont surtout les diverses sortes de divinités qui sont équitablement partagées entre les sous-ensembles de Chipaya, et plus particulièrement celles qui résident dans les *silos* et les *mallku*. Les *silos* (de l'espagnol « *cielo* ») sont de petits oratoires voués à des saints, alignés à intervalles réguliers le long de quatre lignes droites orientées selon les points cardinaux et dessinant sur le territoire une immense croix dont le village occupe l'intersection *(figure 7)*. Chaque ligne de *silos* correspond à l'un des quartiers, le *silo* terminal (c'est-à-dire le plus éloigné du village) étant le plus important de la série car consacré au saint patron du quartier. La référence de ces oratoires à des valeurs en apparence chrétiennes s'efface en partie si l'on admet, avec Wachtel, que les alignements de *silos* suivent le même principe que le système des *ceques* du Cuzco à l'époque inca et que, tout comme eux, ils sont liés au culte solaire[27]. Les *ceques* formaient un ensemble de quarante et une lignes imaginaires irradiant du temple du Soleil sur lesquelles étaient disposés trois cents vingt-huit sites sacrés, ou *huacas*, chacun des quarante *ceques* (hors le quarante et unième associé à la famille de l'Inca) étant lié à un groupe d'Incas-de-privilège (des autochtones non incas, mais alliés au souverain par des alliances matrimoniales) et orienté vers le lieu où il résidait. Les *ceques* du Cuzco ordonnaient l'espace géographique, social et rituel de la capitale d'un empire conçu par ses dirigeants comme un système cosmologique et servaient en outre à découper le temps : il s'agissait d'un véritable calendrier inscrit sur le sol et d'ailleurs lié au dispositif d'irrigation. Or il en est de même, à une échelle plus modeste, avec les alignements de *silos*. Les saints sont en effet fêtés dans une succession régulière, quartier après quartier, suivant une rotation qui embrasse l'année entière dans le sens des aiguilles d'une montre, l'été (saison des pluies) étant associé à *Tuanta* et l'hiver (saison sèche et très froide) à *Tajata*.

Figure 7. L'organisation quadripartite du territoire de Chipaya.

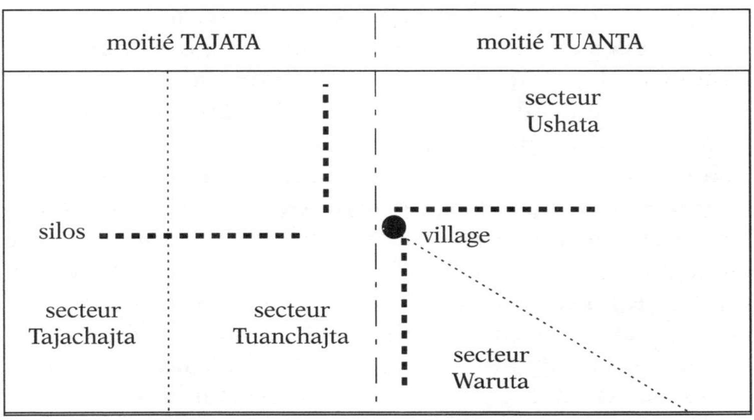

Le culte des *silos* représente la partie céleste des relations que les Chipayas entretiennent avec leurs divinités. L'autre partie, typiquement andine, rassemble les éléments qui se rattachent à la terre et s'organise autour du culte des *mallku*, des divinités chthoniennes mâles et individualisées qui habitent, en compagnie de leurs épouses, dans de petits monuments coniques en adobe appelés *pokara*. Chaque moitié célèbre ses propres *mallku*, au nombre de quatre, les *pokara* qui leur correspondent étant répartis dans l'espace entre les quartiers. À cela s'ajoutent des *pokara* dédoublés entre les moitiés, mais où siègent deux *mallku* communs à tous les Chipayas : *Marka Qollu*, divinité femelle assimilée à la Pachamama, la Terre-Mère, et *Lauca Mallku*, divinité mâle de l'eau terrestre. Enfin, le plus important de tous, le *Torre Mallku*, est partagé par les deux moitiés : ce n'est rien d'autre que la tour de l'église au sommet de laquelle, lors de Carnaval, sont pratiqués des sacrifices et déposées des offrandes exigeant, c'est un cas unique, la collaboration entre les deux moitiés. *Torre Mallku* est le père des autres *mallku*, lesquels sont donc tous frères entre eux, quoique plus spécialement regroupés par paires dont chaque élément est assigné à l'une des moitiés ; quant à *Marka Qollu* et *Lauca Mallku*, uniques bien qu'ils se distribuent chacun dans deux *pokara*, leur incarnation dans chaque moitié est vue comme un exemplaire jumeau de celle de l'autre. Les *mallku* sont analogues aux divinités-montagnes des Aymaras, dotés tout comme elles d'une intériorité agissante, et c'est parce que le plateau désolé où les Chipayas furent jadis refoulés est dépourvu d'élévations qu'il leur a fallu ériger ces substituts miniatures que sont les *pokara*.

Il est impossible d'entrer ici dans le détail des rituels complexes et minutieux qui se déroulent dans chacun des sites évoqués. Il suffira de dire que leur fonction première est de mettre la multitude des divinités chipayas en rapport les unes avec les autres, « de les faire "dialoguer" entre [elles] afin que l'univers soit en harmonie avec lui-même[28] ». L'assignation des divinités à des unités sociales, des subdivisions et régions de l'espace, des périodes de l'année et des spécialisations techniques découpe en effet une économie liturgique ayant pour effet de mobiliser à l'époque idoine, et à la charge d'un sous-ensemble d'humains chaque fois différent, la cohorte des non-humains directement concernés par l'activité dominante du moment. Car chaque espèce de divinités est plus particulièrement investie d'une fonction d'intermédiation avec telle ou telle portion ou population du cosmos dont le concours est requis dans l'un de ces quatre grands domaines de l'intervention humaine, eux-mêmes très localisés, que sont l'agriculture, l'exploitation des ressources lacustres, l'élevage et la chasse. Certaines divinités s'occupent donc de l'eau céleste et d'autres de l'eau souterraine, il en est qui contrôlent les vents tandis que d'autres encore sont les protectrices du bétail ou les maîtres des oiseaux aquatiques que les Chipayas capturent dans leurs filets. Et comme « le monde est un champ immense de forces et de flux, où tout fait écho à tout[29] », il est indispensable que les humains puissent susciter, par leurs offrandes et leurs suppliques, une coopération réglée entre des divinités foncièrement hétérogènes et réparties, tout comme eux, dans des segments nettement séparés du grand collectif qu'ils forment tous ensemble. C'est à cette condition que la complémentarité et la concertation bénéfiques des non-humains viendront redoubler et rendre efficaces les efforts que les Chipayas déploient eux-mêmes dans l'espoir de se compléter, en dépit de leurs différences, dans la plénitude d'une destinée partagée.

Dans ses principes les plus généraux, l'organisation du monde chipaya n'est guère différente de celle des communautés aymaras et quichuas de Bolivie, d'Équateur et du Pérou, ni même, à une tout autre échelle, de celle de l'Empire inca du Tawantinsuyu. De fait, elle a le mérite de révéler avec une grande netteté les caractéristiques structurelles de tout collectif analogique. Aux yeux de ceux qui le composent, ce genre de collectif est taillé aux mesures du cosmos tout entier, mais découpé en unités constitutives interdépendantes que structure une logique d'emboîtements segmentaires. Lignages, moitiés, castes, groupes de filiation de diverses natures étirent les connexions des humains avec les autres existants, de l'inframonde jusqu'à l'empyrée, tout en maintenant séparés, et souvent antagoniques, les canaux diversifiés au moyen desquels ces connexions sont établies. Sans être complètement ignoré, l'extérieur du collectif devient un « hors-monde » en proie au désordre, parfois dédaigné, parfois craint, parfois voué à s'agréger au dispositif central comme un nouveau segment dont la place en creux est préparée d'avance. C'est ce dernier statut qu'avaient, par exemple, les tribus barbares que la Chine impériale annexait à l'un de ses orients, ou encore les « sauvages » bordant le Tawantinsuyu sur son flanc amazonien et qui, sans jamais avoir été soumis, relevaient en principe de la section *Anti* de la quadripartition inca. C'est ainsi également que les royaumes du Moogo, dans le bassin de la Volta blanche, considéraient leurs périphéries infrahumaines, où l'on allait pourtant périodiquement puiser des captifs afin de les rattacher au service exclusif des lignages royaux[30]. Donnant force et stabilité à l'architecture de l'univers, les segments ne se mélangent pas, mais demeurent toujours disponibles pour intégrer ici ou là sur les marges, chacun pour son compte.

Les collectifs analogiques ne sont pas nécessairement des empires ou des formations étatiques et certains d'entre eux, comme le cas chipaya l'atteste, ont des effectifs humains bien modestes qui ignorent les stratifications du pouvoir et les disparités de richesse. Ils ont tous en commun, néanmoins, que leurs parties constitutives sont hiérarchisées, ne serait-ce qu'à un niveau symbolique sans effet direct sur le jeu politique. La distribution hiérarchique y est souvent démultipliée à l'intérieur de chaque segment, délimitant ainsi des sous-ensembles qui se trouvent les uns vis-à-vis des autres dans le même rapport inégal que les unités de niveau supérieur. L'illustration classique en est le système des castes en Inde, dont le schème général de subordination se répète dans la succession des emboîtements de niveau inférieur (dans les sous-castes composant les castes, dans les clans composant les sous-castes, dans les lignées composant les clans). Le même procédé est à l'œuvre dans l'organisation en « sections » endogames, ou *kalpul*, des Tzotzil et des Tzeltal du Chiapas, des unités que l'on ne saurait vraiment qualifier de moitiés, certaines communautés en ayant trois ou cinq, mais qui en possèdent tous les attributs. Comme à Chipaya, ce sont des segments sociaux et cosmiques mêlant humains et non-humains, en même temps que des personnes morales exerçant un contrôle sur les tenures et sur les individus compris dans leurs juridictions. Lorsqu'il n'y a que deux sections, cas le plus fréquent, leur démarcation recoupe perpendiculairement la ligne de pente du territoire commun au niveau du village, de sorte que la moitié prééminente sur les plans rituel, symbolique et démographique se situe vers le haut, associée aux montagnes et aux divinités autochtones qui y résident, son saint patron étant celui de la communauté tout entière, tandis que la moitié du bas a partie liée avec les terres basses, l'abondance agricole et le monde des démons et des non-Indiens. La supériorité numérique et cérémonielle de la moitié du haut n'est qu'une expression d'un schème plus général de segmentation de l'univers en paires d'éléments complémentaires dont l'un est dit « aîné » ou « majeur », l'autre « cadet » ou « mineur » : chaque montagne « majeure » est accompagnée d'une montagne « mineure », chaque grotte « aînée » d'une grotte « cadette », et il en va de même pour de multiples éléments répartis au sein des *kalpul*, des fontaines aux statues des saints dans les églises, en passant par les charges politiques et religieuses à tous les échelons de la hiérarchie communautaire[31]. Moins formalisés, les encastrements lignagers de certaines sociétés d'Afrique de l'Ouest répondent aux mêmes principes : soit que les lignages soient hiérarchisés selon l'ordre des segmentations successives par rapport au lignage souche, soit qu'existent des sortes de castes lignagères différenciant les descendants de chefs, les maîtres de la terre, les forgerons et les captifs, la distinction entre aînés et cadets jouant à tous les niveaux comme un opérateur contrastif. Enfin, même lorsqu'elle se traduit par une domination politique ou une suprématie économique, la hiérarchie « standard » est souvent réversible à un autre niveau : l'exercice de l'autorité peut s'accompagner d'une subordination religieuse, telle unité associée à une région prééminente de l'espace peut se retrouver subalterne dans des configurations rituelles, des segments conquérants peuvent devenir dépendants de segments autochtones dans des rites commémoratifs de fondation.

De certains collectifs que je qualifie d'analogiques on a parfois dit qu'ils étaient « totalitaires » : ainsi de l'Empire inca ou des sociétés lignagères d'Afrique de l'Ouest[32]. C'est une façon d'exprimer l'extraordinaire imbrication des éléments dans des sociétés holistes mais très compartimentées, où la liberté de manœuvre individuelle paraît réduite, et presque insupportable, à nos yeux du moins, le contrôle de conformité que le tout exerce sur ses parties. C'est aussi une manière de dire que rien n'est laissé au hasard dans la répartition des existants entre les diverses strates et sections du monde, que chacun s'y voit fixer une place qui doit convenir, sinon toujours à ses attentes, au moins à ce qui est attendu de lui. C'est pourquoi les non-humains se retrouvent enrôlés dans les segments composant le collectif et tenus, à l'endroit qu'on leur assigne, de servir leurs intérêts. Les lamas, le mil ou la pluie existent certes comme des entités génériques dont les propriétés sont connues de tous, mais c'est en relation au segment dont ils dépendent qu'ils acquièrent une signification authentique et une identité pratique, comme le troupeau de lamas de tel ou tel lignage, les champs de mil de tel ou tel groupe de descendance, la pluie que tel ou tel médiateur est chargé de faire tomber au moment opportun. Car cette singularisation fonctionnelle et spatiale devient plus nette encore avec ces non-humains d'un genre un peu particulier que sont les divinités. Par contraste avec les totems australiens ou avec les « esprits » qui peuplent les univers animiques, en effet, les divinités analogiques sont l'objet d'un vrai culte, et cela dans un lieu précis : elles y reçoivent des offrandes ; des sacrifices et des prières leur sont adressés à des moments convenus ; on attend d'elles qu'elles exaucent en retour les vœux de leurs fidèles dans le domaine d'expertise qui leur est reconnu. Leur immanence est donc en partie contrebalancée par leur inscription matérielle dans un site et dans un objet bien précis, par leur affiliation à un segment du collectif d'où sont éventuellement issus des spécialistes liturgiques chargés de les célébrer, et par le champ d'intervention spécialisé qui leur est généralement assigné. Le miracle du monothéisme est d'avoir fusionné tous ces particularismes dans un Dieu polyvalent, détaché de tout lieu et de toute appartenance segmentaire, une opération tellement inouïe qu'il n'a pas fallu longtemps pour que le catholicisme restaure, avec le culte des saints, la distribution fonctionnelle propre à l'analogisme.

Les collectifs analogiques sont ainsi les seuls à avoir des panthéons véritables, non pas qu'ils soient « polythéistes », un terme à peu près vide de sens, mais parce que l'organisation du petit monde des divinités, on l'a maintes fois remarqué, prolonge sans solution de continuité celle du monde des humains. C'est le même monde, de fait, avec une identique division sociale du travail, une identique compartimentation des secteurs d'activité, des rivalités et antagonismes identiques entre les segments. On comprend dès lors pourquoi, à l'instar des Chipayas, les différentes unités du collectif s'efforcent par le culte de faire accomplir à leurs divinités particulières ce pour quoi elles sont destinées, et tâchent de mobiliser leurs singularités obstinées au bénéfice de tous dans des entreprises où leur coopération est indispensable. On comprend également que les panthéons analogiques soient si plastiques : il est certes judicieux pour un empire d'accueillir les divinités des peuples qu'il absorbe, leur concours étant nécessaire pour mieux intégrer dans une totalité cosmique les éléments disparates dont il est fait ; mais il est tout aussi normal, à l'inverse, que les collectifs analogiques soumis à la christianisation recrutent avec enthousiasme les saints catholiques, et les compétences que l'on reconnaît à chacun d'eux, dans les régiments de non-humains déjà constitués par chaque segment. Et c'est d'ailleurs peut-être en partie parce qu'ils n'avaient pas de dieux en ce sens, ni de segments pour les héberger, que, malgré maintes tentatives de les conquérir, les Indiens du piémont amazonien demeurèrent rebelles à l'annexion par la grande machine analogique inca, ou les Germains si longtemps inassimilables par l'Empire romain.

Dernier trait que les Chipayas révèlent : l'usage répandu dans toutes les dimensions de l'existence des symétries spatiales et temporelles et des structures répétitives en abîme. Quartiers, orients, étages, se renvoyant l'un à l'autre, retournement périodique du cosmos sur son axe et répétition du passé dans l'avenir, ancêtres divinisés dont on exhibe les dépouilles ou les icônes afin de maintenir vivace le fil qui les relie au présent, tout est fait pour qu'aucune singularité ne demeure en dehors du grand réseau des connexions analogiques. Il n'y a pas de solitaires dans ce genre de collectif, ou alors il faut qu'ils s'extraient tout de go des servitudes partagées et des cascades hiérarchiques, tels les renonçants en Inde ou le Dieu unique en son berceau du Proche-Orient. Tous les autres ne peuvent faire valoir leurs différences démultipliées qu'à condition de les voir recousues dans les emboîtements et les isomorphies auxquels pourvoit le filet des coordonnées dans lequel chacun, humain ou non humain, se retrouve captif. Toujours liés, l'étagement segmentaire et l'obsession des correspondances autorisent cette prouesse : ce qui était dissemblable à un niveau apparaît semblable à un autre niveau par rapport à un nouveau jeu de différences, sans que les particularismes intrinsèques ne soient pour autant effacés puisqu'il s'agit toujours d'une question de perspective. Souvent donc, au sommet de la hiérarchie, trône une instance unique où tous les points de vue sont rassemblés et vers laquelle toutes les divisions convergent, afin que ces couches intégratives successives deviennent enfin totalisables : l'Inca, Pharaon, une divinité créatrice ou, plus sagement peut-être, la tour de l'église de Chipaya se détachant sur l'immensité lunaire de l'Altiplano.

Pour n'être pas aussi spécifiques que les collectifs animiques et totémiques, ou aussi épurés que les collectifs naturalistes, les configurations d'existants que l'analogisme rend possibles présentent néanmoins quelques traits remarquables *(figure 8)*. Par contraste avec des collectifs multiples et équistatutaires d'humains et de non-humains à composition homogène (les tribus-espèces de l'animisme) ou hétérogène (les classes totémiques), voués à entrer en relation les uns avec les autres, le collectif analogique est unique, divisé en segments hiérarchisés, et en rapport exclusif avec lui-même. Il est donc autosuffisant en ce qu'il contient en lui toutes les relations et déterminations nécessaires à son existence et à son fonctionnement, à la différence du groupe totémique, certes autonome sur le plan de son identité ontologique, mais qui requiert des collectifs du même type que le sien pour devenir opératoire. Dans un collectif analogique, en effet, la hiérarchie des unités constituantes est contrastive, c'est-à-dire uniquement définissable par des positions réciproques, et c'est pour cette raison que les segments ne forment pas des collectifs indépendants de même nature que les classes totémiques, lesquelles puisent en elles-mêmes, dans des sites et des précurseurs prototypiques qui leur sont propres, les fondements physiques et moraux de leur caractère distinctif. La moitié de l'Est n'existe que pour autant qu'elle complémente la moitié de l'Ouest, tandis que le groupe totémique Kangourou, s'il peut avoir besoin du groupe totémique Émeu en maintes occasions, n'en tire pas moins des seules circonstances de son apparition la légitimation de son absolue singularité.

Les segments d'un collectif analogique sont ainsi foncièrement hétéronomiques en ce qu'ils n'acquièrent un sens et une fonction que par rapport au tout, parfaitement autonome quant à lui, qu'ils forment conjointement. Il est vrai que les collectifs animiques admettent aussi, comme on l'a vu, une mesure d'hétéronomie ; mais elle est d'un genre complètement différent puisque la spécification externe passe, en ce cas, par une série d'identifications à des altérités individuelles et intersubjectives de provenances diverses, non par une surdétermination des éléments au moyen de la structure qui les agence. L'ennemi dont un Jivaro ou un Wari' absorbent l'altérité — c'est-à-dire le regard qu'il porte sur eux — en capturant sa tête ou en mangeant son corps, l'animal-personne dont l'un et l'autre s'efforcent parfois d'épouser la perspective, proviennent assurément de collectifs différents du leur ; toutefois, ce ne sont pas des traits intrinsèques à ces collectifs qui donnent à l'ennemi ou à l'animal la capacité de singulariser un individu, mais leur simple position d'extériorité par rapport à lui. De ce fait, les membres de la tribu-espèce A se différencient des membres des tribus-espèces B, C, ou D parce qu'ils se perçoivent comme des entités distinctives à travers le regard que ces autres tribus-espèces portent sur eux à l'occasion de certaines interactions codifiées. C'est pourquoi, dans le cas de l'animisme, il n'y a aucune prédétermination quant au genre de collectif susceptible de remplir cette fonction de spécification par l'extérieur : ce peut être, selon les contextes, une ou plusieurs tribus-espèces d'animaux, une ou plusieurs tribus-espèces

• Humains et non-humains sont distribués séparément dans des collectifs différents ayant les mêmes structures et propriétés (des collectivités « sociales » isomorphes). ↳ La structure et les propriétés des collectifs homogènes de non-humains sont indexées sur celles des humains. • Traduction moderniste : la « nature » tire ses spécifications de la « culture » (« projection »). • Label anthropologique : ANTHROPOGÉNISME	*animisme*	*totémisme*	• Humains et non-humains sont distribués conjointement dans des collectifs isomorphes (des segments complémentaires de collectivités « sociales »). ↳ La structure des collectifs hybrides est indexée sur des différences d'attributs hypostasiés dans des non-humains, tandis que leurs propriétés sont indexées sur une identité d'attributs entre humains et non-humains. • Traduction moderniste : la « nature » et la « culture » sont en continuité (« participation »), mais intérieurement segmentées par les propriétés que des non-humains incarnent (correspondance entre les écarts différentiels). • Label anthropologique : COSMOGÉNISME

Figure 8. Conséquences de la distribution ontologique sur les structures et propriétés des collectifs.

• Les humains sont distribués au sein de collectifs différents (les cultures) excluant les non-humains (la nature). ↳ la structure et les propriétés des collectifs d'humains sont indexés sur la différence entre humains et non-humains (« dualisme »). • Traduction moderniste : la « culture » tire ses spécifications de la différence avec la « nature ». • Label anthropologique : ANTHROPO-CENTRISME	*naturalisme*	*analogisme*	• Humains et non-humains sont distribués au sein d'un collectif unique (le monde), organisé en segments mixtes et hiérarchisés. ↳ La structure et les propriétés du collectif sont indexées sur les différences ontologiques entre les existants, regroupées en ensembles complémentaires sur la base de l'analogie. • Traduction moderniste : « nature » et « culture » sont en continuité au sein d'un cosmos organisé comme une société (ordre socio-cosmique). • Label anthropologique : COSMOCENTRISME

Suite du tableau 8.

d'esprits, une ou plusieurs tribus-espèces d'humains, ou une combinaison de tout cela. Quant à l'incorporation proprement physique d'un point de vue externe, elle devient un luxe fortuit, réservé à quelques-uns seulement des collectifs animiques, tout comme le cannibalisme qui en constitue le moyen le plus courant. Dans un collectif analogique, par contraste, les membres du segment A se différencient en bloc des membres du segment B en tant que A et B sont des éléments de la structure hiérarchique qui les englobe tous ; en langage philosophique, on dirait que leurs positions et leurs rapports sont l'effet d'une causalité expressive. La dépendance des segments analogiques à l'égard du collectif qui les définit est donc constitutive de leur mode d'être : il leur faut, avec des éléments intérieurs (au collectif), pouvoir faire de l'extérieur (à eux-mêmes).

Les rapports entre collectifs analogiques et collectifs naturalistes sont plus complexes et ambigus du fait de la contiguïté historique qui rattache l'émergence des seconds à la dissolution des premiers. Lors de cet enfantement du monde moderne dont les meilleurs esprits des deux derniers siècles ont livré des analyses, les segments hiérarchisés des collectifs à ordres statutaires se sont décomposés pour libérer une foule immense d'individus humains égaux en droit, mais que des disparités concrètes continuent de séparer tant à l'intérieur des communautés particulières où ils sont répartis qu'au sein de l'agrégat formel que celles-ci constituent toutes ensemble dans le « concert des nations » ; les cosmos mixtes que chaque collectif avait taillés à ses mesures se sont dilués dans un univers infini reconnu par tous ceux qui, indépendamment de leur position sur la surface de la terre, admettent l'universalité des lois non humaines qui le régissent ; surtout, la Cité de Dieu s'est fragmentée en une multitude de « sociétés » d'où les non-humains ont été bannis — en droit, encore, sinon en fait —, donnant ainsi naissance à des collectifs de même nature et donc comparables, quoique longtemps réputés inégaux entre eux sur une échelle évolutive, en raison notamment de l'incapacité apparente dont quelques-uns faisaient preuve d'expulser du cœur de leur vie sociale les plantes et les animaux, les montagnes et les lacs, les fantômes et les dieux.

Il n'est pas impossible que des traits propres à l'analogisme aient facilité cette distribution nouvelle. En effet, les non-humains que les collectifs analogiques mobilisent dans leurs segments y conservent leurs particularités, à la différence du totémisme où ils sont fusionnés avec les humains et, bien sûr, de l'animisme où leurs différences de forme et de comportement sont clairement affichées du fait qu'ils se répartissent dans des « sociétés » monospécifiques. Les segments analogiques ne sont donc pas hybrides, mais mixtes : les entités qu'ils recrutent y maintiennent leurs différences ontologiques intrinsèques — et c'est dans la nature de ce mode d'identification qu'il en soit ainsi —, mais celles-ci sont atténuées par les rapports multiples de correspondance et de coopération que le partage de finalités communes au segment tisse entre elles. L'ancêtre divinisé d'un lignage n'est plus tout à fait un humain, même s'il est rendu présent dans une momie ou par une sculpture anthropomorphe ; une montagne n'est pas vraiment humaine, même si le groupe des humains qui lui rend un culte attend d'elle qu'elle soit sensible à ses prières et contribue à son bien-être. Lorsque les sections composant un collectif analogique se délitent, les membres humains et non humains de chacune d'entre elles récupèrent de façon ostensible leurs singularités ontologiques que les actions solidaires dans lesquelles ils étaient engagés avaient en partie effacées ; ils deviennent ainsi disponibles pour les différenciations radicales et les regroupements massifs que le naturalisme est contraint d'opérer afin d'organiser ce chaos de singularités sans recourir à une logique segmentaire. L'ancien ordre cosmocentrique disparaît faute de corps intermédiaires capables d'incarner son étagement hiérarchique, et il peut être supplanté par un ordre anthropocentrique dans lequel le monde et ses unités constituantes se retrouvent découpés selon que l'humanité y est présente directement, par délégation ou pas du tout. Émergent alors enfin à la clarté de la raison, comme autant de solennelles puissances tutélaires, les sociétés et leurs conventions, la religion et ses dieux, l'artifice et les objets qui en résultent, la Nature et ce qu'elle détermine, bref, toutes ces choses familières dont nous avons appris à estimer la rassurante banalité.

12

Métaphysiques des mœurs

Marx avait raison de dire que « l'humanité ne se pose jamais que des problèmes qu'elle peut résoudre[1] ». À condition de préciser que des problèmes particuliers, et des solutions idoines, ne surgissent pas seulement du développement historique de la vie matérielle et de ses contradictions, mais aussi du fait que, face à des situations analogues, chaque fragment d'humanité ne se pose pas tout à fait les mêmes questions, ou du moins les formule de façons si différentes que les autres fragments peuvent éprouver quelque peine à reconnaître en elles celles qu'ils se donnent eux-mêmes pour tâche d'élucider. Or, la plupart de ces questions peuvent s'agréger dans des problèmes dont l'expression prendra des formes tout à fait distinctes en fonction des contextes ontologiques, cosmologiques et sociologiques où ils prennent naissance. Si l'on admet que la distribution des propriétés des existants varie selon les modes d'identification dont on a dressé le tableau, alors il faut aussi admettre que varient dans une même mesure les régimes de connaissance, les positions épistémiques qui les rendent possibles et la manière d'aborder un problème qui en résulte. Lévi-Strauss en donne un exemple lorsqu'il compare les méthodes d'investigation des Espagnols et des Amérindiens confrontés à la question de leur humanité respective : tandis que les ecclésiastiques se demandaient si les sauvages d'Amérique possédaient une âme, les Indiens de Porto Rico immergeaient durant des semaines les Blancs qu'ils capturaient afin de voir s'ils étaient soumis à la putréfaction. Les premiers se posaient le problème de la nature de l'homme en termes d'attributs moraux, les seconds en termes d'attributs physiques[2].

Assez logiquement au vu de ses ambitions réformatrices, l'épistémologie moderne présuppose comme point de départ de ses recherches un sujet connaissant abstrait mais individualisé, doté de facultés de perception, d'intellection et de raisonnement qui l'autorisent, sur la base du savoir et des techniques d'une époque, à émettre des hypothèses vérifiables sur l'état et la structure du monde. C'est une démarche différente que l'on suivra ici. Plutôt que de présumer l'existence d'un sujet universel, il faudra déterminer ce qui en tient lieu dans chaque mode d'identification, c'est-à-dire préciser la nature de l'entité qui occupe une position d'énonciation légitime quant à l'état des choses et qui constitue le foyer à partir duquel une action dans le monde peut se déployer. Chacun de ces sujets protéiformes, issu d'une ontologie singulière et exerçant son activité dans un collectif spécifique, sera nécessairement confronté à des problèmes épistémologiques et métaphysiques distincts qu'il tâchera de résoudre à sa manière et avec les moyens dont il dispose, instituant par là des zones d'objectivité, de non-sujet, à l'égard desquelles il devra élaborer un traitement adéquat. Bien des malentendus dits « culturels », parfois cocasses, parfois tragiques, proviennent de ce que les divers collectifs peuplant la terre ne comprennent pas vraiment les questions fondamentales qui font se mouvoir les autres collectifs ou, croyant à tort y reconnaître la forme d'un problème qu'ils se posent eux-mêmes, n'hésitent pas à lui appliquer la solution qu'ils ont inventée pour leur propre compte. Certaines de ces solutions ont sans doute une vocation universelle — les droits de l'homme ou la démarche scientifique, par exemple —, mais il est illusoire de penser qu'elles peuvent répondre à coup sûr à des interrogations formulées en d'autres lieux et dans d'autres contextes à propos de mystères insoupçonnés. Les dissoudre dans le bain de la raison n'effacera pas leur pertinence pour ceux que de telles interrogations préoccupent, du moins jusqu'à ce qu'ils disparaissent eux-mêmes de la scène de l'humanité avec ce dont ils se soucient.

Un moi envahissant

Le sujet animique est partout, dans l'oiseau dérangé qui s'envole en protestant, dans le vent du nord et la débâcle grondante, dans le caribou traqué qui fait soudain volte-face pour toiser le chasseur, dans le fromager dont une brise légère agite la frondaison, dans le fantôme maladroit qui signale sa présence en trébuchant sur une branche morte. Les existants dotés d'une intériorité analogue à celle des humains sont tous des sujets, animés par une volonté propre et pourvus, selon leur position dans l'économie des échanges d'énergie et les dispositions physiques dont ils jouissent, d'un point de vue sur le monde qui caractérise ce qu'il leur est permis d'accomplir, de connaître et d'anticiper. Le jaguar dont les Wari' assurent qu'il croit en toute bonne foi ramener sa proie à la maison pour que son épouse la cuisine, les éléphants dont les Chewong affirment qu'ils se voient et vivent comme des humains dans leur propre pays, les otaries dont les Tsimshian soutiennent qu'elles vont consulter un chamane lorsqu'elles ont reçu une flèche, les esprits *Ke'let* dont les Tchouktches racontent qu'ils résident dans des villages, pratiquent la divination et se déplacent en traîneau, tous ces êtres qui se prennent pour des humains et pensent en pratiquer les arts ne vivent pas pour autant dans les faux-semblants ou l'illusion consentie. Dire d'eux qu'ils sont des personnes revient en effet à leur reconnaître une autonomie, une intentionnalité et un point de vue de même nature que ceux des humains, mais situés à l'intérieur de sphères de pratiques et de significations qui sont particulières à chacun d'eux, puisque chacun d'eux partage avec ses seuls congénères ce que von Uexküll appelle un *Umwelt*, un monde vécu et agi caractérisé par ce qu'un animal est susceptible d'y faire à partir des atouts physiques dont il dispose. C'est cette aptitude à percevoir de façon subjective un monde prolongeant leurs organes et leurs besoins qui convertit les entités animiques en sujet, et c'est parce qu'elles sont reconnues comme sujet qu'elles sont réputées avoir une âme.

Qu'une telle intériorité soit décrite comme semblable à celle des humains n'est pas pour surprendre, pas plus que le fait qu'elle permette le déploiement d'une vie « culturelle » dans des collectifs sociaux. Car c'est chez les humains et dans leurs institutions que gît le modèle le plus accessible pour spécifier ce qu'est un sujet en tant que singularité occupant une position à partir de laquelle des actions, des perceptions et des énonciations autonomes sont possibles. L'âme est donc l'hypostase concrète et quasi universelle de subjectivités pourtant très singulières puisqu'elles procèdent de formes-comportements qui déterminent une situation et un mode d'être dans le monde propres aux seuls membres de l'espèce-collectif ayant reçu ces attributs physiques en partage. Étrange paradoxe que cette intériorité partagée par presque tous, mais dont le mode de subjectivation dépend des enveloppes organiques, et que Viveiros de Castro met bien en lumière lorsqu'il écrit, à propos de l'Amazonie : « Les animaux voient de la *même* manière que nous des choses *différentes* de celles que nous voyons parce que leurs corps sont différents des nôtres[3]. » La tranquille évidence de ce que les choses sont bien telles qu'on les perçoit ne naît pas ici de la puissance apodictique d'une démonstration bien faite, ni même de l'effet de persuasion que suscite un argument rhétorique auquel on peut finir par croire soi-même, mais de la conviction, ancrée dans un appareil perceptif, un *ethos* et une situation définis, que le monde est conforme à l'usage qu'on en fait : une extension sensible du corps, non une représentation.

Avec cette subjectivité généralisée que les corps particularisent, la théorie animique de la connaissance se situe bien évidemment aux antipodes du réalisme cognitif auquel la majorité d'entre nous adhère spontanément sans être toujours capable d'en formuler la doctrine. À la différence des philosophies du sujet qui ont accompagné en Occident l'essor des sciences positives en postulant une coupure radicale entre les mots et les choses, les idées abstraites de l'entendement et le réel qu'elles appréhendent, les représentations mentales et les objets représentés, l'animisme ne conçoit pas le travail de la connaissance comme une mise en forme d'un monde de substances préexistantes. Sans doute pourrait-on généraliser à son propos ce que j'écrivais jadis des Achuar : « Plus proches en cela de l'immatérialisme d'un Berkeley, ils paraissent fonder l'existence des entités connaissantes et des éléments de leur environnement à peu près entièrement sur la perception : pour paraphraser la célèbre formule de l'évêque irlandais, ce sont les qualités sensibles qui constituent dans un même mouvement les choses elles-mêmes et le sujet qui les perçoit. » Toute la cosmologie achuar, ajoutai-je, découle de cette conception relationnelle de la croyance : « La hiérarchie des objets animés et inanimés n'y est pas fondée sur des degrés de perfection de l'être, ou sur un cumul progressif de propriétés intrinsèques, mais sur la variation dans les modes de communication que permet l'appréhension de qualités sensibles inégalement distribuées[4]. » Bref, l'acte de connaissance tout comme la spécification des sujets et des objets dont il fournit l'occasion ne procèdent pas chez les Achuar d'un point fixe ordonnant sous son regard la diversité d'un réel indifférent ; ils résultent d'une pragmatique de la communication entre des entités distinguées par leurs positions respectives et par le type de percept qu'elles peuvent mobiliser dans leurs saisies réciproques. Ce que j'écrivais alors des Achuar, et c'est mon excuse pour ces copieuses citations, s'est confirmé par la suite pour l'Amazonie en général ; sous la plume de Viveiros de Castro, par exemple : « Les "âmes" amérindiennes, humaines ou animales, sont ainsi des catégories perspectives, des déictiques cosmologiques dont l'analyse demande [...] une théorie du signe ou une pragmatique épistémologique[5]. »

Généralisons encore un peu. En première approximation, l'animisme paraît déboucher sur une approche relativiste de la connaissance, non pas tant quant à la source du point de vue qui s'exprime sur elle — c'est toujours celui des humains qui prévaut puisque ce sont eux qui parlent pour les non-humains — que quant aux conditions qui la rendent possible : à chaque type de physicalité correspond un type de perception et d'action, donc d'*Umwelt*, donc de relation à des choses qui ne sont pas définissables par des propriétés absolues, mais par des percepts et des usages variables selon les genres de sujets qui ont affaire à elles et selon les prises qu'elles offrent à leur objectivation par ces sujets. Mais l'animisme fait aussi preuve d'un universalisme décidé lorsqu'il refuse de cantonner la subjectivation aux seuls humains : toute entité pourvue d'une âme accède à la dignité de sujet et peut mener une vie sociale aussi riche de significations que celle prêtée à *Homo sapiens*. Généralisations des intériorités et particularisation des physicalités, voilà une combinaison décidément bien énigmatique puisqu'elle inverse terme à terme notre propre *doxa* : si l'on suivait la phraséologie consacrée, il faudrait parler ici d'un relativisme naturel et d'un universalisme culturel, une insurmontable contradiction pour toute épistémologie moderniste bien constituée.

Au vu de ses prémisses si singulières, l'animisme est constamment confronté à un problème à la fois gnoséologique et éthique que nous avons déjà rencontré en filigrane à plusieurs reprises : comment s'assurer que des non-humains humanisés ne sont pas vraiment des humains ? Certes, les corps diffèrent de façon manifeste, de même que les comportements et les mœurs qui découlent de l'appareillage organique. Et c'est au premier chef cette différence des enveloppes physiques qui permet aux humains de s'alimenter chaque jour de personnes animales et végétales sans verser dans une anthropophagie routinière. Mais la ressemblance des intériorités est si puissante, affirmée de façon si vivace dans toutes les circonstances où l'on traite avec des non-humains, qu'il devient bien difficile de la suspendre complètement à l'étape de la marmite et de la consommation. Toujours un doute demeure : sous le corps de l'animal ou de la plante que je mange, que subsiste-t-il de sa subjectivité humaine ? Quelle garantie puis-je avoir que je ne croque pas (ou plus) un sujet qui me ressemble ? C'est très précisément là le sens de la remarque du chamane inuit Ivaluardjuk à laquelle j'ai déjà fait référence : « Le plus grand péril de l'existence vient du fait que la nourriture des hommes est tout entière faite d'âmes. » Un péril sérieux, en effet, pour autant que l'on veuille bien admettre que dévorer une personne, même recouverte de pelage, de plumes ou de feuillage, ne peut pas tout à fait se réduire à une prestidigitation symbolique.

Les humains tâchent de faire face à ce problème grâce à diverses méthodes, d'ailleurs souvent combinées. On peut d'abord s'employer à désubjectiver la nourriture, à la « chosifier », en éliminant en elle ce qui rappelle l'être dont elle provient, tous ces lambeaux d'intériorité qui adhèrent encore aux tissus parce qu'ils synthétisent les dispositions propres à une espèce. C'est ce que font les Makuna, on l'a vu, lorsqu'ils décontaminent leurs aliments au moyen d'incantations destinées à renvoyer les « armes » de chaque espèce au site d'origine de celle-ci. Il est également possible, à l'instar des Piaroa ou des Barasana, de traiter le gibier comme s'il s'agissait d'un végétal, une manière un peu hypocrite de rabaisser les nourritures dangereuses de quelques crans dans la hiérarchie des entités qui présentent avec l'homme des affinités[6]. Il est toutefois plus courant d'accepter le risque calculé de manger des personnes non humaines, à condition de compenser ce néo-cannibalisme par des contreparties offertes aux animaux ou à leurs maîtres. L'échange est parfois tout à fait symétrique, comme chez les Desana où le chamane rétrocède les âmes des défunts humains au maître des animaux pour qu'il les convertisse en gibier : une âme consommable qui se vêtira de chair contre une âme consommée avec la chair dont elle était revêtue[7]. À l'inverse, on peut décider que la subjectivité échappe à la manducation et que l'intégrité de la personne animale demeure aussi longtemps que subsiste son intériorité. C'est la solution adoptée par les chasseurs du Nord sibérien qui remercient cérémonieusement l'âme du gibier tué et ne rendent aux animaux que ce qu'ils prétendent leur avoir soustrait, de la chair, en nourrissant avec ponctualité les différents types d'*ongon*. Les Ma'Betisék de Malaisie offrent aussi de la nourriture aux espèces animales et végétales dont ils s'alimentent « parce qu'on les perçoit comme des humains à qui l'on a fait du tort[8] », ce qui n'empêche pas les victimes dont on achète l'indulgence de se venger malgré tout du tort qui leur est fait en causant chez les humains des blessures et des maladies. C'est que toutes les mesures de compensation, si bien intentionnées soient-elles, ne parviennent jamais à dissiper complètement la brutalité de ce constat : le maintien de la vie humaine passe par la consommation de personnes non humaines. Aussi est-il très commun dans le monde animique que les non-humains dont les humains font leur pitance soient rendus responsables de la maladie, de l'infortune et de la mort, le plus souvent par l'intermédiaire des esprits qui régissent les destinées du gibier, et dont certains, en Sibérie et en Amazonie, se sont fait une spécialité de chasser l'âme humaine pour s'en repaître. Belle équivalence du sort : si manger une personne (et non un simple animal) c'est manger *aussi* son âme, alors les représailles sont bien choisies.

Mettre à mort des quasi-semblables et s'en alimenter suscitent donc un trouble métaphysique qui va bien au-delà de la mauvaise conscience passagère que peuvent éprouver certains Occidentaux lorsqu'ils consomment de la viande[9]. Car ce n'est pas tant un sentiment de culpabilité qui envahit le chasseur amazonien ou sibérien lorsqu'il prélève une vie animale qu'une sourde inquiétude devant l'évidence renouvelée de la porosité des frontières ontologiques : de la différence des corps ou de la ressemblance des âmes, qui va l'emporter ? C'est sur le fond de cette angoisse propre à l'animisme que la métamorphose prend tout son sens. On a vu que celle-ci est plutôt une sorte d'anamorphose, l'*experimentum crucis* d'une relation entre humain et non-humain : en changeant son enveloppe corporelle, on parvient à se glisser dans la peau de l'autre afin d'épouser sa subjectivité ancrée dans un corps. De ce fait, la métamorphose permet à des intériorités enfermées dans des physicalités et des points de vue hétérogènes de trouver un terrain d'entente, où des interactions sociales peuvent se dérouler sans trop s'émanciper des contraintes de la vraisemblance : c'est elle, en définitive, qui avère l'humanité des personnes animales et végétales, et c'est donc elle qui alimente au premier chef le dilemme animique quant à la nature véritable de ce qui est mangé. Mais en même temps qu'elle instille le doute, la métamorphose contribue à le dissiper puisqu'elle rend ainsi manifeste au plus haut point la séparabilité de l'intériorité et de la physicalité. Si des humains peuvent revêtir des livrées animales et des animaux se débarrasser de leur costume pour révéler leur subjectivité sous une apparence humaine, alors la chair du gibier et la substance des plantes deviennent plus nettement dissociées tant des âmes qu'elles abritent que des formes-comportements dont elles fournissent le matériau. En outre, le phénomène est répétable, transitoire et réversible — du moins hors du régime temporel des mythes —, à la différence d'autres types de métamorphose, tels la transformation des êtres du Rêve australiens en éléments du paysage et en entités totémiques ou encore les changements de forme, de l'humain à l'animal, que les dieux jaloux de l'Antiquité se plaisaient parfois à imposer aux mortels[10]. Rencontre conjoncturelle de deux points de vue sur un même plan de l'expérience sensible, la métamorphose animique contribue ainsi par son mouvement de coulisse périodique à mieux objectiver la dualité de l'intériorité et de la physicalité en distinguant les domaines d'autonomie ouverts à chacune.

Mais l'autonomie des âmes est relative puisqu'elles se ressemblent toutes. Aussi est-ce plutôt dans les corps, avec leurs variations de formes, de fonctions et de potentialités d'usages, que l'animisme va puiser des indices d'altérité et s'efforcer, sur le fond d'une condition morale commune à la plupart des existants, de distinguer le soi du non-soi. Lieu objectif de la différence, à la fois source et matière de la connaissance, le corps devient l'objet spéculatif par excellence, celui qui offre le meilleur rendement pour penser la diversité du monde et l'organiser. On ne s'étonnera guère que les animaux figurent au premier rang de cette cohorte d'*alter* vis-à-vis desquels il faut tracer des limites : leur physiologie, leurs mœurs, l'intentionnalité dont ils paraissent faire preuve dans leurs actions les désignent sans peine comme des sujets de même nature que les humains, tandis qu'ils s'en démarquent par une foule de détails anatomiques et comportementaux qui interdisent de les percevoir comme tout à fait identiques. Comme le note Brightman à propos des Cree, les animaux sont les *social others* ; dans le Grand Nord canadien comme dans toutes les terres animiques, ils incarnent de façon emblématique l'altérité sociale[11]. Ils offrent en particulier une vaste gamme de régimes alimentaires, c'est-à-dire de corps se nourrissant d'autres corps, laquelle permet, toujours sur le modèle de la chaîne trophique, de spécifier les taxinomies ontologiques au moyen des interactions et hiérarchies multiples entre mangeurs et mangés. Il ne s'agit pas tant ici du phénomène universel du marquage d'une identité collective par la différence ostensible des habitudes alimentaires, ni même de l'idée tout aussi commune que c'est la commensalité ou le partage répété des mêmes nourritures qui fabrique de l'identique, mais plutôt du postulat que tout existant se définit en premier lieu par sa position dans un réseau de rapports où il est prédateur pour les uns et proie pour les autres.

Les humains n'échappent pas à cette destinée, on l'a vu, puisqu'ils doivent sans cesse « payer de leur personne » en échange des corps non humains qu'ils engloutissent : c'est leur chair vivante que les maîtres des animaux consument par la maladie ; c'est leur sang que les plantes cultivées ponctionnent au quotidien (chez les Achuar, par exemple) ; c'est leur chair morte que les bêtes dévorent dans le Nord inuit ou sibérien et que les *ongon* ramènent à l'Esprit de la forêt pour qu'il s'en rassasie ; c'est leur âme qui fournira l'amorce d'une nouvelle chair animale dont le corps de leurs descendants pourra tirer profit. Il n'est guère surprenant, dès lors, que ce soit souvent par le biais du cannibalisme et de ses diverses variantes plus ou moins métaphoriques que les humains soumis à ce régime entreprennent de découper entre eux des zones d'identité et d'altérité. L'âme des membres des tribus voisines en fait des sujets tout comme moi, mais leur corps les objective comme différents de moi : il est orné, peint, tatoué d'une autre façon ; les armes, outils et ustensiles qui le prolongent sont distincts des miens (tout comme la forme des crocs, des becs, des serres varie chez les animaux) ; la maison qui abrite ce corps n'est pas comme celle que j'habite ; la langue au moyen de laquelle il agit sur le monde n'est pas celle que je parle (pas plus que je ne parle la langue du pécari ou de l'ours, du moins celle qui est attachée à sa forme spécifique). Le corps social n'est pas ici une abstraction, c'est une communauté organique de sujets pareillement incorporés, lesquels, pour reprendre une formule de Terry Turner au sujet des Kayapó du Brésil, « appréhendent leur subjectivité comme immanente aux activités corporelles concrètes[12] ». Et c'est là sans doute une caractéristique générale des collectifs animiques : chaque variété d'humains se perçoit avec une corporéité *sui generis* et constitue ainsi une sorte d'espèce indépendante, si bien que manger un ennemi n'est pas à strictement parler de l'anthropophagie (ou de l'allélophagie) puisque, tout comme la personne animale dont on fait un gibier, la victime procède d'une tribu voisine qui se distingue par ses attributs physiques. Non que l'ennemi soit ravalé au rang de l'inhumain — le monde entier est empreint d'humanité —, mais c'est un humain d'un type particulier et qui diffère de son prédateur de la même façon qu'une personne-tapir diffère du chasseur qui le traque, par son corps et non par sa « culture ».

Objectiver un autrui humain dans un régime animique consiste avant tout à reconnaître des propriétés singulières à l'enveloppe physique sous laquelle il se présente. C'est très évidemment le cas dans l'Amérique du Sud des basses terres où l'on ne cherche guère à agir sur autrui en changeant la nature de son âme, vieille obsession missionnaire, mais en s'appropriant ses états du corps ; parfois en le mangeant littéralement, plus souvent en prélevant sur lui des éléments générateurs d'identité (tête, membre, scalp), très généralement en capturant des ventres fécondables et leurs produits (femmes et enfants captifs, dont l'intégration s'opère au terme d'un façonnage qui modifie leur apparence et leurs *habitus* originels, une sorte de métamorphose sans retour). Toutes ces pratiques n'ont pas pour but d'accaparer des substances et des fluides afin de se procurer des sources de puissance et d'énergie, car ce que la chair, les os, les cheveux fournissent de façon métonymique à ceux qui s'en emparent, ce sont des dispositions propres à une situation et à une conformation physique, le mode d'être particulier à une espèce[13]. L'altérité que l'on absorbe avec les corps n'est donc ni une force vitale que sa provenance lointaine rendrait désirable, ni une identité de second ordre qu'il s'agirait d'annihiler pour marquer son triomphe, elle est au contraire ce qui est indispensable pour se percevoir comme distinctif. Éternellement en quête d'une complétude introuvable, environné de formes trompeuses et d'âmes dissimulées, le sujet animique ne peut être sûr que d'une chose : il mange et sera mangé.

Le roseau pensant

Que dire de l'épistémologie du naturalisme qui n'ait déjà été mille fois répété ? Au risque de simplifications outrancières, on se contentera donc d'une très brève synthèse. Le sujet connaissant — *et* le sujet politique, pour une fois réunis — prend la figure d'un humain abstrait capable de raisonnement et de libre arbitre, ce qui exclut les non-humains des formes supérieures de la connaissance et de l'action (celles qui relèvent du suprasensible). En ce domaine, du reste, tous les humains ne témoignent pas de la même compétence : que l'on songe aux efforts que l'anthropologie n'a cessé de déployer afin de tenter d'imposer l'idée que la « pensée sauvage » était aussi, à certains égards, une pensée rationnelle et la « science du concret » un bricolage estimable ! Tandis que l'animisme généralise à une multitude d'existants la position de sujet moral et épistémique, le naturalisme les confine donc à une seule espèce et en hiérarchise clandestinement les degrés au sein de celle-ci. En outre, à l'exception des savants et des philosophes qui, dit-on, savent s'exempter de cette condition, la masse des sujets plus ou moins rationnels demeure enfermée le plus clair du temps dans la prison des habitudes et des préjugés ; ces sujets diffèrent aussi les uns des autres par paquets en fonction de leurs coutumes, de leurs langues, de leurs conventions et, individuellement, à l'intérieur de chaque culture, à raison de leur éducation, de leur milieu d'origine et de leurs talents. Non seulement l'intersubjectivité est impossible dans le rapport aux non-humains, mais elle se révèle fort difficile entre les humains tant varient leurs croyances, leurs valeurs et leurs institutions, tout comme les systèmes de signes au moyen desquels on s'efforce de traduire ces constructions fugaces dans une communication toujours menacée de malentendus. Heureusement qu'une grande et belle certitude unit les plus sages habitants de cette tour de Babel : derrière le fatras des particularismes que l'Homme ne cesse d'engendrer, il existe un champ de réalités aux régularités rassurantes, connaissables par des méthodes éprouvées, et réductibles à des lois immanentes dont la véridicité ne saurait être entachée par leur processus de découverte. Bref, le relativisme culturel n'est tolérable, et même intéressant à étudier, qu'en tant qu'il se détache sur le fond massif d'un universalisme naturel où les esprits en quête de vérité peuvent chercher secours et consolation.

Tout n'est pas résolu pour autant car la permanence de l'arbitraire culturel introduit une source d'inquiétude permanente quant à la prétention de la science de rendre compte de tout ce qui existe, mieux et plus complètement que ne l'avait fait la religion auparavant. Pourquoi la culture demeure-t-elle rebelle aux modèles d'explication et aux enchaînements de causalité que la chimie, la physique ou la biologie emploient avec tant de succès ? Peut-on se satisfaire de cet état de chose ou doit-on faire confiance aux sciences humaines et sociales pour qu'elles mettent fin à ce scandale ? Le problème épistémologique du naturalisme, on le voit, est exactement inverse de celui de l'animisme : alors que celui-ci s'interroge sur la place du « naturel » (des différences physiques) dans un monde presque intégralement « culturel », celui-là ne sait pas trop où placer la Culture (les différences morales) dans l'universalité de la Nature. Les solutions retenues ne sont guère que des demi-mesures, tout comme l'était la métamorphose pour l'animisme. Elles consistent en une oscillation obstinée entre deux façons d'éliminer la question : le monisme naturaliste et son ambition de réduire l'autonomie de la culture — devenue un système d'adaptation déterminé par des contraintes génétiques ou environnementales —, le relativisme radical et son ambition de réduire l'autonomie de la nature — devenue un pur système de signes sans référent objectif. Je me suis déjà suffisamment attardé sur ce dialogue de sourds pour y revenir ici. Rappelons simplement qu'il est vain d'espérer découvrir une troisième voie, du moins tant que l'on se situe dans une épistémologie naturaliste dont les fondements explicites reposent sur une irréconciliable dualité entre deux champs de phénomènes incompatibles. Mais, tout comme le problème de l'humanité des non-humains fournit à l'animisme un intarissable et fascinant objet de spéculations, celui du statut des phénomènes moraux dans les déterminismes matériels offre au naturalisme une occasion inépuisable de controverses philosophiques. Les amateurs de subtilités réflexives et d'arguments bien tournés ne s'en plaindront pas.

Tandis que l'animisme déchiffre les signes de l'altérité dans la discontinuité des corps, le naturalisme les reconnaît dans la discontinuité des esprits. Se différencie de moi celui qui, parlant une autre langue, croyant en d'autres valeurs, pensant selon d'autres catégories, percevant selon une autre « vision du monde », n'est plus mon exact semblable tant sont distinctes des miennes les « représentations collectives » auxquelles il adhère et qui conditionnent son action. Une coutume bizarre, une pratique énigmatique ou répugnante s'expliquent alors par le fait que ceux qui s'y adonnent ne peuvent faire autrement que croire (penser, se représenter, imaginer, juger, supposer...) que c'est ainsi qu'il faut procéder si l'on veut atteindre telle ou telle fin. C'est affaire de « mentalités » — un domaine fertile de l'histoire —, et si celles-ci sont réputées connaissables jusqu'à un certain point par les traces qu'elles laissent dans des expressions publiques, il est toutefois impossible de pénétrer leurs ressorts ultimes, car je ne peux me glisser tout à fait dans l'esprit de l'autre, même le plus proche. Pour notre malheur de sujets naturalistes, il n'y a pas d'équivalent spirituel de la métamorphose, seulement ces efforts inaboutis que tentent la poésie, la psychanalyse ou la mystique. On comprend, dans ces conditions, que l'altérité radicale réside du côté de ceux qui sont dépourvus d'esprit ou ne savent pas s'en servir : les sauvages jadis, les malades mentaux aujourd'hui, et surtout l'immense multitude des non-humains, les animaux, les objets, les plantes, les pierres, les nuages, tout ce chaos matériel à l'existence machinale dont l'homme dans sa sagesse s'occupe de déterminer les lois de composition et de fonctionnement.

Représenter le collectif

Pour un ethnologue familier de l'Amazonie, l'un des traits les plus déconcertants du totémisme australien est que les éléments organiques de l'environnement n'y sont pas traités comme des personnes, et cela en dépit de la place cruciale qu'occupent la faune et la flore dans l'ontologie et l'économie des Aborigènes. Pas de rituels visant à se ménager l'indulgence d'un gibier vindicatif, pas de chamanes gérant les relations entre sociétés humaines et sociétés animales, pas de dialogue des âmes entre le chasseur et sa proie, aucune indication de ce que les kangourous, les émeus ou les ignames sauvages soient pourvus d'une intériorité avec laquelle il faudrait compter[14]. Non pas que ces sortes d'entités laissent les Aborigènes indifférents, bien au contraire. Dans un mode de subsistance fondé sur la chasse, la pêche et la cueillette, on comprendra que les plantes et les animaux fassent l'objet de savoirs très élaborés comme de l'attention constante de ceux qui vivent parmi eux et en tirent leurs moyens d'existence : il faut les connaître car certains d'entre eux sont bons à manger; ils sont tous « bons à penser » si l'on en juge par leur position éminente dans les classifications totémiques; mais ils ne sont pas « bons à socialiser », du moins sous la forme de communautés autonomes d'*alter ego* possédant des institutions analogues à celles des humains. Sans doute range-t-on les espèces animales et végétales dans les collectifs totémiques du fait que telle ou telle d'entre elles partage avec telle ou telle classe d'humains une origine et des attributs prototypiques communs; on n'invite pas pour autant leurs membres à participer aux activités sociales si ce n'est en guise de témoins subalternes : comme des pièces constitutives du décor jadis planté par les êtres du Rêve, comme des provisions de bouche à renouveler (dans les rites de « multiplication »), comme des indices et des vecteurs impersonnels de la présence et des intentions des démiurges originaires dont ils représentent, tout comme les humains, des objectivations conjoncturelles. Bref, en Australie comme dans l'Occident moderne, les animaux et les plantes ne sont pas admis à la dignité de sujets.

Est-ce à dire qu'un tel privilège serait réservé aux humains, seuls détenteurs d'un point de vue sur le monde et d'une capacité de le transformer ? Voilà qui est bien douteux si l'on songe à la faible marge d'indépendance dont jouissent les Aborigènes vis-à-vis des entités totémiques de diverses sortes qui empruntent leurs corps pour se perpétuer. Rappelons que les totems de filiation, les totems de conception, les âmes-enfants, les sites totémiques mêmes, instrumentalisent les humains en se servant de leur dynamisme et de leur vitalité afin de reproduire, génération après génération, le grand ordonnancement segmenté dont ces forces toujours agissantes sont les créateurs, les garants ou les expressions concrètes. Les humains n'en deviennent pas pour autant des marionnettes manipulées par des totems ventriloques, mais leur subjectivité paraît découler en grande partie des propriétés incorporées dans la myriade des objets réels et potentiels qui furent déposés dans le monde par les êtres du Rêve lorsqu'ils lui donnèrent forme et sens. C'est ce que Nancy Munn met bien en lumière dans son étude sur la pensée mythique des tribus du désert central[15].

Selon les Warlpiri et les Pitjantjatjara, la totalité de leur environnement présent constitue une sorte de registre consignant les innombrables traces laissées par les êtres du Rêve, chaque singularité qu'il contient pouvant être ramenée à une partie métamorphosée de leur corps infiniment productif, au vestige d'une action dans laquelle ils se sont engagés ou à la réalisation automatique d'un dessein qu'ils se sont complu à imaginer. Tout existant se voit ainsi lié à l'une ou l'autre de ces figures prototypiques par une relation à la fois essentielle et consubstantielle : d'un modeste point d'eau, on dira qu'« il *est* le corps » de tel être du Rêve, la même chose pouvant être affirmée de la progéniture qu'il a laissée sur ce site sous la forme d'âmes-enfants et des objets rituels qui incarnent sa présence[16]. L'émergence du paysage, des espèces dites « naturelles » et des humains ne résulte donc pas à proprement parler d'un processus de création — lequel suppose une autonomie des choses produites par rapport à l'instrument de leur avènement ; elle est plutôt l'effet d'un mouvement d'objectivation au cours duquel des sujets originaires ont engendré des classes de choses à partir d'eux-mêmes — par métamorphose partielle, séparation ou empreinte — de telle sorte que celles-ci portent en elles jusqu'à maintenant les indices de la subjectivité agissante dont elles sont la conséquence concrète. Les véritables sujets de cette geste totémique et de l'ordonnancement toujours vivace qu'elle a institué sont bien ici les êtres du Rêve, c'est-à-dire des agents autrefois mobiles actualisant à partir d'eux-mêmes des paquets d'êtres et d'objets agrégés dans des ensembles hybrides qui partagent des propriétés communes du fait des circonstances de leur apparition. Toutefois, malgré la tonalité réaliste des récits qui retracent leurs aventures, les êtres du Rêve échappent à une description fidèle de leur hybridité originelle ; en outre, ils se sont infusés dans des entités morphologiquement si diverses que l'on peine à les appréhender comme des singularités figurables. Hypostase d'un processus d'engendrement segmenté, le sujet actif est donc en réalité une abstraction, un concept objectivé dans une multiplicité de choses : c'est la classe prototypique des éléments humains et non humains ayant une même origine et qu'un collectif nommé représente.

Dans une telle perspective, on ne saurait prétendre que les humains soient des sujets autrement que par dérivation ou procuration, leur identité physique et morale dépendant de celle des entités primordiales dont ils procèdent. Cela est manifeste, par exemple, dans le fait qu'un Pitjantjatjara s'identifie à l'être du Rêve de son lieu de naissance en disant « je » pour se référer à lui. De même dit-on des grains de beauté, nævus et taches de naissance (*djuguridja*, « ce qui appartient aux ancêtres ») qu'ils sont des rappels sur le corps des humains des marques distinctives qu'arborait l'être du Rêve dont ils proviennent, marques que l'on distingue encore dans les particularités d'un trait du relief en lequel cet être s'est transformé[17]. La subjectivation de tout individu humain s'opère donc pour l'essentiel au moyen d'objets dont il est intrinsèquement solidaire (des éléments du paysage, des âmes-enfants, des objets sacrés), car ils manifestent et rendent opératoires la subjectivité encore frémissante des êtres du Rêve et donc la sienne propre en tant qu'elle s'alimente de celle-ci. L'identité d'un Aborigène est ainsi « aliénée » au sens plein du terme puisqu'elle réside dans les traces laissées dans des choses par les entités qui ont produit la classe dont il est membre, entité dont il contribue à actualiser la présence par son activité rituelle. Comme l'écrit Munn, « pour les sujets humains, les objets qui en viennent à incorporer des signes de leur propre présence contiennent déjà des signes de la présence d'autres entités — auxquels ils sont subordonnés et qui les précèdent dans le temps[18] ». Dans cette dialectique dont on ne sait vraiment si elle est matérialiste ou idéaliste, ce sont les sujets originaires qui fondent l'état et la dynamique des choses en objectifiant le monde grâce à leur subjectivité, tandis que les humains se voient objectivés comme sujets par l'intermédiaire des objets que les êtres du Rêve ont subjectivés.

Rien d'étonnant, dès lors, à ce que les animaux et les plantes ne soient pas des personnes si les humains ne sont guère plus que des personnifications d'une réalité qui les détermine au physique comme au moral. Tout, dans le monde, se rattache à ces figures primordiales du Rêve à qui l'on doit la répartition en classes des êtres et des choses, tout se situe dans la dépendance pérenne de ces agents ordonnateurs dont l'essence et les propriétés matérielles s'expriment dans les objets les plus insignifiants. Rien ne s'oppose donc à ce que les plantes et les animaux soient à la fois des condensés d'attributs renvoyant aux essences totémiques et des substances génériques sans intériorité véritable, aptes de ce fait à se convertir en nourriture puisque les détruire et les consommer n'affectera en rien le foyer durable d'où sourd continûment l'irrigation ontologique. Un homme-Opossum mangeant un opossum n'exerce aucun dommage sur la « qualité-Opossum » qui les définit l'un et l'autre car, chacun à leur manière, ils n'en sont que des incorporations provisoires. En revanche, la destruction irrémédiable du site-Opossum d'où ils procèdent tous deux — enfoui peut-être, cela arrive parfois, sous un terrain de golf ou un supermarché — entraîne non seulement l'annihilation de leur identité générique désormais privée de sa source dynamique, mais aussi et surtout l'impossibilité pour eux de perpétuer leurs lignées respectives faute des semences totémiques qui prospéraient en ce lieu. On serait bien en peine de distinguer dans ces flux ontologiques cloisonnés une matérialité purement objective qui pourrait être découplée d'une intentionnalité structurante, d'un projet créateur immanent à toute chose et dont toute chose porte le témoignage. Quant aux sujets, ils sont à la fois partout et nulle part. Partout car en tout lieu se manifestent les indices tangibles de cette subjectivité agissante attribuée aux êtres du Rêve ; nulle part car, en s'incorporant dans le relief et en détachant de leurs corps les existants, ces sujets originaires ont renoncé à se donner à voir comme des individualités représentables. Rien d'universel dans les propriétés de la matière, donc, et rien d'homogène dans cette foule de sujets submergés dans les choses : si l'on voulait coucher à toute force cette curieuse métaphysique dans le lit de Procruste de notre épistémologie, sans doute faudrait-il la qualifier comme un double relativisme, naturel et culturel, tempéré toutefois par une obsession classificatoire sans égale.

Au vu de l'effet dépersonnalisant exercé sur les consciences par ce que l'on peut ici appeler à bon droit des « représentations collectives », le problème auquel le totémisme doit faire face se laisse deviner sans peine : comment singulariser sans ambiguïté des individus humains et non humains fusionnés au sein d'un collectif, comment séparer des existants amalgamés dans une classe hybride par l'effet d'un mode d'identification qui minimise les discontinuités ? Si le groupe totémique attaché à un lieu constitue bien la forme éminente du sujet en tant que personne morale assimilée à un être du Rêve, alors les éléments réunis dans un tel ensemble deviennent particulièrement difficiles à distinguer puisqu'ils proviennent tous de la même matrice prototypique, chacun d'entre eux n'étant, par-delà les différences de forme, qu'une actualisation fugace des attributs prêtés à celle-ci. Or, il faut bien qu'existe à l'intérieur du collectif un seuil minimum de différenciation et d'altérité qui rende possibles les interactions entre des termes autrement trop semblables.

Dans le cas de la faune et de la flore, la solution consiste à dissocier les attributs de l'individu en tant que membre singulier d'une espèce biologique des attributs de l'espèce en tant que composante d'un collectif totémique. Un exemplaire de mon espèce totémique n'est pas pour moi un sujet avec lequel j'établis une relation de personne à personne, mais une expression vivante de certaines qualités matérielles et essentielles que je partage avec lui. C'est pour cela que l'informateur de Spencer et de Gillen dont j'ai déjà cité la remarque pouvait dire d'un kangourou qu'il « est exactement pareil à moi [19] ». Mais cette identité n'est pas absolue, ou du moins elle ne l'est que pour certains prédicats réputés pertinents dans le cas d'un jugement d'attribution portant sur une subsomption ontologique : on retiendra alors la même origine, la même essence et des substances communes, certains traits partagés d'apparence et de comportement, la même désignation taxinomique dont on a vu qu'elle dérive plus souvent d'une propriété abstraite que d'un nom d'espèce. Pour le reste, la morphologie diffère, tout comme les habitudes alimentaires, les formes de communication, et bien d'autres choses encore. De telles différences trouvent d'ailleurs leur origine dans le fait que les stocks d'âmes-enfants d'une même classe totémique sont clairement dissociés : certains donnent corps à des humains, d'autres à des plantes et des animaux. Ce sont ces attributs divergents, oblitérés dans le contexte de l'identification ontologique et s'imposant à l'attention dans l'expérience pratique, qui introduisent de la singularité au sein du collectif totémique ; ils permettent, lorsque les circonstances l'exigent, que des humains et des non-humains pourtant fondus dans un même ensemble soient traités comme des entités distinctes.

Une telle opération est beaucoup plus difficile à mener lorsqu'il s'agit d'individualiser des humains à l'intérieur du collectif totémique puisque chacun d'eux, issu d'un même réservoir d'âmes-enfants, est conforme de la même façon aux propriétés de la classe prototypique qu'il objective dans sa personne. Aussi la solution consiste-t-elle plutôt dans ce cas à surdéterminer les attributs de l'individu par rapport à ceux de sa classe en particularisant le support de son identité, c'est-à-dire les caractéristiques de son âme-enfant. C'est l'un des buts assignés aux cérémonies d'initiation et aux objets rituels qu'elles mobilisent, et que la fonction des *churinga* chez les Aranda illustre bien[20].

Le terme *churinga* (ou *tjurunga*) désigne, entre autres choses, des objets cultuels de diverses sortes, localisés dans un site totémique et servant de support à l'identité de l'être du Rêve qui a donné origine à ce lieu. Parmi ceux-ci, on doit distinguer les *churinga* collectifs (dits *knanja*), des pierres et des rochers inamovibles incorporant les âmes-enfants des espèces totémiques non humaines et servant pour l'essentiel aux rites de « multiplication », et les *churinga* individuels (dits *indulla-irrakura*), tous différents les uns des autres et qui objectifient chacun une âme-enfant humaine. Il s'agit de planches de bois ou de feuilles de schiste de forme ovale ou rectangulaire, gravées ou peintes de motifs abstraits et dissimulées en temps ordinaire dans un creux d'arbre ou une crevasse du site totémique. Le motif ornant chaque *churinga* individuel est entièrement original et représente la singularité non pas tant de l'individu auquel il est associé que de l'âme-enfant qui anime son existence en tant que membre particularisé d'un collectif totémique. Comment une telle singularisation est-elle possible, se demandera-t-on, puisque les âmes-enfants des tous les humains issus d'un site totémique procèdent d'un même être du Rêve et sont donc ontologiquement identiques ? Tout simplement, parce que chaque *churinga*, et donc chaque âme-enfant humaine, se présente comme une expression en quelque sorte fractale de la structure générale des propriétés de sa classe totémique en ce qu'elle illustre une étape différente des conditions de son objectivation. Et cette « représentation de l'irreprésentable », pour employer une formule de Moisseeff, s'obtient avec une remarquable économie de moyens. En effet, les motifs à base de cercles, demi-cercles, spirales et lignes pleines ou discontinues dépeints sur la surface des *churinga* figurent chacun une portion du trajet d'un être du Rêve et les traces laissées par lui dans tel ou tel lieu à la suite de tel ou tel événement, de sorte que chaque individu, c'est-à-dire chaque incarnation d'une âme-enfant, devient l'actualisation d'un des états successifs par lesquels est passée la genèse de l'identité collective propre à l'ensemble dont il fait partie. Sur le fond d'une spécificité ontologique commune, les individus se différencient ainsi les uns des autres grâce à la répartition entre chaque membre humain de la classe totémique, sous la forme d'un paysage miniature animé par une péripétie fondatrice, d'un segment de la geste initiale qui les a tous constitués en tant que classe homogène.

Quelle forme l'altérité peut-elle prendre dans un tel régime, avec ses sujets présents partout dans les effets objectivés de leur action instituante et pourtant impossibles à appréhender sous l'apparence phénoménale de leur singularité originelle ? Remarquons d'abord que le totémisme est en lui-même un dispositif commode pour définir des seuils de discontinuité entre soi et l'autre, puisque sa finalité première consiste à distribuer des paquets de propriétés contrastées entre des classes d'existants : se définit donc comme différent de moi celui qui, membre d'un autre collectif totémique, possède des attributs physiques et moraux distincts des miens. Toutefois, pour ce qui est des humains en tout cas, l'écart ontologique n'est pas tel qu'il puisse empêcher la vie commune au sein d'un ensemble composite plus vaste, et encore moins l'union exogame entre membres de divers groupes totémiques. Loin d'être incompatibles, les différences de matérialité et d'intériorité entre segments totémiques se complètent au contraire harmonieusement, la coexistence entre des collectifs hétérogènes étant même une condition de survie nécessaire à tous, puisque les membres humains de chaque groupe totémique œuvrent à assurer la subsistance des autres en multipliant à leur profit les plantes et les animaux dont ils sont responsables et en les autorisant à prélever des ressources sur les territoires associés à leurs sites d'émergence. Pas d'incompatibilité non plus entre géniteurs lorsqu'ils appartiennent à des espèces totémiques distinctes, vu que les caractéristiques physiques et morales de leurs enfants ne dépendent pas d'eux, mais des entités totémiques sous l'égide desquelles ils naissent ou sont conçus. De fait, on a là un cas remarquable de cohabitation raisonnée entre des « races ontologiques » qui, pour se percevoir comme tout à fait différentes par leur essence, leur substance et les lieux auxquels elles sont attachées, n'en adhèrent pas moins à des valeurs et à des normes qui les rendent complémentaires, usant même de la grille d'altérité sur laquelle elles se trouvent placées les unes à l'égard des autres pour fabriquer de la solidarité organique avec de l'hétérogénéité taxinomique.

Il n'en va pas de même avec les plantes et les animaux. Tout comme les humains, ceux-ci sont d'abord distingués les uns des autres en fonction de leurs affiliations totémiques, sans qu'ils puissent toutefois transcender cette division originelle et se mêler librement puisque, contrairement aux humains, ils ne sauraient s'apparier lorsqu'ils proviennent de segments totémiques différents ni même, au sein d'un même collectif totémique, s'ils appartiennent à des espèces distinctes. Malgré les ligatures totémiques qui l'arriment à d'autres catégories d'existants, chaque espèce biologique de non-humains est ainsi enfermée dans un face-à-face avec elle-même. En outre, bien que les humains admettent volontiers partager avec leurs espèces totémiques une profonde identité d'essence et de substance, ils n'en considèrent pas moins les individus de ces espèces comme des objets dépourvus du type d'intériorité créative qui les autorise, quant à eux, à se proclamer les principaux mandataires des êtres du Rêve. Aux yeux des humains, ces plantes et ces animaux « exactement pareils à eux » ne sont que des vecteurs accidentels de qualités qui les caractérisent conjointement, non des sujets à mobiliser dans un projet de vie commune. La catégorie totémique de l'altérité joue donc sur une articulation dialectique subtile entre le niveau de l'individu et celui de l'espèce : en elle sont rangés pêle-mêle des humains quand on choisit de les appréhender comme espèce (selon leur affiliation totémique), et non comme individus (en tant que partenaires sociaux), et la myriade de non-humains qui sont traités soit comme individus chosifiés en dépit de leur appartenance d'espèce (à l'intérieur du groupe totémique), soit tout à la fois comme espèces étrangères et comme individus sans identité propre (à l'extérieur de celui-ci).

La signature des choses

Les cosmologies animiques pullulent de personnes nettement individualisées et identifiables sans peine sous la diversité de leurs atours : c'est tel animal qui me toise, tel grand arbre qui est venu me parler en rêve, tel humain lointain que je reçois en visite. Les subjectivités analogiques prolifèrent aussi en tout lieu, mais sur un mode beaucoup plus diffus et ambivalent, réfractées qu'elles sont dans des supports imprévus où il faut les débusquer à des indices ténus et des signes difficiles à déchiffrer. Dans un monde saturé d'une prodigieuse quantité d'existants singuliers, eux-mêmes composés d'une pluralité d'instances mobiles et en équilibre instable, il devient malaisé d'attribuer une identité continue à un objet quelconque : rien n'est jamais vraiment ce qu'il semble et il faut des trésors d'ingéniosité et une grande attention au contexte pour parvenir à circonscrire, toujours de façon conjoncturelle, une individualité bien affirmée derrière la brume équivoque des apparences et des faux-semblants. Sans doute les humains peuvent-ils prétendre à une singularité moins indécise du fait qu'ils s'arrogent le privilège de l'interprétation en se prenant eux-mêmes comme gabarits d'ordonnancement dans leur travail d'accoucheurs de sens. Mais encore faudrait-il pouvoir être sûr, lorsque l'on traite avec l'un d'entre eux, de la nature véritable de celui à qui l'on a affaire. Comme le dit si bien la mère d'Amadou Hampaté Ba, « je voudrais savoir lequel des Amadou qui l'habitent est là en ce moment ». En effet. Qui est vraiment Amadou ? Quelle est celle de ses multiples personnalités qui se trouve en charge au moment où l'on s'adresse à lui ? Et que dira-t-on du vieillard nahua possédé par sa petite divinité de l'ivresse, de l'initié du candomblé chevauché par son *orisha*, de la sorcière habitée par son démon ? Sont-ils toujours des sujets autonomes, mêmes versatiles et composites, ou bien l'entité qui les aliène est-elle devenue si intrusive qu'ils portent toujours en eux des traces de sa subjectivité ? Que dire encore du *tona* des Mexicains, ce double animal qui héberge un fragment de l'intériorité d'un humain ? Est-il un sujet dédoublé, un frère siamois de la personne dont il partage la destinée ? Ou est-ce un être indépendant qui coexiste avec une autre subjectivité en partie délocalisée ? En somme, les sujets analogiques se présentent comme des figures inverses du Dieu de Pascal : leur circonférence est partout et leur centre nulle part. Ils n'existent que par leurs effets de surface, se déployant dans des ondes concentriques à l'amplitude variable et en constante interférence les unes avec les autres ; mais on serait bien en peine de leur fixer un foyer, même infiniment multiplié : loin d'être « un en tout lieu et tout entier en chaque endroit », leur morcellement est immense et leur assemblage toujours inconstant.

Si les parties des êtres varient sans cesse dans leurs dosages et leurs combinaisons, les matières qui constituent ces êtres témoignent, quant à elles, d'une rassurante stabilité. Peu importent ici la diversité des formes et la singularité des compositions pourvu qu'une gamme réduite de substances ou d'états matériels garantisse tout à la fois une sorte de continuité physique élémentaire entre les existants et la possibilité de les apparier ou de les opposer selon les affinités ou les incompatibilités des substances dont ils sont faits. La physique analogique est simple, du moins quant à l'inventaire de ses matériaux :

doctrine antique des quatre éléments, théorie chinoise ou ayurvédique des cinq éléments — ils ne sont pas tout à fait identiques —, jeu des oppositions entre les humeurs masculines et féminines, entre la chair des plantes et celle des animaux, c'est toujours sur les mêmes substances de base et les mêmes principes de l'attraction et de la répulsion que se joue la litanie des sympathies et des discordances déclinées à l'envi par les savoirs médicaux, les prescriptions alimentaires et les ordonnances rituelles. Peut-être cette simplicité des composantes est-elle indispensable pour que les mondes analogiques demeurent intelligibles et manipulables. Lorsque chaque chose apparaît comme un spécimen presque unique, il faut pouvoir réduire sa singularité en la décomposant en un petit nombre d'éléments susceptibles de définir sa nature et d'expliquer son comportement vis-à-vis des autres choses. Appuyée sur la pratique thérapeutique et sur l'expérience des matériaux acquise dans la métallurgie, la poterie ou la chimie des pigments, cette physique qualitative n'est d'ailleurs pas dénuée de vraisemblance empirique. Surtout, et pour transposer une conjecture faite par Lévi-Strauss à propos de la pensée magique en général, ne peut-on considérer la rigueur et la précision dont témoignent ces associations et ces causalités présumées entre quelques substances élémentaires « comme traduisant une appréhension inconsciente de la *vérité du déterminisme* en tant que mode d'existence des phénomènes scientifiques, de sorte que le déterminisme serait globalement *soupçonné* et *joué*, avant d'être *connu* et *respecté*[21] » ?

La transition entre l'analogisme et le naturalisme en deviendrait un peu moins mystérieuse : malgré tous les « changements de paradigme » et « ruptures épistémologiques » entre la Renaissance et l'Âge classique, une même conviction demeure inchangée, à savoir que les matériaux élémentaires du monde ont partout les mêmes propriétés connaissables et que les différentes combinaisons qu'ils autorisent sont valides en tout lieu. Toutefois la ressemblance s'arrête là. Car ce n'est pas un fourmillement de sociétés singulières que l'analogisme déploie sur le fond de cet universalisme que l'on ose à peine qualifier de

« naturel », mais bien un universalisme d'un autre ordre, celui des myriades de subjectivités diffractées qui animent toute chose d'une intention à découvrir, d'un sens à interpréter, d'une connexion à dévoiler ; un universalisme « spirituel » donc, à défaut d'être strictement « culturel ». Et c'est là probablement une raison du succès persistant des « sagesses orientales » dans un Occident désenchanté : en éliminant tout de go l'irritante question du relativisme culturel, zen, bouddhisme ou taoïsme offrent une alternative universaliste plus complète que l'universalisme tronqué des Modernes. La nature humaine n'y est pas morcelée par l'emprise de la coutume et le poids des habitudes puisque tout homme, grâce à la méditation, est réputé pouvoir puiser en lui-même la capacité d'expérimenter la plénitude d'un monde sans fondements préalables, c'est-à-dire débarrassé des fondations particulières qu'une tradition locale pourrait lui assigner. On comprend que des biologistes ou des physiciens habités par des aspirations monistes aient pu être séduits par cet aspect de l'analogisme que les philosophies asiatiques leur fournissaient sous une forme réflexive déjà hautement élaborée — mais aussi plus facile à accepter pour des scientifiques que les doctrines analogiques de la Renaissance par opposition auxquelles leurs propres savoirs disciplinaires s'étaient justement édifiés[22].

Si l'on admet que l'analogisme fonctionne sur le mode du « tout est dans tout et réciproquement », alors le problème épistémologique qu'il doit confronter est exactement inverse de celui du totémisme : non pas singulariser des entités amalgamées, mais amalgamer des entités singularisées. Et il faut convenir que la difficulté n'est pas mince. Comment agréger les existants dans un mode d'identification qui met l'accent sur leurs discontinuités ? Comment authentifier un point de vue rassembleur dans un cosmos d'immanences particularisées ? Comment rendre raison de la division des parties dans une totalité qui est à elle-même sa propre justification ? Il existe bien des dispositifs de classement, de segmentation et de mise en ordre qui organisent ce tohu-bohu d'êtres hétéroclites ; on a vu que c'est la fonction dévolue aux différentes figures de l'analogie, aux grandes structures classificatoires à deux pôles qualitatifs ou à la distribution hiérarchique. Mais ces mécanismes d'agencement interne ne se suffisent pas à eux-mêmes ; pour devenir efficaces et tolérables, ils doivent être légitimés et motivés par une instance qui les dépasse et dont la position ou le statut transcendent l'éparpillement des subjectivités particulières. À qui ou à quoi attribuer la répartition du monde chipaya en deux moitiés et l'existence de relations complémentaires entre leurs habitants humains et non humains ? Qu'est-ce qui occasionne le couplage d'un Indien otomi et de son *tona* animal ? Sur quoi se fonde l'étagement hiérarchique des castes indiennes et de leurs attributs inégalitaires ? Qui garantit la permanence de la chaîne de l'être et la stabilité de ses divisions ? Il suffit de poser les questions pour voir qu'il n'y a pas de réponse unique : tout comme l'analogisme s'exprime dans une grande variété de collectifs, il admet une pluralité de perspectives validantes.

On peut néanmoins discerner une régularité dans la manière dont est instituée l'instance totalisatrice qui donne son sens à la hiérarchie analogique et assure son bon fonctionnement. Quelle que soit la figure qu'elle adopte, en effet, elle résulte toujours d'un processus d'hypostase du collectif-monde dont il faut assurer la stabilité et perpétuer la segmentation. L'hypostase la plus commune est de type métonymique : une singularité exceptionnelle en vient à incarner non pas tant l'ensemble des autres singularités que la permanence de la totalité ordonnée qui les structure. C'est l'Inca, être divin, centre vivant du cosmos et modèle original de toutes les choses ; c'est Pharaon, fils du Soleil, intercesseur entre les dieux et les humains, garant de la justice, de la prospérité et de la victoire ; c'est Dieu, architecte de la chaîne de l'être et conservateur de son intégrité. Même mouvement métonymique lorsque c'est à un segment du collectif qu'est dévolue la charge de représenter les fondements de l'ordre sociocosmique ou d'en maintenir les conditions. On songe ici au rôle des ancêtres en Afrique de l'Ouest ou au Japon, ces morts toujours actifs dans l'existence des vivants, garants et gardiens sourcilleux des normes et des valeurs, membres éminents des divers segments du collectif dont ils sanctionnent la continuité et de qui procèdent les droits et les privilèges de leurs descendants. Il peut s'agir aussi d'une classe particulière d'humains investis de la mission de maintenir le monde par leur activité liturgique, tels les brahmanes en Inde. Beaucoup plus rare, enfin, est la tentative d'hypostasier l'ordre cosmique lui-même en le condensant dans un principe, voire dans un mot, qui devient alors malaisé à définir autrement que par des illustrations, des allégories et des préceptes ; c'est la voie qui fut adoptée par les Chinois, avec le tao par exemple, sans qu'ils se fussent privés pour autant du recours aux ancêtres. Car le plus souvent, et devant l'ampleur de la tâche, on prendra la sage précaution de combiner plusieurs principes totalisateurs.

Toutefois, la plupart de ces dispositifs d'agrégation et de subordination demeurent bien abstraits face à la nécessité d'assurer au jour le jour le rassemblement des singularités dans une hiérarchie efficace. C'est pourquoi la fonction politique devient décisive dans les collectifs analogiques, surtout lorsque leurs effectifs sont importants ; c'est par elle, et par la coercition qu'elle exerce, que chaque individu, chaque segment, chaque aspect du monde se maintient à la place qui lui est fixée. L'exemple de l'Inde ancienne est à cet égard très instructif. On sait que la classe des brahmanes est supérieure à celle des *kshatriya*, les princes guerriers d'où sont issus les monarques, et que cette position dominante se justifie par le rôle crucial du travail sacrificiel dans la bonne conservation de l'ordre sociocosmique. Pourtant, malgré cette idéologie officielle qui place le brahmane au-dessus du souverain, l'orthodoxie brahmanique elle-même met en avant une division plus fondamentale encore, entre les « mangeurs », les princes détenteurs de la force, et les « mangés », les sujets voués à l'obéissance et à la production. C'est ce que montre bien Charles Malamoud dans son commentaire d'un passage du *Çatapatha-Brâhmana* concernant les raisons de l'usage de deux sortes de brique dans la construction de l'autel du feu[23]. Certaines briques sont individualisées et représentent la classe des princes guerriers, tandis que les autres sont indifférenciées et représentent la masse des « mangés ». Mais, tout en étant chacune singulière, les briques princières sont unifiées par le fait que l'on prononce la même formule au moment de les placer, une façon de mettre en évidence ce qu'il y a de commun entre ces êtres particularisés : même si les rois et les princes jouissent chacun d'un pouvoir propre, ils se ressemblent et sont solidaires dans l'usage de la force. Les briques plébéiennes, en revanche, bénéficient d'une formule spécifique à chacune d'elles qui signifie leur caractère disparate ; plus précisément, « la masse est faite d'éléments qui ne sont pas des individus et qui cependant ne sont pas non plus des parties assez semblables entre elles pour pouvoir se constituer en un tout, s'il n'y a pas, pour les tenir ensemble, les bouche-trous que sont les briques princières "remplisseuses d'espace"[24] ». On ne saurait mieux dire que, derrière la fonction validante ostensiblement concédée aux brahmanes, le vrai travail de totalisation et d'ajustement des singularités revient ici aux détenteurs du pouvoir coercitif.

Sans doute peut-on généraliser sans risque à l'ensemble des collectifs-mondes analogiques la remarque déjà citée de Granet à propos du cosmos chinois qui n'est « en ordre que lorsqu'il est clos à la manière d'une demeure ». La frontière entre le même et l'autre est donc, en ce cas, d'une lumineuse simplicité : au-delà des limites de la demeure, généralement marquées de façon littérale, s'étend un hors-monde peuplé de hors-sujets, la foule indistincte des barbares, des sauvages, des marginaux, source constante de menaces et vivier potentiel de concitoyens à domestiquer. Ce sont eux qui, derrière les montagnes, à la lisière des déserts, par-delà tel ou tel fleuve, au cœur de forêts impénétrables, refusent avec obstination de partager le point de vue totalisateur qu'un collectif analogique a élu et les lois sages qu'il s'est données, parce qu'ils ne reconnaissent pas l'autorité du roi sacré, ignorent la présence bienveillante des ancêtres ou refusent les secours de la lumière divine. À la différence de ce qui se passe dans les autres modes d'identification, l'altérité est ici externe au sens purement spatial. Car même dans les étagements hiérarchiques les plus accentués, tel le système des castes indiennes, les inégalités entre les segments ne sont pas si décisives qu'elles ne puissent être compensées par les complémentarités fonctionnelles et l'effet intégrateur du schème de distribution qui les organise. Chaque caste est certes différente de toutes les autres par sa spécialisation, son mode de vie, ses prérogatives et son endogamie reproductive, mais elles forment ensemble une totalité intégrée du fait qu'elles produisent des biens et des services les unes pour les autres et dépendent solidairement du grand modèle sociocosmique dont elles expriment chacune une facette. Par contraste, l'animisme, le naturalisme et le totémisme ont installé l'altérité au cœur même des collectifs, le premier en l'indexant sur la discontinuité des corps, le deuxième en l'attribuant à la discontinuité des esprits, le dernier en jouant de la différence des niveaux entre l'individu et l'espèce *(figure 9)*.

• Généralisation de la position de sujet social et relativisation de la matérialité objective (chaque sujet voit le monde en fonction de sa position). ↳ Relativisme naturel ≠ universalisme culturel. • Problème de l'animisme : comment rendre compte de la forme non humaine des non-humains humanisés (place de la « nature ») ? ↳ Solution : la métamorphose. • Définition de l'*alter* : ceux (humains et non-humains) dont la physicalité est différente.	*animisme*	*totémisme*	• Relativisation de la position de sujet, incarnée par les créateurs des groupes totémiques, et relativisation des formes de matérialité (les non-humains sont à la fois des corps sans intériorité et des essences totémiques). ↳ Relativisme culturel + relativisme naturel. • Problème du totémisme : comment singulariser des individus (humains et non humains) au sein d'un collectif hybride ? ↳ Solution : distinguer les attributs de l'individu de ceux de l'espèce. • Définition de l'*alter* : les non-humains comme individus et non comme espèce, les humains comme espèce et non comme individus.

• Relativisation de la position de sujet (réservée aux humains, variable selon les cultures) et universalisation de la matérialité objective. ↳ Relativisme culturel ≠ universalisme naturel. • Problème du naturalisme : quelle place donner à la culture dans l'universalité de la nature ? ↳ Solution : oscillations entre le monisme naturaliste (dénégation de la culture) et le relativisme absolu (dénégation de la nature). • Définition de l'*alter* : ceux dont l'intériorité est différente et/ou ceux qui n'ont pas d'intériorité (objets « naturels »).	*naturalisme*	*analogisme*	• Généralisation conjointe de la position de sujet et de la matérialité objective : tout est dans tout et réciproquement. ↳ Universalisme naturel + universalisme culturel. • *Problème* de l'analogisme : comment authentifier un point de vue rassembleur sur un monde d'immanences singulières ? ↳ Solution : hypostasier le monde, une singularité ou un segment de collectif. • Définition de l'*alter* : ceux qui ne partagent pas le même point de vue rassembleur.

Figure 9. Conséquences de la distribution ontologique sur la définition et les propriétés du sujet.

*

Une question subsiste que le lecteur est en droit de se poser. De quel point de vue partez-vous, dira-t-il, pour vous sentir autorisé à ranger celui des autres en autant de combinaisons auxquelles vous seriez le seul à échapper ? D'où tirez-vous et comment pouvez-vous authentifier cette position en surplomb depuis laquelle vous ordonnez les différentes sortes de problèmes que l'humanité se pose tout en esquivant ceux que votre propre démarche soulève ? Il va de soi, d'abord, que mon point de départ se situe sans conteste dans le terreau familier du naturalisme. On n'échappe pas aisément à ses origines et aux schèmes de préhension de la réalité acquis par l'éducation et fortifiés par l'insertion dans une communauté de pratiques. Bien que l'on puisse céder à l'occasion aux types de découpage ontologique que les autres modes d'identification induisent, il est exclu pour un sujet moderne de devenir pleinement animique ou totémique — l'expérience ethnographique l'atteste — ou même de revenir de façon consistante aux séductions anciennes de l'analogisme. Impossible, donc, d'adhérer à des philosophies de la connaissance qui opposeraient la relativité des corps à l'universalité de l'esprit ou qui combineraient la matérialité objective et la subjectivité morale en deux relativismes ou deux universalismes. Comment dès lors se soustraire au dilemme du naturalisme, cette oscillation trop prévisible entre l'espoir moniste de l'universalisme naturel et la tentation pluraliste du relativisme culturel ? Surtout, comment se détourner de la pensée consolante que notre culture serait la seule à s'être ouvert un accès privilégié à l'intelligence vraie de la nature dont les autres cultures n'auraient que des représentations — approximatives mais dignes d'intérêt pour les esprits charitables, fausses et pernicieuses par leur pouvoir de contagion pour les positivistes ? Ce régime épistémologique, que Latour appelle l'« universalisme particulier[25] », fonde tout le développement de l'anthropologie et légitime ses succès, en sorte qu'on imagine mal pouvoir quitter son séjour hospitalier sans encourir l'ostracisme et s'exposer à une errance stérile et fascinée dans les mirages des singularités.

Il est pourtant une voie qui permettrait de concilier les exigences de l'enquête scientifique et le respect de la diversité des états du monde, un chemin encore mal frayé et dont ce livre s'efforce d'illustrer les détours. Je l'appellerai volontiers l'*universalisme relatif*, non par provocation ou goût des antiphrases, mais en prenant l'épithète « relatif » au sens qu'elle a dans « pronom relatif », c'est-à-dire qui se rapporte à une relation. L'universalisme relatif ne part pas de la nature et des cultures, des substances et des esprits, des discriminations entre qualités premières et qualités secondes, mais des relations de continuité et de discontinuité, d'identité et de différence, de ressemblance et de dissimilitude que les humains établissent partout entre les existants au moyen des outils hérités de leur phylogenèse : un corps, une intentionnalité, une aptitude à percevoir des écarts distinctifs, la capacité de nouer avec un autrui quelconque des rapports d'attachement ou d'antagonisme, de domination ou de dépendance, d'échange ou d'appropriation, de subjectivation ou d'objectivation. L'universalisme relatif n'exige pas que soient données au préalable une matérialité égale pour tous et des significations contingentes, il lui suffit de reconnaître la saillance du discontinu, dans les choses comme dans les mécanismes de leur appréhension, et d'admettre, au moins par hypothèse, qu'il existe un nombre réduit de formules pour en tirer parti, soit en ratifiant une discontinuité phénoménale, soit en l'invalidant dans une continuité.

On discernera sans peine dans ce projet un héritage de l'analyse structurale qui veut qu'un élément du monde ne devienne signifiant que par contraste avec d'autres éléments, mais un projet dépuré de la clause méthodologique d'avoir à répartir ces éléments et leurs relations dans les boîtes noires de la culture et de la nature. Nul besoin ici d'un sujet transcendantal ou d'un esprit immanent et désincarné faisant office de catalyseur de sens. Tout ce que ce programme requiert est un sujet qui ne préjuge pas du vécu de la conscience d'autrui à partir du vécu de sa conscience et qui admet néanmoins que le monde offre à tous le même genre de « prises », quels que soient les usages, cognitifs et pratiques, auxquels elles se prêtent ; un sujet plus attentif au réel institué par l'activité intentionnelle des subjectivités très diverses dont il étudie les produits qu'aux évidences trompeuses de sa propre intentionnalité instituante, dès lors ramenée aux dimensions d'un filtre imparfait, toujours contaminé par des déterminations historiques qu'aucune *épochè* ne saurait réduire ; un filtre certes indispensable mais qui n'a d'autre privilège que d'être le seul accessible, et qu'il doit parvenir à objectiver de l'extérieur comme une simple variation parmi d'autres du régime de l'être, provisoirement investie d'une fonction de connaissance totalisatrice en raison de la conjoncture où il se trouve placé.

V

ÉCOLOGIE DES RELATIONS

Il en faut un, il en faut deux, il en faut... Nul ne possède assez d'ubiquité pour être son contemporain souverain.

René CHAR,
Faire du chemin avec...

13

Les formes de l'attachement

Les modes d'identification schématisent à grands traits l'expérience des choses en distinguant des paquets de propriétés ontologiques répartis selon des agencements d'existants dont nous avons examiné tour à tour les caractéristiques structurelles : distribution des êtres en fonction de leurs attributs, principes d'organisation des collectifs sociocosmiques, régimes dominants de la connaissance et de l'action, frontières de l'identité et de l'altérité. Chacune des formes de l'identification définit ainsi un style spécifique de rapport au monde dont on peut repérer les expressions dans des aires géographiques souvent immenses et sur des périodes parfois très longues, sans que l'on puisse pour autant les utiliser comme des critères de discrimination entre des collectifs singuliers aux contours limités dans le temps et dans l'espace, du type de ceux que les historiens, les ethnologues ou les sociologues choisissent à l'ordinaire comme objets d'investigation. On doit plutôt voir dans ces stylisations de l'expérience ce que l'on appelle habituellement des « visions du monde », des « cosmologies », ou des « formes symboliques », termes au statut épistémologique indécis et qui constituent pourtant un support intuitif commode lorsqu'il s'agit de synthétiser sous un label simple — l'« Occident moderne » ou les « sociétés chamaniques » — des « familles » de pratiques et de mentalités dont les affinités semblent évidentes malgré la diversité de leurs manifestations concrètes. À l'intérieur de ces grands archipels découpés par un mode d'identification partagé, on rencontre toutefois de nombreuses sortes de collectifs qui se perçoivent comme fort différents les uns des autres — et qui sont perçus comme tels par ceux qui les étudient —, non seulement du fait qu'ils se distinguent par leurs langues, par leurs institutions et, le plus souvent, par la discontinuité de leurs assises territoriales, mais aussi parce que les manières dont les interactions sont conduites en leur sein présentent des contrastes remarquables. Car, même lorsque la distribution ontologique des existants et leurs façons de s'assembler s'appuient sur des principes identiques, les liens que ces existants tissent entre eux, les effets qu'ils exercent les uns sur les autres, le type de traitement qu'ils s'imposent mutuellement peuvent varier du tout au tout. C'est donc au premier chef la forme générale de la *relation* structurant localement les rapports entre des entités distinguées par un même processus d'identification qui permet aux collectifs de se différencier entre eux et d'exhiber ainsi une singularité de leur *ethos* à laquelle tout observateur devient vite sensible.

À l'instar des modes d'identification, les modes de relation sont des schèmes intégrateurs, c'est-à-dire qu'ils relèvent de ce type de structures cognitives, émotionnelles et sensori-motrices qui canalisent la production d'inférences automatiques, orientent l'action pratique et organisent l'expression de la pensée et des affects selon des trames relativement stéréotypées. Un schème de relation devient dominant dans un collectif lorsqu'il est activé dans des circonstances très différentes, dans les rapports avec les humains comme avec les non-humains, ce qui a pour effet d'assujettir les autres relations à sa logique propre, soit en restreignant leur champ d'application, soit en subordonnant celui-ci au bon accomplissement des finalités que le schème dominant incarne. Mais, à la différence des modes d'identification, les modes de relation dominants sont aussi identifiables en ce qu'ils expriment souvent le plus grand écart possible avec ceux en vigueur dans le voisinage immédiat, comme si chaque collectif faisait porter son effort en priorité sur ce qui lui paraît capable de le distinguer de la façon la plus efficace des collectifs qui l'entourent ou avec lesquels il coexiste, à savoir les styles d'interaction et de comportement que ses membres humains sont conduits à adopter dans les situations de la vie courante. La nature et les limites d'un collectif de ce genre ne sont pourtant jamais données *a priori*, puisque c'est au contraire l'aire d'extension du schème de relation dominant qui les fixe au premier chef. Un collectif ainsi défini ne coïncide pas nécessairement avec une « société », une « tribu », ou une « classe », termes embarrassants par la clôture substantive qu'ils impliquent ; il se caractérise avant tout par la discontinuité introduite à son pourtour du fait de la présence ostensible à proximité d'autres principes de schématisation des rapports entre les existants. Son existence est donc positionnelle et non intrinsèque, sa mise en évidence tributaire de la méthode comparative.

Entendus comme dispositions donnant une forme et un contenu à la liaison pratique entre moi et un autrui quelconque, les schèmes de relation peuvent être classés selon que cet autrui est équivalent ou non à moi sur le plan ontologique et selon que les rapports que je noue avec lui sont réciproques ou non. Les rapports susceptibles de s'établir entre les entités qui peuplent le monde sont si nombreux qu'il est évidemment impossible de les passer tous en revue. Aussi ne retiendra-t-on ici qu'un ensemble de six relations dont tout semble indiquer qu'elles jouent un rôle prépondérant dans les rapports que les humains nouent entre eux et avec des éléments de leur environnement non humain. Sous l'intitulé que je leur donne ou sous un autre, ces relations sollicitent en outre depuis longtemps l'attention des sciences sociales, certaines au point d'être devenues des concepts clés. Il s'agit de l'*échange*, de la *prédation*, du *don*, de la *production*, de la *protection* et de la *transmission*. Ces modes de relation qui viennent moduler chaque mode d'identification peuvent être répartis en deux groupes, le premier caractérisant des relations potentiellement réversibles entre des termes qui se ressemblent, le second des relations univoques fondées sur la connexité entre des termes non équivalents. L'échange, la prédation et le don relèvent du premier groupe ; la production, la protection et la transmission du second.

Donner, prendre, échanger

Les relations du premier groupe correspondent aux trois formules assurant le mouvement d'une valeur quelconque entre deux termes du même statut ontologique, lesquels peuvent d'ailleurs contenir en eux-mêmes cette valeur, et donc circuler de telle façon que l'un sera amené à disparaître physiquement en étant absorbé par l'autre. La première, l'« échange », se caractérise comme une relation symétrique dans laquelle tout transfert consenti d'une entité à une autre exige une contrepartie en retour. Les deux autres sont asymétriques : soit qu'une entité A prenne une valeur à une entité B (ce peut être sa vie, son corps ou son intériorité) sans lui offrir de contrepartie, et je nomme « prédation » cette asymétrie négative ; soit, au contraire, qu'une entité B offre une valeur à une entité A (ce peut être elle-même) sans en attendre de compensation, et j'appelle « don » cette asymétrie positive. Pour deux d'entre eux au moins, les termes que j'emploie afin de qualifier ces relations ont une longue histoire en anthropologie et il faut donc spécifier leur contenu par rapport à des définitions antérieures.

On sait le rôle crucial que Lévi-Strauss accorde à l'échange dans l'avènement et le fonctionnement de la vie sociale. La prohibition de l'inceste est une règle de réciprocité en ce qu'elle enjoint à un homme de renoncer à une femme au profit d'un autre homme, lequel s'interdit l'usage d'une autre femme qui devient, de ce fait, disponible pour le premier. La prohibition de l'inceste et l'exogamie qui en est la face positive ne seraient donc qu'un moyen d'instaurer et de garantir l'échange réciproque, fondement de la culture et signe de l'émergence d'un ordre nouveau dans lequel les rapports entre groupes sont régis par des conventions librement acceptées. Mais la culture n'innove pas complètement en la matière. Selon Lévi-Strauss, elle se contente de codifier des schèmes mentaux universels préexistant aux normes qui les actualisent ; parmi ces impératifs catégoriques inscrits dans l'architecture de l'esprit avant l'émergence du symbolisme qui permet de les exprimer, on trouve « la notion de réciprocité considérée comme la forme la plus immédiate sous laquelle puisse être intégrée l'opposition de moi et d'autrui [et] le caractère synthétique du Don, c'est-à-dire le fait que le transfert consenti d'une valeur d'un individu à un autre change ceux-ci en partenaires, et ajoute une qualité nouvelle à la valeur transférée[1] ». La prééminence de la réciprocité et du don viendrait ainsi de ce que ces deux moyens de fonder et d'entretenir le lien social seraient un héritage de la phylogenèse humaine, un rappel de la fonction des prédispositions naturelles dans la structuration de l'être-ensemble que la culture organise.

Sans doute n'est-il pas nécessaire d'aller aussi loin que Lévi-Strauss — c'est-à-dire de postuler une base neurale innée à la réciprocité et au don — pour convenir avec lui que ces deux schèmes de relation orientent en effet bien des conduites humaines. L'idée est d'ailleurs ancienne : faire de l'échange réciproque et du don le véritable ciment de toute vie sociale apparaît comme un leitmotiv de la philosophie politique occidentale, dans lequel il est difficile de démêler ce qui procède du constat empirique et ce qui relève plutôt d'un idéal moral quant à la manière la plus désirable d'assurer l'agrégation d'un collectif d'égaux. Bien qu'il ne s'en réclame pas explicitement, Lévi-Strauss se situe ainsi dans le droit-fil d'une tradition illustrée dès l'Antiquité : chez Aristote, par exemple, lorsqu'il déclare que la réciprocité dans les relations d'échange « est ce qui assure la cohésion des hommes entre eux », ou chez Sénèque, quand il affirme du don qu'il « constitue le lien le plus puissant de la société humaine »[2]. Ce genre de précédent auguste ne devrait pas pour autant nous dissuader de poser deux questions : est-il légitime de regrouper au sein d'un même ensemble de phénomènes la réciprocité et le don ? Peut-on affirmer que tout collectif place ces deux valeurs au fondement de sa vie sociale ?

Pour répondre à la première question, il faut brièvement revenir au fameux « Essai sur le don » de Marcel Mauss et à l'influence que ce texte a exercée sur Lévi-Strauss[3]. Bien qu'il ait été critique à l'égard de certains aspects de l'essai, Lévi-Strauss entérine la conception du don que Mauss y développe, à savoir un « système de prestations totales » caractérisé par les trois obligations de donner, recevoir et rendre. Ce n'est pas cette définition que Lévi-Strauss conteste, mais la façon dont Mauss aurait expliqué la réciprocité dans l'échange des dons et des contre-dons en ayant surtout recours à une théorie locale centrée sur la notion polynésienne de *hau*, une force mystérieuse résidant dans la chose donnée qui contraindrait le donataire à la rendre. Mauss se serait ainsi laissé mystifier par l'interprétation consciente d'un groupe de spécialistes indigènes au lieu de tenter de dégager la réalité sous-jacente de l'échange là où elle se trouve, c'est-à-dire « dans des structures mentales inconscientes qu'on peut atteindre à travers les institutions[4] ». Si l'échange joue un rôle fondateur dans la vie sociale, selon Lévi-Strauss, c'est en effet qu'il constitue un phénomène absolument primitif, « une synthèse immédiatement donnée à, et par, la pensée symbolique[5] ». Or, un paradoxe de cette célèbre critique est que Lévi-Strauss ne paraît pas avoir vu que la caractérisation maussienne du don à laquelle il ne trouve lui-même rien à redire était en fait tributaire d'une autre théorie, tout aussi indigène que celle du *hau*, mais proprement occidentale celle-là. Car Mauss fait implicitement écho à sa propre tradition culturelle lorsqu'il interprète le don comme constitué par les obligations de donner, recevoir et rendre : ainsi que l'a montré Denis Vidal, il s'agit d'une interprétation courante et remontant à l'Antiquité de la figure bien connue des trois Grâces. Celles-ci sont très précisément une allégorie des trois obligations du don, ainsi que Sénèque le précise sans ambiguïté : « Les uns veulent faire croire qu'il y en a une pour adresser le bienfait, une autre pour le recevoir, une troisième pour le rendre[6]. » Malgré sa vaste culture classique, Mauss ne mentionne jamais ce courant de réflexion sur la thématique du don que les commentaires sur les Grâces rendent visible de Chrysippe jusqu'à Pic de La Mirandole. Il est pourtant difficile de penser que cette source occulte n'ait pas joué un rôle dans sa conception de la nature du don (les trois obligations), comme aussi peut-être dans son souhait de voir restaurées les valeurs qui lui sont associées, notamment les conduites de générosité, tel l'évergétisme des notables, qui témoigneraient de cette sociabilité réputée plus authentique que les sociétés archaïques nous offrent en exemple[7].

Au vu de ses antécédents, il est donc permis de se demander si cette conception du don héritée des Anciens que l'anthropologie a embrassée dans le sillage de Mauss est véritablement adéquate à la pratique qu'elle prétend caractériser. À la différence de l'échange, en effet, le don est avant tout un geste à sens unique qui consiste à abandonner quelque chose à quelqu'un sans anticiper de compensation autre que la reconnaissance éventuelle du destinataire. Car le retour du bienfait n'est jamais garanti dans le don, si l'on veut bien prendre cette notion dans son sens littéral : c'est une possibilité que l'on peut certes caresser, sous la forme d'un souhait tacite ou d'un calcul, mais dont la réalisation demeure indépendante de l'acte de donner lui-même, lequel perdrait *ipso facto* sa signification s'il était conditionné par l'impératif d'obtenir quelque chose en compensation. Aussi Alain Testart a-t-il raison de clairement distinguer l'échange du don : le premier consiste à céder une chose moyennant contrepartie, le second sans espoir de contrepartie[8]. Ainsi, les cadeaux que je reçois de mes proches à l'occasion de mon anniversaire ne peuvent en aucune façon être tenus pour la contrepartie différée des cadeaux que je leur ai donnés à l'occasion de leur propre anniversaire, dans la mesure où il n'existe nulle obligation inhérente à la coutume régissant ces transferts gracieux qui rendrait le don qui m'est fait conditionnel aux dons que j'ai faits. Il est vrai que l'on peut dire du don qu'il « oblige » son destinataire. Mais, contrairement à ce que dit Mauss, le fait d'être « obligé » n'oblige nullement à rendre un contre-don, du moins au sens où la faveur initiale entraînerait une prescription contraignante, du type de celles qui découlent d'un contrat ou d'une responsabilité, dont la non-exécution serait éventuellement passible d'une sanction. L'obligation de retour vis-à-vis du bienfaiteur est, dans ce cas, purement morale : à s'y soustraire, on risque éventuellement d'être déconsidéré, de perdre la face ou de passer pour pingre aux yeux du donateur, sans que celui-ci ne dispose pour autant d'un recours qui lui permettrait d'obtenir une contrepartie à la chose qu'il a librement donnée et qu'il n'envisage d'ailleurs même pas d'exiger. Si une obligation peut naître du don, celle-ci n'est, à proprement parler, ni obligatoire ni obligataire[9].

En cela, le don diffère profondément de l'échange. Chaque don est en effet un transfert indépendant du fait qu'aucune contrepartie ne peut être réclamée en retour. Il y a certes des sociétés où l'on a coutume de répondre à un don par un autre don, comme dans le potlatch des Indiens de la Côte nord-ouest qui occupe dans l'« Essai sur le don » la place éminente que l'on sait : les richesses offertes lors d'une cérémonie fournissaient l'occasion d'un contre-don approprié lors d'une cérémonie ultérieure. Pourtant personne n'était obligé, au sens strict, d'honorer un don par un contre-don ; ne pas le faire, dans des sociétés qui avaient placé l'éthique de la générosité au pinacle de leurs valeurs, signifiait assurément voir son honneur gravement entaché, et fort compromis l'accès aux plus hautes sphères d'un prestige politique fondé en grande partie sur la réputation de libéralité. Mais si la crainte d'être discrédité constituait sans doute, là-bas comme en maints autres lieux, un puissant mobile pour retourner un don, elle n'était pas équivalente à une obligation de rendre qui aurait été contenue de façon contractuelle et quasi juridique dans le fait d'accepter le don initial. Par contraste, l'échange requiert comme sa condition nécessaire l'obtention d'une contrepartie : peu importe de savoir si elle est égale ou non en valeur à la chose reçue, c'est elle qui représente à la fois la finalité et le moyen de l'échange, qu'il soit immédiat ou différé, marchand ou non marchand. Car même lorsque sa nature n'est pas explicitement stipulée et que le délai laissé pour la fournir n'est pas précisé, la contrepartie est toujours exigible : chacun ne cède le bien qu'il détient que contre un autre bien. En ce sens, comme le note encore Testart, l'essence de l'échange est d'être constitué de deux transferts inverses liés de façon intrinsèque, chacun résultant d'une obligation qui trouve sa raison d'être dans l'autre ; une totalité close, donc, qui peut certes s'insérer dans une série de transactions analogues, mais dont chacune est formée par une combinaison indépendante de deux opérations élémentaires en miroir[10]. À la différence du don, transfert unique qui peut éventuellement susciter un contre-transfert, mais pour des motifs étrangers au principe même de libéralité qui l'a rendu possible, chacun des deux transferts de l'échange est à la fois la cause et l'effet de l'autre, une relation de détermination réciproque inhérente à ce type de prestation et que l'on ne trouve qu'en lui : je donne pour que tu me donnes, et réciproquement.

C'est pourquoi la notion trop vague de réciprocité doit être écartée lorsque l'on analyse les relations de transfert. Littéralement, la réciprocité ne désigne que ce qui s'exerce à la fois d'un premier terme à un second et du second au premier, aucune indication n'étant fournie sur la nature des obligations qui lient les deux termes. De ce fait, le don peut être réciproque quand il est suivi d'un contre-don, sans que la réciprocité ne constitue pour autant une caractéristique intrinsèque de ce type de transaction, vu que le retour du don n'y est pas obligatoire au sens contraignant où il l'est dans l'échange. En revanche, l'échange implique nécessairement la réciprocité, puisque c'est justement l'obligation de rendre une contrepartie qui le définit. J'appellerai donc ici « échange » ce que Lévi-Strauss entend parfois par « réciprocité », à savoir un transfert qui requiert une contrepartie, et j'appellerai « don », contrairement à l'usage établi par Mauss, un transfert consenti sans obligation d'un contre-transfert. S'il est difficile d'éviter complètement l'illusion cinématique qui conduit à caractériser les transactions portant sur des choses ou sur des personnes en fonction de la direction des mouvements — je n'y échappe pas moi-même dans ma définition initiale de l'échange, de la prédation et du don —, la prise en compte de la forme des transferts selon les obligations qui en découlent permet, dans une large mesure, de corriger cette distorsion de perspective. Elle conduit en tout cas à distinguer des phénomènes arbitrairement regroupés dans une même rubrique au seul motif qu'ils font circuler des éléments entre des termes. Il n'est dès lors plus possible d'envisager sur un même plan l'échange des biens sous toutes ses formes, l'échange des signes dans le langage, l'échange des femmes dans l'alliance de mariage, l'échange des morts dans la vendetta ou la succession des dons et des contre-dons.

Qu'on l'entende dans le sens général que lui prête Lévi-Strauss ou dans le sens plus spécifique que je lui donne ici, l'échange est assurément présent dans toute société, et sous des formes si diverses qu'il n'est pas difficile de comprendre le point de vue de ceux qui ont voulu voir en lui le principal moyen de « la cohésion des hommes entre eux ». Le don est également une habitude commune sous toutes les latitudes. Depuis les stoïciens jusqu'à Mauss, bien des auteurs ont laissé percer leur nostalgie d'un hypothétique âge d'or où cette pratique désintéressée aurait été plus répandue et ont formé des vœux pour que se généralisent des pratiques de bienfaisance qui donneraient la mesure de la considération que les personnes se portent les unes aux autres. Pour autant, aucun moraliste n'a jamais sérieusement envisagé que le don puisse devenir l'institution rectrice d'une société réelle. Qu'est-ce qui m'autorise alors à soutenir que le don pourrait constituer un schème intégrateur des relations dans certains collectifs ? Comment peut-on songer à entamer la souveraineté de l'échange en avançant que des conduites fondées sur le principe du transfert consenti à titre gracieux auraient été adoptées comme une norme idéale par des communautés humaines ? À ces questions rhétoriques, il faut répondre par un rappel : un mode de relation ne devient pas dominant parce qu'il aurait réussi à supplanter les schèmes d'interactions qui ne se plieraient pas à sa logique. Il devient tel du fait qu'il fournit le modèle cognitif le plus adéquat pour synthétiser sous une forme simple et facilement mémorisable non seulement une grande partie des comportements, mais aussi et surtout ceux qui sont reconnus comme les plus distinctifs d'un collectif, tant par les intéressés que par les observateurs. Tout comme c'est le cas avec les modes d'identification, aucun schème de relation n'est hégémonique ; on peut seulement dire que l'un ou l'autre d'entre eux acquiert une fonction structurante en certains lieux, et sans que l'on puisse toujours mettre un nom sur lui, lorsqu'il oriente d'une manière immédiatement reconnaissable un grand nombre d'attitudes à l'égard des humains comme des non-humains. L'échange ne disparaît donc pas quand l'*ethos* du don domine, il devient simplement englobé par lui.

Si l'on admet cela, alors il faut convenir qu'il y a bien des collectifs qui semblent placer la logique du don au cœur de leurs pratiques. Sans anticiper sur les exemples ethnographiques qui seront discutés dans le prochain chapitre, j'en veux pour preuve l'importance accordée à la notion de « partage » *(sharing)* dans les études récentes sur les sociétés de chasseurs-cueilleurs afin de qualifier tant leurs relations internes que celles qu'elles entretiennent avec les plantes et les animaux. Bird-David a joué un rôle décisif dans ce domaine, sur le plan terminologique tout au moins, lorsqu'elle a forgé l'expression « environnement donateur » *(giving environment)* pour synthétiser la conception que les Nayaka du Tamil Nadu se font de leurs forêts : de même que les humains partagent tout entre eux sans esprit de retour, de même l'environnement accorde sans compter ses libéralités aux Nayaka, en sorte que les composantes humaines et non humaines du collectif se trouvent intégrées dans une seule et même « économie cosmique du partage[11] ». L'idée et la pratique du don constituent chez les Nayaka un *habitus* si profondément enraciné qu'il est inconcevable de ne pas donner sur-le-champ ce que quelqu'un demande; lorsque, de façon exceptionnelle, ils ne souhaitent pas se séparer d'une chose, « ils préfèrent la cacher ou éviter les gens plutôt que de rompre la continuité du sens du partage — le rythme quotidien de la vie sociale[12] ». Pour Bird-David, les valeurs du partage et du don sont typiques des sociétés de chasseurs-cueilleurs en général, un point de vue qu'Ingold reprend à son compte en le précisant. Il est d'avis, en effet, que ce qui caractérise les relations dites de « partage » dans ce genre de sociétés (tant entre humains qu'avec les non-humains) n'est rien d'autre que la « confiance », c'est-à-dire une combinaison particulière d'autonomie et de dépendance. Faire confiance à une personne, selon lui, c'est agir vis-à-vis d'elle dans l'anticipation qu'elle se comportera à mon égard dans la même disposition d'esprit favorable qui est la mienne, et cela aussi longtemps que je ne ferai rien pour brider son autonomie, c'est-à-dire sa capacité à agir autrement ; c'est donc une situation de dépendance librement consentie et qui donne tout son prix au choix d'autrui d'adopter à mon égard la même attitude que celle que j'adopte à son endroit. En somme, « toute tentative d'*imposer* une réponse, d'énoncer les conditions ou les obligations que l'autre est tenu de suivre, représenterait une trahison de la confiance et une négation de la relation[13] ». On ne saurait plus clairement différencier le don (ou le partage) de l'échange : le premier est inconditionnel, et le simple fait de laisser entendre qu'il ne l'est pas le condamne à s'évanouir sur-le-champ au profit du second ; la confiance désintéressée cède alors le pas à l'obligation tacite ou contractuelle.

Les « chasseurs-cueilleurs » — pour reprendre telle quelle la terminologie en vigueur — ne sont pas les seuls genres de collectifs qui aient été caractérisés par une forte valorisation du partage. C'est en ces termes également que Joanna Overing et certains de ses disciples analysent la sociabilité indigène en Amazonie lorsqu'elle est appréhendée au niveau qui leur paraît le plus significatif, à savoir dans le cadre du groupe local et des relations de parenté consanguine. La sphère domestique et villageoise serait marquée avant tout par les relations de confiance réciproque affirmées dans la coopération productive, la commensalité quotidienne et festive, la sollicitude affectueuse à l'égard d'autrui et le flux constant des dons et des contre-dons, une sorte d'économie morale de l'intimité, indemne de préméditations et d'ambiguïtés, qui parvient à rendre ceux qui y participent si consubstantiels les uns aux autres qu'ils se considèrent de la même espèce. Dans cette « esthétique de la convivialité », le partage joue un rôle central en ce qu'il témoignerait d'une disposition à s'ouvrir à autrui avec générosité et compassion, exprimant ainsi par des actes concrets l'exigence éthique de l'entraide sans réserve qui régit toute la vie sociale[14]. On peut arrêter ici les exemples. Car il n'est pas nécessaire pour notre propos d'entériner toutes les interprétations ethnographiques que nous venons d'évoquer : il suffit en effet, à ce stade de notre enquête, de constater qu'il existe au moins des sociétés très diverses dont les anthropologues ont affirmé qu'elles sont animées par une idéologie du partage, entendue ici comme la prééminence accordée au don réciproque dans les rapports interpersonnels.

*

Le contraire du don, c'est s'emparer d'une chose sans offrir de contrepartie, un acte qui n'engendre pas plus d'obligations pour celui qui s'y livre que le don n'en crée pour celui qui en bénéficie. On peut appeler cela vol, capture ou appropriation indue si l'on souhaite mettre l'accent sur l'aspect illicite et généralement réprouvé de l'opération. Toutefois, le terme « prédation » paraît ici préférable en ce qu'il met bien en évidence qu'un prélèvement de cette sorte peut ne pas résulter de la méchanceté ou d'un besoin passager, mais qu'il naît d'une contrainte fondamentale inhérente à la vie animale. Tout animal doit renouveler ses réserves d'énergie à intervalles réguliers en absorbant une proie, un corps distinct de lui à l'origine et qu'il finit pourtant par assimiler de telle façon qu'il devient une partie de son propre organisme. Les humains n'échappent pas à cet impératif auquel ils ont obéi pendant des dizaines de millénaires, même si l'évolution des techniques de subsistance a réussi à estomper en partie le souvenir du lien intrinsèque entre la capture et l'ingestion d'une proie du fait du développement du stockage et de la consommation différée des produits déjà transformés de l'agriculture et de l'élevage. La prédation n'en demeure pas moins un mécanisme central de la préservation du vivant, une relation élémentaire des animaux à leur environnement dont René Thom a construit un modèle mathématique, le « lacet de prédation », qui semble pouvoir s'appliquer à de nombreux processus biologiques[15]. La prédation est donc un phénomène de destruction productive indispensable à la perpétuation d'un individu ; loin d'exprimer une cruauté gratuite ou un désir pervers d'anéantissement, elle transforme au contraire la proie en un objet de la plus haute importance pour celui qui l'incorpore : la condition même de sa survie.

Est-il pour autant légitime de transposer le biologique au social et de prétendre que des collectifs auraient pu convertir les comportements prédateurs en un schème dominant de relation ? Rappelons d'abord, s'il en était besoin, que la primauté de l'échange et du partage ne fait pas l'unanimité parmi ceux qui ont réfléchi aux fondements de l'existence politique. Hobbes est loin d'être le seul à avoir souligné, après Plaute, que la condition originelle de l'homme est d'être un loup pour ses congénères, la conscience égoïste de ses intérêts le conduisant sans cesse à tenter de déposséder autrui. Et bien que l'on ait surtout interprété le pessimisme hobbesien, non sans justesse d'ailleurs, comme une naturalisation inconsciente des rapports de compétition interpersonnels dans une économie de marché naissante, il n'est pas possible de le réduire uniquement à cela. Car force est de constater que l'appropriation violente et la destruction d'autrui ne sont pas les douteux privilèges de l'individu façonné par la société bourgeoise. On en trouve des traces à toutes les époques, sous toutes les latitudes, et il est aussi peu vraisemblable de récuser cette propension prédatrice que d'en faire le trait dominant de la nature humaine avant qu'elle n'ait été pacifiée par les institutions découlant du contrat social. Il s'agit d'une disposition que nous avons héritée parmi d'autres de notre phylogenèse, et si certains collectifs l'ont adoptée comme un *ethos* caractéristique, ce n'est pas qu'ils soient plus sauvages ou plus primitifs que d'autres, c'est qu'ils ont trouvé là un moyen paradoxal d'incorporer l'altérité la plus profonde tout en demeurant fidèles à eux-mêmes.

C'est mon expérience ethnographique chez les Achuar qui m'a permis de me forger cette conviction, me conduisant il y a quelques années déjà à employer à leur propos la notion de « prédation » afin de qualifier un style de relations aux humains et aux non-humains fondé sur la capture de principes d'identité et de substances vitales réputées nécessaires à la perpétuation du soi. Évidente dans la guerre et ses rituels, mais aussi dans maints aspects de la vie quotidienne, cette attitude prédatrice n'était pas propre aux seuls groupes jivaros : je m'aperçus bien vite que l'on pouvait en détecter des indices çà et là parmi d'autres sociétés indigènes d'Amazonie, en parfait contraste avec la philosophie de l'échange paritaire au moyen de laquelle on avait longtemps défini de façon exclusive le *socius* amazonien. Du reste, je ne cherchais pas par là à substituer une relation hégémonique à une autre, puisqu'il était manifeste en outre que certains peuples de cette vaste aire culturelle adhèrent pleinement, quant à eux, aux obligations que l'échange impose[16]. À la même époque et de façon parallèle, Viveiros de Castro développait lui-même sa réflexion sur les fondements ontologiques du cannibalisme et de la guerre dans le monde tupi, qui devait aboutir à un modèle de l'« économie symbolique de la prédation » grâce auquel il entreprenait d'élucider les particularités sociologiques de la parenté dravidienne en Amazonie. Loin d'être symétrique, comme c'est le cas ailleurs dans les systèmes dravidiens, l'opposition entre affinité et consanguinité serait ici caractérisée par un renversement hiérarchique et dynamisée par une structure diamétrale : tout en étant effacée au niveau du groupe local par les comportements et les valeurs associées à la consanguinité, l'affinité prédominerait dans les rapports avec les autres groupes locaux et se verrait elle-même subordonnée à une relation plus totalisante dont elle serait une codification spécifique, la prédation cannibale des ennemis[17].

Au fil du temps, et malgré quelques divergences mineures d'interprétation, l'idée que la prédation constitue le schème cardinal de la relation à autrui pour nombre de sociétés amazoniennes est devenue monnaie courante[18]. Elle a aussi rencontré des résistances et suscité bien des malentendus. Sans entrer ici dans les détails ethnographiques dont nous réservons l'examen au chapitre suivant, il faut donc préciser que la prédation est avant tout une disposition à incorporer l'altérité humaine et non humaine au motif qu'elle est réputée indispensable à la définition du soi : pour être vraiment moi-même, je dois m'emparer d'un autre et l'assimiler. Cela peut se faire par la guerre, la chasse, le cannibalisme réel ou métaphorique, le rapt des femmes et des enfants, ou par des moyens rituels de construction de la personne et de médiation avec des affins idéaux dans lesquels la violence demeure confinée au plan symbolique. La prédation n'est pas une manifestation débridée de férocité ou une pulsion de mort érigée en vertu collective, encore moins une tentative de bannir dans l'inhumanité un autrui anonyme ; elle est la reconnaissance que sans le corps de cet autrui, sans son identité, sans le point de vue qu'il porte sur moi, je resterai incomplet. Il s'agit d'une attitude métaphysique propre à certains collectifs, non d'une exaltation trouble de la violence dont quelques ethnologues se rendraient coupables en projetant leurs fantasmes sur les Amérindiens.

*

La trilogie du don, de l'échange et de la prédation paraît présenter des affinités avec la distinction faite par Marshall Sahlins entre les trois formes de la réciprocité dans les sociétés tribales : la réciprocité « généralisée » qualifie les transferts altruistes au sein du groupe local et ne requiert pas de contrepartie automatique ; la réciprocité « équilibrée » correspond à l'échange direct de valeurs équivalentes à l'intérieur de l'ensemble tribal ; la réciprocité « négative » consiste à tenter d'obtenir quelque chose sans contrepartie, de façon parfois malhonnête ou violente, et elle serait propre aux relations intertribales[19]. Mais la ressemblance n'est que superficielle. En premier lieu, parce que ni le don ni la prédation ne relèvent de la réciprocité. Dans les deux cas, en effet, il s'agit d'une opération unilatérale : le don n'entraîne pas l'obligation contraignante de retourner la faveur, et un acte prédateur implique rarement de la part de celui qui s'y livre le souhait ardent d'une réponse réciproque. Celle-ci est toujours possible, et assez commune dans les faits sous la forme de représailles, mais elle n'est nullement constitutive de l'intention dans laquelle l'acte a été commis. Par ailleurs, les trois sortes de réciprocité portent sur la direction des mouvements et sur le bilan, positif, négatif ou équilibré, des flux d'objets, non sur les causes et obligations inhérentes à chacun des genres de transfert, lesquelles permettent précisément de distinguer l'échange, la prédation et le don comme des classes de phénomènes hétérogènes. Enfin, la typologie de la réciprocité décrit des modes de circulation des biens que l'on peut voir partout à l'œuvre et qui, lorsqu'ils sont combinés au sein d'une même société, se différencient surtout les uns des autres par leur position le long d'un continuum défini par la distance spatiale et parentale plus ou moins grande entre les agents des transferts. Par contraste, l'échange, la prédation et le don, au sens où je les entends ici, sont des schèmes généraux de relation qui concernent bien plus que la circulation des biens puisque l'un ou l'autre d'entre eux en vient à structurer l'*ethos* d'un collectif de manière distinctive.

Produire, protéger, transmettre

Les relations du premier groupe autorisent la réversibilité du mouvement entre les termes : celle-ci est indispensable pour qu'un échange ait lieu et elle demeure possible, sinon toujours désirée, dans la prédation et le don. En revanche, les relations du deuxième groupe sont toujours univoques et se déploient entre des termes hiérarchisés. Cela est particulièrement net dans le cas de la production. L'antécédence génétique du producteur sur son produit ne permet pas à celui-ci de produire en retour son producteur (même s'il peut contribuer à l'entretenir), le plaçant ainsi dans une situation de dépendance vis-à-vis de l'entité à qui il doit son existence, au moins au titre de condition initiale. Marx ne laisse planer aucun doute là-dessus. La production est à la fois une relation que les hommes tissent entre eux selon des formes définies afin de se procurer conjointement des moyens d'existence (les « rapports de production »), et une relation spécifique à un objet que l'on crée dans un dessein particulier. Dans des pages célèbres de l'*Introduction générale à la critique de l'économie politique*, Marx souligne en effet que « l'acte de production est [...] lui-même dans tous ses moments un acte de consommation également[20] ». En premier lieu, parce que l'individu qui développe ses facultés en produisant dépense de l'énergie dans cette opération et consomme de la matière première, des moyens de production ; c'est la « consommation productive ». Mais la consommation est aussi de manière immédiate une production dans la mesure où toute consommation, alimentaire ou autre, contribue à produire le corps et les conditions de subsistance du sujet producteur ; c'est la « production consommatrice ». « Dans la première [la consommation productive], le producteur s'objectivait ; dans la seconde [la production consommatrice], au contraire, c'est l'objet qu'il a créé qui se personnifie[21]. » Bien qu'il y ait identité entre la production et la consommation, celle-ci n'est donc possible que grâce à un mouvement médiateur entre deux termes : « La production est médiatrice de la consommation, dont elle crée les éléments matériels et qui, sans elle, n'aurait point d'objet. Mais la consommation est aussi médiatrice de la production en procurant aux produits le sujet pour lequel ils sont des produits[22]. » Cette très originale parité dialectique entre la production objectivante et la consommation subjectivante s'évanouit pourtant quelques lignes plus loin lorsque Marx réaffirme sans ambages la primauté de la production sur la consommation. En effet, la consommation n'est qu'un moment de la production car, lorsque l'individu ayant produit un objet fait retour sur lui-même en le consommant, il le fait en tant qu'individu productif qui se reproduit par ce biais ; en conséquence, « la production est le véritable point de départ et par suite aussi le facteur qui l'emporte[23] ».

La position de Marx est indicative d'une tendance plus générale de la pensée moderne à privilégier la production comme l'élément déterminant des conditions matérielles de la vie sociale, comme la voie principale permettant aux humains de transformer la nature et, ce faisant, de se transformer eux-mêmes. Que l'on soit marxiste ou non, en effet, l'idée est devenue commune que l'histoire de l'humanité est avant tout fondée sur le dynamisme introduit par la succession des manières de produire des valeurs d'usage et des valeurs d'échange à partir des matériaux que l'environnement fournit. Or, il est légitime de se demander si cette prééminence accordée au processus d'objectivation productif est généralisable à toutes les sociétés[24]. Certes, on a « produit » en tout lieu et en tout temps : partout les humains ont modifié ou façonné des substances de façon intentionnelle afin de se procurer des moyens d'existence, exerçant ainsi leur capacité à se comporter comme des agents qui imposent une forme et une finalité spécifiques à une matière indépendante d'eux-mêmes. Peut-on dire pour autant que l'on appréhende partout ce genre d'action selon le modèle de la relation au monde appelée « production », si paradigmatique et familière pour nous que nous avons pris coutume de l'employer pour qualifier des opérations très hétérogènes dans des contextes très divers ?

Il est à peine besoin de rappeler, d'abord, que l'idée de production n'est guère adéquate pour définir de façon générale la manière dont bien des chasseurs-cueilleurs conçoivent leurs techniques de subsistance. C'est la raison pour laquelle certains spécialistes de ces sociétés préfèrent à présent utiliser le terme « obtention » *(procurement)* plutôt que « production », afin de mieux souligner que ce que nous nommons la chasse et la cueillette sont avant tout des formes d'interaction spécialisées qui se développent dans un environnement peuplé d'entités intentionnelles comparables aux humains[25]. Mais l'inadéquation de la notion de production est tout aussi patente lorsqu'il s'agit de rendre compte de la manière dont de grandes civilisations non occidentales ont conceptualisé le processus au moyen duquel des choses sont engendrées. C'est ce que montre bien François Jullien, à propos de la Chine, dans son commentaire de l'œuvre de Wang Fuzhi[26]. Pour ce lettré néo-confucéen du XVIIe siècle, qui systématise en cela une intuition fondamentale de la pensée chinoise, toute réalité se conçoit comme un procès continu relevant d'une interaction entre deux instances dont aucune n'est plus fondamentale ou plus originelle que l'autre : le *yin* et le *yang*, par exemple, ou le Ciel et la Terre. De là naît une logique de la relation mutuelle sans début ni fin qui exclut toute extériorité fondatrice, toute nécessité d'un agent créateur en tant que cause initiale ou premier moteur, toute référence à une altérité transcendante. Le procès, alternance de repos et de mouvement dynamisée par la primauté du mouvement, agit de façon totalement impersonnelle et inintentionnelle : « L'ordre ne saurait dès lors être imposé du dehors par l'acte délibéré d'un quelconque sujet opérant en fonction d'un certain plan [...], il est inhérent à la nature des choses et découle totalement de leur développement continu[27]. » Bref, le monde n'est pas produit par l'intervention d'un acteur doté d'un dessein et d'une volonté, il est le résultat de ses seules « propensions » internes *(lishi)* se manifestant de façon spontanée dans un flux permanent de transformations.

On mesure l'abîme qui sépare ce procès autorégulé du modèle héroïque de la création tel qu'il s'est développé en Occident comme une évidence inquestionnée sous la double férule de la tradition biblique et de la pensée grecque. L'idée de la production comme imposition d'une forme sur une matière inerte n'est qu'une expression atténuée de ce schème d'action qui repose sur deux prémisses interdépendantes : la prépondérance d'un agent intentionnel individualisé comme cause de l'avènement des êtres et des choses, et la différence radicale de statut ontologique entre le créateur et ce qu'il produit. Selon le paradigme de la création-production, le sujet est autonome et son intervention dans le monde reflète ses caractéristiques personnelles : qu'il soit dieu, démiurge ou simple mortel, il produit son œuvre à partir d'un plan préétabli et en fonction d'une certaine finalité. D'où l'abondance des métaphores artisanales pour qualifier dès l'origine ce type de relation. Dans les Psaumes, le Créateur est comparé à un puisatier, à un jardinier, à un potier, à un architecte; dans le *Timée*, le démiurge crée le monde en le façonnant à la manière d'un potier : il compose avec soin le mélange qu'il va travailler, il le tourne en forme de sphère, il arrondit et polit sa surface[28]. L'image de la fabrication, de la *poiêsis*, est ici centrale et demeure dans la conception moderne du rapport entre le producteur et ce qu'il produit. Demeure également l'idée d'une hétérogénéité absolue entre eux : le créateur, l'artisan, le producteur possèdent en propre le plan de la chose à faire exister et se donnent les moyens techniques de réaliser leur intention en projetant leur volonté sur la matière qu'ils travaillent. De même qu'il y a incommensurabilité entre le Créateur et sa création dans le dogme chrétien, il n'y a pas, dans la tradition occidentale, d'équivalence ontologique entre le producteur et l'objet qu'il fait advenir.

Rien ne saurait être plus étranger à la manière dont les Indiens d'Amazonie conçoivent leurs rapports avec les entités dont ils s'alimentent. Pour les Achuar, par exemple, il n'y aurait guère de sens à parler de « production agricole » ou de « production cynégétique », comme si ces activités avaient pour but de faire exister un produit consommable qui serait ontologiquement dissocié du matériau dont il est issu — et même si de telles opérations peuvent par ailleurs être quantifiées et mises en regard de la productivité potentielle des ressources ainsi que je l'ai fait jadis[29]. Les femmes achuar ne « produisent » pas les plantes qu'elles cultivent : elles ont avec elles un commerce de personne à personne, s'adressant à chacune pour toucher son âme et ainsi se la concilier, favoriser sa croissance et l'aider dans les écueils de la vie, tout comme le fait une mère avec ses enfants. Les hommes achuar ne « produisent » pas les animaux qu'ils chassent : ils ont aussi avec eux un commerce de personne à personne, une relation circonspecte où entrent à parts égales la ruse et la séduction, tâchant de les amadouer par des paroles captieuses et de fausses promesses. Autrement dit, ce sont ces relations entre sujets (humains et non humains) qui conditionnent ici la « production » des moyens d'existence, non la production des objets qui conditionne les relations entre sujets (humains).

Même la production des artefacts paraît ne pas cadrer, en Amazonie, avec le modèle classique de l'artisan démiurge. C'est ce que suggèrent les études de Lúcia van Velthem sur la vannerie des Wayana du nord du Pará, très réputés, tout comme certains de leurs voisins carib et arawak, pour la diversité et le raffinement, tant technique qu'esthétique, des objets qu'ils tressent[30]. La vannerie est une activité masculine valorisée et valorisante dont on n'acquiert la pleine maîtrise qu'assez tard dans la vie, du moins pour la confection des pièces les plus difficiles, telle la grande hotte de portage *katari anon*, entièrement décorée de motifs tressés qui diffèrent sur chacune des faces externes et internes. Les Wayana ne voient pourtant pas la fabrication des paniers comme le façonnage virtuose d'un matériau brut, mais comme l'actualisation incomplète, et sous une forme légèrement distincte, du corps d'esprits animaux qu'ils reconstituent à partir de fibres végétales assimilées à de la peau humaine. Les paniers, corbeilles, hottes, plateaux, nattes ou fourreaux à presser le manioc sont ainsi des « corps transformés », pour reprendre l'expression de van Velthem[31]. Ils ont une anatomie — une tête, des membres, une poitrine, un tronc, des côtes, des fesses, des organes génitaux — et les motifs qui les ornent figurent de façon stylisée ceux que porte l'être dont ils sont la transmutation, voire, dans le cas des dessins décorant l'intérieur des paniers, ceux de leurs organes internes : il s'agit d'évoquer par ce biais la capacité d'assimilation prédatrice des esprits animaux, mais rendue inoffensive dans l'artefact en raison de son incomplétude. Car le corps de fibre diffère du corps menaçant du prototype qu'il actualise en ce qu'il n'est pas recomposé tout à fait à l'identique, et qu'il est privé de ce fait de son intentionnalité originelle. Toutefois, cela ne vaut que pour la vannerie domestique dont l'emploi quotidien exige qu'elle soit en quelque sorte « dévitalisée ». Des objets tressés pour un usage cérémoniel, en revanche, on dit qu'ils matérialisent complètement le corps des esprits animaux, les vanniers les plus experts étant même crédités de la capacité de restituer à leur ouvrage les caractéristiques non visuelles du prototype, comme les mouvements, les sons et les odeurs. Un tel mimétisme ontologique permet alors à ces objets de fonctionner à leur tour comme des agents de transformation, largement utilisés dans les rites de guérison, vu qu'ils possèdent des propriétés identiques à celles de l'entité dont ils constituent un avatar. Loin d'être appréhendé comme la production-création d'une chose nouvelle à partir d'une matière inanimée qu'informent l'art et le projet d'un agent autonome, le travail du vannier wayana se présente comme ce qui rend possible une véritable métamorphose, c'est-à-dire le changement d'état d'une entité existant déjà comme un sujet et qui conserve tout ou partie de ses attributs dans l'opération.

En tant que manière de concevoir une action sur le monde et un rapport spécifique d'engendrement entre un sujet et un objet, la production n'a donc rien d'universel. Elle suppose l'existence d'un agent bien individualisé qui projette son intériorité sur une matière indéterminée afin de donner forme, et faire ainsi exister, une entité dont il est le seul responsable et qu'il pourra ensuite s'approprier pour son usage, ou échanger contre d'autres réalités du même type. Pour ne prendre que ces deux exemples, ni la conception d'un procès continu et autopoiétique propre à la pensée chinoise, ni la précédence accordée en Amazonie à la transformation réciproque sur la fabrication *ex nihilo* ne correspondent à cette formule. C'est pourquoi les anthropologues sont peut-être imprudents lorsqu'ils cèdent à la facilité d'interpréter dans le langage familier de la production les phénomènes très divers au moyen desquels une réalité, matérielle ou non, en vient à être instituée. Parler de « production » de la personne, du lien social, du sujet ou de la différence des sexes hors du contexte occidental, où cette notion recouvre depuis plusieurs millénaires un type de relation tout à fait singulier, n'est au mieux, et dans la plupart des cas, qu'un abus de langage conduisant à des parallèles trompeurs.

*

La protection implique également une domination non réversible de celui qui l'exerce sur celui qui en bénéficie. Sans être jamais réciproque, la relation peut certes s'inverser avec le temps : les soins dont les parents entourent leurs enfants jusqu'à l'aube de l'âge adulte leur seront peut-être rendus par ceux-ci lors de la vieillesse. Il arrive aussi que le protecteur soit lui-même protégé par plus puissant que lui, notamment dans les rapports de patronage qui prennent souvent la forme d'un enchaînement hiérarchique de liens clientélistes dyadiques. Enfin la protection est souvent mutuellement profitable en ce qu'elle garantit à celui qui l'assure, outre la gratification qu'amène la reconnaissance réelle ou supposée de celui qui en fait l'objet, la possibilité de jouir de son concours comme des avantages qui découlent de la situation de dépendance dans laquelle il se trouve placé. Mais même lorsqu'il y a intérêt réciproque, la relation demeure inégalitaire car elle est toujours fondée sur le fait que l'offre d'assistance et de sécurité par quoi elle se manifeste revient à l'initiative de celui qui est en mesure de l'accorder. L'enfant mineur n'est pas plus en mesure de refuser la protection de ses parents que le citoyen ne l'est de récuser celle de l'État ou les pandas celle de leurs défenseurs écologistes.

Dans les rapports aux non-humains, la protection devient un schème dominant lorsqu'un ensemble de plantes et d'animaux est perçu tout à la fois comme tributaire des humains pour sa reproduction, son alimentation et sa survie et comme si étroitement lié à eux qu'il en devient une composante acceptée et authentique du collectif. Le modèle le plus accompli en est sans doute l'élevage extensif tel que les sociétés pastorales le pratiquent en Eurasie et en Afrique. Certes, le bétail sert à la consommation des humains, directement ou indirectement, mais c'est rarement cette fonction utilitaire qui prévaut dans l'idée que les pasteurs se font des rapports aux animaux dont ils s'occupent au jour le jour. Il s'agit avant tout de prendre en charge le bétail, de l'assister, de le surveiller, de lui prodiguer des soins dans tous les domaines de la vie, puisque le contrôle que l'animal sauvage exerce sur sa destinée est ici dévolu aux humains. Il faut donc se préoccuper de le nourrir, ne serait-ce que par la sélection des pacages et des points d'eau ; il faut lui assurer une descendance collective aux meilleures conditions, par la sélection des reproducteurs, la maîtrise de la fécondation et l'aide apportée aux nouveau-nés ; il faut le défendre contre les prédateurs et soigner ses maladies. Bien que l'on parle parfois de production pour désigner ce façonnage des conditions d'existence de l'animal, le terme paraît peu adéquat car l'action directe exercée sur lui est d'un tout autre ordre que le travail de l'artisan ou de l'ouvrier fabriquant un artefact à partir d'une matière inorganique. Quel que soit le degré de standardisation auquel on est parvenu par la sélection, chaque animal demeure différent, avec son caractère propre, ses lubies, ses préférences. Aussi l'idée de protection évoque-t-elle mieux le mélange d'attention constante, de contrôle individualisé, de contrainte bienveillante qui définit le rapport du pasteur à son bétail et qui prend parfois, dans le cas exemplaire des sociétés nilotiques, l'apparence d'un assujettissement total des humains à la mission de satisfaire en tout leurs partenaires animaux : « La vache est un parasite des Nuer, écrit Evans-Pritchard, qui passent leur vie à assurer son bien-être[32]. »

C'est en Afrique de l'Est aussi qu'a été le mieux décrit le fameux *cattle complex* des pasteurs nomades, c'est-à-dire une survalorisation du bétail d'où toute finalité utilitaire semble avoir disparu et dans laquelle cette source unique de richesse en vient à jouer un rôle médiateur de l'ensemble des rapports sociaux : c'est au moyen du bétail que l'on nomme les humains, c'est sa possession qui fournit les instruments de l'échange comme les principes de l'agrégation et de la transmission sociales. Ainsi que le dit encore Evans-Pritchard à propos des Nuer : « [Ils] tendent à définir tous les processus et relations sociales en termes de bétail[33]. » Godfrey Lienhardt affirme la même chose au sujet des Dinka, ajoutant que ces voisins des Nuer « conçoivent leurs propres vies et la vie de leur bétail [...] sur le même modèle[34] ». Une telle interdépendance entre les animaux domestiques et la société n'est pas réductible à l'interprétation classique du fétichisme qui envisage les relations aux non-humains comme des supports des relations entre humains. Elle signale que les animaux sont bien dans ce cas des membres de plein droit du collectif, et non un segment socialisé de la nature servant de métaphore et d'idiome pour des relations entre humains qui lui seraient extérieures. Lienhardt souligne bien, du reste, que les Dinka n'anthropomorphisent pas leurs animaux, mais qu'ils cherchent au contraire à imiter en tout les caractéristiques et les comportements des bovins, raison pour laquelle ceux-ci constituent les meilleurs substituts possibles des humains. Autrement dit, le schème de relation semble ici dédoublé ; à l'attitude protectrice que les humains déploient vis-à-vis du bétail se combinent des rapports d'une nature différente entre les humains, paradoxalement calqués sur ceux qui structurent le monde des bovins : l'organisation du troupeau, la compétition entre taureaux, les rapports entre mâles et femelles servent de gabarits pour penser l'organisation politique et spatiale, l'*ethos* belliqueux des hommes ou les rapports entre les sexes. C'est pourquoi, en dépit du rôle exorbitant de l'élevage chez ces pasteurs de l'Afrique de l'Est, la protection n'y joue pas le rôle d'un principe général d'action structurant indifféremment les interactions entre les humains et des non-humains pourtant étroitement intégrés au sein du collectif.

Il faudrait plutôt se tourner vers les civilisations anciennes de la Méditerranée si l'on voulait trouver des illustrations plus manifestes de ce que Haudricourt appelle le « traitement pastoral » de l'homme. Le monde romain, par exemple, où, sous la houlette impérieuse mais protectrice du *pater familias*, se développe une petite cohorte d'êtres en tutelle : femmes, enfants, esclaves, troupeaux trouvent chacun dans l'ordre et la sûreté relative de conditions d'existence garanties par l'autorité qui les coiffe les moyens de contribuer à la prospérité commune en réalisant leurs dispositions propres. Nul, mieux que Virgile, n'a su brosser le tableau idéal de cette Arcadie agricole dans laquelle le laboureur diligent, par une sage gestion de ses dépendants, « nourrit sa patrie, et sa jeune postérité, et ses troupeaux de bœufs, et ses jeunes taureaux qui l'ont bien mérité[35] ». Deux des quatre livres des *Géorgiques* sont consacrés aux soins aux animaux, aux mesures à prendre afin de les prémunir contre les dangers, aux services qu'ils rendent, aux bienfaits qu'ils rapportent ; par leurs vertus et leur sens du devoir, les bœufs gras, les taureaux puissants, les fringants coursiers, les abeilles industrieuses se conduisent comme des citoyens responsables sous la supervision éclairée de leur propriétaire, tout comme celui-ci s'épanouit dans ses terres de Campanie sous l'égide d'Auguste, défenseur de la force et de la prospérité de l'État. Que la soumission est douce sous la plume de Virgile

— et presque tolérable la condition servile —, s'il ne faut qu'échanger un peu d'obéissance et beaucoup de travail contre la sécurité qu'un maître vous assure !

Les bénéfices mutuels que la protection est censée procurer se déploient souvent en une longue cascade de dépendances unissant plusieurs niveaux ontologiques par une série de duplications de relations asymétriques. Tout comme les humains veillent sur les animaux et les plantes dont ils extraient leur subsistance, ils peuvent être eux-mêmes protégés par un autre ensemble de non-humains, les divinités, qui tirent de ce patronage le plus substantiel des avantages : leur raison d'être. Ces divinités, parfois des hypostases d'une plante ou d'un animal particulièrement important dans l'économie locale, se présentent alors comme les ancêtres fondateurs et les garants du bien-être des humains, en même temps que les conditions d'une domination efficace — voire les géniteurs directs — des non-humains que les humains utilisent et protègent. C'est ce que révèle bien l'exemple des Exirit-Bulagat, pasteurs bouriates de Cisbaïkalie[36]. Bien que d'adoption relativement récente, l'élevage est devenu pour eux l'activité dominante et le moteur de la vie sociale et cérémonielle, au point qu'ils disent avoir été engendrés par un bovin céleste, *Buxa nojon* ou Seigneur-Taureau, principale divinité de la tribu dont dépendent les figures mineures des ancêtres issus de lui. Plusieurs fois par an, on sacrifie des juments à Seigneur-Taureau et aux ancêtres afin qu'ils accordent chance et fortune, qu'ils protègent les troupeaux et assurent leur croissance : les victimes sont immolées à la divinité afin qu'elle imprègne de grâce leur viande et, à travers elle, les humains qui vont la consommer. En outre, chaque éleveur possède dans son troupeau un taureau « consacré » qui ne doit être ni maltraité, ni monté, ni vendu, ni castré ; émissaire incarné de Seigneur-Taureau et de sa virilité inépuisable, il garantit et promeut la fécondité des animaux domestiques. Les soins prodigués à ce taureau par les humains représentent une sorte de service que ceux-ci rendent à leur ancêtre taureau pour le remercier de sa puissance génésique, tandis que les âmes des juments sacrifiées qui sont offertes à cette divinité en substitut de celles des humains constituent un don propitiatoire motivé par l'espoir qu'elle concède ses bienfaits aux humains et sa protection aux troupeaux. En dissociant les oblations — restitution de vie par l'entretien de l'animal consacré, restitution d'âmes par la mort des juments —, on évite de faire payer au taureau la dette que les humains encourent vis-à-vis de son hypostase. La protection peut ainsi devenir la valeur englobante d'un système d'interactions qui combine deux rapports asymétriques : une relation de prédation dans laquelle on s'empare de la vie de non-humains dépendants sans leur consentir une contrepartie directe, et une relation de don dans laquelle on offre des non-humains protégés à des non-humains protecteurs afin de les inciter à perpétuer la domination que ceux-ci permettent aux humains d'exercer sur ceux-là[37].

*

Au sens où je l'entends ici, la transmission est avant tout ce qui permet l'emprise des morts sur les vivants par l'entremise de la filiation. L'on peut devoir bien des choses à ceux qui nous ont précédés : des biens mobiliers et immobiliers reçus en héritage ; des prérogatives dévolues par succession — charges, statuts ou fonctions héréditaires et attributs symboliques tels le nom ou la possession de certains savoirs ; des caractères physiques, mentaux ou de comportement réputés procéder de l'hérédité. Très variable selon les civilisations et les situations sociales, l'ampleur de ce patrimoine matériel et immatériel dont nous sommes redevables aux générations antérieures dépend, dans une large mesure, non seulement de la quantité de choses disponibles à transmettre, mais aussi et surtout de l'importance accordée au phénomène même de la transmission comme relation de dépendance consentie vis-à-vis d'ascendants plus ou moins lointains. Dans tout collectif, des choses passent d'une génération à une autre selon des normes précises et reconnues. Pourtant, c'est seulement dans certaines circonstances que ce processus de cession acquiert la forme d'une véritable dette des vivants à l'égard des morts, les premiers se considérant comme les débiteurs des seconds pour à peu près tout ce qui conditionne leur existence : l'ordre et les valeurs selon lesquels ils vivent, les moyens de subsistance mis à leur disposition, les avantages différentiels dont ils jouissent, leur personne même, en tant qu'elle est composée de principes, de substances, et parfois d'une destinée, qui proviennent des géniteurs directs et de ceux qui, avant eux, les ont engendrés. Il faut certes pour transmettre cela des généalogies réelles et fictives relativement étirées dans le temps et des dispositions explicites stipulant ce que chacun est en droit de recevoir en matière d'identité, de privilèges et d'obligations, par l'intermédiaire de ces passerelles jetées vers le passé. On peut toutefois penser qu'il s'agit moins là de conditions initiales que de conséquences institutionnelles de la prépondérance qu'un schème spécifique de rapport à autrui a pu acquérir peu à peu. La profondeur généalogique, les règles assurant une filiation sans équivoque en ligne maternelle ou paternelle, la segmentation en groupes de descendance agissant comme des personnes morales, la légitimation des droits par rapport à des ensembles d'ancêtres, tous ces mécanismes dont les anthropologues mirent longtemps à admettre qu'ils n'avaient rien d'universel devraient alors plutôt être envisagés comme des moyens employés par certains collectifs afin de perpétuer dans un appareillage dogmatique la souveraineté que les morts exercent sur les vivants dans la relation de transmission.

L'expression la plus nette de cette relation se donne à voir là où les morts sont convertis en ancêtres à qui l'on rend un culte. Il s'agit des ascendants proches et non de ces personnages lointains et plus ou moins mythiques, aussi appelés « ancêtres » par convention, que l'on place parfois à l'origine des clans et des tribus sans leur attribuer pour autant une influence directe sur la destinée de ceux qu'ils ont créés. Les ancêtres immédiats sont individualisés, nommés, souvent matérialisés dans des autels domestiques ou lignagers, et rien de ce qui concerne les vivants n'échappe à leur juridiction tatillonne. L'Afrique de l'Ouest est l'une de leurs terres de prédilection, comme l'illustre l'exemple des Tallensi du Ghana.

Localisés, hiérarchisés en segments et dotés d'une relative indépendance politique, les patrilignages des Tallensi font dériver leur identité et leur solidarité du culte qu'ils rendent chacun à un groupe d'ancêtres composé de tous les ascendants masculins en ligne agnatique jusqu'à la douzième génération au plus. Dans son livre *Œdipus and Job in West African Religion*, Fortes décrit la domination despotique que les ancêtres exercent sur les vivants, analogue dans son contenu à l'autorité sans partage reconnue à un père sur ses fils : de même qu'un homme n'a aucun droit économique, statut légal ou autonomie rituelle tant que son père est en vie, de même les membres d'un lignage dépendent des ancêtres pour l'accès à la terre, l'exercice des responsabilités politiques et le bien-être de chacun d'entre eux[38]. Un fils ne succède d'ailleurs à son père dans ses droits et privilèges que lorsqu'il a exécuté les rites funéraires qui font de ce dernier un ancêtre, transformant ainsi sa subordination à un individu vivant en une autorité déléguée par les générations précédentes. Le pouvoir des ancêtres se manifeste à un double niveau. Collectivement, ils exigent des vivants qu'ils se conforment aux préceptes moraux et respectent les valeurs sur lesquelles l'organisation sociopolitique est fondée : toute mort est ainsi interprétée comme une sanction des ancêtres en raison d'une faute qu'un individu, voire son père ou un parent agnatique, aurait commise, souvent par inadvertance. Mais chaque humain est aussi flanqué d'un ancêtre spécifique censé veiller sur lui à condition qu'il se soumette à sa volonté telle qu'elle est révélée par un devin. D'où l'importance des cultes rendus aux ancêtres sous forme de sacrifices, prières et libations ; comme l'écrit Fortes, « on ne gagne pas leur sollicitude par des démonstrations d'amour, mais par des preuves de loyauté[39] ». Les prérogatives dont on peut jouir dans le cadre du lignage, les biens dont on dispose, la part de bonheur ou d'infortune allouée à chacun, tout est fixé par les ancêtres qui étendent sur les vivants le manteau d'une justice aussi indiscutable, terrible et inaccessible à l'entendement humain que celle dont Job accablé avait fini par créditer son Dieu.

Chez les Tallensi comme dans d'autres civilisations

d'Afrique de l'Ouest, le culte rendu aux ancêtres est donc moins une manière de les honorer ou de leur rendre grâce pour ce qu'ils transmettent qu'une tentative de se les concilier ou d'apaiser leur courroux, tentative dont il n'est jamais sûr qu'elle sera couronnée de succès. Le mouvement intergénérationnel demeure à sens unique, car on ne peut rendre ce qui a été donné par les ascendants, à commencer, pour nous tous, par la vie reçue des géniteurs. Il ne s'agit pas non plus, dans le cas présent, d'une conduite libérale des ancêtres puisque ceux-ci n'ont pas la latitude de ne pas transmettre à leur tour ce qu'ils ont reçu et qu'ils engagent ce faisant leurs descendants dans une spirale de dépendance dont ces derniers ne peuvent se dégager. La dette encourue par les vivants se transmet donc inexorablement de génération en génération, à mesure que les membres débiteurs du collectif deviennent des membres créanciers en rejoignant la foule des trépassés ; ils peuvent alors faire payer à leurs descendants ce qu'ils ont dû acquitter eux-mêmes : le droit à l'existence et à tout ce qui la rend possible en échange d'une obéissance sans faille au pouvoir qu'ils détiennent, précieuse garantie pour eux d'une forme de survie. Tout comme Énée fuyant Troie, chaque homme porte ici son père sur le dos, mais aussi le père de son père juché sur les épaules du premier, puis le père de celui-là, et ainsi de suite dans une pyramide d'ascendants nullement métaphorique qui accable de son poids la liberté de manœuvre des vivants. C'est à bon droit que l'on peut dire de ces collectifs où le fardeau tout à la fois vital et mortifère des ancêtres passe par une filiation que nul ne saurait récuser ce que Pierre Legendre écrit au sujet de la transmission en général : « L'institution généalogique fonctionne sur fond de détresse du sujet[40]. » Mais cette détresse n'a pas, en Afrique, la dimension tragique qui envahit le destin singulier d'un individu confronté à des dieux capricieux ou aux desseins hermétiques du Dieu chrétien, puisque tout le monde, y compris les ancêtres, partage le sort d'être tributaire des générations précédentes pour le meilleur et pour le pire. Aussi, malgré la référence à Œdipe dans le titre du livre de Fortes, est-il douteux qu'un Tallensi puisse pousser la lamentation que

Sophocle met dans la bouche du chœur entourant le fils de Laïos : « Mieux vaut cent fois n'être pas né[41]. »

La transmission n'est pas seulement un rapport interne aux segments d'un collectif, unissant dans une chaîne de dépendance des vivants voués à l'ancestralisation et des morts encore vifs dont le pouvoir et la volonté se font sentir en toutes circonstances. Elle est aussi ce qui différencie entre eux les collectifs et leurs éléments : ceux-ci revendiquent en effet comme la principale source de leur identité contrastive le fait d'avoir en propre des groupes d'ancêtres particuliers desquels dérivent à la fois leur légitimité comme un corps social autonome et tous les attributs qui lui sont attachés, depuis le droit d'habiter un espace et d'en exploiter les ressources — dont on retrouve des échos dans la notion de patrie — jusqu'à la conscience de partager des propriétés physiques et morales héréditaires. Cet usage de la transmission dans la définition des collectifs et de leurs propriétés est tout à fait spécifique à certaines régions du monde et ne doit pas être confondu avec le phénomène universel de la cession de certains biens matériels ou immatériels d'une génération à la suivante. Nulle part dans l'Amazonie indienne, par exemple, ne trouvera-t-on le genre d'emprise exercée par les ancêtres dont l'Afrique de l'Ouest ou la Chine offrent le témoignage. L'idée même d'ancêtre y paraît incongrue : les morts récents doivent disparaître le plus tôt possible de la mémoire des vivants et s'il subsiste quelque chose d'eux pendant encore quelque temps, c'est sous la forme d'esprits plus ou moins maléfiques dont il faut fuir la compagnie. Du reste, les généalogies remontent rarement au-delà de la génération des grands-parents et les groupes de filiation, dans les rares cas où ils existent, ne contrôlent ni l'accès aux moyens de subsistance ni leur dévolution ; ils peuvent d'ailleurs, comme c'est le cas chez les Sanumá du Brésil, ne concerner qu'une fraction de la population. Aucun culte n'est rendu aux morts et si l'on hérite quelque chose d'eux, c'est moins un maigre patrimoine physique — leurs objets sont généralement détruits — que des attributs symboliques : noms, chants, mythes, droit de fabriquer certaines parures ou de porter certains ornements[42]. Bref, les morts sont exclus des collectifs humains et n'ont sur eux aucun pouvoir.

Il s'agit sans doute là d'une caractéristique du régime animique en général. Ainsi, lorsque Ingold critique l'emploi du modèle généalogique arborescent et du primat de l'ancestralité comme moyen de rendre compte du rapport des peuples indigènes à eux-mêmes et à l'espace qu'ils occupent, c'est dans des collectifs que j'appelle animiques qu'il va puiser l'essentiel de ses exemples : Chewong de Malaisie, Nayaka du Tamil Nadu, Ojibwa, Cree et Yup'ik de l'Amérique septentrionale, etc. L'image du rhizome empruntée à Gilles Deleuze et à Félix Guattari serait, selon lui, beaucoup plus appropriée quand on veut caractériser les relations réticulaires que ces peuples indifférents à la filiation unilinéaire entretiennent avec les diverses composantes de leur environnement[43]. La remarque est juste, à condition de ne pas sombrer dans l'excès inverse et d'affirmer que toute référence à la transmission et à l'ancestralité doit être bannie dès lors qu'on veut restituer sans la trahir l'idée que les « peuples indigènes » se font d'eux-mêmes[44]. Car il n'y a pas de raison d'exclure les Tallensi ou les Malgaches du bénéfice de l'autochtonie et d'une identité distinctive, ou de croire qu'ils auraient succombé à la perversité occidentale du principe généalogique et du culte des lares. Choisissant d'accorder une importance considérable à leurs morts et à ce qu'ils transmettent et contrôlent, certains collectifs ont fait dépendre de cette relation matricielle aux ancêtres une grande partie des préceptes et des valeurs qui organisent leur vie commune. D'autres ont préféré négliger cette dimension de la vie humaine et asseoir plutôt leur identité individuelle et collective sur un réseau touffu et mouvant de relations multipolaires avec une foule d'entités tout à la fois contemporaines et de même statut. Ce n'est pas parce que l'anthropologie a eu longtemps tendance à interpréter les pratiques des seconds en prenant pour étalon les institutions des premiers que la contribution que ceux-ci apportent à la diversité des états du monde devrait être frappée de suspicion ou tomber dans l'oubli.

*

Les modes de relation que nous venons de passer en revue se répartissent en deux ensembles : l'un regroupe des relations potentiellement réversibles entre des termes substituables car situés à un même niveau ontologique (échange, prédation et don), l'autre comprend des relations orientées et irréversibles entre des termes non substituables car hiérarchisés de façon intrinsèque l'un par rapport à l'autre (production, protection et transmission). Les premières caractérisent le mouvement symétrique ou asymétrique d'une valeur entre des sujets équistatutaires dont l'identité ou l'essence n'est pas transformée par l'actualisation de la relation qui les unit, tandis que les secondes définissent une connexion d'ordre génétique, spatial ou temporel entre les agents et les objets d'une action au moyen de laquelle est créée ou entretenue la disparité de leurs positions respectives *(figure 10)*.

Relation de similitude entre termes équivalents		Relation de connexité entre termes non équivalents	
Symétrie	*Échange*	*Production*	Connexité génétique
Asymétrie négative	*Prédation*	*Protection*	Connexité spatiale
Asymétrie positive	*Don*	*Transmission*	Connexité temporelle

Figure 10. Distribution des relations selon le type de rapports entre les termes.

Bien d'autres modes de relation auraient sans doute eu leur place dans cet inventaire. La plupart d'entre eux, toutefois, peuvent être ramenés soit à la complémentaire d'une des relations ici considérées, soit à l'une de ses dimensions. Pas de protection sans dépendance, de libéralité sans reconnaissance ou d'échange sans obligation. Quant à la domination et à l'exploitation, dont on pourrait contester l'absence au vu de leur rôle dans l'histoire, elles se nichent dans les autres relations comme l'une de leurs composantes : la première est inhérente à la protection et à la transmission, la seconde se manifeste dans les rapports de force établis à l'occasion de la maîtrise des conditions de la production ou de l'échange. À la différence des relations retenues, en outre, il est rare que l'exploitation et la domination se présentent pour ce qu'elles sont à ceux qu'elles concernent ; elles affectent plus souvent l'apparence d'une relation d'échange de services derrière laquelle leur inégalité foncière se trouve en partie masquée : salaire contre travail, protection contre corvée ou prospérité contre sujétion. Mais là n'est pas la question. Car mon propos, faut-il le rappeler, n'est pas de recenser toutes les relations entre les existants pour lesquelles une forme instituée existe, mais simplement de mettre en relief quelques grands schèmes d'action structurant la vie des collectifs afin d'examiner les rapports de compatibilité et d'incompatibilité qu'ils peuvent entretenir avec les modes d'identification isolés auparavant. Cette typologie n'a donc d'autre prétention que de regrouper quelques structures élémentaires constitutives de la variabilité des manières d'intervenir dans le monde, une combinatoire d'une telle richesse qu'il serait vain de vouloir en proposer plus qu'une ébauche de syntaxe.

Bien qu'ils s'appuient sur des mécanismes cognitifs spécifiques, telles l'induction schématique, la transposition analogique entre domaines ou l'influence des affects sur la mémorisation, les schèmes de relation ne sont pas des impératifs catégoriques inscrits dans l'architecture de l'esprit humain. On doit plutôt les considérer comme des propriétés objectivées de toute vie collective, s'incorporant dans des dispositions mentales, affectives et sensori-motrices au moyen desquelles les comportements se stabilisent dans des formes distinctives d'interaction. Donner, ou se donner, à autrui, prendre à autrui, recevoir d'autrui, échanger avec lui, mais aussi s'approprier autrui, le protéger, le produire ou se placer dans sa dépendance sont des actions inhérentes à l'évolution phylogénétique des primates sociaux que tous les humains mettent en pratique, au sein de la cellule familiale comme dans des contextes plus élargis. Elles fournissent un registre de combinaisons dans lequel tout collectif va puiser en privilégiant, sans que l'on sache encore vraiment pourquoi, tel champ de relation plutôt que tel autre afin d'orienter ses conduites publiques. Mais aucun de ces schèmes de la pratique ne régit à lui seul l'*ethos* d'un collectif. Chacun d'entre eux constitue plutôt un horizon éthique informulé, un style de mœurs que l'on a appris à chérir et par quoi l'on se différencie de ses voisins, colorant de ses nuances soutenues les attachements quotidiens aux êtres et aux choses, sans que disparaissent pour autant d'autres types de relation à autrui dont l'idiosyncrasie individuelle, l'imprévisibilité des sentiments et l'arbitraire des conventions autorisent l'expression plus discrète dans des situations moins stéréotypées.

14

Le commerce des âmes

Entre l'identification, moyen de spécifier les propriétés des existants, et la relation, moyen de spécifier la forme générale des liens qu'ils entretiennent, deux types de rapport sont possibles : ou bien la plasticité d'un schème de relation lui permet de structurer les interactions dans des ontologies différentes, lesquelles présenteront de ce fait un air de famille en dépit de l'hétérogénéité de leurs principes instituants, ou bien l'un des modes d'identification se trouve capable d'accommoder plusieurs schèmes distincts de relation, ce qui introduit au sein d'une configuration ontologique connaissant une large distribution dans l'espace — une « aire culturelle », par exemple — le genre de diversité concrète des usages et des normes dont ethnologues et historiens font leur miel. C'est ce dernier cas que nous aborderons ici. Toutefois, les combinaisons qu'autorise la conjonction d'un mode d'identification et d'un mode de relation sont trop nombreuses pour qu'on les passe en revue de façon systématique et détaillée, d'autant que certaines d'entre elles se révèlent impossibles pour des raisons d'incompatibilité logique que l'on verra plus avant. Aussi se contentera-t-on de considérer les variations d'*ethos* que des schèmes de relation différents impriment à un même mode d'identification, en l'occurrence l'animisme. La démonstration est certes incomplète, mais elle apporte au moins cette amorce de preuve dont l'anthropologie peut se prévaloir lorsqu'elle rentre en quelque détail dans des études comparatives de cas : comme le disait

Mauss, en mobilisant Stuart Mill à son profit, « une expérience bien faite suffit à démontrer une loi[1] ».

Si l'on a plutôt choisi l'animisme pour mener cette expérience, c'est parce qu'il soulève, dans l'une de ses variantes géographiques, un problème d'interprétation tout à fait exemplaire de la question qui nous occupe. Quelle que soit l'obédience théorique à laquelle ils se rattachent, tous les spécialistes des Indiens d'Amazonie brossent un tableau ethnographique des sociétés qu'ils étudient dans lequel les traits caractéristiques de l'ontologie animique se reconnaissent sans peine. Ce n'est plus le cas lorsqu'il s'agit de qualifier à l'échelle de l'Amazonie tout entière un style spécifique de philosophie sociale : là, le désaccord le plus complet se met à régner, chacun ayant tendance à projeter sur les autres peuples de la région les valeurs et les pratiques qu'il a eu l'occasion d'observer dans un contexte ethnographique particulier. Depuis que Lévi-Strauss, dans l'un de ses premiers articles, a tracé un parallèle entre le commerce intertribal et la guerre dans les basses terres de l'Amérique du Sud, il est ainsi devenu commun de dire que la relation paradigmatique de cette région est l'échange : les hommes échangent entre eux des femmes épousables (le modèle étant l'échange des sœurs), des biens (souvent identiques) et des morts (dans la vendetta et la guerre) ; les femmes échangent entre elles des boutures, des aliments ou des animaux apprivoisés ; les chefs échangent le droit à la polygamie contre le devoir de générosité ; les chasseurs échangent avec le gibier des offrandes contre de la viande ; bref, tout circulerait sans cesse dans une grande ronde de réciprocité[2]. Plus récemment, comme on l'a vu, certains anthropologues ont mis l'accent sur une variante altruiste de l'échange en définissant la sociabilité amazonienne comme une production mutuelle des personnes dans une convivialité généreuse, tandis que d'autres insistaient au contraire sur la dimension cannibale de l'incorporation d'autrui comme mode typique des interactions. Doit-on admettre avec Viveiros de Castro que la prédation généralisée est « la modalité prototypique de la Relation dans les cosmologies amérindiennes[3] », ou faut-il croire Overing et ses disciples qui voient dans une intimité construite sur le partage le trait dominant du *socius* amazonien ? L'horizon éthique de ces populations est-il l'échange paritaire entre partenaires de statut équivalent, un entre-soi idéal irrigué par l'entraide et le don, ou l'appropriation belliqueuse d'autrui ? La réponse évidente est que tous ces modes de relation sont bien présents, mais répartis dans des collectifs différents[4].

Prédateurs et proies

C'est chez un peuple devenu peu à peu familier au lecteur que j'irai chercher une illustration de ce que peut être la prédation lorsqu'elle devient un schème dominant de relation. Jusqu'à leur « pacification » par les missionnaires, entre les années 1950 et 1970, les différentes tribus de l'ensemble jivaro étaient réputées pour leurs dispositions belliqueuses et pour l'apparente anarchie de leur vie collective. Sources de perplexité et motifs d'anathèmes pour les observateurs, ces guerres permanentes ne témoignaient pourtant nullement d'une désagrégation du tissu social ou d'une propension irrépressible à la violence ; elles constituaient au contraire le principal mécanisme de structuration des destinées individuelles et des liens de solidarité, en même temps que l'expression la plus visible d'une valeur centrale, à savoir l'obligation d'acquérir chez autrui les individus, les substances et les principes d'identité réputés nécessaires à la perpétuation du soi. La chasse aux têtes entre tribus jivaros — les Shuar, les Achuar, les Huambisa et les Aguaruna — comme les vendettas constantes entre les membres d'une même tribu expriment en effet une identique nécessité de compenser chaque mort survenue à l'intérieur d'une parentèle par la capture de personnes réelles ou virtuelles parmi des voisins plus ou moins proches. La réduction de la tête des ennemis permet de dépouiller le mort de son identité originelle au moyen d'un rituel long et complexe afin de transférer celle-ci au groupe local du meurtrier où elle deviendra le principe de production d'un enfant à naître. Par la réduction de la tête, qui permet de conserver la physionomie du mort et donc son individualité, le guerrier victorieux capte à son profit une identité vierge permettant à sa parentèle de croître sans encourir les obligations inhérentes à l'alliance de mariage. En conséquence, les ennemis chez qui l'on coupe des têtes ne doivent être ni trop proches ni trop lointains, puisqu'ils pourvoient une identité culturellement utilisable tout en étant perçus comme différents : ce sont toujours des Jivaros, mais choisis dans une tribu voisine parlant un autre dialecte et avec laquelle aucune relation de parenté n'a été nouée dans un passé récent.

Bien que la prise de têtes en soit exclue, la guerre de vendetta est gouvernée par un principe identique. Quels que soient les motifs de vengeance invoqués pour déclencher un affrontement armé entre groupes de parentèles, l'assassinat d'un ennemi appartenant à la même tribu entraîne en effet très souvent le rapt de ses épouses et de ses enfants en bas âge. Les premières viennent s'ajouter aux femmes du vainqueur, tandis que les seconds sont adoptés et traités par lui comme ses propres rejetons. Ainsi, même si la capture de femmes et d'enfants dans des groupes locaux voisins ne constitue jamais une raison explicite et suffisante pour entreprendre une vendetta, elle en est souvent un résultat attendu, voire espéré. L'avantage est double pour le guerrier victorieux : il se paye par la mort de son ennemi d'une offense réelle ou imaginaire et il accroît son groupe domestique en échappant à l'obligation de réciprocité qui fonde l'alliance de mariage. Certes, la chasse aux têtes comme la vendetta engendrent à l'ordinaire des représailles, mais celles-ci ne sont évidemment pas recherchées comme telles et l'on prend toutes ses dispositions pour échapper à leurs conséquences. L'appropriation violente et réciproque d'autrui à l'intérieur de l'ensemble jivaro est donc le produit d'une négation de l'échange pacifique, non le résultat délibérément recherché d'un échange de vies humaines à travers une interaction belliqueuse[5].

En outre, tant la vendetta que la chasse aux têtes s'exercent à l'encontre de personnes que les Jivaros classent de façon générique comme des affins, même si, de fait, les ennemis tués au combat peuvent être des parents consanguins ou, au contraire, n'avoir avec leur meurtrier aucun lien généalogique. Quelques mots sur l'organisation sociale permettront de mieux comprendre cette identification des adversaires aux parents par alliance. L'habitat traditionnel jivaro est fort dispersé, chaque maison monofamiliale, très souvent polygame, constituant une unité politique et économique autonome séparée de ses voisines par des distances qui varient entre quelques heures et une ou deux journées de marche ou de pirogue. On peut toutefois discerner des amorces de groupes locaux dans des ensembles de dix à quinze maisons disséminées le long d'une rivière, dont les membres sont liés de façon plus étroite par la parenté consanguine et l'alliance de mariage, celle-ci suivant la règle de l'union entre cousins croisés bilatéraux. Or, à l'instar d'autres sociétés amazoniennes du même type, ces petits réseaux endogames ont tendance à se concevoir comme des communautés idéalement consanguines, les liens d'affinité en leur sein étant gommés en pratique par des manipulations de la terminologie de parenté qui contribuent à répartir l'affinité et la consanguinité de part et d'autre de la division des sexes de telle sorte qu'à une affinité exclusivement masculine réponde une alliance de mariage fondée sur des unions paradoxalement consanguines[6]. En découplant l'affinité de l'alliance réalisée, les Jivaros se donnent donc les moyens de convertir la première en un opérateur logique pour penser les rapports avec l'extérieur, comme en témoigne, par exemple, la transformation en affins des consanguins éloignés lorsqu'ils résident hors du réseau endogame. L'utopique clôture sur soi du groupe local suppose en effet un inverse symétrique : une affinité clairement objectivée, car indemne de toute contamination consanguine. Or, bien qu'elles soient le plus généralement hostiles, les relations extérieures du réseau endogame sont graduées selon une échelle de distance sociale ou d'altérité relative qui s'exprime sous la forme d'une schématisation de plus en plus accentuée de la relation d'affinité à mesure qu'on s'éloigne du foyer où elle oriente effectivement l'alliance de mariage.

Les guerres intestines éclatent en général à la suite de conflits opposant des groupes locaux voisins à propos d'un manquement réel ou supposé aux règles de l'alliance de mariage. Lorsqu'une querelle survient au sein d'un réseau endogame pour des questions liées aux droits sur les femmes, le paiement d'une compensation et la médiation d'un grand guerrier suffisent en général à prévenir le déclenchement d'une vendetta entre proches parents. Si un arrangement à l'amiable se révèle impossible, c'est le plus souvent parce que le coupable ou la victime de l'infraction sont originaires d'un autre réseau endogame. Car la fermeture endogame est une tendance idéale ; dans les faits, un pourcentage variable d'unions exogames permet toujours, grâce à l'application stricte du principe d'uxorilocalité, d'introduire dans un groupe local des hommes natifs d'un réseau voisin. Ces gendres étrangers connaissent une situation difficile dans la mesure où l'affinité instituée par l'alliance avec des parents lointains est beaucoup plus distendue que l'affinité instituante de l'échange prescriptif. Aussi, lors d'un incident grave, la « pièce rapportée » aura naturellement tendance à s'enfuir pour chercher assistance et protection auprès de ses consanguins directs. Par l'alliance de mariage, chaque groupe local entretient ainsi un réseau ténu de liens d'affinité avec des groupes adjacents qui peuvent servir de base à une coalition conjoncturelle ou fournir au contraire le prétexte d'un affrontement factionnel. Bref, dans ces conflits de voisinage, les adversaires sont identifiés sans équivoque comme des affins réels, parfois désignés collectivement comme « les donneurs de femmes ».

Par contraste avec la vendetta, la guerre intertribale a pour unique objectif de capturer des têtes dans des tribus jivaros voisines pour célébrer le rituel de *tsantsa*. La différence entre des têtes-trophées amazoniennes « ordinaires » et les têtes réduites jivaros est que celles-là perdent rapidement toute référence à une physionomie spécifique, tandis que celles-ci perpétuent — pendant quelque temps du moins — la représentation unique d'un visage ; l'extraction du crâne, la dessiccation des tissus et le modelage des traits à la ressemblance de la victime n'ont pas d'autre objectif. Lors de sa confection, la *tsantsa* joue donc le rôle d'un condensé d'identité commodément transportable. Toutefois, la *tsantsa* n'est pas l'effigie miniature d'une personne particulière, mais l'expression formelle d'une singularité existentielle pure, signifiable par n'importe quel faciès distinctif du moment qu'il provient d'un Jivaro non parent. Pour tous les Jivaros, en effet, l'identité individuelle est moins contenue dans les caractéristiques de la figure que dans certains attributs sociaux de la *persona* : le nom, la parole, la mémoire des expériences partagées et les peintures faciales. Pour figurer dans le rituel, la *tsantsa* doit alors être débarrassée des derniers résidus référentiels qui l'empêchent encore d'incarner une identité jivaro générique : on ne l'appelle jamais par le patronyme, s'il était connu, de celui à qui elle a été soustraite ; sa face est soigneusement noircie pour oblitérer la mémoire des motifs qui s'y inscrivaient ; enfin, tous ses orifices sont suturés, condamnant ainsi les organes des sens à une éternelle amnésie phénoménale.

La dépersonnalisation de la *tsantsa* la rend disponible pour un rite dont les phases discontinues s'étendent sur un peu plus d'un an ; elle y fonctionne comme un opérateur logique — à la fois terme et relation — dans une suite de permutations entre des termes et des relations eux-mêmes affectés de valeurs variables. D'abord appelée « profil », puis « chose molle », la tête occupe simultanément ou consécutivement des positions différentes du point de vue du genre et de la parenté dans une série de rapports univoques ou réciproques, antagoniques ou complémentaires, avec le tueur, ses parents et alliés des deux sexes, et plusieurs autres groupes cérémoniels. Au terme de ce ballet topologique, la *tsantsa* a assumé tous les rôles d'une procréation symbolique : non-parent, donneur de femme, preneur de femme, épouse et finalement embryon. Le fruit très réel de ce simulacre d'alliance — un enfant à naître dans la parentèle du meurtrier — est donc parfaitement consanguin sans être incestueux. Virtualité d'existence soustraite à des étrangers, il doit son engendrement à la mise en scène d'une affinité idéale, la seule véritablement satisfaisante pour les Jivaros, car détachée de toute obligation de réciprocité ; en bref, une affinité sans affins. Envisagée de ce point de vue, la guerre intertribale ne se distingue pas vraiment de la guerre intratribale dont elle constitue un aboutissement logique, voire historique ; en effet, des affrontements répétés entre blocs de réseaux locaux coalisés ne peuvent que consolider des identités régionales antagoniques, contribuant ainsi au processus continu de différenciation tribale nécessaire à la perpétuation de la chasse aux têtes. Entre dérober des femmes et des enfants à des affins potentiels que l'on a exclus de la communauté des parents, et dérober des identités productrices d'enfants à des non-parents avec qui l'on simule une affinité idéale, la différence est de degré, non de nature.

Qu'elle s'exerce à l'encontre d'ennemis proches ou lointains, la guerre jivaro est le moteur de la fabrication des identités collectives. Dans une société sans chefs, sans villages et sans lignages, elle permet la coagulation temporaire de factions, la renaissance de solidarités ordinairement distendues par l'habitat dispersé, l'effervescence du lien social que procure le sentiment fédérateur de partager un même ennemi. C'est à travers elle que les parentèles acquièrent leur substance et les principes de leur renouveau, par le braconnage des personnes et des identités, toutes rares et précieuses, chez des affins réels ou symboliques traités comme des proies. Certes, les affrontements armés ne sont pas permanents, mais la guerre est toujours présente à l'esprit de chacun. À tout moment, un conflit couve sous la cendre, fournissant la matière principale des conversations et orientant la dynamique politique des alliances et le jeu des factions. Dans une société où le mot « paix » est inconnu, où les seuls rituels collectifs sont ceux qui annoncent ou concluent l'exercice de la violence collective, la guerre n'est en rien un accident malheureux, mais bien la trame même de la vie sociale.

C'est à travers la guerre aussi que se forgent les destinées individuelles masculines. Dès l'adolescence, on pousse les jeunes gens à rechercher le contact avec un esprit *arutam*, au cours d'une transe visionnaire induite par un jeûne sévère et par l'absorption continue de jus de tabac vert et de breuvages hallucinogènes. Cette expérience terrifiante permet à l'adolescent d'établir une relation personnelle et secrète avec le fantôme d'un guerrier jivaro disparu qui va lui conférer sa force et sa protection. *Arutam* apparaît d'abord sous un avatar effrayant — une tête lumineuse agitée de soubresauts, une paire d'anacondas géants enlacés ou un aigle-harpie gigantesque — qui se désintègre dans un grand fracas au moment où on le touche, pour revenir ensuite sous forme humaine afin de délivrer un message d'assistance. Le jeune homme s'identifiera désormais à son *arutam*, notamment en se peignant le visage au roucou selon un motif évocateur de la figure monstrueuse sous laquelle l'esprit se révèle d'abord à lui. L'effet le plus immédiat de cette identification est un irrépressible désir d'exercer la bravoure déchaînée par la rencontre avec l'esprit protecteur, en se jetant à corps perdu dans la guerre. La quête d'*arutam* doit pourtant être renouvelée régulièrement, car le pouvoir qu'un homme en obtient disparaît à chaque fois qu'il participe à une expédition victorieuse ou qu'il tue un ennemi, le laissant dès lors sans défense. La survie physique d'un guerrier dépendant subjectivement de sa capacité à restaurer son aptitude à tuer, le mécanisme des acquisitions et pertes successives d'*arutam* contribue ainsi à une sorte d'accroissement incontrôlable de la propension individuelle à accomplir sa destinée dans l'exercice de la violence.

Or, l'attitude prédatrice que les Jivaros manifestent dans leurs relations à autrui, la nécessité ressentie d'incorporer sans cesse les corps et les identités des voisins afin de persister à être soi-même tout en étant déterminé en partie par ce que l'on capture et assimile, la dénégation têtue de la réciprocité librement assumée, tout cela se retrouve aussi dans les relations avec les non-humains. En ce domaine, les Jivaros font primer l'appropriation violente des substances et des flux sur le libre jeu de leur circulation. Pourtant, comme on l'a vu au début de ce livre, nombre de plantes et d'animaux sont considérés comme des personnes qui partagent certains des attributs ontologiques des humains avec lesquels ils sont liés par des relations de consanguinité et d'alliance. Mais les non-humains ne sont pas intégrés dans un réseau d'échange avec les humains, et aucune contrepartie ne leur est consentie lorsque l'on prend leur vie. Certes, les chasseurs jivaros adressent des incantations *anent* au gibier, aux esprits maîtres des animaux et aux prototypes de chaque espèce, de manière à établir avec eux une relation de connivence : la chasse se présente comme l'expression d'une complicité entre des parents par alliance où le terme ultime, la mise à mort, est occultée par des formules ludiques. Les *anent* de chasse sont tout à fait explicites à ce propos : les animaux y sont toujours qualifiés comme des beaux-frères à qui l'on parle sur le ton de légère plaisanterie et d'affabilité forcée, ordinaire dans cette relation, les sœurs de la proie étant même parfois évoquées comme des conjointes potentielles du chasseur. Mais traiter le gibier comme un affin n'est qu'une tromperie permettant de déguiser la nature foncièrement inégalitaire du rapport entre les hommes et leurs victimes animales. Il s'agit d'endormir la méfiance des proies pour qu'elles ne se dérobent pas aux dards du chasseur et ne lui tiennent pas rigueur de ses propensions cannibales. Comme dans maintes sociétés où la chasse joue un rôle prédominant, il arrive parfois que les excès soient punis : à tuer trop de gibier sans nécessité, l'on risque une morsure de serpent ou un accident fatal en forêt. Mais il s'agit dans ce cas d'une vengeance des animaux — en l'occurrence de leur maître et protecteur — destinée à punir l'*hybris* d'un chasseur, en aucun cas d'un processus d'échange volontaire fondé sur une parité des partenaires.

Même les relations avec le végétal ne sont pas indemnes de cette idéologie prédatrice, ce qui interdit de voir en celle-ci une simple rationalisation de la destruction productrice propre à toute forme de chasse. Le manioc, principale ressource alimentaire des Jivaros et la plante la plus commune dans leur environnement immédiat, est réputé sucer par ses feuilles le sang de ceux qui les effleurent, attaquant au premier chef les femmes qui le cultivent et leurs enfants en bas âge. Cette menace n'est pas prise à la légère et l'on attribue souvent la mort d'un nourrisson à une anémie provoquée par le vampirisme du manioc. En conséquence, les femmes doivent adresser à cette plante des incantations *anent* particulières afin de détourner sa soif de sang vers des visiteurs indésirables du jardin. Or, le manioc est traité par les femmes comme un enfant, mais un enfant qui sera mangé à terme par ceux qui l'ont élevé et qui cherche lui-même à faire périr les enfants humains dont la nourriture exclusive pendant plusieurs années est justement constituée de purée de manioc. Sous son allure bénigne, le jardinage implique en fait une compétition mortelle entre des enfants humains et non humains, une opération au cours de laquelle il s'agit pour les femmes de reproduire et d'élever des rejetons végétaux dont on va consommer la chair tout en évitant qu'ils ne consomment en retour le sang des rejetons humains qui sont à leur contact.

La capture de personnes réelles ou virtuelles chez les ennemis proches ou lointains, le rapt furtif du gibier et la guerre sournoise avec le manioc cannibale expriment ainsi en des domaines différents un identique refus de l'échange dans les rapports avec autrui. Cette tension prédatrice structure les relations que les Jivaros entretiennent avec une foule de sujets de toute nature en ce qu'elle intègre leur expérience du monde dans maints domaines ordinairement disjoints par l'analytique trompeuse du dualisme, s'appliquant sans distinction aux humains et aux non-humains, aux rapports de parenté et aux techniques de subsistance, à l'organisation territoriale et au rituel. C'est en effet une propriété des schèmes de relation que d'embrasser de vastes pans de la pratique sans discriminer entre les termes en fonction de leur statut ontologique ou des situations qui les mettent en rapport ; ils sont ainsi à la source de l'effet de style perçu par l'observateur d'une « culture » différente de la sienne, sentiment ineffable et peut-être illusoire, mais qui renvoie à cette thématicité des comportements dont se nourrissent les stéréotypes que chaque groupe d'humains entretient à propos de ses voisins.

Cet exemple offre l'occasion de revenir sur la manière dont un *ethos* en vient à être incorporé comme une disposition à agir selon des principes de conduite qui ne sont pourtant jamais formulés. Car le schème de la prédation des affins ne se présente pas pour les Jivaros sous les espèces d'une norme explicitement transmise, les concepts de prédation et d'affin n'ayant d'ailleurs pas d'existence dans la langue ; c'est une orientation à autrui intériorisée au fil des jours depuis l'âge le plus tendre, et construite moins par assimilation d'un système de « représentations collectives » que par inductions successives à partir de l'observation du comportement des adultes. Les occasions ne manquent pas, pour les enfants, d'être éveillés aux conduites pressenties : les différences dans le traitement accordé à tel ou tel, les interminables discussions sur les vendettas en cours où se laissent deviner la cartographie mouvante des inimitiés et des alliances, les commentaires émaillant les récits de chasse ou accompagnant la découpe du gibier, la participation à des cérémonies encore mystérieuses mais d'où émergent des blocs d'oppositions contrastives, une plaisanterie appuyée voire une remarque anodine qui resteront gravées dans l'esprit ; tout cela contribue à donner des repères, à susciter des automatismes, à se couler dans des attitudes, bref, à s'inviter comme un acteur compétent dans le monde où l'on est né.

Chez les Jivaros comme ailleurs, ce processus se nourrit du développement des affects, l'apprentissage et le renforcement des modèles de relation et d'interaction se produisant au premier chef à l'occasion d'événements remarquables par les émotions qu'ils suscitent. C'est vrai de la guerre, bien sûr, et de son cortège de deuils et de victoires ; c'est vrai aussi du rapport de complicité létale avec les animaux chassés, forgé dans la manipulation des dépouilles encore tièdes comme dans l'excitation des premières traques et des premiers succès ; c'est vrai encore, pour des gens qui ignorent les morts « naturelles », de l'obsession de l'agression chamanique dont les infortunes du corps offrent l'épisodique témoignage. Ici, la prédation d'autrui n'est pas seulement une norme synthétique de conduite ou une idéalité anthropologique ; il est impossible de ne pas en faire très tôt l'expérience dans sa chair et dans son âme. Aussi est-ce en éprouvant la souffrance de la perte et le désir de vengeance, l'excitation du triomphe et la délectation du ressentiment que chacun apprend à cultiver ces identifications et ces antagonismes que l'ethnographe consigne avec une belle régularité.

On dispose à présent de suffisamment d'ethnographies riches et détaillées interprétant la logique d'action de telle ou telle ethnie des basses terres d'Amérique du Sud selon le schème de la prédation généralisée pour que le cas des Jivaros n'apparaisse plus exceptionnel. Parmi les exemples les plus manifestes, il suffira de mentionner les Juruna et les Araweté du bassin du Xingu, les Parakanã du bassin du Tocantins, les Mundurucú du bassin du Tapajós, les Pirahã du bassin du Madeira, les Wari' de Rondônia, les Yanomami du Brésil et du Venezuela ou, plus au sud, les Nivacle du Gran Chaco[7]. Tous ces peuples confèrent une position de sujet intentionnel à bon nombre d'habitants du cosmos, lesquels se trouvent ainsi placés dans une situation d'égalité formelle sur le plan ontologique, tandis que leurs relations se définissent au contraire par une asymétrie conjoncturelle, chacun de ces sujets humains et non humains s'efforçant d'incorporer la substance et l'identité d'autrui dans un déni permanent de la réciprocité. Une telle configuration n'est pas inconnue non plus en Amérique du Nord, comme en témoignent, parmi d'autres, les Sioux des Plaines ou les Chippewa de la frange sud-ouest des Grands Lacs[8]. On en trouve aussi des cas ailleurs, ainsi chez les Kasua de la région du mont Bosavi en Nouvelle-Guinée ou chez les Iban de Sarawak[9]. Ils semblent toutefois plus rares, sans que l'on puisse dire si la plus forte concentration d'animisme prédateur dans les Amériques relève des particularités du développement en vase clos de ce continent ou si elle résulte d'une plus grande attention des ethnographes qui en étudient les populations autochtones à certains détails des rapports que celles-ci entretiennent avec les plantes et les animaux.

La symétrie des obligés

Il n'est guère besoin d'aller très loin pour trouver un parfait contre-exemple aux Jivaros : tandis que ces derniers font tout leur possible pour échapper aux obligations de l'échange, les Tukanos de l'Amazonie colombienne s'appliquent au contraire à les respecter de façon vétilleuse dans chacune de leurs interactions avec les habitants du cosmos[10]. Pourtant, bien des traits communs rapprochent ces deux ensembles ethniques, chacun composé de plusieurs tribus. La proximité spatiale, d'abord, puisque cinq cents kilomètres à peine les séparent, une poussière à l'échelle de l'Amazonie. Un même milieu de vie ensuite, la forêt équatoriale humide, avec certes des différences locales dans l'accessibilité de certaines ressources, mais qui définit pour chacun des groupes un ensemble de contraintes écologiques identiques. À ces contraintes, les Tukanos et les Jivaros ont répondu de façon parallèle : dispersion de l'habitat en unités résidentielles à faible effectif démographique; horticulture itinérante sur brûlis fondée sur la prédominance du manioc — doux dans un cas, amer dans l'autre; acquisition des protéines par une combinaison de chasse et de pêche, la première revêtant plus d'importance dans l'alimentation des Jivaros, la seconde dans celle des Tukanos. Enfin, l'on a vu que la manière dont ils conçoivent leur environnement est tout à fait similaire : les uns comme les autres catégorisent les humains, les plantes et les animaux comme des « gens » (*masa*, dans les langues tukanos) ou comme des « personnes » (*aents*, dans les langues jivaros) qui possèdent une intériorité analogue, laquelle permet à la plupart des espèces de mener le même genre de vie sociale et cérémonielle, indépendamment des différences de physicalité qui leur sont propres. C'est sur cette base que les humains peuvent entretenir avec les plantes, les animaux et les esprits qui les protègent des rapports individuels régis par un code de comportement semblable à celui qui prévaut chez les Indiens.

Bien que les Jivaros et les Tukanos relèvent sans conteste du régime ontologique de l'animisme, les principes et les valeurs qui guident les relations à autrui dans chacun de ces deux groupes ne sauraient cependant être plus différents. Les Desana, l'une des seize tribus qui constituent l'ensemble tukano, sont un bon point de départ pour examiner ces différences, puisque c'est leur étude ethnographique qui a fourni à Reichel-Dolmatoff la matière du modèle « thermodynamique » du cosmos déjà évoqué au début de ce livre et dont beaucoup de sociétés du Nord-Ouest amazonien sont maintenant créditées[11]. Selon ce modèle, l'univers fut créé par Père Soleil, un être omnipotent et infiniment lointain dont l'actuel astre diurne est en ce monde comme un délégué. L'énergie fécondante qui procède de Père Soleil anime le cosmos tout entier et assure la continuité vitale, à travers le cycle de la fertilisation, de la gestation et de la croissance des humains, des animaux et des plantes ; elle est également à la source d'autres phénomènes cycliques, telles la révolution des corps célestes, l'alternance des saisons, la variations des ressources alimentaires et les récurrences périodiques de la physiologie humaine. Toutefois, la quantité d'énergie produite par Soleil est finie et elle se déploie dans un immense circuit fermé auquel participe la totalité de la biosphère. Afin d'éviter les déperditions entropiques, les échanges d'énergie entre les différents occupants et régions du monde doivent donc être organisés de telle façon que les prélèvements effectués par les humains puissent être réinjectés dans le circuit. Lorsqu'un Desana tue un animal à la chasse, par exemple, le potentiel de la faune locale se trouve amputé d'une portion d'énergie, laquelle est transférée dans le champ humain quand le gibier devient de la nourriture. Il faut donc s'assurer que les exigences de la subsistance humaine ne mettent pas en péril la bonne circulation des flux d'énergie entre les différents secteurs du monde, et c'est la responsabilité des Desana que de veiller à compenser les pertes dues à leurs prélèvements chez les non-humains.

Le moyen le plus commun de parvenir à ce résultat est l'abstinence sexuelle. En bridant ses désirs charnels, le chasseur opère une rétention et une accumulation d'énergie sexuelle qui pourra rejoindre le stock général de puissance fécondante en circulation dans l'univers et bénéficier ainsi à la reproduction des animaux chassés. La contrepartie peut aussi prendre des formes plus directes. Pour les Desana, en effet, la relation entre le chasseur et le gibier est avant tout de nature érotique : chasser se dit « faire l'amour avec les animaux [12] ». Les hommes cherchent donc à s'attirer les faveurs de leurs proies en utilisant des philtres amoureux, des parfums aphrodisiaques et des invocations séductrices. Charmés par ces artifices, les animaux se laissent approcher sans crainte et viennent en outre visiter les hommes dans leurs songes ou leurs rêveries afin de copuler avec eux, cette fécondation contribuant à multiplier les membres de l'espèce à laquelle ils appartiennent. Si les Jivaros et les Tukanos conçoivent leurs rapports aux animaux comme régis par les conventions de l'affinité, le contenu qu'ils donnent à ces rapports ne sauraient être plus différents : tandis que le chasseur jivaro traite sa proie comme un beau-frère potentiellement hostile à qui rien n'est dû, le chasseur Desana la traite comme une conjointe dont il fertilise la lignée.

Le principal processus de *feedback* énergétique est plus direct encore : on échange des âmes humaines contre des animaux à chasser. Après la mort, l'âme d'un Desana gagne généralement la « Maison de Lait », une région du cosmos conçue comme une sorte de paradis utérin. En revanche, les âmes des personnes qui n'ont pas respecté les prescriptions exogamiques s'en vont dans les grandes maisons souterraines ou subaquatiques où résident les *Vaí-mahsë*, les esprits qui gouvernent les destinées du gibier et des poissons ; elles y deviennent des animaux, une sorte de compensation forcée pour ceux ou celles qui n'ont pas su respecter les règles de l'échange entre humains. Ce n'est pourtant pas là le mécanisme le plus commun de renouvellement de la faune. Il est à la charge des chamanes qui vont périodiquement visiter le *Vaí-mahsë* au cours d'une transe induite par des narcotiques végétaux pour négocier avec lui un lâcher de gibier en forêt afin que les membres de leur communauté puissent chasser. Chaque animal libéré pour la chasse doit être compensé par l'âme d'un mort humain qui se transformera en un animal de la même espèce, destiné à être entreposé dans la réserve du maître des animaux. Les humains promis à une destinée animale après la mort proviennent en général de groupes voisins mais sont choisis par consensus. On dit en effet que les chamanes de différentes tribus tukanos s'assemblent chez le *Vaí-mahsë* pour décider entre eux qui, parmi les membres de leurs collectivités respectives, devra mourir afin que la chasse soit bonne : un échange de morts à venir arrangé à l'amiable entre les chamanes de plusieurs tribus précède ainsi l'échange des âmes contre du gibier mené par chaque chamane avec le maître des animaux.

La négociation que le chamane conduit avec le *Vaí-mahsë* vise à aboutir à une équivalence scrupuleuse des objets de la transaction. Une fois que les deux parties sont tombées d'accord, le chamane pénètre dans la maison où les animaux sont gardés, suspendus aux solives comme des quartiers de viande dans une chambre froide ; il secoue alors l'un des piliers afin de faire choir le gibier qu'il convoite pour son groupe. Et s'il ébranle trop vivement les poutres et décroche un nombre d'animaux supérieur à la quantité convenue, un nouveau marchandage devra intervenir pour aboutir à la parité. Humains et animaux ont donc un statut égal dans la communauté d'énergie du vivant, ils contribuent les uns et les autres à maintenir l'équilibre des flux, et leurs fonctions sont réversibles dans cette quête d'une homéostasie parfaite fondée sur une stricte égalité des transferts. L'obligation librement consentie de la dépendance réciproque n'est pas moins centrale parmi les non-humains. Ainsi le maître des animaux terrestres et le maître des poissons se rendent-ils régulièrement visite pour des fêtes et des danses avec leurs familles, occasion de s'échanger leurs femmes et de faire féconder mutuellement leurs communautés respectives. On le voit, l'échange égalitaire est au cœur des relations que les Desana tissent avec les non-humains, il colore de ses exigences toutes leurs actions sur l'environnement.

Il est vrai que l'on peut discuter certains aspects du modèle de la cosmologie tukano proposé par Reichel-Dolmatoff, et s'interroger notamment sur la pertinence de traduire la notion desana de *bogá* (« courant ») par le concept thermodynamique d'un circuit fermé d'énergie en quantité finie. Un autre spécialiste des Tukanos a récemment proposé un modèle alternatif, tiré de son étude des Makuna, dans lequel l'énergie recyclable est remplacée par un flux ouvert de forces « spirituelles » qui peut croître et décroître[13]. Selon Luis Cayón, chaque territoire tribal de l'ensemble tukano est animé par une essence particulière conçue comme l'une des manifestations du héros mythique Yurupari commun à tous ; cette essence réside concrètement dans les instruments de musique utilisés pour le rite périodique de Yurupari, lesquels sont déposés dans un cours d'eau en temps ordinaire. Cette essence voyage dans les rivières de chaque territoire et s'unit ainsi aux essences des autres groupes tribaux grâce à l'interconnexion du réseau hydrographique. Lors de la cérémonie Yurupari que toutes les tribus célèbrent à la même époque, les forces de fertilité qui circulent dans les rivières atteignent un degré élevé de concentration et fécondent la forêt, les eaux et les habitants non humains du cosmos. Pour les Makuna, la puissance vitale ne vient donc pas de Père Soleil, mais des instruments submergés de Yurupari : la quantité d'énergie charriée par les eaux fluctuant selon le régime des pluies, il revient aux humains de la répartir de façon équilibrée et d'en faire bénéficier les non-humains. Les spécialistes rituels jouent un rôle crucial dans cette entreprise puisque c'est à eux qu'incombe la mission de féconder les occupants non humains du territoire lors du cérémonial de « guérison du monde » *(ümüãri wãnõre)*. C'est eux également qui vont négocier avec le maître des animaux un excédent de gibier requis par l'organisation d'une grande fête collective ; ils l'obtiennent en contrepartie d'offrandes de coca et de tabac que le maître transforme aussitôt en pouvoir de fertilité pour les animaux.

Les hommes ordinaires participent aussi activement à la production de la vie animale. On se souviendra qu'il est du devoir du chasseur makuna de renvoyer l'esprit de l'animal tué vers la maison de son espèce afin qu'il y renaisse. Cela se fait au moyen d'une incantation chantée mentalement par les hommes avant toute consommation de gibier, incantation dans laquelle ils retracent l'origine mythique de l'espèce particulière que l'on s'apprête à manger et qui revient à reconstituer symboliquement sa genèse collective de manière à reconstituer pratiquement l'essence de l'individu qui a été temporairement soustrait à ses congénères[14]. On dit même que, grâce à ce procédé, deux nouveaux sujets d'une espèce animale naissent pour chaque animal tué, un incrément que le modèle homéostatique de Reichel-Dolmatoff ne permet pas d'envisager. L'échange avec les non-humains prend donc aussi la forme d'une obligation faite aux Makuna de régénérer ceux qu'ils détruisent, moyen pour les animaux de pouvoir se perpétuer et pour les humains de pouvoir continuer à s'en alimenter. En somme, bien que Cayón et Reichel-Dolmatoff divergent quant aux détails ethnographiques, ils sont bien d'accord sur le fait que la parité dans les échanges entre les Tukanos et leurs voisins non humains est indispensable à la survie du monde ; comme l'écrit Cayón, « la réciprocité comme axe du système demeure un point indiscutable[15] ».

L'organisation sociale des Tukanos orientaux obéit au même principe de dépendance réciproque que celui qui régit leurs rapports avec les animaux. La forme traditionnelle d'habitat est une grande maison plurifamiliale abritant un groupe de filiation agnatique, appelée *maloca* dans l'espagnol de la région. Or, la reproduction physique et symbolique des communautés locales résulte des échanges matrimoniaux et de la distribution des fonctions rituelles au sein d'un ensemble d'au moins seize unités exogames que j'ai nommées « tribus » jusqu'à présent par commodité d'expression[16]. Toutefois, le terme n'est pas vraiment approprié car si chacune de ces unités exogames est bien caractérisée par une langue distincte et un nom spécifique (Desana, Makuna, Tatuyo, Barasana, etc.), si elle se réclame de héros fondateurs qui lui sont propres, si elle détient le privilège de fabriquer et d'utiliser certains types d'objets rituels, elle observe aussi une règle extrêmement stricte d'exogamie qui lui commande d'obtenir ses épouses dans des groupes qui parlent une autre langue tukano, voire dans des groupes de langue arawak ou carib. En outre, aucune de ces « tribus » n'occupe à l'heure actuelle un territoire continu. Une *maloca* se compose donc d'hommes qui communiquent entre eux dans la langue de leur groupe linguistique et de femmes provenant de plusieurs groupes linguistiques adjacents, lesquelles continuent à parler leur propre langue puisque le multilinguisme est généralisé dans la région.

Chaque groupe linguistique exogame n'entretient évidemment pas des alliances matrimoniales avec les seize autres, d'abord parce qu'il existe des paires de groupes linguistiques à l'intérieur desquelles les unions sont prohibées (phratries), ensuite parce que les mariages se font surtout entre des groupes voisins : les Desana avec les Pira-Tapuya, les Bara et les Tuyuka, par exemple, ou les Barasana avec les Tatuyo et les Tuyuka. L'échange matrimonial permet ainsi de structurer l'ensemble du système intertribal puisque les femmes s'identifient à la fois avec le groupe de leur mari et avec leur groupe d'origine; elles servent donc d'intermédiaires entre des unités locales bien différenciées dont elles assurent l'intégration. Cette étroite complémentarité des groupes linguistiques est renforcée par l'idée qu'ils possèdent chacun une spécialisation économique (chasse, pêche et horticulture) qui complète celle des autres, même si tous sont en fait polyvalents dans les activités de subsistance : ainsi les Desana se voient comme des « chasseurs » et ils épousent de façon préférentielle des Pira-Tapuya qu'ils classent comme des « pêcheurs ». En outre, chacune des unités échangistes est associée à un sexe en fonction de sa spécialisation, de sorte que les « chasseurs » desana considèrent les « pêcheurs » pira-tapuya dans leur ensemble comme un élément féminin, tandis qu'eux-mêmes s'appréhendent collectivement comme une unité masculine[17].

Outre l'exogamie linguistique, d'autres facteurs concourent à imbriquer les peuples du Nord-Ouest amazonien dans une organisation régionale inclusive. La mythologie, d'abord, qui unifie tous les groupes linguistiques dans une origine commune et leur assigne un territoire et une place hiérarchisés en fonction du lieu et de l'ordre de leur apparition dans la genèse. Celle-ci est relatée dans des récits dont la structure est commune à tous et qui décrivent les épisodes du voyage mythique vers l'amont des rivières d'un groupe d'anacondas primordiaux qui firent halte dans différents sites caractérisés par des chaos rocheux ou des rapides : dans chacun de ces sites, un des anacondas émergea et un tronçon de son corps se transforma en un groupe d'ancêtres humains, donnant naissance à l'un des nombreux patrilignages qui composent chaque groupe linguistique. Ce processus de segmentation progressif et itinérant est souvent figuré comme le parcours d'une pirogue de laquelle descendirent successivement tous les ancêtres des groupes de filiation des diverses « tribus » tukanos, les plus prestigieux dans la hiérarchie symbolique étant ceux qui débarquèrent en premier dans l'aval du réseau hydrographique.

Par ailleurs, tous les groupes linguistiques tukanos (et certains non tukanos) célèbrent le culte de Yurupari lors d'un ensemble de cérémonies au cours desquelles on procède aux initiations masculines, mais dont l'objectif principal est de renouer le contact avec les héros fondateurs et les normes idéales d'existence qu'ils ont jadis instaurées[18]. Chaque fois qu'une *maloca* organise l'une de ces cérémonies, l'on invite des membres de diverses « tribus » voisines à y participer, avec leurs instruments de musique où siège l'essence Yurupari de leurs propres groupes de filiation; cette complémentarité des groupes linguistiques dans un rite retraçant l'étiologie de la totalité qui les englobe réaffirme la vigueur des liens intrinsèques par lesquels ils sont unis. La division régionale du travail artisanal confère également à chaque « tribu » une réputation d'excellence, et donc l'exclusivité, dans la confection d'un type d'objet nécessaire à la vie quotidienne de tous : les pirogues viennent des Bara, les pressoirs à cassave des Tuyuka, les tamis en vannerie des Desana, les pipettes à drogue des Tatuyo, les tabourets des Tukanos, etc. Cette spécialisation engendre un système de rareté artificielle, fort commun en Amazonie, et contribue ainsi à une circulation généralisée des artefacts qui accentue le sentiment de dépendance consentie de chacun envers chacun. Enfin, les liens de dépendance mutuelle sont renforcés par la pratique systématique des visites de longue durée — parfois plusieurs semaines — et par des fêtes de boisson régulières durant lesquelles les affins invités offrent à leurs amphitryons de vastes quantités de viande et de poisson fumés que ceux-ci leur rendent dans une occasion similaire. Ces échanges systématiques de nourriture et d'hospitalité entre des unités résidentielles tout à fait autonomes sur le plan de la subsistance contribuent à fortifier la sociabilité et le sentiment d'appartenir à un ensemble commun. En dépit de la diversité des langues, chaque *maloca*, chaque groupe de filiation, chaque groupe linguistique tukano a ainsi conscience d'être un élément au sein d'un métasystème et de devoir sa pérennité matérielle et idéelle aux échanges réglés avec les autres parties du tout. Comme dans les rapports avec le monde animal, c'est une logique de la parité dans la compensation qui gouverne ici les relations entre humains.

Sans doute les Tukanos orientaux et leurs voisins du Nord-Ouest amazonien ont-ils poussé à un degré rarement atteint la hantise de maintenir un réseau serré de relations d'échanges équitables avec les multiples sortes de personnes dont leur monde est composé. Même si elle prend ailleurs une allure un peu moins systématique, cette attention constante portée à la réciprocité équilibrée des transferts comme schème cardinal d'action est loin d'être rare dans l'archipel de l'animisme. On en trouve de bons exemples dans les Guyanes, notamment chez les Wayãpi et les Akuriyó, ou, à une échelle plus vaste, dans l'espèce de confédération que forment les peuples indigènes du haut Xingu, similaire sur bien des points au système régional du Nord-Ouest amazonien[19]. Les peuples chasseurs de la forêt sibérienne en sont une autre illustration. Comme l'écrit Hamayon à leur propos, « l'acte même de chasser, de tuer le gibier [est] soumis à une logique d'alliance [...] calquée sur celle à l'égard d'un partenaire humain » ; de fait, les deux relations n'en font qu'une dans la mesure où « le système de chasse [est] analogue au système matrimonial »[20]. Les mêmes principes d'équivalence semblent à l'œuvre chez les peuples Moï des hautes forêts du Viêt Nam central : ainsi les Reungao passent-ils des alliances très formelles avec les esprits des animaux, des plantes et des météores, certaines d'entre elles étant caractérisées par des obligations analogues à celles découlant des liens de parenté ou des pactes d'association entre humains[21]. Dans tous ces cas, l'autrui humain et non humain est traité comme un *alter ego* avec lequel on ne peut cohabiter en bonne intelligence que grâce à un rapport d'échange égalitaire scrupuleusement observé.

L'entre-soi du partage

C'est encore à quelques centaines de kilomètres des Jivaros, mais au sud à présent, que se situe notre deuxième contre-exemple, les Campas, un ensemble pluriethnique dans lequel la générosité, la solidarité et la prédominance du bien commun sur l'intérêt des parties ont été élevées au rang de canon suprême des comportements, surpassant de loin les exigences d'équité et de complémentarité dans l'échange que les Tukanos s'attachent à respecter. « Campa » est le nom générique donné à un groupe de tribus de langue arawak de la haute Amazonie centrale du Pérou — les Ashaninka, les Matsiguenga, les Nomatsiguenga — qui, avec les Piro et les Amuesha (ou Yanesha), forment l'ensemble des Arawak subandins. Tous vivent dans une forêt équatoriale de piémont analogue à celle des Jivaros, dans les bassins de l'Urubamba et du Perené. Tous sont aussi des producteurs polyvalents dispersés en petites communautés locales autonomes qui combinent l'horticulture d'essartage avec la chasse, la pêche et la cueillette. Les Campas concordent enfin sur le fait que les animaux, les plantes et les esprits qui les protègent ou s'y incorporent sont des êtres sociaux, dotés d'une intériorité et de facultés d'entendement similaires à celles des humains, toutes ces personnes aux apparences diverses se distinguant au premier chef par leurs corps amovibles que l'on assimile à des *cushma*, les longues tuniques de coton traditionnellement portées par les Indiens de la région. En dépit de ces ressemblances, on ne saurait pourtant concevoir un plus grand écart que celui séparant l'*ethos* campa de l'*ethos* jivaro.

Les cosmologies des tribus campas sont toutes organisées selon un même principe dualiste qui distribue les sociétés humaines, les animaux et les esprits en deux domaines ontologiques distincts et mutuellement antagoniques[22]. L'un de ces domaines possède une valeur positive et regroupe des entités partageant une essence commune : les tribus campas et certaines des tribus de forêt qui les entourent (notamment les Cashibo et les Shipibo-Conibo, de langue pano), les divinités empyrées (Soleil et son père Lune), les esprits maîtres du gibier et le gibier lui-même. L'autre domaine est parfaitement négatif et se définit par son altérité radicale vis-à-vis du premier; il englobe tous les humains qui viennent des Andes, qu'ils soient indiens ou blancs, les animaux ensorceleurs et leurs maîtres, les mauvais esprits. Les espèces chassées et leurs maîtres relèvent pour l'essentiel d'une race de bons esprits que les Campas appellent « nos gens », ou « nos congénères » *(ashaninka)*, et qui sont réputés témoigner de bonnes dispositions à l'égard des Indiens. Ils habitent le pourtour du monde connu, immédiatement au-dessus ou au-dessous de la strate terrestre, dans les confins du territoire et sur les crêtes des montagnes. Ils ont une apparence humaine invisible aux Campas et adoptent pour leur rendre visite la forme de l'éclair, du tonnerre ou d'espèces animales. Certains d'entre eux contrôlent des ressources importantes. Les loutres, le héron cendré et l'aigrette sont les maîtres des poissons et leur font remonter les rivières chaque année à l'époque du frai afin que les Campas puissent les pêcher dans les eaux basses de la saison sèche. Le milan à queue fourchue est, quant à lui, le père des insectes comestibles : le chamane rend régulièrement visite à son épouse pour lui demander d'autoriser ses enfants — présentés comme les frères du chamane — à l'accompagner de façon que les humains puissent s'en nourrir. La plupart des oiseaux chassés par les Campas sont eux-mêmes des incorporations de bons esprits. Leur mise à mort n'est qu'un simulacre : après que le chasseur lui a demandé son « vêtement » par compassion pour lui, l'oiseau offre délibérément son enveloppe charnelle à la flèche, tout en préservant son intériorité immatérielle qui se réincarne immédiatement dans un corps identique ou retrouve son apparence humaine invisible. Il n'encourt donc aucun dommage et cet acte de bienveillance n'appelle pas de contrepartie si ce n'est, peut-être, un sentiment de gratitude. Certaines espèces très communes de gibier à plume, en particulier le toucan, la pénélope et le hocco, sont les protégés, non les avatars, des bons esprits qui les donnent aux humains en toute libéralité pour qu'ils les chassent. Cette bonté s'explique par le fait que les bons esprits, leurs transformations animales et les espèces qu'ils commandent sont identiques aux humains sur le plan ontologique : les Campas les considèrent comme de très proches parents, et le don de leur dépouille apparaît comme un simple témoignage du devoir de générosité qui s'impose entre gens d'une même parentèle. La solidarité qu'un tel lien suppose s'exprime d'ailleurs de façon exemplaire lorsque les bons esprits associés à la chasse descendent parmi les humains sous forme invisible afin de danser et de chanter en leur compagnie : il ne s'agit pas pour eux de venir recueillir les bénéfices d'un quelconque service rendu, mais de manifester leur proximité affective et leur souci du partage dans une convivialité libre d'obligation.

Le statut de la maîtresse des pécaris permet de contraster ce devoir de générosité avec l'impératif de l'échange qui caractérise la chasse dans les groupes tukanos. Il s'agit d'une entité féminine, qualifiée comme une sœur générique des Campas, qui tient les pécaris enfermés dans un enclos en haut d'une montagne[23]. Un chamane vient parfois intercéder pour qu'elle relâche un membre de son troupeau ; elle arrache alors une touffe de soies sur la croupe d'un animal et la disperse en soufflant, ce qui aboutit à multiplier les pécaris, qu'elle envoie ensuite vers les hommes pour qu'ils puissent les chasser. Cet acte relève donc de la pure bienveillance. Il crée certes des obligations morales aux chasseurs, leur imposant notamment de tuer les pécaris d'une seule flèche pour ne pas les faire souffrir ; mais, à la différence de ce qui se passe chez les Tukanos, il n'exige aucune compensation. Il en va de même avec la pêche où les poissons, pris de pitié, se laissent prendre à la ligne lorsque le pêcheur longtemps bredouille a répété, sur un ton que l'on imagine suppliant et désolé, « ma musette vide, ma musette vide[24] ».

Les bons esprits n'ont aucune activité sexuelle, une caractéristique qui les distingue fortement des figures habituelles des maîtres du gibier en Amazonie ou dans le monde animique en général. Chez les Tukanos, les maîtres des animaux sont caractérisés par leur surabondance d'énergie sexuelle et l'on se souvient qu'ils envoient leurs protégés copuler en rêve avec les chasseurs, un comportement prévisible puisque ces entités ont en charge la reproduction des espèces animales et qu'ils ont besoin pour ce faire du concours de la puissance génésique des humains, dont ceux-ci leur cèdent volontiers une part en échange de la force vitale qu'ils absorbent en mangeant les animaux. Rien de tel avec les bons esprits campas, qui existent bien sous les espèces des deux sexes mais se reproduisent sans coït : dans leur avatar humain, on dit qu'ils ont des organes génitaux atrophiés et que leurs femmes enfantent par parthénogenèse, en secouant leurs tuniques. De plus, à la différence encore du chasseur tukano qui cherche à gagner les faveurs des animaux en se rendant séduisant par des charmes et des parfums favorisant l'attraction érotique, les hommes campas s'efforcent au contraire de se purifier le plus complètement possible avant leur départ à la chasse des résidus résultant de leurs rapports avec des femmes, en particulier de la souillure issue d'un contact, même indirect, avec du sang menstruel. L'horreur qu'éprouvent les bons esprits pour tout ce qui rappelle la physiologie de la reproduction et ses cycles, leur dégoût des désirs incontrôlables et des flux de substances nécessaires à l'existence témoignent de façon nette de ce que les relations entre les humains et les entités qui les pourvoient en gibier ne relèvent pas de l'échange et du recyclage d'énergie fécondante et de principes d'individuation, comme c'est le cas dans le Nord-Ouest amazonien. Les corps que les bons esprits campas livrent aux chasseurs ne sont que des enveloppes charnelles, dépouillées de toute subjectivité ou principe d'animation, et cette manifestation de générosité n'affecte en rien l'intégrité pérenne de ces êtres, à jamais étrangers aux contingences de la vie organique.

Le monde campa n'est pourtant pas exempt de négativité. Il fourmille de mauvais esprits qui vivent au plus près des humains et présentent pour eux un danger constant.

Appelés *kamari*, ils offrent des apparences aussi diverses que les bons esprits. La plupart d'entre eux ont des attributs sexuels démesurés : certains sont dotés d'un pénis gigantesque qui cause la mort des hommes ou des femmes quand ils les violent, tandis que d'autres prennent la forme d'incubes ou de succubes attirants qui battent à mort leurs partenaires après le coït. En outre, beaucoup de mauvais esprits adoptent une forme animale soit permanente — des insectes, des chauves-souris, des félins que les Campas se gardent d'approcher et de tuer —, soit transitoire : ce sont alors des espèces habituellement comestibles — toucans, singes, oiseaux — dont un *kamari* prend la livrée et qui se transforment en incubes ou en succubes lorsque les humains les tournent en dérision ; il peut même s'agir de n'importe quel gibier ordinaire en lequel un mauvais esprit de la classe dite *peári* se sera déguisé et dont la consommation provoque la mort. Dans tous les cas, la victime humaine devient un mauvais esprit de la même sorte que celui qui l'a agressée ou, pis encore, se métamorphose en Blanc. Enfin, les *kamari* sont les maîtres de la sorcellerie dont ils assaillent les Indiens et que les chamanes s'efforcent de traiter avec des potions et des frictions d'herbes médicinales.

Le rapport des Campas aux non-humains ne se cantonne pas à recueillir les bienfaits nourriciers que des esprits animaux apparentés leur prodiguent, puisqu'une cohorte d'esprits méchants les prend eux-mêmes comme proies en se glissant dans les animaux en apparence les plus inoffensifs. Dans un cas les chasseurs reçoivent le don de viande qu'ils sollicitent sans offrir de contrepartie, dans l'autre ils sont chassés sans pouvoir échapper à leur destin de gibier. On ne saurait toutefois interpréter ce retournement comme un signe que la prédation ou l'échange regagneraient ici leurs droits. Il faudrait, pour cela, ou bien que les Campas soient les instigateurs actifs de cette aliénation violente, alors qu'ils en sont les victimes et cherchent par tous les moyens à s'en protéger, ou bien que les persécutions qu'ils subissent puissent être vues comme une compensation à laquelle ils consentiraient en échange du gibier qui leur est donné, ce qui n'est évidemment pas le cas. Les bons esprits et les mauvais esprits, les Campas et les gens des Andes, la provende généreuse et les animaux ensorceleurs, tout cela se répartit en deux domaines ontologiques étanches et en perpétuel conflit, dont l'un est régi par les valeurs constamment réaffirmées du partage et de la solidarité, tandis que l'autre, exutoire pour la part de mal que tout esprit lucide reconnaît dans le monde, incarne une altérité cruelle et insensée que rien ne peut tempérer.

Aucun système de rapports entre humains ne saurait être régi de façon exclusive par une logique du don, et les Campas ne font pas exception à cette règle. Aussi l'altruisme et la prodigalité dont les bons esprits animaux font preuve dans le don de leurs dépouilles sont-ils moins manifestes dans les règles d'échange symétrique du système de parenté dravidien ou du troc intertribal que dans un type d'*ethos* caractéristique de la vie quotidienne où sont privilégiées la confiance, la générosité et l'horreur de la contrainte. Les Campas ont en effet poussé très loin la volonté de conjurer en leur sein la dissension et l'altérité, en réduisant au minimum ces écarts entre les individus qui sont indispensables pour qu'une relation, de réciprocité ou de prédation, puisse s'établir. Les ethnographes des Matsiguenga ont particulièrement insisté sur ce point. Ainsi France-Marie Renard-Casevitz, lorsqu'elle écrit d'eux qu'ils manifestent « un souci constant d'affaiblir les oppositions du moi à l'autre qui pourraient parcourir le champ social » ; ou encore Dan Rosengren, quand il signale à leur propos que « le partage est hautement valorisé [...] presque impératif » et que « l'accent est mis sur l'harmonie et l'équilibre social comme des valeurs positives auxquelles on doit se conformer »[25].

Les Campas sont notoires pour la forte censure qu'ils exercent à l'encontre de la violence interne, source de ressentiments durables et facteur de désagrégation du lien social. En témoignent ces joutes orales entre des hommes matsiguenga qu'un différend sépare, où alternent provocations verbales et offres d'apaisement, et qui s'achèvent lorsque l'un des protagonistes, décidant de réfléchir sur lui-même l'agressivité qui l'anime, commence à se frapper à coups redoublés, aussitôt imité par son adversaire. Les individus violents, mesquins ou dont la conduite est scandaleuse font l'objet d'un discours public d'opprobre, d'abord prononcé par une femme qui mentionne les faits sans préciser le nom de la personne en question, d'autres femmes se joignant au fil du temps à la dénonciation si le comportement répréhensible perdure. Quand la situation s'éternise, une mise en quarantaine se développe, l'individu qui s'est détaché de lui-même du réseau des solidarités devenant alors comme invisible pour sa communauté. Si ces mesures restent vaines, la femme qui avait pris l'initiative du réquisitoire n'aura plus dès lors d'autre issue que de se suicider afin d'annuler par sa propre mort la distance et le désordre que ses accusations avaient créés[26]. Le principe de générosité qui est réputé gouverner le comportement du gibier s'exprime ici en quelque sorte *a contrario*, en ce que toute attente non suivie d'effets est interprétée comme l'indication d'un échec personnel causé par l'initiative intempestive d'avoir mis autrui dans une situation où il est contraint de se démarquer de moi en répondant à mon intention.

Les Amuesha ont donné une forme particulièrement nette à cette philosophie du partage et de la convivialité harmonieuse puisqu'ils considèrent, à l'instar d'Aristote, que l'amour constitue la source et le principe d'existence de toute chose. Deux types d'amour sont distingués : *mue-reñets* signifie le don de soi dans la création de la vie et caractérise l'attitude des divinités et des leaders religieux dans une relation asymétrique, tandis que *morrenteñets* dénote l'amour mutuel indispensable à toute sociabilité et s'exprime par une générosité permanente, exempte de calcul et d'anticipation de retour[27]. On est loin ici de l'écart construit et consenti qui permet de poser l'autre comme terme d'un rapport réciproque, à l'instar des Tukanos, ou comme proie nécessaire à la reproduction du soi, ainsi que le font les Jivaros. Le modèle de comportement privilégié, chez les Amuesha comme chez les Campas, paraît être plutôt la relation parentale où l'on donne sans compter affection, soins et protection à ceux qui dépendent de vous.

C'est évidemment au sein des communautés locales, dans des parentèles soudées par l'entraide et la fréquentation quotidienne, que le schème de la générosité et du partage se manifeste de la façon la plus claire, tant dans les préceptes de conduite inculqués aux enfants que dans la pratique ordinaire de chacun. Il existe pourtant un troublant parallèle dans l'ensemble plus vaste des tribus arawak subandines entre les relations dissemblables qu'elles entretiennent avec deux sortes de non-humains — le don reçu des esprits animaux et la prédation exercée par les mauvais esprits — et celles qui caractérisent leurs rapports non moins contrastés avec deux réseaux d'humains antagoniques l'un à l'autre. En effet, ces peuples du piémont n'ont cessé de guerroyer sur leur frontière andine tout en récusant la guerre en leur sein au profit d'un système d'interactions et d'alliances régionales en grande partie fondé sur le commerce entre des ethnies linguistiquement apparentées et qui partagent une même conception des vertus civiques et de la concorde sociale. La complémentarité interethnique des produits que l'on échange n'est pas sans rappeler la spécialisation artisanale du Nord-Ouest amazonien : les Shipibo sont réputés pour leurs tissus peints, les Matsiguenga pour leurs arcs et leurs flèches, les Piro pour leurs pirogues, les Nomatsiguenga pour la finesse de leurs cotonnades, tandis que les Amuesha et les Ashaninka, outre des parures recherchées, produisent du sel. Les liens développés à travers la circulation des biens matériels cimentent cette mosaïque et renforcent le sentiment d'appartenir à une communauté fédérée par des valeurs communes. Rien n'illustre mieux ce sentiment que ce que l'explorateur Olivier Ordinaire appelait le « décalogue moral », une litanie rituelle que l'on récitait à l'occasion d'une rencontre entre deux membres de tribus campas distinctes et qui énumérait les devoirs auxquels chacun était tenu envers l'autre du fait de leur appartenance à un même ensemble[28].

Il n'est pas impossible que la condamnation de l'endo-guerre soit caractéristique d'un *ethos* pan-arawak, comme le suggère Fernando Santos[29]. Mais la paix intérieure se doublait dans le cas des Arawak du Pérou d'une remarquable capacité à affronter les ennemis extérieurs, en mobilisant dans d'amples coalitions militaires les tribus campas et certains de leurs alliés pano. Cette exoguerre était purement défensive et avait pour finalité la protection de l'intégrité territoriale contre les visées annexionnistes des envahisseurs de toutes sortes venus des Andes, depuis les armées incas au début du XVIe siècle jusqu'aux colonnes de la guérilla maoïste à présent, en passant par toutes les expéditions que la vice-royauté puis la jeune république envoyèrent sans succès dans la forêt du piémont afin de soumettre ces Indiens indociles à la souveraineté du pouvoir central. Il n'est guère étonnant dès lors que les *puna runa*, les « gens des hautes terres », aient été perçus, à l'instar des mauvais esprits et de leurs avatars animaux, comme de parfaites incarnations d'une altérité aussi radicale que malfaisante. Ontologiquement identiques, car procédant d'une même origine mythique, les Incas, les Espagnols et les ennemis animaux devaient être combattus et maintenus aux confins, leur négativité expulsée hors d'un entre-soi homogène. Perpétuer l'idéal d'une proximité sans dettes ni calculs a ici un prix : respecter les règles de l'échange et de la complémentarité avec des voisins estimables dont on peut avoir besoin pour n'être pas anéanti par d'autres voisins qui vous traitent comme des proies.

Les Campas sont loins d'être les seuls représentants de l'archipel de l'animisme à avoir voulu mettre en œuvre cet idéal, et certains l'ont fait avec plus de succès qu'eux. Ainsi, à des milliers de kilomètres de la forêt de pluie péruvienne, les Algonquins septentrionaux offrent l'exemple d'une même pratique des rapports aux humains et aux non-humains, mais libérée de la menace de la prédation et des contraintes de l'échange qui permet d'y faire face[30]. On a vu au début de ce livre que les groupes cree et ojibwa conçoivent le milieu subarctique, malgré les limitations en apparence très strictes qu'il impose à la vie humaine, comme un environnement bienveillant et peuplé d'entités attentives aux besoins des hommes. C'est toujours par l'effet d'un sentiment de générosité que le gibier se livre au chasseur : mû par la compassion pour les humains tenaillés par la faim, il fait don de son enveloppe charnelle sans attendre de compensation. Cette manifestation de bonté ne porte pas à conséquence puisque, tout comme chez les Campas, l'âme de l'animal se réincorpore peu après en un individu de la même espèce pourvu que sa dépouille ait reçu le traitement rituel approprié. Les relations entre humains obéissent à un schème identique : la guerre était proscrite entre les bandes de Montagnais, de Naskapi, de Cree et d'Ojibwa, et le partage des possessions et des ressources de chacun était une règle absolument impérative, surtout entre les corésidents des petits camps de chasse hivernale[31]. Comme l'écrit Emmanuel Désveaux des Ojibwa du nord de l'Ontario, « l'horizon sociologique des Indiens ignore totalement l'altérité[32] ». Une même attitude prévaut plus au nord, chez les Inuit, ou encore, loin de là, chez les Chewong de Malaisie et les Buid des Philippines[33]. Quant à la confiance désintéressée, l'esprit de libéralité et le souci du partage dont Bird-David crédite les Nayaka ou les Pygmées, et qu'elle considère comme des traits typiques du rapport que les chasseurs-cueilleurs tissent avec leur environnement humain et non humain, on doit y voir bien autre chose que le corrélat éventuel d'un certain mode de subsistance ; ils dénotent un schème général de traitement d'autrui auquel les ontologies animiques offrent un point d'ancrage privilégié, quelles que soient par ailleurs les techniques employées pour tirer parti du milieu.

*L'*ethos *des collectifs*

La prévalence d'un schème de relation dans un collectif induit ses membres à adopter des comportements typiques dont la répétition et la fréquence sont telles que les ethnographes qui les observent et les interprètent se sentent autorisés à les qualifier de façon synthétique comme des « valeurs » normatives orientant la vie sociale : la nécessité de partager chez les Matsiguenga ou les Ojibwa, l'esprit belliqueux chez les Jivaros, l'obligation de l'échange chez les Tukanos. Mais aucune relation n'est absolument hégémonique puisqu'elles constituent toutes ensemble la panoplie dont les humains disposent afin d'organiser leurs interactions avec les occupants du monde.

Pour en revenir au cas jivaro, par exemple, il serait absurde de prétendre que tout dans leur existence quotidienne relève de l'incorporation violente. Le schème de l'assimilation prédatrice constitue plutôt un horizon moral qui oriente de nombreux champs de pratique dont chacun le rend manifeste à sa manière. Il tolère et englobe d'autres schèmes de relation, ailleurs prépondérants, relégués ici dans des niches particulières, et toujours menacés, du reste, d'une contamination insidieuse par le schème dominant et l'effet de tropisme qu'il exerce. Ainsi, le système de parenté jivaro, de type dravidien, est fondé sur le modèle idéal de l'échange des sœurs entre cousins croisés. Cette forme d'union, très commune dans la pratique, instaure et perpétue au sein de parentèles localisées un îlot de réciprocité et de solidarité entre affins réels, sans doute indispensable pour que se déploie une attitude prédatrice à l'encontre des affins éloignés, réels, potentiels ou idéels. On peut penser, en effet, que l'hostilité généralisée contre tout ce qui se situe à plus d'une journée de marche exige en retour un noyau central où l'échange symétrique permette d'escompter une sécurité relative. Les ratés du système sont pourtant nombreux : des frères peuvent développer des inimitiés mortelles lorsqu'ils sont en concurrence pour les mêmes conjointes potentielles ou s'ils se sentent lésés lors du partage, selon la règle du lévirat, des veuves de l'un d'entre eux ; de même un gendre peut s'attaquer à son beau-père si ce dernier refuse de lui accorder en mariage la sœur de sa première épouse. Dans ces cas, les meurtres et les rapts de femmes ne sont pas rares. Malgré toutes les dispositions prises pour minimiser la fracture de l'affinité au cœur du réseau local, celle-ci est toujours présente comme un ferment de dissension capable de faire voler en éclats le fragile équilibre de la réciprocité entre les membres les plus proches d'une parentèle. L'échange paritaire est donc formellement présent dans la logique du système d'alliance, mais il demeure à la périphérie de l'*ethos* jivaro.

À l'inverse, la prédation n'est pas absente dans l'ensemble tukano, même si la guerre en son sein a disparu depuis longtemps, peut-être à la suite d'un choix concerté de privilégier plutôt les échanges pacifiques. On sait, en tout cas, que les Tukanos faisaient une nette distinction entre les raids pour se procurer des épouses dans des groupes linguistiques avec lesquels on n'échangeait pas normalement des femmes, et les expéditions meurtrières à plus longue distance. Les premiers semblent avoir été assez communs : généralement sans effusion de sang, ils étaient assimilés à la chasse et considérés comme une alternative possible aux échanges exogames ordinaires. Le plus souvent, on régularisait ensuite ces rapts par une négociation entre les parties qui pouvait alors déboucher sur l'instauration d'un cycle d'alliances matrimoniales de type classique, l'échange retrouvant ainsi sa primauté après un acte de prédation occasionnel[34]. Bien que très rare, le meurtre d'un homme dans une tribu tukano lointaine constituait une forme beaucoup plus drastique de violence dans la mesure où il entamait la puissance procréatrice d'un autre groupe, et provoquait ainsi une perte dommageable à l'ensemble du système. À la différence de la chasse aux têtes jivaro, cette destruction gratuite n'est pas assimilable à un acte de prédation puisqu'elle n'implique aucun gain d'énergie ou de capacité génésique pour le groupe du meurtrier, raison pour laquelle le guerrier « tueur d'homme » *(masa sĩari masa)* apparaissait comme la figure la plus négative de toutes les interactions possibles entre Tukanos[35].

On se doute que les relations des Tukanos aux non-humains ne sont pas non plus exemptes d'une dimension prédatrice. C'est même en insistant sur cet aspect qu'Århem a choisi de présenter ce qu'il appelle l'écocosmologie des Makuna, un monde envisagé du point de vue d'un chasseur, c'est-à-dire comme un réseau de mangeurs et de mangés[36]. Les limites du système y sont définies par deux pôles : les prédateurs suprêmes (jaguars, anacondas, certains rapaces, les esprits du Yurupari) qui s'alimentent de tous les êtres vivants et ne sont les proies de personne, et les plantes comestibles, le niveau le plus bas de la chaîne alimentaire. Entre les deux se situent la plupart des organismes dont la destinée est d'être à la fois prédateurs et proies; c'est le cas, en particulier, des humains dont l'âme est capturée (littéralement « consommée ») à la mort par les esprits fondateurs de leur clan afin qu'ils puissent renaître sous une autre forme. De telles formulations ne sont guère inattendues puisque toute cosmologie animique paraît puiser ses principes de fonctionnement dans le modèle de la chaîne trophique, indépendamment de la nature du schème de relation privilégié en son sein. Or, de l'aveu même d'Århem, c'est bien comme un échange, et non comme un acte de prédation, que ces relations entre mangeurs et mangés sont vécues en pratique par les Makuna : « Dans cette société cosmique, où tous les êtres mortels sont ontologiquement "égaux", les humains et les animaux sont liés par un pacte de réciprocité [...]. La relation entre le chasseur humain et sa proie est ainsi interprétée comme un échange, modelé sur la relation entre affins[37]. » La subordination de la prédation à l'échange ne saurait être mieux exprimée. Il n'est pas utile, enfin, de revenir sur les Campas : on se souvient que le schème du don n'occupe une position dominante au cœur des parentèles d'humains et de non-humains que sur le fond d'une prédation dont ils ne peuvent se protéger qu'en maintenant des échanges avec des voisins identiques à eux.

*

Les trois cas examinés dans ce chapitre invitent à tirer une leçon plus générale quant à la nature de ce que j'ai appelé un « collectif ». Si une telle entité acquiert une partie de son homogénéité apparente du mode d'identification ontologique qui la caractérise, cela n'est pas suffisant pour la différencier d'autres entités semblables à elle sous cet aspect. Les frontières d'un collectif sont donc avant tout définies par la prévalence en son sein d'un schème de relation spécifique, l'unité qui en résulte n'étant pas nécessairement homologue à des découpages habituels en ethnies, tribus, groupes linguistiques, etc.

L'exemple des Jivaros permettra d'illustrer ce point. La manière dont j'ai parlé d'eux jusqu'à présent pourrait laisser croire qu'ils constituent, en dépit des différences dialectales et culturelles internes, un ensemble parfaitement discret. Or, certains de leurs voisins méridionaux, tels les Shapra ou les Candoshi, ont en commun avec eux tant le schème de l'appropriation prédatrice que les institutions qui lui sont associées, et cela bien qu'ils se différencient par la langue et par bien des traits de l'organisation sociale ou de la culture matérielle[38]. Sur leur frontière orientale, en revanche, les Jivaros entretiennent des rapports constants d'échange commercial, et parfois d'intermariage, avec des communautés de langue quichua, les *sacha runa*, mais qui ne partagent pas avec eux un *ethos* prédateur[39]. À première vue, l'échelle des contrastes entre les Quichuas de forêt et les Jivaros n'est ni plus ni moins grande qu'entre ceux-ci et les Candoshi ou les Shapra. Il est pourtant loisible de traiter ces derniers comme s'ils faisaient partie d'un continuum « jivaroïde », tandis que les premiers, malgré maintes ressemblances, ont franchi un palier supérieur de différenciation. C'est ce dont témoignent les usages des intéressés : bien que des Jivaros puissent se « quichuiser » de façon pacifique par le mariage, et réciproquement, cette incorporation relève toujours d'une démarche individuelle; en revanche, les Candoshi et les Shapra ont avec les Jivaros une relation collective d'altérité constituante suffisamment étroite pour qu'ils soient inclus dans le cycle de la chasse aux têtes et des rapts de femmes, à titre de victimes comme d'agresseurs. Les Shapra et les Candoshi sont donc parties prenantes de la constitution du soi jivaro, tandis que les Quichuas offrent plutôt l'alternative d'un devenir-autre à tous ceux qui seraient tentés par un changement d'identité.

L'unification d'une mosaïque de peuples par le partage d'un schème dominant de relation est plus nette encore dans l'ensemble interethnique du Nord-Ouest amazonien. Rappelons que les flux de réciprocité propres à cette région incluent non seulement les Tukanos orientaux, mais aussi des groupes arawak (Baniwa, Wakuénai, Tariana, Baré, Kabiyerí et Yukuna), un groupe carib (les

Carijona) et les Maku, des chasseurs-cueilleurs parlant une langue indépendante qui échangent du gibier contre des produits cultivés avec les communautés riveraines d'horticulteurs sédentaires. Il est vrai que l'exogamie linguistique est confinée aux seuls groupes tukanos, à l'exceptions des Cubeo qui s'en dispensent; mais toutes les composantes de ce métasystème partagent par ailleurs une même conviction : l'harmonie du cosmos ne peut être maintenue que grâce à une circulation constante et équilibrée de biens, de principes d'individuation et d'éléments génésiques entre les différentes communautés d'humains et de non-humains qui l'habitent. Quant aux divers peuples arawak du piémont péruvien, il n'est guère besoin de revenir sur le fait qu'ils ont conscience d'appartenir à un même réseau de solidarités, structuré par des valeurs communes de générosité, d'égalitarisme et d'ouverture à autrui, valeurs d'autant plus chéries et respectées qu'elles s'opposent en tout aux attributs négatifs prêtés aux envahisseurs andins.

Bref, ce ne sont pas tant des limites linguistiques, le périmètre d'un réseau commercial ou même l'homogénéité des modes de vie qui tracent les contours d'un collectif, mais bien une manière de schématiser l'expérience partagée par un ensemble plus ou moins vaste d'individus, ensemble qui peut par ailleurs présenter des variations internes — de langues, d'institutions, de pratiques — assez marquées pour que l'on puisse le considérer, à une autre échelle, comme un groupe de transformation composé d'unités discrètes. Si elle ne se substitue pas complètement aux catégories usuelles — culture, ethnie, civilisation, groupe linguistique, milieu social, etc. — qui peuvent demeurer utiles dans d'autres contextes d'analyse, une telle définition permet du moins d'éviter les écueils du fixisme et de circonvenir la tendance presque spontanée à appréhender les particularismes des groupes humains à partir des traits que ceux-ci brandissent afin de se distinguer de leurs voisins proches. La démarche est inverse de celle adoptée par Benedict pour mettre en évidence ses *patterns* de culture : au lieu de jeter son dévolu sur un ensemble borné au préalable, à qui l'on impute une unité abstraite et transcendante, source mystérieuse de régularités dans les comportements et les représentations, il faut plutôt s'attacher à repérer le champ couvert par certains schèmes fédérant les pratiques dans des collectifs de taille et de nature très variables, et dont les frontières ne sont pas fixées par la coutume ou par la loi, mais en fonction des ruptures qu'elles rendent manifestes par rapport à d'autres manières d'être présent au monde.

Dépourvue de toute dimension fonctionnelle ou finaliste — le vouloir-vivre ensemble —, la notion de collectif ainsi entendue se démarque aussi quelque peu de la définition qu'en donne Latour comme une association spécifique d'humains et de non-humains telle qu'elle est configurée ou « collectée » dans un réseau à un moment et en un lieu donnés. En effet, si un collectif est bien aussi pour moi un ensemble où se combinent des entités de toutes sortes, il n'est pas à proprement parler organisé comme un réseau, dont les frontières — inexistantes en droit si l'on décide d'en suivre toutes les ramifications — ne peuvent dépendre que d'une décision arbitraire de l'analyste de circonscrire son champ d'étude aux données qu'il peut maîtriser. Si l'on admet plutôt que les limites d'un collectif sont coextensives à l'aire d'influence de tel ou tel schème de la pratique, alors sa détermination reposera avant tout sur la manière dont les humains y organisent leur expérience, notamment dans leurs relations avec les non-humains[40]. La tâche traditionnellement dévolue à l'anthropologie d'ordonner et de comparer la décourageante multiplicité des états du monde s'en trouvera peut-être rendue moins malaisée, motif d'espoir pour ceux qui persistent à croire au bien-fondé d'une telle mission et signe d'encouragement pour ceux qui voudraient s'y consacrer.

15

Histoires de structures

Composés d'entités dont les prédicats sont stables et les emplacements incontestés, rendus homogènes par de grands schèmes de relation unifiant les pratiques, confrontés à des problèmes singuliers auxquels ils ont eu le loisir d'apporter des réponses originales, les collectifs de toutes sortes que nous avons examinés jusqu'à présent paraissent, contre toute vraisemblance, défier l'épreuve du temps. Le choix de méthode y est pour beaucoup : extraits de leur contexte à une étape arbitraire de leur trajectoire historique, les exemples choisis se présentent comme des types idéaux, non comme le produit des événements contingents qui les ont faits tels que nous les connaissons au moment où des observateurs les décrivent. Mais il est vrai aussi que les cultures et les civilisations font preuve d'une remarquable permanence lorsqu'on les envisage du point de vue des « visions du monde », des styles de comportement et des logiques institutionnelles qui signalent leur caractère distinctif; il est plus facile à cet égard de repérer les oppositions contrastives qui les différencient les unes des autres dans l'espace synchronique de l'analyse que d'isoler les ruptures structurelles que chacune prise isolément pourrait avoir subi entre deux états successifs de son devenir. Celles-ci existent pourtant et les historiens de la longue durée ne se font pas faute de les relever : une certaine distribution des existants et de leurs attributs fait place à une autre; un mode de traitement d'autrui devient caduc et un autre, jusque-là marginal, acquiert une position dominante ; ce qui était tenu pour normal apparaît désormais impossible et ce que l'on n'aurait osé imaginer finit par imprégner le sens commun. De telles mutations sont le plus souvent insensibles à ceux qui les vivent, étirées qu'elles sont sur maintes générations. L'effet de seuil qui permet de comprendre que l'on a basculé dans un système nouveau n'est perceptible que par l'historien assez audacieux pour périodiser des ères multiséculaires ou, d'une autre manière, par l'anthropologue qui choisit d'envisager un continuum spatial de sociétés comparables comme si elles étaient des transformations les unes des autres — et sans conjecturer pour autant que certaines d'entre elles constitueraient des formes plus simples à partir desquelles les autres auraient évolué. Délaissant les questions de genèse et de causalité antécédente au profit d'une démarche résolument synchronique, on peut alors mettre en lumière les propriétés structurales des combinaisons retenues et les conditions positives ou négatives de leurs transformations.

L'une de ces conditions paraît être la substitution d'un schème de relation dominant par un autre. Si, comme on l'a vu au chapitre précédent, un même mode d'identification peut être modelé par des configurations relationnelles tout à fait dissemblables, cette tolérance n'est pas absolue : certains types de traitement d'autrui, présents en mineur dans un mode d'identification, en viennent parfois à y jouer un rôle de plus en plus prépondérant qui les rend bientôt incompatibles avec la distribution ontologique dans laquelle ils se sont développés, rendant nécessaires un réaménagement de celle-ci et la transition vers un autre mode d'identification mieux adapté à leur exercice. Ces transformations accompagnent souvent des mutations notables des systèmes techniques, sans que l'on puisse dire que les secondes déterminent les premières. Dans bien des cas, il semblerait même au contraire que la généralisation d'une relation auparavant secondaire, en réorientant les interactions entre les composantes du monde, ouvre la voie à des innovations techniques qui renforcent en retour l'emprise des nouveaux rapports dominants sur les pratiques et les façons de les concevoir. On n'en donnera ici qu'un exemple, celui des variations affectant la relation de protection en fonction des changements dans le rapport à l'animal.

De l'Homme-Caribou au Seigneur-Taureau

Comptant parfois plusieurs centaines de têtes, les hardes de caribous offrent un gibier de choix aux peuples autochtones de l'Amérique subarctique. Ce sont des animaux migrateurs, aussi bien adaptés à l'environnement forestier qu'aux régions plus septentrionales de toundra, et leur passage dans une localité revêt une importance cruciale pour les chasseurs qui guettent leur venue et sa promesse de viande abondante. Aussi n'est-il pas tout à fait surprenant que les migrations en apparence erratiques de ces animaux soient réputées contrôlées par un maître, un esprit qui agit vis-à-vis d'eux comme un pasteur, manière d'attribuer une intentionnalité singularisée à une pluralité de comportements tendus vers un même but collectif. Les Montagnais appellent cet esprit l'Homme-Caribou. D'apparence humaine, blanc et barbu, il habite une caverne au cœur d'une colline à laquelle un défilé étroit donne accès ; c'est dans cet antre que, tel Polyphème, il garde son immense troupeau. C'est de là aussi qu'il expédie ses bêtes pour leurs migrations annuelles, non sans avoir auparavant décidé quels animaux, et combien, pourront être tués par tel ou tel homme en particulier. Les âmes des caribous tués retournent à la caverne où elles se réincorporent dans de nouveaux animaux qui seront envoyés aux chasseurs en une autre occasion. Bien que ceux-ci ne s'aventurent en aucun cas près de la grotte et de la zone qui l'entoure, il arrive qu'un spécialiste rituel intercède auprès de l'Homme-Caribou afin qu'il se sépare de ses bêtes au profit des humains lorsqu'ils traversent une période de disette[1].

On a donc ici un cas typique d'animisme « donateur » : le monde est peuplé d'entités intentionnelles qui ont une attitude bienveillante à l'égard des humains. L'Homme-Caribou et tous les esprits qui gouvernent les destinées des autres espèces de gibier offrent leurs animaux par bonté d'âme et sans attendre de compensation, pourvu que l'éthique de la chasse soit respectée. Quant aux caribous eux-mêmes — dont le maître est une sorte d'hypostase, décrit par les Rock Cree comme un mâle gigantesque —, ils se livrent aux chasseurs avec tout l'abandon d'une femme amoureuse ; comme le disent les Cree Mistassini, les caribous sont de nature féminine et séduisent les chasseurs à la manière d'une belle jeune fille qui visite à l'occasion leurs rêves sous cette apparence, la mise à mort étant assimilée à la consommation de l'acte sexuel[2]. Quoique ce symbolisme érotique de la chasse soit récurrent dans bien des régions du monde, il est ici particulièrement pertinent puisque c'est en étant tué par un homme qu'un nouvel animal pourra être engendré. Mais si le don domine comme forme générale de relation entre les entités du monde, il cède la place à un comportement bien différent dans le rapport entre l'Homme-Caribou et les animaux dont il a la charge. Maître absolu de leur sort, il s'occupe d'eux au jour le jour, il est attentif à leur bien-être, il veille à leur reproduction, il est seul juge du moment où ils doivent mourir ; bref, tel un éleveur, il étend sur eux le manteau d'une protection qui l'autorise à disposer à sa guise des bêtes qu'il contrôle.

De l'autre côté du détroit de Béring, en Sibérie nord-orientale, les Tchouktches chassent aussi le caribou. Quand il est rencontré en Eurasie, l'usage français veut qu'on l'appelle plutôt « renne », mais c'est bien la même espèce, *Rangifer tarandus*. Le renne sauvage est le gibier par excellence de la taïga sibérienne : depuis l'Ob jusqu'au Pacifique, des franges du plateau mongol jusqu'aux rives de l'océan glacial Arctique, il était partout présent, partout estimé comme une proie difficile, partout chassé avec enthousiasme. Comme en Amérique septentrionale également, le destin des rennes est régi par des esprits. Chez les Tchouktches, le maître des rennes sauvage est appelé Pičvu'čin : on le décrit comme un homme minuscule, son traîneau est fait de brins d'herbe et il voit les souris qui le tirent comme des rennes. À l'instar des hommes, il passe beaucoup de temps à la chasse et son gibier favori est le lemming, qui prend pour lui l'apparence d'un ours, les deux espèces ayant en commun la capacité de se dresser sur leurs pattes arrière — un beau cas d'animisme « perspectiviste », soit dit en passant. Pičvu'čin vit avec ses rennes dans une tanière souterraine accessible par un profond ravin, et c'est de là qu'il expédie ses troupeaux aux humains afin qu'ils les chassent, sauf quand ils lui manquent de respect ou traitent cruellement ses protégés. Mais Pičvu'čin est aussi un éleveur et il utilise les rennes sauvages qu'il envoie aux Tchouktches à la manière dont ceux-ci utilisent leurs rennes domestiques, comme animal de trait ou de monte[3].

Car, à la différence de l'Amérique du Nord où les autochtones n'ont jamais domestiqué le caribou, les peuples sibériens ont tous peu ou prou domestiqué le renne. C'est par la chasse et pour la chasse, semble-t-il, que cette domestication fut entreprise : les animaux étaient capturés vivants pour faire office d'appâts auprès de leurs congénères et ils servaient à transporter les charges de petits groupes humains très mobiles se déplaçant à la recherche des hardes[4]. Montés, bâtés ou attelés à des traîneaux légers, les rennes fournissent en outre de la viande et du lait. Certes, il s'agit le plus souvent d'une semi-domestication dans laquelle les actions sur l'animal sont réduites au minimum. Si, dans les zones de toundra, les Nenec, Iakoutes, Dolganes ou Toungouses possèdent de grands troupeaux dont ils suivent les migrations, dans les régions de taïga le cheptel ne dépasse guère quelques dizaines de têtes et se voit livré à lui-même une partie de l'année : à l'ouest, chez les Xant et les Selkup, il est laissé en liberté pendant l'été et rassemblé à la première neige pour la saison de chasse ; à l'est, les Evenks traient les femelles et conservent donc le troupeau près du campement durant l'été, les animaux étant lâchés en forêt l'hiver et capturés derechef à la fonte des neiges comme s'ils étaient sauvages. Toutefois, même si la domination sur l'animal reste faible et sporadique, un pas décisif a été franchi : tandis que la protection demeure une relation idéale dans l'Amérique subarctique, cantonnée aux rapports que les esprits contrôlant le gibier maintiennent vis-à-vis de leurs animaux, les peuples de Sibérie ne se sont pas contentés d'en laisser le privilège aux maîtres des rennes et l'ont aussi expérimentée pour leur propre compte.

Le maître des rennes tchouktche appartient à une classe d'esprits dont le nom générique est *ke'let* et qui possèdent tous des troupeaux de rennes domestiques dont ils se servent pour tirer leurs traîneaux ; c'est du moins ce qu'ils croient car, en bonne logique perspectiviste, certains d'entre eux emploient en fait des mammouths comme attelages afin de se déplacer dans les boyaux du monde chthonien. La domestication ne concerne donc pas seulement les rennes sauvages, dont on dit partout en Sibérie qu'ils sont élevés par des esprits. Pour les Evenks, par exemple, toutes les espèces d'animaux sauvages et de poisson dont les humains s'alimentent vivent en troupeaux sous le contrôle de leurs maîtres [5]. Quant aux Yukagir, ils voient les maîtres du gibier comme de joyeux drilles qui passent leur temps à boire et à jouer aux cartes en prenant pour mises les espèces animales dont ils ont la charge ; une espèce peut donc changer de propriétaire selon la fortune du jeu, ce qui explique les migrations soudaines [6].

Bien que les maîtres des animaux, tout comme les humains, subsistent surtout en chassant, les rapports que les seconds nouent avec les premiers prennent la forme de relations d'échange entre éleveurs. En guise de compensation pour les rennes sauvages que Pičvu'čin leur envoie, les Tchouktches lui donnent du tabac, du sucre, de la farine et des colifichets obtenus des Russes. Sans doute les contreparties ne sont-elles pas strictement équivalentes en valeur aux animaux reçus ; mais, par contraste avec la générosité sans condition dont l'Homme-Caribou fait preuve vis-à-vis des Montagnais, l'idée est bien ici présente que le maître des rennes doit être dédommagé, ne serait-ce que de façon symbolique, pour les pertes occasionnées à son troupeau par la chasse. Par ailleurs, les rennes sauvages de Pičvu'čin sont très appréciés lors de la saison du rut car, attirés par les femelles des troupeaux des humains, ils s'aventurent tout près des campements tchouktches. On peut alors les tirer plus facilement, non sans les avoir auparavant incités par des invocations rituelles à couvrir les femelles, le produit de ces fécondations étant réputé plus robuste. Lorsque les mâles sont finalement tués, on les remercie en leur offrant de la nourriture et leurs têtes sont emmenées dans les tentes où on les fête avec de la musique[7]. Or, en Sibérie comme dans l'Amérique boréale, la chasse au gros gibier est assimilée à un commerce sexuel : les rennes sauvages apparaissent en rêve aux hommes comme de belles jeunes femmes, filles du maître des cervidés, à qui ils font l'amour. Les mâles sauvages rendent donc aux troupeaux des Tchouktches le même service sexuel que les Tchouktches rendent aux filles du maître des rennes, un engrossement mutuel qui contribuera à l'accroissement du cheptel[8]. Le thème de l'échange matrimonial, si prégnant en Sibérie dans les rapports aux non-humains, acquiert ici la perfection d'une symétrie équilibrée : les humains fournissent aux mâles sauvages des épouses domestiques à féconder dans leurs troupeaux en contrepartie des épouses sauvages qu'eux-mêmes fécondent au bénéfice du maître des rennes. Là où le chasseur montagnais se contentait de consommer sexuellement le don que l'Homme-Caribou lui envoyait, le chasseur tchouktche offre en retour ses femelles animales dans une réciprocité non dénuée d'arrière-pensées.

Tout comme les rennes sauvages, les rennes domestiques des Tchouktches dépendent d'un protecteur non humain, « l'Être-Renne », une entité aux attributs assez vagues dont la mission est de veiller au bien-être des troupeaux. Tout à fait distinct du maître des rennes sauvages Pičvu'čin, l'Être-Renne fait partie d'une classe de puissances bienveillantes, les *va'IrgIt*, qui sont des hypostases ou des expressions singularisées d'un principe général d'existence animant le monde, humains compris. Les entités *va'IrgIt* sont associées à des orients dont elles peuvent porter le nom et c'est à elles, tout particulièrement à Zénith et à Aube, que l'on consacre les rennes domestiques abattus. À la manière des Grecs, en effet, les Tchouktches ne mettent à mort et ne consomment les animaux qu'ils élèvent que dans le cadre d'un sacrifice. Celui-ci n'a pourtant rien d'une offrande à une divinité. Car, à la différence des divers types d'esprits *ke'let* maléfiques ou bénéfiques — dont le maître des rennes sauvages — qui agissent comme des personnes, parfois organisées en tribus, et avec qui les humains maintiennent des rapports d'hostilité ou d'échange, les *va'IrgIt* sont des manifestations impersonnelles et localisées de la vitalité cosmique avec lesquelles aucune interaction n'est possible. Les sacrifices de rennes domestiques aux *va'IrgIt* ne constituent donc pas des transferts d'individu à individu appelant une contrepartie — à l'instar de la nourriture donnée au maître des rennes sauvages —, mais une façon pour les hommes de contribuer à la circulation générale du flux de la vie porté par le sang des victimes. Destinataires de ce flux, les *va'IrgIt* le régénèrent et le retournent vers les humains sous forme de santé, d'abondance et de prospérité du cheptel [9].

Chaque troupeau est également placé sous la protection d'une planchette à feu d'usage strictement familial, taillée selon une forme vaguement anthropomorphe. En sus de sa fonction première, les Tchouktches la considèrent comme une expression particularisée de l'Être-Renne : les trous causés par la friction du foret à archet sont censés être ses yeux et le grincement qui en résulte, sa voix. Lors des sacrifices, les membres de chaque unité domestique badigeonnent leur planchette avec le sang de l'animal, qu'ils emploient aussi pour se peindre le visage selon des motifs qui leur sont propres ; ils disent ainsi ressembler à l'Être-Renne protégeant leur troupeau [10]. Le rapport des Tchouktches à la puissance tutélaire veillant sur les rennes domestiques tranche donc sur celui qu'ils maintiennent avec l'éleveur de rennes sauvages. Ils tâchent par tous les moyens de s'identifier à l'Être-Renne, conjuguent leurs efforts avec les siens pour mieux assurer la protection des troupeaux, attendent de lui qu'il cristallise sur eux une part de la puissance bénéfique dont il est une réfraction et qu'eux-mêmes contribuent à mettre en branle au moyen du sacrifice. Avec Pičvu'čin, par contraste, esprit nettement individualisé et doté de dispositions tout à fait humaines, il s'agit plutôt de maintenir des relations équilibrées fondées sur l'échange de services et la réciprocité des transactions.

De fait, pour tout ce qui concerne le commerce avec les existants échappant à la juridiction des humains, particulièrement les cervidés et ceux qui les contrôlent, le monde tchouktche ne diffère guère du monde des chasseurs de l'Amérique boréale. On a bien affaire dans les deux cas à des cosmologies animiques, peuplées d'entités intentionnelles organisées en collectifs, que différencie seulement le schème relationnel dominant, de type « donateur » à l'est du détroit de Béring, « échangiste » à l'ouest. Dans la Tchoukotka, pourtant, le rapport à certaines classes de non-humains s'est subtilement modifié au gré de l'emprise même légère que les hommes se sont mis à exercer sur eux. Le champ de la protection s'est étendu au-delà du cercle des esprits du gibier avec l'entrée en lice des éleveurs de rennes et de l'entité qui les seconde, une expansion peut-être facilitée par le fait que la plupart des choses visibles sont réputées dépendre d'un maître non humain, depuis l'arc-en-ciel jusqu'aux fardeaux de pelleteries préparés pour la traite[11]. Quelques traits propres à l'identification analogique deviennent en outre perceptibles à l'état d'ébauche : les composantes du monde commencent à se multiplier et surtout à varier en nature; certaines, les *va'IrgIt*, ont perdu leur singularité d'espèce, et même de forme, en s'affranchissant du cadre des collectifs autonomes au sein desquels les autres catégories d'existants mènent leurs activités; elles sont devenues des principes actifs, fluides et mobiles, dont il faut fixer la permanence impersonnelle dans des objets ou des orients, et qu'il revient aux hommes de faire communiquer harmonieusement par le travail connecteur du sacrifice.

Encore très embryonnaire chez les Tchouktches, la diversification ontologique des entités du monde devient plus manifeste à mesure que l'on descend vers le Sud. Ce phénomène a été noté par les spécialistes de la Sibérie sous la forme d'une série de contrastes dans l'organisation sociale et les croyances religieuses entre les peuples de la zone septentrionale et ceux de la zone méridionale. Je reprendrai ici les oppositions établies par Morten Pedersen, dont la typologie présente l'avantage de faire appel à des catégories analytiques que j'avais moi-même proposées [12]. Selon cet auteur, la frange septentrionale est à dominante animique : correspondant aux régions de toundra et de taïga de la Sibérie du Nord-Est et de l'extrême orient russe, elle est peuplée par des ethnies du phylum paléoasiatique (Tchouktches, Koriak, Yukagir...) et des familles turques (Iakoutes) et altaïques (l'ensemble toungouse, avec les rameaux evenk et even). La zone méridionale, à savoir les steppes du plateau mongolien et ses franges forestières, est surtout habitée par des peuples de la famille ouralo-altaïque (Bouriates, Halx, Darxad, etc.). Les relations égalitaires entre des collectifs de personnes humaines et non humaines pourvues d'attributs identiques que l'on trouvait au Nord ont ici disparu, supplantées par des relations verticales de différenciation que Pedersen qualifie de « totémiques », tout en concédant qu'il n'existe pas en Sibérie de cas avérés de totémisme : si les clans et les moitiés reçoivent souvent des noms d'animaux, on ne trouve aucune trace d'une identification entre leurs membres et l'espèce éponyme. Or, à l'examen, les caractéristiques « totémiques » qu'il attribue à la Sibérie méridionale sont en fait beaucoup plus proches de ce que j'appelle un système analogique.

S'appuyant sur son ethnographie des Darxad et sur l'étude que Caroline Humphrey a consacrée aux Daur, deux ethnies mongoles, Pedersen met l'accent sur le mouvement de différenciation et de pluralisation ontologique propre à la Sibérie méridionale : certains non-humains — des montagnes, des animaux, des arbres — sont bien encore conçus et traités comme des personnes, mais la plupart des existants se voient dotés de propriétés idiosyncrasiques très hétérogènes qu'il est toutefois possible de connecter les unes aux autres par des segments de chaînes analogiques rendus manifestes par les spécialisations rituelles. Ainsi, chez les Daur, les hommes âgés ont-ils la charge d'harmoniser les éléments car ils sont du côté du ciel, et donc des phénomènes météorologiques ; les femmes ont surtout à voir avec la mobilité sociale car elles sont associées à la rivière, expression du flux ; les anciens ont partie liée avec le feu, signe de la lumière, et gèrent la hiérarchie ; le chamane, capable de métamorphose, est proche des animaux sauvages et de leur gamme d'aptitudes spécifiques ; la sage-femme qui a la fertilité pour champ de compétence relève de la matrice et des grottes, symboles de maturation [13]. Aucun principe de totalisation ne vient unifier ce conglomérat de domaines autonomes et de sphères d'intervention indépendantes que relient seulement par paquets discontinus de courtes séries associatives d'où se détachent comme des points fixes les lignées d'ancêtres. Des traits animiques demeurent, dont les chamanes, seuls capables de franchir les frontières de ce cloisonnement hiérarchique et de transcender la fragmentation ontologique, mais ce sont surtout les esprits des morts qu'ils mobilisent, et non plus les auxiliaires animaux de leurs confrères du Nord. Bref, la différence commence à pulluler et, avec elle, des relations d'une autre nature s'instaurent entre les existants.

C'est ce que l'exemple des Exirit-Bulagat, déjà brièvement évoqué comme illustration d'un schème général de protection, permettra de rendre explicite [14]. Rappelons que ces pasteurs bouriates de Cisbaïkalie, organisés en clans exogames, n'ont adopté l'élevage extensif des chevaux et des bovins qu'au XVIIe siècle, sans cesser pour autant de chasser les rennes sauvages, les élans et les chevreuils. Tout comme pour la domestication du renne plus au nord, l'emprunt du cheval aux Mongols des steppes fut motivé par les services qu'il rendait à la chasse, ici pratiquée en grandes battues montées. Les Exirit-Bulagat traitent d'ailleurs leurs troupeaux de chevaux à la manière des éleveurs de rennes, c'est-à-dire en les laissant en liberté une partie de l'année. À l'instar des chasseurs de l'Amérique subarctique et de la Sibérie septentrionale, ils assignent également le contrôle des cervidés sauvages à un esprit que nous avons déjà eu l'occasion de rencontrer sous le nom de « Riche-Forêt » *(Bagan xangaj)*. Décrit comme un très grand renne ou un élan, il est conçu à la manière d'un beau-père générique qui donne du gibier à ses gendres humains lorsqu'ils copulent dans leurs rêves avec ses filles. Rien que de très classique jusqu'ici : dans leurs rapports aux animaux sauvages structurés par une logique d'alliance avec des entités intentionnelles, les Exirit-Bulagat ne diffèrent guère des autres peuples sibériens. Mais cette poche d'animisme est devenue résiduelle, en même temps que la chasse qui lui offrait le cadre de son expérience pratique. Car la prédominance progressive de l'élevage va de pair avec la mise en place d'un rapport vertical de domination protectrice — de l'homme sur l'animal domestique, des ascendants humains sur leurs descendants et d'un géniteur mythique de la tribu sur ses membres et leurs troupeaux — qui contraste fortement avec les relations égalitaires entre personnes humaines et non humaines caractéristiques de la Sibérie du Nord.

À l'origine de la tribu se trouve *Buxa nojon,* Seigneur-Taureau, un animal céleste descendu sur terre où il engrosse une jeune fille dont il recueille et élève le bébé né de ses œuvres. Les lignées ancestrales qui dérivent de cette union résident chacune en des sites précis de la montagne au pied de laquelle sont installés leurs descendants. On leur sacrifie des chevaux afin qu'ils accordent leur protection aux troupeaux et les fassent prospérer : la viande des victimes qui leur sont consacrées s'imprègne de la « grâce », *xešeg,* qu'ils y déposent de façon qu'elle soit incorporée par les humains qui la consomment. Lors d'une grande cérémonie qui se tient en juillet, des juments et des hongres sont également sacrifiés à Seigneur-Taureau pour des raisons identiques ; l'âme des chevaux, substitut de celle des humains, est vue comme un don propitiatoire offert à la divinité dans l'espoir d'obtenir en retour bonheur et richesse, expressions concrètes de la grâce qu'elle dispense. Toutefois, à la différence de l'échange équilibré qui régit les rapports avec Riche-Forêt, l'oblation sacrificielle faite à Seigneur-Taureau n'est pas toujours suivie d'effet. On sollicite sa grâce, en appuyant la demande par des offrandes et des flatteries, sans être pour autant assuré de se voir gratifié par la protection escomptée, laquelle n'exprime rien de la part de la divinité si ce n'est la puissance qu'elle exerce du fait de sa position[15]. Loin d'être des compensations anticipées fournies en échange de bienfaits à venir, les animaux immolés aux ancêtres et au bovin céleste représentent des témoignages de dévotion adressés à des instances aux desseins impénétrables qui peuvent choisir de ne pas concéder la bonne fortune dont elles disposent à leur guise. De même que la vie des animaux placés dans la dépendance des hommes se trouve à la merci de ceux qui veillent à leur bien-être, de même le sort des humains qui se placent dans la dépendance des ancêtres et des divinités est assujetti au bon vouloir de ces derniers. À tout moment la protection est donc susceptible de s'interrompre, pour les bêtes lorsqu'elles sont mises à mort, pour les humains lorsque les destinataires des sacrifices demeurent indifférents à leurs suppliques.

La prépondérance de cette relation de domination protectrice s'accompagne d'une cascade de hiérarchies particularisées dans laquelle on discerne bien des traits d'un collectif analogique. En dépit d'un mode de vie semi-nomade, le rapport aux lignées ancestrales localisées, entretenu par diverses formes de culte des morts, constitue la source des identités segmentaires : les ancêtres que chaque unité constitutive de la tribu revendique comme source de son autonomie distinctive sont les maîtres des lieux qu'occupent leurs descendants lors de l'estivage et ils contrôlent leur destinée et celle des troupeaux. Garants de l'intégrité des lignées, les morts continuent ainsi à animer de leur présence les parages que leurs membres fréquentent une partie de l'année et l'on dit d'ailleurs qu'ils mènent une existence analogue à celle des vivants, contractant entre eux des mariages et donnant naissance à des enfants. Réparties le long d'une échelle de prestige fondée sur l'aînesse des fondateurs, les lignées sont des personnes morales en situation de rivalité permanente, mais qui savent s'unir à l'occasion pour faire front commun contre l'extérieur. Avec les Exirit-Bulagat, on a donc bien affaire à un collectif découpé en unités hiérarchisées, complémentaires et attachées à des sites, chacune composée d'un mixte d'entités de natures diverses, structuré par une logique d'emboîtement segmentaire favorisant l'expression de la différence tout en limitant ses effets dissolvants. Malgré des ressemblances superficielles, ce n'est plus vraiment le monde des Tchouktches, avec sa multiplicité de collectifs égalitaires et monospécifiques d'humains, d'esprits et d'animaux, d'où commencent à peine à se détacher des entités impersonnelles que n'agrège plus la trame des solidarités et des appartenances de groupe.

Par contraste, le collectif des Exirit-Bulagat s'étend jusqu'aux limites du cosmos et intègre dans son enceinte une multitude diversifiée de non-humains ayant chacun des domaines propres, mais reliés au reste des existants, dont les humains, par un réseau de correspondances et d'influences. Comme l'écrit Hamayon, « les représentations des êtres surnaturels se mettent à foisonner[16] ». Outre les territoires lignagers contrôlés par les ancêtres ordinaires, bien des lieux sont placés sous la juridiction d'esprits des morts individualisés, soit parce qu'ils en étaient originaires, soit parce qu'ils y trouvèrent une fin prématurée; c'est ainsi qu'un chasseur mort d'épuisement dans un recoin de forêt en détient désormais l'accès au gibier qu'il faut solliciter auprès de lui. En sus de sites spécifiques, ces morts deviennent aussi maîtres de maladies, d'activités, de propriétés, de modalités de l'existence, qui subordonnent les humains désireux de s'en débarrasser ou de les acquérir à la bonne volonté des trépassés. Autre dépendance, celle qui attache tout humain à des « esprits-destins », *zajaan*, issus des morts de lignées chamaniques. Décrits comme très actifs et débordant d'imagination, ils allouent à chacun une destinée qui lui devient intrinsèque au point d'être perçue comme une composante de sa personne. De sexe masculin ou féminin, attachés à tel ou tel site, spécialisés dans tel ou tel type de destinée, ils sont suffisamment nombreux pour fournir autant de trajectoires biographiques qu'il est nécessaire à la diversité normale des existences. À cette prédestination s'ajoute un autre facteur de singularisation, les « essences », *udxa* : ce sont des aptitudes héritées des ascendants qui prédisposent à exercer des fonctions réservées tels que chamane, forgeron, bourrelier ou fabricant de flèches. L'essence est une qualité potentielle transmise, nécessaire à la pratique d'une spécialité, mais qui peut n'être pas actualisée par celui qui en est porteur; il est toutefois impératif, sous peine d'encourir la colère des ancêtres, de ne pas laisser celle-ci en suspens, c'est-à-dire sans représentants dans le monde des vivants. En sus des destins individuels, cette qualité innée introduit ainsi au sein du collectif des différences à proprement parler « essentielles », quoique complémentaires, entre catégories d'humains. Beaucoup plus distante des hommes, enfin, mais organisée selon une même logique segmentaire, se déploie au sommet de la hiérarchie la communauté querelleuse des « Ciels », *tengeri*. Réparties en deux groupes rivaux — la faction aînée des 55 Ciels blancs de l'Est et la faction cadette des 44 Ciels noirs de l'Ouest —, ces entités individualisées et associées à des états atmosphériques sont les créateurs des particularismes en ce que tout ce qu'elles font advenir est doté d'une fonction prédéterminée. Chaque Ciel est ainsi dépositaire d'un attribut spécifique qu'il contribue à entretenir et à diffuser — esprit d'initiative, jalousie, ruse ou malveillance —, caractérisé par une couleur et un orient.

Il subsiste certes chez les Exirit-Bulagat des poches d'identification animique, notamment dans le domaine du traitement des animaux sauvages et du maître des cervidés Riche-Forêt, voire dans certaines propriétés prêtées aux animaux domestiques, telle l'« âme » des chevaux que l'on adresse aux esprits dédicataires des sacrifices. Pourtant, par contraste avec le régime ontologique de l'animisme dans lequel les personnes humaines et non humaines distribuées dans des collectifs différenciés possèdent néanmoins certains attributs semblables, tous les éléments du collectif auquel participent les Exirit-Bulagat paraissent singularisés : les lieux, les êtres, les segments sociaux, les morts et les vivants, les secteurs du cosmos, les divinités, les champs d'activité, les sphères de compétence, les prédispositions, les destinées, les qualités, tout est dissocié, tout relève d'un particularisme obsessif que le travail de l'analogie s'attache à recomposer dans un réseau toujours incomplet de similitudes partielles. Même le chamanisme a changé de nature et commence à dériver vers ces formes de possession par les esprits si communes dans les ontologies analogiques : tandis que le chamane de la Sibérie du Nord entretient avec ses auxiliaires animaux un rapport de collaboration, le chamane bouriate incorpore physiquement dans sa transe les esprits des ancêtres et de Seigneur-Taureau. Sans doute n'y a-t-il pas ici possession au sens strict, puisqu'il semble que les puissances intrusives ne se substituent pas à l'intentionnalité de celui qu'elles visitent au point de l'aliéner totalement ; mais cela s'en approche fort, notamment lorsque, ayant incarné l'esprit de Seigneur-Taureau, le chamane se met à mugir à quatre pattes comme s'il était devenu lui-même le bovin céleste[17]. En somme, malgré la continuité géographique et les ressemblances de façade, ce monde fragmenté de relations verticales, pullulant d'entités autonomes et de qualités en quête de supports, hiérarchisé par les ancêtres et différencié par les essences et les destins, n'est plus du tout celui de la Sibérie du Nord. En lisière de l'archipel analogique, il ne lui manque pour y rentrer de plain-pied que d'expulser Riche-Forêt de sa mémoire, et avec lui la petite troupe d'animaux, d'arbres et de montagnes qui frémissent encore d'une intériorité semblable à celle des humains.

De l'Amérique boréale aux franges du plateau mongol nous sommes ainsi passés par une série de transformations minimales d'un système où dominait l'animisme donateur à un autre ou l'analogisme protecteur commençait à établir son emprise *(figure 11)*. Il a suffi pour cela que la relation de protection sorte du cadre restreint de l'élevage des animaux sauvages par les esprits qui veillent sur eux pour s'infiltrer dans la domestication embryonnaire de ces mêmes animaux par les hommes, un petit pas apparemment sans grandes conséquences pourvu que subsistent des rapports, devenus d'échange symétrique, entre les humains et des collectifs de personnes non humaines. Ceux-ci finissent toutefois par être résiduels lorsque, débordant la pratique d'éleveurs occasionnels, la protection contamine de son besoin jusqu'à ceux qui l'exercent. Il faut alors étirer vers le haut les hiérarchies de dépendances, conditions ressenties de la sécurité ; rentrer dans le cycle de la servitude volontaire vis-à-vis des ancêtres, des aînés, des divinités ; peupler le monde d'instances et de principes que l'on rend responsables de l'aléa des destins ; implorer la bienveillance et flatter par des

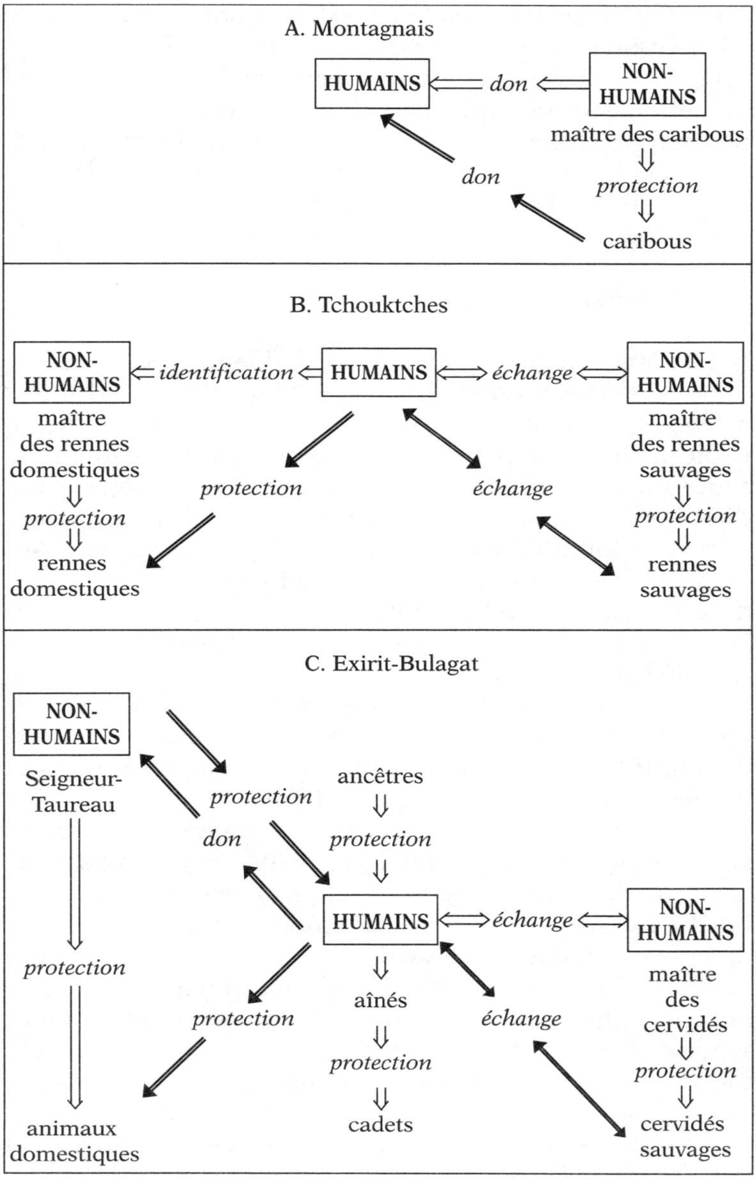

Figure 11. Transition de l'animisme donateur vers l'analogisme protecteur.

offrandes sacrificielles les maîtres dont on redoute le silence ; interpréter sans cesse les signes qui donnent un sens à un cosmos compartimenté et hétérogène dans lequel l'assurance que chaque chose est à sa place ne permet guère de dissiper l'inquiétude quant aux conséquences imprévisibles de l'intervention de certaines d'entre elles dans la vie quotidienne.

Chasse, apprivoisement, domestication

La domestication animale a probablement joué un rôle dans la « transition sibérienne », mais elle ne suffit pas à l'expliquer. Car la disponibilité d'un animal domesticable n'aboutit pas nécessairement à sa domestication, toute innovation technique relevant d'un choix, c'est-à-dire de l'opportunité de retenir ou d'exclure certaines options selon qu'elles paraissent compatibles ou non avec les autres éléments du système au sein duquel la technique doit s'intégrer. C'est ce dont témoignent les peuples de l'Amérique subarctique qui se sont abstenus de suivre la voie de leurs voisins sibériens en domestiquant les rennes, et cela bien que la relation de protection impliquée par l'élevage fût présente à l'état de potentialité dans la figure du maître des caribous et, de façon concrète, dans la domestication très ancienne du chien.

Du reste, même l'exemple des avantages pratiques de l'élevage ne garantit pas qu'il s'implante de façon durable, ainsi que le montre une expérience menée en Alaska à la fin du XIXe siècle[18]. Face au déclin des hardes de caribous dans la péninsule de Seward, les représentants de l'administration fédérale eurent l'idée d'importer de Sibérie nord-orientale des rennes domestiques et leurs gardiens tchouktches afin d'enseigner aux Eskimos Yup'it les techniques de l'élevage et leur procurer ainsi une source de viande qui ne fût pas tributaire des aléas de la chasse. Alors que les autochtones utilisaient des traîneaux tirés par des chiens, les Tchouktches introduisirent également leurs traîneaux attelés à des rennes, moyen de déplacement qui fut accueilli avec enthousiasme par les autorités ;

celles-ci s'attachèrent alors à en promouvoir la diffusion, faisant appel pour cela à des Sames amenés en grand nombre de Finlande et de Norvège avec leurs rennes plus dociles et leurs traîneaux mieux adaptés. En vue d'accompagner le développement de la colonisation lors du boom aurifère, le programme gouvernemental d'élevage du renne finit par s'orienter presque exclusivement vers la fourniture de transport aux prospecteurs, aux postes de traite et au service du courrier, laissant aux missionnaires le soin de convaincre les autochtones des bienfaits de l'élevage. Les résultats ne furent à la hauteur ni des espérances initiales ni des moyens engagés : les Yup'it continuaient à préférer la chasse aux caribous à l'élevage et aimaient mieux se déplacer avec leurs traîneaux à chien qu'avec des attelages de rennes, seule une poignée d'entre eux acceptant, sous la pression des missionnaires, de rester loin de leurs villages pendant la plus grande partie de l'hiver afin de surveiller les troupeaux. Il est difficile de dire avec certitude si cet échec résulte d'une inadéquation de la technique aux conditions de vie locales — meilleure adaptation du traîneau à chien, contraintes de l'élevage itinérant, zones de pâture trop dispersées, etc. — ou s'il est attribuable à des raisons plus morales, comme une répugnance des autochtones à élever un animal qu'ils chassent par ailleurs et à consommer une viande qu'ils ont « produite » plutôt qu'obtenue dans le cadre d'un commerce de personne à personne avec les entités contrôlant le gibier. Comme dans bien des cas similaires, les deux types de cause sont sans doute indissociables. Il demeure que, à la différence de la Sibérie septentrionale, où le milieu et les modes d'existence n'étaient pas très différents, nul n'a franchi de façon spontanée le pas de la domestication du caribou à l'est du détroit de Béring.

Un large détour est nécessaire pour mieux comprendre ce phénomène. Il nous mènera auprès de peuples qui se sont également abstenus de domestiquer la faune locale tout en possédant une grande expérience pratique des animaux élevés en semi-captivité. Dans toute l'Amazonie, en effet, les Amérindiens cohabitent en parfaite harmonie avec de nombreuses espèces d'animaux familiers[19]. Ce sont les petits du gibier tué à la chasse ou des oisillons dénichés, recueillis et alimentés à la becquée ou au sein, et qui reçoivent ainsi ce que les éthologues appellent une « empreinte » de substitution, les conduisant à s'attacher à leurs maîtres au point de les suivre partout librement. Les Amérindiens n'ignorent rien de ce mécanisme indispensable à l'apprivoisement et ils savent bien évaluer la période, assez courte et variable pour chaque espèce, durant laquelle le phénomène d'empreinte est susceptible de se produire. Parmi les espèces ordinairement apprivoisées, les plus propices à la domestication sont sans doute les gros rongeurs — le paca, l'agouti, l'acouchi et le cabiai —, les deux espèces de pécari, le tapir et certains oiseaux, principalement terrestres, qui mènent déjà autour des maisons amérindiennes une existence de basse-cour : des cracidés et des tinamidés et l'oiseau-trompette, largement utilisé dans toute la région comme animal de garde. Lorsqu'ils sont familiarisés assez tôt avec l'homme, tous ces animaux sont généralement dociles et supportent bien la captivité. Il n'est ainsi pas rare de voir un pécari de la taille d'un sanglier paisiblement assoupi près d'un foyer ou un tapir pesant une demi-douzaine de quintaux folâtrer avec son maître dans la rivière ou le suivre à la nage lorsqu'il se déplace en pirogue. Or, bien qu'ils représentent une source potentielle de viande, ces animaux familiers ne sont jamais tués pour être mangés, sauf dans quelques cas tout à fait exceptionnels comme la mise à mort rituelle du tapir chez les Pano, déjà évoquée précédemment[20].

Les Amérindiens n'ont pas tenté non plus de faire se reproduire en captivité les animaux qu'ils apprivoisent ni, *a fortiori*, de sélectionner leurs rejetons. En dehors des Andes, où camélidés et cochon d'Inde furent domestiqués il y a au moins six mille ans, le seul animal domestique autochtone de l'Amérique du Sud tropicale est le canard de Barbarie, probablement domestiqué au début de notre ère sur le littoral septentrional du continent, et dont l'élevage ne s'est répandu que très lentement à d'autres régions des basses terres, où il est encore relativement rare à l'heure actuelle. En dépit de la haute antiquité de la domestication des principales plantes cultivées dans l'Amérique du Sud non andine, il n'y a donc pas eu un mouvement équivalent vers la domestication des animaux, entendue ici au sens traditionnel que lui donne Isidore Geoffroy Saint-Hilaire de la réduction à un état de domesticité « d'une suite d'individus issus les uns des autres » sous le contrôle de l'homme[21].

La première explication possible de cet état de fait est évidemment d'ordre zootechnique : même si de nombreuses espèces de la faune tropicale sud-américaine se laissent apprivoiser sans difficulté, aucune ne se prêterait à une domestication véritable. Bien des indices suggèrent que ce n'est pas le cas. Ainsi, une étude des potentialités pour l'élevage de diverses espèces sauvages en termes de rendements et d'éthogrammes a particulièrement retenu, pour l'Amérique du Sud, le cabiai, le pécari et l'agouti[22]. L'élevage intensif de ces trois espèces dans des fermes modernes est d'ailleurs devenu commun en Amérique du Sud, le cabiai faisant même office de viande de boucherie ordinaire dans certaines régions du Venezuela. On sait aussi que le tapir se laisse dresser s'il est capturé très jeune et qu'il a parfois été utilisé comme animal de trait par les *caboclos* de l'intérieur du Brésil[23]. Quant au paca, à l'agouti et à l'acouchi, ils sont très proches sur le plan zoologique et éthologique du cochon d'Inde, pendant longtemps la principale source de viande des paysans andins. Notons enfin qu'à l'exception du tapir toutes ces espèces de mammifères correspondent à la fourchette de poids (inférieur à 40 kg) et au taux moyen de reproduction que les modèles d'écologie évolutionnaire considèrent comme optimaux pour favoriser la décision de passer de la chasse à la domestication[24].

De tous les mammifères de la faune tropicale sud-américaine, c'est toutefois le pécari à collier *(Tayassu tajacu)* qui présente l'éthogramme le plus caractéristique des espèces aptes à être domestiquées : grégarité et promiscuité sexuelle dans le cadre de groupes relativement larges, diversifiés et hiérarchisés ; courte distance de fuite et adaptabilité aux changements environnementaux ; comportement alimentaire peu spécialisé[25]. L'expérience des zoos montre par ailleurs que sa reproduction en captivité ne soulève pas de difficultés particulières[26]. C'est pourquoi le fait qu'il n'ait pas été domestiqué par les Amérindiens a retenu l'attention de plusieurs auteurs[27]. S'il est vrai que les pécaris mâles deviennent parfois turbulents à l'âge adulte, il aurait néanmoins été possible d'adopter en Amérique du Sud la technique d'élevage du porc pratiquée en Nouvelle-Guinée, où les truies errent librement dans la brousse aux alentours du village et sont couvertes par des verrats demeurés sauvages. En Amazonie, pécaris et tapirs apprivoisés sont d'ailleurs très rarement confinés dans un enclos, et divaguent à leur guise autour des lieux habités, ne revenant pour être nourris que lorsque leurs maîtres les appellent. L'alimentation d'un troupeau n'exigerait pas une intensification considérable des ressources horticoles, à l'heure actuelle sous-exploitées, d'autant que la patate douce, l'une des premières espèces de plantes à avoir été domestiquée en Amérique, et dont l'introduction en Nouvelle-Guinée contribua justement au développement de l'élevage du porc — la fameuse « révolution ipoméenne » —, est déjà communément employée en Amazonie à nourrir un autre animal domestique, le chien.

Certes, les jardins papous sont souvent protégés des incursions des cochons par de solides barrières dont la construction exige pas mal de travail, un investissement que les Amérindiens, dont les jardins ne sont pas clôturés, rechigneraient peut-être à consentir. Il serait néanmoins possible de garder les pécaris eux-mêmes dans des enclos, d'autant que le parcage a probablement été employé autrefois au Brésil comme technique de chasse par les Mundurucú : les hardes de pécaris étaient rabattues dans un corral où les animaux étaient conservés et nourris avant d'être abattus au gré des besoins, sans que ce stockage sur pied ne débouche sur une tentative de reproduction contrôlée[28]. Cet exemple souligne d'ailleurs bien la différence dans l'attitude des Amérindiens entre des animaux capturés pour être consommés, mais maintenus collectivement à l'écart du village, et les individus de la même espèce que l'on ne mange pas car ils ont été maternés et socialisés dans les lieux habités. En outre, l'élevage du porc européen en enclos n'est pas inconnu : certaines sociétés de haute Amazonie en contact régulier avec les Andes le pratiquent depuis apparemment fort longtemps et n'éprouvent aucun scrupule particulier à manger du cochon. Il s'agirait donc moins ici d'une répugnance à l'égard des animaux domestiques en général que d'une répugnance à domestiquer le gibier[29].

Une telle répugnance pourrait évidemment s'expliquer par le simple fait qu'il est plus économique de se procurer de la viande en chassant des animaux relativement abondants qu'en prenant la peine de les élever. On sait maintenant, en effet, que l'Amazonie contemporaine n'est pas ce « désert protéique » dont certains avocats de l'écologie culturelle avaient brossé le tableau, et que les Amérindiens sont loin de manquer de gibier, même s'il existe des disparités notables dans son accessibilité en fonction des biotopes. Les études abondent qui établissent sans conteste que la chasse amérindienne est hautement productive et l'on a même réussi à montrer à propos des Piro, grâce à un modèle mathématique comparant le rendement effectif du pécari à collier en termes de viande lorsqu'il est chassé et son rendement hypothétique s'il était élevé en captivité, qu'il est plus rentable pour cette population de continuer à le chasser[30]. Sans doute les Amérindiens n'avaient-ils nul besoin de savoir calculer les relations allométriques entre densité, biomasse et taux de reproduction pour parvenir à une conclusion identique dans maintes régions d'Amazonie qui connaissent des conditions écologiques et démographiques similaires à celles des Piro. Il est en outre vraisemblable que certaines espèces animales n'aient pas d'abord été domestiquées pour être mangées — puisque l'on pouvait les chasser —, mais plutôt pour un accès plus facile à des produits secondaires (lait, cuir, laine, transport...)[31]. De ce point de vue, à l'exception de l'oiseau-trompette (pour la garde) et des perroquets et aras (pour les parures), la faune amazonienne a peu à offrir. Cela dit, dans la plupart des grands foyers de domestication animale, notamment au Proche-Orient, celle-ci n'a connu son plein développement que lorsque la sédentarisation et la croissance démographique dans des territoires circonscrits ont atteint un tel degré que la dépendance alimentaire vis-à-vis des produits de l'élevage est devenue irréversible, cantonnant ceux de la chasse à une fonction d'appoint. Or, les faibles densités de population qui permettent à l'heure actuelle dans les régions interfluviales d'Amazonie une acquisition adéquate de protéines animales à travers la chasse n'ont pas toujours été la norme. Des sociétés sédentaires et extrêmement denses, très tôt détruites par l'expansion coloniale européenne, se sont développées pendant près de deux millénaires sur les riches terrasses alluviales des grands fleuves et au pied des Andes, mais n'ont pas jugé pour autant nécessaire de recourir à la domestication du pécari, de l'agouti ou du cabiai afin de compenser ce que la chasse ne pouvait plus leur procurer. Elles préférèrent exploiter des sources de protéines alternatives, notamment la culture intensive du maïs et, dans une moindre mesure, la faune aquatique ; le stockage des tortues vivantes dans des enclos était d'ailleurs commun sur le cours de l'Amazone, sans que l'on puisse assimiler cette technique de conservation à un élevage, aucune action directe n'étant exercée sur l'animal. Tout se passe donc comme si, entre l'apprivoisement du gibier et sa domestication, il y avait un seuil que les Amérindiens des régions tropicales se sont toujours refusé à franchir[32].

Le fait est d'autant plus remarquable que, en Amazonie tout autant qu'en Amérique du Nord ou en Sibérie, les animaux chassés sont dits vivre sous le contrôle d'esprits qui se comportent vis-à-vis d'eux comme des éleveurs. Même si le terme généralement employé pour désigner ce rapport dénote l'apprivoisement, il s'agit bien ici d'un élevage véritable car, à la différence des Amérindiens qui ne mangent ni ne tentent de faire se reproduire leurs animaux familiers, les maîtres du gibier s'alimentent souvent de leurs troupeaux et veillent en tout cas avec zèle à leur propagation. Non seulement la relation de protection à l'égard de l'animal est partout présente en Amazonie dans ses dimensions concrètes avec l'apprivoisement, mais elle existe aussi à l'état potentiel avec toutes les déterminations propres à l'élevage dans la gestion des animaux sauvages par des pasteurs non humains. Et c'est peut-être cette dualité du traitement de l'animal protégé qui explique pourquoi les Indiens d'Amazonie n'ont pas domestiqué le pécari, le cabiai ou l'agouti. Car les animaux familiers ont un statut à part : socialisés dans la maison où ils vaquent librement, nourris et maternés par les femmes, compagnons de jeu des garçons et des filles, ils sont assimilés à des enfants impubères, raison d'ailleurs parfois invoquée pour expliquer qu'ils ne sauraient se reproduire. Par contraste, les animaux chassés et leurs maîtres sont le plus souvent conçus en Amazonie comme des affins — partenaires sexuels ou beaux-frères pour les premiers, beaux-parents pour les seconds —, un trait dont on a vu qu'il était caractéristique de bien des systèmes animiques, dans cette partie du monde comme ailleurs. En considérant les petits du gibier comme des enfants adoptifs, les Amérindiens les soustraient donc à la relation d'alliance qu'ils entretiennent par ailleurs avec les esprits protégeant la faune, et ils se substituent à ces derniers dans la fonction nourricière d'éleveur. Mais cette substitution est à la fois partielle et temporaire puisque les humains se gardent bien d'assurer la descendance de ceux qu'ils protègent ou de les tuer pour les consommer. En somme, ils « jouent » aux éleveurs, avec toutes les compétences requises en matière de savoirs zoologiques et éthologiques, mais sans pousser la logique de ce comportement jusqu'au bout.

L'apprivoisement dans l'Amérique du Sud des basses terres n'est donc en aucune manière une tentative inaboutie de « proto-domestication[33] ». S'il n'a pas débouché sur un élevage véritable, c'est en raison de la manière dont on appréhende le rapport à l'animal dans cette région : le gibier est soit un *alter ego* en position d'extériorité absolue quand il est chassé, soit trop proche de soi pour être mangé lorsqu'il est apprivoisé. Que des personnes animales vivant dans leurs collectifs indépendants soient perçues comme extérieures n'est pas pour surprendre dans un régime animique. Quant à la proximité excessive des animaux familiers, elle vient de ce que ces orphelins soustraits à leurs collectifs pour être intégrés à celui des hommes ont perdu, ce faisant, et malgré leurs persistantes différences de forme, la plupart des attributs typiques de leur tribu-espèce d'origine. N'existant généralement qu'en un seul exemplaire dans la maison qui les accueillent, ils n'interagissent plus avec leurs congénères, mais avec des humains ou avec des animaux d'autres espèces placés dans la même situation ; ils ne se procurent plus leur nourriture selon les voies habituelles, mais consomment celle qui leur a été préparée ; ils n'occupent plus leur habitat propre, mais un environnement façonné par d'autres ; ils ne se reproduisent plus selon leur mode caractéristique, mais demeurent, faute de partenaires, dans l'état d'immaturité sexuelle d'éternels enfants ; leur corps même a changé puisqu'il arrive qu'on le masse et le façonne comme pour le modeler à la semblance des humains, ainsi qu'on le fait avec le corps encore informe des petits enfants afin qu'il acquière la perfection souhaitée[34]. Bref, en adoptant certains des usages de ceux qui les apprivoisent, les animaux ont perdu leurs propriétés distinctives initiales et sont devenus semblables à eux. C'est pour cela qu'ils ne finissent pas dans la marmite : de même qu'on ne mange pas les enfants capturés aux ennemis et intégrés dans la famille du meurtrier de leurs parents où ils sont traités comme des consanguins de longue souche, de même on ne mange pas les petits des animaux dont on a tué les géniteurs car ils ont acquis les us et coutumes de leur collectif d'accueil.

Cette naturalisation par adoption n'abolit pourtant pas complètement la dépendance des animaux apprivoisés vis-à-vis des maîtres du gibier qui continuent à assurer de loin leur protection. Sous peine d'encourir la colère des esprits qui veillent sur eux, il n'est pas plus question de maltraiter ces pensionnaires de passage qu'il n'est permis d'infliger des souffrances inutiles ou de manquer de respect aux animaux que l'on chasse. De fait, la plupart des animaux sont déjà domestiqués dans l'imaginaire, et bien plus complètement que ce à quoi aboutit leur familiarisation par les humains, mais d'une façon qui interdit à ces derniers de tenter l'opération pour leur propre compte. Cela impliquerait, en effet, non pas tant un processus empirique préfiguré par l'apprivoisement, qu'un transfert total de sujétion auquel le maître du gibier devrait consentir. En abolissant l'extériorité des personnes animales pour les intégrer aux collectifs humains, une telle situation bouleverserait les frontières ontologiques des cosmologies amérindiennes comme les principes au moyen desquels les rapports entre humains et non-humains sont mis en pratique en leur sein. Contrairement au porc en Nouvelle-Guinée ou au bétail en Afrique, objets d'un transfert métonymique les rendant aptes à exprimer les qualités et les aspirations de celui qui les possède, et susceptibles par conséquent de servir de substitut aux hommes dans les échanges, l'animal n'est pensable dans l'Amérique du Sud tropicale que comme le sujet indépendant et collectif d'un rapport égalitaire de personne à personne. Le rejet de la technique domesticatoire y est donc moins le produit d'un choix conscient qui aurait été indépendamment effectué par des milliers de peuples, que l'effet de l'impossibilité où ils se trouvaient de transformer leur schème de relation à l'animal, en généralisant à l'endroit de certaines espèces une attitude protectrice dont les non-humains ont l'apanage et que l'apprivoisement cantonne à quelques individus seulement. Quoique nécessairement conjoncturel, ce blocage s'est maintenu depuis la période précolombienne jusqu'à présent ; en témoigne *a contrario* l'échec de tentatives récentes menées par des organismes de développement d'implanter en milieu amérindien des élevages modèles d'agoutis ou de pécaris comme sources de viande alternative dans des régions à l'environnement dégradé où les rendements de la chasse étaient devenus presque nuls.

Pourvu que certaines conditions soient remplies, il est beaucoup plus facile d'adopter un objet technique nouveau que d'inventer une nouvelle relation technique. Les Indiens d'Amazonie ont immédiatement compris l'avantage des outils métalliques, des armes à feu et, plus récemment, des moteurs hors-bord ou des tronçonneuses, lesquels accomplissent de manière beaucoup plus efficace que leurs anciens outils de bois et de pierre des fonctions parfaitement identiques : couper, envoyer des projectiles, propulser une embarcation... Ils n'ont même pas hésité dans certains cas à apprendre auprès des Blancs des techniques élémentaires de fonte et de façonnage des métaux afin de fabriquer et de réparer les armes dont ils avaient besoin pour se débarrasser de la présence de ceux-là mêmes qui, avec beaucoup de naïveté, les avaient instruits dans cet art[35]. L'emprunt par les Amérindiens des animaux domestiques européens, à commencer par le chien, s'est également fait sans grandes difficultés, car les modalités techniques et idéologiques du traitement de l'animal leur étaient en grande partie transmises avec l'animal lui-même et ne supposaient que quelques réaménagements dans les taxinomies[36]. Il en va tout autrement, en revanche, de la domestication des animaux autochtones, dont le principe était pourtant présent par analogie avec le comportement des maîtres du gibier — et depuis près de cinq siècles, dans certaines régions, par une certaine familiarité avec les animaux domestiques européens —, mais dont l'actualisation aurait exigé une réorientation importante des modes de relation aux non-humains, entraînant une modification du statut ontologique de ces derniers.

Il eût certes été possible de séparer en deux domaines plus ou moins étanches les animaux d'une même espèce selon qu'ils sont élevés ou chassés, à l'instar de ce que font les Tchouktches pour le renne ou certains Papous avec le porc. Dans ces deux cas coexistent bien sans problème une protection minimale de l'animal semi-domestiqué et une prédation exercée sur ses congénères sauvages avec le consentement des esprits qui les élèvent[37]. Les Indiens d'Amazonie n'ont pas suivi cette voie avec le pécari, ni ceux de l'Amérique subarctique avec le caribou, pour des raisons sur lesquelles il serait hasardeux de spéculer. Notons seulement que ce genre de rectification de frontières ontologiques se fait à petit pas et dans la très longue durée. Originaire d'Amérique, le renne a commencé à être domestiqué en Eurasie septentrionale il y a près de cinq mille ans, probablement par des populations venues du Sud qui lui appliquèrent leurs anciens savoirs d'éleveurs de chevaux; mais sa domestication a mis plusieurs millénaires à se diffuser en Sibérie, dans certaines régions il y a quelques siècles à peine, et elle y demeure embryonnaire là où les rennes sauvages sont abondants[38]. Quant à la domestication du porc, elle est encore à mi-chemin de l'apprivoisement dans certaines régions de Nouvelle-Guinée où l'on se contente de capturer des porcelets sauvages pour les élever.

Genèse du changement

Ce n'est pas le progrès technique en soi qui transforme les rapports que les humains entretiennent entre eux et avec le monde, ce sont plutôt les modifications parfois ténues de ces rapports qui rendent possible un type d'action jugé auparavant irréalisable sur ou avec une certaine catégorie d'existants. Car toute technique est avant tout une relation médiate ou immédiate entre un agent intentionnel et de la matière inorganique ou vivante, y compris lui-même. Pour qu'une technique nouvelle apparaisse ou soit empruntée avec quelque chance de succès, il faut donc assurément qu'elle présente une utilité réelle ou imaginaire et qu'elle soit compatible avec les autres caractéristiques du système où elle prend place. Il faut surtout que la relation originale qu'elle implique soit objectivable, c'est-à-dire qu'elle corresponde à un schème d'interactions préexistant, mais confiné jusque-là dans une position subalterne ou spécialisée parce que s'exerçant de façon exclusive vis-à-vis d'une classe bien définie d'objets. En ce sens, un choix technique suppose tout à la fois une reconfiguration d'éléments déjà présents et l'application d'un type spécifique de relation à des entités qui n'étaient pas auparavant concernées par lui. C'est ce qui se passe, dans la domestication animale, avec l'expansion de la relation de protection hors de sa niche d'origine où elle se rapporte surtout au comportement nourricier des parents à l'égard de leurs enfants et à la maîtrise qu'ils exercent en conséquence sur leurs conditions d'existence — laquelle peut aller jusqu'au droit reconnu par maintes sociétés de disposer de leur vie, ne serait-ce que par défaut de soins, abandon ou exposition aux éléments.

Entendue ainsi, la relation technique est remarquablement stable dans la durée, par contraste avec l'instrumentation qu'elle emploie et l'organisation des chaînes opératoires où elle s'exprime, lesquelles peuvent connaître des bouleversements dans des laps de temps assez brefs. Parce que l'éventail des relations possibles à soi-même ou à un autrui vivant ou inerte est beaucoup plus restreint que l'ensemble des objets que ces relations sont susceptibles d'engendrer et que la gamme des méthodes utilisables pour y parvenir, l'évolution technique pourrait dès lors être envisagée, non pas comme une complexification graduelle des outils et des processus de transformation, mais comme une série restreinte et plus ou moins cumulative d'objectivations de relations nouvelles. Le passage du char à l'automobile ou du métier à ceinture au métier Jacquard n'a rien d'inéluctable ou de prévisible, mais semble du moins congruent aux caractéristiques des opérations et à la nature des résultats inhérentes à ces catégories d'artefacts. Il en va tout autrement avec l'objectivation d'une nouvelle relation technique, telle la domestication des plantes ou celle des animaux — l'une n'allant pas nécessairement avec l'autre — qui constituent des révolutions sans précédent dans l'appréhension et le traitement des frontières du soi et d'autrui. L'instrumentalisation est une autre de ces révolutions majeures, la première sans doute, puisque l'idée de transférer une fonction physique de l'organisme à un objet qui la rende plus aisée a germé chez d'autres espèces avant de connaître la fortune que l'on sait dans l'hominisation. Parmi ces relations inédites aux choses figure aussi en bonne place le stockage des aliments, à savoir l'accumulation d'énergie pour la reproduction de la vie, un phénomène indépendant de la domestication — des agriculteurs ne le pratiquent pas et des chasseurs-cueilleurs y ont recours — et la probable source des premières inégalités économiques[39]. Sans souci d'exhaustivité, on pourrait ajouter à cette courte liste l'invention des artefacts cognitifs — des quipus à l'écriture, en passant par les bouliers et les pictogrammes — ou encore la disjonction des compétences dans l'organisation des tâches, une relation entre humains celle-là, et qui advient lorsque les aptitudes polyvalentes de chaque individu, auparavant exercées dans des opérations collectives sans coordination explicite, sont réorientées par un maître d'œuvre vers l'accomplissement de tâches spécifiques assignées à chacun : la nature des compétences mobilisées n'a pas changé, mais la modification dans la relation des parties au tout rend possible l'émergence d'une spécialisation, et donc d'une division sociale du travail. Dans tous ces cas, l'objectivation prend la forme soit d'une externalisation de propriétés ou de fonctions physiques et mentales humaines, soit d'une artificialisation d'une portion des non-humains, acquises l'une et l'autre en transposant une compétence ou une relation auparavant développée à d'autres fins.

À l'exception du stockage, aucune de ces ruptures dans le rapport à la matière ne suppose ou même n'entraîne une modification radicale des conditions sociales et économiques, l'actualisation des potentialités productives contenues dans la nouvelle relation technique n'ayant rien d'automatique. La meilleure illustration en est sans doute la domestication des plantes, extraordinaire mutation dans le traitement des non-humains, mais qui ne saurait pour autant être considérée comme le *deus ex machina* de la stratification politique, de la croissance démographique et de l'exploitation d'autrui : rappelons que bien des chasseurs-essarteurs se distinguent difficilement des chasseurs-cueilleurs du point de vue du système sociopolitique, de l'organisation de la subsistance ou des stratégies d'occupation et de gestion de l'espace, tandis que des sociétés fondées exclusivement sur la ponction des ressources naturelles (Indiens de la côte nord-ouest d'Amérique du Nord ou du sud de la Floride) présentaient des traits inégalitaires — disparités de richesse, usage de main-d'œuvre servile, structure politique hiérarchisée — que l'on chercherait en vain chez la plupart des cultivateurs de tubercules tropicaux.

Dans le domaine des innovations techniques comme dans l'évolution historique en général, ce n'est pas tant le mouvement qu'il faut expliquer, c'est la stabilité. Chaque jour apporte son lot de petites découvertes, partout des esprits curieux spéculent sur le monde et ses mystères, à tout moment de fortes personnalités mettent en branle des entreprises aux conséquences imprévisibles, de sorte que les conditions sont toujours réunies pour que les choses ne demeurent pas en l'état mais, par une accumulation de mutations minuscules, qu'elles se transforment à un rythme réputé plus ou moins rapide selon l'étalon retenu pour mesurer le changement. Or, si l'on tente d'échapper à la myopie de l'instantané qui nous fait jauger le mouvement général par la manière dont nous le ressentons au cours des péripéties de notre existence, force est de constater que les grands cadres de schématisation de l'expérience humaine changent fort peu, notamment les régimes ontologiques et les modes dominants de relation structurant la *praxis*, et pas seulement dans ces sociétés que Lévi-Strauss appelait « froides » parce qu'elles cherchent à neutraliser les effets de la contingence historique. Plutôt qu'à une peu vraisemblable absence de mouvement, donc, la stabilité est due à la suppression du mouvement, ou plus exactement aux obstacles apportés à son cours normal par des mécanismes inhibant ses conséquences immédiates. L'un d'entre eux, et peut-être le plus commun, réside dans la difficulté d'étendre le champ de certaines relations à de nouveaux objets, qui seraient amenés ainsi à changer de statut afin de se conformer aux caractéristiques attendues de la classe d'existants à laquelle cette relation s'applique à l'origine. La nature des termes contraint, en effet, la nature des rapports qui pourront être établis entre eux, raison pour laquelle l'identification me paraît devoir précéder logiquement la relation. De ce fait, les termes ne peuvent être aisément transférés d'une relation à une autre, cette résistance ontologique constituant l'obstacle le plus décisif au mouvement de transposition qui caractérise l'objectivation d'une relation technique originale.

C'est ce qui se passe dans l'Amérique du Sud tropicale avec la coexistence de modalités différentes de relation à deux classes d'animaux distincts : le traitement des animaux habituellement chassés et l'élevage d'animaux domestiques européens, les plus généralisés étant le chien et la poule. Tandis que la protection de certains d'entre les premiers reste conditionnelle et provisoire dans le cadre de l'apprivoisement, elle devient absolue pour les seconds qui sont dès lors totalement subordonnés aux humains, cette inflexion expliquant pourquoi il était peu concevable de faire glisser le gibier vers la relation domesticatoire. Lorsqu'il y eut transfert d'une relation à l'autre, il s'opéra d'ailleurs par inclusion des termes allogènes dans la relation originelle, et non l'inverse : dans les régions de savane, l'on connaît plusieurs cas où du bétail marron redevenu sauvage a été transformé en gibier par les Amérindiens sans que soit jamais attestée la conversion du gibier en animal domestique.

Une homéostasie aussi persistante est pourtant rare. Il est plus commun qu'une classe d'existants proéminente par le rôle qu'elle joue dans tel ou tel secteur de l'existence d'un collectif se voit peu à peu subsumée sous un schème de relation auparavant marginal qui, de ce fait, en vient à acquérir une position prépondérante : la voie est alors ouverte pour que la relation qui caractérisait initialement le traitement de ces objets perde en retour de son importance. Ainsi, même si cela a pris fort longtemps en Sibérie, le renforcement d'une attitude protectrice vis-à-vis de certains animaux ne pouvait que condamner au déclin les rapports de personne à personne auparavant entretenus avec eux et, de proche en proche, susciter la disparition des comportements autrefois en vigueur à l'égard des non-humains à qui l'on prêtait des attributs identiques ou, au mieux, les cantonner dans le caveau des survivances folkloriques. Une telle mutation ne saurait toutefois se produire que si les mécanismes inhibiteurs du changement ont été eux-mêmes inhibés par les conséquences d'événements suffisamment exceptionnels pour que l'imagination créatrice et le sens de l'innovation reprennent leurs droits, bousculant les habitudes transmises au fil des générations. Cela arrive en général lorsque les termes susceptibles d'être objectivés par l'extension du champ d'une relation à l'incidence auparavant secondaire sont soit tout à fait nouveaux, soit déjà modifiés en profondeur par l'affaiblissement progressif de la relation qui les objectivait précédemment. Si le premier cas est typique des phénomènes d'emprunt et de diffusion, l'expérience montre aussi que l'arrivée d'une entité nouvelle — un animal domestique, par exemple — n'implique pas nécessairement qu'elle sera adoptée lorsque la relation qui l'objective — un certain type de rapport à l'animal — demeure trop étrangère aux schèmes d'interactions et aux systèmes de compétences localement dominants. Même si son usage finit par être accepté, du reste, il tendra le plus souvent à demeurer confiné dans une niche qui restreindra sa transposition à d'autres objets. Aussi la deuxième condition, la désagrégation d'un rapport autrefois prépondérant, est-elle fondamentale dans le processus de changement. Elle intervient habituellement lorsque des circonstances engendrées par les aléas de l'histoire, les bouleversements du climat et les effets inintentionels de l'action humaine sur l'environnement forcent des peuples à s'adapter à des milieux différents ou dont les caractéristiques se sont altérées. Les migrations à longue distance sous la pression d'envahisseurs ou de voisins belliqueux, l'expansion conquérante, la circonscription dans un territoire dont l'exploitation deviendra plus intensive, la dégradation anthropique d'un écosystème ou sa transformation progressive à la suite d'accidents climatiques, tout cela oblige les hommes à modifier leurs stratégies de subsistance et surtout ébranle les relations qui les unissent les uns aux autres et avec le monde, les rendant plus réceptifs à des hardiesses autrefois considérées avec suspicion.

Ce n'est pas que l'innovation soit fille de la nécessité. Plutôt qu'une transformation durable des rapports aux entités réelles ou imaginaires dont nous partageons la destinée ne peut s'enclencher que dans ces périodes tumultueuses et parfois fort longues où les humains s'ouvrent à de nouvelles expériences parce que les liens qu'ils avaient tissés entre eux dans l'usage commun des choses, lézardés qu'ils sont sous les coups de boutoir de la contingence, commencent à se reconfigurer autrement. Mais ce remaniement ne suit pas des voies aléatoires. Si, dans l'évolution des organismes comme dans celle des collectifs où ils cohabitent, le hasard et l'arbitraire sont indispensables à l'accouchement d'un nouvel ordre ou équilibre, celui-ci, sans être tout à fait prévisible, se déploie pourtant selon des règles d'agencement et des principes de compatibilité moins fortuits que les événements ayant suscité son éclosion. On peut détruire de mille manières, on ne reconstruit jamais qu'avec les matériaux disponibles et en suivant le nombre limité de plans qui respectent les contraintes architectoniques propres à n'importe quel édifice. Tout le reste, ce qui attire l'œil au premier regard et entretient le plaisir de la diversité, n'est qu'ornementation.

Épilogue

Le registre des possibles

Malgré les alternatives offertes tour à tour par les diverses approches structurales, l'anthropologie n'a cessé depuis sa naissance d'éprouver une fascination plus ou moins déclarée pour la robuste simplicité des explications étiologiques. Rendre compte d'une institution par sa genèse conjecturale, à la manière de l'évolutionnisme du XIXe siècle, par des circonstances antécédentes ou des influences extérieures, ainsi que le font des anthropologues contemporains découvrant les vertus pourtant défraîchies d'une histoire purement événementielle, tâcher de découvrir la fonction adaptative que cette institution remplirait dans un environnement donné ou l'appréhender comme l'expression de pulsions archaïques ou d'archétypes présumés, tout cela est sans doute rassurant pour les esprits en quête de certitudes, mais ne permet guère de répondre à la seule question qui vaille : pourquoi tel fait social, telle croyance, tel usage sont-ils présents ici et non là ? Maintes raisons ont été avancées pour expliquer le sacrifice, le cannibalisme ou le culte des ancêtres, y compris celles fournies par ceux qui s'y adonnent, sans que l'on comprenne mieux pour autant les motifs qui ont conduit certains à les adopter, d'autres à s'en passer, et moins encore ce qui fait que le cannibalisme cohabite ici avec le sacrifice ou le culte des ancêtres et les exclut ailleurs. Pourquoi n'y a-t-il pas de royauté totémique ? Pourquoi les non-humains ne sont-ils pas représentés ès qualités dans les parlements ? Pourquoi l'Inca ou le Pharaon ne mange-t-il pas ses ennemis ? Pourquoi les chamanes amérindiens ne font-ils pas de sacrifices ? Questions oiseuses, dira-t-on, et qui ne méritent pas l'attention des gens sérieux. Ce sont pourtant celles qui importent lorsque l'on tente de rendre raison des différences dans la manière d'habiter le monde et de lui donner un sens. Plutôt que de s'évertuer à réduire la diversité des pratiques instituées en leur assignant des origines invérifiables, des fonctions à la généralité peu éclairante ou d'hypothétiques fondements biologiques ou inconscients, il faut s'interroger sur ce qui rend ces pratiques compatibles ou non entre elles, première étape dans l'enquête sur les règles gouvernant leur syntaxe et leur organisation en système. Les typologies structurales esquissées dans les pages précédentes n'avaient pas d'autre ambition. Car on ne peut espérer mettre au jour des principes de combinaison que si l'on a défini au préalable les éléments sur lesquels ils portent, et cela de façon suffisamment précise pour que le tableau de ces éléments demeure ouvert à de nouvelles adjonctions. Si l'anthropologie devait trouver une source d'inspiration dans une science mieux établie, ce serait donc vers la chimie qu'il lui faudrait se tourner plutôt que du côté de la physique et de la biologie, souvent invoquées comme des modèles pour la discipline sans que jamais ce parrainage n'ait pu dépasser le seuil des métaphores. Il est vrai que les humains ont la capacité de produire des combinaisons nouvelles, et de modifier ce faisant les propriétés de ce qu'ils combinent, mais quoi qu'en disent les apôtres de l'action créatrice, il ne leur est pas possible, hors du mythe et de la fiction, de créer des hybrides fonctionnels dont les composantes auraient des propriétés inconciliables.

C'est ce que l'on peut commencer d'éprouver au terme de ce long trajet dans le dédale de l'usage des choses. Schématisant des aspects distincts de l'expérience du monde et d'autrui, l'identification et la relation se déclinent dans une gamme de modalités dont les caractéristiques intrinsèques diffèrent, ce qui permet ou non leur coexistence dans un collectif particulier et, pour les relations, l'articulation entre une forme dominante et une ou plusieurs formes mineures. Comme l'on a choisi de retenir quatre modes d'identification et six modes de relation, il faudrait, pour que le tableau soit complet, passer en revue les vingt-quatre figures que les combinaisons de modes autorisent. Ce serait pousser l'analogie avec la chimie, et l'esprit de système, au-delà du raisonnable ; d'autant que certaines de ces combinaisons sont chimériques et n'existent que dans les territoires de l'utopie et les pages de la littérature d'anticipation où leurs mélanges contradictoires font merveille pour secouer un moment le fardeau d'un réel trop prévisible. Aussi se bornera-t-on ici à évoquer quelques types de compatibilité et d'incompatibilité, laissant à des lecteurs mieux versés dans le comparatisme le soin de décider si certains des collectifs impossibles le sont tout à fait.

L'animisme et le naturalisme se présentent comme des manières antithétiques de discerner les propriétés des choses : dans le premier cas on met l'accent sur la différence physique entre les existants (ils ont des corps dissemblables) tout en reconnaissant qu'ils entretiennent un même jeu de relations (du fait qu'ils partagent une intériorité analogue) ; dans le second on souligne au contraire la continuité physique entre les éléments du monde (ils sont tous soumis aux lois de la nature) pour mieux faire le constat de l'hétérogénéité des relations susceptibles de les unir (celles-ci étant réputées dépendre de la capacité ou non à manifester une intériorité aux contenus variables). Il est donc légitime d'examiner ensemble ces deux schèmes d'identification sous l'aspect des modes de relation qu'ils sont capables d'accueillir.

Malgré les discontinuités patentes des outillages biologiques et des éthogrammes que les sujets animiques exhibent, ceux-ci maintiennent entre eux un dialogue permanent des âmes, ce commerce intersubjectif fondant le principe d'une sociabilité sans restrictions qui englobe humains et non-humains dans son universel maillage. Les différences de dispositions physiques ne font nullement obstacle à la communication et se voient en partie effacées par les relations de personne à personne qui s'établissent entre des termes substituables les uns aux autres car situés à un même étage de l'échelle ontologique. Dans les cosmologies de l'animisme, où des entités de statut égal se définissent par les positions qu'elles occupent les unes vis-à-vis des autres, il ne peut donc y avoir comme relations structurantes que celles mettant en œuvre des liens potentiellement réversibles entre des sujets, humains ou non humains, dont l'identité n'est pas affectée par la réalisation du rapport qui les unit : c'est-à-dire la prédation, l'échange et le don. À l'inverse, les relations intransitives du type production, transmission ou protection sont condamnées à demeurer marginales dans la mesure où elles présupposent une hiérarchie entre des termes dont la disparité ontologique est rendue effective par l'action même que l'un exerce sur l'autre au sein de la relation. Dans le don, l'échange et la prédation, le sujet entérine le sujet; dans la production, la protection et la transmission, le sujet institue un sujet dépendant ou un objet subordonné.

En s'adressant à l'animal qu'il convoite comme à un *alter ego*, le chasseur achuar actualise dans un contexte particulier la relation générale d'affinité prédatrice existant entre les hommes et le gibier; il la renforce peut-être, mais il ne modifie par cette interaction ni les propriétés ontologiques de son interlocuteur ni la nature des rapports qu'il noue avec lui. La même chose peut être dite des rapports d'échange que les Tukanos tissent entre eux et avec leur environnement, ou du schème donateur qui oriente de façon préférentielle l'action des Campas et de certains des non-humains avec lesquels ils cohabitent. Il en va tout autrement, en revanche, avec la relation de production telle qu'elle est traditionnellement conçue par les Modernes, à l'encontre d'ailleurs de ce que l'expérience pratique enseigne. On sait que la matière résiste et qu'elle impose ses contraintes et ses caprices à celui qui la travaille; c'est pourtant l'agent producteur qui est placé au premier plan lorsqu'il est dit imposer une forme et une fonction spécifiques à une matière dépourvue d'autonomie afin de produire une entité nouvelle dont il est seul responsable quand bien même sa propriété effective lui échapperait. L'objet résultant de cette action n'existe avec ses attributs particuliers que pour autant qu'une relation génétique l'a fait advenir comme une instance réitérée d'autres actions semblables, informées par le même projet. C'est pourquoi, comme le suggère l'exemple des vanniers wayana, il est impropre de parler de « production artisanale » dans le cas de l'animisme : les artefacts n'y sont pas des réalisations *ex nihilo* renforçant la position de sujet de ceux qui les façonnent, mais des sujets transformés qui conservent certains de leurs prédicats ontologiques d'origine.

Du fait du contrôle qu'elle implique sur des fonctions biologiques — la reproduction, l'alimentation — au moyen desquelles les existants se distinguent les uns des autres, la protection ne peut pas non plus constituer un schème général de relation convenant à l'animisme. Dépouillé de la liberté de se comporter en tout selon les habitudes physiques de sa tribu-espèce, le sujet protégé perd son indépendance et, finalement, sa qualité même de sujet : la protection n'a donc droit de cité que dans des niches particulières de l'animisme et sur un mode mineur — comme prérogative des maîtres des animaux s'étendant parfois à des humains engagés dans une semi-domestication —, sans que l'on puisse exclure que les attraits qu'elle exerce — sécurité pour les uns, domination pour les autres — ne finissent par lui donner une telle emprise qu'elle exige une nouvelle ontologie adéquate à son plein exercice.

Quant à la transmission, moyen de garantir et de reproduire la dépendance physique et morale des vivants à l'égard des morts, elle élimine d'emblée la possibilité de traiter les animaux ou les plantes comme des sujets puisque toute son efficacité repose sur la relation de subordination hiérarchique entre les générations : la colonne vertébrale des collectifs est formée de lignées d'humains qui ne se différencient les unes des autres et n'entretiennent de rapports que par référence exclusive à des groupes d'ancêtres dont elles héritent les richesses, les droits, les composantes de la personne et les destinées. On voit mal comment un tel dispositif pourrait s'adapter au fourmillement animique des tribus-espèces de sujets humains ou non humains, lesquelles se distinguent au contraire les unes des autres par des dispositions à agir ancrées dans une conformation physique que chaque génération reconduit à l'identique afin que se perpétue la variété des modes de vie. La transmission cumulative et anthropocentrée de substances, de patrimoines et de prédestinations irait ainsi à l'encontre de l'exigence de recréer à chaque instant, et pour chaque sujet quelle que soit son enveloppe physique, les conditions d'une existence *sui generis* fondée sur l'interaction avec autrui. C'est pourquoi les morts doivent être effacés de la mémoire, leurs maigres possessions détruites et la tradition qu'ils transmettent détachée de leur personne.

En rejetant ou marginalisant certaines relations, l'animisme dessine ainsi en creux l'espace de ce qu'il récuse : sur tout son territoire on ne trouvera ni éleveurs exclusifs, ni castes d'artisans spécialisés, ni culte des ancêtres, ni lignages fonctionnant comme des personnes morales, ni démiurges créateurs, ni goût pour les patrimoines matériels, ni obsession de l'hérédité, ni flèche du temps, ni filiations démesurées, ni assemblées délibératives. Les esprits perspicaces qui ont remarqué ces absences les ont parfois interprétées comme des manques. Il n'en est rien, bien sûr. Le prix à payer pour peupler le monde de sujets — refaire chaque jour l'expérience d'identités indécises — ne paraît élevé qu'à ceux qui, trop enfermés dans le glacis rassurant des institutions, se contentent de mesurer les promesses du présent à l'aune de ce que le passé nous lègue.

La remarque pourrait à bon droit s'appliquer au naturalisme tant les modernes sont hypnotisés par cette variante atténuée de la transmission qu'est la conscience historique. Variante atténuée car si les morts et leur patrimoine d'objets et d'idées concourent à définir nos identités individuelles et collectives, si leurs accomplissements ont délimité le champ de ce qu'il nous est permis d'accomplir, notre liberté comme sujets humains est aussi réputée tenir à notre capacité de transformer les acquis du présent pour mieux faire advenir des lendemains meilleurs. C'est pourquoi, malgré notre goût prononcé pour les commémorations, malgré l'incessante célébration des héros disparus, malgré la dévotion dont il est de bon ton d'entourer les défunts, on ne trouve nulle trace chez les Modernes de cet asservissement aux ancêtres qui signale les formes les plus pures de la transmission. Chez nous, les morts sont des pantins complaisants que l'on convoque pour des affaires qui ne les concernent plus, non des despotes encore vifs qui régentent la vie quotidienne. Loin d'être propre à la transmission, ce genre d'affadissement paraît être la règle dans le naturalisme, espace de cohabitation pour des relations hétérogènes se présentant souvent sous une forme dérivée ou incomplète. Cela tient aux propriétés mêmes de son ontologie. En effet, si la continuité physique entre les existants les réunit bien dans un réseau de déterminismes partagés où ils ne se différencient que par des degrés de complexité, la singularité accordée aux humains en raison de leur intériorité distinctive a pour effet d'empêcher toute relation d'occuper une position hégémonique : certaines sont dites adéquates aux rapports entre humains, d'autres aux rapports avec les non-humains, mais aucune n'est à même de schématiser les principales interactions entre les éléments du monde.

L'échange (de type marchand) ou la protection (des citoyens par l'État) sont ainsi des valeurs centrales des démocraties modernes, mais dont les avantages ne s'étendent guère jusqu'aux non-humains, repoussés à la périphérie des collectifs par leur défaut de conscience réflexive et de sens moral. On ne passe pas contrat avec des plantes, des animaux, des machines ou des gènes, objets et non sujets de transactions ; la protection qui leur est accordée découle de l'intérêt que les humains tirent de leur contrôle et de leur bonne conservation, non de leur inclusion de plein droit dans la sphère des interactions sociales, comme ce serait le cas dans les forêts d'Amazonie ou les savanes de l'Afrique nilotique. Il est vrai que, dans sa variante capitaliste, le naturalisme a su déguiser cette subordination en conférant la prépondérance à la production des non-humains comme condition de leur échange : avec le fétichisme de la marchandise, on le sait, les relations entre les personnes dans leur travail tendent à se présenter comme un rapport où des choses se lient entre elles, par contraste avec l'animisme, par exemple, où, dans le langage de Marx, ce seraient plutôt des choses se liant entre elles qui s'imaginent nouer un rapport entre personnes. Mais ce travestissement n'est jamais parfait en ce qu'il faudrait, pour enfouir les sources de l'aliénation capitaliste sous un voile impénétrable, concéder aux choses une autonomie plus grande qu'aux personnes en leur reconnaissant, avec le libre arbitre, la faculté de disposer sans entraves de ceux qui les produisent et les échangent. Or c'est loin d'être le cas, même si la propension à traiter la production et l'échange marchand comme des phénomènes naturels existant en soi ne cesse de progresser dans les proclamations du capitalisme tardif. Des généralités abstraites comme la conjoncture, la croissance ou le seuil de rentabilité peuvent bien avoir acquis le statut d'entités intentionnelles indépendantes, il est néanmoins difficile à ceux qui en subissent les effets de croire pleinement et à tout moment que ce sont ces choses qui, par elles-mêmes, gouvernent le destin de milliards d'humains, et non ceux qui s'en font les oracles intéressés. Ainsi, bien que la production soit peu à peu devenue dans les collectifs naturalistes le schème central de la relation aux non-humains — un fait que la prolifération des organismes génétiquement modifiés a rendu patent pour tous —, son usage n'est pas parvenu encore à se généraliser dans les rapports entre humains, même si les fantasmes suscités par le clonage reproductif montrent à quel point est grand chez certains le désir de voir croître son emprise.

Du fait de la dissociation qu'elle opère entre des sujets humains et des objets non humains, l'ontologie naturaliste se condamne en outre à de perpétuels compromis tout en demeurant tenaillée par l'aspiration utopique de voir enfin s'établir une relation dominante capable d'éliminer la ségrégation qui la fonde. Hélas, dans un régime d'*apartheid* aussi net, il est impossible que s'instaure entre tous les existants un schème d'interaction qui posséderait la puissance de synthèse et la simplicité d'expression des relations qui structurent les collectifs non modernes, pénible évidence qui nourrit la nostalgie si commune pour un monde d'avant le désenchantement. La transmission reste imparfaite, on l'a vu, en dépit d'analogies superficielles : la vénération de l'histoire n'est pas celle des ancêtres, les lieux de mémoire ne remplacent pas les autels lignagers, ni les lois de l'hérédité les règles de la descendance. Repoussé dans les marges par l'échange marchand, le don est plus mal loti encore malgré les pieuses tentatives d'en ressusciter les vertus sociales ; il ne subsiste plus que dans les rites de l'intimité ou la charité humanitaire, peut-être aussi dans l'idée providentielle d'une générosité de la nature que les outrages dont on accable cette bonne mère finissent toutefois par rendre peu vraisemblable. À l'encontre des apparences, la prédation n'est pas non plus au cœur du naturalisme, du moins si l'on appréhende celle-ci comme une incorporation d'autrui indispensable à la définition de soi. Sans doute utile à l'accroissement de la prospérité des plus riches, la mise à sac irréfléchie des ressources de la planète et la destruction de sa diversité biotique reposent sur l'oubli de cette croyance des premiers âges de la modernité que la splendide altérité de la nature est nécessaire à la manifestation des spécificités de l'humanité. Quant à l'annihilation de l'étranger qui parle une autre langue, arbore une autre couleur de peau, pratique une autre religion, se réfère à d'autres coutumes, expédient éculé du chauvinisme pour consolider une identité contrastive, il récuse précisément chez autrui les qualités requises pour qu'il remplisse le rôle attendu de lui : sa destruction est négation de ce qu'il incarne et non, comme dans l'animisme, reconnaissance d'une position d'extériorité qu'il s'agit d'assimiler pour être pleinement soi-même. Vis-à-vis de certaines catégories d'humains et de non-humains, le naturalisme est donc plutôt déprédateur que prédateur ; sans manifester d'ailleurs dans cette relation plus de constance que dans les autres, ainsi qu'en atteste la versatilité dont les puissances coloniales ont su faire preuve au cours des deux derniers siècles : dominants dans la métropole, les registres de la production ordonnée et de l'échange marchand s'effaçaient outre-mer derrière le pillage des richesses naturelles et de la force de travail, lequel se présentait d'ailleurs souvent comme une mission protectrice. Ruse ? Cynisme ? Négation sarcastique ? Un peu de tout cela sans doute, mais aussi démonstration de ce que le naturalisme n'a pas les moyens de se développer dans une relation unique.

L'impossibilité pour les Modernes de schématiser leurs rapports avec la diversité des existants au moyen d'une relation englobante prend un tour presque pathétique lorsqu'ils sont confrontés à la tentation de nouer avec les non-humains une réciprocité véritable. Passer une convention d'échange avec la nature, ou du moins avec certains de ses représentants, voilà un des rêves les plus anciens et les plus inaccessibles des déçus du naturalisme : les variétés étranges de *Naturphilosophie* qui fleurirent au XIXe siècle, l'esthétique romantique, le succès présent des mouvements néo-chamaniques et de l'ésotérisme *New Age*, la vogue cinématographique des cyborgs et des machines désirantes, toutes ces réactions aux conséquences morales du dualisme, et bien d'autres encore, témoignent de ce désir, tapi en chacun de nous avec plus ou moins de quiétude, de retrouver l'innocence perdue d'un monde où les plantes, les animaux et les objets étaient des concitoyens. Mais la nature des Modernes ne peut sortir de son silence que grâce à des truchements trop humains, de sorte qu'aucun échange, aucune négociation, aucun contrat n'est désormais envisageable avec le peuple des désanimés. Que l'on ne voie pas dans ce constat une dénonciation de la société technicienne, bien au contraire. Les contradictions du naturalisme, notamment son incapacité a subsumer les différents régimes de comportement sous une relation dominante, sont ce qui lui donne sa fascinante pluralité, faite d'une coexistence plus ou moins pacifique entre des ébauches de collectifs qui s'attachent chacun avec beaucoup d'ingéniosité à explorer les voies d'un style exclusif de pratique auquel ils ne parviendront pourtant jamais à se conformer du fait des contraintes ontologiques dont ils partent. C'est ce qui donne aux sociétés postindustrielles leur chatoiement hybride, et aux sociologues un inépuisable terrain de jeu.

Par contraste, les collectifs totémiques et analogiques présentent une plus grande uniformité interne car, s'il y a bien en eux une part constitutive d'hybridité, elle se niche dans la nature composite des existants qu'ils rassemblent et non, comme c'est le cas avec le naturalisme, dans les mélanges de genre auxquels les relations qui les structurent sont contraintes. Rappelons que les humains et les non-humains inclus dans un groupe totémique partagent, malgré leurs différences de forme et de modes de vie, un même ensemble d'attributs physiques et moraux assurant leur identité — au double sens d'un caractère distinctif et d'une équivalence — en tant que membres d'une classe prototypique dont ils réalisent les propriétés. Ils sont donc à la fois individuellement issus d'un même moule, de leur point de vue, et collectivement hétéroclites, pour un regard étranger. Cette identité de composition est rendue possible, en même temps que renforcée, par l'identité de la relation qui les détermine : dans le cas exemplaire de l'Australie, ils ont en commun l'unité d'origine (un être du Rêve), l'inhérence (à la classe qu'il a instituée) et la parité (des prédicats qu'ils ont reçus de lui). En ce sens, il ne peut exister entre les membres d'un groupe totémique de relations véritables, de celles en tout cas qui impriment leur marque vigoureuse sur les pratiques et insufflent le dynamisme nécessaire pour que des collectifs agissent dans le monde de façon autonome. Non pas, bien sûr, qu'aucune interaction ne se produise entre les éléments d'un groupe totémique : il y a parmi eux des hommes et des femmes, des parents et des enfants, des plantes et des animaux, des entités matérielles et immatérielles, enserrés dans un tissu complexe et contradictoire d'affects, d'intérêts et d'obligations. Mais la trop grande proximité de ces termes en quête permanente d'individuation les condamne à chercher en dehors de l'ensemble qu'ils forment, dans d'autres classes totémiques, des partenaires qui se différencient d'eux à un degré suffisant pour qu'une relation d'opposition complémentaire devienne possible ; il n'y a pas d'autre moyen d'échapper à la clôture ontologique dont ils tirent leur existence distinctive. C'est là le principal paradoxe du totémisme et ce qui rend sa nature si difficile à cerner : il opère dans le cadre d'un collectif la synthèse parfaite entre une multitude d'existants à première vue hétérogènes, mais au prix d'une immobilité paralysante qui empêche ce collectif de se suffire à lui-même et l'oblige à nouer avec d'autres les relations qu'il est incapable de mettre en branle en son sein.

Bien qu'étant différenciés par leurs propriétés, les groupes totémiques forcés d'entrer en contact se situent à un même niveau ontologique : tous tirent leur identité singulière d'un même type de genèse, d'un même type de référence à un prototype, d'un même type d'attachement à des lieux. Il n'est dès lors guère surprenant que l'échange soit le schème dominant sous lequel leurs rapports sont subsumés puisqu'il permet, mieux que d'autres, de lier des ensembles (tout en autorisant des associations individuelles) et qu'il convient surtout particulièrement bien à des termes ayant parité de statut mais qui doivent maintenir entre eux une situation de dépendance mutuelle (la pérennité de la relation étant garantie par le cycle des obligations qu'elle entraîne). Échanges de femmes, échanges de services, échanges de nourriture, échanges de ressources : la ronde des transactions est incessante et l'on comprendra que l'Australie aborigène ait pu fournir à Lévi-Strauss, en même temps que le modèle le plus accompli de l'échange généralisé dans l'alliance matrimoniale, l'éclatante confirmation d'une conviction sans doute plus ancienne que l'échange sous toutes ses formes constitue le socle indestructible de la vie sociale.

Il est en revanche exclu que se nouent entre les collectifs totémiques, et *a fortiori* en leur sein, des relations univoques impliquant des termes non équivalents. Ainsi, malgré une ressemblance superficielle qui fut à une époque source de bien des confusions, la perpétuation des propriétés physiques et morales que chaque classe totémique incarne génération après génération n'est en rien assimilable à la transmission d'un patrimoine. Les êtres du Rêve ne sont pas de lointains ancêtres dont les vivants sont débiteurs, mais des prototypes dotés d'un potentiel créatif toujours vivace et qui, loin de transmettre les attributs dont ils sont dépositaires, se transmettent plutôt eux-mêmes sous forme d'attributs dans le corps des humains et des non-humains qu'ils choisissent d'actualiser par leur présence. Quant à la production, au sens exemplaire où le naturalisme la met en œuvre dans la fabrication des objets, c'est une relation qui n'a pas non plus sa place dans le totémisme, même sous la forme des rites de multiplication des espèces animales et végétales. En effet, les cérémonies de type *intichiuma* sont le moyen pour les membres humains d'un groupe totémique de favoriser la propagation d'une classe de non-humains également affiliée au collectif — au bénéfice d'autres groupes totémiques qui s'en alimentent —, en stimulant la fécondité et en favorisant l'incorporation de ses essences grâce à des actions qui retracent de façon mimétique les étapes de sa gestation. Les humains ont donc ici un rôle d'accoucheurs de quasi-congénères, non de créateurs autonomes d'objets ; ils facilitent un processus d'engendrement qu'ils ne contrôlent pas, un peu à la manière de ce qui se passe dans certains collectifs animiques où un chasseur doit prendre soin de réunir les os du gibier qui s'est laissé tuer par lui et dont il a consommé la chair, afin que l'intériorité de l'animal, demeurée indemne, s'appuie sur ces traces matérielles de sa singularité pour renaître sous les espèces d'un nouvel individu.

Si les collectifs totémiques doivent se projeter à l'extérieur d'eux-mêmes afin d'introduire le mouvement de la relation dans leur entre-soi trop inerte, les collectifs analogiques ne peuvent au contraire entrer en rapport qu'avec eux-mêmes : chacun d'eux étant coextensif au monde et capable d'accueillir en son sein tout ce qu'il contient, aucun partenaire digne d'une relation authentique ne saurait exister hors de lui, tout au plus des collections brouillonnes d'existants mal connus dont il faut contenir les poussées sporadiques ou réduire le chaos en les absorbant dans l'ordre sociocosmique où leur place était déjà ménagée. Car le foisonnement d'entités particularisées aux composantes dissemblables que l'analogisme met en place et la multiplicité des différences graduées qui en résulte sont tempérés par l'obsession de détecter des points communs, des signes de correspondance, des motifs d'accord, bases d'un système général de hiérarchie segmentée auquel nulle singularité ne doit se soustraire. Tandis que le paradoxe du totémisme est de poser une identité de principe entre des termes dès lors astreints à chercher en dehors de leur mélange intime le moyen de produire une différence génératrice de relations, celui de l'analogisme est de poser une différence de principe entre des termes qui se ressemblent par ailleurs sous certains aspects, mais selon des voies si diverses que les relations susceptibles de les organiser dans un projet commun dépendent moins des propriétés ontologiques des éléments que de la nécessité impérative de les intégrer tous dans un ensemble fonctionnel.

Prédominent donc ici les relations qui sont le mieux à même de gérer les différences et de discipliner l'hétérogénéité. C'est le cas de la transmission, par nature hiérarchique et dispensatrice d'ordre, qui enserre dans ses continuités temporelles de longues files parallèles d'humains morts et vifs se distinguant les unes des autres par le contenu de ce qu'elles font passer de génération en génération, moyen ingénieux de cimenter leur solidarité en distribuant parmi elles des prérogatives et des fonctions complémentaires. C'est le cas aussi de la protection, souvent combinée avec la logique segmentaire de l'ancestralité, dont elle contribue à étendre le champ d'action en étirant la cascade des dépendances depuis les plantes et les animaux jusqu'au sommet des panthéons : chacun devient redevable à l'autre de sa sécurité, de son bien-être et du fait même d'exister, dans le cas des divinités tutélaires grâce à la croyance des humains qui les instituent. Dans bien des cas, ces relations hiérarchiques se présentent sous la figure d'une division des tâches médiatisée par l'échange : échanges de biens et de services spécialisés entre les castes indiennes, échange d'une assurance de stabilité du cosmos garantie par Pharaon ou l'Inca contre des corvées et des tributs à son profit, circulation de travail, de produits et de femmes entre des groupes de filiation autonomes. Mais l'échange est moins ici une valeur cardinale schématisant les relations qu'une manière d'atténuer la disparité originelle des termes qu'il réunit par l'illusion d'une équivalence des obligations que ceux-ci encourent en s'y engageant. Peu importe dès lors si l'échange est inégal ou s'il entretient la subordination puisqu'il parvient à relier des éléments parfois très distants sur l'échelle des positions statutaires et qu'il contribue par cette interdépendance à assurer leur cohérence dans un système englobant. Car la seule chose qui compte vraiment dans un collectif analogique, quels que soient les dispositifs relationnels employés pour y parvenir, c'est d'intégrer dans un ensemble en apparence homogène une foule de singularités spontanément portées à la fragmentation.

C'est pourquoi l'idéologie d'un collectif de ce type ne peut être que le fonctionnalisme, c'est-à-dire l'idée que chacun de ses éléments constitutifs concourt dans sa place bien définie à la perpétuation d'une totalité stable. Il est d'ailleurs probable que le magistère longtemps exercé au Royaume-Uni par la doctrine anthropologique du même nom a résulté en partie du fait conjoncturel que les peuples dont les ethnologues britanniques avaient été conduit à étudier l'organisation sociale dans les possessions africaines et orientales de leur vaste empire colonial relevaient dans leur grande majorité du registre analogique ; ces peuples se représentaient donc eux-mêmes comme des ensembles fonctionnels dont les membres ne se faisaient pas faute de détailler les mécanismes intégrateurs à ceux qui les observaient. On ne peut en dire autant des collectifs animiques, surtout ceux des Amériques, qui furent tacitement délaissés par l'école fonctionnaliste du fait de leur absence ostensible de cohésion institutionnelle et qui durent attendre les développements de l'anthropologie structurale pour que la manière singulière dont ils introduisent de la discontinuité en leur sein par le biais de la relation commence à être un peu mieux comprise. Confirmation, s'il en était besoin, de l'effort d'abstraction et de décentrement qu'il faut consentir afin que la réflexion objectivante sur l'expérience collective parvienne à se dégager un tant soit peu des schèmes collectifs subjectivant l'expérience.

*

En jetant, au moment de clore ce livre, un regard rétrospectif et déjà presque détaché sur les propositions qu'il contient, je ne peux m'empêcher d'éprouver une pointe d'appréhension quant aux malentendus qu'elles pourraient susciter. Bien qu'une connaissance parfois superficielle des thèmes qu'ils abordent ait rarement freiné l'élan des essayistes, on pourrait d'abord poser la question de la compétence : qu'est-ce qui autorise un ethnologue dont l'érudition fut longtemps confinée dans les bornes d'une région de l'Amérique du Sud à émettre des jugements sur toutes ces civilisations à propos desquelles il ne possède qu'un savoir lacunaire ? Peut-on dire quelque chose des Aborigènes australiens si l'on n'a lu qu'une fraction de l'océan de monographies et d'articles qui leur sont consacrés ? Est-il possible de commenter sérieusement les conceptions de la personne chez les anciens Mexicains si l'on ne maîtrise pas la philologie du nahuatl ? Surtout, comment peut-on traiter de façon si cavalière l'histoire de l'Occident, la philosophie et l'épistémologie des Modernes, ou la sociologie des sociétés industrielles, auxquelles tant de savants chevronnés ont consacré tant d'heures de veille, et encore pour n'en explorer de façon circonstancielle que des fragments ? Ce sont là questions classiques que le spécialiste adresse à ceux qui osent la comparaison et que seul un aveu d'humilité peut tenter de défléchir, du genre de celui auquel Max Weber se livre dans l'avant-propos de son *Recueil d'études de sociologie des religions* et que je reprendrai volontiers à mon compte tant il reflète fidèlement mon état d'esprit : « Lorsque [...], concernant la façon d'utiliser et d'évaluer les sources de type monumental, documentaire ou littéraire, on est contraint de chercher ses informations dans une littérature spécialisée, qui est elle-même fréquemment controversée et sur la valeur de laquelle on est incapable de porter soi-même un jugement, on a tous les motifs d'avoir une opinion très modeste sur la valeur de sa propre contribution[1]. »

Mais un tel acte de contrition paraîtrait peu sincère s'il n'était secondé par une justification quant à la portée de l'entreprise qui l'a motivé. Il est probable que certaines de mes analyses seront perçues comme des simplifications de phénomènes autrement plus complexes ou comme entachées d'une fidélité excessive à l'égard d'exégèses qui ne recueillent pas l'unanimité des experts. Il est même possible que, du fait de cette sorte de cécité que la conviction engendre, je n'ai pas perçu sous leur vrai jour des faits qui iraient à l'encontre de mes interprétations. Ce sont là des critiques que j'accepterais avec équanimité si l'on voulait bien admettre par ailleurs que les hypothèses exposées dans cet essai sont avant tout de nature heuristique et que les exemples ethnographiques et historiques au moyen desquels je leur donne une substance n'ont pour seule ambition que d'offrir l'esquisse de ce que pourrait être une manière différente de traiter les faits sociaux : non pas en les envisageant d'emblée comme cette caractéristique qui donnerait à notre espèce sa dignité, mais en s'efforçant de mieux comprendre les principes grâce auxquels les humains schématisent de façon si diverse leur expérience des choses, accueillent avec plus ou moins de libéralité des non-humains dans leurs collectifs et actualisent ou non dans des systèmes d'interactions concrètes les relations qu'ils discernent entre les existants. Or, pour variées que soient les expressions qu'elles prennent, ces formes de rapport au monde ne me paraissent ni illimitées ni incommensurables. Leur effet de bariolage n'est déconcertant que si, fasciné par la multiplicité et la richesse des motifs et convaincu que l'on ne saurait faire plus que les commenter et en proposer des regroupements stylistiques, l'on en vient à récuser l'idée que des structures communes pourraient régir leur organisation. C'est le pari inverse que ce livre propose, à la suite de bien d'autres qui ont aussi cherché dans des constantes fondamentales — des lois de l'esprit aux contraintes de la vie matérielle — les sources d'une régularité dans les comportements humains et leurs cadres collectifs qui serait susceptible de dissiper quelque peu l'apparence chaotique sous laquelle ils se présentent à nos yeux. Dans le cas présent, ces constantes sont réduites au minimum et nul doute qu'un philosophe pourrait les trouver rustiques. Mais en postulant que l'identification et la relation constituent la trame et la chaîne des usages du monde, que leurs types d'entrecroisement dessinent certaines des grandes configurations dans lesquelles ces usages se sont institués au cours de l'histoire, je ne souhaite nullement apporter ma pierre à une hypothétique théorie de la nature humaine ; j'aspire seulement à proposer une voie plus efficace et moins ethnocentrique pour rendre compte de ce que l'on appelle ordinairement la diversité culturelle. Peu m'importe donc que l'on trouve à redire aux conjectures dont je pars si, comme je l'espère, les combinaisons qu'elles permettent d'engendrer accommodent de façon plus économique une plus grande quantité d'entités matérielles et idéelles que ne l'autorise la classique opposition entre l'universalité de la nature et la contingence des sociétés humaines et si, comme j'en suis convaincu, ces prémisses sont moins aisément assignables à une cosmologie particulière, si respectable que soit la tradition dont elle est issue.

Il reste beaucoup à faire pour qu'une entreprise de ce genre devienne acceptable et que, suscitant l'intérêt éventuel de ceux qui verraient en elle des suggestions contribuant à une meilleure intelligence des faits dont ils s'occupent, elle puisse commencer avec leur concours à porter ses fruits. Avant d'envisager des récoltes plus abondantes on devra peut-être élaguer des branches qui me paraissaient solides, greffer sur le tronc de nouvelles variétés dont je ne soupçonnais pas l'existence, palisser des rameaux trop indisciplinés. Pour ne prendre qu'un seul domaine où l'anthropologie s'est depuis longtemps illustrée, il est clair que la manière dont j'ai qualifié les types de collectifs est encore beaucoup trop sommaire pour pouvoir prendre en compte toutes ces variations fines dans la structure sociale et l'organisation des réseaux de parenté qu'une foule d'observateurs et d'analystes s'attachent depuis longtemps, et avec grand succès, à décrire et à systématiser. Je mesure bien aussi que de nombreuses facettes de l'expérience humaine ont été ici ignorées et qu'il n'est pas sûr que l'on puisse les raccorder aisément aux modèles dont j'ai tracé les linéaments. Ainsi, même si ce n'est pas sans fondements empiriques que j'ai avancé l'hypothèse selon laquelle l'identification et la relation déterminent en partie les autres schèmes de la pratique — la figuration, la temporalité ou la catégorisation, par exemple —, il reste à justifier cette intuition par des arguments étayés et des enquêtes rigoureuses. Enfin, et bien que je m'en sois déjà expliqué, il n'est pas inutile de rappeler que la préséance accordée à la mise au jour de configurations structurales sur la recherche des causes de leur genèse n'est qu'une priorité de méthode et que, pour imparfaite que soit encore la caractérisation des premières, cela ne saurait être retenu comme un prétexte pour différer l'étude des secondes. Il en va de même pour l'élucidation des mécanismes du changement et des causes de son inhibition : comprendre comment un mode d'identification se transforme en un autre ou se perpétue dans ses principes et comment une relation perd ou conserve sa prévalence, voilà tâches dont il est à peine besoin de souligner l'urgence et qui furent à peine ébauchées dans les pages qui précèdent. On aura saisi par ces remarques que, contrairement aux constructions harmonieuses et bien finies que le dualisme de la nature et de la société nous avait donné l'habitude d'ériger, la présente tentative demeure un chantier dont le maître d'œuvre ne se résout à avancer la livraison que dans l'espoir de voir ceux qui souhaiteraient s'y engager lui donner au fil du temps, en même temps qu'un aspect et une disposition peut-être fort différents de ceux qu'il avait anticipés, l'allure d'un véritable édifice habité en commun.

Un tel édifice pourrait-il héberger d'autres occupants que des ingénieurs de la mécanique sociale, des techniciens des réseaux de solidarité et des experts de la distribution culturelle ? Les humains de toutes sortes et les idées qu'ils se font des collectifs où ils sont insérés, les animaux et les machines, les plantes et les divinités, les gènes et les conventions, toute la multitude immense des existants actuels et potentiels trouverait-elle un refuge plus accueillant dans un régime inédit de cohabitation qui récuserait à nouveau la discrimination entre humains et non-humains sans recourir pour autant à des formules déjà éprouvées auparavant ? Peut-être, mais là n'est pas mon propos. Car si l'on peut demander à une cosmologie, à un système social ou à une idéologie de procurer une hospitalité de ce genre, ce n'est pas le rôle qui convient à une théorie anthropologique comme celle que j'ai brossée à grands traits. Sa visée se limite à jeter les bases d'une façon de concevoir la diversité des principes de schématisation de l'expérience qui serait dégagée des préjugés que la modernité nous conduit à entretenir quant à l'état du monde ; elle n'est pas de proposer des modèles de vie commune, de nouvelles formes d'attachement aux êtres et aux choses ou une réforme des pratiques, des mœurs et des institutions. Qu'une telle réforme soit indispensable, tout l'indique autour de nous, depuis la révoltante disparité des conditions d'existence entre les pays du Sud et les pays du Nord jusqu'à la dégradation alarmante des grands équilibres de la biosphère sous l'effet de l'action humaine. Mais l'on aurait tort de penser que les Indiens d'Amazonie, les Aborigènes australiens ou les moines du Tibet seraient porteurs d'une sagesse plus profonde pour le temps présent que le naturalisme claudicant de la modernité tardive. Chaque type de présence au monde, chaque manière de s'y lier et d'en faire usage constitue un compromis spécifique entre des données de l'expérience sensible accessibles à tous, mais interprétées différemment, et un mode d'agrégation des existants adapté aux circonstances historiques, de sorte qu'aucun de ces compromis, pour dignes d'admiration qu'ils soient parfois, n'est à même d'offrir une source d'enseignement adéquate à toutes les situations. Ni la nostalgie pour des formes de vivre-ensemble dont les ethnographes et les historiens nous rapportent les échos assourdis, ni le volontarisme prophétique qui agite certains quartiers de la cité savante n'offrent de réponse immédiate au défi de recomposer dans des ensembles viables et solidaires entre eux un nombre toujours plus grand d'existants en quête de représentation et de traitements équitables. C'est à chacun d'entre nous, là où il se trouve, d'inventer et de faire prospérer les modes de conciliation et les types de pression capables de conduire à une universalité nouvelle, à la fois ouverte à toutes les composantes du monde et respectueuse de certains de leurs particularismes, dans l'espoir de conjurer l'échéance lointaine à laquelle, avec l'extinction de notre espèce, le prix de la passivité serait payé d'une autre manière : en abandonnant au cosmos une nature devenue orpheline de ses rapporteurs parce qu'ils n'avaient pas su lui concéder de véritables moyens d'expression.

REMERCIEMENTS

Dans une aventure comme celle dont ce livre est l'aboutissement, on encourt des dettes si nombreuses qu'il est impossible de rendre leur dû à tous ceux dont on est devenu l'obligé chemin faisant. Au risque de paraître ingrat, j'ai donc choisi la parcimonie. Les Indiens Achuar, on l'a vu à plusieurs reprises, m'ont fourni l'impulsion initiale qui m'a conduit à mettre en doute les certitudes que j'entretenais auparavant. D'autres peuples, en Amazonie ou ailleurs, y seraient sans doute aussi bien parvenus, mais c'est en fréquentant les Achuar que mes interrogations prirent corps et c'est à eux que va ma gratitude pour cet éveil. Bien que son influence sur moi se soit exercée de mille autres manières, Claude Lévi-Strauss a aussi partie liée avec les Achuar puisque c'est lui qui dirigea la thèse d'ethnologie que je leur ai consacrée et que c'est son œuvre qui m'introduisit aux questions que j'allais me poser à leur propos : si j'ai pu discuter dans ce livre la lettre de certaines de ses analyses, c'est pour mieux, je l'espère, rester fidèle à l'esprit de sa méthode et à la mission de l'anthropologie telle qu'il l'a définie. Sans l'inspiration et l'exemple qu'il m'a fournis, rien de ce que j'ai fait ici n'eût été possible. Cela fait presque dix ans que je débats avec Anne Christine Taylor, Eduardo Viveiros de Castro et Bruno Latour des idées et des hypothèses avancées dans les pages qui précèdent, que je les remanie à la lumière de leurs remarques avisées, que je leur donne plus de substance et d'assurance grâce à ce que j'emprunte à leurs textes et à nos conversations. Ma dette à leur égard est considérable, mais si légère à porter tant leur générosité sait bien me la dissimuler. Avec Tim Ingold, ce sont moins nos échanges qui me furent profitables que les intuitions profondes dont ses publications sont parsemées et les critiques pertinentes qu'elles contiennent de certaines de mes propres positions. S'il m'arrive aussi de le critiquer dans le cours de ces pages, c'est que nos points de vue sont parfois très proches et que le détail de ce qui nous sépare en vient à acquérir, pour moi comme pour lui, une importance décisive. Mes collègues et amis du groupe de recherche que j'anime au Laboratoire d'anthropologie sociale du Collège de France ont eu l'occasion d'écouter et de discuter des présentations orales de plusieurs parties de ce travail : à Michael Houseman, Frédéric Joulian, Dimitri Karadimas, Gérard Lenclud, Marika -Moisseeff, France-Marie Renard-Casevitz, Carlo Severi, Alexandre Surrallés, Wiktor Stoczkowski et Noëlie Vialles j'exprime ma reconnaissance pour les remarques et commentaires qu'ils m'ont faits en ces occasions, tout en réclamant leur indulgence pour n'en avoir pas toujours tenu compte. Avant de constituer la matière de mon enseignement au Collège de France durant les années 2000 à 2004, les thèmes développés dans ce livre ont été exposés sous une forme partielle dans mon séminaire de l'École des hautes études en sciences sociales ainsi que dans divers cycles d'enseignement délivrés dans des universités étrangères, notamment à Chicago, Rio de Janeiro, Buenos Aires et Louvain, et à la London School of Economics. En tous ces lieux, les questions de mes auditeurs, leurs demandes d'éclaircissement m'ont beaucoup aidé à mieux formuler mes idées et à leur faire passer l'épreuve de l'expression publique. Je remercie enfin tout particulièrement les lecteurs de ce manuscrit, Bruno Latour et Anne Christine Taylor, dont les remarques judicieuses m'ont permis de le rendre plus lisible, et Vincent Hirtzel qui m'a en outre aidé à confectionner l'index.

NOTES

AVANT-PROPOS

1. Bruno Latour a récemment offert une esquisse de ce que pourrait être une telle refondation dans un essai politique d'une salutaire audace (LATOUR, B., 1999).

2. K. MARX, *Fondements de la critique de l'économie politique*, Paris, Éditions Anthropos, t. I, 1967, p. 35 ; c'est surtout dans cette partie des *Grundrisse*... intitulée « Formes qui précèdent la production capitaliste » que Marx a mis en œuvre sa démarche d'histoire régressive ; voir le lumineux commentaire qu'en donne Maurice Godelier dans sa préface à *Sur les sociétés précapitalistes, textes choisis de Marx, Engels, Lénine*, Paris, Éditions sociales, 1970, pp. 46-51.

3. BLOCH, M., 1988 (1931), pp. 47-51.

1. FIGURES DU CONTINU

1. Pour plus de détails, voir DESCOLA, Ph., 1986.

2. Un exemple réputé suffisamment typique, en tout cas, pour avoir déjà servi d'illustration ethnographique à des auteurs qui récusent l'universalité de l'opposition entre nature et société (BERQUE, A., 1995 et 1990, et LATOUR, B., 1991).

3. ÅRHEM, K., 1996 et 1990.

4. BROWN, M. F., 1986 ; CHAUMEIL, J.-P., 1983 ; GRENAND, P., 1980 ; JARA, F., 1991 ; REICHEL-DOLMATOFF, G., 1976 et 1996 ; RENARD-CASEVITZ, Fr.-M., 1991 ; VAN DER HAMMEN, M. C., 1992 ; VIVEIROS DE CASTRO, E., 1992 ; WEISS, G., 1975 ; pour des conceptions similaires parmi les Amérindiens de la côte Pacifique de Colombie, voir ISACSSON, S.-E., 1993.

5. VAN DER HAMMEN, M. C., 1992, p. 334.

6. BELAUNDE, L. E., 1994.

7. CHAUMEIL, B., CHAUMEIL, J.-P., 1992.

8. BERLIN, B., 1977.

9. Rivière, P., 1994, pour d'autres exemples similaires.

10. Lima, T. S., 1996 ; Viveiros de Castro, E., 1996.

11. Des travaux récents d'écologie historique ont établi que l'horticulture itinérante sur brûlis et la sylviculture, pratiquées durant plusieurs millénaires par les peuples autochtones d'Amazonie, engendrent des transformations profondes dans la composition floristique de la forêt, en contribuant notamment à favoriser la concentration de certaines espèces non domestiquées, ou domestiquées et revenues à l'état sauvage ; les plus communes sont diverses espèces de palmier (*Orbignya phalerata, Bactris gasipaes, Mauritia flexuosa, Maximiliana sp. Astrocaryum sp.*) et d'arbres à fruits comestibles (*Bertholletia excelsa, Platonia insignis, Theobroma sp.*, différentes espèces d'*Inga*). Il semble aussi que les massifs de bambou (du genre *Guadua*) et les « forêts de liane » soient assez souvent d'origine anthropique. Voir Balée, W., 1989 et 1993.

12. Lévi-Strauss, Cl., 1962, p. 284.

13. Reichel-Dolmatoff, G., 1976.

14. *Ibid.*, p. 316, ma traduction ; sauf mention explicite, toutes les citations en langues étrangères faites dans le livre ont été traduites par moi.

15. Les informations ethnographiques relatives à la conceptualisation et au traitement des non-humains, notamment les animaux, sont particulièrement riches pour les groupes parlant des langues algonquines — Cree du Labrador et du sud-ouest de la baie d'Hudson et Ojibwa septentrionaux —, mais elles recoupent, pour l'essentiel, les données plus hétérogènes dont on dispose pour les tribus de l'ensemble athapaskan qui se déploient du nord-ouest de la baie d'Hudson jusqu'au versant Pacifique des montagnes Rocheuses et à l'Alaska. Pour les Algonquins, voir Brightman, R., 1993 ; Désveaux, E., 1988 ; Feit, H., 1973 ; Leacock, E., 1954 ; Lips, J., 1947 ; Speck, F. G., 1935 ; Tanner, A., 1979 ; pour les Athapaskan, voir Nelson, R. K., 1983 ; Osgood, C., 1936.

16. Le rituel de la « tente tremblante » (*shaking lodge*, en anglais) est commun à toute l'aire algonquine subarctique. Un homme d'expérience, souvent un chamane, s'enferme à la nuit tombée dans un édicule dressé pour la circonstance où il invoque par ses chants des esprits animaux ; en venant le visiter, ces derniers font trembler le fragile édifice. Pendant toute la durée de la cérémonie, les esprits conversent entre eux, avec l'officiant et avec le public assis tout autour de la tente, soit dans une langue connue, soit dans un charabia incompréhensible dont le médium se fait l'interprète (voir Désveaux, E., 1995, et Brightman, R., 1993, pp. 170-176).

17. Voir Scott, C., 1989 ; Tanner, A., 1979, pp. 130 et 136 ; Speck, F. G., 1935, p. 72, et Brightman, R., 1993, p. 3.

18. Communication personnelle de Daniel Clément.

19. Désveaux, E., 1995, p. 438.

20. Ingold, T., 1996, p. 131.

21. Blaisel, X., 1993 ; Fienup-Riordan, A., 1990 ; Saladin d'Anglure, B., 1990 et 1988.

22. Rasmussen, K., 1929, p. 56.

23. Lévi-Strauss, Cl., 1964, p. 16.
24. Pour la Sibérie, j'ai largement usé de la remarquable synthèse de R. Hamayon, 1990; voir aussi Lot-Falck, É., 1953; Paulson, I., Hultkrantz, Å., et Jettmar, K., 1965; Zelenin, D., 1952.
25. Brightman, R., 1993, p. 91 pour l'aire subarctique, et Descola, Ph., 1986, pp. 321-322 pour l'Amazonie.
26. Leroi-Gourhan, A., 1946.
27. Perrin, M., 1995, pp. 9-12.
28. *Ibid.*, pp. 5-9.
29. Hamayon, R., 1982.
30. Eliade, M., 1968 (1951), p. 266. Alfred Métraux avance une explication identique pour rendre compte de certains traits spécifiques du chamanisme des Araucans, à l'extrême sud de l'Amérique du Sud (Métraux, A., 1967, pp. 234-235).
31. Howell, S., 1996 et 1989 (1984).
32. Endicott, K. M., 1979.
33. Karim, W.-J., 1981a et 1981b.
34. Karim, W.-J., 1981b, p. 1; ou encore « les Ma'Betisék ne disposent d'aucun terme général pour décrire la nature. Les objets animés non humains (plantes et animaux) et les objets inanimés faisant partie de l'environnement (le vent, le ciel, le tonnerre, la pluie, l'eau, etc.) ne sont pas catégorisés collectivement comme des objets naturels » (*ibid.*, p. 7).
35. Ellen, R. F., 1993, pp. 94-95.
36. Wagner, R., 1977, p. 404.
37. Schieffelin, E. L., 1987.
38. Van Beek, A. G., 1987, p. 174.
39. Coppet, D. de, 1995.
40. Hviding, E., 1996, p. 170.
41. Leenhardt, M., 1947, p. 222.
42. Voir l'analyse qu'en donne Maurice Bloch (1992) pour une société de Madagascar.
43. Leenhardt, M., 1947, p. 31.
44. *Ibid.*, p. 212.
45. Losonczy, A. M., 1997.
46. Jackson, M., 1990.
47. Van Beek, W. E. A., et Banga, P. M., 1992.
48. C'est ce qu'avait bien vu André-Georges Haudricourt dans un article (1962) où il contrastait « l'action directe positive » exercée sur le vivant par le cultivateur de céréales et le pasteur d'Europe méridionale avec « l'action indirecte négative » des cultivateurs de tubercules océaniens, prodiguant des soins personnels à chaque plant. Pour un commentaire de cette opposition, voir le chapitre IV.
49. Malamoud, Ch., 1989.
50. *Ibid.*, chap. IV.
51. *Ibid.*, p. 114.
52. Galey, J.-Cl., 1993, p. 49.
53. Berque, A., 1986.
54. *Ibid.*, p. 176.
55. Berque, A., 1995.

2. LE SAUVAGE ET LE DOMESTIQUE

1. MICHAUX, H., 1968 (1929), p. 169.
2. Une partie de ce chapitre est reprise de mon article « Le sauvage et le domestique » (*Communication*, n° 76, octobre 2004). Pour la distinction entre écoumène et érème, voir BERQUE, A., 1986, pp. 66 *sq*.
3. BALIKCI, A., 1968.
4. LEE, R. B., 1979, pp. 51-67 et 354-359.
5. TURNBULL, C., 1965.
6. MAUSS, M., 1904-1905. L'on sait maintenant que cette alternance est assez généralisée chez les peuples de chasseurs-cueilleurs quelle que soit leur latitude (LEE, R. B., et DE VORE, I., 1968).
7. GLOWCZEWSKI, B., 1991 ; pour des conceptions semblables chez les Pintupi, voir MYERS, F. R., 1986.
8. Cité par Marcia LANGTON, 1998, p. 34.
9. DUPIRE, M., 1962.
10. *Ibid*., p. 63, n. 1.
11. BARTH, F., 1961.
12. GODELIER, M., 1984, pp. 118-119.
13. Voir BRIDGES, L., 1988 (1949) pour la Terre de Feu, et LEACOCK, E., 1954 pour le Canada.
14. DESCOLA, Ph., 1986, pp. 198-209; les Aguaruna, voisinant au sud avec les Achuar et partageant la même culture matérielle, font mieux encore avec près de 200 variétés de manioc, voir BOSTER, J., 1980.
15. PIPERNO, D. R., 1990.
16. On estime que la patate douce, le manioc et l'igname américain auraient été domestiqués il y a environ 5 000 ans, et le taro *Xanthosoma* sans doute bien plus tôt (ROOSEVELT, A. C., 1991, p. 113).
17. Clifford Geertz est sans doute l'un des premiers à avoir souligné cette analogie lorsqu'il écrit, à propos des essarts de polyculture de l'archipel indonésien, qu'ils sont « une forêt tropicale en miniature » (GEERTZ, C., 1963, p. 24).
18. Pour une appréciation critique de l'efficacité écologique et agronomique de la polyculture d'essartage, voir le numéro spécial de *Human Ecology* (1983, vol. XI, n° 1) consacré à cette question.
19. BALÉE, W., 1989 et 1994, notamment le chapitre VI de ce dernier ouvrage.
20. Il faut convenir que ce ne fut pas le cas partout et toujours dans les basses terres d'Amérique du Sud. Dans les savanes des Llanos de Mojos en Bolivie, dans la forêt de la haute Amazonie équatorienne ou sur l'île de Marajó à l'embouchure de l'Amazone, d'importants vestiges de chaussées, de chemins creux, de champs surélevés, de monticules résidentiels ou de canaux attestent que des populations d'horticulteurs ont procédé à un aménagement de l'espace qui n'a plus d'équivalent parmi les Amérindiens actuels : DENEVAN, W. M., 1966 ; ROOSEVELT, A. C., 1991 ; ROSTAIN, S., 1997 ; SALAZAR, E., 1997.
21. STRATHERN, A., 1971, p. 231.

22. *Ibid.*, pp. 8-9.
23. Strathern, M., 1980.
24. *Ibid.*, p. 193.
25. Dwyer, P. D., 1996.
26. *Ibid.*, pp. 177-178.
27. Je suis redevable à Anne Henry pour ces informations.
28. Berque, A., 1986, pp. 69-70.
29. Zimmermann, Fr., 1982, pp. 23-69.
30. Dans la tradition picturale et littéraire chinoise, « paysage » se dit *shanshui*, soit une combinaison de la montagne *(shan)* et des eaux *(shui)* ; *cf.* Berque, A., 1995, p. 82. Pour ce développement sur la Chine, j'ai largement puisé dans cet ouvrage et dans deux classiques : Granet, M., 1968 (1929) et 1968 (1934).
31. Berque, A., 1995, p. 84.
32. Granet, M., 1968 (1934), p. 285.
33. Berque, A., 1986, pp. 73-74.
34. *Ibid.*, p. 89.
35. Comme l'écrit Jacques Le Goff : « La religion née en Orient à l'ombre des palmes se fait jour en Occident au détriment des arbres, refuges des génies païens, que moines, saints, missionnaires abattent impitoyablement » (Le Goff, J., 1982, p. 106).
36. Knight, J., 1996.
37. Zimmermann, Fr., 1982, chap. i; pour une interprétation divergente, voir Dove, M. R., 1992.
38. C'est cet antonyme plus tardif du sauvage qu'ont retenu l'anglais (opposition entre *wild* et *civilized*) ou l'espagnol (*salvaje* et *civilizado*).
39. Oelschlaeger, M., 1991.
40. Voir, par exemple, Hodder, I., 1990.
41. Hell, B., 1994.
42. En allemand, d'ailleurs, et à la différence d'autres langues européennes, le mot *wild*, « sauvage », n'a pas d'antonyme automatique; il s'oppose selon les contextes à une pluralité de termes : *zahm*, « apprivoisé », « docile », dans le cas des enfants ou des animaux, *gebildet* ou *gesittet*, « cultivé », « civilisé », pour ce qui est des hommes, sans compter les nombreux dérivés de *Kultur*, dans leur sens littéral — ainsi *Kulturboden*, « espace ou sol cultivé » — ou dans leur sens figuré, tels *kultiviert*, « civilisé », ou *Kulturvolk*, « peuple civilisé », etc.
43. Hell, B., 1994, pp. 22-23.
44. *Ibid.*, pp. 349-353.
45. Pour la domestication des animaux, voir Digard, J.-P., 1990, pp. 105-125; pour la néolithisation au Proche-Orient, voir Cauvin, J., 1994, pp. 55-86.
46. C'est l'hypothèse que développe Vigne, J.-D., 1993.
47. Vidal-Naquet, P., 1972, p. 138.
48. Vidal-Naquet, P., 1975.
49. Vidal-Naquet, 1972, p. 139.
50. Hell, B., 1994, p. 22.
51. Selon Columelle, cité par Bodson, L., 1995, p. 124.

52. Schama, S., 1999, pp. 95-102.
53. Duby, G., 1973, p. 33.
54. Aux États-Unis, la transition vers une nouvelle sensibilité paysagère est plus tardive qu'en Allemagne ; en 1832, Washington Irving continue à décrire des paysages du Far West en évoquant Salvator Rosa et Claude Lorrain (dans *A Tour on the Prairies*, cité par Roger, A., 1997, p. 43, n. 2).
55. Lors de son expédition au Saint-Gothard : « Au surplus, j'ai beau me battre les flancs pour arriver à l'exaltation alpine des écrivains de montagne, j'y perds ma peine » (*Mémoires d'outre-tombe*, t. II, Paris, Gallimard, « Bibliothèque de la Pléiade », p. 591).

3. LE GRAND PARTAGE

1. Legrand, C., Méjanés, J.-F., et Starcky, E., 1990.
2. *Ibid.*, pp. 60 et 93-94.
3. Gombrich, E., 1983, pp. 15-43. Alain Roger (1997, pp. 73-76) signale que l'un des premiers exemples du dispositif de la « fenêtre flamande » serait *La Madone à l'écran d'osier* de Robert Campin, dit « le Maître de Flémalle », vers 1420-1425 (Londres, National Gallery).
4. Roger, A., 1997, pp. 76-79.
5. Panofsky, E., 1975.
6. *Ibid.*, pp. 160-182.
7. *Ibid.*, p. 159.
8. Merleau-Ponty, M., 1964, p. 50.
9. Roger, A., 1997, pp. 16-20.
10. Panofsky, E., 1975, p. 126.
11. Lenoble, R., 1969, p. 312.
12. Latour, B., 1996.
13. Ainsi en est-il de trois sommes remarquables, tant par l'ampleur de leur érudition que par la finesse de leurs jugements : le livre déjà cité du père Lenoble, Moscovici, S., 1977, et Glacken, C. J., 1967. Bien qu'ils affirment sans ambages l'historicité de l'idée de nature, ces ouvrages n'échappent pourtant pas au préjugé consistant à voir celle-ci comme s'objectivant peu à peu à partir d'un donné universel dont l'extériorité serait patente pour tous les humains. Dans le même esprit, voir Collingwood, R. G., 1945.
14. C'est Ulysse qui parle : « le meurtrier d'Argus me donna une plante qu'il arracha de terre et dont il m'enseigna la *phusis* [...] les dieux l'appellent moly » (*Odyssée*, X, 302) ; cette plante permet à Ulysse de vaincre les enchantements de Circé.
15. *Physique*, II, 192b.
16. Ainsi que le note Geoffrey Lloyd (1996, p. 59) : « Il n'y a pas chez Homère de concept ou de catégorie d'ensemble qui distingue le *domaine* de la nature *en tant que tel* — par opposition *soit* à la "culture", *soit* au "surnaturel" » (souligné par l'auteur).
17. *Les Travaux et les Jours*, 275. Marcel Detienne interprète ce passage comme le signe d'une opposition radicale, dans la pensée grecque,

entre les hommes et les animaux, ces derniers étant condamnés à se dévorer mutuellement, par contraste avec les premiers (*Dionysos mis à mort*, Paris, Gallimard, 1977, pp. 140-141). Or, tous les animaux ne sont pas concernés par cette pratique allélophagique, Hésiode mentionnant seulement les poissons, les fauves et les oiseaux. En outre, la dévoration mutuelle paraît *interne* à chaque catégorie précitée et non généralisée à l'intérieur du règne animal. Il paraît donc difficile de suivre Detienne sur ce point et de voir dans l'allélophagie le critère d'une distinction globale opérée par les Grecs entre les humains et l'ensemble des animaux. Je remercie Eduardo Viveiros de Castro d'avoir attiré mon attention sur ce passage d'Hésiode et sur le commentaire de Detienne.

18. Voir l'intéressant parallèle que trace Lenoble (1969, p. 60) entre la multiplication des garanties statutaires accordées aux métèques athéniens, fixant leur altérité dans un cadre juridique particulier, et la perception nouvelle de l'extériorité d'un monde physique régi par des lois.

19. *Physique*, II, 192b.

20. Sur les principes de la systématique aristotélicienne, voir Atran, S., 1985.

21. Augustin, *Sermons sur les Psaumes*, 45.

22. Arnould, J., 1997.

23. Thomas d'Aquin, *Somme théologique*, Ire partie, Question 96, article 1.

24. Voir Duvernay-Bolens, J., 1995, p. 98.

25. Merleau-Ponty, M., 1994, p. 25.

26. Spinoza, *L'Éthique*, Ire partie, appendice de la proposition XXXVI ; Sir Matthew Hale, *The Primitive Origination of Mankind*, Londres, 1677, p. 370, cité par Glacken, C. J., 1967, p. 481.

27. Foucault, M., 1966, p. 85.

28. *Ibid.*, p. 355.

29. Cl. Lévi-Strauss, « Jean-Jacques Rousseau, fondateur des sciences de l'homme », republié dans Lévi-Strauss, Cl., 1973, pp. 45-56.

30. É. Durkheim, « Le "Contrat social" de Rousseau », *Revue de métaphysique et de morale*, mars-avril 1918, pp. 138-139, cité par Robert Derathé, *Jean-Jacques Rousseau et la science politique de son temps*, Paris, Vrin, 1974, p. 239.

31. Kroeber, A., et Kluckhohn, C., 1952.

32. Tylor, E. B., 1871, vol. I, p. i.

33. Stocking, G. W. Jr., 1968, pp. 195-233. Tout en reconnaissant le rôle joué par Boas dans l'émergence du concept de culture au sein de l'anthropologie nord-américaine, Adam Kuper (1999, pp. 47-72) considère que la stabilisation de ce concept dans son usage contemporain et l'élaboration d'un véritable programme de recherche culturaliste n'interviennent que bien plus tardivement, grâce à l'œuvre de Talcott Parsons et à l'influence qu'il a exercée sur Clifford Geertz et David Schneider. S'il est vrai que Boas lui-même est resté très discret sur les implications théoriques de la notion de culture dont il a introduit l'usage aux États-Unis, l'importance de son apport en ce domaine me semble avoir été sous-estimée par Kuper.

34. Benveniste, É., 1966, pp. 336-345.

35. Elias, N., 1973, pp. 11-51.
36. Sur l'influence de la tradition allemande chez Boas et ses disciples, voir Stocking, G. W. Jr., 1996.
37. Alfred Kroeber, « The Superorganic » (1917), republié dans Kroeber, A., 1952.
38. Boas, F., 1887.
39. Rickert, H., 1997.
40. *Ibid.*, p. 46 de la traduction française.
41. *L'Éthique*, I, XXIX, scolie.
42. Berque, A., 1986, pp. 135 et 141.
43. Sahlins, M., 1976, p. 55.
44. Wagner, R., 1981 (1975), p. 142, souligné par l'auteur.
45. Durkheim, É., 1960 (1912), p. 36, souligné par l'auteur. Voir aussi le chapitre que Clément Rosset consacre aux rapports entre nature et religion en philosophie (Rosset, Cl., 1973).
46. Keil, F. C., 1989.
47. Pour de plus amples détails, voir le chapitre xi.
48. Whitehead, A. N., 1955 (1920), p. 50.
49. Merleau-Ponty, M., 1964, p. 13.
50. Latour, B., 1991.
51. *Ibid.*, p. 22.

4. LES SCHÈMES DE LA PRATIQUE

1. « Des pensées sans contenu sont vides, des intuitions sans concepts, aveugles », Kant, E., 1968 (1781), « Théorie transcendantale des éléments, Introduction à la deuxième partie », p. 77 de la traduction française.
2. Benedict, R., 1934.
3. Un point que semblent oublier certains anthropologues lorsque, au nom du primat de la pratique, ils imputent aux schèmes générateurs de celle-ci une flexibilité et une contingence qui caractérisent plutôt les élaborations *ad hoc* que leurs informateurs donnent de ces schèmes.
4. Bourdieu, P., 1997, p. 179.
5. Lévi-Strauss, Cl., 1967 (1949), p. 108.
6. Radcliffe-Brown, A. R., 1968 (1952), p. 315.
7. Voir à ce propos l'excellente analyse faite par Dan Sperber de la distinction entre connaissance interprétative et connaissance théorique en anthropologie (1982, chap. i).
8. Lévi-Strauss, Cl., 1958, p. 305.
9. *Ibid.*, p. 312.
10. *Ibid.*, pp. 308-310.
11. Lévi-Strauss, Cl., 1967 (1949), p. 533.
12. En témoigne sa polémique avec David Maybury-Lewis sur les systèmes dualistes : à ce dernier, qui lui fait grief de proposer des modèles diagrammatiques de la structure spatiale et sociale des Bororo et des Winnebago qui sont fort éloignés de la manière dont les populations concernées codifient elles-mêmes l'organisation dualiste de leur habitat

et de leurs divisions internes, Lévi-Strauss répond que le propos de l'analyse structurale n'est pas d'appréhender les relations sociales telles qu'elles se manifestent empiriquement, mais de les comprendre en construisant des modèles *ad hoc* dont la manipulation révèle des propriétés non directement observables de ces mêmes relations (LÉVI-STRAUSS, C., 1973, chapitre VI).

13. LÉVI-STRAUSS, Cl., 1962, p. 173.

14. *Ibid.*

15. ROSCH, E., 1973 et 1978.

16. Un exemple emprunté à Maurice Bloch (1998, p. 5).

17. Voir, par exemple, GIBSON, K. R., et INGOLD, T., 1993 ; LAVE, J., et WENGER, E., 1991.

18. VARELA, F., ROSCH, E., et THOMPSON, E., 1993, p. 208.

19. DESCOLA, Ph., 1986, pp. 301-306.

20. KANT, E., 1968 (1781), p. 153.

21. Sur le rôle de l'épigenèse dans la stabilisation des réseaux neuronaux, voir CHANGEUX, J.-P., 1983 ; pour une théorie évolutionniste de la stabilisation phylogénétique, voir EDELMAN, G. M., 1987.

22. Pour de bonnes synthèses des modèles connexionnistes, voir BECHTEL, W., et ABRAHAMSEN, A., 1991 ; QUINLAN, P. T., 1991.

23. BECHTEL, W., et ABRAHAMSEN, A., 1991, pp. 54-55.

24. STRAUSS, C., et QUINN, N., 1997, pp. 79-82.

25. Pour la psychologie, voir MANDLER, J. M., 1984 ; SCHANK, R., et ABELSON, R., 1977 ; pour l'anthropologie, STRAUSS, C., et QUINN, N., 1997 ; D'ANDRADE, R., 1995 ; SHORE, B., 1996. Roy D'Andrade donne une bonne définition générale du schème : « Dire de quelque chose que c'est un "schème" [*schema* en anglais] est une façon abrégée de dire qu'une structure distincte et fortement interconnectée d'éléments interprétatifs peut être activée par des *inputs* minimaux. Un schème est une interprétation fréquente, bien organisée, mémorable, qui peut être faite à partir d'indices minimaux, qui contient un ou plusieurs cas d'exemplarité prototypique, qui résiste au changement, etc. Bien qu'il serait plus exact de parler d'*interprétations possédant tel ou tel degré de schématicité*, la convention qui veut que l'on appelle "schèmes" des interprétations hautement schématiques persiste de fait dans la littérature sur la cognition (1995, p. 142, souligné par l'auteur).

26. Ainsi Susan Carey adopte une position néo-épigénétique en postulant que les propriétés attribuées de façon implicite aux organismes non humains sont peu à peu construites par différenciation d'avec les propriétés prêtées aux personnes, tandis que Franck Keil suppose que sont donnés d'emblée des « modes d'appréhension » *(modes of construal)* de l'environnement — mécaniques, intentionnels, téléologiques, fonctionnels, etc. —, lesquels sont à l'origine de la formation des « théories naïves » (CAREY, S., 1985, CAREY, S., et SPELKE, E., 1994 ; KEIL, F. C., 1994 et 1989). Notons que l'existence éventuelle de catégories ontologiques du type « personne », « artefact » ou « objet naturel », qu'elles soient innées ou acquises dans les premières années du développement, n'implique pas pour autant, si leur universalité devait se confir-

mer, une universalité de la séparation ontologique entre culture et nature ou humains et non-humains. Les propriétés que ces catégories schématisent sont en effet activées dans des situations particulières, souvent de type expérimental, et coexistent fort bien avec des croyances contre-intuitives concernant le comportement prêté à certains membres de ces catégories. Ainsi, la possible universalité d'un schème attributif permettant de distinguer intuitivement les humains des animaux n'empêche nullement les Dorzé d'Éthiopie, pour emprunter un exemple à Dan Sperber, d'affirmer en toute bonne foi que le léopard respecte à la lettre les périodes de jeûne prescrites par le calendrier copte, ou que des humains se transforment la nuit en hyène-garou (SPERBER, D., 1974, pp. 141-142).

27. Voir la célèbre analyse que P. Bourdieu consacre à la maison kabyle (1972) ou, dans un tout autre contexte culturel, mon analyse de la maison achuar (DESCOLA, Ph., 1986, chap. IV).

28. BOURDIEU, P., 1979; MAUSS, M., 1935.

29. Dans leurs propriétés essentielles, les schèmes intégrateurs présentent bien des ressemblances avec ce que Bradd Shore appelle des « *foundational schemas* » (1996, pp. 53-54). Ils s'en distinguent toutefois sur deux points, mentionnés ici au passage et qui seront explicités plus avant. En premier lieu, les *foundational schemas* caractérisent surtout des modes d'organisation de l'espace, ou de répartition dans l'espace, du moins si l'on en juge par les exemples donnés par Shore — la distribution modulaire propre aux institutions nord-américaines, le contraste entre le centre et la périphérie à Samoa ou les itinéraires du « temps du rêve » chez les Aborigènes australiens —, à la différence des schèmes intégrateurs qui structurent plutôt des systèmes de relation. Par ailleurs, Shore semble tenir pour acquis que chaque culture est définie par des *foundational schemas* spécifiques, tandis que les schèmes intégrateurs paraissent relever tous d'un même répertoire général au sein duquel seules les combinaisons varient.

30. HAUDRICOURT, A.-G., 1962.

31. Voir, par exemple, SQUIRE, L. R., 1987, pp. 39-55.

32. GICK, M. L., et HOLYOAK, K. J., 1983. Pour une discussion de ce travail et des contributions de la psychologie cognitive à la théorie du schématisme, voir SHORE, B., 1996, pp. 353-356.

33. C'est ce qu'a bien vu B. Shore qui emploie pour désigner ces deux phases des concepts empruntés à Piaget : « l'assimilation » est l'organisation d'une expérience nouvelle en relation à un schème préexistant, tandis que « l'accommodation » est la transformation ou la création d'un schème suite à une nouvelle expérience (*ibid.*, pp. 367-368).

5. RAPPORT À SOI, RAPPORT À L'AUTRE

1. MAUSS, M., 1974, p. 130. Voir aussi Durkheim : « si le primitif confond les choses que nous distinguons, inversement, il en distingue d'autres que nous rapprochons », 1960 (1912), p. 341.

2. Voir, par exemple, les études réunies dans deux ouvrages récents : LAMBEK, M., et STRATHERN, A., 1998, et GODELIER, M., et PANOFF, M., 1998; on

notera d'ailleurs que les éditeurs de ce dernier ouvrage reconnaissent sans ambages dans leur introduction que « la question est de savoir pourquoi l'humanité [...] semble avoir été amenée à se représenter l'être humain comme composé de deux parts, une part périssable et une part qui continue à exister et à agir bien au-delà de la mort » (p. XIV).

3. MAUSS, M., 1950, p. 355.

4. BENVENISTE, É., 1966, chap. XX et XXI.

5. STRATHERN, M., 1988, pp. 268-270.

6. LEENHARDT, M., 1947; LIPUMA, E., 1998.

7. En particulier le regretté Gilles Châtelet (1993).

8. « [...] et comment il ne suffit pas qu'elle [l'âme] soit logée dans le corps humain ainsi qu'un pilote en son navire, sinon peut-être pour mouvoir ses membres; mais qu'il est besoin qu'elle soit jointe et unie plus étroitement avec lui, pour avoir, outre cela, des sentiments et des appétits semblables aux nôtres, et ainsi composer un vrai homme » (*Discours de la méthode*, Ve partie, in *Œuvres philosophiques*, t. I, éd. F. Alquié, Paris, Garnier, pp. 631-632).

9. TYLOR, E. B., 1871, chap. XI à XVIII.

10. BLOOM, P., 2004.

11. DAMASIO, A. R., 1999; DENNETT, D., 1991.

12. Voir, sur ce dernier thème, HACKING, I., 1995.

13. PITARCH, P., 1996; DIETERLEN, G., 1973.

14. LÉVI-STRAUSS, Cl., 1962.

15. Pour Lévi-Strauss, ce genre de relation n'a rien à voir avec le totémisme, même si on peut le trouver parfois combiné avec lui, comme c'est le cas chez les Ojibwa avec la juxtaposition du « système *manido* » (les esprits animaux individuels) et du « système totem » (les animaux éponymes), *ibid*, pp. 25-33.

16. DESCOLA, Ph., 1992 et 1996.

17. C'est là l'objection tout à fait pertinente que Viveiros de Castro a portée à l'encontre de ma première théorie de l'animisme, même s'il me faisait la charité d'adresser plutôt sa critique à un auteur qui avait repris cette théorie à son compte dans une formulation trop hâtive (1996, pp. 120-123).

18. *Ibid.*, p. 121.

19. Avec son ontologie de la différence, Gabriel Tarde constitue à cet égard une notable exception, mais son influence fut bridée de façon si efficace par les durkheimiens que l'effet qu'il a exercé sur la sociologie française du XXe siècle peut être tenu pour marginal : TARDE, G., 1999 (1893).

6. L'ANIMISME RESTAURÉ

1. VIVEIROS DE CASTRO, E., 1996, p. 129.

2. DURKHEIM, É., 1960 (1912), p. 386.

3. SURRALLÉS, A., 2003, p. 66.

4. MAUZÉ, M., 1998, p. 240.

5. Brunois, F., 2001, pp. 115, 199.
6. Leenhardt, M., 1947, p. 222. C'est l'interprétation que propose Jean-Pierre Vernant (Présentation du « Corps des dieux », *Le Temps de la réflexion,* VII, 1986, pp. 10-11).
7. Leenhardt, M., 1947, p. 31.
8. Taylor, A. C., 1998, pp. 323-324.
9. Århem, K., 1996, p. 188.
10. Gray, A., 1997, p. 120.
11. Hallowell, A. I., 1981 (1960), p. 368. Il est vrai qu'il dit de façon explicite « l'apparence extérieure est seulement un attribut accidentel de l'être » (p. 373). Toutefois, Hallowell souligne aussi par maints exemples la permanence des usages, notamment alimentaires, liés à la forme d'espèce ; les « oiseaux-tonnerres », par exemple, qui sont aussi les « maîtres » des faucons crécerelles, s'alimentent comme eux, mais sous leur avatar humain, de grenouilles et de serpents qu'ils présentent à un visiteur ojibwa comme du castor bouilli (p. 371).
12. Howell, S., 1996, p. 131.
13. Pour les Makuna, Århem, K., 1990, pp. 108-115 ; pour les Wari', Vilaça, A., 1992, pp. 55-63.
14. Iteanu, A. 1998, p. 119.
15. Ingold, T., 1998, p. 194.
16. Århem, K., 1996, p. 194.
17. Voir la série de mythes matsiguenga publiée par Fr.-M. Renard-Casevitz (1991).
18. Contrairement à ce que dit Ingold, qui semble suivre Hallowell sur ce point (voir *supra* la note 11) : « La génération d'une forme animée dans n'importe quelle région [du cosmos] implique sa dissolution dans une autre [...]. Pour cette raison aucune forme n'est jamais permanente » (Ingold, T., 1998, p. 184). C'est le cas à l'échelle des individus, assurément, non à l'échelle des espèces.
19. Hallowell, A. I., 1981 (1960), pp. 377, 365, 372.
20. *Ibid.*, p. 380.
21. Pour le passage de l'animal à l'humain, voir l'exemple des Makuna (Århem, K., 1996, p. 188), des sociétés circumpolaires (Ingold, T., 1998, p. 185), des Ojibwa (Hallowell, A. I., 1981 (1960), p. 377), des Tsimshian (Guédon, M.-Fr., 1994, p. 142) ou des Chewong (Howell, S., 1996, p. 135) ; pour le passage de l'humain à l'animal, voir les Chewong (Howell, S., 1996, p. 135), les sociétés circumpolaires (Ingold, T., 1998, p. 185), les Ojibwa (Hallowell, A. I., 1981 (1960), p. 374), les Tsimshian (Guédon, M.-Fr., 1994, p. 142), les Makuna (Århem, K., 1996, p. 188).
22. Le passage de l'humain à la plante est mentionné chez les Chewong, de même que l'apparition de la plante sous une forme humaine (Howell, S., 1996, p. 135) ; on rencontre également ce dernier cas chez les Achuar et chez les Yagua de l'Amazonie péruvienne (Chaumeil, J.-P., 1983, pp. 74-79) ; la métamorphose d'une espèce animale en une autre est admise par les Makuna (Århem, K., 1996, p. 188).
23. Sur les contrastes entre chamanisme et possession, voir l'étude classique de Luc de Heusch (1971, pp. 226-244).

24. Howell, S., 1996, p. 133; Hamayon, R., 1990, p. 296; Ingold, T., 1998, p. 185; Tanner, A., 1979, p. 136; Brown, J. E., 1997, p. 13; Århem, K., 1996, p. 190.

25. Howell, S., 1996, p. 134.

26. Viveiros de Castro, E., 1996.

27. *Ibid.*, p. 117.

28. *Ibid.*, p. 125.

29. *Ibid.*, p. 126.

30. *Ibid.*

31. Durkheim, E., 1960 (1912), pp. 386-387, souligné par moi.

32. Voir l'esquisse d'inventaire donnée par Viveiros de Castro (1996, n. 3 et 4).

33. Les sources ne sont d'ailleurs pas complètement muettes sur cette question, même si elles ne l'évoquent le plus souvent que de façon détournée. On peut en effet inférer que les animaux voient les humains comme tels à partir du fait, attesté dans maints exemples, que les animaux, ou leurs représentants, nouent avec les humains, ou acceptent de leur part, un commerce ordinaire d'humain à humain, adoptant en général pour ce faire une forme humaine qui est comme un signe de reconnaissance. Ainsi, chez les Yagua de l'Amazonie péruvienne, le récit d'un chasseur qui va rendre visite à la maîtresse des animaux de l'*aguajal* (une palmeraie inondée) pour négocier avec elle du gibier (Chaumeil, J.-P., 1983, pp. 182-183); ou la mention faite par G. Reichel-Dolmatoff que les animaux visitent les chasseurs desana (Amazonie colombienne) dans leurs rêves sous l'apparence de jeunes filles accortes pour les séduire (Reichel-Dolmatoff, G., 1971, p. 225); ou encore l'anecdote racontée par un Achuar de son amitié avec une loutre à forme humaine, l'une des incarnations de l'esprit des eaux Tsunki (Descola, Ph., 1993, p. 164); ou enfin, chez les Cree, l'habitude qu'ont les chasseurs d'expliquer les raisons de leur geste à l'ours qu'ils s'apprêtent à tuer, discours que l'ours est dit comprendre (Tanner, A., 1979, p. 146). Il est difficile de penser que de telles interactions seraient réputées possibles si les animaux voyaient les humains simplement comme des animaux prédateurs ou du gibier.

34. Viveiros de Castro, E., 1996, p. 122.

7. DU TOTÉMISME COMME ONTOLOGIE

1. Lévi-Strauss, Cl., 1962, p. 15.

2. *Ibid.*

3. *Ibid.*, p. 154.

4. *Ibid.*, pp. 154-155, souligné par moi.

5. La lecture il y a quelques années d'un article pénétrant de Luc Racine (1989) avait déjà commencé d'ébranler mes certitudes quant à l'universalité de l'explication lévi-straussienne du totémisme, mais pas suffisamment pour me conduire à surmonter ma paresse dogmatique et entreprendre l'*aggiornamiento* nécessaire. Relu dix ans après sa paru-

tion, ce texte m'a finalement conduit à réviser mon jugement et les considérations qui suivent doivent beaucoup à son effet stimulant.

6. SPENCER, W. B., et GILLEN, F. J., 1899, p. 112.

7. L'hypothèse de l'évolution par diversification à partir d'un noyau commun est avancée par Spencer et Gillen dès 1899 *(ibid.)* ; pour une version récente de cette hypothèse fondée sur des critères linguistiques, voir BRANDENSTEIN, C. G. von, 1982, chap. X. L'hypothèse de la variation du nombre de classes comme résultant d'une adaptation aux ressources en eau a été développée par YENGOYAN, A. A., 1968.

8. La littérature sur le Rêve est immense, la plupart des spécialistes de l'Australie ayant abordé ce thème ; pour une bonne synthèse en français, on pourra se reporter à GLOWCZEWSKI, B., 1991, chap. II ; pour le Rêve chez les Aranda, voir MOISSEEFF, M., 1995, chap. I.

9. RADCLIFFE-BROWN, A. R., 1968 (1952), p. 246.

10. SPENCER, W. B., et GILLEN, F. J., 1899, p. 119.

11. ELKIN, A. P., 1933.

12. LÉVI-STRAUSS, Cl., 1962, pp. 64-68.

13. ELKIN, A. P., 1933, pp. 115 et 116.

14. *Ibid.*, p. 119.

15. *Ibid.*, p. 121.

16. *Ibid.*, p. 129.

17. *Ibid.*

18. BRANDENSTEIN, C. G. von, 1982.

19. *Ibid.*, pp. 6-7 et 170-172.

20. WORSLEY, P., 1967.

21. MATHEW, J., *Two Representative Tribes of Queensland*, Londres et Leipzig, 1910, p. 160, cité par BRANDENSTEIN, C. G. von, 1982, p. 14.

22. BRANDENSTEIN, C. G. von, 1982, p. 82.

23. *Ibid.*, p. 54.

24. BRANDENSTEIN, C. G. von, 1977.

25. KIRTON, J. F., et TIMOTHY, N., 1977.

26. MERLAN, F., 1980.

27. *Ibid.*, pp. 88-89, souligné par moi.

28. SPENCER, W. B., et GILLEN, F. J., 1899, p. 202.

29. *Ibid.*

30. MOISSEEFF, M., 1995, p. 30.

31. *Ibid.*, pp. 43-44.

32. LÉVI-STRAUSS, Cl., 1962, pp. 156-159.

33. SWANTON, J. R., 1928.

34. LONG, J., 1904 (1791).

35. HALLOWELL, A. I., 1981 (1960), p. 369.

36. FOGELSON, R. D., et BRIGHTMAN, R. A., 2002.

37. LONG, J., 1904 (1791), p. 10.

38. Cité par FOGELSON, R. D., et BRIGHTMAN, R. A., p. 5.

39. Jones, W., « Algonquian (Fox) » dans le *Handbook of American Indian Languages*, cité *ibid.*, p. 7.

40. DÉSVEAUX, E., 1988, p. 282.

41. SPECK, F. G., 1917.

8. LES CERTITUDES DU NATURALISME

1. DESCOLA, Ph., 1996, p. 88.

2. VIVEIROS DE CASTRO, E., 1996, p. 116.

3. MONTAIGNE, 1950 (1580), livre II, chap. XII, pp. 506-507 ; la remarque de Bayle, formulée dans son *Dictionnaire historique et littéraire*, est signalée par GOSSIAUX, P.-P., 1995, p. 191.

4. MONTAIGNE, 1950 (1580), *ibid.*, p. 511.

5. *Ibid.*, p. 501.

6. *Ibid.*, p. 506.

7. Pierre DE LA PRIMAUDAYE, *Suite de l'Académie française en laquelle il est traité de l'homme*..., tierce édition rev. et augm. par l'auteur, Paris, chez G. Chaudière, 1588, ouvrage exhumé par Pol-P. Gossiaux qui en a publié des extraits (1995, pp. 112-117) ; c'est à cette source que j'ai puisé mes références.

8. *Ibid.*, p. 114.

9. *Ibid.*

10. *Ibid.*, p. 117.

11. CONDILLAC, 1947 (1755), p. 347.

12. *Ibid.*, p. 365.

13. *Ibid.*, p. 371.

14. INGOLD, T., 1994, p. 19. Il existe certes de brillantes exceptions, telle la philosophe Joëlle Proust (1997) qui s'intéresse aux conditions minimales auxquelles une structure doit répondre pour constituer un esprit, indépendamment de la nature de son support physique.

15. Mentionné dans INGOLD, T., 1994, p. 27. Cette attitude a la vie dure : on me dit que des étudiants de première année de biologie, à qui l'on demande de dessiner une arborescence taxinomique incluant *Homo sapiens*, relient ce taxon à l'arbre par un trait en pointillé !

16. GRIFFIN, D. P., 1991.

17. GRIFFIN, D. P., 1976.

18. Par exemple, COSMIDES, L., et TOOBY, J., 1994 ; ou encore les travaux qui se réclament de l'*optimal foraging theory*, comme KAPLAN, H., et HILL, K., 1985.

19. MCGREW, W. C., et TUTIN, C., 1978.

20. MCGREW, W. C., 1992.

21. WHITEN, A., GOODAL, J., MCGREW, W. C., *et al.*, 1999.

22. ITANI, J., et NISHIMURA, A., 1973.

23. BYRNE, R. W., et WHITEN, A., 1998 ; BYRNE, R. W., et WHITEN, A., 1988.

24. TOMASELLO, M., et CALL, J., 1997.

25. Pour une ambitieuse synthèse sur la question, voir HAUSER, M., 1996.

26. CHENEY, D. L., et SEYFARTH, R. M., 1980 ; MARLER, P., et EVANS, C. S., 1996.

27. GYGER, M., et MARLER, P., 1988 ; HAUSER, M., et MARLER, P., 1993.

28. Marler, P., 1984 et 1991.
29. Varela, F., Rosch, E. et Thompson, E., 1993.
30. *Ibid.*, p. 239.
31. Gibson, J. J., 1979.
32. *Ibid.*, p. 255.
33. Ingold, T., 2000, pp. 166-168 ; Berque, A., 1990, pp. 101-103.
34. Ingold, T., 2000, p. 165.
35. Changeux, J.-P., 1983, p. 363.
36. *Ibid.*, p. 364.
37. Davidson, D., 1980, spécialement pp. 207-227.
38. Descombes, V., 1995, p. 314.
39. À la différence de Joëlle Proust, qui critique Davidson sur ce point : 1997, pp. 72-79.
40. Ce qui n'était pas le cas au Moyen Âge et à la Renaissance où les procès d'animaux étaient communs, indication que la qualité de personne morale et juridique pouvait leur être reconnue dans certains cas ; pour des cas savoureux, voir Agnel, É., 1858.
41. Ferry, L., 1992 en est une bonne illustration ; mais des exceptions notables existent, par exemple, Berque, A., 1996 ou, dans une perspective bien différente, Latour, B., 1999.
42. Voir, par exemple, Larrère, C., 1997 qui offre une brève et excellente synthèse de la question.
43. Singer, P., 1979.
44. Singer, P., 1989.
45. Regan, T., 1983.
46. Leopold, A., 2000 (1949).
47. *Ibid.*, pp. 168-173 pour « penser comme une montagne » et pp. 138-143 pour l'odyssée d'un atome.
48. *Ibid.*, pp. 238-239.
49. Callicott, J. B., 1989.
50. Marguénaud, J.-P., 1998.
51. Darwin, C., 1981 (1871).
52. Tort, P., 1992, p. 26.
53. Chacun à leur manière, Latour, B., 1999, p. 77, et Ingold, T., 2000, pp. 40-42, ont bien mis en lumière ce paradoxe régressif.

9. LES VERTIGES DE L'ANALOGIE

1. Lovejoy, A., 1961 (1936).
2. *Ibid.*, p. 59.
3. Plotin, *Ennéades*, t. III, II, 16, p. 45 (dans la traduction d'É. Bréhier, Paris, Les Belles Lettres, 1925).
4. Voir, par exemple, *Les Confessions*, livre VII, chap. xii.
5. *Summa contra gentiles*, livre II, chap. xlv, § 9.
6. *De rerum originatione radicali* (1697), *in* Leibniz, G.-W., 1966, p. 85.
7. Dans une correspondance de Leibniz citée dans Lovejoy, A., 1961

(1936), p. 145, d'après l'édition de Buchenau et Cassirer, *Leibniz : Hauptschriften zur Grundlegung der Philosophie*, II, 1903, pp. 556-557.

8. Foucault, M., 1966, p. 32.

9. Granet, M., 1968 (1934), p. 297. La lecture de ce classique montre bien que, contrairement à ce que soutenaient Durkheim et Mauss, les actions « sympathiques » ou les influences astrales caractéristiques de la divination chinoise ne témoignent nullement de « l'absence plus ou moins complète de concepts définis » (Durkheim, E., et Mauss, M., 1903, p. 15), mais bien au contraire d'une volonté opiniâtre d'épuiser toutes les discontinuités du réel afin de mieux le reconstituer dans un tissu serré d'analogies.

10. Cité dans Granet, M., 1968 (1934), p. 330 dont je m'inspire également pour le commentaire du *Hi ts'eu*.

11. López Austin, A., 1988 ; l'édition originale a été publiée à Mexico en 1980.

12. *Ibid*, p. 204.

13. Pour les Otomi, voir Galinier, J., 1997, p. 229 ; pour la *sombra*, voir Aguirre Beltrán, G., 1963, pp. 109-110.

14. Guiteras Holmes, C., 1965, p. 249 et pp. 240-242 ; Holland, W., 1963, p. 99.

15. Fray Alonso de Molina, *Vocabulario* (Ire partie), fol. 119r, cité par López Austin, A., 1988, p. 199.

16. López Austin, A., 1988, p. 201.

17. Charles Wisdom, *Los Chortís de Guatemala*, Guatemala, Editorial del Ministerio de Educación Pública, 1944, p. 375, cité par López Austin, A., 1988, p. 233.

18. López Austin, A., 1988, p. 347.

19. Granet, M., 1968 (1934), pp. 77-99.

20. López Austin, A., 1988, p. 346.

21. *Ibid.*, pp. 354-355.

22. *Ibid.*, p. 356.

23. Foster, G. M., 1944.

24. Guiteras Holmes, C., 1965, p. 243.

25. Ariel de Vidas, A., 2002, pp. 253-259.

26. Galinier, J., 1997, p. 240.

27. López Austin, A., 1988, p. 374.

28. *Ibid.*, p. 37.

29. Redfield, R., et Villa Rojas, A., 1964 (1934), p. 130.

30. Berlin, E. A., et Berlin, B., 1996, pp. 62-63.

31. Ichon, A., 1969, pp. 41-42.

32. Foster, G. M., 1953.

33. Pour un examen détaillé des arguments et réfutations avancés par les deux camps dans cette controverse, López Austin, A., 1988, pp. 270-282.

34. En Chine, le *yin* et le *yang* sont souvent caractérisés au premier chef par l'opposition complémentaire du chaud et du froid ; pour la médecine ayurvédique, voir Zimmermann, Fr., 1989 ; pour l'Afrique de l'Ouest, voir le cas exemplaire des Samo, Héritier, Fr., 1996.

35. C'est aussi l'interprétation de Ryesky, D., 1976, p. 33.
36. Cité dans López Austin, A., 1988, p. 349, à partir de l'édition espagnole des *Comentarios al Códice Borgia* (éd. E. Seler), t. I, p. 207.
37. Ainsi des bains froids ou de l'exposition à une chaleur intense pour rétablir l'équilibre thermique de l'organisme dont se gausse Francisco Hernandez dans son *Historia natural de Nueva España* (*cf.* le commentaire par López Austin, A., 1988, p. 274).
38. Jean Chiappino note qu'il existe des indices d'un usage des critères du chaud et du froid dans les traitements chamaniques de quelques populations de l'Amazonie vénézuelienne et des Guyanes (le souffle du chamane « refroidit » les aliments potentiellement contaminateurs, les bains froids ou l'exposition à la chaleur d'un feu restaurent l'équilibre du corps), mais cet usage, au demeurant peu explicite, reste confiné au seul domaine de la santé et ne s'appuie aucunement sur une classification thermique généralisée du type de celles qui ont cours au Mexique, en Chine, dans certaines parties de l'Afrique de l'Ouest ou dans la médecine ayurvédique, pour ne citer que ces exemples (Chiappino, J., 1997).
39. Bachelard, G., 1938, p. 173.
40. Hampaté Ba, A., 1973, p. 182.
41. *Ibid.*
42. *Ibid.*, pp. 187-188.
43. Héritier, Fr., 1977.
44. *Ibid.*, p. 65.
45. Dieterlen, G., 1973.
46. Griaule, M., 1938, p. 160.
47. Dieterlen, G., 1973, p. 215.
48. Van Beek, W. E. A., et Banga, P. M., 1992, pp. 68-69.
49. Le Moal, G., 1973, pp. 198-199.
50. Griaule, M., 1966 (1948), p. 121.
51. Hampaté Ba, A., 1973, p. 187 ; Héritier, Fr., 1977, p. 65.
52. Dumont, L., 1966.
53. Voir le chapitre sur « La droite et la gauche en Chine » dans Granet, M., 1963.
54. Il est vrai que, juste au sud de l'aire subarctique, les Iroquois, les Fox et les Winnebago pratiquaient une mise à mort rituelle du chien qui ressemblait fort à un sacrifice : Schwartz, M., 1997, pp. 83-85.
55. Pour les Cashibo, voir Frank, E., 1987 ; pour les Ghiliak, voir Sternberg, L., 1905, spécialement pp. 260-274.
56. Lévi-Strauss, Cl., 1962, pp. 297-298.
57. *Ibid.*
58. Evans-Pritchard, E. E., 1956, pp. 183-185.

10. TERMES, RELATIONS, CATÉGORIES

1. Merlan, F., 1980, p. 88 ; Elkin, A. P., 1933, p. 121 ; Glowczewski, B., 1991, p. 44 ; Lévi-Strauss, Cl., 1962, pp. 154-155.
2. Jakobson, R., 1963, pp. 43-67.

3. Pour un exemple d'analyse componentielle, voir LOUNSBURY, F. G., 1956 ; pour la classification prototypique, voir ROSCH, E., 1973, et BERLIN, B., 1992.
4. GRANET, M., 1968 (1934), p. 308.

11. L'INSTITUTION DES COLLECTIFS

1. Le terme collectif est pris ici au sens où B. Latour l'a popularisé, c'est-à-dire comme une procédure de rassemblement, de « collecte » des humains et des non-humains dans un réseau d'interrelations spécifiques ; il se distingue de la notion classique de « société » en ce que celle-ci ne s'applique en droit qu'à l'ensemble des sujets humains, détachés de ce fait du tissu des rapports qu'ils entretiennent avec le monde non humain (LATOUR, B., 1991).
2. BOGORAS, W., 1904-1909, p. 281.
3. CONKLIN, B. A., 2001, pp. 120-121.
4. RIVAL, L., 2002, p. 79.
5. INGOLD, T., 1996, pp. 125-126, souligné par l'auteur.
6. BIRD-DAVID, N., 1990.
7. INGOLD, T., 1996, p. 134.
8. C'est le cas, par exemple, du contraste évoqué au chapitre premier entre le perroquet amazone et l'oropendola que les Mai Huna emploient pour signifier la différence de sexe entre humains.
9. FAUSTO, C., 2001, pp. 413-418.
10. C'est précisément ce mécanisme que j'avais voulu mettre en avant lorsque j'avais défini l'animisme, dans un premier temps, comme l'usage des catégories élémentaires de la pratique sociale afin de penser le rapport des humains aux plantes et aux animaux, et non pas, bien sûr, l'idée sanctionnée par la tradition anthropologique depuis Durkheim selon laquelle les relations aux objets naturels sont des projections métaphoriques des relations entre humains. La précision paraît nécessaire puisque c'est sur la foi de cette formulation que T. Ingold estime que je serais retombé dans l'ornière des interprétations « projectives » (INGOLD, T., 2000, p. 107). Or, je n'ai jamais dit que l'intentionnalité était une aptitude spécifiquement humaine projetée sur les non-humains, comme Ingold m'en fait le reproche, une position qui serait d'autant plus absurde, d'ailleurs, que même les tenants les plus endurcis du réalisme cognitif sont maintenant disposés à admettre comme universellement intuitive l'imputation aux animaux d'une intentionnalité et d'une capacité représentationnelle ayant un effet causal sur leur comportement.
11. VIVEIROS DE CASTRO, E., 1986, pp. 623-700 ; mon interprétation simplifie un développement complexe et d'une éblouissante subtilité.
12. ERIKSON, Ph., 1996, p. 79.
13. *Léviathan*, I, 14.
14. E. Viveiros de Castro, quant à lui, qualifie l'animisme d'anthropomorphique, par contraste avec l'anthropocentrisme narcissique de l'évolutionnisme occidental (2002, pp. 375-376).

15. Spencer, W. B., et Gillen, F. J., 1927, pp. 154-157 et 148-153.
16. Glowczewski, B., 1991, pp. 32-33.
17. Montagu, M. F. A., 1937, p. 8.
18. Merlan, F., 1986, p. 475.
19. Povinelli, E. A., 1993, pp. 151 et 152.
20. Moisseeff, M., 1995, p. 100.
21. Povinelli, E. A., 1993, p. 148.
22. *Ibid*. Pour des formulations analogues concernant les Warlpiri et les Pintupi, voir Munn, N. D., 1970 et Myers, F. R., 1986, p. 50.
23. Voir sa discussion du rapport entre totem et caste dans le chapitre IV de *La Pensée sauvage* (Lévi-Strauss, Cl., 1962).
24. Breton, S., 1999.
25. Wachtel, N., 1990.
26. *Ibid.*, p. 36.
27. Zuidema, T., 1964.
28. Wachtel, N., 1990, p. 187.
29. *Ibid.*, p. 192.
30. Izard, M., 1992.
31. Voir, par exemple, Favre, H., 1971, chap. II.
32. Françoise Héritier-Augé dans sa préface au livre de Zuidema, T., 1986 ; Maurice Duval, qui introduit le terme jusque dans le titre de sa monographie (Duval, M., 1986).

12. MÉTAPHYSIQUE DES MŒURS

1. Dans sa préface à Marx, K., 1972 (1859), p. 5.
2. Lévi-Strauss, Cl., 1955, pp. 82-83 ; c'est E. Viveiros de Castro qui a attiré mon attention sur ce passage.
3. Viveiros de Castro, E., 1996, p. 128, souligné par l'auteur ; mes propres considérations sur l'épistémologie animique doivent beaucoup aux pistes ouvertes par cet article.
4. Descola, Ph., 1993, p. 408.
5. Viveiros de Castro, E., 1996, p. 126.
6. Hugh-Jones, S., 1996, p. 129 ; Overing Kaplan, J., 1975, p. 39.
7. Reichel-Dolmatoff, G., 1971, p. 82.
8. Karim, W.-J., 1981, p. 8.
9. Pour une critique de l'interprétation des rituels de chasse amazoniens comme expressions d'une « mauvaise conscience », voir Descola, Ph., 1999.
10. Sur la nature de la transformation dans le totémisme australien, voir Munn, N. D., 1970.
11. Brightman, R., 1993, p. 3 ; voir aussi, à propos des Eskimos Yu'pik, la remarque d'A. Fienup-Riordan « de même que les rapports de sexe *(gender)* peuvent être envisagés comme la clé majeure *(master code)* pour comprendre la Mélanésie, la relation entre humains et animaux peut fournir une clé comparable dans certaines parties de l'Arctique » (Fienup-Riordan, A., 1990, p. 9).

12. TURNER, T., 1995, p. 168.
13. C'est ce qui ressort nettement des analyses du cannibalisme tupi par E. Viveiros de Castro (1986, pp. 646-678) et de la chasse aux têtes jivaro par A. C. Taylor (1993).
14. C'est un contraste qu'Alain Testart avait bien perçu (1987).
15. MUNN, N. D., 1970.
16. *Ibid.*, n. 6.
17. *Ibid.*, p. 146.
18. *Ibid.*, p. 157 ; la phrase initiale défiant les efforts de traduction, il n'est pas inutile de la donner dans sa version originale : « *For human subjects, objects which come to embody "intimations of themselves" already contain "intimations of others" — who are superordinate to them and precede them in time.* »
19. SPENCER, W. B., et GILLEN, F. J., 1899, p. 202.
20. Pour cette analyse des *churinga* comme dispositifs d'individualisation, je dois beaucoup à la belle étude de MOISSEEFF, M., 2002.
21. LÉVI-STRAUSS, Cl., 1962, p. 19, souligné par l'auteur.
22. Le regretté Francisco Varela, éminent neurobiologiste et bouddhiste convaincu, en est une exemplaire illustration.
23. MALAMOUD, Ch., 1987.
24. *Ibid.*, p. 175.
25. LATOUR, B., 1991, p. 142.

13. LES FORMES DE L'ATTACHEMENT

1. LÉVI-STRAUSS, Cl., 1967 (1949), p. 98.
2. ARISTOTE, *Éthique à Nicomaque*, V, 8, 30 : « Mais dans les relations d'échange, le juste sous sa forme de réciprocité est ce qui assure la cohésion des hommes entre eux » (dans la traduction de J. Tricot, ARISTOTE, 1959) ; SÉNÈQUE, *Des bienfaits*, I, IV : « C'est de la bienfaisance qu'il faut parler ; il s'agit donc d'établir les règles d'une pratique qui constitue le lien le plus puissant de la société humaine » (dans la traduction de F. Préchac, SÉNÈQUE, 1926, t. I, p. 10).
3. *Année sociologique*, 1923-1924, republié dans MAUSS, M., 1950, pp. 145-279.
4. « Introduction à l'œuvre de Marcel Mauss », *ibid.*, p. XXXIX.
5. *Ibid.*, p. XLVI.
6. *Des bienfaits*, I, III, *op. cit.*, t. I, pp. 7-8.
7. VIDAL, D., 1991. Maurice Godelier adresse une autre critique à Mauss (et à Lévi-Strauss) : n'avoir pas tiré les conséquences du constat que la chose donnée n'est pas aliénée par le fait qu'on la donne puisque le donateur continue à être présent dans cette chose et à exercer à travers elle une pression sur le donataire, non pour qu'il la rende, mais pour qu'il la donne à son tour. Or, selon Godelier, une telle énigme ne devient compréhensible que si les choses que l'on donne sont définies à partir de celles que l'on ne donne pas, au premier rang desquelles les objets sacrés qui sont dépositaires des identités collectives et de leur continuité dans

le temps ; c'est parce que de tels objets existent que l'échange est possible : « La formule du social est donc [...] garder pour (pouvoir) donner, donner pour (pouvoir) garder » (Godelier, M., 1996, p. 53).

8. Testart, A., 1997.

9. *Ibid.*, p. 43.

10. *Ibid.*, p. 51.

11. Bird-David, N., 1990.

12. Bird-David, N., 1999, p. 72.

13. Ingold, T., 2000, p. 70, souligné par l'auteur.

14. Voir, par exemple, Overing, J., et Passes, A., 2000, notamment la préface et l'introduction.

15. Thom, R., 1990, pp. 222-231 et 526-530.

16. Descola, Ph., 1990, 1992 et 1993.

17. Viveiros de Castro, E., 1993.

18. Voir Taylor, A. C., 1993 et 1996 ; Fausto, C., 2001, Surrallés, A., 2003.

19. Sahlins, M., 1968, pp. 82-86, qui reprend d'ailleurs cette typologie de Service, E., 1966.

20. Marx, K., *Introduction générale à la critique de l'économie politique* (1857), in *Œuvres*, M. Rubel, éd., t. I, *Économie*, Paris, Gallimard, Bibl. de la Pléiade, 1965, p. 243.

21. *Ibid.*, p. 244.

22. *Ibid.*

23. *Ibid.*, p. 247.

24. C'est ce qu'a bien vu Chris Gregory dans son étude de la circulation des biens en Mélanésie : Gregory, C. A., 1982, pp. 31-32.

25. Bird-David, N., 1992, p. 40 ; Ingold, T., 2000, pp. 58-59.

26. Jullien, F., 1989.

27. *Ibid.*, p. 85.

28. Platon, *Timée*, 33a-34c.

29. Descola, Ph., 1986, chap. v à ix.

30. Van Velthem, L., 2000 et 2001.

31. Van Velthem, L., 2001, p. 206.

32. Evans-Pritchard, E. E., 1940, p. 36.

33. *Ibid.*, p. 19.

34. Lienhardt, G., 1961, p. 16.

35. *Géorgiques*, livre II.

36. Hamayon, R., 1990, chap. xii.

37. Pour une analyse plus approfondie du cas des Exirit-Bulagat, voir le chap. xv.

38. Fortes, M., 1959.

39. *Ibid.*, p. 50.

40. Legendre, P., 1985, p. 80.

41. *Œdipe à Colone*, vers 1224 (dans la traduction de R. Pignarre, Paris, Garnier Frères, 1964).

42. Bien que publiée il y a plus de vingt ans, la critique de l'application du modèle de la transmission africaine au contexte amazonien pro-

posée par A. Seeger, R. Da Matta et E. Viveiros de Castro (1979) reste tout à fait d'actualité.

43. Ingold, T., 2000, pp. 140-146.

44. T. Ingold : « Je crois qu'un modèle relationnel, avec le rhizome plutôt que l'arbre comme image centrale, rend mieux compte du sens que les soi-disant peuples indigènes ont d'eux-mêmes et de leur place dans le monde » (*ibid.*, p. 140).

14. LE COMMERCE DES ÂMES

1. Mauss, M., 1950, p. 391.

2. Lévi-Strauss, Cl., 1943.

3. Viveiros de Castro, E., 2002, p. 164.

4. C'est pourquoi il est vain d'opposer, comme on a pu le faire, deux approches irréconciliables de la sociabilité amazonienne : le camp des « faucons », partisans de la prédation ontologique qui se regrouperaient autour de Viveiros de Castro et de moi-même, et le camp des « colombes », défenseurs de l'esthétique de la convivialité qui se réuniraient sous la houlette de Overing (Santos Granero, F., 2000). Car je n'ai jamais prétendu, pour ma part, que la prédation était le mode exclusif de traitement d'autrui en Amazonie.

5. La présente interprétation de la chasse aux têtes jivaro s'inspire des travaux de Taylor, A. C., 1985 et 1993 ; pour une analyse plus détaillée des formes de guerre jivaros, voir Descola, Ph., 1993.

6. Les mécanismes les plus couramment employés à cette fin sont l'assimilation des relations de germanité croisée et des relations de conjugalité, l'affinisation des consanguins masculins par les hommes, la consanguinisation des affins des deux sexes par les femmes, l'oblitération de l'affinité entre corésidents de sexe opposé de la même génération et son accentuation dans les générations alternées ; sur ce sujet, voir Taylor, A. C., 1983.

7. Pour les Juruna, voir Lima, T. S., 1996 ; pour les Araweté, voir Viveiros de Castro, E., 1986 ; pour les Parakanã, voir Fausto, C., 2001 ; pour les Mundurucú, voir Menget, P., 1993 ; pour les Pirahã, voir Gonçalves, M. A., 2001 ; pour les Wari', voir Vilaça, A., 1992 ; pour les Yanomami, voir Albert, B., 1985 ; pour les Nivacle, voir Sterpin, A., 1993.

8. Pour les Sioux, voir Brown, J. E., 1997, et Désveaux, E., 1997 ; pour les Chippewa, voir Ritzenthaler, R. E., 1978.

9. Pour les Kasua, voir Brunois, F., 2001 ; pour les Iban, voir Freeman, D., 1979.

10. Il s'agit ici des Tukanos orientaux (Desana, Makuna, Tatuyo, Barasana, etc.) qui, avec les Tukanos occidentaux (Coreguaje, Siona, Secoya, Mai Huna, etc.), forment la famille linguistique tukano. Dans la suite du texte, le terme « tukano » s'appliquera exclusivement à l'ensemble des Tukanos orientaux.

11. Notamment Reichel-Dolmatoff, G., 1971 et 1996.

12. Reichel-Dolmatoff, G., 1971, p. 220.

13. Cayón, L., 2002.
14. Århem, K., 1996, et Cayón, L., 2002, p. 206.
15. Cayón, L., 2002.
16. Jackson, J., 1983, notamment le chap. v.
17. Reichel-Dolmatoff, G., 1971, pp. 17-18.
18. Hugh-Jones, S., 1979.
19. Pour les Wayãpi, voir Grenand, P., 1980 ; pour les Akuriyó, voir Jara, F., 1991 ; pour le haut Xingu, voir Franchetto, B., et Heckenberger, M., 2001.
20. Hamayon, R., 1990, p. 374.
21. Kemlin, É., 1999, pp. 165-283.
22. Mes sources pour les Ashaninka sont Weiss, G., 1975, Rojas Zolezzi, E., 1994, et Varese, S., 1973 ; pour les Matsiguenga, Renard-Casevitz, Fr.-M., 1985 et 1991, Baer, G., 1994, et Rosengren, D., 1987.
23. Ce personnage est féminin selon Weiss (1975, p. 264), tandis que Rojas (et J. Elick) le présentent comme masculin, à l'instar du maître des cervidés (Rojas Zolezzi, E., 1994, p. 180, n. 24).
24. Rojas Zolezzi, E., 1994, p. 205.
25. Renard-Casevitz, Fr.-M., 1985, p. 88 ; Rosengren, D., 1987, pp. 63-64 et 161.
26. Renard-Casevitz, Fr.-M., 1985, *ibid.*
27. Santos Granero, F., 1994, pp. 273-291.
28. Ordinaire, O., 1892, pp. 144-145.
29. Santos Granero, F., 2002, pp. 44-47 ; à l'exception des Guajiros, toutefois, qui se livrent à des vendettas permanentes.
30. Il est vrai que la hantise de la prédation n'est pas complètement absente des groupes algonquins septentrionaux ; elle y prend la figure du Windigo (ou Wiitiko), un monstre cannibale à forme humaine qui inspire un grand effroi aux Indiens. Toutefois, à la différence des mauvais esprits ashaninka qui sont réputés responsables de maux très concrets, le Windigo est toujours vaincu par les hommes dans les anecdotes qui évoquent une rencontre avec lui (Désveaux, E., 1988, pp. 261-265).
31. Selon A. I. Hallowell, le partage de ce que l'on possède est l'une des « valeurs suprêmes » de la culture ojibwa : 1981 (1960), p. 385.
32. Désveaux, E., 1988, p. 264.
33. Rasmussen, K., 1929 ; Howell, S., 1989 (1984) ; Gibson, T., 1986.
34. Hugh-Jones, C., 1979, p. 223 ; Århem, K., 1981, p. 160.
35. Hugh-Jones, C., 1979, p. 64.
36. Århem, K., 1996 ; en mettant l'accent sur l'aspect prédateur de la cosmologie makuna, Århem prend ses distances de façon implicite par rapport à l'interprétation échangiste que j'avais donnée du modèle tukano dans une publication antérieure qu'il cite sans la critiquer ouvertement (Descola, Ph., 1992). Ce point n'a pas échappé à Peter Rivière lorsqu'il s'est déclaré en accord avec Århem sur le fait que, contrairement à ce que j'avais avancé en opposant les Jivaros aux Tukanos du point de vue de leurs schèmes de relation à autrui, les cosmologies amazonienne sont des transformations d'un modèle fondamental où la prédation et l'échange sont étroitement combinés (Rivière, P., 2001).

Ni Århem ni Rivière ne paraissent avoir perçu que la prééminence dans un collectif de la prédation ou de l'échange n'excluait aucunement pour moi l'expression de l'autre schème, mais dans une position subordonnée au schème dominant.

37. Århem, K., 1996, pp. 191-192. Pour dissiper toute ambigüité, il ajoute : « Les hommes fournissent aux maîtres des animaux des "nourritures spirituelles" (coca, tabac à priser, cire d'abeille). En retour les maîtres allouent du gibier et des poissons aux humains » *(ibid.)*.

38. Surrallés, A., 2003.

39. Voir Whitten, N. E., 1976.

40. Cette notion de collectif présente plus d'affinité, dans son extension sinon dans sa compréhension, avec ce que L. Boltanski et L. Thévenot ont appelé des « cités », c'est-à-dire des modèles sociaux fondés sur des conventions partagées par des sous-ensembles d'individus à l'intérieur des sociétés industrielles et qui leur permettent d'édifier des mondes communs différenciés (Boltanski, L., et Thévenot, L., 1991). Tout comme les collectifs identifiables par des combinaisons de schèmes d'identification et de relation dominants, les « cités » ont ceci de particulier qu'elles découpent au cœur même des entités catégorielles de la sociologie classique — classes, sexes, niveaux de revenu, professions ou opinions politiques — des formes contrastées de coexistence et de lien social — la « cité inspirée », la « cité domestique », la « cité de l'opinion », etc. — qui brouillent les frontières convenues des groupes et redistribuent les critères de distinction.

15. HISTOIRE DE STRUCTURES

1. Speck, F. G., 1935, pp. 82-86; pour le rapport avec les migrations, voir Clément, D., 1995, pp. 280-281; pour le contraste entre l'Homme-Caribou et les autres maîtres du gibier, voir Bouchard, S., et Maillot, J., 1972, p. 61.

2. Tanner, A., 1979, pp. 136-138.

3. Bogoras, W., 1904-1909, pp. 268-287.

4. Hamayon, R., 1990, pp. 294 et 323.

5. Anisimov, A. F., 1963, p. 108.

6. Bogoras, W., 1904-1909, pp. 287-288.

7. *Ibid.*, pp. 380-381.

8. C'est ce qu'à bien vu T. Ingold dans une étude où il compare également le traitement des animaux sauvages par les chasseurs de l'Amérique du Nord septentrionale et par les peuples sibériens (1986, chap. x); sa perspective est toutefois différente de celle adoptée ici dans la mesure où il considère que la mise à mort du gibier en Amérique subarctique préfigure le sacrifice des rennes domestiques en Sibérie, alors que, comme on le verra plus avant, les deux phénomènes me paraissent relever de logiques différentes.

9. Bogoras, W., 1904-1909, pp. 368-370.

10. *Ibid.*, pp. 348-361.

11. *Ibid.*, p. 281.

12. Pedersen, M. A., 2001 ; voir aussi R. Hamayon, qui distingue le « chamanisme de chasse » des peuples de la taïga du « chamanisme d'élevage » des Bouriates méridionaux (Hamayon, R., 1990) ; ou encore Levin, M. G., et Potapov, L. P., 1964.

13. Pedersen, M. A., 2001, pp. 418-419, d'après Humphrey, C., et Onon, U., 1996.

14. Hamayon, R., 1990, chap. xii.

15. *Ibid.*, pp. 629-630.

16. *Ibid.*, p. 608.

17. *Ibid.*, pp. 671-678.

18. VanStone, J. W., 2000.

19. Les considérations qui suivent sont en partie reprises d'une étude précédente (Descola, Ph., 1994).

20. Pour un inventaire très complet des pratiques d'apprivoisement en Amazonie, voir Erikson, Ph., 1984.

21. I. Geoffroy Saint-Hilaire, *Acclimatation et domestication des animaux utiles*, Paris, 1861, p. 155, cité par Digard, J.-P., 1988, p. 34.

22. Feer, F., 1993.

23. Grzimek, B., 1975, t. XIII, p. 29.

24. Alvard, M. S., et Kuznar, L., 2001.

25. D'après Digard, J.-P., 1990, pp. 96-97.

26. Sowls, L. K., 1974, p. 160.

27. Notamment Morton, J., 1984, pour l'Amérique du Sud, et Hunn, E., 1982, pour l'Amérique centrale où le pécari à collier est également présent.

28. Lévi-Strauss, Cl., 1964, p. 95.

29. C'est ce que confirme l'exemple des « Indiens cavaliers » du sud du continent (Tehuelches, Guaycurus, etc.) et surtout des Guajiros qui, en adoptant dès le xvie siècle l'élevage des bovins, des chevaux, des moutons et des chèvres, se sont rapidement transformés en de véritables pasteurs nomades, sans abandonner pour autant la chasse ni le système de représentation qui lui est associé ; pour ce dernier cas, voir Perrin, M., 1987, et Picon, F.-R., 1983.

30. Alvard, M. S., 1998.

31. C'est ce que suggère Sigaut, Fr., 1980.

32. J'admets parfaitement l'argumentation de Jean-Pierre Digard qui, face à l'extrême diversité des rapports possibles entre l'homme et l'animal vivant à son contact — captivité, familiarisation, apprivoisement, domesticité, etc. —, préfère considérer ceux-ci comme des variantes d'un même processus domesticatoire plutôt que de distinguer en leur sein des étapes ou des formes particulières dont la typologie est nécessairement contredite par des exceptions (Digard, J.-P., 1988) ; il me semble néanmoins que du point de vue non pas génétique ou éthologique, mais des représentations de l'action de l'homme sur le vivant non humain, il existe bien, comme l'exemple américain le suggère, une différence de nature et non de degré entre l'animal apprivoisé et l'animal domestiqué (au sens restrictif défini plus haut).

33. Comprendre pourquoi les Indiens d'Amazonie apprivoisent avec un tel enthousiasme est un tout autre problème, que j'ai déjà traité dans l'étude déjà mentionnée (1994) et dans DESCOLA, Ph., 1999.

34. Chez les Parakanã, par exemple : FAUSTO, C., 2001, p. 396.

35. Pour le cas des forges amuesha, voir SANTOS GRANERO, F., 1987.

36. Voir DESCOLA, Ph., 1986, pp. 108-109, pour l'exemple du chien chez les Jivaros.

37. Pour un exemple de cette combinaison en Nouvelle-Guinée, voir BRUNOIS, F., 2001, chap. X.

38. DIGARD, J.-P., 1990, pp. 108-109.

39. Voir TESTART, A., 1982.

ÉPILOGUE

1. WEBER, M., 1988 (1920), p. 13.

BIBLIOGRAPHIE

Agnel, Émile, 1858. *Curiosités judiciaires et historiques du Moyen Âge. Procès contre les animaux*, Paris, J. B. Dumoulin (réimpression en fac-similé : Nîmes, Lacour, 2003).

Aguirre Beltrán, Gonzalo, 1963. *Medicina y Magia. El Proceso de Aculturación y la Estructura Colonial*, Mexico, Instituto Nacional Indigenista.

Albert, Bruce, 1985. *Temps du sang, temps des cendres. Représentation de la maladie, système rituel et espace politique chez les Yanomami du Sud-Est (Amazonie brésilienne)*, thèse de doctorat, Paris-X.

Alvard, Michael S., 1998. « The Evolutionary Ecology of Resource Conservation », *Evolutionary Anthropology*, n° 7, pp. 62-74.

Alvard, Michael S., et Kuznar, Lawrence, 2001. « Deferred Harvests : The Transition from Hunting to Animal Husbandry », *American Anthropologist*, n° 103 (2), pp. 295-311.

Anisimov, Arkady Fedorovich, 1963. « The shaman's tent of the Evenks and the origin of the shamanistic rite », *in* Henry N. Michael (dir.), *Studies in Siberian Shamanism*, Toronto, University of Toronto Press, pp. 84-112.

Århem, Kaj, 1981. *Makuna Social Organization : A Study in Descent, Alliance, and the Formation of Corporate Groups in the North-Western Amazon*, Uppsala, Acta Universitatis Upsaliensis.

— 1990. « Ecosofía Makuna », *in* François Correa (dir.), *La selva humanizada. Ecología alternativa en el Trópico húmedo colombiano*, Bogotá, Instituto Colombiano de Antropología, pp. 105-122.

— 1996. « The Cosmic Food Web : Human-Nature Relatedness in the Northwest Amazon », *in* Philippe Descola et Gísli Pálsson (dir.), *Nature and Society : Anthropological Perspectives*, Londres, Routledge, pp. 85-204.

Ariel de Vidas, Anath, 2002. *Le tonnerre n'habite plus ici. Culture de la marginalité chez les Indiens teenek (Mexique)*, Paris, Éditions de l'E.H.E.S.S.

Aristote, 1959. *Éthique à Nicomaque* (trad. J. Tricot), Paris, Librairie philosophique J. Vrin.

ARNOULD, Jacques, 1997. « Christianisme et environnement : à l'école de François d'Assise », in *Éthique et environnement*, Paris, La Documentation française, pp. 33-40.

ATRAN, Scott, 1985. « Pre-theoretical aspects of Aristotelician definition and classification of animals : The case for common sense », *Studies in History and Philosophy of Science*, n° 16, pp. 116-163.

BACHELARD, Gaston, 1938. *La Formation de l'esprit scientifique. Contribution à une psychanalyse de la connaissance objective*, Paris, Librairie Vrin.

BAER, Gerhard, 1994. *Cosmología y shamanismo de los Matsiguenga (Perú Oriental)*, Quito, Ediciones Abya-Yala.

BALÉE, William, 1989. « The Culture of Amazonian Forests », *in* D. A. POSEY et W. BALÉE (dir.), *Resource Management in Amazonia : Indigenous and Folk Strategies*, Bronx, New York, The New York Botanical Garden, pp. 1-21.

— 1993. « Indigenous Transformations of Amazonian Forests : an Example from Maranhão, Brazil », *L'Homme*, n° 126-128, pp. 231-254.

— 1994. *Footprints of the Forest : Ka'apor Ethnobotany*, New York, Columbia University Press.

BALIKCI, Asen, 1968. « The Netsilik Eskimos : Adaptive Processes », *in* Richard B. LEE et Irven DE VORE (dir.), *Man the Hunter*, Chicago, Aldine, pp. 78-82.

BARTH, Fredrik, 1961. *Nomads of South Persia. The Basseri Tribe of the Khamseh Confederacy*, Boston, Little, Brown and Company.

BECHTEL, William, et ABRAHAMSEN, Adele, 1991. *Connectionism and the Mind : An Introduction to Parallel Processing in Networks*, Cambridge, Blackwell.

BELAUNDE, Luisa E., 1994. « Parrots and oropendolas : the aesthetics of gender relations among the Airo-Pai of the Peruvian Amazon », *Journal de la Société des Américanistes*, n° 80, pp. 95-111.

BENEDICT, Ruth, 1934. *Patterns of Culture*, Boston, Houghton Mifflin Company.

BENVENISTE, Émile, 1966. *Problèmes de linguistique générale*, t. I, Paris, Gallimard.

BERLIN, Brent, 1977. *Bases empíricas de la cosmología aguaruna jibaro, Amazonas, Peru*, Berkeley, University of California.

— 1992. *Ethnobiological Classification. Principles of Categorization of Plants and Animals in Traditional Societies*, Princeton, Princeton University Press.

BERLIN, Elois Ann, et BERLIN, Brent, 1996. *Medical Ethnobiology of the Highland Maya of Chiapas, Mexico. The Gastrointestinal Diseases*, Princeton, Princeton University Press.

BERQUE, Augustin, 1986. *Le Sauvage et l'Artifice. Les Japonais devant la nature*, Paris, Gallimard.

— 1990. *Médiance. De milieux en paysages*, Montpellier, RECLUS.

— 1995. *Les Raisons du paysage : de la Chine antique aux environnements de synthèse*, Paris, Hazan.

— 1996. *Être humains sur la terre. Principes d'éthique de l'écoumène*, Paris, Gallimard, coll. « Le Débat ».

Bird-David, Nurit, 1990. « The giving environment : another perspective on the economic system of gatherer-hunters », *Current Anthropology*, n° 31, pp. 183-196.

— 1992. « Beyond "the hunting and gathering mode of subsistence" : culture-sensitive observations on the Nayaka and other modern hunter-gatherers », *Man (N.S.)*, n° 27, pp. 19-44.

— 1999. « "Animism" Revisited. Personhood, Environment, and Relational Epistemology », *Current Anthropology*, n° 40 (Supplement), pp. 67-91.

Blaisel, Xavier, 1993. *Espace cérémoniel et temps universel chez les Inuit du Nunavut (Canada). Les valeurs coutumières et les rapports rituels entre humains, gibiers, esprits et forces de l'univers*, thèse de doctorat en anthropologie sociale et ethnologie.

Bloch, Marc, 1988 (1931). *Les Caractères originaux de l'histoire rurale française*, Paris, Armand Colin.

Bloch, Maurice, 1992. « What goes without saying : the conceptualization of Zafimaniry society », *in* Adam Kuper (dir.), *Conceptualizing Society*, Londres et New York, Routledge, pp. 127-146.

— 1998. *How We Think They Think. Anthropological Approaches to Cognition, Memory and Literacy*, Boulder, Westview Press.

Bloom, Paul, 2004. *Descartes' Baby : How the Science of Child Development Explains What Makes Us Human*, New York, Basic Books.

Boas, Franz, 1887. « The Study of Geography », *Science*, n° 9, pp. 137-141.

Bodson, Liliane, 1995. « Points de vue sur l'animal domestique et la domestication », *in* R. Chevallier (dir.), *Homme et animal dans l'Antiquité romaine. Actes du colloque de Nantes*, Tours, Centre A. Piganiol.

Bogoras, Waldemar, 1904-1909. *The Chukchee. Memoirs of the American Museum of Natural History*, XI, Leyde et New York, E. J. Brill et G. E. Stechert and Co.

Boltanski, Luc, et Thévenot, Laurent, 1991. *De la justification. Les économies de la grandeur*, Paris, Gallimard.

Boster, James, 1980. *How Exceptions Prove the Rule : An Analysis of Informant Disagreement in Aguaruna Manioc Identification*, Ph.D. dissertation, University of California à Berkeley.

Bouchard, Serge, et Maillot, José, 1972. « Structure du lexique : les animaux indiens », *Recherches amérindiennes au Québec*, n° 3 (1-2), pp. 39-66.

Bourdieu, Pierre, 1972. *Esquisse d'une théorie de la pratique. Précédé de trois études d'ethnologie kabyle*, Genève, Librairie Droz.

— 1979. *La Distinction. Critique sociale du jugement*, Paris, Éditions de Minuit.

— 1997. *Méditations pascaliennes*, Paris, Éditions du Seuil.

Brandenstein, Carl Georg von, 1977. « Aboriginal Ecological Order in the South-West of Australia — Meanings and Examples », *Oceania*, vol. XLVII (3), pp. 170-186.

— 1982. *Names and Substance of the Australian Subsection System*, Chicago et Londres, The University of Chicago Press.

BRETON, Stéphane, 1999. « De l'illusion totémique à la fiction sociale », *L'Homme*, n° 151, pp. 123-150.

BRIDGES, Lucas, 1988 (1949). *Uttermost Part of the Earth : Indians of Tierra del Fuego*, Mineola (N. Y.), Dover Publications.

BRIGHTMAN, Robert, 1993. *Grateful Prey : Rock Cree Human-Animal Relationships*, Berkeley, University of California Press.

BROWN, Joseph E., 1997. *Animals of the Soul. Sacred Animals of the Oglala Sioux*, Rockport (Mass.), Element Books.

BROWN, Michael F., 1986. *Tsewa's Gift : Magic and Meaning in an Amazonian Society*, Washington, Smithsonian Institution Press.

BRUNOIS, Florence, 2001. *Le Jardin du Casoar. La forêt des Kasua*, thèse de doctorat en anthropologie sociale et ethnologie.

BYRNE, Robert W., et WHITEN, Andrew, 1988. « The manipulation of attention in primate tactical deception », *in* R. BYRNE et A. WHITEN (dir.), *Machiavellian Intelligence : Social Expertise and the Evolution of Intellect in Monkeys, Apes and Humans*, Oxford, Clarendon Press, pp. 211-223.

— 1998. « Imitation of the sequential structure of actions by chimpanzees (*Pan troglodytes*) », *Journal of Comparative Psychology*, n° 112, pp. 270-281.

CALLICOTT, John Baird, 1989. *In Defense of the Land Ethic. Essays in Environmental Philosophy*, Albany, State University of New York Press.

CAREY, Susan, 1985. *Conceptual Change in Childhood*, Cambridge (Mass.), Bradford Books for the MIT Press.

CAREY, Susan, et SPELKE, Elizabeth, 1994. « Domain-specific knowledge and conceptual change », *in* Lawrence HIRSCHFELD et Susan A. GELMAN (dir.), *Mapping the Mind. Domain Specificity in Cognition and Culture*, Cambridge, Cambridge University Press, pp. 169-200.

CAUVIN, Jacques, 1994. *Naissance des divinités, naissance de l'agriculture. La révolution des symboles au néolithique*, Paris, Éditions du C.N.R.S.

CAYÓN, Luis, 2002. *En las aguas de Yuruparí. Cosmología y chamanismo Makuna*, Bogotá, Ediciones Uniandes.

CHANGEUX, Jean-Pierre, 1983. *L'Homme neuronal*, Paris, Fayard.

CHÂTELET, Gilles, 1993. *Les Enjeux du mobile. Mathématique, physique, philosophie*, Paris, Éditions du Seuil.

CHAUMEIL, Bonnie, et CHAUMEIL, Jean-Pierre, 1992. « L'oncle et le neveu. La parenté du vivant chez les Yagua (Amazonie péruvienne) », *Journal de la Société des Américanistes*, n° 78 (2), pp. 25-37.

CHAUMEIL, Jean-Pierre, 1983. *Voir, savoir, pouvoir : le chamanisme chez les Yagua du Nord-Est péruvien*, Paris, Éditions de l'É.H.E.S.S.

CHENEY, Dorothy L., et SEYFARTH, Robert M., 1980. « Vocal recognition in free-ranging vervet monkeys », *Animal Behavior*, n° 28, pp. 362-367.

CHIAPPINO, Jean, 1997. « Las piedras celestes. Para una nueva forma de intercambio en el ámbito de la salud », *in* Jean CHIAPPINO et Catherine ALÈS (dir.), *Del Microscopio a la Maraca*, Caracas, Editorial Ex Libris, pp. 253-290.

CLÉMENT, Daniel, 1995. *La Zoologie des Montagnais*, Paris, Éditions Peeters.

COLLINGWOOD, Robin G., 1945. *The Idea of Nature*, Oxford, The Clarendon Press.

CONDILLAC, 1947 (1755). *Traité des animaux*, in *Œuvres philosophiques*, t. I, Paris, P.U.F.

CONKLIN, Beth A., 2001. *Consuming Grief. Compassionate Cannibalism in an Amazonian society*, Austin, University of Texas Press.

COPPET, Daniel de, 1995. « 'Are'are Society : A Melanesian Socio-Cosmic Point of View. How are Bigmen the Servants of Society and Cosmos ? », *in* Daniel DE COPPET et André ITEANU (dir.), *Cosmos and Society*, Oxford, Berg, pp. 235-274.

COSMIDES, Leda, et TOOBY, John, 1994. « Origins of domain specificity : The evolution of functional organization », *in* Lawrence A. HIRSCHFELD et Susan A. GELMAN (dir.), *Mapping the Mind. Domain Specificity in Cognition and Culture*, Cambridge, Cambridge University Press.

DAMASIO, Antonio R., 1999. *The Feeling of What Happens. Body and Emotion in the Making of Consciousness*, New York, Harcourt Brace & Company.

D'ANDRADE, Roy, 1995. *The Development of Cognitive Anthropology*, Cambridge, Cambridge University Press.

DARWIN, Charles, 1981 (1871). *La Descendance de l'Homme* (trad. E. Barbier), Bruxelles, Éditions Complexes.

DAVIDSON, Donald, 1980. *Essays on Actions and Events*, Oxford, Clarendon Press.

DENEVAN, William M., 1966. *The Aboriginal Cultural Geography of the Llanos de Mojos of Bolivia*, Berkeley, University of California Press.

DENNETT, Daniel, 1991. *Consciousness Explained*, Boston, Little Brown.

DESCOLA, Philippe, 1986. *La Nature domestique. Symbolisme et praxis dans l'écologie des Achuar*, Paris, Éditions de la Maison des sciences de l'homme.

— 1990. « Cosmologies du chasseur amazonien », *in* Sylvie DEVERS (dir.), *Pour Jean Malaurie. 102 témoignages en hommage à quarante ans d'études arctiques*, Paris, Plon, pp. 59-64.

— 1992. « Societies of nature and the nature of society », *in* Adam KUPER (dir.), *Conceptualizing Society*, Londres et New York, Routledge, pp. 107-126.

— 1993. « Les affinités sélectives. Alliance, guerre et prédation dans l'ensemble jivaro », *L'Homme*, n° 126-128, pp. 171-190.

— 1993. *Les Lances du crépuscule. Relations jivaros. Haute Amazonie*, Paris, Plon.

— 1994. « Pourquoi les Indiens d'Amazonie n'ont-ils pas domestiqué le pécari ? Généalogie des objets et anthropologie de l'objectivation », *in* Bruno LATOUR et Pierre LEMONNIER (dir.), *De la préhistoire aux missiles balistiques. L'intelligence sociale des techniques*, Paris, La Découverte, pp. 329-344.

— 1996. « Constructing natures : Symbolic ecology and social prac-

tice », *in* Philippe Descola et Gísli Pálsson (dir.), *Nature and Society : Anthropological Perspectives*, Londres, Routledge, pp. 82-102.
— 1999. « Des proies bienveillantes. Le traitement du gibier dans la chasse amazonienne », *in* Françoise Héritier (dir.), *De la violence*, t. II, Paris, Odile Jacob, pp. 19-44.
Descombes, Vincent, 1995. *La Denrée mentale*, Paris, Éditions de Minuit.
Désveaux, Emmanuel, 1988. *Sous le signe de l'ours. Mythes et temporalité chez les Ojibwa septentrionaux*, Paris, Éditions de la Maison des sciences de l'homme.
— 1995. « Les Indiens sont-ils par nature respectueux de la nature ? », *Anthropos*, n° 90, pp. 435-444.
— 1997. « Parenté, rituel, organisation sociale : le cas des Sioux », *Journal de la Société des Américanistes*, n° 83, pp. 111-140.
Dieterlen, Germaine, 1973. « L'image du corps et les composantes de la personne chez les Dogon », in *La Notion de personne en Afrique noire*, Paris, Éditions du C.N.R.S., pp. 205-229.
Digard, Jean-Pierre, 1988. « Jalons pour une anthropologie de la domestication animale », *L'Homme*, n° 108, pp. 27-58.
— 1990. *L'Homme et les animaux domestiques. Anthropologie d'une passion*, Paris, Fayard.
Dove, Michael R., 1992. « The dialectical history of "jungle" in Pakistan : an examination of the relationship between nature and culture », *Journal of Anthropological Research*, n° 48 (3), pp. 231-253.
Duby, Georges, 1973. *Guerriers et paysans. VIIe-XIIe siècle, premier essor de l'économie européenne*, Paris, Gallimard.
Dumont, Louis, 1966. *Homo hierarchicus. Le système des castes et ses implications*, Paris, Gallimard.
Dupire, Marguerite, 1962. *Peuls nomades. Étude descriptive des Wodaabe du Sahel Nigérien*, Paris, Institut d'ethnologie.
Durkheim, Émile, 1960 (1912). *Les Formes élémentaires de la vie religieuse. Le système totémique en Australie*, Paris, P.U.F.
Durkheim, Émile, et Mauss, Marcel, 1903. « De quelques formes primitives de classification. Contribution à l'étude des représentations collectives », *Année sociologique*, n° 6, pp. 1-72.
Duval, Maurice, 1986. *Un totalitarisme sans État : essai d'anthropologie politique à partir d'un village burkinabé*, Paris, L'Harmattan.
Duvernay-Bolens, Jacqueline, 1995. *Les Géants patagons. Voyage aux origines de l'homme*, Paris, Michalon.
Dwyer, Peter D., 1996. « The Invention of Nature », *in* Roy Ellen et Katsuyoshi Fukui (dir.), *Redefining Nature : Ecology, Culture and Domestication*, Oxford, Berg, pp. 157-186.
Edelman, Gerald M., 1987. *Neural Darwinism. The Theory of Neural Group Selection*, New York, Basic Books.
Eliade, Mircea, 1968 (1951). *Le Chamanisme et les techniques archaïques de l'extase*, Paris, Payot.
Elias, Norbert, 1973. *La Civilisation des mœurs*, Paris, Calmann-Lévy.
Elkin, Adolphus P., 1933. « Studies in Australian Totemism. The nature of Australian totemism », *Oceania*, vol. IV (2), pp. 113-131.

ELLEN, Roy, F., 1993. *The Cultural Relations of Classification. An Analysis of Nuaulu Animal Categories from Central Seram*, Cambridge, Cambridge University Press.

ENDICOTT, Karen, M., 1979. *Batek Negrito Religion*, Oxford, Clarendon Press.

ERIKSON, Philippe, 1984. « De l'apprivoisement à l'approvisionnement : chasse, alliance et familiarisation en Amazonie amérindienne », *Techniques et cultures*, n° 9, pp. 105-140.

— 1996. *La Griffe des aïeux. Marquage du corps et démarquages ethniques chez les Matis d'Amazonie*, Paris, Peters.

EVANS-PRITCHARD, Edward E., 1940. *The Nuer. A Description of the Modes of Livelihood and Political Institutions of a Nilotic People*, Oxford, The Clarendon Press.

— 1956. *Nuer Religion*, Oxford, The Clarendon Press.

FAUSTO, Carlos, 2001. *Inimigos Fiéis. Historia, guerra e xamanismo na Amazônia*, São Paulo, Editora da Universidade de São Paulo.

FAVRE, Henri, 1971. *Changement et continuité chez les Mayas du Mexique. Contribution à l'étude de la situation coloniale en Amérique latine*, Paris, Éditions Anthropos.

FEER, François, 1993. « The Potential for Sustainable Hunting and Rearing of Game in Tropical Forests », *in* Claude Marcel HLADIK, Annette HLADIK, Olga F. LINARES, Hélène PAGEZY, Alison SEMPLE et Malcolm HADLEY (dir.), *Tropical Forests : People and Food. Biocultural Interactions and Applications to Development*, Paris et New York, Unesco et Parthenon, « Man and the Biosphere Series », vol. 13, pp. 691-708.

FEIT, Harvey, 1973. « The ethnoecology of the Waswanipi Cree : or how hunters can manage their resources », *in* B. COX (dir.), *Cultural Ecology.Readings on the Canadian Indians and Eskimos*, Toronto, McClelland and Stewart, pp. 115-125.

FERRY, Luc, 1992. *Le Nouvel Ordre écologique. L'arbre, l'animal et l'homme*, Paris, Grasset.

FIENUP-RIORDAN, Ann, 1990. « Eskimo Iconography and Symbolism : an Introduction », *Études/Inuit/Studies*, n° 14 (1-2), « Chasse, sexes et symbolisme/Hunting, Sexes and Symbolism », numéro special édité par A. Fienup-Riordan, pp. 7-12.

FOGELSON, Raymond D., et BRIGHTMAN, Robert, A., 2002. « Totemism Reconsidered », *in* William L. MERRIL et Ives G. GODDARD (dir.), *Anthropology, History and American Indians : Essays in Honor of William Curtis Sturtevant,* Washington, Smithsonian Institution, pp. 322-346.

FORTES, Meyer, 1959. *Œdipus and Job in West African Religion*, Cambridge, Cambridge University Press.

FOSTER, George M., 1944. « Nagualism in Mexico and Guatemala », *Acta Americana*, n° 2 (1-2), pp. 85-103.

— 1953. « Relationship between Spanish and Spanish-American Folk Medecine », *Journal of American Folklore*, vol. LXVI (261), pp. 201-217.

FOUCAULT, Michel, 1966. *Les Mots et les Choses. Une archéologie des sciences humaines*, Paris, Gallimard.

Franchetto, Bruna, et Heckenberger, Michael (dir.), 2001. *Os povos do Alto Xingu : história e cultura*, Rio de Janeiro, Editora UFRJ.

Frank, Erwin, 1987. « Das Tapirfest der Uni. Eine funktionale Analyse », *Anthropos*, n° 82, pp. 151-181.

Freeman, Derek, 1979. « Severed Heads that Germinate », *in* R. H. Hook (dir.), *Fantasy and Symbol. Studies in Anthropological Intepretation*, Londres et New York, Academic Press, pp. 233-246.

Galey, Jean-Claude, 1993. « L'homme en nature. Hindouisme et pensée sauvage », *in* Dominique Bourg (dir.), *Les Sentiments de la nature*, Paris, La Découverte, pp. 47-71.

Galinier, Jacques, 1997. *La Moitié du monde. Le corps et le cosmos dans le rituel des Indiens otomi*, Paris, P.U.F.

Geertz, Clifford, 1963. *Agricultural Involution : The Process of Ecological Change in Indonesia*, Berkeley, University of California Press.

Gibson, James, J., 1979. *The Ecological Approach to Visual Perception*, Boston, Houghton Mifflin.

Gibson, Kathleen R., et Ingold, Tim (dir.), 1993. *Tools, Language and Cognition in Human Evolution*, Cambridge, Cambridge University Press.

Gibson, Thomas, 1986. *Sacrifice and Sharing in the Philippine Highlands. Religion and Society among the Buid of Mindoro*, Londres, The Athlone Press.

Gick, Mary L., et Holyoak, Keith J., 1983. « Schema induction and analogical transfer », *Cognitive Psychology*, n° 15, pp. 1-38.

Glacken, Clarence, J., 1967. *Traces on the Rhodian Shore. Nature and Culture in Western Thought from Ancien Times to the End of the Eighteenth Century*, Berkeley, University of California Press.

Glowczewski, Barbara, 1991. *Du rêve à la loi chez les Aborigènes. Mythes, rites et organisation sociale en Australie*, Paris, P.U.F.

Godelier, Maurice, 1984. *L'Idéel et le Matériel. Pensée, économies, sociétés*, Paris, Fayard.

— 1996. *L'Énigme du don*, Paris, Fayard.

Godelier, Maurice, et Panoff, Michel (dir.), 1998. *La Production du corps. Approches anthropologiques et historiques*, Amsterdam, Éditions des archives contemporaines.

Gombrich, Ernst, 1983. *L'Écologie des images*, Paris, Flammarion.

Gonçalves, Marco Antonio, 2001. *O mundo inacabado. Ação e criação em uma cosmologia amazônica. Etnografia pirahã*, Rio de Janeiro, Editora UFRJ.

Gossiaux, Pol-P., 1995. *L'Homme et la Nature. Genèse de l'anthropologie à l'âge classique, 1580-1750*, Bruxelles, De Boeck Université.

Granet, Marcel, 1963. *Études sociologiques sur la Chine*, Paris, P.U.F.

— 1968 (1929). *La Civilisation chinoise. La vie publique et la vie privée*, Paris, Albin Michel.

— 1968 (1934). *La Pensée chinoise*, Paris, Albin Michel.

Gray, Andrew, 1997. *The Arakmbut of Amazonian Peru II : the Last Shaman (Change in an Amazonian Community)*, Oxford, Bergham.

GREGORY, Chris A., 1982. *Gifts and Commodities*, Londres, Academic Press.

GRENAND, Pierre, 1980. *Introduction à l'étude de l'univers wayãpi : ethno-écologie des Indiens du Haut-Oyapock (Guyane française)*, Paris, S.E.L.A.F./C.N.R.S.

GRIAULE, Marcel, 1938. *Masques dogons*, Paris, Institut d'ethnologie.

— 1966 (1948). *Dieu d'eau. Entretien avec Ogotemmêli*, Paris, Fayard.

GRIFFIN, Donald P., 1976. *The Question of Animal Awareness : Evolutionary Continuity of Mental Experience*, New York, Rockfeller University Press.

— 1991. « Progress towards a cognitive ethology », *in* Caroline A. RISTAU (dir.), *Cognitive Ethology. The Minds of Other Animals*, Hillsdale (N. J.), Lawrence Erlbaum, pp. 3-17.

GRZIMEK, Bernhard, 1975. *Grzimek's Animal Life Encyclopedia*, New York, Van Nostrand Reinhold.

GUÉDON, Marie-Françoise, 1994. « An introduction to the Tsimshian world view and its practitionners », *in* M. SEGUIN (dir.), *The Tsimshian : images of the past, views of the present*, Vancouver, University of British Colombia Press, pp. 137-159.

GUITERAS HOLMES, C., 1965. *Los Peligros del Alma. Visión del mundo de un Tzotzil*, Mexico, Fondo de Cultura Económica.

GYGER, M. et MARLER, P., 1988. « Food calling in the domestic fowl *(Gallus gallus)* : The role of external referents and deception », *Animal Behavior*, n° 36, pp. 358-365.

HACKING, Ian, 1995. *Rewriting the Soul. Multiple Personality and the Science of Memory*, Princeton, Princeton University Press.

HALLOWELL, Alfred I., 1981 (1960). « Ojibwa Ontology, Behaviour and World View », *in* Stanley DIAMOND (dir.), *Culture in History. Essays in Honor of Paul Radin*, New York, Octagon Books, pp. 19-52.

HAMAYON, Roberte, 1982. « Des chamanes au chamanisme. Introduction », *L'Ethnographie*, n° 87-88, numéro spécial « Voyages chamaniques 2 », pp. 13-48.

— 1990. *La Chasse à l'âme. Esquisse d'une théorie du chamanisme sibérien*, Nanterre, Société d'ethnologie.

HAMPATÉ BA, Amadou, 1973. « La notion de personne en Afrique noire », in *La Notion de personne en Afrique noire*, Paris, Éditions du C.N.R.S., pp. 181-192.

HAUDRICOURT, André-Georges, 1962. « Domestication des animaux, culture des plantes et traitement d'autrui », *L'Homme*, n° 2, pp. 40-50.

HAUSER, Marc, 1996. *The Evolution of Communication*, Cambridge (Mass.), MIT Press.

HAUSER, Marc, et MARLER, Peter, 1993. « Food associated calls in rhesus macaques *(Macaca mulatta)*, I & II », *Behavioral Ecology*, n° 4 (3), pp. 194-212.

HELL, Bertrand, 1994. *Le Sang noir. Chasse et mythes du Sauvage en Europe*, Paris, Flammarion.

HÉRITIER, Françoise, 1977. « L'identité samo », in *L'Identité. Séminaire dirigé par Claude Lévi-Strauss*, Paris, Bernard Grasset, pp. 51-71.

— 1996. *Masculin/Féminin. La pensée de la différence*, Paris, Odile Jacob.

HEUSCH, Luc de, 1971. *Pourquoi l'épouser? et autres essais*, Paris, Gallimard, coll. « Bibliothèque des sciences humaines ».

HODDER, Ian, 1990. *The Domestication of Europe*, Londres, Basil Blackwell.

HOLLAND, William, 1963. *Medicina Maya en los Altos de Chiapas*, Mexico, Instituto Nacional Indigenista.

HOWELL, Signe, 1989 (1984). *Society and Cosmos. Chewong of Peninsular Malaysia* 2e éd., Chicago et Londres, The University of Chicago Press.

— 1996. « Nature in culture or culture in nature? Chewong ideas of "humans" and other species », *in* Philippe DESCOLA et Gísli PÁLSSON (dir.), *Nature and Society : Anthropological perspectives*, Londres, Routledge, pp. 127-144.

HUGH-JONES, Christine, 1979. *From the Milk River. Spatial and Temporal Processes in Northwest Amazonia*, Cambridge, Cambridge University Press.

HUGH-JONES, Stephen, 1979. *The Palm and the Pleiades. Initiation and Cosmology in Northwest Amazonia*, Cambridge, Cambridge University Press.

— 1996. « Bonnes raisons ou mauvaise conscience? De l'ambivalence de certains Amazoniens envers la consommation de viande », *Terrain*, n° 26, pp. 123-148.

HUMPHREY, Caroline, et ONON, U., 1996. *Shamans and Elders : Experience, Knowledge and Power among the Daur Mongols*, Oxford, Clarendon Press.

HUNN, Eugene, 1982. « Did the Aztecs lack potential animal domesticates? », *American Ethnologist*, n° 9, pp. 578-579.

HVIDING, Edvard, 1996. « Nature, culture, magic, science : on meta-languages for comparison in cultural ecology », *in* Philippe DESCOLA et Gísli PÁLSSON (dir.), *Nature and Society. Anthropological perspectives*, Londres, Routledge, pp. 165-184.

ICHON, Alain, 1969. *La Religion des Totonaques de la Sierra*, Paris, Éditions du C.N.R.S.

INGOLD, Tim, 1986. *The Appropriation of Nature : Essays on Human Ecology and Social Relations*, Manchester, Manchester University Press.

— 1994. « Humanity and animality », *in* Tim INGOLD (dir.), *Companion Encyclopedia of Anthropology : Humanity, Culture and Social Life*, Londres, Routledge, pp. 14-32.

— 1996. « Hunting and Gathering as Ways of Perceiving the Environment », *in* R. ELLEN et K. FUKUI (dir.), *Redefining Nature. Ecology, Culture and Domestication*, Oxford, Berg, pp. 117-155.

— 1998. « Totemism, Animism, and the Depiction of Animals », *in* M. SEPPÄLÄ, J.-P. VANHALA et L. WEINTRAUB (dir.), *Animal. Anima. Animus*, Pori, FRAME / Pori Art Museum, pp. 181-207.

— 2000. *The Perception of the Environment. Essays in Livelihood, Dwelling and Skill*, Londres et New York, Routledge.

Isacsson, Sven-Erik, 1993. *Transformations of Eternity. On Man and Cosmos in Emberá Thought*, Ph. D. thesis, Department of Anthropology, University of Göteborg.

Itani, Junichiro, et Nishimura, A., 1973. « The study of infrahuman culture in Japan : a review », *in* Emil W. Menzel (dir.), *Precultural Primate Behavior*, Bâle, S. Kerger, pp. 26-50.

Iteanu, André, 1998. « Corps et décor chez les Orokaiva », *in* Maurice Godelier et Michel Panoff (dir.), *La Production du corps. Approches anthropologiques et historiques*, Amsterdam, Éditions des Archives contemporaines, pp. 115-139.

Izard, Michel, 1992. *L'Odyssée du pouvoir. Un royaume africain : État, société, destin individuel*, Paris, Éditions de l'É.H.E.S.S.

Jackson, Jean, 1983. *The Fish People. Linguistic Exogamy and Tukanoan Identity in the Northwest Amazon*, Cambridge, Cambridge University Press.

Jackson, Michael, 1990. « The Man Who Could Turn into an Elephant : Shape-Shifting among the Kuranko of Sierra Leone », *in* Michael Jackson et Ivan Karp (dir.), *Personhood and Agency. The Experience of Self and Other in African Cultures*, Uppsala, Acta Universitatis Upsaliensis, pp. 59-78.

Jakobson, Roman, 1963. *Essais de linguistique générale*, Paris, Éditions de Minuit.

Jara, Fabiola, 1991. *El camino del Kumu : ecología y ritual entre los Akuriyó de Surinam*, Utrecht, ISOR.

Jullien, François, 1989. *Procès ou Création. Une introduction à la pensée des lettrés chinois*, Paris, Éditions du Seuil.

Kant, Emmanuel, 1968 (1781). *Critique de la raison pure* (trad. A. Tremesaygues et B. Pacaud), Paris, P.U.F.

Kaplan, H., et Hill, K., 1985. « Food sharing among Ache foragers : Tests of explanatory hypotheses », *Current Anthropology*, n° 26, pp. 223-239.

Karim, Wazir-Jahan, 1981 a. « Ma' Betisék concepts of humans, plants and animals », *Bijdragen tot de Taal-, Land- en Volkenkunde*, n° 137, pp. 135-160.

— 1981 b. *Ma' Betisék Concepts of Living Things*, Londres, Athlone.

Keil, Frank C., 1989. *Concepts, Kinds and Cognitive Development*, Cambridge (Mass.), Bradford Books for MIT Press.

— 1994. « The birth and nurturance of concepts by domains : The origins of concepts of living things », *in* Lawrence A. Hirschfeld et Susan A. Gelman (dir.), *Mapping the Mind. Domain Specificity and Cognition in Culture*, Cambridge, Cambridge University Press, pp. 234-254.

Kemlin, Émile, 1999. *Les Reungao. Rites agraires, songes et alliances : une société proto-indochinoise du Viêt Nam au début du xxe siècle; textes réunis et présentés par Pierre Le Roux*, Paris, École française d'Extrême-Orient, coll. « Réimpressions », n° 11.

Kirton, Jean F., et Timothy, Nero, 1977. « Yanyula Concepts Relating to "Skin" », *Oceania*, vol. XLVII, pp. 320-22.

Knight, John, 1996. « When timber grows wild : the desocialisation of

Japanes mountain forests », *in* Philippe Descola et Gísli Pálsson (dir.), *Nature and Society : Anthropological Perspectives*, Londres, Routledge, pp. 221-239.

Kroeber, Alfred, 1952. *The Nature of Culture*, Chicago, University of Chicago Press.

Kroeber, Alfred, et Kluckhohn, Clyde, 1952. *Culture : A Critical Review of Concepts and Definitions*, Cambridge (Mass.), Harvard University Press.

Kuper, Adam, 1999. *Culture : the Anthropologists' Account*, Cambridge (Mass.), Harvard University Press.

Lambek, Michael, et Strathern, Andrew (dir.), 1998. *Bodies and Persons. Comparative Perspectives from Africa and Melanesia*, Cambridge, Cambridge University Press.

Langton, Marcia, 1998. *Burning Questions. Emerging Environmental Issues for Indigenous Peoples in Northern Australia*, Darwin, Centre for Indigenous Natural and Cultural Reserve Management, Northern Territory University.

Larrère, Catherine, 1997. *Les Philosophies de l'environnement*, Paris, P.U.F.

Latour, Bruno, 1991. *Nous n'avons jamais été modernes. Essai d'anthropologie symétrique*, Paris, La Découverte.

— 1996. *Petite réflexion sur le culte moderne des dieux faitiches*, Paris, Les Empêcheurs de penser en rond.

— 1999. *Politiques de la nature. Comment faire entrer les sciences en démocratie*, Paris, La Découverte.

Lave, Jean, et Wenger, Étienne (dir.), 1991. *Situated Cognition. Legitimate Peripheral Participation*, Cambridge, Cambridge University Press.

Leacock, Eleanor, 1954. *The Montagnais Hunting Territory and the Fur Trade*, American Anthropological Association, Memoir 78.

Lee, Richard B., 1979. *The !Kung San. Men, Women and Work in a Foraging Society*, Cambridge, Cambridge University Press.

Lee, Richard B., et De Vore, Irven (dir.), 1968. *Man the Hunter*, Chicago, Aldine.

Leenhardt, Maurice, 1947. *Do kamo. La personne et le mythe dans le monde mélanésien*, Paris, Gallimard.

Legendre, Pierre, 1985. *L'Inestimable objet de la transmission. Étude sur le principe généalogique en Occident (Leçon IV)*, Paris, Fayard.

Le Goff, Jacques, 1982. *La Civilisation de l'Occident médiéval*, Paris, Flammarion.

Legrand, Catherine, Méjanés, J.-F., et Starcky, E., 1990. *Le Paysage en Europe du* XVIe *au* XVIIIe *siècle*, Paris, Éditions de la Réunion des musées nationaux.

Leibniz, G.-W., 1966. *Opuscules philosophiques choisis* (trad. Paul Schrecker), Paris, Librairie philosophique J. Vrin.

Le Moal, Guy, 1973. « Quelques aperçus sur la notion de personne chez les Bobo », in *La Notion de personne en Afrique noire*, Paris, Éditions du C.N.R.S., pp. 193-203.

LENOBLE, Robert, 1969. *Esquisse d'une histoire de l'idée de Nature*, Paris, Albin Michel.

LEOPOLD, Aldo, 2000 (1949). *Almanach d'un comté des sables* (trad. Anna Gibson), Paris, Flammarion, coll. « G.F. ».

LEROI-GOURHAN, André, 1946. *Archéologie du Pacifique-Nord. Matériaux pour l'étude des relations entre les peuples riverains d'Asie et d'Amérique*, Paris, Institut d'ethnologie.

LEVIN, M. G., et POTAPOV, L. P. (dir.), 1964. *The Peoples of Siberia*, Chicago, The University of Chicago Press.

LÉVI-Strauss, Claude, 1943. « Guerre et commerce chez les Indiens d'Amérique du Sud », *Renaissance*, n° 1, pp. 122-139.

— 1955. *Tristes tropiques*, Paris, Plon.

— 1958. *Anthropologie structurale*, Paris, Plon.

— 1962. *La Pensée sauvage*, Paris, Plon.

— 1962. *Le Totémisme aujourd'hui*, Paris, P.U.F.

— 1964. *Mythologiques*, t. I, *Le Cru et le Cuit*, Paris, Plon.

— 1967 (1949). *Les Structures élémentaires de la parenté*, Paris-La Haye, Mouton and Co.

— 1973. *Anthropologie structurale deux*, Paris, Plon.

LIENHARDT, Godfrey, 1961. *Divinity and Experience. The Religion of the Dinka*, Oxford, Clarendon Press.

LIMA, Tânia Stolze, 1996. « O dois e seu múltiplo : reflexões sobre o perspectivismo em uma cosmologia tupi », *Mana*, n° 2 (2), pp. 21-47.

LIPS, Julius, 1947. « Naskapi Law (Lake St. John and Lake Mistassini Bands) : Law and Order in a Hunting Society », *Transactions of the American Philosophical Society*, n° 37 (4), pp. 379-492.

LIPUMA, Edward, 1998. « Modernity and forms of personhood in Melanesia », *in* Michael LAMBEK et Andrew STRATHERN (dir.), *Bodies and Persons. Comparative Perspectives from Africa and Melanesia*, Cambridge, Cambridge University Press, pp. 3-79.

LLOYD, Geoffrey, 1996. « Images et modèles du monde », *in* Jacques BRUNSCHWIG et Geoffrey LLOYD (dir.), *Le Savoir grec. Dictionnaire critique*, Paris, Flammarion, pp. 57-76.

LONG, John, 1904 (1791). *Voyages and Travels of an Indian Interpreter and Trader*, Cleveland, Arthur Clark.

LÓPEZ AUSTIN, Alfredo, 1988. *The Human Body and Ideology. Concepts of the Ancient Nahuas*, Salt Lake City, University of Utah Press.

LOSONCZY, Anne Marie, 1997. *Les Saints et la Forêt. Rituel, société et figures de l'échange entre Noirs et Indiens Emberá (Chocó, Colombie)*, Paris, L'Harmattan.

LOT-FALCK, Éveline, 1953. *Les Rites de chasse chez les peuples sibériens*, Paris, Gallimard.

LOUNSBURY, Floyd G., 1956. « A semantic analysis of the Pawnee kinship usage », *Language*, n° 32, pp. 158-194.

LOVEJOY, Arthur, 1961 (1936). *The Great Chain of Being : a Study of the History of an Idea*, Cambridge (Mass.), Harvard University Press.

MALAMOUD, Charles, 1987. « Le Malencontre de La Boétie et les théories de l'Inde ancienne sur la société », *in* Miguel ABENSOUR (dir.), *L'Esprit des lois sauvages. Pierre Clastres ou une nouvelle anthropologie politique*, Paris, Éditions du Seuil, pp. 173-182.

— 1989. *Cuire le monde. Rite et pensée dans l'Inde ancienne*, Paris, La Découverte.

Mandler, Jean M., 1984. *Stories, Scripts and Scenes : Aspects of Schema Theory*, Hillsdale (N. J.), Erlbaum.

Marguénaud, Jean-Pierre, 1998. « La personnalité juridique des animaux », *Recueil Dalloz*, 20e cahier, pp. 205-211.

Marler, Peter, 1984. « Song learning : Innate species differences in the learning process », *in* P. Marler et H. S. Terrace (dir.), *The Biology of Learning*, Berlin, Springer Verlag, pp. 47-74.

— 1991. « The instinct to learn », *in* Susan Carey et R. Gelman (dir.), *The Epigenesis of Mind : Essays in Biology and Cognition*, Hillsdale (N. J.), Lawrence Erlbaum, pp. 37-66.

Marler, Peter, et Evans, Christopher S., 1996. « Bird calls : Just emotional display or something more ? », *IBIS*, n° 138, pp. 326-331.

Marx, Karl, 1972 (1859). *Contribution à la critique de l'économie politique* (trad. Maurice Husson et Gilbert Badia), Paris, Éditions sociales.

Mauss, Marcel, 1904-1905. « Essai sur les variations saisonnières des sociétés eskimos. Étude de morphologie sociale », *Année sociologique*, n° 9, pp. 39-132.

— 1935. « Les techniques du corps », *Journal de psychologie*, vol. XXXII (3-4), pp. 271-293.

— 1950. *Sociologie et anthropologie. Précédé d'une Introduction à l'œuvre de Marcel Mauss par Claude Lévi-Strauss*, Paris, P.U.F.

— 1974. *Œuvres*, t. II, Paris, Éditions de minuit.

Mauzé, Marie, 1998. « Northwest Coast Trees : From Metaphors in Culture to Symbols for Culture », *in* Laura Rival (dir.), *The Social Life of Trees. Anthropological Perspectives on Tree Symbolism*, Oxford, Berg, pp. 233-251.

McGrew, William C., 1992. *Chimpanzee Material Culture : Implications for Human Evolution*, Cambridge, Cambridge University Press.

McGrew, William C., et Tutin, C., 1978. « Evidence for a social custom in wild chimpanzees ? », *Man*, 13, pp. 234-252.

Menget, Patrick, 1993. « Notas sobre as cabeças munducuru », *in* Eduardo Viveiros de Castro et Manuela Carneiro da Cunha (dir.), *Amazônia : etnologia e história indígena*, São Paulo, NHII-USP/FAPESP, pp. 311-321.

Merlan, Francésca, 1980. « Mangarrayi Semi Moiety Totemism », *Oceania*, vol. LI (2), pp. 81-97.

— 1986. « Australian Aboriginal Conception Beliefs Revisited », *Man (N.S.)*, n° 21, pp. 474-93.

Merleau-Ponty, Maurice, 1964. *L'Œil et l'Esprit*, Paris, Gallimard.

— 1994. *La Nature. Notes et cours du Collège de France*, Paris, Éditions du Seuil.

Métraux, Alfred, 1967. *Religions et magies indiennes d'Amérique du Sud*, Paris, Gallimard.

MICHAUX, Henri, 1968 (1929). *Ecuador. Journal de voyage*, Paris, Gallimard.

MOISSEEFF, Marika, 1995. *Un long chemin semé d'objets cultuels : le cycle initiatique aranda*, Paris, Éditions de l'É.H.E.S.S.

— 2002. « Australian Aboriginal Ritual Objects. Or How to Represent the Unrepresentable », *in* Monique JEUDY-BALLINI et Bernard JUILLERAT (dir.), *People and Things. Social Mediations in Oceania*, Durham (North Carolina), Carolina Academic Press, pp. 239-263.

MONTAGU, M. F. Ashley, 1937. *Coming into Being among the Australian Aborigines*, Londres, Routledge.

MONTAIGNE, Michel de, 1950 (1580). *Essais*, Paris, Gallimard.

MORTON, John, 1984. « The domestication of the savage pig : the role of peccaries in tropical South and Central America and their relevance for the understanding of pig domestication in Melanesia », *Canberra Anthropology*, n° 7 (1-2), pp. 20-70.

MOSCOVICI, Serge, 1977. *Essai sur l'histoire humaine de la nature*, Paris, Flammarion.

MUNN, Nancy D., 1970. « The Transformation of Subjects into Objects in Walbiri and Pitjantjatjara Myth », *in* Ronald M. BERNDT (dir.), *Australian Aboriginal Anthropology*, Nedlands, University of Western Australia Press.

MYERS, Fred R., 1986. *Pintupi Country, Pintupi Self*, Washington, Smithsonian Institution Press.

NELSON, Richard K., 1983. *Make Prayers to the Raven : a Koyukon View of the Northern Forest*, Chicago, The University of Chicago Press.

OELSCHLAEGER, Max, 1991. *The Idea of Wilderness : From Prehistory to the Age of Ecology*, New Haven, Yale University Press.

ORDINAIRE, Olivier, 1892. *Du Pacifique à l'Atlantique par les Andes péruviennes et l'Amazone*, Paris, Plon, Nourrit et Cie.

OSGOOD, Cornelius, 1936. *Contribution to the Ethnography of the Kutchin*, New Haven, Yale University Publications in Anthropology, n° 14.

OVERING, Joanna, et PASSES, Alan (dir.), 2000. *The Anthropology of Love and Anger. The Aesthetics of Conviviality in Native Amazonia*, Londres et New York, Routledge.

OVERING KAPLAN, Joanna, 1975. *The Piaroa, a People of the Orinoco Basin : a Study in Kinship and Marriage*, Oxford, Clarendon Press.

PANOFSKY, Erwin, 1975. *La Perspective comme forme symbolique*, Paris, Éditions de Minuit.

PAULSON, Ivar, HULTKRANTZ, Åke, et JETTMAR, Karl, 1965. *Les Religions arctiques et finnoises*, Paris, Payot.

PEDERSEN, Morten A., 2001. « Totemism, animism and North Asian indigenous ontologies », *Journal of the Royal Anthropological Institute (N.S.)*, n° 7 (3), pp. 411-427.

PERRIN, Michel, 1987. « L'animal à bonne distance », *in* Jacques HAINARD et R. KAERH (dir.), *Des animaux et des hommes*, Neuchâtel, Musée d'ethnographie, pp. 53-62.

— 1995. *Le Chamanisme*, Paris, P.U.F.

PICON, François-René, 1983. *Pasteurs du Nouveau Monde*, Paris, Éditions de la Maison des sciences de l'homme.
PIPERNO, Dolores R., 1990. « Aboriginal agriculture and land usage in the Amazon basin, Ecuador », *Journal of Archaeological Science*, n° 17, pp. 665-677.
PITARCH, Pedro, 1996. *Ch'ulel. Una etnografia de las almas tzeltales*, Mexico, Fondo de Cultura Económica.
POVINELLI, Elizabeth A., 1993. *Labor's Lot. The Power, History, and Culture of Aboriginal Action*, Chicago, The University of Chicago Press.
PROUST, Joëlle, 1997. *Comment l'esprit vient aux bêtes. Essai sur la représentation*, Paris, Gallimard.
QUINLAN, Philip T., 1991. *Connectionism and Psychology*, Chicago, University of Chicago Press.
RACINE, Luc, 1989. « Du modèle analogique dans l'analyse des représentations magico-religieuses », *L'Homme*, n° 109, pp. 5-25.
RADCLIFFE-BROWN, Alfred R., 1968 (1952). *Structure et fonction dans la société primitive* (trad. F. et L. Marin), Paris, Éditions de Minuit.
RASMUSSEN, Karl, 1929. *Intellectual Culture of the Iglulik Eskimos*, Copenhague, Glyldendaske Boghandel, Nordisk Forlag.
REDFIELD, Robert, et VILLA ROJAS, Alfonso, 1964 (1934). *Chan Kom. A Maya Village* 2e éd., Chicago, The University of Chicago Press.
REGAN, Tom, 1983. *The Case for Animal Rights*, Berkeley et Los Angeles, University of California Press.
REICHEL-DOLMATOFF, Gerardo, 1971. *Amazonian Cosmos. The Sexual and Religious Symbolism of the Tukano Indians*, Chicago, The University of Chicago Press.
— 1976. « Cosmology as ecological analysis : a view from the forest », *Man*, n° 11, pp. 307-318.
— 1996. *The Forest Within. The World-View of the Tukano Amazonian Indians*, Dartington (Royaume-Uni), Themis Books.
— 1996. *Yuruparí. Studies of an Amazonian Foundation Myth*, Cambridge (Mass.), Harvard University Press for the Harvard University Center for the Study of World Religions.
RENARD-CASEVITZ, France-Marie, 1985. « Guerre, violence et identité à partir des sociétés du piémont amazonien des Andes centrales », *Cahiers Orstom (série Science humaines)*, n° 21 (1), pp. 81-98.
— 1991. *Le Banquet masqué. Une mythologie de l'étranger chez les Indiens Matsiguenga*, Paris, Lierre et Coudrier.
RICKERT, Heinrich, 1997. *Science de la culture et science de la nature*, suivi de *Théorie de la définition* (trad. Anne-Hélène Nicolas), Paris, Gallimard.
RITZENTHALER, Robert E., 1978. « Southwestern Chippewa », *in* B. G. TRIGGER (dir.), *Handbook of North American Indians*, vol. 15, *Northeast*, Washington, Smithsonian Institution.
RIVAL, Laura, 2002. *Trekking Through History. The Huaorani of Amazonian Ecuador*, New York, Columbia University Press.
RIVIÈRE, Peter, 1994. « WYSINWYG in Amazonia », *Journal of the*

Anthropological Society of Oxford, vol. XXV (3), Michaelmas, pp. 255-262.

— 2001. « A predação, a reciprocidade e o caso das Guianas », *Mana*, n° 7 (1), pp. 31-54.

ROGER, Alain, 1997. *Court traité du paysage*, Paris, Gallimard.

ROJAS ZOLEZZI, Enrique, 1994. *Los Ashaninka, un pueblo tras el bosque. Contribucíon a la etnología de los Campa de la Selva Central Peruana*, Lima, Pontificia Universidad Católica del Perú.

ROOSEVELT, Anna C., 1991. *Moundbuilders of the Amazon. Geophysical Archaeology on Marajo Island, Brazil*, San Diego (Ca.), Academic Press.

ROSCH, Eleanor, 1973. « Natural categories », *Cognitive Psychology*, n° 4 (3), pp. 328-350.

— 1978. « Principles of categorization », *in* E. ROSCH et B. B. LLOYD (dir.), *Cognition and Categorization*, Hillsdale (N. J.), Lawrence Erlbaum, pp. 28-49.

ROSENGREN, Dan, 1987. *In the Eyes of the Beholder. Leadership and the Social Construction of Power and Dominance among the Matsigenka of the Peruvian Amazon*, Göteborg, Göteborgs Etnografiska Museum.

ROSSET, Clément, 1973. *L'Anti-nature. Éléments pour une philosophie tragique*, Paris, P.U.F.

ROSTAIN, Stéphen (1997). « Nuevas perspectivas sobre la cultura Upano del Amazonas », communication au 49ᵉ Congrès international des américanistes, Quito.

RYESKY, Diana, 1976. *Conceptos tradicionales de la medicina en un pueblo mexicano. Un análisis antropológico*, Mexico, SEP.

SAHLINS, Marshall, 1968. *Tribesmen*, Englewood Cliffs (N. J.), Prentice-Hall.

— 1976. *Culture and Practical Reason*, Chicago et Londres, The University of Chicago Press.

SALADIN D'ANGLURE, Bernard, 1988. « Penser le "féminin" chamanique, ou le "tiers-sexe" des chamanes inuit », *Recherches amérindiennes au Québec*, n° 18 (2-3), pp. 19-50.

— 1990. « Nanook, Super-Male. The Polar bear in the imaginary space and social time of the Inuit of the Canadian Arctic », *in* Roy WILLIS (dir.), *Signifying Animals : Human Meanings in the Natural World*, Londres, Unwin Hyman, pp. 178-195.

SALAZAR, Ernesto, 1997. « Uso del espacio en la cultura Upano », communication au 49ᵉ Congrès international des américanistes, Quito.

SANTOS GRANERO, Fernando, 1987. « Templos y herrerías : utopía y recreación cultural en la Amazonía Peruana », *Bulletin de l'Institut français d'études andines*, n° 17 (2), pp. 1-22.

— 1994. *El poder del amor. Poder, conocimiento y moralidad entre los Amuesha de la selva central del Perú*, Quito, Ediciones Abya-Yala.

— 2000. « The Sisyphus Syndrome, or the struggle for conviviality in Native Amazonia », *in* Joanna OVERING et Alan PASSES (dir.),

The Anthropology of Love and Anger. The Aesthetics of Conviviality in Native Amazonia, Londres et New York, Routledge, pp. 268-287.
— 2002. « The Arawakan Matrix : Ethos, Langage and History in Native South America », *in* Jonathan D. Hill et Fernando Santos Granero (dir.), *Comparative Arawakan Histories. Rethinking Language Family and Culture Area in Amazonia*, Urbana & Chicago, University of Illinois Press, pp. 25-50.
Schama, Simon, 1999. *Le Paysage et la Mémoire*, Paris, Éditions du Seuil.
Schank, Roger, et Abelson, Robert, 1977. *Scripts, Plans, Goals and Understanding : An Inquiry into Human Knowledge Structures*, Hillsdale (N. J.), Erlbaum.
Schieffelin, Edward L., 1987. *The Sorrow of the Lonely and the Burning of the Dancers*, New York, St Martin's Press.
Schwartz, Marion, 1997. *A History of Dogs in the Early Americas*, New Haven et Londres, Yale University Press.
Scott, Colin, 1989. « Knowledge construction among cree hunters : metaphors and literal understanding », *Journal de la Société des Américanistes*, n° 75, pp. 193-208.
Seeger, Anthony, Da Matta, Roberto, et Viveiros de Castro, Eduardo, 1979. « A construção da pessoa nas sociedades indigenas brasileiras », *Boletim do Museu nacional (Rio de Janeiro)*, n° 32, pp. 2-19.
Sénèque, 1926. *Des bienfaits* (trad. François Préchac), Paris, Les Belles Lettres.
Service, Elman, 1966. *The Hunters*, Englewood Cliffs (N. J.), Prentice-Hall.
Shore, Bradd, 1996. *Culture in Mind. Cognition, Culture and the Problem of Meaning*, New York et Oxford, Oxford University Press.
Sigaut, François, 1980. « Un tableau des produits animaux et deux hypothèses qui en découlent », *Production pastorale et société*, n° 7, pp. 20-36.
Singer, Peter, 1979. *Practical Ethics*, Cambridge, Cambridge University Press.
— 1989. *Animal Liberation*, New York, Random House.
Sowls, Lyle K., 1974. « Social behaviour of the collared peccary *Dycotiles tajacu* (L.) », *in* Valerius Geist et Fritz Walther (dir.), *The Behaviour of Ungulates and its Relation to Management*, Morges, Union internationale pour la conservation de la nature et des ressources naturelles, pp. 144-65.
Speck, Frank G., 1917. « Game Totems among the Northeastern Algonquians », *American Anthropologist*, n° 19 (1), pp. 9-18.
— 1935. *Naskapi. The Savage Hunters of the Labrador Peninsula*, Norman, University of Oklahoma Press.
Spencer, William B., et Gillen, Franck J., 1899. *The Native Tribes of Central Australia*, Londres, MacMillan.
— 1927. *The Arunta. A Study of a Stone Age People*, Londres, MacMillan.
Sperber, Dan, 1974. *Le Symbolisme en général*, Paris, Hermann.
— 1982. *Le Savoir des anthropologues*, Paris, Hermann.
Squire, Larry R., 1987. *Memory and Brain*, New York, Oxford University Press.

STERNBERG, Leo, 1905. « Die Religion der Giljaken », *Archiv für Religionswissenschaft (Leipzig)*, vol. VIII, pp. 244-274.

STERPIN, Adriana, 1993. « La chasse aux scalps chez les Nivacle du Gran Chaco », *Journal de la Société des Américanistes*, n° 79, pp. 33-66.

STOCKING, George W. Jr, 1968. *Race, Culture and Evolution. Essays in the History of Anthropology*, Chicago, The University of Chicago Press.

— (dir.), 1996. *Volksgeist as Method and Ethic. Essays on Boasian Ethnography and the German Anthropological Tradition*, Madison, The University of Wisconsin Press.

STRATHERN, Andrew, 1971. *The Rope of Moka : Big men and Ceremonial Exchange in Mount Hagen, New Guinea*, Cambridge, Cambridge University Press.

STRATHERN, Marilyn, 1980. « No nature, no culture : the Hagen case », *in* Carol MACCORMACK et Marilyn STRATHERN (dir.), *Nature, Culture and Gender*, Cambridge, Cambridge University Press, pp. 174-222.

— 1988. *The Gender of the Gift. Problems with Women and Problems with Society in Melanesia*, Berkeley, University of California Press.

STRAUSS, Claudia, et QUINN, Naomi, 1997. *A Cognitive Theory of Cultural Meaning*, Cambridge, Cambridge University Press.

SURRALLÉS, Alexandre, 2003. *Au cœur du sens. Perception, affectivité, action chez les Candoshi*, Paris, Éditions du C.N.R.S.-Fondation de la M.S.H.

SWANTON, John, R., 1928. « Social and Religious Beliefs and Usages of the Chickasaw Indians », *44th Annual Report (1926-1927). Bureau of American Ethnology*, Washington, pp. 190-213.

TANNER, Adrian, 1979. *Bringing Home Animals. Religious Ideology and Mode of Production of the Mistassini Cree Hunters*, St John, Memorial University of Newfoundland.

TARDE, Gabriel, 1999 (1893). *Monadologie et sociologie*, Paris, Les Empêcheurs de penser en rond.

TAYLOR, Anne Christine, 1983. « The marriage alliance and its structural variations in Jivaroan societies », *Social Science Information*, n° 22 (3), pp. 331-353.

— 1985. « L'art de la réduction », *Journal de la Société des Américanistes*, n° 71, pp. 159-173.

— 1993. « Les bons ennemis et les mauvais parents. Le traitement de l'alliance dans les rituels de chasse aux têtes des Shuar (Jivaro) de l'Équateur », *in* Elisabeth COPET-ROUGIER et Françoise HÉRITIER-AUGÉ (dir.), *Les Complexités de l'alliance*, t. IV, *Économie, politiques et fondements symboliques*, Paris, Éditions des Archives contemporaines, pp. 73-105.

— 1996. « The soul's body and its states : an Amazonian perspective on the nature of being human », *Journal of the Royal Anthropological Institute*, n° 2 (2), pp. 201-215.

— 1998. « Corps immortels, devoir d'oubli : formes humaines et trajectoires de vie chez les Achuar », *in* Maurice GODELIER et Michel PANOFF (dir.), *La Production du corps. Approches anthropologiques et his-*

toriques, Amsterdam, Éditions des Archives contemporaines, pp. 317-338.

TESTART, Alain, 1982. *Les Chasseurs-cueilleurs ou l'origine des inégalités*, Paris, Société d'ethnologie.

— 1987. « Deux modèles du rapport entre l'homme et l'animal dans les systèmes de représentation », *Études rurales*, n° 107-108, pp. 171-193.

— 1997. « Les trois modes de transfert », *Gradhiva*, n° 21, pp. 39-49.

THOM, René, 1990. *Apologie du logos*, Paris, Hachette.

TOMASELLO, Michael, et CALL, J., 1997. *Primate Cognition*, New York et Oxford, Oxford University Press.

TORT, Patrick, 1992. « L'effet réversif de l'évolution. Fondements de l'anthropologie darwinienne », *in* Patrick TORT (dir.), *Darwinisme et société*, Paris, P.U.F., pp. 13-46.

TURNBULL, Colin, 1965. *Wayward Servants : the Two Worlds of the African Pygmies*, Garden City (N. Y.), Natural History Press.

TURNER, Terence, 1995. « Social Body and Embodied Subject : Bodiliness, Subjectivity, and Sociality among the Kayapo », *Cultural Anthropology*, n° 10 (2), pp. 143-170.

TYLOR, Edward B., 1871. *Primitive Culture : Researches into the Development of Mythology, Philosophy, Religion, Language, Art and Custom*, 2 vol., Londres, Murray.

VAN BEEK, Albert G., 1987. *The Way of all Flesh. Hunting and Ideology of the Bedamuni of the Great Papuan Plateau*, Ph. D. in social and cultural anthropology, Université de Leyde.

VAN BEEK, Walter E. A., et BANGA, Pieteke M., 1992. « The Dogon and their trees », *in* Elisabeth CROLL et David PARKIN (dir.), *Bush Base : Forest Farm. Culture, Environment and Development*, Londres et New York, Routledge, pp. 57-75.

VAN DER HAMMEN, Maria Clara, 1992. *El manejo del mundo. Naturaleza y sociedad entre los Yukuna de la Amazonia colombiana*, Bogotá, TROPENBOS.

VANSTONE, James W., 2000. « Reindeer as draft animals in Alaska », *Études/Inuit/Studies*, n° 24 (2), pp. 115-138.

VAN VELTHEM, Lúcia, 2000. « Fazer, fazeres e o mais belo "feito" », in *Os Indíos, Nós*, Lisbonne, Museu Nacional de Etnologia, pp. 174-180.

— 2001. « The Woven Universe : Carib Basketry », *in* Colin MCEWAN, Cristina BARRETO et Eduardo NEVES (dir.), *Unknown Amazon. Culture in Nature in Ancient Brazil*, Londres, The British Museum Press, pp. 198-213.

VARELA, Francisco, ROSCH, Eleanor, et THOMPSON, Evan, 1993. *L'Inscription corporelle de l'esprit*, Paris, Éditions du Seuil.

VARESE, Stefano, 1973. *La sal de los cerros. Una aproximación al mundo Campa*, Lima, Retablo de papel.

VIDAL, Denis, 1991. « Les trois Grâces ou l'allégorie du Don. Contribution à l'histoire d'une idée en anthropologie », *Gradhiva*, n° 9, pp. 30-48.

VIDAL-NAQUET, Pierre, 1972. « Chasse et sacrifice dans l'*Orestie* d'Es-

chyle », *in* Jean-Pierre Vernant et Pierre Vidal-Naquet (dir.), *Mythe et tragédie en Grèce ancienne*, Paris, François Maspero, pp. 133-158.
— 1975. « Bêtes, hommes et dieux chez les Grecs », *in* Léon Poliakov (dir.), *Hommes et bêtes : entretiens sur le racisme*, Paris-La Haye, Mouton.
Vigne, Jean-Denis, 1993. « Domestication ou appropriation pour la chasse : histoire d'un choix socio-culturel depuis le Néolithique. L'exemple des cerfs », in *Exploitation des animaux sauvages à travers le temps*, Juan-les-Pins, Éditions A.P.C.D.A.-C.N.R.S., pp. 201-220.
Vilaça, Aparecida, 1992. *Comendo como gente : formas do canibalismo wari'*, Rio de Janeiro, Editora UFRJ.
Viveiros de Castro, Eduardo, 1986. *Araweté. Os deuses canibais*, Rio de Janeiro, Jorge Zahar/ANPOCS.
— 1992. *From the Enemy's Point of View. Humanity and Divinity in an Amazonian Society*, Chicago et Londres, The University of Chicago Press.
— 1993. « Alguns Aspectos da Afinidade no Dravidianato Amazônico », *in* Manuela Carneiro da Cunha et Eduardo Viveiros de Castro (dir.), *Amazônia : etnologia e historia indigena*, São Paulo, NHII-Universidade de São Paulo, pp. 149-210.
— 1996. « Os pronomes cosmológicos e o perspectivismo ameríndio », *Mana*, n° 2 (2), pp. 115-144.
— 2002. *A inconstância da alma selvagem, e outros ensaios de antropologia*, São Paulo, Cosac & Naify.
Wachtel, Nathan, 1990. *Le Retour des ancêtres. Les Indiens Urus de Bolivie, xxe-xvie siècle. Essai d'histoire régressive*, Paris, Gallimard.
Wagner, Roy, 1977. « Scientific and Indigenous Papuan Conceptualizations of the Innate : A Semiotic Critique of the Ecological Perspective », *in* Timothy P. Bayliss-Smith et Richard G. Feachem (dir.), *Subsistence and Survival. Rural Ecology in the Pacific*, Londres, Academic Press, pp. 385-410.
— 1981 (1975). *The Invention of Culture*, Chicago et Londres, The University of Chicago Press.
Weber, Max, 1988 (1920). *Gesammelte Aufsätze zur Religionssoziologie*, t. I, Tübingen, Mohr.
Weiss, Gerald, 1975. *Campa Cosmology. The World of a Forest Tribe in South America*, New York, American Museum of Natural History.
Whitehead, Alfred North, 1955 (1920). *The Concept of Nature*, Cambridge, Cambridge University Press.
Whiten, Andrew, Goodal, Jane, McGrew, William C. *et al.*, 1999. « Cultures in chimpanzees », *Nature*, n° 399, pp. 682-685.
Whitten, Norman E., 1976. *Sacha Runa. Ethnicity and Adaptation of Ecuadorian Jungle Quichua*, Urbana, University of Illinois Press.
Worsley, Peter, 1967. « Groote Eylandt Totemism and *Le Totémisme aujourd'hui* », *in* Edmund R. Leach (dir.), *The Structural Study of Myth and Totemism*, Londres, Tavistock Publications, pp. 141-160.
Yengoyan, Aram A., 1968. « Demographic and Ecological Influences on

Aboriginal Australian Marriage Sections », *in* Richard B. Lee et Irven de Vore (dir.), *Man the Hunter*, Chicago, Aldine, pp. 185-199.

Zelenin, Dimitri, 1952. *Le Culte des idoles en Sibérie* (trad. G. Wetter), Paris, Payot.

Zimmermann, Francis, 1982. *La Jungle et le fumet des viandes. Un thème écologique dans la médecine hindoue*, Paris, Gallimard-Éditions du Seuil.

— 1989. *Le Discours des remèdes au pays des épices. Enquête sur la médecine hindoue*, Paris, Payot.

Zuidema, Tom, 1964. *The Ceque System of Cuzco : the Social Organization of the Capital of the Inca*, Leyde.

— 1986. *La Civilisation inca au Cuzco*, Paris, P.U.F.

INDEX GÉNÉRAL

TABLE DES FIGURES

III. LES DISPOSITIONS DE L'ÊTRE

IV. LES USAGES DU MONDE

V. ÉCOLOGIE DES RELATIONS

BIBLIOTHÈQUE
DES SCIENCES HUMAINES

Volumes publiés

CLAUDE ADDAS : *Ibn' Arabī ou la quête du Soufre Rouge.*
RAYMOND ARON : *Les Étapes de la pensée sociologique.*
RAYMOND ARON : *Études politiques.*
RAYMOND ARON : *Penser la guerre, Clausewitz,* I *et* II.
RAYMOND ARON : *Introduction à la philosophie de l'histoire.*
MARC AUGÉ : *Génie du paganisme.*
ÉTIENNE BALÁZS : *La Bureaucratie céleste.*
JEAN BAUDRILLARD : *L'Échange symbolique et la mort.*
ÉMILE BENVENISTE : *Problèmes de linguistique générale,* I *et* II.
AUGUSTIN BERQUE : *Le Sauvage et l'Artifice.*
AUGUSTIN BERQUE : *Du geste à la cité. Formes urbaines et lien social au Japon.*
JACQUES BERQUE : *L'Égypte. Impérialisme et révolution.*
JACQUES BERQUE : *Langages arabes du présent.*
ROGER CAILLOIS : *Approches de l'imaginaire.*
ROGER CAILLOIS : *Approches de la poésie.*
ROGER CAILLOIS ET G.-E. VON GRUNEBAUM : *Le Rêve et les sociétés humaines.*
GENEVIÈVE CALAME-GRIAULE : *Ethnologie et langage : la parole chez les Dogon.*
ELIAS CANETTI : *Masse et puissance.*
MICHEL CHODKIEWICZ : *Le Sceau des saints.*
JACQUELINE DELANGE : *Arts et peuples de l'Afrique noire.*
BRIGITTE DERLON ET MONIQUE JEUDY-BALLINI : *La Passion de l'art primitif. Enquête sur les collectionneurs.*
PHILIPPE DESCOLA : *Par-delà nature et culture.*
MARCEL DETIENNE : *L'Invention de la mythologie.*
MARCEL DETIENNE : *Apollon le couteau à la main.*
GEORGES DEVEREUX : *Essais d'ethnopsychiatrie générale.*
WENDY DONIGER : *Śiva. Érotique et ascétique.*
HUBERT DREYFUS ET PAUL RABINOW : *Michel Foucault, un parcours philosophique.*
DANY-ROBERT DUFOUR : *Les Mystères de la trinité.*

GEORGES DUMÉZIL : *Mythe et épopée,* I, II, *et* III.

GEORGES DUMÉZIL : *Idées romaines.*

GEORGES DUMÉZIL : *Fêtes romaines d'été et d'automne,* suivi de *Dix questions romaines.*

GEORGES DUMÉZIL : *Les Dieux souverains des Indo-Européens.*

GEORGES DUMÉZIL : *Apollon sonore* et autres essais.

GEORGES DUMÉZIL : *La Courtisane et les seigneurs colorés* et autres essais.

GEORGES DUMÉZIL : *L'Oubli de l'homme et l'honneur des dieux.*

GEORGES DUMÉZIL : *Le Roman des jumeaux* et autres essais.

GEORGES DUMÉZIL : *Mythes et dieux de la Scandinavie ancienne.*

LOUIS DUMONT : *Homo hierarchicus. Essai sur le système des castes.*

LOUIS DUMONT : *Homo aequalis. Genèse et épanouissement de l'idéologie économique,* I.

LOUIS DUMONT : *Homo aequalis. L'idéologie allemande,* II.

LOUIS DUMONT : *La Tarasque.*

FREEMAN J. DYSON : *La Vie dans l'univers. Réflexions d'un physicien.*

A. P. ELKIN : *Les Aborigènes australiens.*

E. E. EVANS-PRITCHARD : *Les Nuer.*

E. E. EVANS-PRITCHARD : *Sorcellerie, oracles et magie chez les Azandé.*

CLAUDINE FABRE-VASSAS : *La Bête singulière. Les juifs, les chrétiens et le cochon.*

ANTOINE FAIVRE : *Accès de l'ésotérisme occidental,* I *et* II.

JEANNE FAVRET-SAADA : *Les Mots, la mort, les sorts.*

MICHEL FOUCAULT : *Les Mots et les Choses. Une archéologie des sciences humaines.*

MICHEL FOUCAULT : *L'Archéologie du savoir.*

MICHEL FOUCAULT : *Dits et écrits,* I *à* IV.

EVELYN FOX KELLER : *Le Siècle du gène.*

EVELYN FOX KELLER : *Expliquer la vie. Modèles, métaphores et machines en biologie du développement.*

PIERRE FRANCASTEL : *La Figure et le Lieu.*

NORTHROP FRYE : *Anatomie de la critique.*

J. K. GALBRAITH : *Le Nouvel État industriel* (nouvelle édition).

J. K. GALBRAITH : *La Science économique et l'intérêt général.*

MARCEL GAUCHET : *L'Avènement de la démocratie, I. La Révolution moderne.*

MARCEL GAUCHET : *L'Avènement de la démocratie, II. La Crise du libéralisme.*

MARCEL GAUCHET : *Le Désenchantement du monde.*

MARCEL GAUCHET ET GLADYS SWAIN : *La Pratique de l'esprit humain. L'institution asilaire et la révolution démocratique.*

CLIFFORD C. GEERTZ : *Bali. Interprétation d'une culture.*

E.-H. GOMBRICH : *L'Art et l'Illusion.*

NATHALIE HEINICH : *L'Élite artiste. Excellence et singularité en régime démocratique.*

CLARISSE HERRENSCHMIDT : *Les Trois Écritures. Langue, nombre, code.*

LUC DE HEUSCH : *Pourquoi l'épouser ?* et autres essais.

LUC DE HEUSCH : *Le Sacrifice dans les religions africaines.*

J.-ALLAN HOBSON : *Le Cerveau rêvant.*

GERALD HOLTON : *L'Imagination scientifique.*

GERALD HOLTON : *Science en gloire, science en procès. Entre Einstein et aujourd'hui.*

SIR JULIAN HUXLEY : *Le Comportement rituel chez l'homme et l'animal.*

M. IZARD ET P. SMITH : *La Fonction symbolique. Essais d'anthropologie.*

FRANÇOIS JACOB : *La Logique du vivant.*

PIERRE JACOB : *De Vienne à Cambridge.*

PAUL JORION : *Comment la vérité et la réalité furent inventées.*

ABRAM KARDINER : *L'Individu dans la société.*

LUCIEN KARPIK : *Les Avocats entre l'État, le public et le marché, XIII*e*-XX*e*-siècle.*

LUCIEN KARPIK : *L'Économie des singularités.*

ROBERT KLEIN : *La Forme et l'Intelligible.*

THOMAS S. KUHN : *La Tension essentielle. Tradition et changement dans les sciences.*

PAUL LAZARSFELD : *Philosophie des sciences sociales.*

EDMUND LEACH : *L'Unité de l'homme* et autres essais.

ANDRÉ LEBEAU : *L'Engrenage de la technique. Essai sur une menace planétaire.*

CLAUDE LEFORT : *Les Formes de l'histoire. Essais d'anthropologie politique.*

MICHEL LEIRIS : *L'Afrique fantôme.*

MAURICE LÉVY-LEBOYER ET JEAN-CLAUDE CASANOVA : *Entre l'État et le marché. L'économie française des années 1880 à nos jours.*

BERNARD LEWIS : *Le Langage politique de l'Islam.*

GILLES LIPOVETSKY : *L'Empire de l'éphémère.*

IOURI LOTMAN : *La Structure du texte artistique.*

ERNESTO DE MARTINO : *La Terre du remords.*

HENRI MENDRAS *et alii* : *La Sagesse et le désordre : France 1980.*

HENRI MENDRAS : *La Seconde Révolution française, 1965-1984.*

ALFRED MÉTRAUX : *Religion et magies indiennes d'Amérique du Sud.*

ALFRED MÉTRAUX : *Le Vaudou haïtien.*

CHRISTIAN MOREL : *Les Décisions absurdes. Sociologie des erreurs radicales et persistantes.*

CHRISTIAN MOREL : *L'Enfer de l'information ordinaire.*

WILHELM E. MÜHLMANN : *Messianismes révolutionnaires du tiers monde.*

GUNNAR MYRDAL : *Le Défi du monde pauvre.*

MAX NICHOLSON : *La Révolution de l'environnement.*

ERWIN PANOFSKY : *Essais d'iconologie.*

ERWIN PANOFSKY : *L'Œuvre d'art et ses significations.*

KOSTAS PAPAIOANNOU : *De Marx et du marxisme.*

DENISE PAULME : *La Mère dévorante.*

MARIA ISAURA PEREIRA DE QUEIROZ : *Carnaval brésilien. Le vécu et le mythe.*

KARL POLANYI : *La Grande Transformation.*

PHILIPPE PONS : *D'Edo à Tōkyō.*

PHILIPPE PONS : *Misère et crime au Japon, du* XVIIe *siècle à nos jours.*

ILYA PRIGOGINE ET ISABELLE STENGERS : *La Nouvelle Alliance : métamorphose de la science.*

VLADIMIR JA. PROPP : *Morphologie du conte.*

VLADIMIR JA. PROPP : *Les Racines historiques du conte merveilleux.*

HENRI-CHARLES PUECH : *En quête de la gnose,* I *et* II.

ISABELLE QUEVAL : *S'accomplir ou se dépasser. Essai sur le sport contemporain.*

GÉRARD REICHEL-DOLMATOFF : *Desana. Le symbolisme universel des Indiens Tukano du Vaupès.*

LLOYD G. REYNOLDS : *Les Trois Mondes de l'économie.*

ALAIN ROGER : *Court traité du paysage.*

PIERRE ROSANVALLON : *Le Moment Guizot.*

GILBERT ROUGET : *La Musique et la Transe.*

MARSHALL SAHLINS : *Âge de pierre, âge d'abondance.*

MARSHALL SAHLINS : *Critique de la sociobiologie.*

MARSHALL SAHLINS : *Au cœur des sociétés : raison utilitaire et raison culturelle.*

MARSHALL SAHLINS : *La Découverte du vrai Sauvage* et autres essais.

MEYER SCHAPIRO : *Style, artiste et société.*

CARL SCHMITT : *Théologie politique, 1922-1969.*

DOMINIQUE SCHNAPPER : *La France de l'intégration. Sociologie de la nation en 1990.*

DOMINIQUE SCHNAPPER, HENRI MENDRAS *et alii : Six manières d'être européen.*

JOSEPH A. SCHUMPETER : *Histoire de l'analyse économique : I. L'âge des fondateurs, II. L'âge classique, III. L'âge de la science.*

ANDREW SHONFIELD : *Le Capitalisme d'aujourd'hui.*

OTA ŠIK : *La Troisième Voie.*

GÉRARD SIMON : *Kepler astronome astrologue.*

PHILIPPE STEINER : *La Transplantation d'organes. Un commerce nouveau entre les êtres humains.*

MICHEL STRICKMANN : *Mantras et mandarins. Le bouddhisme tantrique en Chine.*

LUCIENNE STRIVAY : *Enfants sauvages. Approches anthropologiques.*

GLADYS SWAIN : *Dialogue avec l'insensé,* précédé de *: À la recherche d'une autre histoire de la folie, par* Marcel Gauchet.

ERNST TROELTSCH : *Protestantisme et modernité.*

VICTOR W. TURNER : *Les Tambours d'affliction.*

THORSTEIN VEBLEN : *Théorie de la classe de loisir.*

YVONNE VERDIER : *Façons de dire, façons de faire.*

YVONNE VERDIER : *Coutume et destin. Thomas Hardy* et autres essais.

LOUP VERLET : *La Malle de Newton.*

NATHAN WACHTEL : *Le Retour des ancêtres. Les Indiens Urus de Bolivie, XXe-XVIe siècle. Essai d'histoire régressive.*

MAX WEBER : *Confucianisme et Taoïsme.*

MAX WEBER : *L'Éthique protestante et l'esprit du capitalisme* suivi d'autres essais.

MAX WEBER : *Histoire économique. Esquisse d'une histoire universelle de l'économie et de la société.*

MAX WEBER : *Sociologie des religions.*

EDGAR WIND : *Art et Anarchie.*

PAUL YONNET : *Jeux, modes et masses. La société française et le moderne, 1945-1985.*

PAUL YONNET : *Huit leçons sur le sport.*

PAUL YONNET : *Systèmes des sports.*

PAUL YONNET : *Travail, loisir. Temps libre et lien social.*

PAUL YONNET : *Famille I. Le recul de la mort. L'avènement de l'individu contemporain*

Composition CMB Graphic
Achevé d'imprimer
par Normandie Roto Impression s.a.s.
61250 Lonrai, le 3 mai 2010
Dépôt légal : mai 2010
Premier dépôt légal : août 2005
Numéro d'imprimeur : 101665

ISBN 978-2-07-077263-6 / Imprimé en France

177281